Franz Valentin Zillner

Geschichte der Stadt Salzburg

Franz Valentin Zillner

Geschichte der Stadt Salzburg

ISBN/EAN: 9783743321595

Hergestellt in Europa, USA, Kanada, Australien, Japan

Cover: Foto ©ninafisch / pixelio.de

Manufactured and distributed by brebook publishing software
(www.brebook.com)

Franz Valentin Zillner

Geschichte der Stadt Salzburg

Vorwort.

Da im flüchtigen Zeitenlauf die Werke
der Menschen von dem Nebel der Vergessenheit bedeckt werden, so ist es angemessen, daß sie im Lichte der Schrift
wieder zu Tage treten und im oftmaligen
Anblick das Gedächtniß der Menschen
auffrischen.

Erzbischof Eberhard II. 1243.

Vor nicht gar langer Zeit meinte eine viel gelesene
Zeitung aus der Reichshauptstadt, die geschichtliche Erinnerung sei ein bloßer Mondstrahl, der zwar über Stadt und
Land verklärend hingleite, aber doch nur über Schutt und
Trümmer spielt; sie lenke von der Gegenwart ab, lähme
bürgerliche Arbeit und Fleiß und bringe alle kleinen und
großen Dinge des täglichen Lebens in Vergessenheit. Man
könnte allerdings fragen, wozu sich denn dieselbe Zeitung
mit ihren Folioblättern so emsig um die Tagesgeschichte be-
müht, die doch nach acht Tagen der geschichtlichen Erinnerung angehört. Wahrscheinlich aber werden derlei Ansichten
nur den sogenannten praktischen Leuten zu Gehör gesprochen,
denen es doch niemals geschadet hätte, wenn sie bei Frau
Historia fleißig in die Schule gegangen wären.

Ja Weltgeschichte, Reichsgeschichte! wird man ent-
gegnen, das ist ja ganz was Anderes, als die Chronik einer
Mittelstadt, die ein Jahrtausend lang unter dem Krummstab
gedämmert hat! Die alten Salzburger muß man heutigen

Tages mit der Laterne suchen und ihre Erzbischöfe kennen wir ja nur mehr vom Hörensagen! Was kann in so einer Stadtgeschichte stecken als der Inhalt eines staubigen Aktenschranks und eine Liste voll langweiliger Erzählungen, die ein harmloser Bücherwurm und ein gichtischer Stubenhocker zusammen ausgebrütet haben! So hört man etwa die praktischen Leute reden, deren Leibblatt die angeführte Zeitung ist.

Und doch gibt es nicht wenige Hausbesitzer, denen es ein Vergnügen macht, wenigstens die Namen ihrer Vorgänger zu erfahren, und wäre es auch nur auf hundert Jahre zurück. Man hört die von Verwunderung begleitete Frage, wie es nur möglich war, daß die Alten so enge krumme Straßen, so verworrene Häuser bauen konnten! Wieder Andere sind überrascht zu vernehmen, daß da, wo nun Straßen und Plätze liegen, einst der Fluß sein Wesen getrieben habe. Die vierten begnügen sich mit Legenden und Sagen von St. Rupert und Virgil, von Leonhard Keutschach und Wolf Dietrich, von den Grafen von Plain und den Herrn von Hund. Alle aber, die weiter sehen, als die Nase reicht, wenn sie auch nicht gerne Bücher lesen, suchen sich ihre Umgebung, in der sie leben, dadurch verständlich zu machen, daß sie aus der Vergangenheit die Gegenwart zu begreifen suchen. Ist es denn überhaupt denkbar, daß Bürger einer Stadt, die im zwölften Jahrhundert ihrer Lebenszeit steht, von deren langen Vergangenheit nichts wissen wollten, daß ihnen die geschichtliche Erinnerung ein „bloßer Mondstrahl" sein sollte? Das zurückgelegte Vierteljahrhundert der „Landeskunde" ist wohl ein deutlicher Beweis, daß wenigstens ein Theil der Stadtbevölkerung derartige Kenntniße würdigt und pflegt. Denn die Gegenwart trägt unfreiwillig die Folgen der Vergangenheit, der Unterlaßungen, wie der gelungenen Werke der Vorfahrer. Ist es nicht auch erwünscht, von einstigen Gegnern und Freunden der Stadt zu hören, der man angehört? Wenn auch Stadtbevölkerungen sich stets erneuern, so hinterlaßen doch die Zeiträume des Gedeihens und der Mißfahrt in dem Gemeinwesen eben so sicher ihre Wirkungen und Spuren, wie fröhliches Wachstum und Siechtum am Körper des Einzelnen. Mag eine Stadtgeschichte auch nicht viel von Kriegstaten, Eroberungen, Parteienzwist oder politischen Machtfragen zu erzählen haben, so gibt es doch in ihren verschiedenen Abschnitten genug Unternehmungen, deren Verlauf belehrend ist, und es eröffnen sich Übersichtspunkte, von denen aus heut zu Tage der Gang eines Gemeinwesens beurteilt werden kann und will. Denn eben darin liegt eine Eigenschaft wahrer Kultur, daß sie die Schöpfungen der Vergangenheit als ein Eigentum betrachtet, das auch der Gegenwart angehört und sie erfüllen hilft. Und darum ist es ein Bildungsmittel ersten Ranges, an der Hand der Erzählung durch die Zeiträume eines so alten Gemeinwesens zu wandern, die gelösten und ungelösten Aufgaben der Vergangenheit zu erfahren und die Kräfte der Gegenwart da einzusetzen, wo die müden Hände der Altvordern ihre Leistung versagten.

So wurzelt die Teilnahme an der Ortskunde und Ortsgeschichte genau auf demselben Boden, auf welchem die lebendige Mitwirkung am Gemeindeleben wächst. Je mehr Fäden zwischen den Menschen und ihrer Heimat sich spinnen, desto mehr Kraft gewinnt der Gemeinsinn und erstarkt die bürgerliche Tugend. Fühlt man sich aber einmal lebhaft als Glied einer Gesammtheit, einer Gemeinde, so wird ja daraus auch ein Haupthebel des Staatslebens. Dergleichen lag wohl auch in dem Sinne des englischen Lord-Protectors Cromwell, wenn er seinem Sohne das Studium der Geschichte empfahl, „weil es uns geschickt macht dem Volke zu dienen".

Es fragt sich demnächst, wie soll eine Stadtgeschichte verfaßt sein, daß sie solchen Zwecken entspricht. Wählen wir den Weg der Naturforschung, die aus einer möglichst großen

Anzahl gegebener Fälle ihre Folgerungen zieht. Es liegt eine ansehnliche Menge von Stadtgeschichten — die Beispiele der Vorgänger — vor unsern Augen, so daß wir beiläufig in den Stand gesetzt sind, eine Gruppirung derselben vorzunehmen und sie auf ihre Brauchbarkeit für den ausgesprochenen Zweck zu erproben.

Da begegnen uns zuerst kurzgefaßte, rhapsodistische Ortsgeschichten, den Lebensabrißen historisch gewordener Männer vergleichbar, in andern Fällen aber einem Strauße getrockneter Blumen nicht unähnlich, der eine beliebige Anzahl von Tatsachen, die eben zu Gebote standen, mit mannigfaltigen geschichtlichen Ausdrücken zu einer lose verbundenen Erzählung verknüpft.

Es folgen die gemeinfaßlichen oder populären Stadtgeschichten, und solche gibt es viele. „Ich will kein gelehrtes Buch schreiben“, sagt oder denkt der Verfaßer, „die es lesen sollen, sind keine Gelehrten, und würden es mir schlecht verdanken, wollte ich ihnen derlei Kram auftischen“. Von Quellenstudium, historischer Untersuchung oder Prüfung wird also abgesehen. Wenn es hoch hergeht, wird ein Auszug der bezüglichen Landesgeschichte als Zettel oder Kette, die Stadtnachrichten zum Einschlag genommen, Fabeln, Anekdoten, Pikantes eingewebt und hie und da ein Wink gegeben, daß man zum Ruhme dieser uralten Stadt und ihrer edlen Bürger sein Scherflein beitragen wolle.

Eine andere Gattung stellen die archivalischen Stadtgeschichten dar und deren gibt es treffliche. Aber sie sind mehr für gestrenge Geschichtsforscher, als für einen größeren Leserkreis berechnet, und sie berühren vieles nicht, was eben im Archive sich nicht vorfand, aber den Stadtangehörigen doch nahe steht.

Als eine Unterart derselben können die Verfaßungsgeschichten angesehen werden; sehr belangreich, aber wieder nur für den Kenner und die Rechtsgeschichte.

Die letzte Gruppe möchte man die zweiteiligen Stadt= geschichten nennen. Sie scheinen nach einer von erfahrener Hand gegebenen Vorschrift verfaßt zu sein, denn sie umfaßen regelmäßig eine Ortsbeschreibung und Ortschronik. Der Leser erhält eine Vorstellung von der räumlichen Vergangen= heit seiner Heimat oder Vaterstadt und erfährt die geschicht= lichen Auskünfte über die Stadtgemeinde. Unser alter Hübner könnte als deren Vorläufer betrachtet werden, wenn statt seines zweiten s. g. statistischen Teiles für eine Ortschronik damals schon Zeit gewesen wäre.

Diese Übersicht erleichtert die Auswahl. Bezeichnen wir die erste Gruppe einfach als unzulänglich, so hätte auch eine Leistung nach dem zweiten Recepte den Mitgliedern der „Landes= kunde" zu ihrem 25. Stiftungstage nicht angeboten werden können, wofür die Gründe auf der Hand liegen. Für eine archivalische Geschichte floß die Quelle viel zu spärlich; auch ist Urkundenlesen nicht jedermanns Sache. Einer Verfaßungs= geschichte fehlte die Grundlage, da die Stadtverfaßung zu wenig Änderungen erfuhr, als daß sie als Trägerin der son= stigen Ereignieße hätte benützt werden können. Da blieb nur der vierte Weg übrig. Er schließt eine quellenmäßige Behand= lung nicht aus, gewährt eine Übersicht nach Gegenständen und leistet eine Art Bürgschaft, daß nichts Wißenswürdiges übergangen wird. In so weit Hübner als Vorgänger ange= sehen werden kann, verläugnet diese Art und Weise auch das Streben alles neu machen zu wollen und stellt dennoch den Fort= schritt in der Ortsgeschichte und Beschreibung anschaulich dar.

„Aber Ihr Buch, lieber Doctor, muß Geschichtsdar= stellungen enthalten, Bürgertrachten, Brustbilder merkwürdiger Männer, malerische, figurenreiche Handlungen, Abbildungen verschwundener Gebäude, Aufzüge der alten Bruderschaften

und dergleichen, es muß eine künstlerisch ausgestattete, eine
Stadtgeschichte mit Illustrationen werden, wie sie jetzt
im Schwange sind." Derlei Aufforderungen konnten nicht über-
hört werden und beschäftigten den Verwaltungsrat der Gesellschaft, der bestrebt war, die Auswahl der Kunstbeilagen mit
dem Zwecke des Buches, und mit den gebotenen Mitteln die
Kosten und Arten der Ausführung zu vereinigen.

In der Bearbeitung selbst wurde der Unterschied zwischen
getreuer Erzählung, Tatsachengruppirung, dem Wiederaufbau
von Orts- und Gesellschaftszuständen und der geschichtlichen
Wahrscheinlichkeit mit allem Fleiße bemerkbar gemacht, damit
des Lesers Urteil nicht beirrt werde. Man räumte der geschichtlichen Wahrscheinlichkeit etwa dasselbe Recht ein, das
die rechnerische schon lange besitzt, und lebte der Ansicht,
daß damit dem Vorwurfe einer „Hypothesenschmiede" begegnet
werde. Und was die oft angefochtene „Reconstruction", oder
den geschichtlichen Wiederaufbau betrifft, so nahm man davon
nicht Umgang, wo die unzweifelhaften Steine eines derartigen
„Phantasiegebildes" gegeben waren. Die Erfahrung lehrt ja
doch, daß die auf dem Boden zerstreut herum liegenden
Trümmer hauptsächlich dadurch belebt werden, wenn man
sich deren Vollgestalt und Gebrauch auch nur annähernd vorzustellen vermag.

Gar oft legte sich der Verfaßer bei seinem Ringen
mit der Aufgabe die Frage vor, wie denn ein anderer an
seiner Stelle dieselbe bewältigt, welche Bestandtheile er gewählt oder verworfen, zu welchem Baustyle er sich etwa
bekannt haben würde. Das Ergebniß war, daß innerhalb
der Gränzen der gewählten Gruppe von Orts- oder Stadtgeschichten mehrerlei Lösungen möglich, aber ebenso sehr von
der Zahl, Auswahl und Beschaffenheit der Quellen oder
Baustoffe als von dem Umblicke und Geschicke der Unternehmer abhängig gewesen wären. Hiebei kam auch in einigen

Betracht, daß das Werk von keinem s. g. liebenswürdigen Schriftsteller herrührt, dem der Leser schon auf halbem Wege mit seinem Beifalle entgegen kommt. Dieser Umstand scheint aber, wenn die Selbsteinkehr aufrichtig war, keine beengende, eher eine befreiende Wirkung ausgeübt zu haben. Ist eine Selbstbeurteilung erlaubt, so will diese Stadtgeschichte in erster Linie als eine quellenmäßige betrachtet werden. Wo die herkömmliche einheimische Darstellung der Geschichte von ihr abweicht, wurden kritische Erörterungen erfahrungsgemäß für zwecklos gehalten. Wenn Hübner die „schmeichelhaften Erwartungen" und den „Ruhm der edlen Salzburgischen Nation" in Betracht zog, so hatte der „emsige Inländer", den sich derselbe vor neunzig Jahren zum Nachfolger wünschte, keine andere Absicht, als ein Buch herzustellen, das die Gesellschaft für Landeskunde als jüngsten Beweis ihres ernstlichen Strebens vorlegen könnte. Und soll der letzte Entstehungsgrund der ganzen Arbeit mit kurzen Worten dargelegt werden, so ist er in dem Zeitpunkte oder Menschenalter zu suchen, in welchem das alte Salzburg vor dem neuen verschwunden ist, in welchem es sich geistig und leiblich umgewandelt hat, in welchem Selbstverwaltung und bauliche Veränderung zu einer neuen Zeitrechnung auffordern. Da erschien es als ein glücklicher Wurf, so weit möglich, ein umfassendes Spiegelbild der langen Vergangenheit zu entwerfen und den Zeitgenossen die Entscheidung zu überlassen, ob sie, die Nachkommen so vieler Jahrhunderte, ihre eigenen Züge, wenn auch nicht in Antlitz und Kleidertracht, doch in den Werken ihrer Vorfahrer noch erkennen, oder nicht.

Wie aber auch immer die Arbeit ausgefallen sein mag, so viel ist gewiß, daß sie ohne Wiederbelebung der einheimischen Geschichtsforschung durch die Wirksamkeit der genannten Gesellschaft nicht in der vorliegenden Weise zustande gekommen wäre. Erst die Erschließung zahlreicher Quellen zwängte den Gang der Ortsgeschichte in das richtige Bett und beschnitt die Wucherpflanzen daneben, die Anekdotenjagd, die Romantik, die literarische Freibeuterei, die leisetretende Halbheit, den feuilletonistischen Blumenschmuck, das Klettergewächs des Cantönligeistes. Die umfassenden archivalischen Forschungen des Herrn Consistorial-Rathes Doppler, der Sammeleifer Dr. Spatzeneggers, die Ordnung und Führung des Archives der Landesregierung durch Herrn Pirckmayer, die Schätze des Stadtarchives und städtischen Museums stellen fünf Haupthorte der Ortsgeschichte dar und es gebietet die Dankbarkeit mit lebhafter Freude der daraus geschöpften reichen Belehrung zu gedenken.

Nicht zur Entschuldigung, aber als Zeichen der Selbsterkenntniß soll zum Schluße einiger Ungleichheit der Schreibweise, manches Dunkels in der Darstellung, auch mehrerer vielleicht absichtlicher Wiederholungen und Unsicherheiten gedacht werden. Wer die lange dauernde Mühe bei der Sammlung urkundlicher Angaben, bei Ordnung und Darstellung des Stoffes neben dem täglichen Fortgang der Berufsgeschäfte und das bereits stark herbstgrüne Alter des Verfaßers in Anschlag bringt, und vielleicht aus eigener Erfahrung weiß, daß das Verständniß stets erst mit der fortrückenden Arbeit wächst und schon deshalb zuweilen ein Irrtum unvermeidlich ist, wird der Arbeit gerecht werden. Übrigens sei der unser Mann, der es beßer machen kann!

Herbstruperti 1884.

I. Buch.

Geschichtliche Stadtbeschreibung.

I. Abschnitt.

Der Burgfrid und seine Marken.

Freiheit, Recht und Frieden bildeten einst die Grundbedingungen des innern Städtelebens. Selbstverwaltung, Rechtspflege, Sicherheit waren die drei Hauptrichtungen der Tätigkeit städtischer Gemeinwesen. Verwaltungs-, Gerichts- und, wie man mit einem neueren Ausdruck es bezeichnet, Polizeibezirk, trafen darum oft, aber bei weitem nicht überall in ihren Marken zusammen.

Man nannte den städtischen Rechts- oder Friedekreis, der heute gewöhnlich „Stadtbezirk" oder „Stadtgebiet" heißt, den „Burgfrieden" oder das „Weichbild", und weil deßen Umkreis ungefähr eine (römische) Meile vom Herzen der Stadt entfernt war, auch die „Baunmeile".[1])

Salzburg war von Uranfang an eine grundhörige Stadt; d. h. es hatte seinen Ursprung auf dem Grund und Boden der Äbte und Bischöfe genommen; der Erzbischof war also Stadtherr und auch Eigentümer des nächstumliegenden Landes. Soweit sich das Wachstum der Stadt zurückverfolgen läßt, geschah es dadurch, daß der geistliche Herr oder seine Klöster je und je neue Grundstrecken mit mehr oder weniger darauf haftenden Rechten an die Stadt abtraten. Daraus erklärt sich von vorne herein, daß die Gränzen des Burgfrides nicht stetig waren, sondern hinausrückten, daß die Rechte der Stadt namentlich in den äußern Bezirken des Weichbildes verschieden von denen in der Altstadt blieben, so wie daß dem zufolge Hofburgrecht, städtisches, nonnberger, st. petrisches Burgrecht und Urbar, Abgaben- und Steuererhebung, Urbargericht,[2])

---

[1]) „Bann" bedeutet Gebot und Gebiet. Schmeller WB. Da die römischen Städte den Teutschen zum Vorbilde dienten, so erklären sich viele Einrichtungen daraus. „Weichbild" ist die jüngere Wortform von wik-belt (vici baltens), d. i. Ortgürtel.

[2]) „Urbar", Erträgniß des Lehengutes, das Verzeichniß der Lehengüter und ihrer Erträgnisse; „Bauernlehen" im Gegensatz zu „Mannschaft und Lehen" oder „Ritterlehen".

Stadtgerichtsiprengel, fürstlicher Gerichtsbezirk, Polizeibezirk u. s. w. eine sehr wandelbare Musterkarte von Rechten darstellten.

Um eine klare Anschauung der dabei waltenden Umstände zu gewinnen, werden die Leser ersucht, einen Gang aus der Mitte der Stadt bis an die Marken des Burgfrides zu unternehmen.

Wir stehen in der Altstadt und befinden uns in der Zeit, als die Stadt sich zuerst mit einer Mauer umgab, die vom Wester- oder Bürgerspitaltor bis zur innern Nonntalerklause reichte (Abschnitt II, III und V). Noch haben die Häuser innerhalb dieser Mauer ihre bestimmten Grundherrn, das Kloster St. Peter, Nonnberg, das Domstift u. s. w. Die Mauer steht an der Wasserseite der heutigen Juden- und Trägasse, und vermutlich wurden die Häuser dieser Wasserseite auf dem Grunde dieser Mauer oder einer älteren hölzernen, von der wir keine Nachrichten haben, erbaut. Während wir nun von den meisten Häusern der Stadtseite dieser Gaßen noch das Grundeigentum anzugeben vermögen, fehlt jede Kunde von den Häusern der Wasserseite, sie sind freieigen oder städtisch. Es läßt sich bis nun dafür keine andere Ursache angeben, als daß der Stadtherr den Grund zur Erbauung der Mauer der Stadt überließ, und daß in der Folge darauf Häuser erbaut und die Stadtmauer an die Rückseite derselben, d. h. näher an den Fluß hinausgerückt wurde. Dieser Vorgang ist bezüglich der Strecke, die zum Admonterhof oder dem spätern Bürgerspital gehörte, sowie rücksichtlich des Grabens um die Rechtsstadt sichergestellt. Was demnach außerhalb der Stadtmauer lag, war nicht städtischer Grund, sondern des Fürsten, Nonnbergs u. s. w., was in Betreff der Häuser am Gries, die nicht zum Bürgerspital gehörten, vor dem Bergstraß-, Laufnertor, in- und außerhalb der Mönchsbergscharte u. s. w. abermals unzweifelhaft ist.

Als im J. 1139 die ganze Grundfläche, die zum spätern Bürgerspital gehörte, dem Admontkloster geschenkt wurde, war dieselbe noch fürstlich. Es reichten demnach weder der st. petersche Frongarten, noch die städtisch gewordenen Häuser der Trägasse bis an das Wester- oder Bürgerspitaltor hinab.

Als die G'stättengasse entstand und bis zum äußern Tore sich ausdehnte, war sie demnach hofburgrechtlich und dieselbe Voraussetzung gilt für die Häuser am Stein und in der Rechtsstadt, nicht aber für die ganze Umgebung der heutigen Nonnbergerstiege und der Häuser in der Scharte, welche auf nonnbergischem und st. peter'schem Grunde standen, weil sie dahin burgrechtpflichtig waren.

Auf gleiche Weise war ursprünglich der Grund und Boden zu Mühlen, in Lehen, Riedenburg hofburgrechtlich, im Nonntale nonnbergisch, um Bürgelstein und Münchhausen st. peterisch, wie aus der Häuser-Chronik Topplers, der auch die oben stehenden Angaben entnommen sind, gefolgert werden kann.

Wie man sieht, war demnach das „Burgrecht" in Salzburg ursprünglich nichts anderes, als das gegen ein jährliches Reichniß an den Grundherrn erworbene Recht Haus und Hof in der Stadt zu besitzen und dessen Grund zu benützen, womit in ältester Zeit gewiß noch eine beschränkte grundherrliche Gerichtsbarkeit fortbestand. Darin liegt wohl auch der Grund, daß es in Salzburg keinen wesentlichen Unterschied zwischen Vorstadt- und Stadthäusern gibt.

Wie nun viele alte Lehenverhältnisse aufgelöst wurden, so hörte auch zu sehr verschiedenen Zeiten für die Stadt- und Vorstadthäuser die Burgrechtspflicht auf, die zuletzt in nichts andern, als in der Abgabe einer gewissen Anzahl Pfenninge bestand. Das grundherrliche Verhältniß verschwand, die Bürger und Hausbesitzer hatten nun „eigenen Rauch" und waren endlich mit Gericht und Abgaben der Stadtbehörde allein unterworfen.

Allein dieser Übergang geschah nicht bezirksweise, sondern nach einzelnen Häusern, daher gibt es Vororte, in denen noch im 17. Jahrhunderte (stadt-)burgrechtlicher hofburgrechtlicher, freieigener Besitz u. s. w. vorkommt, in denen das Stadtgericht, oder das fürstliche Hofurbargericht die Rechte ausüben, in denen bisweilen die Zuständigkeit zu diesem oder jenem Gericht zweifelhaft ist u. d. gl.[1])

Wenn demnach doch endlich die Zeit herankam, in welcher die meisten Häuser und Güter innerhalb eines gewissen Bezirkes dem Stadtgerichte unterstanden, so galt dieß doch nicht von allen und das Stadtgericht übte ungeachtet dessen auch über nicht wenige außerhalb des eigentlichen Burgfriedens gelegene Häuser und Liegenschaften, die Stadt-

---

[1]) Rainbergstraße 10: „Ain Behausung sambt dem großen und kleinen Hammer... on der Riedenburg im Stattgericht Salzburg ligent." Magistr. Urb. Weichsteuer Raitung 1654, 1669, 1688, 1709 ...... und Magistr. Urb. Aulaitbeschrbg. 1668, 1705, 1745 .... Aber die Riltenburg wurde noch in dem letzten Zehent des vorigen Jahrhunderte zum Hofurbargerichte Glan gerechnet. — Leopoldskronstraße 12. Hofburgrechtaulaitlibell 1797: „Ein Burgrechtegerechtigkeit an und auf einem Hof in der Riedenburg das Neureuth genannt ...... so ebevor der hochfürstl. Hofmaisterey, nun aber dem hochf. Stadtgericht allda .. unterworfen. Aber die Weihsteuerrechnungen bezeichnen dieses Gut schon 1688, 1709 u. ff. als im Stattgericht Salzburg liegend. Sehr viele derlei widersprechende Angaben enthält Topplers Häuserchronik, der auch obstehende entnommen sind.

bürgern gehörten, die Gerichtsbarkeit aus — eines der vielen Beispiele mittelalteriger Sonderberechtigungen.

Der Rechtskreis der Stadt, der Burgfrid oder das Weichbild hat sich demnach im Laufe der Zeit in der angegebenen Weise allmälig vergrößert, er hat, wie noch gezeigt werden wird, zu Anfang dieses Jahrhunderts auch Einbußen erlitten, und ist zu gewissen Gränzen gelangt, aber eine vollkommene Vereinigung hat er erst im laufenden Jahrhundert erfahren.

Zu Ende des 18. Jahrhunderts umfaßte der Burgfrid die Altstadt[1], d. i. die Linksstadt zwischen dem einstigen äußern Nonntaltore, der Bürgerwehr und der äußern G'stättenklause, dann die Rechtsstadt zwischen dem innern Stein-, St. Sebastians-, Mirabell- und Lederertore, die Vorstädte: Stein[2], Nonnthal[3], Mühlen und äußerer Mönchsberg, die Vororte, „Rotten", auch „Viertel" genannt: Lehen[4], Riedenburg (richtig „Rittenburg"), Stücke von Gneis und G'main, Münchhausen, Parsch, Moos[5] (ein Stück vom Ützlinger Moos, gewöhnlich Schallmoos genannt) und Froschheim.

---

[1] Die Innenstadt läßt sich, wie die Folge lehrt, in die ältere und jüngere Altstadt trennen, deren Gränzen durch das Wester- und Ostertor, das innere Stein- und Nonntaltor bezeichnet wurden.

[2] Die Vorstadt Stein zerfiel in den innern (zwischen beiden Toren und den zwei an die Straße vorspringenden Imbergeden) und den äußern Stein, zu welchem die Häuser von Parsch gerechnet wurden.

[3] Man unterschied, wie am Stein, die gassenartig gebaute Vorstadt — inneres Nonntal, von dem nach Art zerstreuter Landhäuser sich darstellenden Vorort — äußeres Nonntal. Daß die Gemeinweide der Stadt noch im Beginne des 15. Jahrhunderts ziemlich weit über die spätern Weichbildgränzen hinausreichte, kann aus einer im J. 1418/19 unter Stadtrichter Poiczensurter geschriebenen Bestimmung entnommen werden des Lautes: „1. Item der purger vich hie sol gen von recht an dy waid zwischen der alben vnd der glan vntz an grediger vell", womit offenbar die äußere und innere Rittenburg vielleicht auch noch Gneis gemeint ist. Noch jetzt heißt ein Grundstück in der Nähe des Reublerhofes in der äußern Rittenburg (Gemeinde Maxglan) „die Stadtwiese".

[4] Liefering, Rott, Maxglan, Lehen, Glanhofen, Riedenburg werden von Hübner (1,60) und Kleimayrn (Juvav. 421) zum Land- oder Urbargericht, von den städtischen Acten aber Lehen und Riedenburg zum Stadtgericht gezählt. Auch nach dieser Weltgegend reichte die Gemeinweide der Stadt über Lehen und Maxglan hinaus, wie sich aus dem zweiten Absatz der Bestimmungen von 1418/19 folgern läßt „2. Item wan di wisen auschämen enthalb der glan, so sol der purger vich darauff gen, es mügen auch dy pawern ir vich twol zu der purger vich treiben ee das dy wisen auff chement." Das „Aufkommen der Wiesen" ist wohl nichts anderes als die Oeffnung der Wise für den Waidegang im Spätherbst und Anfange des Frühjahrs, wie es noch im J. 1818 auf den Walserfeldern für die Großg'mainer zu Recht bestand.

[5] Münchhausen, Parsch (bis an den Gersberg hinauf) und Schallmoos gehörten nach Hübner und Kleimayrn a. a. O. zum Stadtgericht Salzburg, somit in den Burgfriden. Die „Steuerbeschreibung von 1608" zählt zur Stadt den Schillinghof, Reckenbrunnerhof vorm Linzertor, die fünf Güter zu Münchhausen, Weinprindl, zwei Güter Vogelsang, 21 Güter zu Parsch, darunter Apialter, Wolfsgarten (am Fuße des Neuhauserberges), vier Güter am Gersberg und drei Mühlen am Gersbache.

Das Stadtgericht Salzburg, mit dem zugleich Land- oder Urbargericht vereinigt war, umfaßte Stadt, Vorstädte und Vororte und überdieß noch die Dörfer Maxglan mit Prehausen, Glanhofen und Liefering, die dem Urbargericht unterstanden. Somit gränzte das Stadtgericht

an die Rotten[1]) G'main, Gneis, Abfalter und Aigen des ehemaligen Pfleggerichtes Glaneck-Hellbrunn,

an die Hofmark Gnigl und das Dorf Üßling des Pfleggerichtes Neuhaus,

an die Saale, Salzburghofen und das Pfleggericht Laufen,

an die Dorfmarken von Siezenheim und Viehhausen des Pfleggerichtes Staufeneck.

Die Vereinigung des Stadtgerichtes mit dem Urbargerichte erklärt sich aus dem Umstande, daß im Umkreise der Stadt noch fürstlicher Besitz war, der nicht in bürgerliche Hände überging, daß derselbe aber doch zu wenig Umfang besaß um ein eigenes Pfleggericht zu bilden, so wie daß die Pfleggerichtssitze Staufeneck und Glaneck viel weiter entfernt waren, als die Stadt. Dieß ist auch der Grund, daß für Maxglan und Liefering sammt Umgebung noch im 15. Jahrhunderte eine eigene Landschranne (niederer Gerichtshof) fortbestand. Als bei der Abschaffung der mittelalterigen Gerichtsformen diese Landschrannen eingiengen, trat an die Stelle der Lieferinger Schranne „auf dem Furt"[2]) das fürstliche Urbargericht zu Salzburg.

Das „Verzeichniß der numerirten Gebäude der Haupt- und Residenzstadt, der Vorstädte Müln, Nonnthal, Stein, Parsch und des Mönchsberges nach der am 20. Tezember 1800 allgemein vorgenommenen (ersten) Numerirung" zählt zum „äußern Stein" nicht blos den Weichselbaumerhof, den alten und den jungen Hofwäscher und die Edbäckermühle (Zellerfabrik und Nachbarschaft), sondern auch den Schoppermayr, den Bauernjodl und Flederbach (s. die Karte von Salzburg und Umgebung aus der Zeit des Grafen Fünfkirchen, um 1857); ja alle 26 Häuser von Parsch, Weinbründl, die Apothekerhöfe, die drei Mühlen am obern Gerebach (Roßschneider, am G'rent und im Hölltal), vier Gitter am Gersberg, eines am untern Judenberg, Wolfsgarten, der Luegermayr haben vom äußern Stein an fortlaufende Hausnummern.

Die „tabellarische Uibersicht aller Gebäude der Hauptstadt Salzburg u. s. w. nach der am 15. (!) December 1800 vorgenommenen Numerirung, der Aufschreibung aller Gassennamen (1802)" u. s. w. verfaßt 1801, begreift ebenfalls ganz Parsch, Schallmoos mit dem Robinig-, Schilling- und Reckenbrunnerhof mit Ausnahme des Schallmooshofes (Stadelhof).

[1]) Da es damals keine Gemeindeverfassung im heutigen Sinne gab, so herrschte auf dem Lande noch überall die alte Gerichtseintheilung nach Schrannen, Aemtern, Rügaten, Vierteln, Rotten, Zechen und Kreuztrachten. Die dem Stadtgerichtsbezirke benachbarten Landschrannen waren zu Liefering, Anif, Oberalben, Henberg und Bergheim.

[2]) Dieser „Furt" ist wohl nichts anderes als ein alter Salzacharm, ein Nebenrinnsal der Salzach, wie der „Achfurt" im Pinzgau heutigen Tages vielleicht als Bach noch erkennbar. Zwischen der Stadt und Muntigel rückte der Salzachlauf fortwährend ostwärts gegen das rechtseitige Ufer.

In ältester Zeit dienten Bäume (Mark- oder Geläckbäume) und
Hage (aus Hagdorn, Dornsträuchern, Steinen, Steckenzäune, Erdwälle
(g. Landwehren) zur Bezeichnung der Marken oder als Einfridung
(Dorfzäune, Ester, Bann-, Fridzäune der Weistümer). Der dem h. Rupert
geschenkte Bezirk der alten Römerstadt reichte im Süden bis zu einer
„Hagbuche"[1], womit nach damaliger Uebung vermutlich das Ackerland
oder Sondereigen von der Frei, den Fürbergen, der Gemein, d. i. der
Gemein- oder Koppelwaide und dem Walde geschieden war. Gewissermaßen dienten im 8. Jahrhundert auch die beiden Stadtberge nach außen
als beiläufige Marken der Schenkung.

Zur (nicht vermarkten) „Gemein" oder „Frei" gehörte nicht blos
das Weideland, sondern auch die Lehm- und Sandgruben, Steinbrüche,
Moore, die Parze oder Buschwälder, die Wassergänge, Lohe und Sümpfe.
Daher waren auf der „G'main"[2], auf dem trockenen „Gneiß"[3], um
den „Parz" (Parsch am Buchschachbache), im „Aßlinger-, Gnigler- und
Schallmoose", in den Lohen (Lehen-Löhen) an der Glan, im Moore an
der Rittenburg gewiß sehr lange Zeit keine Marken aufgestellt.

Daß demnach die heutigen Gränzen des Stadtgebietes nicht, wie
man es bei einer mehr als eilfhundertjährigen Stadt vielleicht voraussetzen
möchte, schon vor Alters festgesetzt waren, ist somit klar. Ein Blick auf
die Karte der Umgebung lehrt, daß die Linien der Stadtmark vielmehr ziemlich neuen Ursprunges sind und vielleicht teilweise zu Zeiten
festgesetzt wurden, wo entweder die Stadt auf die Größe ihres Weichbildes
weniger Gewicht legte, oder wo andere Umstände Beschränkungen auf-
erlegten. Wer wüßte nicht, welche Seltenheit noch vor drei Jahrhunderten
selbst in den Umgebungen der Städte zahlreiche Straßen waren! Nun
findet man aber das Weichbild der Stadt zu einem großen Teil von
Straßen und Wegen begränzt, die demnach schon vorhanden waren, als
man die Gränzen bestimmte. Gegen die Annahme, daß diese Wege und
Straßen schon längs alter Stadtmarken angelegt wurden, streiten offenbare
Thatsachen. Denn es wurden durch dieselben nicht nur seit alter Zeit

---

[1] cum montibus ex utraque parte fluminis illius et usque fagum stantem
in medio campo in australi parte ipsorum (montium), quod vulgo dicitur hagenpuha,
cum aquis ibi circumquaque currentibus. Br. Nott. II. 3.

[2] Der Ortsnamen „Klein Gmain" ist nicht viel älter als ein Jahrhundert; früher
hieß die Gegend stets: auf der G'main. So noch bei Hübner.

[3] „Gneis" ist eigentlich der Hochrand des alten Salzachwagrains. Daher wird die
Ableitung von „Knaus, Knäuelein, ein Ansatz, Vorsprung, zunächst am Brodlaib, nicht
irrig sein. „In den Sandgruben zunächst bei dem Gnais". Wurde auch „Gnäss" und
„Gnaiss" geschrieben.

zusammengehörige Gründe und Gutsgesammtheiten getrennt, sondern auch
Gränzlinien festgesetzt, die weit innerhalb alter und unzweifelhaft sicherer
Stadtmarken zu stehen kamen.

Nehmen wir als sicher an, daß vor der Trockenlegung des Ützlinger-,
Schall- und Gniglermoses in diesem Moore keine feste Gränze zwischen
beiden genannten Ortschaften und der Stadt bestand, so erklärt sich, daß
man den großen Entwässerungsgraben außerhalb Froschheim und einen
Teil der Fürstenstraße als Gränzlinie bestimmen konnte. Warum aber
wurden erst im 19. Jahrhundert der Robinig-, Schilling- und Neckenbrunnerhof ausgeschlossen und ein Seitenweg der Fürstenstraße als Gränze
bestimmt? Wie kam es, daß die Stadt den ganzen Landstrich zwischen
Rauhenbühel und Neuhaus im Norden und dem Apfalter, ihrem Ziegelhof
und dem Schoppermaier im Süden, mit Inbegriff von Parsch, Reut und
den Ursprüngen und Verlauf ihrer Wasserleitungen aufgeben mußte und
mit der Straße vom letzten Keller vor dem Linzertor bis herüber nach
Vogelsang und zur Zellerfabrik als neuer Gränze abgefunden wurde?

Die Weichbildgränzen zwischen Salzach und Albe werden durch einen
Teil der Hellbrunnerstraße, des Fürstenweges, der Reichsstraße nach Hallein
und Gretig, endlich einen Seitenweg zwischen dem Gemeindefridhof und
der Albe dargestellt. Sie entspricht ungefähr auch der alten Zugehörigkeit
dieser Örtlichkeiten, aber die Gränzbestimmung ist jünger als die Hellbrunnerallee und die Fürstenstraße, wie auf der Hand liegt.

Die Albenleitung und deren Zweig nach Sinnhub können als alte
Weichbildgränzen gelten, die seit dreihundert Jahren beglaubigt sind.

Wie sollte man sich aber nicht wundern, daß ein Stück der Reutor-
Aiglhofstraße, die mitten durch die Gründe dieses Gutes geht und offenbar
mit dem Tore fast gleich alt d. h. sehr jung ist, der Stadt als Burg-
fridgränze zugemessen wurde, während außerhalb derselben bis zum
Gailenbach fast aller Besitz in Händen von Stadtbürgern war!

Unter den verschiedenen Weisen, die Gränzen der Stadt, Vorstädte,
des Burgfrids kennbar zu machen, war die Einkreuzung in sehr vielen
Städten Süd- und Oberdeutschlands gebräuchlich. Man darf ihr Vorhandensein auch für Salzburg voraussetzen. Da nun aber Holzkreuze,
wenn sie nicht mit einem gewißen Augenmerk erneuert werden, ein
vergängliches Wahrzeichen sind, so ist ein verläßlicher oder widerspruch-
freier Nachweis von derlei Weichbildkreuzen gar nicht zu unternehmen.
Es kann sich da nur um die Ermittelung von Örtlichkeiten handeln, die
entweder schon im Ausgange des Mittelalters bezeichnet waren und uns

2

als solche überliefert worden sind, oder an denen sich bis in die neuere
und neueste Zeit die Kreuzsetzung fortgepflanzt hat. In Ermangelung
urkundlicher Nachrichten wird die Forschung überdieß nicht selten durch
den Umstand erschwert, daß man, der ursprünglichen Bestimmung dieser
Weichbildkreuze vergessend, sie nur mehr als Andachtsstätten betrachtete.
Der fromme Eifer ersetzte die einfachen Kreuze durch Bildkreuze, stellte
ihnen Flachfiguren zur Seite, errichtete mitunter „Marterstöcke“, Bildsäulen,
ja selbst Kapellen, die allerdings in der Nähe der alten, hinfälligen
Kreuze, aber auf dem Grunde der Erbauer, in der Nähe ihres Hauses
Aufstellung fanden. Oder aber, sie galten als „Weg-“ oder „Wetter-
kreuze“ und wurden als solche an Orte, die den Erneuerern passender
erschienen, zum Schutze ihrer Felder, an Kreuzwegen, jedoch in der
Nachbarschaft der ursprünglichen Kreuze, versetzt.

Daher ist es begreiflich, daß die folgende Aufzählung von Örtlichkeiten,
wo eine Kreuzsetzung entweder sicher nachgewiesen werden kann, oder
wo Spuren derselben auf früheren Bestand zurückweisen, hauptsächlich
als Erinnerung an den einstigen Gebrauch, keineswegs aber als sicherer
Nachweis des Zweckes dieser Weichbildaltertümer für jeden einzelnen
Ort angesehen werden kann. Der Wert des folgenden Verzeichnißes,
wenn ihm ein solcher zukommt, liegt daher nur in der Nennung der
Orte, wo diese Denkmäler standen und in der Begründung der Annahme,
daß, wenn gleich nicht alle, doch ihrer einige oder mehrere dem ausgesprochenen Zwecke gedient haben.

Es hat sich aus dem Vorgebrachten ergeben, daß die Marken des
Stadtbezirkes von der Mitte aus gegen den Umkreis nach und nach
vorgerückt sind. Wenn nun die Kreuzsetzung mehrere Jahrhunderte, wie
es den Anschein hat, in Gebrauch war, so würde daraus folgen, daß
jene Kreuzstätten, die näher der Innenstadt, also in den älteren Stadtteilen
liegen, auch älter sind, als die am Rande der Vorstädte. Genaueres über
die Zeiten anzugeben, in welchen dort und hier die Kreuze errichtet
wurden, oder etwa Anfang und Ende der Kreuzsetzung überhaupt bestimmen
zu wollen, verhindert die Beschaffenheit der gesammelten Nachrichten und
die Unsicherheit der aufgefundenen Spuren.

Man kann sonach, ohne sich zu übereilten Folgerungen verleiten zu
lassen, die Kreuzstätten in drei örtliche Gruppen bringen,

    I. Kreuze zwischen Stadt und Vorstädten,

    II. Kreuze am Außenrande der Vorstädte,

    III. Kreuze an der Weichbildgränze.

Weichbildkreuze.

I. Gruppe.

1. Das Kreuz auf der G'stätten.

Da es nicht bezweifelt werden kann, daß das Stadtgericht einst mit dem innern, dann äußern G'stättentor abschloß, und der Häuserbau der G'stättengasse selbst nach und nach gegen das äußere Tor vorrückte, so daß die äußersten Häuser wohl um ein paar Jahrhunderte jünger sind, als die innersten[1]), so muß es eine Zeit gegeben haben, in welcher die Stadt in der Gegend der viel spätern Ursulinerkirche ihr Ende erreichte, mag damals das äußere G'stättentor schon erbaut gewesen sein, oder nicht. Wenn also die vorausgeschickten Annahmen nicht ganz in der Luft hängen, so hätte dieses Kreuz damals seinen Ursprung genommen (etwa zwischen 1300 und 1400). Es ist aber erst im 16. Jahrhundert beurkundet, als daneben Häuser standen, die darnach bezeichnet wurden. „Heusl innerhalb des Klausentores bei dem Crucifix" (G'stättengasse 41) Domuncula penes signum crucis 1560. Aber zu dieser Zeit kam schon ein Marienbild hinzu. Nova area in monte excisa circa imaginem B. M. V. (H. 45 und 41) 1585. „Haus auf der G'stätten beim Thor neben vnser Frauen Bildnus" (1560). „Hanß auf der G'stätten bey dem Thor neben „vnser Frauen Pild" (1558). „Hofstatt im Perg bei U. L. Fr. Bilnuß" 1646. „Heusl beim heilligen Creiz oder vnser Frauen Capellen im Perg" (1646). Sämmtlich bei Toppler. Zwischen den Häusern 43 und 45 stand demnach ein Crucifix und ein Frauenbild, wahrscheinlich der schmerzhaften Mutter; endlich wurde (vor 1646) darüber eine Capelle erbaut, die „Bergkirche", 1669 durch den Bergsturz zerstört, wieder erbaut, 1800 zur Franzosenzeit entwürdigt, 1802 verkauft und in ein Bürgerhaus verwandelt.

Das Kreuz in der G'stätten ist das einzige Stadt-Wahrzeichen zwischen Stadt und Vorstädten, von dem Nachrichten auf uns gekommen sind. Man darf jedoch daraus mit einiger Wahrscheinlichkeit folgern, daß auch in der Nähe des innern Ostertores, beim Steintor und in der Gegend der innern Nonntalerklause solche Kreuze gestanden seien, die spurlos untergegangen sind. Denn die Weichbilde der alten Städte waren mindestens

---

[1]) Dieß ist aus Topplers Häuserchronik, d. i. den über diese Häuser aufgefundenen Nachrichten zu entnehmen.

„zwischen vier Kreuzen befangen", die den Weltgegenden entsprachen. Der vorgelagerten Berge wegen ging man durchs Wester- und Klausentor nach Westen, durchs Ostertor gegen Norden und den Sommeraufgang der Sonne, durchs Steintor gegen Osten, oder den Winteraufgang, durchs Nonntaltor nach Süden.

II. Gruppe.

Die Kreuze am Rande der Vorstädte können nicht älter sein, als die Zeiten, in denen sich das Stadtgericht auch über die Vorstädte erstreckte. Wie schon bemerkt, schwankten darüber die Angaben, da städtische Acten Vorstädte zur Stadt gehörig verzeichnen, die in landesfürstlichen Auf= schreibungen noch dem fürstlichen Urbargerichte untergeordnet erscheinen. Man dürfte vermuten, daß die städtischen Beamten den neuern tatsächlichen Zuständen folgten, während die fürstlichen noch den ältern Rechtsverhältnissen Rechnung trugen und sie festzuhalten suchten. Wahrscheinlich hat sich die Gerichtsbarkeit der Stadt über verschiedene Vorstädte zu verschiedenen Zeiten ausgedehnt, so daß hiefür ein gewisser Zeitpunkt nicht angegeben werden kann. Um jedoch den Vorstellungen darüber dennoch eine gewisse Gestalt zu geben, mag vorausgesetzt werden, daß um das Jahr 1600 das Stadt= gericht wohl schon die meisten Betreffe dieser Art unter sich vereinigt haben dürfte.

2. Das Kreuzbrünnlein.[1])

Um 1350 bestand schon auf der Hochpeunt zu Mülln, jenseits des Baches, auf welcher mehrere große Krautäcker lagen, ein gemauerter Brunnen, der „Uetl-" oder „Vellprun" genannt.[2]) Das Grundeigentum war st. peterisch. Mehrere Bürger hatten diese Krautgärten inne, zuletzt die Fröschlmoser, bis Abt Martin V. 1594 die Gründe zurückkaufte. Am Nordrande dieser Gärten war die Vorstadt zu Ende und dürfte somit an der Laufnerstraße, vor dem Schergentore ein Weichbildkreuz gestanden sein. Da mag Abt Martin auf den Gedanken gekommen sein, das Kreuz

---

[1]) Das „Kreuz zu Mülhlen", beim H. 4 in der Hauptstraße, dürfte kaum als Weich- bildkreuz; anzusprechen sein, wiewohl es schon 1463 vorhanden ist und 1470, 1514, '59, 1605, '18, '70 zur Bezeichnung des benachbarten Hauses verwendet wird (Doppler), wo es noch steht. Vermutlich war es ein f. g. „Schifferkreuz", bestimmt zur Erweckung der Andacht der Nauführer und Fergen der Salzstotten, wenn sie ihre Fahrten salzachabwärts unter- nahmen. Um das Jahr 1460 war ja die Verehrung des spätern Brücken- und Wasser- schutzheiligen Johannes in deutschen Landen gewiß selten. Das heutige Wirtshaus zum Bären hieß vormals, obwohl etwas weiter entfernt, als das Haus 4, dennoch wegen der Nachbarschaft „zum Kreuz".

[2]) „Uetl" oder „Vetl" ist wohl die Koseform von Uzto, Uetz, mag dieß nun Otto oder Udalrich bedeuten.

auf den nur ein paar Klafter entfernten, gemauerten Ueberbau des Zieh-
brunnens zu versetzen, dem es nicht blos zum Schmuck diente, sondern
wo es auch biblische Erinnerungen erwecken mochte. Im J. 1650 benennt
das Grundbuch der Stadt Salzburg das benachbarte Anwesen (Gas-
werkgasse 6) bereits das „Kreuzbründlgütl". Um 1850 waren noch die
Mauersäulen mit dem Querbalken vorhanden, der die Rolle für den
Eimer trug. Beim Baue des Eisenbahndames 1859 kam der Brunnenschacht
in die äußere Böschung desselben neben dem Straßendurchlaß zu stehen,
wurde zugedeckt und speist nun mittels einer Rohrverbindung unter der
Straße den Brunnen des genannten Hauses 6.

Es ist zu vermuten, aber nicht nachzuweisen, daß auch vor den
andern beiden Toren zu Mühlen Weichbildkreuze angebracht waren.
Bestärkend wirkt der Umstand, daß die Vororte Lehen und Rittenburg
wahrscheinlich erst spät an das Stadtgericht kamen.

3. Das Kreuz vor dem Bergstraßtore.

Die Handschrift B über das Leben Wolf Dietrichs[1]) fügt der Erzählung
vom Bau des Schloßes Altenau die Bemerkung bei: „Zue negst darbei
ist auch ein sehr schönes Creuz oder Martersaul, welche erst neulich
(d. h. um 1607) renovirt worden ist." Auf dem Stadtplan von 1646
ist dieses Kreuz nicht mehr enthalten, wohl aber wird in dessen Nähe
ebenfalls ein Ziehbrunnen angegeben, der einzige Ueberrest der Gärten,
die daselbst am Rennbühel vor den Schanzarbeiten sich befunden haben.
Dieser Platz vor dem Bergstraßtore (in der Gegend des Lodronbogens),
außerhalb dessen nur Landhäuser, Peunten und Gärten (f. Abschnitt V.
Vorstädte und Vororte) gelegen waren, lag einst jedenfalls außer des
Stadtgerichtsbezirkes, und darum mag diese „renovirte Martersäule" die
Stelle eines früheren Weichbildkreuzes vertreten haben.

4. Das Kreuz beim Gericht.

Das „Kreuz" oder „die drei Kreuze beim Gericht" werden 1459 und
später noch öfter zur Bezeichnung der Lage von Grundstücken oder Häusern
vor dem äußern Oster- oder Sebastianstore, oder im Mose genannt
(Toppler). Die Kreuze bei den Hochgerichten, weil sie gewöhnlich
(wenigstens schon im 13. oder 14. Jahrhundert) vor einem Tore in der
Nähe der Weichbildgränze aufgerichtet waren, wurden, sowie die „Mord-"
oder „Sühnekreuze"[2]), häufig als Weichbildkreuze angesehen, was sie auch

---

[1]) Hauthaler in Lददके. XIII. 6 und 94. Anm.
[2]) Die „Mordkreuze" wurden zur Sühne des begangenen Verbrechens an der Stelle,
oder in der Gegend der Unlat, oder an der Gränze der zwei benachbarten Torkmarken

in der Tat waren, da selbe als ein Ausfluß der städtischen Gerechtigkeits-
pflege mit dem Burgfrieden in engstem Zusammenhang stehen. Dieses
Kreuz befindet sich noch jetzt an Ort und Stelle (der Richtplatz aber
war auf der andern Seite der Straße „im Mose").

5. Das Kreuz zu Pyrglen.

Wie das Kreuz beim Gericht außerhalb der Ostervorstadt, so stand
das Kreuz zu Pyrglen (Steingasse 103) außerhalb der Vorstadt am Stein,
am Ende der städtischen Häuserzeilen. Es wird um 1560 beurkundet.
„Eine Hofstatt vnd Haws am Pyrglstain, daran das Crucifix."
„Unter der Marter zu Pyrglen." „Bei dem Kreuz zu Pyrgla." Doppler.
Das Wirtshaus zum Kreuz hatte davon seinen Namen. Im Volksmunde
hieß es „zur Bettlerumkehr" und somit stand es wohl einst unfern der
Gränze des städtischen Sicherheitsdienstes.

6. Das Kreuz oder die Mariensäule im Nonntale.

Es gibt mehrere Wahrscheinlichkeitsgründe für die Annahme, daß
Nonntal schon früh unter die städtische Gerichtsbarkeit kam, vielleicht bald
nach der Vorstadt am Stein, die sicher am längsten zum Stadtgericht
gehörte. Das Wahrzeichen des einstigen Weichbildes steht noch heutigen
Tages am Ende der städtisch in Häuserzeilen angelegten Vorstadt, am
Ausgange der „untern Zeile", da wo die ländlich zerstreuten Ansiedelungen
sich nach außen fortsetzen, wie am Kreuzbrünnlein, am Kreuz beim Gericht.
Bis zu diesem Kreuze reichten die Abtswiese und die Gründe des Maierhofes
der Äbtissin herein; außerhalb lag das Burgfeld, die Fürbergpeunt[1] u. s. w.
Schon um 1380 kennt das nonnberger Urbar[2] im Nonntale einen „Fribl
an dem chränz". Auf der Karte aus der lodronischen Zeit (um 1646)
steht das Denkmal genau an der heutigen Stelle an der Straßenzwisel.
Ein Domherr Martiniz scheint statt dessen die Mariensäule haben aufstellen

---

angebracht. In den Fällen in denen das Verbrechen nicht mit dem Tode gebüßt wurde,
ist dem Täter in Folge gerichtlichen Vergleiches (compositio) nebst andern Verpflichtungen
(an die Verwandten des Ermordeten, und kirchlichen Bußwerken (Wallfahrten nach Rom,
Cöln, St. Jakob in Spanien, Jerusalem) auch die Errichtung eines Sühnekreuzes aufgetragen worden. Derlei steinerne Kreuze, stehend oder in den Boden eingelassen, befanden
sich noch vor kurzen Jahren am Gehwege zwischen Hellbrunn und Anif; an der Straße
von Puch nach Elsbeten, wo der Weg nach Urstein abzweigt, bei Fennting am Himmelreich
an der Wegteilung von der Reichenhallerstraße nach dem neuen Pulverlager; endlich
ungefähr halbwegs an der Straße zwischen Siezenheim und Wals. Ein beharrlicher Fuß-
wanderer wird sie noch finden.

[1] „Peunt" ist ein Grundstück sehr verschiedenen Flächeninhaltes, welches sowohl aus
der einstigen Gemeinweide, als aus dem Ackerverbande des Dorfes nach Feldern oder Zelgen
ausgeschieden war. Gewöhnlich war es deshalb eingezäunt. Der Besitzer konnte darauf
anbauen, was er wollte. Es scheint doch die Verdeutschung von punctum oder punctatum
zu sein, also eine Austragsbestimmung, ein Grundaustrag.

[2] Landeskunde XXIII, 94.

lassen, welche nach ihm Abt Placidus von St. Peter 1733 bezahlte und vollendete (Toppler). 1807 und in jüngster Zeit wurde sie erneuert und steht in der Nähe des Hahnwirtes (Hauptstrasse 36).

III. Gruppe.

Die Spuren der äußersten Wahrzeichen der Stadtmark sind um so unsicherer und schwieriger aufzufinden, weil an manchen Orten der Burgfrid erst im 17. Jahrhunderte festgestellt wurde, zu einer Zeit, in der, wie es scheint, nicht blos die Kreuzsetzung fast außer Gebrauch gekommen war, sondern auch die Vermarkung der Stadtbezirksgränzen überhaupt unterlassen wurde. Anderenteils wurde schon bemerkt, daß ganz sichere Teile des Burgfrides abgetrennt worden sind, wodurch dessen ehemalige Umfangslinie sich bedeutend von der anderer alter Städte unterscheidet, die mit anerkennenswerter Kraft ihre Gränzen wahrnahmen. Wenn demnach schon der Wahrscheinlichkeitsgrad in der Deutung oder Erklärung der Weichbilddenkmäler der ersten und zweiten Gruppe je nach dem Urteile der Leser oder Altertumskenner ein verschiedener sein mag, so vermindert sich derselbe in der dritten Gruppe auch darum, weil mit der Entfernung der fraglichen Örtlichkeiten von der Altstadt nicht selten der Häuser so wenige waren, daß die Hauptquelle zur Bezeichnung der Kreuzstätten, die Häusernamen, versiegt. Die Aufzählung solcher mehr vermuteter, als wahrscheinlich gewordener Stellen geschah daher nur deßhalb, weil die Einbildung unterdrückt wurde alles auf's beste zu umfassen und etwas Vollkommenes liefern zu können, weil gewiße Fingerzeige den Nachkommen nützlich sein können und weil vom Anfange an der Irrtum als notwendiger Begleiter jeder neuen Forschung in den Kauf genommen werden mußte.

Verfolgen wir nun den Verlauf der äußersten Stadtmark, wie er auf der Karte angegeben wird, so treffen wir auf unserer Wanderung mehrere Punkte an, die entweder noch heutigen Tages durch Wegkreuze bezeichnet sind und somit auf einstige Weichbildkreuze zurückführen könnten, oder in deren Nähe andere Denkmäler stehen, die statt alter Kreuze erbaut worden wären, oder die endlich vor Zeiten noch durch Kreuze kenntlich waren, seither aber dieser Bezeichnung verlustig gegangen sind. Der Besuch dieser Gränzlinie ruft, wie es kaum anders sein kann, mancherlei Erinnerungen wach, die mit den Geschicken der Stadt in Zusammenhang stehen und an anderen Orten dieses Buches nicht vorenthalten werden.

7. Durch Froschheim wandernd gelangt man sowohl auf dem Fußweg,

als der Straße zu dem großen Moorabzugsgraben, der wahrscheinlich seit den Arbeiten zur Trockenlegung als Gränzgraben zwischen der Stadt und Uezling dient. Da schon zur Römerzeit ein Weg nach Bergheim, Anthering und weiter hinab vorhanden war, so ist diese Straßenrichtung gewiß älter als die Kultur des Moores, wie auch Froschheim weit früher genannt wird, als die Ansiedelungen im benachbarten Moore. An dem Gehwege also außerhalb des Zillner-, nun Taghofer Hofes, wenn man an drei Steinsäulen vorüber gegangen ist, welche zu den fünfzehn den Absätzen des Psalters gewidmeten Denksteinen auf dem Wallfahrerwege nach Maria Plain gehören, steht jenseits des Gränzgrabens ein Wegkreuz, an einem Orte, wo einstmals ein Weichbildkreuz gestanden sein könnte.

8. Vom Weiserhofe zum Pflanzmann — Güter, die seit der Urbarmachung des Mooses oft genannt werden — führte auch ein Weg über den erwähnten Gränzgraben. Neben dem Brücklein über denselben stand eine s. g. Feldkapelle. Der Ort war wie geschaffen für ein einstiges Weichbildkreuz, da, wenn diese überhaupt noch in Gebrauch waren, sie doch an den das Moos durchschneidenden Wegen angebracht wurden. Die Örtlichkeit ist jetzt ganz verändert, sie entspricht aber der Stelle, an der auf dem Bahnhofe eine Wasserpumpe dem österreichischen Frachtenhof gegenüber steht.

9. Es wurde bereits betont, in welchem Verhältniße die Gegend zwischen Neuhauser-, Gersberg, dem Fuße des Gaisberg einerseits, dann Imberg und Salzach anderseits noch zu Anfang dieses Jahrhunderts zur Stadt Salzburg gestanden ist. Täuscht nicht alles, so lief die Weichbildgränze am Fuße des Neuhauserberges, dann längs des Kuhberges auf den Gersberg, dann hinüber auf den untern Judenberg, von dort etwa längs des Bächleins herab, das die ehemals städtische Ziegelei umfließt, und langte in der Gegend der bestandenen Festungslinie am Salzachufer an. Da, wie erwähnt, die Liegenschaften des ausgezeigten Bezirkes schon 1608 im städtischen Steuerbuch stehen, so wäre es nicht zu verwundern, wenn in dieser entfernten Gegend Weichbildkreuze angebracht gewesen wären. Vielleicht ist aber das h. Kreuz zu Parsch, gegenwärtig ein Andachtsort, aus einem derartigen städtischen Denkmale hervorgegangen.

10. Die Straße von St. Josef in die Bernau und nach Freudensal ist sicher so alt, als diese Güter, deren letzteres schon um 1491 genannt wird. Es mag deshalb in der Wahrheit begründet sein, wenn erzählt wird, daß in der heutigen Hellbrunnerallee oberhalb Freudensal, wo sich

diese von dem Fürstenweg trennt, einst ein Wegkreuz gestanden sei, denn daselbst ist noch heute ein Gränzpunkt des Stadtweichbildes.

11. Wie kam aber das Steinbild des h. Johannes am südlichen Ende des Leopoldskronteiches an den einsamen Ort? Die Hofmark Leopoldskron begriff einst doch auch noch das oberhalb gelegene Kopergergut; da ist es schwer an ein Gränzzeichen der Hofmark zu denken, die übrigens auch sonst im Bereiche derselben fehlten. Wenn aber an der Albenbrücke beim s. g. Schmidhäuschen, wo die Gränze des Stadtgebiets in eine Spitze ausläuft, einst ein Weichbildkreuz gestanden wäre, und einer der Grafen Firmian statt dessen, einige Klafter jenseits, auf seinem eigenen Grunde links der Albe das Marmorbild Pfässingers errichtet hätte, so wäre eine Erklärung gefunden.

12. Außerhalb des Vorortes Lehen, am Lieferinger Gehweg steht heutigen Tages die Philomenakapelle. Wie viele werden sich aber noch daran erinnern, daß einst an ihrer Stätte ein hohes rot angestrichenes Kreuz stand? Könnte das Kreuzzeichen nicht noch früher außerhalb der benachbarten Glanbrücke, etwa 80 Klafter stadtwärts angebracht gewesen sein? Und wäre es dann nicht mit Entschiedenheit als ein Weichbildkreuz aufzuzählen?

Am Schluße dieses Abschnittes möge die Bemerkung angefügt sein, daß die am Gailenbach, einem aus der Glan abgeleiteten Mühlbache, schon frühzeitig errichteten Werke von Salzburger Bürgern betrieben wurden, jedoch auf fürstlichem Urbar standen. Wahrscheinlich vereinigten sich Fürst und Bürger, um mit gesammter Hand die Bachleitung herzustellen. Da nun aber auch Marxglan[1]) des Fürsten Besitz war, so verschmolz der Ort Gailenbach räumlich um so leichter mit jenem Dorfe, als eine Gemeindeverfassung nicht bestand und nur das Untertänigkeitsverhältniß, diesseits der Bürger, jenseits der Glan der Bauern ein verschiedenes war.

---

[1]) Das Dorf Marxglan ist aus der Vereinigung dreier Ortschaften hervorgegangen; St. Maximilian an der Glan, Prehausen (auch „Prewhausen"), südlich von der Reichenhallerstraße, und Gailenbach, am rechten Ufer der Glan. In jüngster Zeit ist eine vierte zugewachsen: Neumarxglan.

II. Abschnitt.

Die Stadtmauer.

Die deutsche Stadt des Mittelalters war eine Schutzstätte des Friedens auch wider Feindes Einfall und Befehdung, daher ihrem ureigensten Wesen nach ein wehrhafter Ort. Man muß darum dem oft ausgesprochenen Satze beipflichten, daß das wesentliche äußere Kennzeichen einer alten Stadt die Mauern seien.

Aus Gründen der Sicherheit und Verteidigung suchte man bei Anlage einer Stadt einen Ort zu wählen, dessen Lage und Umgebung, wie steile Hügel, Talengen, Flußkrümmungen, schwer zugängliche Felsen, für eine natürliche Befestigung gelten konnten. Der künftigen Stadt Salzburg, wie wohl auch ihrer Vorgängerin, der römischen Keltenstadt, kam ihre Lage am Flusse zwischen Bergen trefflich zu statten und ersparte ihr mindestens die Hälfte einer Stadtmauer. Denn die Bucht des Mönchsberges bot Raum für die Errichtung von Häusern, und die beiden Zugänge in Südost und Nordwest, wo sich der Berg dem Flußufer nähert und absenkt, konnten ohne großen Kostenaufwand gesperrt werden. Auch die Rechtsstadt mit ihrer anfänglichen Häuserzeile zwischen Berg und Flußufer bedurfte keiner ausgedehnten Vorkehrungen zur Verteidigung, sondern nur etwa zweier Pfahltore an beiden Enden der Gasse (Abschnitt V.)

Die eigentliche Stütze der städtischen Wehrkraft blieb gleichwohl die künstliche Befestigung. Der wichtigste Teil derselben war die Stadtmauer.

In frühester Zeit umfriedete die deutschen Städte eine „Holzmauer", ein Wallgraben mit „Planken", aus ganzen Baumstämmen und Bohlen gezimmert, wie solcher Pfahlverschanzung für die Rechtsstadt noch im vierzehnten Jahrhundert gedacht wird. Auf die Holzmauern folgten die Steinmauern, aus Quadern und Werkstücken erbaut, die von erfahrenen Werkleuten mit „Kalk und Sand" verbunden wurden.

Seit der Zeit, in welcher der erste Sprengelbischof in Salzburg seinen Sitz angewiesen erhielt, mußte dieser Ort nach kanonischer Vorschrift für eine Stadt gelten[1]). Im Jahre 740/41 wurde Johannes zum ersten

---

[1]) Landeskunde. XVIII. 2.

Sprengelbischof ernannt und deßhalb mag es als das Geburtsjahr der Stadt gelten, so daß selbe im J. 1884 eine Lebenszeit von 1143 Jahren bereits hinter sich hat. Um das Jahr 767 nennen die „Kurzen Nachrichten" Bischof Virgils, die auch erzählen, wie der bairische Herzog Theodo dem Wanderbischof Rupert den Ort (locus) und die Veste Salzburg geschenkt habe, diesen Ort eine Stadt (oppidum).[1] Um 788 wird in Bischof Arns Verzeichniß Salzburg eine Stadt (oppidum) genannt.[2] Um das Jahr 800 zählt der Wessobrunner Codex Salzburg zu den „Städten" Baierlandes. Im J. 803 befand sich Kaiser Karl der Große in der „Stadt Salzburg".[3] Somit hat Salzburg um 800 ohne Zweifel schon eine Art von Stadtmauern gehabt.

Wenn die eilfhundertjährige Stadtgeschichte lehrt, daß etwa nach einem Zwischenraume von je zwei bis drei Jahrhunderten sich die Notwendigkeit wiederholte, die Bürgerstadt zu erweitern und neu einzu= frieden, so sind wir doch darüber bis zum 13. Jahrhundert nicht genauer unterrichtet. Wir wissen zwar, daß in der zweiten Hälfte des 11. Jahr= hunderts Erzbischof Gebhart statt des alten Creutrubkastelles die Feste Hohensalzburg, sowie die Schlösser Werfen und Friesach zu bauen unter= nahm und es läge die Annahme nahe, daß um diese Zeit vielleicht auch die Stadt Salzburg ihr Kinderkleid — die ältesten Holzmauern — abgelegt habe. Allein wenn dieser Kirchenfürst vollkommen in seinem Rechte war, seinige Vesten zu bauen und auch als Stadtherr die Befestigung der Stadt anordnen konnte, so war zu letzterer doch die Zustimmung des Kaisers erforderlich, welche einzuholen er vielleicht nicht in der Lage war. Die Stadt war überdieß, wie im Abschnitte V. gezeigt wird, noch kein einheitliches Gemeinwesen, und die Bürgerschaft, die überall die Last der Stadtbefestigung tragen mußte, ein auch räumlich geschiedener Bruchteil der städtischen Genossenschaft. Daher konnte wohl auch, wie es den Anschein hat, von einer einheitlichen Befestigung der Gesammtstadt zu jener Zeit überhaupt noch keine Rede sein.

Zwar mag an den hiezu geeigneten Orten, wo damals noch die Nähe des Flusses und des Berges, d. i. unter dem Creutrubskastell und bei dem spätern Bürgerspitaltor, ein solches Unternehmen erleichterte, die gefahrvolle Zeit zu Wehrvorrichtungen gedrängt haben, auch dürfte die Bürgerstadt vielleicht von Holzplanken umschlossen gewesen sein, aber

[1] Breves Notitiae IV. 1.
[2] Indiculus Arnonis, Überschrift.
[3] Carolus . . in Juvavense civitate mense Octobr. Ann. Juvav. maiores bei Pertz SS. I. 87.

darüber ist uns weder eine urkundliche Spur, noch ein sonstiger Anhaltspunkt übrig, der auch nur ein Dämmerlicht verschaffte. Demnach bleibt
nichts übrig als anzunehmen, daß die Stadt erst bis gegen Mitte des
13. Jahrhunderts eine umfassende oder zusammenhängende Befestigung
erhielt.

Im J. 1231 erließ Kaiser Friedrich die Bestimmung (constitutio),
jeder Kirchen- und Reichsfürst möge und solle zu eigenem und des Reiches
Frommen seine Stadt befestigen.[1]) Und im J. 1278 erhielt Erzbischof
Friedrich vom Kaiser die besondere Zustimmung, auf seinem Gebiete feste
Städte mit Mauern, Türmen, Gräben und Zugbrücken anzulegen.[2]) Wir
haben somit Grund zu glauben — denn eine bestimmte Nachricht besitzen
wir nicht — daß im Laufe des 13. Jahrhunderts eine eigentliche
Stadtbefestigung statt fand, und daß die Stadtmauer (murus civitatis),
„Rynchmawr" 1327, 1399, „Purgmawr" 1497, „Wehr", wie sie noch im
15. Jahrhundert genannt wird, von welcher im J. 1327 die Rede ist[3]),
und zu welcher das Westertor gehörte (s. Abschnitt III.), bereits eine
steinerne war.

Da über verschiedene Häuser urkundliche Angaben bis zum ersten
Drittel des 14. Jahrhunderts zurückreichen, so ist es möglich beiläufig
den Zug der Stadtmauer zu dieser Zeit zu verfolgen. Sie begann bei der
Nonntalporte, die am Übergange vom Kaietanerplatz in die Schanzlgasse
stand und lief zum Chiemseebogen und von da zur Kumpfmühle. Sie
nahm weiters ihre Richtung längs der Flußseite der Häuser der Pfeifergasse in fast gerader Richtung auf die Häuser 4 am Mozart- und 2 am
Wagplatze, hinter denen eben ihr Zug laut vorstehender Nachricht sicher
gestellt ist.

Denken wir uns jetzt die Häuser der Wasserseite in der Judengasse,
auf dem Kränzlmarkt und in der Trägasse nur halb so tief, wie jetzt,
so erstreckte sich die Stadtmauer vom Höllbräuhause angefangen fast in
gerader Linie über den Rathaus- und Hagenauerplatz und durchschnitt
die jetzigen langen Häuser der Trägasse in der Mitte, deren Hinterhäuser
sämmtlich jüngeren Alters sind. Im Hofe des Niederleghauses (Trägasse 20)
steht noch der Turm, der dieser Stadtmauer angehörte, statt eines urkundlichen Nachweises.[4])

[1]) Mon. B. XXXI. I. 548.
[2]) Böhmer regg. 1 91.
[3]) Landeskunde XXII. 56; Wichner Admont III. 210.
[4]) Vom Hofe des Nachbarhauses 24 aus überzeugt man sich leicht von der Lage und
Höhe dieses Turmes und nimmt man seltsame Baulichkeiten wahr, dergleichen in den
Schilderungen der Stadtmauern alter Städte gedacht wird.

Von diesem Turme aus folgte die Mauer der geraden Richtung bis zum heutigen Bürgerspitaltor, wobei man sich wieder bis zur Stern= gasse die Hinterhäuser wegdenken muß. Sie dürfte über den vordersten oder innersten Teil des Schwibbogens im Hofe des alten Sternbräuhauses (Trägasse 34, s. Abschnitt III. unteres Tränktor) hinweggebaut worden sein. An diesem Stück der Stadtmauer lag irgendwo im J. 1409 das Haus und der Garten „an der Wehr“.[1]) Die untersten Häuser der Trägasse, von dem Sterngäßchen angefangen, die keine Hinterhäuser erhalten haben, reihen sich noch mit ihren Hinterseiten der Richtung der bestaubenen Mauer an.

Graben und Mauer der Rechtsstadt sind auf der äußern Seite des Königsgäßchens zu suchen, von wo sie sich bis zum Lederertor erstreckten. Gleich außerhalb des Aubräbogens deuten die Häuserabstände rechts und links vielleicht noch die Stelle des alten Grabens an, so wie die geringe Breite des Königsgäßchens selbst etwa noch den Zwischenraum anzeigt, der nach uralter Regel zwischen der Stadtmauer und den angränzenden Häusern übrig bleiben mußte, um den Zugang frei zu halten. Somit stünden die äußern Häuser dieses Gäßchens auf der Stadtmauer.

Aber schon in den JJ. 1365, 1373, '4, 1405, '18, '33, '40 wird in der Gegend des Linzertores ein Graben namhaft gemacht[2]), derselbe, von welchem das Stadtrecht von 1368 spricht. Er lief vom „Galgentor“ über das „Tor in Berkhaimerstraß“ zum Lederertor, wie aus dem Briefe von Erzbischof Ortolf zu entnehmen ist.[3]) Es ist zu vermuten, daß er der in den Jahren 1465—80 errichteten Mauer vorgelegen war, und daß sich daselbst die Vervollständigung der Stadtbefestigung, wie auch anderer Orten, durch ein Jahrhundert fortschleppte.

Diese nächstfolgende Stadterweiterung geschah nicht, soweit man aus der Ferne der Jahrhunderte urteilen kann, plötzlich, sondern vollzog sich allmählig, im natürlichen Wachstum. Es setzte sich im 14. und 15. Jahr= hundert ein Wachstumring an, dessen Breite durch die Entfernungen zwischen der innern und äußern Nonntalerklause, dem innern und äußern Ostertor (Ostervorstadt) und der innern und äußern Klause an der G'stätten

---

[1]) Pichmayrs Chartularien.

[2]) „Christoff Chewtzl gibt dem Ulrich Schneider zu kaufen ein Haws vnd paumgarten ausser des osterthor am graben pey dem obern thor.“ 1373. „Ulrich Schneider ver= kauft dem Heinrich Narwein haus, hofstatt vnd paumgarten ,ausserhalb des Ostertor an dem graben.“ 1374. Bürgersp. Reg. B. 559, 885. Toppler. „Der Graben pey dem obern Tor, an Ortlieb rowiters weingarten“ 1373, Bg.=Sp.=Reg. 559.

[3]) Landeskunde V. 172. vom J. 1365. „Paumgarten in der Bergstraß an dem Graben“, 1356. Bürgersp. reg. 839. „ausserhalb des Ostertores an dem graben“ 1374, 1405. Ebda 885, 887.

bemeßen werden kann. Den Ortsverhältnißen nach ist aber der Ring nur
figürlich zu verstehen, indem eigentlich zwischen diesen Toren ziemlich lange
Straßen entstanden, die noch Zweigstraßen zur Seite hatten, wie die
Berg(heimer)straße zwischen Ostertor und Bergstraßtor und wahrscheinlich
ein ungenanntes Gäßchen an der Albe in der G'stätten. Auch die sehr
alte Häuserzeile am Stein gewann an Ausdehnung. Und selbst vor den
entfernteren Toren findet man Spuren ländlicher Niederlaßungen, von
„Höfen", die vermutlich Stadtbürgern gehörten. Um einen heutzutag
üblichen Ausdruck zu gebrauchen, regte sich überall „fröhliches Gedeihen".

Da kam der Türkenschrecken und viele Städte, wie Burghausen,
Freising, Wien u. a. nahmen auf verstärkte Sicherheit und Wehrhaftigkeit
Bedacht. Wahrscheinlich unter Einflußnahme des Erzbischofes Burkard
von Weispriach begann gegen Ende seiner Lebenszeit (um 1465) die neue
Stadtbefestigung, und wurde bis in das Jahr 1480 fortgeführt.[1]
Es wurden die genannten Außentore entweder neu erbaut, oder verstärkt,
vom Bürgerspitale in der Richtung des Brunnturmes bis zu den (damals
vorspringenden) Häusern 17 und 11 der Griesgasse, welche turmartig
gebaut wurden, Mauer und Graben gezogen. Dieser letztere bestand in
seinem untern Teile unter dem Namen „alter Münzgraben" bis vor etwa
zehn Jahren noch fort. Hinter den Fleischbänken kann auf einem Grundrisse
der Baulichkeiten die Lage dieses Grabens noch verfolgt werden, und vom
Aufgange in den Fleischbankstock aus sieht man noch ein Stück dieser
Stadtmauer sammt den Kragsteinen für den Wehrgang. Die Rechtsstadt
erhielt zu dem bereits erwähnten Graben eine Mauer, die vom Lederertore
in der Richtung der Mirabellgartenmauer[2] zum Bergstraßtore (Lobronbogen)
und von da bis zum äußern Ostertore (inneres Linzertor) in der Lobrongaße
längs der Gartenmauer und dem Kameralbauhof sich hinüber erstreckte und
mit einer Schanze endigte. In diese Zeit fällt die Erbauung des s. g.
Hechsenturmes, der dieser Mauer angehörte, sowie der Bürgerwehr auf
dem Mönchsberge. Aber die drei Tore der Vorstadt Mühlen waren schon
vor Beginn dieser Bauzeit vorhanden.

Hiemit schließt die städtische Sorgfalt für die Stadtverteidigung ab,
denn das gesammte Kriegs= und Festungswesen kam nun in die Hände
der Fürsten.

Die dritte Stadtbefestigung und Erweiterung erfolgte in den

----

[1] Chronik eines Ungenannten in St. Peter.
[2] „Haus und garten vor dem Ledererthor an dem Graben" 1564. Bürgerspit. Urb.
„Herr Jacob Haniball (von Hohenems) thumbt durch Kauf an dieß Hauß und Garten am
Graben" 1596. Bürgersp. Rechnung (Doppler). Es ist vom Hannibalgarten die Rede.

Jahren 1620—'46 unter Erzbischof Paris zur Zeit des dreißigjährigen Krieges.

Hatten schon die Bürger durch Errichtung einer Schanze „pey der Pastein" 1526 beim Linzertor und, wie es scheint, auch zu Mühlen, die Verwendung schweren Geschützes in Betracht gezogen, so waren jetzt die neu errichteten Festungswerke durchaus auf weit tragende Feuerwaffen berechnet. Die dadurch hervorgerufenen hauptsächlichen Veränderungen bestanden in Erweiterung der Linksstadt durch Hinausrücken der Thore am Kaietaner- und Mozartplatze, die früher nicht vorhanden waren,[1]) durch Einbezug des Griesplatzes und des Franz-Josefkaies in der Breite und Länge der ehemaligen Ursulinergasse. Die Rechtsstadt wurde um den ganzen Raum zwischen der Lorettogasse, Haydngasse, um den Schrannenplatz bis in die Nähe der Hubert Sattlergasse, den Mirabellplatz bis zum Rosenhügel und wahrscheinlich auch um den ganzen Mirabellgarten vergrößert.

Es wurde demzufolge die Stadtmauer hinausgerückt vom Schanzel über das Kaietanertor bis zum Michaelstor, vom Klampfertor bis zur Brücke und von da flußabwärts bis zum Klausentor. Vor die alte Stadtmauer am Linzertor wurde Wall und Graben nach dem Mirabelltor und bis an die Salzach (am Zwergelgarten) hinüber erbaut. Es entstanden vier Basteien: St. Rupert, St. Heinrich, St. Virgil und St. Vital daselbst, und vier andere in der Linksstadt am Nonnberg, Schanzl, beim Militärspitale und zu Mühlen; außerdem noch Schanzen vor dem Graben der Linksstadt. Diese Festungswerke, etwas später noch durch eine kleine Bastei am Flusse, in der Gegend der Türniz vermehrt, welche in der bairischen Zeit Insel Elba hieß, bestanden bis zum J. 1861, da die Stadt durch kaiserlichen Erlaß der Eigenschaft eines festen Platzes entkleidet wurde.

Die letzte Stadterweiterung knüpfte sich an dieses Ereigniß und bedeutet daher zugleich das Ende der Stadtmauer und Stadtbefestigungen. Jetzt besteht eigentlich keine Scheidung mehr zwischen Stadt, Vorstädten und Vororten; Mauern, Wälle und Tore wurden, wo sie den Vergrößerungsbauten hinderlich oder deren Mauersteine dienlich waren, niedergelegt, Gräben ausgefüllt, Zugbrücken entfernt und für die künftigen Straßen ein Plan entworfen. Und so haben sich innerhalb der Burgfrids- oder Weichbildgränzen fast allenthalben eine nicht unbedeutende Anzahl neuer und ansehnlicher Häuser und Häuserzeilen bereits erhoben.

---

[1]) Die neue Stadtmauer wurde vor die alte gesetzt. 1640 wurden vom Kapplbad (neben der Kumpfmühle, Pfeifergasse) vier Fenster durch die alte Stadtmauer gebrochen.

Wie es nun seit der letzten Stadtbefestigung einen s. g. Fortifikations-
rayon oder Festungsumkreis gab, innerhalb dessen den Häuserbesitzern
im Falle der Feindesgefahr gewisse Verpflichtungen auferlegt wurden,
so bestanden auch rücksichtlich der ältern Stadtmauern Vorschriften
bezüglich deren Verbauung durch Häuser, Ausbrechung von Fenstern oder
Türen in dieselbe und rücksichtlich des Abstandes der Häuser innerhalb
oder außerhalb der Mauer von ihr.

---

¹) Beispiele bei Toppler: Auszüge aus den Urkunden des fürsterzb. Consistorialarchives.
Lbslde. XIV—XVI. Noch im J. 1649 werden für Durchbrechung der Stadtmauer auf der
Wasserseite der Trägasse zum Behufe von Fenstern den Bürgern Tunzler und Loichartinger
Gilten auferlegt, wie schon früher dem Kapplbad. Stadtkammerraittungen.

III. Abschnitt.

Die Stadttore.

Der Stadtmauer reihen sich als wesentliche Bestandteile die Tore an, und wie erstere, waren auch Türme und Tore allenthalben den römischen nachgebildet. An den Haupttoren fehlte selbst das römische Fallgatter (cataracta) nicht. Alle alten salzburgischen Stadttore waren überbaut,[1] d. h. es waren ober den Torbögen ein, zwei bis drei bewohnbare Stockwerke angebracht, von denen das unterste hauptsächlich zur Verteidigung bestimmt war. Daher glichen viele Tore wirklichen Türmen, wie das Bürgerspital- und Klausentor, das Oster- und Laufnertor, die äußere Nonntalerklause.

Aus dem Vorausgeschickten ist schon zu entnehmen, daß die Stadt sehr viele Tore zählte. Es erleichtert daher die Übersicht, dieselben in zwei Gruppen nach ihrem Alter zu bringen und sie in links- und rechtsstädtische unterzuteilen.

A. Tore der Linksstadt aus der Bürgerzeit,

d. i. mit Inbegriff der Stadtbefestigung um 1470/80.

Gegen Südost.

1. Das äußere Nonnbergtor (Nonnberggasse 7) schloß den innern Nonnberger-Klosterbezirk gegen die „obere Zeile",[2] die zur Vorstadt gehörte und heute Nonnberggasse heißt, ab. Das Tor war städtisch. „Auf dem Thor von Nunberg, so gemainer Stadt angehörig, wohnt Caspar Helm," 1569. Doppler, Seelenbeschreibung. „Das Nunbergtor hat Seine fürstl. Gnaden selbst ainem Bürger zu schließen übertragen und die Abtissin und ihre Leut durchzulassen." Stadtordnung von 1523.

---

[1] Die Seelenbeschreibungen von 1552 und 1562 führen 14 Tore sammt ihren Innwohnern auf, und zwar das Lederer-, Oster-, innere Stein-, Bergstraß-, St. Sebastian-, Großer Pyrglstain-, Kumpfmüll-, Nuntal-, Nunberg-, Spital-, Clausentor, das mittlere, das Rietenburg- und das Thor auf Laußen zu Müln.

[2] „Zeile" = „Ridel" = „Rigel" Reihe, Häuserreihe, Gasse. Schmeller WB. II. 73.

Im 17. Jahrhundert zahlte die Abtissin dafür Zins an die Stadt. Es trug noch vor nicht langer Zeit ein spitzes Dach, wie andere Türme auch.

2. Die Klause unter dem Nunberg (1465), auch die innere Nuntalklause, das innere Nuntaltor genannt, stund zwischen dem Hause 2 Schänzlgaße und der Fronfeste. Nach Setznagls Stadtansicht schloß sich der Zug der Stadtmauer vom Rumpfmühltor herüber an dasselbe an, und setzte sich bis zum äußern Tore fort (1573). Es wurde ohne Zweifel während der Stadtbefestigung 1620—'43 abgetragen und war eines der ältesten Tore.

3. Das äußere Nonntaltor, auch die Nuntalerklause schlechtweg genannt, stand an der Stelle des H. 12 Schanzlgaße, wurde 1645 vermauert und in das bezeichnete Haus umgewandelt. Durch dasselbe gelangte man um den vorspringenden Felsen des Nonnberges in die „untere Zeile" der Vorstadt, heute Nonntalerhauptstraße genannt.

Die heute „Kaigaße" und „Schanzlgaße" genannte Straße, welche durch beide Tore in die Vorstadt führte, hieß der untere Nonnberg-weg. Die Festungsbauten unter Paris haben die Oberfläche dieser Gegend verändert, darum wird bemerkt, daß der Nonntalerbach, damals „Futbach" genannt, an der äußeren Klause vorbeifloß, daß über ihn eine Zugbrücke niedergelassen war und dadurch das Tor an Wehrhaftigkeit gewann. Knapp vor dem Tore links lag die „Stachelwiese" oder der bürgerliche Schießplatz. Der weite Umweg durch das Kaietanertor ist erst seit den letzten Festungsbauten angelegt worden.

Gegen den Fluß.

4. Als man daran ging, die Linksstadt gegen die Wasserschwälle abzudämmen, die das Flußufer längs der Stadt bedrohten (s. Abschnitt V.), entstand jener Uferbau, „Kai" genannt, dessen Namen später auf den ganzen benachbarten Stadtteil übertragen worden ist. Dammbau und Namen sind schon im zwölften Jahrhundert vorhanden, denn damals wohnten bereits ein Alberich und ein Reisiger (miles) Ortolf im gehai oder gehacii.[1]) An der tiefsten, abgedämmten Stelle wurde ein Tor angelegt, welches von der später dabei erbauten Mühle das Kumpf-mühltor[2]) hieß. Es lag sammt der Mühle 137× „an der G'stätten"

---

[1]) Notizenbl. der Wien. Akad. V. 558, 189; 597, 273; 600, 287.

[2]) Die „Kumpfmühle" hat ihren Namen nicht, wie Hübner 1. 256 behauptet, von einem ehemaligen Besitzer Kumpf, der unbekannt ist, sondern von dem Gerinne des unterschlächtigen Wasserrades, welches „Kumpf" hieß. Daher gibt es an vielen Orten Kumpfmühlen. Die Kumpfmühlen waren wegen des gekröpften Gerinnes, wobei wenig todtes

ober „am Gries" (in arena, Doppler, Häuserb.) und hieß auch das obere
Tränktor, diente sonach zur Viehtränke und vielleicht zu Zwecken der
Schiffahrt. Als sich in Folge von Veränderungen im Flußlaufe vor dem
Tore Gries angesetzt hatte, worauf der Namen G'stätten (arena) deutet,
gelangte man durch dieses Tor zu den auf der Anschwemmung entstandenen
Gärten. Dieselben waren durch weitere, gegen den Fluß vorgeschobene
Dämme geschützt, die auf Setznagels Karte ersichtlich gemacht sind. Das
bescheidene städtische Eden zwischen der Nonntalerklause und der Alben-
mündung hieß noch im 16. Jahrhunderte nach mittelalterig-biblischen Ausdruck
„das Paradeyß an dem Futbache" oder „vor dem Kumpfmüllertor".

Das Tor wurde unter Paris Lodron zusammt dem äußern Nonntaltor
vermauert und davor der nasse Graben gelegt, den der Nonntalerbach
durchfließt. Irren wir nicht völlig, so bezeichnet dieses Tor die einstige
Gränze des bewohnten Stadtteiles und der innerhalb der Mauer bis
zum Nonntaltore gelegenen. Grundstücke.

5. Setzen wir voraus, was sich beinahe von selbst versteht, daß bei
den wiederholten Erweiterungen und Befestigungen die Stadt zumeist
am Flusse in die Länge wuchs, so wird begreiflich, daß damit zugleich
auch die Queraxe des Verkehrs — über den Fluß — nach und
nach an andere Uferstellen verlegt wurde. Da nemlich für die ersten fünf
Jahrhunderte der Mittelpunkt oder das Herz der Stadt im obern Trittel
der jetzigen Grundfläche der Linksstadt zu suchen ist, wie noch gezeigt
werden wird (Abschnitt V.), so entspricht dem damaligen Umfange der
mit Häusern bedeckten Stadtfläche von vorne herein auch eine Lage des
Haupttores am Flusse oberhalb der heutigen Hauptverkehrsachse zwischen
jenseits und dießseits.

Dieses Haupttor, zu seiner Zeit schlechtweg die Pforte (porta)
genannt, ist zwischen den Häusern Judengasse 15 und Döllergasse 8 zu
suchen. Vielleicht weist in letzterem Hause ein noch bestehender, überbauter
Torweg auf die Spur dieses ältesten Stadttores, von welchem wir
Kunde haben.

Im J. 988, als dem Kloster St. Peter die Selbstständigkeit seiner
Güterverwaltung unter einem eigenen Abte zurückgegeben wurde, ist
demselben auch „die Pforte und alles, was dazu gehört", eingeantwortet

Wasser verloren geht, das aber zur Herstellung mehr Geschick des Werkmeisters erfordert,
ein Kunstfortschritt im Vergleich zu den Mühlen mit oberschlächtigen Rädern. Daher der
Gattungsnamen, der im 14. und 15. Jahrhundert ebenso einen Vorzug bezeichnete, wie
man jetzt mit dem Worte „Kunstmühlen" einen solchen verbindet.

worden.[1]) Über die Bedeutung dieses Ausdruckes werden wir zum Teil durch die Urkunden von 1135, '41, '45 aufgeklärt, in welchen Erzbischof Conrad I. und Papst Eugen III. bestätigen, daß Erzbischof Fridrich (in dem genannten J. 888) dem Kloster St. Peter „die Kirche St. Michael an der Stadt-Porte gelegen" zugewiesen habe.[2])

Im J. 1250 ist von einer Summe von 300 Pfund auf dem Hause des Bürgers Meinhard „an der Pforte" die Rede, die das Domkapitel den Brüdern Otto und Chuno von Gutrat als Last oder in anderer Eigenschaft überweist.[3])

Im J. 1327 übergibt (vertauscht) Erzbischof Fridrich II. für die Gründe, auf denen das Bürgerspital erbaut wurde, dem Kloster Admont zwei aneinander stehende Häuser, ein hölzernes und ein gemauertes, „in der Straße an der Porten", die einst der Edle Chuno von Gutrat besaß.[4])

Im J. 1366 ist „des weißen Petrein haws gelegen an der porten bey dem prun, da man get an dy padstub gein khaltenpach."[5])

Und in den Jahren 1434, '42, '45, '85 ist „des Sultzperger haws an der porten gelegen gegen den prun uber."[6])

Somit stand während der ersten sechs oder sieben Jahrhunderte der Stadt in dieser Gegend eine Stadtpforte (porta urbis), und der Platz, oder die Straße, oder die Gegend hieß „an der Porten". Ungewiß bleibt es, wie lange dieses Tor den Durchgang vermittelte, denn der Ortsnamen kann ja die Wegsamkeit lange überlebt haben, da Straßennamen sich oft viel länger erhalten, als der Anlaß zu ihrer Namengebung. Beispiele sind die Chiemsee- und Judengasse, die G'stätten, die Herrn- oder Hundsgasse, die Klampfergasse, der Markt-, der Universitätsplatz u. s. w.

---

[1]) Juvavia, dipl. Anhang, 289.

[2]) Chron. nov. S. Petri 218—221.

[3]) Domcapitl. Copialbuch 112.

[4]) duas domos contiguas... sitas in vico, qui dicitur an der Porten. Domcapitl. Copialb. 556. Vicus heißt gewöhnlich Straße, kann aber auch einen Platz oder einen größeren Stadtteil, etwa ein Stadtviertel bezeichnen. Das Haus Meinhards (des Ratgebe, 1327, Lbobr. V. 172. vi.) und das der Brüder Gutrat, später Admonts, stand ungefähr an dem Platze des H. 2 am Waggplatz und hieß noch 1496 „des von Admunt Haus." Doppler.

[5]) Bürgerspitalregestenbuch, 566, Doppler. Der „weiße Peter" ist ein angesehener Salzburger Bürger aus dem Geschlechte der Keuzl. Sein Haus Waggplatz 3. Häuserchronik. Die Badstube zu Kaltenpach befand sich in der Döllergasse. HR. 6 (Domcustoreirechn., Doppler) jedenfalls nahe dem Gestade und der Stadtmauer.

[6]) Urbarium von St. Peter. Das Haus „gegen den prun ober" trägt jetzt die Bezifferung: Judengasse 12. Dopplers Häuserchronik. Den genauen Nachweis dieser Häuser f. daselbst.

6. Umstände, die im Verlaufe noch angeführt werden (Abschnitt V. und VII), für welche aber nur historische Wahrscheinlichkeit in Anspruch genommen werden kann, haben die Annahme nahe gelegt, daß sich in der Judengasse, in der Gegend oder anstatt des Hauses 3 eine Pforte oder ein Tor befunden habe. Diese Pforte wäre jedenfalls als (zweites) Brückentor im 11.—13. Jahrhundert zu denken, dürfte aber bereits um das Jahr 1300 nicht mehr im Gebrauch gestanden sein, weil zwei Jahrzehnte später nur von einem „Türlein", von des „Vezzels Türlein" daselbst die Rede ist, (Lbsbe X. 166, xxxi). Dieses Türlein sammt dem Gäßlein wird allerdings in den Jahren 1327, '38, 1429, '38, '52, 1564, '95, 1653, '80, 1759 beurkundet, und soll der Durch-gang daselbst noch zu erkennen sein, aber es mag immerhin dieses Gäßlein (zwischen Haus 20 und 60, 1858) neben dem Pfortenzugang (zwischen H. 60 und 62, 1858) bestanden haben, der später durch das H. 61 alt (Judengasse 3 neu) ausgefüllt wurde, so daß ein Geh- und ein Fahrweg zur Brücke vorhanden gewesen wären. 1338 „Rueger schuelers haws pey dem Türlein zwischen des Teysinger (jetzt Spängler) vnd Vezzels haws." „1429 des Schiffter haws pey dem türl do man zu der Salzach get." „Haus in der Judengassen genannt in der gugl peym türl." Bürger-spitalregesten und Urbarien. Toppler.

7. Der Zeit nach das dritte Brückentor ist dasjenige, welches seit etwa 1600 das Klampfertörlein hieß, bevor es um 1300 Brückentor wurde. Es war höchst wahrscheinlich das untere Tränktor der damals noch kleineren Stadt, und bis um das J. 1850 zur Nachtszeit durch ein Pfahlgitter geschlossen. Hübner nennt es das „Anländetor", welcher Namen kaum im Volksmunde gelebt haben dürfte, obwohl die Bezeichnung „bei der Lände" für den benachbarten Kai am alten Gugl-brauhause gebräuchlich war. Es ist auf den ältern Stadtansichten mit der Stadtbrücke in Verbindung.

8. Das vierte und letzte Brückentor, seit 1600/1620, ist der Rathausbogen, bis zur bezeichneten Zeit ein „Tränktor". „Maister Bartolomee Chawzel .. gibt eze chawssen .. den Burgern der Stat eze Salzburg .. Purkrecht Haws vnd Hofstat .. genannt der Turn (Rathausturn) .. pey dem Trenkchtor". (Lbsbe V. 177, xi., im J. 1399/1407). 1436 Erhard Kirchdorffers, Spitalmeisters haws am Trenktor vnd am Weyspriachhaws (Rathausplatz). Hansen Weinreichs (1429 Pewerls und Cherus) haws am Trenktor vnd Weißpriachhaus 1466. Toppler. Steinhauser (Lbsbe XIII. 57) sagt, die Brücke von

1690 sei zwischen dem „Trenktor (Rathausbogen) und Stellnerhaus" gestanden.

Da bereits mehrere „Tränktore" namhaft gemacht worden sind, seien zu denselben einige Bemerkungen gestattet. Sie gehören sämmtlich der Zeit an, in der die Stadtbürger, wie noch jetzt die Marktbürger von Kuchl, Golling, Werfen u. s. w. Viehzucht und Landwirtschaft betrieben. Zur Zeit, als die Stadt kein oder wenig fließendes Brunnenwasser hatte, und auch der Pump- oder Schöpfbrunnen nicht viele waren, sah man sich wohl gezwungen, besonders wenn größere Mengen Pferde, Rinder, etwa zur Zeit der Märkte, in der Stadt waren, die Tiere an den Fluß zur Tränke zu führen. Wahrscheinlich fand bei Feuersgefahr durch diese Tore oder „Türlein" auch die Wasserbeschaffung statt. Sie waren, mit Ausnahme des obersten bei der Rumpfmühle, weder bewehrt, noch bewacht — Nebentore, und für den Wagenverkehr nicht bestimmt, zur Nachtszeit mit einfachen Türen geschlossen, wie man aus der Stadtansicht von 1553 auf der Stelle, wo das zweite Brückentor stand, beim Rathaus- und Löchlbogen, endlich auch in der Stadtmauer beim alten Sternbräuhause entnehmen kann. Die Gäßlein, die zu solchen Türlein führten, von denen einige, wie das Sterngäßchen und ein zweites zwischen dem innern und äußern Steintor urkundlich nicht erwähnt werden, haben in jüngster Zeit die Aufmerksamkeit der Feuerwehr auf sich gezogen. Daher mag es kommen, daß man ihnen jüngst den nicht historischen und wohl auch nicht ganz bezeichnenden Namen „Feuergänge" gegeben hat. Anderwärts hießen sie „Durchgänge". Übrigens ist aus der Zahl dieser Tränktore zu entnehmen, daß sie einem namhaften Bedürfnisse abzuhelfen bestimmt waren.

9. Das Tränktor beim (späteren) Löchl- (oder Wolf Dietrich-) bogen. „Züngleins Haus an der Ringmauer beim Türlein, da man get in die Badstube am Gries" 1414. zway Pf. gelts auff aim haws an der Ringkhmawr gelegen zwischen des törlein vnd der padstuben am grieß." „Zwan Pf. gelts auf vorgenanten haws an der ringkhmawr pey dem türlen vnd griespad." „Züngleins haws bey dem türlein, do man in die padstuben get am grieß", 1432. „Haus Zawuriden haws, das egthaws bey dem Trenktor, da man get in die padstuben." „Item ain haus im Gäßlein beim Thürlein, hat in ietz Rueprecht Allt", 1529. 1550 Ludwig Alt. Bürgerspital-Regestenbuch, Doppler. 1600, 16. November bewilligt Erzbischof Wolf Dietrich dem Bürger Achaz Loßpichler, in Bedenkung, daß durch sein Haus das neue Trenktor gebrochen ward, daß er . . . Riedls Häuserchronik.

1650, Behausung auf dem Trenktor, Haus Haratinger Gastgeb. 1713 Löchlwirt. „außerhalb des Trenkthores im Winkel an der neuen Stadtmauer und den daran gebauten-Landschaftshäuschen", 1654. Grundb. der St. Salzburg. Doppler.

10. Das niedere (untere) Tränktor 1474. „peter smid pey dem trenktor vnd dem scherigen" (Gerichtsdiener) 1408, '29. „haws des görg haglensmid . . am andern tayl pey dem Tor, da man durchgeet an das gries." Bürg.-Sp.-Reg. 1422. „ . . 2 Pfd. gelts auf dem haws gelegen zu Salzburg bey dem Trengkthor, das der schmid innen hat", 1432. Bürgersp. Reg. 522. 1512, 1608 „Schmittenhaus bey dem alten Trengkthor." Doppler. „Anno 1599 hat man den Prunnen am Vischmarkt (Hagenauerplatz) zu dem Trenktor versetzt". Steinhauser z. Chronik Wolf Dietrichs, Lösöde a. a. O. Dieses Tränktor gehörte schon der ältesten Stadtmauer an und ist der Schwibbogen im alten Sternbräuhause (Trägasse 36), über welchem zur Zeit Wilhelmseders sich eine Kapelle befand. Mit der Erbauung der Stadtmauer in den Jahren 1465—'80 wurde dieses Tor flußwärts vorgeschoben und befand sich am entgegengesetzten äußern Rande besagten Schwibbogens gegen die Griesseite (s. Abschnitt II. Stadtmauern). Durch die Stadtbefestigung von 1620/'30 wurde es als Tränktor überflüssig. Schon um 1562 lag vor demselben zwischen Niederleg und dem Turm im Sterngässchen auf dem Gries ein großer Baumgarten, wodurch der Weg zwischen diesem Tor und dem Flußgestade aufgehoben wurde. Im Gegensatz zum „neuen Tränktor" (Löchl- oder Wolfdietrichbogen) heißt es wohl schon 1608 das „alte Trenkthor".

Als Tränktore sind also zu betrachten alle, die auf den Fluß mündeten und keine Brückentore waren, demnach: 1. Rumpfsmühltor; 2. Klampfertor vor 1300; 3. Rathausbogen vor 1600; 4. Löchelbogen bis 1600; 5. Sternbräubogen bis um 1560; 6. am Stellnerhause[1]) auf dem Plätzl beim späteren Brückeneingang: 7. in der Lederergasse; 8., 9., 10., 11. und 12. das Besseltürlein, das Türlein beim Laubinger (Höllbräu), im Sterngässlein, im Perngässlein (beim städt. Museum), und in der Steingasse. Die Türlein 7—12 werden aber nie Tränktore genannt.

Gegen Nordwest.

12. Die Stadt Salzburg, auf einer Seite durch den Mönchsberg geschlossen, entbehrte der gewöhnlichen Vierteilung und hatte demnach nur

---

[1]) Soll heißen: Lasserhaus, weil Steinhausers Angabe ungenau ist.

(bis um 1300) drei Haupttore: Das Nonntal=, das Oster= und das Wester=
tor, 1327 porta, quae respicit ad occidentem; Stiftbrief des Bürgerspitales.
Es heißt 1367 bereits die innere Klaus an der G'stätten, 1469
Bürgerspitalturm und Graben, und wird später Bürgerspital=
oder inneres G'stättentor genannt. Toppler. Schon 1469 lag außerhalb
des Tores die Fortsetzung des Stadtgrabens bis an den Berg (wie zu
Friesach), somit hatte das Tor eine Zugbrücke, deren Zugang von außen
durch einen „Zwinger", d. i. einen mit Mauer oder Pfählen eingefriedeten
Raum, geschützt war.   Im J. 1605 brannte dasselbe aus, (Steinhauser)
und es galt einstweilen das äußere G'stättentor als Hauptpforte.   Bis
zum J. 1618 wurde aber „die früher schmucklose und enge Pforte zu
dieser gegenwärtigen Größe und Weite und anständigen Äußern verändert",
wie Marx Sittich's Steininschrift daselbst verkündet. Zugbrücke und Fall=
gatter, zwei Hauptbestandteile jedes wichtigeren Tores, desgleichen der
Stadtgraben wurden erst in der nachlobronischen Zeit entfernt und ausgefüllt.

13. Die äußere Klaus[1]) an der G'stätten, später schlechtweg
das G'stätten= oder Klausentor, im Grundbuche der Stadt von 1650
„unser lieben Frauen thor" genannt, bestand schon, wie sich aus dem
vorigen ergibt, im J. 1367, 1425. Auch dieses brannte 1603 aus, wurde
aber noch unter Wolf Dietrich wahrscheinlich sammt der steinernen Stiege
1612 hergestellt.   Innerhalb desselben befand sich ein Wächterhäuschen
und außerhalb des Fallgatters die Zugbrücke über einem Felsgraben von
ansehnlicher Tiefe.   Die Zugbrücke wurde vor ungefähr dreißig Jahren
entfernt und der Graben mittels Mauerpfeilern überbrückt.

Die Tore der Vorstadt Mühlen.

Während die Vorstadt Nonntal gar kein Tor aufzuweisen hat, besaß
Mühlen deren drei. Da man, wie es scheint, Nonntal durch das Hochschloß
für hinlänglich gedeckt hielt, erschien Mühlen der Verteidigung bedürftiger.
Um es vor einem Handstreich zu sichern, und dadurch zugleich den Auf=
gang zum Mönchsberg, der die Stadt beherrscht, zu schützen, bestanden
wahrscheinlich schon seit dem Ausgange des 13. Jahrhunderts, die drei
Tore zu Mühlen.   Und fraglich bleibt es doch, ob das „siebentürmige"
Mülleck, dessen Ursprung noch ganz dunkel ist, nicht etwa ein fürstliches
Lehen war, bestimmt den westlichen Zugang zur Stadt zu überwachen.

---

[1]) „Klause" ist nicht, wie Hübner meint, (Topogr. 131) eine Schleuse, sondern eine
Bach=, Tal= oder Straßensperre, ein Paß. Der Paß Lueg hieß schon im 12. Jahrhundert
Clusa; bekannt sind ja auch die Holzklausen. Das Wort „Schleuse" wird im Salzburgischen
nur für eine Sperrvorrichtung auf dem Wasser gebraucht.

Denn von einem gewöhnlichen Landsitz, dergleichen Dutzende um die Stadt herum entstanden, unterschied es sich doch wesentlich, wie die Stadtansichten darüber belehren.

14. Das Wärtelsteinertor, das Tor, da man zu der Rietenburg get, 1429, das Rietenburgtor. Erinnert man sich, daß der ganze äußere Umfang oder die Gegend am Fuße des Mönchsberges bis zur zweiten Hälfte des 18. Jahrhunderts nur von Mühlen und Nonntal aus zugängig war, so bot der Weg durch dieses Tor immerhin die kürzeste Verkehrslinie dar und erklärt sich daraus deßen Benennung. Das Tor stand zwischen dem Augustinerzinshaus (jenem Teil des Klosters selbst, der in ein Zinshaus verwandelt wurde) und dem unmittelbar anstoßenden Klosterstöckl oder einstigen Sitz „Strahlheim". Wer von der Kirche gegen das Schulhaus hinabgeht (welches im neuesten Häuserverzeichnisse allein als Zinshaus bezeichnet ist), trifft an der bezeichneten Stelle auf die Reste eines Torbogens, von welchem gegen die Müllnerschanze gleichfalls die Reste einer Stadtmauer hinansteigen. Das Tor war, wie alle übrigen Tore, überbaut und bewohnt, bestand daher nicht aus einem einfachen Torbogen von gewöhnlicher Mauerdicke. Außerhalb desselben lag ein Garten, genannt „das Paradeys zu Wärtelstain", vielleicht der Baumgarten und die Wachsbleiche beim Hause 14 Augustinergasse, oder auch der „große lustige Baumgarten" beim spätern Sitze Strahlheim. Während der Zeit des Belagerungszustandes unter bairischer Regierung (im J. 1813) sah man das Tor noch für wehrfähig an. Jetzt ist sein Namen verschollen.

15. Das Müllecker-, Grimming- oder Reichenhallertor, auch das mittlere Tor zu Mülln genannt: jetzt heißt es das St. Johannspitaltor. Es wird 1514 genannt. In seiner Nähe stand das Schloß „Mülleck", welches eine Zeit lang die Grimming inne hatten, an der Stelle des St. Johannspitales.[1] Im J. 1607 wurde es von Wolf Dietrich in ansehnlicher Gestalt neu aufgebaut und hundert Jahre später mit dem St. Johannspital in Verbindung gebracht. Bis gegen Ende des vorigen Jahrhunderts zweigten die Straßen nach Reichenhall, Laufen und München innerhalb der Vorstadt bei der Albenbrücke von einander ab. Während des erwähnten Belagerungszustandes im J. 1813 wurde das Tor außen verschanzt.

16. Das Laufner-, Lieferinger- oder Müllnertor, im Volksmunde auch das Schergentor genannt, wahrscheinlich, weil es

---

[1] Der Namen hat sich noch erhalten: „Pfarrcuratie Mülleck" im St. Johannspitale.

von einem Gerichtsdiener einstmals bewohnt war. Dieses Tor wird schon 1442 genannt; zu seinem Überbau führte eine hölzerne überdachte Stiege hinauf, ähnlich wie die steinerne beim innern und äußern Klausentor in der G'stätten. Im J. 1851/52 wurde es zur Irrenanstalt einbezogen und damit in Verbindung gesetzt.

Unter den aufgezählten wurden das Nonntal-, Klausen-, Bergstraß- und Galgentor die vier Haupttore, das Lederer-, Stein- und Kumpf- mühltor die kleinen Tore benannt (1558, 1570, 1620).

B. Tore der Linksstadt aus der fürstlichen Zeit,

d. i. seit der Stadtbefestigung im dreißigjährigen Krieg.

Zu dieser Zeit fand man es zweckmäßig den Stadttoren Heiligen- namen zu geben und die schon bestehenden Haupttore auf solche umzutauschen. Diese Tore sind in der Linksstadt: Das St. Ereutruds-, St. Michaels-, St. Sigmunds-, Unser lieben Frauen, auch Gertrauden oder St. Gertruds- und St. Monika's Tor. Das St. Gertrudstor hieß auch Marientor und ist das Klausentor. In der Rechtsstadt: Das St. Ruperts- oder St. Sebastians-, St. Virgils-, St. Vitals-, St. Franziskus-, St. Felix- und St. Johanns-Tor.[1]

17. Das St. Ereutrudstor, später Maietauertor geheißen, wurde, nach neuern Befestigungsregeln erbaut, im J. 1644 eröffnet, stand neben dem heutigen Militärspital und hatte Zugbrücke und Fallgatter. Es wurde 1862/63 abgetragen. Die lange Brücke über den breiten Graben wurde durch einen Straßendamm ersetzt und der Nonntalerbach überbrückt.

18. Das St. Michaelstor, von der nahe gelegenen Kirche gl. Namens so benannt, wie das Klausentor von der benachbarten Bergl- kirche oder St. Maria am Gestade, wurde um 1620—'30 erbaut. Wolf Dietrich hatte die eine Häuserzeile der Pfeifergasse zwischen dem Räpplbad, Pfeifergasse 9 bis Mozartplatz 4 und ein Paar gegenüberliegende Häuser niederreißen lassen, und hinterließ bei seinem unerwarteten Rücktritt in dieser Gegend einen wüsten Platz. Paris Lodron setzte die neue Pforte nahe an den Fluß, Santino Solari, der Dombaumeister, erbaute daselbst für sich und seine Kinder die drei nächstliegenden (später Domherrn-) Häuser, und so entstand der St. Michaels-, später Mozartplatz. Das Michaelstor wurde bald zu Anfang der letzten Stadterweiterung abgetragen.

---

[1] S. die Steininschriften bei Hübner I. 110; 113; 131; 283; 321; 328; 359—'62; 397; 469.

19. **Das Tor an der Türniz, auch Wassertor, Griestor und Fleischtor** genannt. Zur Zeit der Errichtung der stehenden Heere begann Erzbischof Paris 1641 am Gries eine Kaserne zu erbauen, die „Türniz"[1]) hieß, welche sein Nachfolger vollendete. In der Mitte derselben war ein Schwibbogen angebracht, der außen mittels eines Tores geschlossen wurde. In dessen Nähe stand das Häuschen für den Einnehmer des Wasserzolles. Vor diesem Tore wurden die großen Steine und Marmorsäulen für die Walhalla bei Regensburg, deren Fracht vom Untersberge her nicht geringe Schwierigkeiten bot, auf die Schiffe geladen. Nachdem die am untern Ende dieser langen und niedrigen „Grieskaserne" befindliche Schanze „Insel Elba" schon um 1852 im Beginne der Flußregulirung abgetragen worden war, traf um 1860 das gleiche Schicksal die alte Türniz.

20. **Die Mönchsbergpforte beim Stiegenaufgange am St. Peterbezirke.** Sie war mit einem Steckentor zu schließen, wozu in der Nähe auch ein Wächterhäuschen vorhanden war. Diese Nebenpforte wurde um 1630 errichtet, im J. 1813 während des Belagerungszustandes gar vermauert(!). Hübner gedenkt ihrer 1796, aber im J. 1835 war sie schon völlig abgekommen. Die Mauer oder Felsenbrustwehr zwischen dem obersten Stiegenende und dem Hause 3 am Mönchsberge galt schon 1450 als Stadtmauer, und deshalb mag diese Pforte von 1630 wohl die Nachfolgerin einer früheren gewesen sein.

21. **Die Bürgermeisterpforte auf der Scharte.** Zwischen dem Schartentore der Festung und dem von Frey'schen Turm (Mönchsberg 15) lag in alten Zeiten die Mönchsbergscharte. Statt der mittelalterigen Türme, die einst diesen Zugang zur Stadt zu schützen bestimmt

---

[1]) „Türniz" bedeutet eine geräumige (heizbare) Stube, meistens zum Aufenthalte der Wache bestimmt, jedoch ihrer Räumlichkeit wegen nicht selten auch für Gastmäler, als Schlafsaal für eine größere Anzahl Gäste verwendet. Türnizen kamen auf vielen Schlössern vor. In Salzburg gab es einst vier Türnizen: a. auf dem Hochschlosse, in einem Turme eine „Türnizstube" mit Betten für 11 Soldaten. Lexikon von Baiern. b. in dem erzbischöflichen Hofe für mindere Hofbediente von Erzbischof Michael vollendet, 1607 abgerißen. Die Stadtansicht von 1553 zeigt einen über die andern Bauten des Fürstenhofes aufragenden, altertümlichen Saalbau mit hohen Fenstern, zwei nebenstehenden Erkern und einem Stufengiebel, der in Salzburg um diese Zeit sonst nirgends mehr vorkommt, woraus zu schließen, daß dieser Saalbau weit über Erzb. Michaels Zeit (1554—'60) zurückreichte, und von diesem nur für neuere Zwecke zuletzt eingerichtet wurde; in des Fürsten Hofmarschallstube hatte der „Türnizmaister" darüber die Aufsicht. c. die obengenannte Türniz, welche später, weil fast alle Soldaten verheiratet waren, in zahlreiche kleine Zimmerchen unterbaut wurde. Man nannte sie auch die alte Türniz im Gegensatz zur d. neuen Türniz neben dem Mirabelltore, die ebenfalls eine Kaserne war. Türniz ist demnach eine Wach- oder Gesindestube, ein Kasernzimmer, eine kleine Kaserne, in der Frühzeit aber auch das heizbare Gemach oder der Saal für Gäste.

waren, schloß Erzbischof Paris die Scharte mit einer hohen Quermauer. Unter Bürgermeister von Mertens wurde durch selbe ein Tor gebrochen und dergestalt nach 230 Jahren der Übergang wieder hergestellt.

22. **Das Neutor oder St. Sigmundstor.** Erzbischof Sigmund ließ diesen Tunnel 1765—67 durch den Mönchsberg brechen, wohl einen der ältesten diesseits der Alpen. Im J. 1774 war er in einer Länge von etwa 100 Metern, mit einer Höhe von 9—10 Metern vollendet. Er wurde nach außen durch einen Zwinger geschützt, der mit einem Steckentor, wie der Tunnel nach innen, abgeschlossen werden konnte. Während des mehrmals erwähnten Belagerungszustandes war das Tor mit ein paar hundert Bäumen verrammelt. Der Zwinger ist nun aufgelaßen und die Tore sind entfernt.

23. **Die untere oder äußere Monikapforte,** 1638 erbaut, hat die Gestalt eines Blockhauses, und kann eigentlich als Abschluß der Vorstadt Mühlen gegen den Mönchsberg betrachtet werden. Der tiefe und breite Felsgraben, die hohe Felswand mit der nun theilweise absichtlich zerstörten Mauer, die Schanze außerhalb und eine Bastei innerhalb der Pforte scheinen diesem Werk eine namhafte Stärke verliehen zu haben. Die Brücke wurde seit Übernahme der Tore von Seite der Stadt auf Steinpfeiler gelegt.

24. **Die innere oder obere St. Monikapforte,** wurde 1623 erbaut und mit diesem Blockhause der Mönchsberg abgeschlossen. Dasselbe hat die Verteidigungszwecke mit dem vorgenannten gemeinsam. Beide Pforten sind noch jetzt bewohnt.

C. Tore der Rechtsstadt aus der Bürgerzeit.

Die Rechtsstadt hatte viele Jahrhunderte hindurch nur zwei Hauptverkehrsrichtungen, flußaufwärts und gegen Osten. Erst in der neuern und neuesten Zeit wurde Mühlen brach gelegt und die Rechtsstadt belebt.

25. **Das Steintor,** seit 1477 das innere Steintor, noch um 1500 nach den Bewohnern des nahen Hauses 18 am Tor auch die Judenklause und das Judentor geheißen, gehört zu den alten Stadttoren, deren Entstehungszeit jedenfalls über das 14. Jahrhundert zurückreicht. Es stand sicherlich schon mit der Veste auf dem Imberge durch eine Mauer in Zusammenhang. Paris Lodron erneuerte es und nannte es nach der benachbarten Kirche St. Johannistor, welcher Namen aber gleich mehreren andern sich bald verloren hat.

26. Das äußere Steintor, die Klause zu Pyrglen, das Pyrglsteintor (1522, 1529, 1561), wurde erst bei der vorletzten Stadtbefestigung im J. 1477 erbaut.[1] Es hat jedoch den Anschein, als ob daselbst schon seit viel früherer Zeit eine hölzerne Sperr- und Wehrvorrichtung bestanden wäre und die Worte des Chronisten nur die Erbauung eines starken gemauerten Tores sammt Überbau meldeten. Dasselbe stand beim H. 71 Steingasse als Torturm über der Straße und war bewohnt. Noch ist die Torwächterwohnung erkennbar und erinnert ein Mauerrest an der Wasserseite mit Schußlöchern an die Vergangenheit. Es wurde im J. 1832 wegen Baufälligkeit abgetragen. Die lange Steingasse, die nach der jüngsten Zählung 105 Häuser begreift, war früher in drei Strecken geteilt: die „Steingasse" bis zum innern Steintor, „am Stein", viel später am „äußern Stein" bis zum Pyrglsteintor, und die „Pyrglau" oder „Pyrglen" mit Inbegriff von Elsenheim bis Münchhausen an der Straßenzwisel nach Aigen und Parsch.

27. Das Ostertor, um 1409 bereits das innere Ostertor genannt, zwischen den Häusern 9 und 12 Linzergasse gelegen. An es schloß sich die „Ringmauer" an, sowohl hinüber in der Richtung zum Lederertor, als bergauf zur Veste auf dem Imberg. Nach der alten Stadtansicht trägt es das typische Ansehen eines Torturmes mit flachem Dache und Zinnen. Es wurde im J. 1617 abgebrochen.

28. Das äußere Ostertor 1373, das obere 1409, 1440 das äußere (Ostertor), 1365, 1469 auch das Galgentor genannt, wie solches gleichfalls in andern Städten vorkommt, schloß die „Linzergasse" ab, welche zwischen beiden Ostertoren entstanden war. Zwischen ihm und dem „Tor in Bergheimerstraß" lag der Stadtgraben von 1360/80. Bei der Stadtbefestigung in den Jahren 1465—80 legte man an dasselbe die Stadtmauer an, die bis zum Bergstraßtore hinüberreichte. In der Nähe des äußern Ostertores warf man eine Schanze auf, einen Platz, auf welchem sich später das wahrscheinlich in Eile und als einstweiliger Notbau errichtete älteste Pestspital befand. Als die letzte Stadtbefestigung ein zweites Tor außerhalb des äußeren Ostertores vorbaute, nannte man es das innere Linzertor und seit Erbauung der Sebastianskirche im J. 1505/12 auch das St. Sebastianstor (1552, 1614). Es wurde 1614 von Marx Sittich in die jetzige Gestalt gebracht.

29. Das Rotprückltor, in den Jahren 1471, 1491 und 1573

[1] Chron. anon. auct. S. Petri.

urkundlich, „einen Krautgarten, gelegen zu Salzburg vor dem Rotprügltor",
Ldsfde XV. Toppler, 78. „Hans Mnrawer dient von einem Garten ligt am
kottprügkl vor dem Galgentor." Ldsfde IX. 58. Da die vor diesem Tore
gelegenen Grundstücke 1642 abgelöst und „zur Schanz genommen wurden"[1],
andernteils aber während der Contagion und Herbstdult 1573 für dieses
Tor ein eigener Wächter aufgestellt wurde (Stadtcammerraittung), so
muß es zwischen dem Galgen- und Bergstraßtor seinen Platz gehabt haben.
Nun ist gewiß, daß der in einer mehrfach gebrochenen Linie zwischen
Bruderhaus und Lorettokirche sich dahin windende Durchgang alt ist und
an der alten Stadtmauer endet. Da zwischen innerem Linzertor und
Bergstraßtor keine andere Verkehrslinie denkbar ist, und auch nach der
ältesten Stadtansicht keine bestand, so muß das „Rotprückltor" das Einfahrtstor zum Bruderhausgarten sein, gegenüber der Franz-Josefkaserne.
Wahrscheinlich mündete vor Erbauung des Lorettoklosters und Anlage des
dazu gehörigen Gartens bei diesem Tore auch ein anderer Durchgang,
der aus der Bergstraße, an Stelle des hineingebauten Hauses (Bergstr. 6)
dahin abzweigte. Als vor 12 Jahren der Wasserabzug durch den Schanzgraben vor dem Linzer- und Mirabelltor gestört war, wurde die ganze
Umgebung des Lorettoklosters in den Kellern schuhhoch überschwemmt.
Der Namen (Rotbrückl) weist auf stehendes Wasser vor der Stadt, welches
vom Imberg herabkam, und vielleicht durch den alten Stadtgraben (Lorettogasse) keinen rechten Abzug fand.

30. Das Bergstraß- (eigentlich: Bergheimerstraß-), Rennbühel-,
Pötschen- oder Poschentor wird in dem Briefe des Erzbischofes
Ortolf von 1365 der Turn in Berghaimerstraß genannt, ist dann
um 1400, aber auch noch um 1612/18 urkundlich und stand an der Stelle
des Lodronbogens. Es wurde ohne Zweifel bei der Ausführung der viel-
fachen lodronischen Bauten in dieser Stadtgegend, denen es im Wege
stand und wodurch die spätere Dreifaltigkeitsgasse ihren Anfang nahm,
entfernt.

31. Das innere Lederertor gehörte sicherlich der ersten Stadtbefestigung an. Nach Setznagels Stadtansicht oder der älteren von 1553
ist es der Schwibbogen zwischen der Lederergasse und der späteren
Theatergasse. Wenn man diese Stadtansicht dahin ergänzt, daß man sich
statt der abgetragenen Häuserzeile der Theatergasse die Stadtmauer hindenkt,
auf welcher nachmals diese Häuser zu stehen kamen, so mündete das Tor

---

[1] Landeskunde XVI. 280, 556, v. J. 1491.

in diese Gasse längs der Stadtmauer. Diese Gasse ist erst seit etwa 1300 entstanden, während das innere Lederertor länger besteht.

32. Das äußere Lederertor gehört wahrscheinlich der Neuzeit von 1465–80 an und stand an der Stelle des 1865 abgetragenen, welches quer über der Gasse beim H. 12 errichtet, die Theatergasse in zwei Hälften teilte, innerhalb und außerhalb des Tores. Schon im J. 1553 spaltete sich gleich außerhalb dieses Tores der Weg teils in die vorgenannte Gasse, teils längs dem Salzachgries hinaus, wo jetzt die Schwarzstraße anfängt. Unter Paris Lodron wurde die Straßenzwisel unter das Tor selbst verlegt, so daß es nach außen zwei, nach innen einen Eingang besaß (triforium?) Seither hieß es das St. Vitalstor. Ungeachtet aber das Steinbild des Heiligen über dem äußern Ausgange angebracht war, kam der Name doch wieder halb in Vergessenheit, wie beim Mirabell= und Linzertor.

33. Innerhalb des Lederertores, in geringer Entfernung davon an der Wasserseite, war ein Pförtlein (ein Tränktor) angebracht, welches auf die Salzach mündete. „Am von Holz erbaute Hütten hinterher an die Stattmauer, vorwärts aber an die Strassen, mit erster seiten an des Christophen Freihamers Hütten, (Theatergasse 3) vnd der andern negst beim Stattmauertürl innerhalb St. Vitals Porten gegen Maximilian Wibmer Lederers Behausung vber gelegen (Theaterg. 5)" Magistr. Urbar. 1650. Doppler. Dieses übrigens namenlose „Türl" wird noch in der Weichsteuer Raittung 1688 und in der magistr. Urbar-Anlaitbeschreibung IX, von 1777 aufgeführt, und wird wohl einem s. g. Feuergange zum Ab= schluße gedient haben.

34. In der Gegend, wo jetzt die Brücke auf das Plätzl mündet, stand vor dem J. 1600 das Lasserhaus, das erst zum Behufe der Anlage des Brückenkopfes entfernt wurde, unter gleichzeitiger Aufmauerung des Uferrandes. An diesem Hause lag seit alten Zeiten das „Stieglbad", wahr= scheinlich so genannt, weil man zu demselben hinabstieg. Es gehörte 1593 zum neuen Stellnerhause (Plätzl 2). Da befand sich nun auch ein Tränktor für die Rechtsstadt, woraus sich ergibt, daß man daselbst mit leichter Mühe zum Flusse hinabgelangen konnte. „Gotfrid des Toman pader brueder gibt zw kawssen dem Hanns Layner ain funftail an der padstuben enhalb ach pey dem tor zunächst an Wernharts haws an der rewt," 1369. Bürgersp. Regb. 867. „Conrad Hynntenplos gibt zw khawssen dem Hanns Layner 2 Viertl auf der padstuben enhalb ach hinter dem Nidernrewtt pey dem trengkthor 1374. Ebd. 854, Doppler.

D). Tore der Rechtsstadt aus der Fürstenzeit

b. i. seit der letzten Stadtbefestigung.

35. Mittels des äußern Linzer- oder St. Rupertstores, von Erzbischof Paris 1628 erbaut und so benannt, wurde ein Doppeltor hergestellt, ähnlich der Monikapforte. Wie die Stadtmauer von 1465/80 an das innere, so schloß sich die Linie der Schanzen, Mauern und Gräben von 1622/28 an das äußere Tor an. Zwischen dem innern und äußern Tor befand sich an der Bergseite ein Büffelstall.

36. Das äußerste Linzer- oder Ravelintor wurde erst im J. 1704 durch den dem nassen Graben vorgelegten Schutzwall eröffnet und bei der letzten Stadterweiterung mit allen übrigen Schanzen und Gräben abgetragen, ausgefüllt und eingeebnet. Es stand ungefähr an der Mündung der noch im Entwurfe vorgezeichneten Franz Josefsstraße in die Schallmoser Hauptstraße.

37. Das St. Virgils- oder Mirabelltor, 1627 erbaut und 1861/65 wieder abgetragen. Neben demselben befand sich rechts die „neue Türnitz“ für 300 Mann und links eine Wachstube für die Schloßwache des Mirabellpalastes, wenn der Fürst daselbst Hof hielt. Das Tor war zwei Stockwerke hoch; aber nach dem Brande von 1818 wurde es im Style eines gewöhnlichen Walltores hergestellt. Eine lange Brücke führte über den breiten Graben in gekrümmter Richtung hinaus zwischen die vorgelegten Grabendeckungen auf die Ebene. Von dieser Brücke an bis zur Straße vor dem Lederertor (Eingang in den Stadtpark von der Schwarz-straße aus) war der Graben voll Wasser. An der äußern Stirnseite des St. Ruperts- und St. Virgilstores waren in Blenden die marmornen Steinbilder dieser Heiligen aufgestellt.

38. Das Tor am Hannibalplatze entstand erst in jüngerer Zeit in Folge der Verkehrshemmungen, welche man bei einem etwaigen Theaterbrande von dem engen Lederertore in der Theatergasse befürchtete. Es stand zwischen den Häusern 10 und 12 in der Schwarzstraße und wurde bei der Niederlegung der Mauern entfernt. Es war ein einfacher durch die Stadtmauer gebrochener Torbogen mit zwei Torflügeln.

39. Daß schon vor Alters die Veste auf dem Innberge mit der Stadt durch einen Geh-, Reit- oder Saumweg in Verbindung stand, ist zweifellos. Auch ist der „Sand Johannsweg auf den Perg“ im J. 1453, 1499 und später (s. IX. Brunnen) urkundlich.[1] Er müßte

---

[1] Vgl. IX. 64.

aber zugleich Saumweg gewesen sein, wenn er das einzige Verbindungs-
mittel dargestellt hätte. Von einer Auffahrtsstraße zum Imberge erfahren
wir erst bei der Umwandlung der alten Veste in ein Kapuzinerkloster.
Sie wurde 1596—1617 hergestellt (Hübner) und in der Linzstraße
mit dem St. Franziskustore, gewöhnlich „Capuzinertor" 1614, '17
u. s. f. genannt, zwischen den Häusern 12 und 14 abgesperrt. Dasselbe
zeigt auf seiner Stirnseite die Jahreszahl 1617 und den Steinbock von
Marx Sittich.

40. Das Verhältniß der doppelten Monikapforte oder des zweifachen
Linzertores wiederholt sich gewissermassen auf dem Imberge. Denn
eigentlich schloß die St. Felixpforte, 1632 oberhalb des vorgenannten
Tores erbaut, an der einst zur Veste hinaufreichenden Stadtmauer, die
Hinterräume der Häuser in der Linzergasse und die innere Stadt ab.
Weil aber das Kloster keine Veste war und seine Kirche nicht abgesperrt
werden sollte, so wurde der Imberg hinter oder oberhalb des Klosters
zu Verteidigungszwecken erst noch einmal abgeschlossen und die um selben
ringsum aufgeführte Mauer zugleich als Hag für Jagdzwecke benützt.

Daß nun schließlich die Torgewalt dem Stadtherrn zustand,
beweist die Überreichung der Schlüssel beim Einzug eines neu antretenden
Fürsten. Für den Torschutz waren Torwächter angestellt, die zuweilen
vom Fürsten selbst verordnet wurden und in gefährlichen Zeiten besondere
Aufträge über den Torschluß, über die Abwehr verdächtigen Volkes, über
erhöhte Wachsamkeit „sich die Tore nicht ablaufen zu lassen",[1] erhielten.
Zu Pestzeiten wurde die Zahl der Torwächter ansehnlich vermehrt, an
den Haupttoren verdoppelt und bei verschiedenen Einlässen, wo kleine
Gäßchen an das Gestade oder mittels Pförtlein an der Stadtmauer
mündeten, so namentlich bei den Tränktoren, eigene Wächter aufgestellt.
Die Tore waren mit Eisen beschlagen, einflügelig, manche mit einem
kleinen Pförtchen versehen, um Fußgänger einzulassen. Außer dem
schweren Schlosse befand sich hinter den meisten ein hölzerner Querriegel
und das Fallgatter.

[1] Stadtordnung des Erzb. Matthäus.

IV. Abschnitt.

Die Türme.

Die Türme einer Stadt, von den Kirchtürmen abgesehen, waren nicht minder wichtige Verteidigungswerke, als Mauern und Tore. Auf ihre Zahl und Stärke gründete sich der Stolz der Bürger, daher sie so häufig in den Stadtwappen, auch dem von Salzburg, erscheinen. Nach ihrem zweifachen Zwecke waren sie entweder Wehr- oder Wachtürme. Für die geschichtliche Ortsbeschreibung werden sie hier eingeteilt

    a. in Tortürme,

    b. „ Stadtmauertürme,

    c. „ die Mönchsbergtürme;

    d. Da die Bürgerwehr zu verschiedenen Fragen und Zweifeln Anlaß geworden ist, die eine abgesonderte Besprechung wünschen lassen, so wurde ihre Betrachtung, um den Gang der geschichtlichen Stadtbeschreibung nicht zu unterbrechen, in den Anhang verwiesen.

Alle diese Werke stammen aus der Bürgerzeit. Der Fürstenzeit gehören allein

    e. die Pulvertürme an, deren Namen schon ihre Bestimmung und beiläufig auch die ganz veränderten Zeiten der Kriegführung oder Stadtverteidigung erkennen läßt.

a. Die Tortürme.

Da selbe bereits bei den Toren zur Sprache kamen, so genügt zur annähernden Übersicht die Bemerkung, daß etwa 16 solcher Türme vorhanden waren und manche davon noch erkennbar sind. Zu ihnen sind zu rechnen:

    1 und 2 die zwei Nonntalerklausen,

    3 das Stumpfmühltor,

    4 die älteste bekannte Stadtpforte,

    5, 6 die zwei Klausen in der G'stätten. (Das Bürgerspitaltor heißt auch „niedere" Klausen 1488, im Gegensatz zur [obern] Nonntalerklause.)

7, 8, 9 die drei Tore zu Mühlen,

10, 11 die zwei Klausen am Stein,

12, 13 die beiden Ostertore,

14, 15 das Bergstraß- und das Lederertor.

Ein 16. Tor kann urkundlich nicht nachgewiesen werden. Weil aber die älteste Rechtsstadt längs des Flußes eine Mauer besaß, die zur Zeit der Erbauung der Inbergveste niedergelegt worden sein dürfte, so ist anzunehmen, daß die Rechtsstadt an der damaligen Brückenmündung einst auch einen Torturm hatte.

b. die Stadtmauertürme.

Linksstadt.

Man kann dieselben, soweit sich ihre Lage und Gestalt hierorts noch ermitteln läßt, unterscheiden in Mauertürme, die in den Zug der Stadtmauer eingefügt waren, wovon die Türme der Bürgerwehr ein Beispiel geben, und in Wall- oder Grabentürme, die basteiartig in den Graben vorsprangen, wie der Brunnturm und der Hechfeuthurm. Letztere hießen von ihrer kurzen, bauchigen Rundform auch „Rundelle".

1. Auf Setznagels Stadtansicht ist ein solches Rondell an der Stadtmauer zwischen der äußern und innern Nonntalerklause sichtbar. Wie alle solche Halbrundtürme ragt es kaum über die Höhe der Stadtmauer empor und trägt ein Spitzdach.

Es ist durchaus unwahrscheinlich, daß die lange Strecke zwischen der innern Nonntalerklause, oder auch dem Stumpfmüllertor und der alten Stadtpforte beim Höllbräuer ohne Turm geblieben sein sollte, da man gewöhnlich Pfeilschußweite als beiläufiges Maß für die Entfernung der Türme in der Mauer anzunehmen pflegte. Der Irrtum wird daher nicht groß sein, wenn man voraussetzt, daß vielleicht Wolf Dietrich bei der Niederlegung der Häuser der Pfeifergasse auch diese, nach seinem Dafürhalten altmodischen Mauertürme nicht verschonte. Zwar zeichneten Setznagel und sein Vorgänger eine namhafte Anzahl dieser Häuser turmartig mit Zinnen und flachen Dächern, allein es ist bekannt, daß man auf alten Stadtansichten die Gegenstände nicht immer naturgetreu, sondern typisch, d. i. nach gewissen Mustern oder herkömmlichen Vorstellungen dargestellt findet, so daß wir darüber keine verläßliche Auskunft erlangen.

2. Der nächste Turm, worüber uns mehr Nachrichten erhalten sind, ist der Keuzlturm, einmal auch der „rote Turm" genannt, er heißt noch 1429 „des Hanns Chewezel haws". Daß er zur Stadtmauer gehörte,

4*

ist zweifellos, denn er lag in ihrer Flucht. Kein Bürgergeschlecht hätte
sich überhaupt einen Turm erbauen dürfen, um ihn zu bewohnen. Als
daher die Stadt denselben von dem Geschlechte der Keuzl 1399 „kaufte",
kann dieß nur eine Art Rückkauf eines erbrechtlich verliehenen Besitzes
gewesen sein. Derselbe hat daher jedenfalls der Stadtmauer des 13. und
14. Jahrhunderts angehört und heißt im J. 1429 Stadtturm, 1488
Rathaus, 1577 Rathausturn. Doppler. Er vertrat die Stelle eines
„Bergfrides", denn er trug die „Sturmglocke" und die „Bierglocke"; er
war „Wach-" und „Beobachtungs-" oder „Meldeturm", denn auf ihm
wurde „ain weiss vnd rots fänbl", bald „das weiss fänbl" oder „das
rot fänbl" allein „gegen derselben strass werts, gegen dem virtl vnd
gegent", wo ein aufregendes Tagesereigniß, ein Raub, Mord, beschrieene
Notzucht, ein Brand, Auflauf vorfiel, „herausgehängt", wie dieß bei
Feuersgefahr selbst noch in der ersten Hälfte des laufenden Jahrhunderts
Gepflogenheit war. Seine heutige Gestalt erhielt er sicherlich bei der
baulichen Umgestaltung des Rathauses im J. 1613/16.

3. Der nächstfolgende Stadtmauerturm und wahrscheinlich an
Alter, Gestalt und Höhe der Zwillingsbruder des vorgenannten ist der
bereits im Abschnitt II. aufgeführte im s. g. Niederleghause, welcher
hinter der Linie des Stadtgrabens von 1465/80 steht, folglich der Wehr-
oder Stadtmauer des 13. und 14. Jahrhunderts angehört. Es muß
hervorgehoben werden, daß der ehemalige Hinterteil des Niederleghauses,
der selbstverständlich viel später dem beregten Turme vorgebaut wurde
(heutzutage Griesgasse 17) und gleichfalls in städtischem Besitz war, vor
dem Anbau der Fleischbänke und der auf der andern Seite flußaufwärts
befindlichen Läden turmartig vorsprang, und noch in der ersten Hälfte
dieses Jahrhunderts, gleich dem rückwärts stehenden Turme, ein flaches
Grabendach und starke Zinnenbekleidung trug. Ist dieß einesteils ein
Zeichen, daß diese bezinnten Häuser bei Setznagel (auf andern Stadtansichten fehlen sie) nicht völlig idealisirt sind, so spricht sich anderenteils
darin die zur Zeit der Erbauung dieses Hinterhauses, welche nicht weit
von der der letzten bürgerlichen Stadtbefestigung abweichen kann, herrschende
Absicht aus, die Häuser selbst gegen Angriffe oder selbst bei Feindesgefahr
wehrhaft herzustellen. Das Haus am Gries 17 steht auf der Stadtmauer. Der alte Stadtmauerturm wurde sammt den Hausböden in
der „Niederleg" Trägassenseite, zu denen er noch gehört, 1828 verkauft,
die Hausböden auf der Griesseite aber schon 1805.

4. 1614 der Turn bei der alten Münz. „Der Statt Thurn,

so zu Endt der Trägassen oberhalb der alten Münz stehen thuet", 1636 (Gemainer Stadt Salzburg Zinß- vnd Giltenbuch, Doppler) Gemainer Statt Prunnthurn 1713, Sterngäßchen 3, ist ein Drillingsbruder des „Hechsenturns" und des „Wasserturns" beim alten Lederertor, da alle drei von gleicher Gestalt eines Dreiviertelkreises in der Grundfläche und von der bereits angegebenen Höhe der Epoche der letzten bürgerlichen Stadtbefestigung ihren Ursprung verdanken. Seinen Namen erhielt er später entweder von dem nicht weit entfernten städtischen Brunnhause, oder weil in seiner Nähe in dem neben ihm übrig gebliebenen Stadtgraben die Brunnröhren feucht erhalten (gedeichtelt) wurden. Er ist 1636 dem Stadtbaumeister Jacob Kaspiß „frey vnd ohne Zinß durch einen gesambten Ehrsamen Rath zu genießen bewilligt vnd vergünstiget worden." Doppler. 1775, „Thurn der alten Stattmauer". Er wurde 1804 verkauft und heißt noch 1816, „Alter Stadtmauer Thurm".

Rechtsstadt.

5. Der Wasserturn, Turm beim Lederertor, stand an der Wasserseite an der Ecke des Lederertorgebäudes. Es war ein „Rundell" oder Rundturm mit spitzigem Dach. Er gehörte wahrscheinlich der Stadtbefestigung von 1465/80 an und wurde gleich im Anfange der letzten Stadterweiterung, vor dem J. 1864, sammt dem Torgebäude entfernt.

Die Stadtmauer nahm zwischen dem Lederertore und dem Bergstraßtore eine beträchtliche Strecke ein und folgte, soweit die Stadtansichten vermuten lassen, auch keiner geraden Linie. Sie verlief etwa vom Theatergebäude in der Richtung der Gasthausräume im rechten Winkel bis an das Ende derselben, und der Zug der hohen Mauer, die den Mirabellgarten von den ehemals lobronischen Palästen trennt, läßt vielleicht die Richtung der alten Stadtmauer erkennen, die bei der Kirche des Borromäums sich an das Bergstraßtor angeschlossen haben muß. Daß nun die vorspringenden Winkel der Mauer beim Theater und an der Kirche des Borromäums ohne Türme oder Verstärkung geblieben sein sollten, ist kaum anzunehmen.[1] Vielmehr ist zu glauben, daß Erzbischof Wolf Dietrich bei Anlage des Mirabellgartens dieselben als seinen Plänen im Wege stehend, entfernt

---

[1] Die alten Stadtansichten von 1553, Sehnagels und anderer behandeln die Rechtsstadt doch nur als Nebensache, als einen malerisch keine Wirkung machenden Vordergrund. Wie wäre es sonst denkbar, daß sie den urkundlich sichern Graben vom Linzertor an, dann die Stadtmauer hätten vernachläßigt? daß die Strecke vom Ostertor bis zur Bergstraße so fehlerhaft verkürzt anstäbe? um von andern Ungeschicken der Darstellung der Vogelschau zu schweigen!

habe, weil „zunegst dem Pergstraßthor .. ein mechtig, großes herrliches
Lustgepeü angesangen worden, zu welchem man ain große Weiten nutzlicher,
gueter Grünt eingesangen, dieselben verwüest, Paumb und Heiser hinweck-
gerissen, groß und tüese Gruntfesten gegraben, von dem Grunt in die
Höche mit dickem Gemeür und einwerts mit Pfeilern undersetzt, . . .
aufgesahren und, da man sich vermaint gehabt, das fürgenommene schöne
Werk, was daraus werden solle, schier mit der Weile zu erkennen, hat
man ganz und gar von diesem Werk gelassen, die Statt mehr damit
etwas geschreckt . . . und bleibt solches Gepeü, so man den Hanibald-
garten zu nennen pfleget . . . . noch auf den heutigen Tag also verwüest
stecken."[1]

6. Der Hechsenturm, Paris-Lodrongasse 16, steht an der Stadt-
mauerlinie 1465/80, an dem ausspringenden Winkel zwischen ernannter
Gasse und dem beim innern Linzertor auslaufenden Schenkel. Ob seiner
Benennung Wahrheit zu Grunde liegt, ist ungewiß. Es findet sich aber
nicht, daß er bewohnt oder vermietet worden wäre, bevor er im J. 1804
verkauft worden ist.

c. Die Mönchsbergtürme.

Man pflegt gewöhnlich und schon seit den Tagen Hübners alle
Türme auf dem Mönchsberg, etwa mit Ausnahme der Bürgerwehr,
„Pulvertürme" zu nennen. Da eine gewisse Anzahl von Freunden der
Stadtchronik das Zeitalter von Leonhard Keutschach als den Anfang
genauerer Geschichtskenntnisse zu betrachten geneigt ist, weil man
über diese Zeit zurück doch keine genauere Kunde habe (?), so erklärt sich
daraus zur Genüge diese irrige Ansicht, welche die Zeit der fürstlichen
Vollgewalt zur Grundlage hat und das vorausgegangene bürgerliche
Walten und Wirken nicht kennt. Im Gegensatze hiezu wird nun die
Ansicht aufgestellt, daß diese s. g. Pulvertürme, mit Ausnahme der
Bürgerwehr und eines noch näher zu bezeichnenden Turmes, sämmtlich
aus einer Zeit herrühren, in welcher, wenigstens in Europa, das Pulver
noch nicht erfunden oder zum Kriegsgebrauch verwendet worden war.

Es ist hinlänglich bekannt, daß der Mönchsberg für die südliche
und westliche Stadtseite statt einer Mauer und Besestigung gedient hat.
Sicherlich hat auch die Lage der Stadt in der Mönchsbergbucht dieselbe
vor mancher Belagerung und Erstürmung bewahrt. Aber eine vollkommen

---

[1] Landeskunde XIII. Steinhauser, Leben Wolf Dietrichs, 94, 169, geschrieben um 1611/15.

sichere, unersteigliche Schutzwehr war der Mönchsberg doch nicht. Vor allem zeigte er gegen Süden zwischen dem Hochschlosse und seinem süd-westlichen Teile eine Einsattelung, die „Scharte" genannt, deren Kammhöhe etwa beim südlichen Ende der Gartenmauer des heutigen Landhauses Trientl (Mönchsberg 9) lag[1]) und vermutlich seit ältester Zeit einen, wenn auch mühsamen, Zugang zur Stadt ermöglichte.

Eine andere Gefahr der Ersteigung des Mönchsberges entstand durch die Höhe der Schuttkegel oder des eine zweite Einsattelung bildenden Gesteinzusammenhanges zwischen Mönchsberg und der „hohen Rittenburg", wie man in älterer Zeit den Osenlochsberg nannte. Über „Buckelrent" hinauf, wie das auf der Höhe liegende Landgut bezeichnend heißt, konnte man sonach, wenn man es darauf anlegte, den Mönchsberg „berennen". Die Gelegenheit des Ortes wird durch den Umstand noch anschaulicher gezeigt, daß rechts und links von diesem Mönchsbergvorsprung, also sowohl gegen die hohe Rittenburg über, als in der Richtung auf Weingarten und die Albe vom Mönchsberg herab zwei Ausfallpforten bestanden, weil man begreiflicher Weise daselbst noch leichter herab, als hinauf gelangen konnte.[2])

Wenn gleich die heutige Schreibung „Riedenburg" auf ein Ried oder Schilfwuchs im Tale zurückzuweisen scheint,[3]) was jedoch irrig ist, so steht doch der Torfgrund daselbst noch heutigen Tages so sichtbar an, daß es keiner Schwierigkeit unterliegt, sich denselben, bevor er in der Albenrinne zugleich einen Entwässerungsgraben erhielt, als ein ernstliches Hinderniß der Annäherung an den Mönchsberg vorzustellen. Hiemit zerfällt auch die Vermutung, daß die Bürgerwehr etwa aus dem Bedürfniß entsprungen sei, durch selbe die Ersteigung des Berges außerhalb derselben von Westen her fruchtlos zu machen.

Daß der Anstieg von Mühlen aus ursprünglich einen steilen Absatz darbot, lehrt deutlich der in den Fels gesprengte Hohlweg für die Eröffnung

---

[1]) Wenn man sieht, daß außen zu beiden Seiten der Bürgermeisterpforte das Gestein des Mönchsberges in der Höhe der Grabensohle sein Ende erreicht, auf dem die große lodronische Mauer aufgeführt ist, so zeigt das Augenmaß beiläufig den Neigungswinkel an, den der Grund der Scharte besessen haben kann, ohne daß Bergsteigerübung erforderlich war, um durch selbe hin und her zu gelangen. Außerdem weiß man, daß der St. Peter'sche „Weingarten" wenigstens mit seinem obersten Teil nach dem Urbar zum roten Turm gehörte, somit wohl bis zu demselben hinaufreichte. Daß aber vor der lodronischen Mauer bereits eine ältere, niedrigere vorhanden gewesen sei, ist eine haltlose Behauptung.

[2]) Diese beiden Ausfallpforten wurden später zugemauert.

[3]) Die richtige Schreibung wäre „Rittenburg", von „ritten", steil, abschüssig. In Salzburg wurden die Worte Burg und Berg beständig verwechselt, so heißt es sehr oft „Runburg" statt „Ronuberg", daher wohl auch „Rittenburg" statt „Rittenberg". Und burgähnlich waren beide.

einer Zufahrt. In den letzten Jahren Wolf Dietrichs und bis zum J. 1625 ist in den Stadtrechnungen zuerst von einem großen „Bschütthaufen", für den ein eigener Wächter aufgestellt war, dann von der „Abräumung des G'stätten- oder Windischperges" die Rede, welche 1324 fl. kostete. Es geht daraus wenigstens so viel hervor, daß die Gesteinmasse des Berges vom Mönchstein an gegen Mühlen vermindert worden ist, denn diese Nordseite hieß ja der Windischberg. Da sich aber nicht mehr entscheiden läßt, ob daselbst allenthalben der Berg schwer oder unersteiglich war, so genügt die stellvertretende Tatsache, daß die Vorstadt als Wachposten und Hinderniß für eine feindliche Ersteigung anzusehen war.

Wie hauptsächlich aus den folgenden Abschnitten zu ersehen ist, reichte die Bürgerstadt im 10. und 11. Jahrhundert noch gar nicht bis an die Stadtseite des Mönchsberges, kam erst im 12. und 13. Jahrhundert von der Nonntalpforte bis zur Scharte mit demselben in Berührung, und erstreckte sich erst ungefähr seit der zweiten Hälfte des 13. und dem Anfange des 14., eine langsam sich schließende Gasse bildend, vom Westertor an längs des Gestades am steilen Mönchsbergfuße hinaus gegen die Vorstadt Mühlen. Hält man sich diese Beziehungen zwischen den älteren und jüngeren Teilen der Altstadt, dann dem Mönchsberg als ihrem jeweiligen Nachbar gegenwärtig, so gewinnt man wünschenswerte Anhaltspunkte für eine beiläufige Berechnung des Alters der verschiedenen Verteidigungswerke dieses Berges.

Die Mönchsbergtürme sind aus dem Gesichtspunkte zweier getrennter Zeitalter zu betrachten, dem der Bürgerzeit, in welcher fast alle erbaut wurden, und dem der Fürstenzeit, in welcher sie ihrer Eigenschaft als Wehrtürme allmälig entkleidet wurden und der Namen „Pulvertürme" aufgekommen ist. Da jene Türme Verteidigungsbauten waren, so steht ihre Zeitrechnung mit der der drei Stadtmauern in nächster Beziehung.

Die Mönchsbergtürme aus der Bürgerzeit sind:

1. Der St. Peterturm,
2. der rote Turm,
3. der Hofturm (eine spätere Benennung),
4. der Falkenturm,
5. der Capitelturm (eine spätere Benennung),
6. der Mönchsteinturm.

Sie bilden drei orts- und zweckverschiedene Gruppen und zwar die beiden Türme der Mönchsbergscharte, 1 und 2; die drei Türme des innern Mönchsberges, 3, 4 und 5; der Turm des äußern Mönchsberges, 6.

Ihrem Zwecke nach war 2 ein Wach= oder Wartturm; 1, 4, 5 waren wohl hauptsächlich Wehrtürme; bei 3 und 6 müssen beide Zwecke vereinigt gedacht werden.

In den alten Städten hielt man an dem Unterschiede fest, der die Stadtmauertürme strenge von den außerhalb der Stadt, jedoch im Weich= bilde derselben stehenden Warttürmen schied. Letztere waren zur Umschau und Uiberwachung der Umgegend bestimmt und sowohl der Witterungs= einflüsse auf ihren Höhen, als der Uiberrumpelung wegen von stärkerer Bauart. Da man selbst von den Kirchtürmen der Stadt eine Annäherung der Feinde, verdächtige Bewegungen, Feuersbrünste gegen Süden und Westen nicht genau wahrnehmen konnte, so mag es sicherlich, als erst die Bürgerstadt einmal zu einer vollständigen Einfridung und einem Mauer= abschluß gelangt war, als eine der ersten Aufgaben erkannt worden sein, auf dem Mönchsberg Warten zu errichten. Und dann ging damit auch die Erbauung von Wehrtürmen an den gefährdeten Orten Hand in Hand. Und darum muß die Erbauung der Mönchsbergtürme in das Zeitalter der ältesten Stadtmauer fallen, wenn auch die Jahreszahlen in dem Dunkel der Vergangenheit liegen.

1. Der St. Peter= oder Abtsturm, viel später von zeitweiligen Inhabern auch der Lamberg= und Brandtauerturm, auch der Zwinger genannt (Mönchsberg 9, Landhaus Trientl).

Er liegt in der Mönchsbergscharte, „in dem Lueg da die Alb durchgeet" und beherrschte den Steig durch dieses Tal. Ihn umgab ein Zwinger oder ummauerter Hofraum, dessen Spuren wohl noch in der heutigen Gartenmauer erkennbar sein mögen. Bei demselben befindet sich ein alter Brunnen. Er heißt schon um 1420 „des Abtes Turm". Er bildete mit dem nächstfolgenden Turm gewissermaßen den Kern eines Gesammtbesitzes, da die umliegenden zwei oder drei Häuser, Peunten und der bereits angeführte Weinberg an diese Türme burgrechtpflichtig waren. Der Turm wird im 15. und 16. Jahrhunderte an Klosterbediente, Steinbrecher und andere zu Leibgeding verliehen, wie das auch in andern Städten in Friedenszeiten üblich war. Von einem Domherrn Lamberg, der ihn inne hatte, hieß er später und bis in die neuere Zeit auch Lambergturm, noch später Brandtauerturm.

2. Der rote Turm (Mönchsberg 15, jetzt Freyturm). Da sich der Abtsturm, weil in der Tiefe der Einsattelung gelegen, wohl zu einem Wehrturm eignete, aber keine Fernsicht in genügendem Maße darbot, so stand auf der benachbarten Höhe als Warte oder Wachturm der eben

genannte, dessen alter Namen sich unverändert erhalten hat. Er ist bereits 1380 urkundlich, scheint aber öfters unbewohnt gewesen zu sein.

Ob diese beiden Türme vom St Peterkloster erbaut wurden, bleibt sehr fraglich. Es erscheint nirgends eine Spur, daß der Abt an der Last der Stadtbefestigung Teil genommen habe. Klöster und kirchliche Nieder-lassungen waren im Gegenteile in den meisten Städten davon befreit. Vielleicht überließ die Stadt einst dem Abte beide Türme als Lehen, zu Leibgeding, und es ging endlich auch das Grundeigentum an denselben über, wie derlei Eigentumsübertragungen einst gang und gäbe waren. In diesem Falle mag ursprünglich die Pflicht bestanden haben, die Türme der Stadt in gefährlicher Zeit (zur Bemannung) offen zu halten, bis sich endlich auch diese Verbindlichkeit verlor.

Es wird später des Umstandes gedacht werden, daß die Mönchs-bergscharte, ursprünglich außerhalb der Stadt gelegen, in Folge des Schutzes dieser Türme besiedelt wurde, dann als Vorstadt galt und endlich, in Folge der zweiten bürgerlichen Befestigungsepoche, gleich mehreren andern Vorstädten, sammt dem ganzen „innern" Mönchsberg zur Stadt einbezogen worden ist.

3, 4, 5. Die drei Türme auf dem innern Mönchsberg stehen auf dem erhöhten südwestlichen Vorsprung des Mönchsberges, der mit seinem Gegner, der Rittenburg, einst die unten liegende Talfläche in die innere und äußere Rittenburg teilte. Daß sie von der Bürgerschaft erbaut wurden, ist zweifellos und ergibt sich auch aus den folgenden Ausführungen. Wie von den zwei Türmen in der Scharte nur ein alter Namen übrig geblieben ist, so ist von diesen dreien gleichfalls nur ein ursprünglicher Namen, der des „Falkenturmes", und zwar archivalisch auf uns gekommen.[1]) Im 16. und 17. Jahrhunderte waren sie sämmtlich bereits den Händen der Bürgerschaft entwunden. Zur Bestätigung dessen, so wie des Umstandes, daß seit Erbauung der Bürgerwehr der innere Mönchsberg als Stadtteil galt (s. Bürgerwehr) und sogar nach außen eine Stadtmauer (wahrscheinlich nur, wo die Gefahr des Ersteigens näher war) besaß, ist ein Domkapitelprotokoll von 1536 anzuführen.[2]) In diesem Jahre war ein Teil der Stadtmauer bei des Kapitels Turm hinabgefallen. Die Stadt wurde beim Fürsten bittlich, das Kapitel zur Herstellung zu bewegen. Dieses erwiederte aber, daß es wohl den Turm zu erhalten habe, nicht aber „die Stadtmauer, welche die Gemain aus ihrem Einkommen, welches der Erzbischof durch das Ungeld gemehrt, wohl aufzubauen wissen werde." Da später aber nur einer derselben in bürgerlichen Besitz übergegangen ist, so führt blos dieser jetzt eine Hausnummer. Ihre Namen sind

der Falkenturm,
der Hofturm und
der Capitelturm (Tumbrobsteyturm auf dem Münichperg 1389, Tumherrnturm 1417).

Darunter sind ohne Zweifel begriffen „die zwei Türme auf dem Mönchsberge gegen die äußere Riedenburg zu, die 1523 der Fürst (Matthäus Lang) inne hatte, die aber der Bürgerschaft gehörten und von denen den einen Erzbischof Sigmund II. 1495, den andern aber sein Nachfolger Leonhard eingezogen hat", wie im J. 1523 die Beschwerdeschrift der Bürgerschaft festgestellt hat.[1]) Sie sind auch seit dieser Zeit trotz „aller unterbreiteten Bittgesuche" nicht mehr in den Besitz der Stadtgemeinde zurückgekommen. Wie nun aus den Urbarien St. Peters entnommen werden kann, daß der rote Turm eine Zugehör zum St. Petersturm in der Scharte war (was in seiner ursprünglichen Eigenschaft als Warte begründet ist, von der aus dem Wehrturme die Zeichen gegeben wurden), so muß in gleicher Weise der Falkenturm als Warte zu dem neben ihm stehenden Hofturme gehört haben, daher auch beide unter einem Namen begriffen wurden, wie dieß öfters der Fall bei dem Schartenturme war. Da diese Erklärung nicht leicht von der Hand gewiesen werden kann, so begreift sich's, wie nur stets von zwei Türmen die Rede ist, wo doch nach unserm heutigen Verständnisse drei stehen und es folgt, daß vielleicht der Fürst den dritten, oder im alten Sinne den zweiten, an das Capitel abgetreten hat, nachdem er sich in dessen Besitz gesetzt hatte. Indessen ist doch manches über diese Türme noch dunkel.

Der Hofturm erscheint unter diesem Namen in den Jahren 1552, 1569, 1608, 1647, im letztern Jahre mit einem Mayrhaus gleichbedeutend: „Hofturm oder Mayrhaus". Toppler, Der Zweifel, wie das zu verstehen sei, wird dadurch gelöst, daß nach dem J. 1608, wo der Hofturm noch von einem Tagwerker bewohnt war, derselbe sammt seiner Zugehör, dem Falkenturm, zu Pulvertürmen verwendet worden sind, dagegen unterhalb dieser beiden Türme zwei Torgebäude aufgeführt wurden, von denen eines

---

[1]) v. Schallhammer, in Lölde I. 70.

das obere, zur Wohnung eines „Mayrs" sich eignete.[1]) Jetzt wurde der
Namen des „Hofturms" auf das allerdings turmähnliche Torgebäude
übertragen.

Der Capitelturm wird gleichfalls zuerst in der Steuer- und
Seelenbeschreibung von 1552 genannt und ist von einem Inwohner
bezogen. Der vorletzte Inhaber dieses Capitel-Turmes war Constantin
Graf Liechtenstein, Domherr, welcher auf denselben 1622 verzichtete.
Dessen Nachfolger, der Domherr Jos. Christof Graf Liechtenstein (1624
Bischof von Chiemsee) verzichtete auf denselben 1642, da der Turm an
die Landschaft verkauft wurde.[2]) Jetzt wurde die Rente des Verkaufs-
preises dem Domherrn Constantin Grafen Liechtenstein, dem jüngern,
zugewiesen. Toppler. Darum hieß seither der Turm auch Landschafts-
turm und Constantinturm, 1713, heute: Haus Achleitner, Mönchsberg 17. Wann der Constantinturm von der Landschaft verkauft wurde,
ist unbekannt. Bekanntlich hat die bairische Regierung die Landschaft
aufgehoben (1811, 27. September).[3]) Die Stadtansicht von 1553 vergegenwärtigt diese beiden Türme des innern Mönchsberges.

Es kennzeichnet wohl den Hofturm als einstigen Wehrturm, daß er
sich sammt seinem Nachbar dem Falkenturm in einem „Zwinger" befand,
der noch heute durch eine senkrechte Felswand, oberhalb welcher beide
stehen, erkenntlich ist, der s. g. obere Zwinger. Wie ungenau die alten
Stadtansichten sind, davon geben die genannten drei Türme ein Beispiel.
Während auf der Stadtansicht in Hübners zweitem Teil die zwei Türme
der Scharte noch kennbar sind, befindet sich statt der drei Türme auf
dem südwestlichen Ende des Mönchsberges auf dessen Höhe (also bei
Gaskell oder auf der Carolinenhöhe) ein einziger Turm gezeichnet, welcher
Zeichnungsfehler wohl auf die Vermutung geführt hat, daß der Constantinturm auf dieser Höhe stand, und im J. 1830 eingefallen sei.

6. Der sechste der alten städtischen Mönchsbergtürme, oder der vierte
nach der einst gebräuchlichen Zählung, welche, wie berührt, die zwei

---

[1]) Von diesen Torgebäuden, die unter Paris entstanden (Schallhammer gibt das
J. 1640 an) ist noch später die Rede. Ein perspektivischer Plan der Stadt aus derselben
Zeit (im städtischen Museum) zeigt deutlich beide Torgebäude und in deren Nähe bis zum
Capitelturm Gemüsegärten. Die umliegenden Anhöhen lieferten wohl Futter für Kühe oder
andere Nutztiere, die in den benachbarten zwei Gebäuden (Stadel und Stallung) unter-
gebracht waren.

[2]) „Ain gemauerter Thurn sambt dem Gartten vnd Grundt auf dem Münichperg gegen
der hochen Riettenburg ligent." Magistr. Urb. Weihsteuer-Raittung von 1654. Toppler.
Manche suchen ihn auf der Höhe des Berges beim Landhause Gaskell, was irrig ist, da
daselbst nie ein Turm stand.

[3]) Weihbischof Hofmann (Landeskunde IX.) gedenkt dieses Turmes nicht.

Warttürme (den roten und den beim Falkenturm) zu ihren bezüglichen
Wehrtürmen als Zugehör rechnete, ist der Mönchsteinturm. 1578,
79, 80, 81, 1625 der „Pienzenauerturm", wie aus den Stadtrechnungen
zu folgern ist. Von seinem Dasein auf der nördlichsten Kuppe des
Mönchsberges, dem eigentlichen und richtigen „Mönchstein",[1]) geben noch
die älteren Stadtansichten Zeugniß, wornach er erst etwa seit dem
17. Jahrhundert verfallen sein kann und als Steinbruch benützt verschwunden ist. Er gehörte mit dem vorgenannten zu den Türmen, von
denen das Stadtrecht von 1368, §. 7 sagt: Ez schüllen (sollen) ouch
die purgär die vier turn auf dem münichperg in habn vnd besetzen
vnd alliu tôr an der stat vnd schüllen di pawn vnd pezzern von dem
vmbgelt, der süntleich (sämmtlich) darzu gehört.

Der Mönchsteinturm ist in erster Linie ein Wachturm, eine Warte
gewesen. Nach ihm wurde der unten liegende Teil des Mönchsbergfußes
der „Wart-" oder „Wärtelstein"[2]) genannt, welche Bezeichnung, wie schon
angeführt, bereits im J. 1430 vorkommt (Toppler).[3]) Aber seiner ausgesetzten Lage wegen war er wohl von weit stärkerer Bauart, als die
beiden andern Warttürme. Dürfte man den Stadtansichten trauen, so
war er ein mächtiger, zinnenbekrönter Turm mit flachem Dache, wie
die andern Wehrtürme (Stadtansicht von 1553). Seine Ortslage eignete
ihn vortrefflich zur Rundsicht auf das ganze Gesichtsfeld nach Südwest,
West, Nord und selbst (am Imberg vorbei) gegen den Winteraufgang
der Sonne. Somit ergänzte er selbst die Rundschau vom Hochschlosse aus
und sein Abgang wird deshalb noch heute bei Entdeckung von Bränden
bemerklich.

An der Südseite des Turmes gränzte das „Burgerholz" (um 1550)
an und er stand daher ohne Zweifel auf städtischem Grunde. Am Hügel-
abhang seiner Westseite befindet sich eine Quellfassung mit in den Felsen

---

[1]) Aus Gründen der Ortsgestalt und Höhenlage ist für diesen höchsten Punkt des
äußern Mönchsberges der alte Namen „Mönchstein" in Anspruch zu nehmen, wie sich jeder
überzeugen kann, der diese Höhe besucht. Erst zu Anfang dieses Jahrhunderts, nachdem der
eigentliche Mönchsteinturm aus dem Gedächtnisse der Salzburger verschwunden war und der
Sage angehörte, übertrug man den Namen auf das Convict-, später Zellnerschlößchen,
welches noch Hübner 1792 nur unter diesem Namen kennt. Der eigentliche Mönchstein
überragt den sich mit dem alten Namen nur brüstenden Nebenbuhler um mehr als Haushöhe,
übertrifft ihn auch weit an Ausdehnung, beherrschender Lage und Fernsicht.
[2]) „Wärtelstein" statt „Wart-" oder „Wartenstein" ist mundartlich verderbt, wie
„Röckelbrunn" statt „Reckenbrunn", „Würzelberg" statt „Würzenberg", „Eisel" statt „Eysn",
„Guglwinkel" statt „Guggenwinkel" u. s. w.
[3]) Deshalb kann die Benennung „Wärtelstein" nicht von dem kleinen Erker der
Mönchsbergbefestigung aus der lobronischen Zeit (um zweihundert Jahre später) hergeleitet
werden, der oberhalb des Hauses 9 der Augustinergasse sichtbar ist.

gehauenem Zugange. Die spärliche Wasserader, die da zu Tage trit, mag unter der früheren Walddecke wohl etwas reichlicher gesintert haben, aber sie ist selbst in der Gegenwart nicht gänzlich versiegt. Auf der Höhe ist nur mehr eine beiläufig recht- oder viereckige Platform sichtbar, die von Bäumen begränzt wird. Auf der Ostseite über dem Hohlwege der den Zugang zum Mönchsberg öffnet, ist noch etwas Mauerwerk sichtbar, über welchem einst eine Hütte stand, wie es scheint, für einen Aufzug bestimmt, oder um Steine zur Verrammelung oder zur Abwehr herabzulassen.

Im J. 1550 gehörte der Turm sammt dem Oslmaiergütchen, dem gegen die Salzach gelegenen Maierhause (dem später s. g. Professor-schlößchen, Mönchsberg 27) und verschiedenen Peunten ringsum (darunter der Judenfreithof) dem Wolf Windisch, nach welchem der gesammte Gutsbegriff am äußersten Mönchsberg auch der „Windischberg" hieß, dessen Hübner in seinem beschreibenden Lehrgedicht über den Mönchsberg gedenkt. Noch in den Jahren 1553, 1573 und später wird er von einen eigenen Wächter, wenigstens zur Dultzeit, bewacht; für Innehabung und dazugehörige Grundstücke wird noch um 1600 an die Stadt Miete bezahlt. Aber seit etwa 1620 wird der „Pienzenauerturm" nur noch wegen des dazu gehörigen „Laubfanges" genannt, der dem Wächter am Bürgerturm gegen jährliche 2 fl. überlaßen wird. Vielleicht diente er zu den zwischen 1580 und 1600 in dieser Gegend aufgeführten Bauten als Steinbruch.

Unter den Besitzern des Windischbergs sind die Fröschlmoser zu nennen, von denen der tiefe Brunnen beim Maierhause (1542/3) und das „Lusthaus" (das Convict- oder Fellnerschlößchen, oder der falsche Mönchstein) herrührt. Damals unterschied man noch ganz richtig „den Turm genannt Münchstein" von dem „Lusthaus" und Niemanden fiel ein das Sommerhaus Schlößchen zu nennen. Am Ende des 18. Jahrhunderts war aber die Erinnerung an Ort, Ursprung und Bedeutung des alten Mönchsteinturmes völlig verschwunden und man kam auf den Einfall darüber sich die Köpfe der Professoren der alma benedictina zerbrechen zu lassen, welche in der Nähe (im Professoren-„schlößchen") der Erholung pflogen, indem man das Märchen erfand, der alte Turm habe vielleicht der Universität als Sternwarte gedient. Aber bereits Hübner weist diese Sage von der Hand und die Einsicht in Vierthalers Reisen, Ausgabe 1799, hätte genügt, um ihre Grundlosigkeit im Hinblick auf den Zustand der Mathematik an der Universität darzutun.

d. Die Bürgerwehr und die Katze werden in den Nachträgen aus-führlicher behandelt.

e. Die Türme aus der Fürstenzeit.

Vor allem ist zu bemerken, daß, wenigstens für Salzburg, die Zeit des Turmbaues zu Wehrzwecken mit dem J. 1500 vorüber war, daß demnach die Fürsten seit dieser Zeit außer einigen Pulvertürmen, keine Türme mehr erbauten, und daß selbst bei einigen derselben dieser Namen unrichtig ist. Sonach erübrigt nichts anders, als die Aufzählung.

Türme, die zu Pulverlagern bestimmt, und Gebäude die zu verwandten Zwecken erbaut, in die Zahl derselben eingerechnet wurden, hatte der Mönchsberg sechs, der Imberg drei.

Auf dem Mönchsberge:

Der westlichste Turm der Bürgerwehr „bei der Fuchslucken", später St. Maria genannt, an einem wahrscheinlich längst unwirksamen Blitzableiter erkenubar;

die gewesene Patronenwerkstätte St. Barbara, unter der Carolinenhöhe, am Westrande des Berges. Daß sie nicht aus dem 13. Jahrhundert herrührt, wie behauptet wurde, lehrt der Augenschein. Auf der mehrerwähnten Karte aus des Erzbischofes Paris Zeit ist sie noch nicht vorhanden;

der alte Hofturn (neben dem Hause Achleitner), das jetzige Patronenlager, neben welchem die Schildwache steht;

der alte Falkenturm, neben dem vorgenannten, ebenfalls ein Patronenlager. Beide sind mit Blitzableitern versehen und stehen im obern Zwinger. Ihre heutigen Benennungen schwanken. Sie mögen St. Josef und St. Florian heißen, v. Schallhammer nannte sie St. Michael, St. Florian oder St. Josef;

das Tor und

der Turm gegen dem Weingartenhaus 1713. Beide sind von Erzbischof Paris erbaut und stehen im „untern Zwinger", der von demselben herrührt. Daselbst ist neben dem Eingangstor die Cisterne. Das Eingangstor zum Zwinger ist das bereits früher erwähnte „Maierhaus". In der äußeren Mönchsbergmauer ist das Ausgangstor oder der „Turm" später wieder vermauert. Es scheint zu Ausfällen bestimmt gewesen zu sein; der Zugang oder die Zufahrt ist von außen zur Hälfte abgegraben. Über dem Eingangstor ist eine Wachstube; dasselbe ist auch sonst bewohnt. Über dem Ausgangstorgebäude ist ein Blitzableiter angebracht. Beide Gebäude werden als die Pulvertürme St. Jakob, St. Bertold oder

St. Michael bezeichnet, aber das Eingangstor hat doch nie, das Ausgangstor nur kürzere Zeit diesem Zwecke gedient. Vor dem Eingangstor liegt
eine Menge Bruchsteine ausgebreitet, die zum Bau eines Landhauses
bestimmt schienen, der aber, wie man erzählt, wegen politischer Erwartungen,
die nicht eintrafen, unterblieb.

Auf dem Imberge.

Hübner (Topogr. 400) schreibt darüber: „Im Umfange dieser
Waldung befinden sich nebst vielen Wachttürmchen, welche ringsum (?)
auf der Mauer häufig angebracht sind, drei Pulvertürme, welche den
Heiligen Florian, Georg und Joseph geweihet sind, ein Backhaus und
verschiedene Hütten, Magazingebäude; auch war hier ein Roßmühlenstadel,
welcher aber im J. 1782 abgetragen ward. In dieser Waldung (richtiger:
an der nördlichen Felswand, welche keine Umfassungsmauer besaß) sind
zwei Cavaliere (schmale, dem Felsen abgesprengte Gänge mit Brustwehren)
aufgeführt, die gegenwärtig aber wenig geachtet werden, indem man die
dahin erbauten baufälligen Wach- und Böllerhütten ganz abgebrochen hat.“
Die mehrerwähnte Karte aus der lobronischen Zeit (im Museum), die
den Festungswerken übrigens volle Aufmerksamkeit widmet, und die sieben
Wachttürmchen, auch einen der Cavaliere sammt angebrachtem Geschütze
verzeichnet, enthält die Pulvertürme, sowie die übrigen vorerwähnten
Holzgebäude nicht, während das kleine „Castell“ St. Franz, „dem
ewigeren Frieden“ (pace aeterniore) gewidmet, doch schon 1630 vollendet
wurde. Aber eine in gutem Kupferstiche bei C. Vesco erschienene Karte
vom J. 1832 gibt noch die drei Pulvertürme an, von denen der westliche
nicht weit außerhalb des Kapuzinergartens im Walde, etwas unterhalb
des Weges zum Landhause Bauer-Spauer (H. 10), der südliche an der
Stelle des soeben genannten Hauses, der nördliche aber in einiger
Entfernung vom Franziskusschlößchen, nahe dem Wege von demselben
nach der Stadt gestanden ist. In den letzten Fünfziger- und Sechzigerjahren
besaß eine heitere Gesellschaft auf den Cavalieren eine kleine Schießstätte
sammt unumgänglicher, in eigener Hand betriebener Marketenderei
mit Garküche.

Bemerkenswert sind noch die beiden nach starken Regengüssen vom
Imberge gegen die Steingasse abstürzenden Wasserfälle. Ihr Bett gibt
schon die Karte von 1645/6 an, und bei Erbauung der Umfassungsmauer
wurde bereits mittels Herstellung gewölbter Durchlässe Sorge getragen,

daß das Mauerwerk, welches gegenwärtig hie und dort schadhaft ist, nicht unterwaschen würde. Der erst- und drittgenannte Pulverturm, Backhaus und Roßmühle sind längst verschwunden, aber die gutgebaute Cisterne beim Wachtürmchen unterhalb des Schlößchens (gegen den Fürberg) sammt Treibrad und Kette ist noch erhalten. Das Wasser des Brunnens vom Backhause oder dem westlichen Pulverturme oberhalb des Kapuziner-gartens wurde an das Kloster geleitet und speist den s. g. guten Hirtenbrunnen.

V. Abschnitt.

Die Stadt.

Als der ursprüngliche „Ort Salzburg" in seiner Begränzung um 740 zuerst wegen des Bischofssitzes einer Stadt gleich geachtet wurde, bezeichnete dieser Namen mehrere einander ungleiche Teile, deren Zahl etwa 30 Jahre später noch um einen vermehrt worden ist. Rechtlich und räumlich waren dieselben von einander strenge geschieden. Nach außen, d. h. den umliegenden Dorfmarken Itzling, Glas, Morzg, Glan und Liefering gegenüber, stellten sie aber ein Ganzes dar. Denn sie lagen sämmtlich auf dem Grunde der Römerstadt, dessen Gränzen bei der Schenkung benannt und ausgezeigt worden sind.[1]) Sie waren nach außen von dem Gemeingrunde oder der Frei umgeben, d. h. von der nicht ins Sondereigentum übergegangenen Bodenfläche, welche Weide und Wald, die Stadtberge und das Moor, den unwirtlichen Grund und die Wasserläufe enthielt[2]) und den eigentlichen Trennungsgürtel von den umliegenden Dörfern bildete. Sie unterstanden sämmtlich dem gemeinsamen Herrn, dem Abtrector von St. Peter, später dem Bischofe, und so wenig der Herrnhof eines untertänigen Dorfes, wenngleich abgesondert vermarkt, von dem Dorfe getrennt gedacht wurde, ebenso wenig stellten die verschiedenen Teile der künftigen Stadt selbstständige Ortschaften dar.

Diese Bestandteile sind:

1. Die Salzburg mit ihrem kleinen Burgfriden,

2. Die Abtei St. Peter mit ihrem Bezirk und dem Sitze des Bischofes.

3. Die Abtei auf dem Nonnberg mit ihrem Bezirk.

4. Der Domhof mit seinem Bezirk (und dem viel späteren „Hofe Salzburg").

5. Die Bürgerstadt.

---

[1]) . . . . in loco vocato Juvavo . . . . . eundem locum cum terminis denominatis & confinibus vel omnibus appenditiis suisque adiacentiis. Br. N. II. 2, 3.

[2]) . . . . cum finalibus lucis ibidem adiacentibus . . . . cum montibus ex utraque parte fluminis . . . . cum omnibus adiacentiis suis. Ebd. 3.

Sie reihen sich dem Alter nach fast in der angegebenen Ordnung, nur daß der etwas später entstandene Domhof erst von den schon vorhandenen Anfängen der Bürgerstadt und den angränzenden Fronhofsbezirken[1] abgegränzt wurde.[2]

1. Die Salzburg oder das Erentrudkastell.

Die Salzburg (castrum iuvavense Br. Nott.), ohne Zweifel auf dem gegen Osten vorspringenden Felsen des Nonnberges erbaut, war nicht etwa eine verfallene, vom romantischen Spinnengewebe umzogene Römerveste, wofür sie gehalten wurde, sondern eine wirkliche, bewohnte Burg des bairischen Herzogs, der Sitz oder Stützpunkt seiner Grundherrschaft im Juvavergau. Sie wurde dem Wanderbischofe Rupert mit dem Orte Salzburg für das neu gegründete Kloster geschenkt, und der Sitz der herzoglichen Grundherrschaft hierauf wahrscheinlich nach Salzburghofen übertragen.

Daß nun am Fuße dieser Veste ein kleiner Burgflecken lag, den man für den eigentlichen locus Salzburg der Urkunde im engeren Sinne ansprechen darf, ist deßhalb nicht zu bezweifeln, weil ja sämmtliche Burgen von irgend einer Bedeutung einige Wohnhäuser für Burgangehörige in der Nähe hatten. Da innerhalb des geschenkten Burgfridens der Römerstadt, die doch übrigens wüste lag, Ackerbau getrieben wurde, weil Felder erwähnt werden, so hatte die Burg, wie anderwärts auch, ihr „Burgfeld“, und es waren die Burgmannen mit Grundstücken belehnt, die südlich der Burg oder des Berges lagen, und damit ist wohl auch das Vorhandensein eines eigenen engeren Burgbezirkes dargetan. Wie groß derselbe war, ist unbekannt.

Wir haben keinen Grund zu zweifeln, daß irgend ein, wenn auch kleiner Bezirk am Fuße der Salzburg oder des Erentrudkastelles mit demselben in Verbindung blieb, so lange dieses selbst in baulichem Stande war. Und noch im J. 1057 bestättigt Kaiser Heinrich IV. dem Erzbischofe Baldewin das Erentrudskastell,[4] von welchem später nicht mehr die Rede ist.

---

[1] Obwohl dem Stadtherrn untergeben, sind doch Nonnberg, der Domhof und später auch St. Peter nach seiner Ausscheidung aus den Bistumsgütern echte Fronhöfe gewesen. Die Stadt aber galt den Fronhöfen gleich, wenn sie auch im Range nachstand.

[2] Auch in Münster bestand eine Gruppe von vier Herrnhöfen, die dann die Stadt bilden halfen.

[3] . . . . usque sagum stantem in medio campo in australi parte . . . . . Br. N. II,43. . . . castrum superiorem . . . una cum campis, silvis . . . . Indic. Arn I. 1.

[4] Juvavia dipl. Anh. 243.

Wie sich aus der Folge dieser Blätter ergibt, war der kleine Burg-
bezirk vom Bezirke Nonnbergs umgeben, stand aber begreiflicher Weise
fortwährend unter dem unmittelbaren Gebote zuerst der Abtrectoren, dann
der Bischöfe und Erzbischöfe. Glaublich ist es, daß, weil der Zugang
zum Erentrudskastell und zum benachbarten Marienkloster ein gemeinsamer
war, der Fußsteig und der Wagenweg zu beiden hinauf bereits uranfänglich
zu Stande kamen. Dagegen scheint der Steig oder die Stiege unmittelbar
innerhalb der innern Nonntalerklause erst später in Gang gesetzt worden
zu sein.

2. Der Bezirk St. Peters.

Da die Schenkung des Bezirkes der Römerstadt ursprünglich an das
Kloster St. Peter erfolgte, so läßt sich daraus abnehmen, daß der größte
Teil des Grundes diesem zu Teil geworden ist. Insoferne aber bald
darauf die Errichtung des Marienklosters auf dem Nonnberge erfolgte,
muß zwischen beiden Klöstern eine Art Grundtrennung stattgefunden haben.
Und wenn dann Bischof Virgil die Domkirche erbaute und sie mit dem
Domhofe umgab, so geschah dieß, wie der Augenschein lehrt, doch eigentlich
wieder auf dem ursprünglich abteilichen Grunde St. Peters, der freilich
nun unter bischöflicher Verwaltung stand.

Nach Abzug dieser abgetrennten Stücke besaß sonach das Kloster
St. Peter, außer seinem i n n e r n Klosterbezirk, der annähernd dem heutigen
„St. Peterbezirk" entsprochen haben mag, in der spätern Stadt die ganze
übrige Grundfläche, in dem Maße und der Art, wie dieß die folgende
Darstellung noch näher bezeichnet. Längs des Flusses sind davon jene
Grundstreifen und Flächen auszunehmen, die im Laufe der Jahrhunderte
erst den Wellen abgerungen worden sind. Dazu gehört nach der jetzigen
Gestalt der Gegend das obere Treieck zwischen dem Kajetanerplatz, der
Karolinenbrücke, dem Flusse und der Pfeifergaße bis zum Mozartplatze,
dann das untere Treieck zwischen dem Rathhause, dem Bürgerspitaltore
und dem Klausentore. Diese Grundflächen waren, weil ursprünglich
außerhalb der Altstadt gelegen, nicht städtisch, sondern als Flußufer, ohne
Zweifel des Fürsten. In Folge des Stadtmauerbaues wurden sie, soweit
derselbe reichte, und sie nicht Hofrecht hatten (Lorenzspital, Chiemseehof,
Abmonterhof) städtisch. Und noch im 17. Jahrhundert zahlt die Stadt für
das außerhalb der alten Stadtmauer hinter der alten Eisenniederlage
neuerbaute Haus (Gries 17, 1881 Köber) eine Gilt, d. i. Grundzins-
oder Burgrechtsabgabe an die f. Hofmeisterei.

Da die Anfänge der Bürgerstadt fast so alt sind, als das Stift St. Peter, so begreift es sich von selbst, daß dieses Stift den Grund zur Stadt gelegt hat, indem es auf seinem Grunde Häuser zu bauen erlaubte. Wie wäre es sonst auch möglich gewesen, bis zum Jahre 740, in welchem Salzburg schon für eine Stadt gilt, weil es den ersten Bischof mit ständigem Sitz in seinen Mauern aufnimmt, ein eigenberechtigtes öffentliches Gemeinwesen zu gründen? Die Folge davon ist aber, daß, weil das Kloster wenigstens den größeren Teil seines Stadtgrundes im J. 988, als es aus der bischöflichen Güterverwaltung ausschied, wieder zurückerhielt, namhafte Vergrößerungen der Linksstadt durch aufeinander folgende Häuserbauten auf seinem Grunde möglich geworden sind. Der Beweis dafür liegt in den Burgrechtspfenningen, die von sehr vielen Häusern noch im 15. und 16. Jahrhunderte dahin entrichtet worden, und von denen die letzten wohl erst im Laufe der letzten 30 Jahre abgelöst worden sind.

Und wenn es nun erlaubt sein wird, von diesem späteren Rechtsverhältnisse aus unsern Blick auf jenen Vorgang von 988 zurück zu wenden, in welchem dem Kloster „die Pforte (porta) sammt allem, was dazu gehört, zurückgegeben wird,[1]) so darf etwa folgende Erklärung, die zugleich einen Lichtschimmer auf die Bürgerstadt wirft, nicht von der Hand gewiesen werden.

Unter porta kann im Ausgange des 10. Jahrhunderts nichts anders verstanden werden, als zunächst jener Stadtteil, der an der „Pforte" oder dem Haupttore liegt, in welchem der Gerichtsplatz, die Pfarrkirche und der Markt standen und der damals mit dem Begriffe Bürgerstadt sich deckte. Daß die Mönche von St. Peter vor und nach dem J. 988 daselbst die Pfarrseelsorge ausübten, kann nicht bezweifelt werden. Daß ihnen sonach auch der Pfarrzehent gebührte, der selbst unter dem Namen „Portzehent" vorkommt,[2]) ist darum nicht fraglich. In damaliger Zeit trieben ja die Bürger fast alle auch Landwirtschaft, wie noch heute unsere Marktbürger. Wenn aber die Bürger, die zur Pfarrei oder Pfarrmenig gehörten und Ländereien besaßen, zehentpflichtig waren, so muß unter „Pforte sammt allem was dazu gehört", die ganze damalige (Bürger-)Stadt verstanden

---

[1]) (Archiepiscopus) Fridaricus . . in beati Petri basilica . . . istas possessiunculas monachorum regulariter viventium reddiderat usui, quarum haec nomina sunt, portam et omnia ad eam pertinentia . . . . Juvavia dipl. Anh. 189. I.

[2]) Chron. novissimum, 172 und 218b, 219a, 1135. ecclesiam S. Michahelis in porta urbis sitam cum decima ad illam pertinente. 1141. ecclesiam S. Michahelis in civitate cum decimis. Nach 1191 bestättigt Erzbischof Adalbert den Portzehent und das Magdalenaspital dem Kloster, Nov. chr. 216. Der Portzehent als Kirchenzehent s. Juv. cod. dipl. p. 152, lvii.

werden, weil die Pfarrei sich über dieselbe erstreckte. Dieser Kirchenzehent wurde damit also dem Kloster vom Erzbischofe eingeräumt.

Wenn also unter „Pforte" im weiteren Sinne überhaupt die damalige kleine Stadt gemeint ist, so liegt es nahe, unter dem Ausdrucke „sammt allem, was dazu gehört", auch die grundrechtliche Abgabe von den Stadthäusern zu begreifen, welche zugleich in dem Pfarrsprengel und auf dem Grunde des Klosters lagen. So lange die Klostergüter unter bischöf= licher Verwaltung standen, war es ja denkbar, daß, so wie über die Kirchenzehnte bisweilen in verschiedener, ihrem Zwecke fremdartiger Weise verfügt wurde, ein ähnliches Verfahren auch mit den Burgrechts= pfenningen beliebt werden konnte. Insoferne nun aber im bezeichneten Jahre dem Kloster alles Recht, was mit der „Pforte" oder Stadt zusammenhing, zurückgestellt wurde, muß man darunter nicht blos das Pfarrrecht, sondern auch das Grundrecht verstehen.

Nachdem bereits in früheren Jahrhunderten namhafte Stücke des Klostergrundes nach und nach in Stadtgrund umgewandelt wurden, und im Jahre 1462 ein erster Versuch gemacht wurde, das Kloster zum Verzicht auf das letzte und größte Stück desselben zu vermögen, ging dasselbe endlich in den Jahren 1593/98 gegen Tausch an den Erzbischof über. Es ist jenes große Grundbreieck, das die Chronisten gewöhnlich den „Frauengarten" (Frongarten, richtig 1342) nennen, was die Meinung veranlaßte, es habe zu einem „Frauenkloster" (welchem?) gehört. So gewiß es nun einerseits ist, daß dieser „Frongarten" dem klösterlichen Fronhofe St. Peter gehörte, ebenso zweifellos ist es auch, daß er in früheren Jahrhunderten viel größer war und wahrscheinlich schon im 12. Jahrhunderte unter dem Namen „Wurz=" oder „Baumgarten" (pomarium) verstanden werden muß.[1]

Der innere St. Peter Klosterbezirk, zu welchem damals auch die wahrscheinlich zuerst als Taufkirche erbaute und später U. L. Frau geweihte Pfarrkirche, dann das Kloster der Petersnonnen gehörte, ist, sicher seit den ältesten Zeiten, wie noch heute, mit verschiedenen Toren abgesperrt worden. Zu erwähnen ist, daß im 14. und 15. Jahr= hunderte der Zugang durch die Käsgasse, in welcher das Domfrauenkloster gelegen war, sowie der Eintritt in den St. Peter-Bezirk aus der Abtsgasse (an der freien Ecke der Franziskanerkirche) durch ihre Tore sperrbar waren.

---

[1] Dietmar de pomario. Notizbl. VI. 120, 216. Altman de pômgarten. Ebd. V. 599, 280).

3. Der Nonnberger Klosterbezirk.

Auch dieſer war ſeiner Natur nach in einen innern und äußern geſchieden, von denen gleichfalls erſterer, wie der St. Peters, noch fortbeſteht.

Von dem äußern erfahren wir, daß deſſen Gränzzaun, oder der „Gebietsrain (pomoerium S. Mariae) der h. Maria“ um das J. 930 ſich in die Stadt herab erſtreckt und in der Gegend des ſpäteren Dom-ſpitales mit einer Tür geſchloſſen werden kann.[1]) Nach dem Hintritte des (Dom-)Probſtes Prminhar übergibt neulich Erzbiſchof Odalbert dem adeligen Prieſter (Domherrn) und deſſen Sohne Liutfred St. Johanns des Täufers Kirche ſammt Haus und Hof in der Stadt Salzburg vor (oder: in der Gegend, oder: bis zu) dem Tore des äußern Bezirkes (oder: Gebietsraines) der h. Maria zu Leibgebing auf vier Augen.

Die für ſolche Frühzeit doppelt willkommene Nachricht gibt uns nicht bloß einen Fingerzeig, daß die um 930 ſchon vorhandene St. Johannis-kirche bereits mit dem Domcapitel in Zuſammenhang ſtand, ſondern auch, daß in ihrer Nähe die äußeren Bezirke des Domhofes und der h. Maria, d. i. des Kloſters Nonnberg, aneinander gränzten. Wir ſind zur Annahme berechtigt, daß die St. Johanniskirche um 930 und die gleichnamige Kirche aus dem Annäherungsjahre 1130, bei welcher das Armenhaus der Domherrn gegründet worden iſt (das Domſpital) wahrſcheinlich beiläufig auf demſelben Platze ſtanden (jede heißt St. Johanns „des Täufers“ Kirche.[2]) Die beregte Urkunde nennt das fragliche Tor des Nonnberger Bezirkes ianuae, und unterſcheidet es damit von einem Stadttor (porta). Wir kennen allerdings die Stellung dieſes Nonnberger Tores nicht genauer, aber ſo viel darf daraus doch abgenommen werden, daß, wenn man von dem gegen Norden vorgeſchobenſten Bauwerke Nonnbergs, dem ſpätern Getraid- oder Zehentſtadel bis zu dieſem Tore eine gerade Linie herabzieht, dieſelbe ungefähr die Bezirke des Domhofes und Nonnbergs geſchieden haben dürfte. Dadurch würde die Richtung dieſes Stückes der heutigen vielwinkeligen Kaigaße ſeine Erklärung finden und die linkſeitige Strecke, etwa von der Mündung der Kapitelgaße in die Kaigaße bis zum Anfange der Nonnbergerſtiege, dieſe ſelbſt und was

---

[1]) (in) Salzpurchenſe urbe ecclefiam ſancti Johannis baptiſtae domumque cum curte et de i a n u i s p o m e r i i ſ a n c t a e M a r i a e … Juv diſl. Anh. 155. de complacitatione Ergilberti. Der Text iſt etwas unklar, man entnimmt aber, daß ſtatt et de ein Wort ſtand. welches die Nähe des Tores bezeichnete. Vielleicht wäre zu leſen ante.

[2]) Bis zu dem Jahre 1122 hatte ſie der (Domherr und) Erzprieſter Pabo (wahr-ſcheinlich aus dem Geſchlechte der Tann) zu Lehen. v. Meiller S. R. 8, 43.

dahinter lag, wären um 930 noch ausschließlich nonnbergisch gewesen. Von diesem Nonnbergertore bis zur Salzach sind wir allerdings in betreff der Richtung der Nonnbergerbezirksgränze ohne sichern Leitpunkt. Vergegenwärtigen wir uns aber, daß der Domhof von der mehrgenannten St. Johannskirche mit Sicherheit bis herab zur Chiemseegaßenmündung in die Kaigaße, und somit bis an die Salzach, den spätern Kaiban und somit bis an die Hinterhäuser der städtischen Pfeifergaße oder an das vorderste Stück der Kaigaße reichte, so folgt daraus, daß der Nonnberger Klosterbezirk vermutlich bis zum obern Stadttor, dem spätern Kumpf= mühltore hinüber reichte, somit etwa in der Gegend der Chiemseegaße seinen Abschluß fand und daselbst an den ältesten Stadtbezirk anrainte. Damit stimmt überein, wie dieß rechtlich begründet werden kann, daß in diesem Falle Nonnberg, der Domhof und die Stadt zum obern Stadttor in gleicher Weise freien Zugang gehabt hätten. Die Abschlüße des Nonnbergerbezirkes, des Domhofes und St. Peterbezirkes gegen die Bürgerstadt laßen aber erkennen, daß letztere bestimmte Gränzlinien hatte.

Der äußere Nonnberger Klosterbezirk erstreckte sich demzufolge etwa vom Kumpfmühltore um den Abhang und Fuß des Nonnberges hinüber längs der Gränze der Stadtmark. Der Namen der „Nonnberger Stiege" und des „Nonntales" sind nicht blos der Nachbarschaft des Nonnenklosters entlehnt, sie bezeichnen vielmehr alte Besitzverhältnisse der Grundobrigkeit, die in der Burgrechtspflichtigkeit, in der Verwilligung von Häuserbauten, in zahlreichen Belehnungen mit Grundstücken oder Hofstätten, in den Bewilligungen von Stiegen und Ausgängen auf den Nonnberger Hoch= oder Wagenweg zu Tage treten, worüber Dopplers Häuserchronik Belege an die Hand gibt.[1]

Jeder Fronhof mußte freie Ausgänge und Zufahrt haben; Nonnberg, zum Teil vom Domhofe und der Bürgerstadt umschloßen, hatte deren drei.

Ein Steig wurde kurz vorhin erwähnt. Er führte über die Stiege herab, lief bis zur Gränze des Domhofes und wendete sich dann gegen die Bürgerstadt, durch deren soeben erwähntes Tor er an's Ufer führt. Ohne Zweifel wurde er zur Nachtszeit, oder bei Unruhen in der Stadt mittels der Thür an der St. Johanniskirche verschloßen.

Der „Nonnberger Wagenweg", auch „oberer Nonnbergweg" genannt, lief am Mönchsberge herüber, wie noch heute, und gelangte zwischen der Domhofmauer und der späteren St. Peter Klostermühle in die Stadt herab, wo er in ältester Zeit den Platz vor der Domkirche und

---

[1] Und das Urbarium von 1382 in Landeskunde XXIII, 93—109.

dann die Bürgerstadt erreichte. Daß die Frohhöfe durch die Bürgerstadt, deren Tore und über die Brücke freien Verkehr hatten, ist selbstverständlich, denn Verkehrsfreiheit, insbesondere für Stadtangehörige, gehörte zum Wesen einer Stadt.

Gegen Süden führte durch das äußere oder hintere Nonnbergtor ein Steig am Gehänge des Mönchsberges hinüber durch den Klosterbezirk an die Stadtmark und nach Morzg, wie noch jetzt. An diesem Steige, der gewiß nicht viel jünger, als das Kloster selbst ist, entstanden nach und nach Häuser, eine Zeile genannt.

Als das Kloster Nonnberg aus der erzbischöflichen Güterverwaltung erledigt wurde, ist auch ihm, wie dem Stifte St. Peter, bei weitem nicht aller Besitz zurückgegeben worden, den es ursprünglich hatte.[1]) Es konnte für die innere Stadt auch kein Pfarrrecht geltend machen und überdieß scheint der innerstädtische Anteil seines Bezirkes damals nur wenig Häuser umfaßt zu haben. Seit dieser Zeit beschränkte sich sein Grundbesitz auf die Häuser am Abhange im Kai und auf den südlichen Teil im Nonntale.

4. Der Domhof, der fürstliche Hof und der Domfrauenhof.

Als der Abtrector Virgil zugleich Sprengelbischof geworden war und damit die gesammte kirchliche Leitung mit der Verwaltung des Kirchengutes in seiner Hand vereinigte, erbaute er die Domkirche und berief zum Dienste an derselben Weltgeistliche unter einem Vorsteher, die eine Genossenschaft bildeten und für sich und die Kirche Güterbesitz erwarben. Der Bischof wies nach dem Gesetze der Domkirche als dem Hause Gottes einen ansehnlichen gefriedeten Raum als Umgebung an — einen Hof, der nicht blos den Gottesacker, sondern auch das Wohnhaus der Domherrn, sowie Nebengebäude, Stallungen, Gärten u. dgl. umfaßte. Dieser Domhof, offenbar ein ehemaliges Stück des Abteibezirkes, lag zwischen St. Peter, dem Berge, dem städtischen Anteil des Nonnberger-bezirkes und der Bürgerstadt. Wir geraten nicht in Verlegenheit, wenn wir seine örtliche Begränzung dahin bestimmen, daß die Domhof-mauer am Kapitelplatze, die bis an die Domkirche reichte, ihn von St. Peter, die Kirchhofmauer aber auf dem Residenzplatze von der

---

[1]) Der Zeitpunkt, wann Nonnberg aus der Einverleibung (Incorporation) in die erzbischöfliche Gü'erzahl losgelöst wurde, ist nicht genau bekannt, fällt aber beiläufig um das J. 1000. Über die Wirkung solcher Einverleibungen spricht sich Dürlinger in seinen Handbüchern von Pongau und Pinzgau wiederholt dahin aus, daß einverleibte Kirchen nach dem Austritte stets um vieles ärmer waren, als beim Eintritte. Eine ähnliche Klage bezüglich St. Peters findet sich im diplomatischen Anhang zur Juvavia, 289.

Bürgerstadt schied. In der Kaigaße ist in Folge späterer Umbauten die Gränzlinie unsicher, doch fällt sie annähernd etwas hinter einen Strich, der von der östlichen Ecke des „Neubaues" (nicht „Neugebäudes") bis zur Mündung der Kapitelgaße in die Kaigaße gezogen wird, wo die bereits erwähnte St. Johanniskirche lag und der Bezirk Nonnberg anrainte. Die Bergabhänge von der Hundsgaße und Festungsgaße zählten, wenn überhaupt je, seit etwa 1672, in welchem 8 fürstliche Urbar- und Kammer- häuser dem städtischen Urbar einverleibt wurden, nicht mehr zum Domhofe.

Auch der Domhof wurde nach allen Seiten mit Türen und Toren verschloßen, von denen nachstehende ermittelt wurden:

ein Tor durch die Domhofmauer am Capitelplatze und

ein Tor in der Kapitelgaße beim alten Domspitale (clausura hospitalis capituli), beim Hause 9, diese beiden führten in den eigent- lichen Domhof;

ein Haupttor durch die Friedhofmauer am Aschhofe, in der Nähe der Goldgaße, zugleich Zugang zur Domkirche und später zum fürst- lichen Hof,

eine Nebenpforte in der Gegend des Schwibbogens bei der St. Michaels- kirche; man gelangte durch selbe zu den Häusern an der Ostseite des Friedhofes (vor der jetzigen Hauptwache),

eine Gaße sammt Tor in der Gegend des Durchganges (durch den Neubau) von der Kaigaße auf den Residenzplatz. Es stellte die Verbindung zwischen dem Friedhofe und dem Stadtteile her, den man in der Folge im übertragenen Sinne den „Kai" nannte.

In der Wesenheit zeigt Setznagels Stadtansicht von 1573, sowie die seines Vorgängers von 1553 den Domhof in der Gestalt, die er vor den beträchtlichen Veränderungen durch Wolf Dietrich besaß.

Es ist bekannt, daß erst Erzbischof Conrad I. (der Vorgang ist bezeichnet durch die veränderte machtvolle Stellung der Kirche überhaupt und die von den weltlichen Stiftgenoßen sich befreiende Wahlweise der Bischöfe) seine Wohnung vom Kloster St. Peter trennte und den Plan faßte, seine Gemächer würdig herzustellen und in schicklicher Weise mit der Domkirche in Verbindung zu setzen (1110)[1]. Der Erzbischofshof oder Hof Salzburg, wie er genannt wurde, entstand also wahrscheinlich in Vierecksform, zwischen dem Domfriedhofe und der Käsgaße, dem Kloster St. Peter und der Bürgerstadt. Zwischen dem Kloster St. Peter und dem Bischofsgebäude lag, vor der Stirnseite der Domkirche, der

---

[1] v. Meiller Regg. S. 2 8.

„Fronhof", ein freier Platz, der irriger Weise auch der „Frauenhof"
genannt wurde, und dem heutigen Domplatze entsprach, aber größer und
unregelmäßig war.

Hinter dem erzbischöflichen Hofe, von ihm durch die Käsgasse getrennt,
stand später der Domfrauenhof, in der Nähe der Liebfrauenkirche,
ungefähr an der Stelle, die im Laufe dieses Jahrhunderts das „Hallamt"
und später der „Posthof" einnahm, mit dem großen Einfahrtstor gegen
die S. Haffnergasse. Auch der Frauenhof umschloß im Innern einen
kleinen Platz. Nachdem im J. 1459 das Kloster der Domfrauen aufgehoben worden war, befand sich daselbst, wie es scheint, die Münze,
welcher aber erst unter Johann Jakob, mehr als hundert Jahre später,
gedacht wird. In den Jahren 1603—1608 löste Wolf Dietrich alle
Bürgershäuser zwischen der Käs-, der jetzigen Churfürstenstraße und der
Abtsgasse oder dem obern Stücke der S. Haffnergasse ein, und nun
wurde unter ihm und seinen Nachfolgern nach und nach das „Residenzneugebäude" aufgeführt, wie es noch vor unsern Augen steht.

Da nemlich der alte fürstliche Hof auf der einen Seite vom Domfriedhofe, auf der Rückseite aber von der engen und düstern Käsgasse
begränzt war, und wenig Aussicht bot, so entstand, geraume Zeit vor
Erzbischof Burkard, im Anschluß an das Hauptgebäude gegen den
Marktplatz her ein Vorbau, genannt „das Haus am Hof", oder das
„Rinderholz", weil daselbst einst der Rindermarkt war. Neben demselben
stand die „Türniz" und westlich davon verlief die Käsgasse. Vom
Rinderholz nahm eine Mauer ihren Anfang, welche, in mäßiger Entfernung
von dem Hauptgebäude in der Richtung gegen den heutigen Residenzplatz
verlief und einen rechten Winkel bildend an der Domkirche endigte. Sie
schied die Bürgerstadt und den Friedhof vom Fürstenhofe und hielt in
dieser Weise die Idee eines alten Fronhofes durch die Abgränzung
aufrecht. Unter Wolf Dietrich wurde jene Nase der Residenz und auch
die Mauer entfernt.

Somit ist der „Hof Salzburg" oder die „Residenz", wie er seit
dem 17. Jahrhundert genannt wurde, viel jünger als der Domhof
gewesen und wurde hier, weil er mit Rücksicht auf die Entstehung und
das Wachstum der Stadt nur wenig in Betracht kommt, in räumlicher
Beziehung an den Domhof angereiht.

Durch den Übertritt der Domherrn in den Weltpriesterstand und
die Entstehung von Domherrnhäusern in und außerhalb des alten
Domhofbezirkes löste sich die Geschlossenheit des Domhofes auf. Schon

Wolf Dietrich verkleinerte den Domfriedhof; unter seinen Nachfolgern ging er gänzlich ein und wurde das Gebäude des Domhofes selbst endlich niedergerissen. Sein Gedächtniß lebt in dem Namen „Kapitelplatz" fort.

5. Die Bürgerstadt.

Eine alte passauer Handschrift hat uns die Regel aufbewahrt, daß der Kaufmann oder Krämer, der für ein Kloster den Bezug der notwendigen Waren aus andern Gegenden besorgte, der Jäger und Fischer, deren Beruf sie zu verschiedenen Zeiten vor der Eröffnung und nach dem Schlusse der Pforte vom Klosterhofe ferne hielt, außerhalb des innern Klosterhofes wohnen sollten. Die gleiche Bewandtniß wird auch für den Inhaber der Hoftaferne in Anspruch zu nehmen sein. Wir finden diese Regel noch im zwölften Jahrhundert bei verschiedenen Klöstern und Probsteien beobachtet, so bei Berchtesgaden, Baumburg, Raitenhaslach, Bischofshofen, Mondsee und andern.

Kein Zweifel kann obwalten, daß schon gleich im Beginne der kirchlichen Ansiedlung auch in Salzburg in deren Nähe, somit auf des Klosters Grunde einige Häuser entstanden, deren Inhaber zu dem Kloster in einem Schutzverhältniße standen, aber doch nicht zu dessen unmittelbaren Dienstleuten, oder „gebröbeten Dienern" gehörten. Entweder hatte der Abtrector oder die Zugewanderten selbst mit Zustimmung desselben die Häuser erbaut, die sie nun auf eine Reihe von Jahren, oder auf Lebenszeit inne hatten, und wofür sie zur Anerkennung des Grundeigentums oder des Schutzes, den ihnen der Kirchenboden gewährte, eine Gebür entrichteten und sich zugleich, wie es damals ohne Frage notwendig war, verpflichteten, in den Tagen der Gefahr, sei es von Feuer oder Wasser, von Feinden oder Raubgesindel, in gesammter Hand mit dem Kloster zur Abwehr bereit zu sein.

Man braucht gar nicht auf die Anziehungskraft aufmerksam zu machen, die in jenen Tagen das Kloster St. Peter auf die Nähe und Ferne ausüben mußte, um zu begreifen, daß sich bald die Notwendigkeit ergab, den zuwandernden Ansiedelungswerbern einen bestimmten Platz anzuweisen, auf welchem sie sich niederlassen und ihre Geschäfte betreiben durften.

Aus mehrfachen Rücksichten mag zu diesem Zwecke ein Grundstreifen längs des Flusses als geeignetster Ort erschienen sein. Die größere Entfernung von Kirche und Kloster, sowie von der bald darauf erbauten Domkirche, die mannigfaltige Gelegenheit des Flußes, der leichte Verkehr

längs demselben nach auf- und nach abwärts, die Nähe der Brücke, der
Vorteil, den der Fluß für die Verteidigung darbot, mochten dafür
entscheidend sein. Man vertraute überhaupt gerne die Verteidigung nach
außen, die Abwehr von Gefahren denjenigen an, die für ihr eigen Hab
und Gut einzustehen genötigt waren und als s. g. Weltleute (homines
seculares) auch den Mut und das Geschick besaßen, die Gefahren zu
bestehen.

Daß nun dieser angewiesene oder zuerkannte Grundstreifen sehr bald
einen beiläufigen Längen- und Breitendurchmesser einnahm, ist schon deßhalb
gewiß, weil er an den Nonnbergerbezirk und an den Domhof gränzte
und beide bestimmte Marken besaßen. Auch St. Peter oder der Bischof
konnten nicht gewillt sein, auf ihrem Bezirke überall Hausbauten zuzulassen,
wodurch ja die Benützung ihres eigenen Grundes erschwert und zahlreiche
Eigentums- oder Grundstreite entstanden wären.

Die älteste Stadt vom 8. bis zum 11. Jahrhundert.

Alles stimmt somit zusammen, daß der älteste Stadtgrund gewiße
Ausmaße und eine erkennbare Flächengestalt besaß. In Ermangelung
aller bestimmten Nachrichten kommen der Forschung nach der Größe der
ältesten Stadt einige sichere Thatsachen zu statten, die als „Leitmotive"
dienen.

Vor Allem ist gewiß, daß die Grundgestalt der Stadt durch eine
Straße bestimmt wurde, die in gleicher Entfernung vom Ufer längs des
Flusses herablief, und noch in ihrer heutigen Richtung die einstigen
Umrisse des Salzachufers vergegenwärtigt. Es ist die krumme Linie,
welche durch die Pfeifer-, Juden- und Trägasse beschrieben wird. Erst
Wolf Dietrich hat sie durch Niederlegung der halben Länge der Pfeifer-
gasse quer über den Mozartplatz unterbrochen.

Bei Bestimmung der Länge dieser Straße dienen als Anhaltspunkte,
daß der Nonnbergerbezirk wahrscheinlich in der Gegend der Kumpfmühle
den Fluß erreichte, daß das Grunddreieck, welches durch den jetzigen
Landschaftshof bezeichnet wird, zu keiner Zeit städtisches Eigenthum aufweist, und daß noch im 12. Jahrhunderte, bei der Führung des Kaiarmes
der Albe die Ausmündungsstelle in den Fluß nicht auf altstädtischem
Grunde gesucht wurde.

Das untere Ende der damaligen Hauptstraße der Stadt wird
annähernd durch die Tatsache bestimmt, daß der heutige (alte) Marktplatz

erst in viel späterer Zeit diese Bestimmung erhielt, damals als Platz überhaupt nicht vorhanden war und nicht in Mitte der Stadt liegen konnte.

Die Breite der Stadt wird beinahe in ganz verläßlicher Weise dadurch bezeichnet, daß die Gränze des Domhofes bis etwa zur Chiemsee= gasse durch ein Stück der Kaigasse markirt wird, daß die alte Webergasse (Pfeifergasse) auf dem Mozartplatze, und vom Neubau an bis zur Residenzecke die Domfriedhofmauer als Scheidelinie anzuerkennen ist.

Innerhalb der angegebenen Marken reichte sonach die Stadt an= nähernd von der Kumpfmühle und der Chiemseegasse bis zum heutigen (alten) Marktplatz.

In dieser Ausdehnung dürfte die Stadt drei Tore gehabt haben:

ein oberes, bei der Kumpfmühle,

das mittlere Haupttor, die „Pforte" genannt, und

ein unteres, etwa das spätere Klampfertor.

Das erste und dritte dieser Tore dürften als Tränktore gedient haben.

Eine Linie durch die Käsgasse längs der einen Seite des späteren Marktplatzes herab bis zum letztgenannten Tore gezogen, möchte als Gränze gegen den St. Peterbezirk anzunehmen sein.

In der Gegend des bereits berührten Nonnbergertores in der Kaigasse standen der Bezirk der Äbtissin, in der Kaigasse bei der St. Michaelskirche und der Goldgasse der Domhof, durch den s. g. Frauen= oder Fronhof und die Käsgasse St. Peter mit der Bürgerstadt, und durch selbe mittels der Brücke mit dem jenseitigen Flußufer in Verbindung.

Ungefähr in Mitte der Stadt lagen:

die Pfarrkirche St. Michael, neben derselben

das Gerichtshaus oder der Gerichtsplatz — die Schranne, mit

dem Marktplatze gleichbedeutend,

die Hauptpforte und die Brücke.

Im Bereiche des Domhofes war die mehrerwähnte St. Johanneskirche entstanden.

In dieser Zeit bot somit die Bürgerstadt viel Aehnlichkeit mit unsern zugleich Viehzucht treibenden Marktflecken Kuchl, Werfen, Golling dar, die hauptsächlich aus zwei langen Häuserzeilen mit ein paar kurzen Seitengäßchen bestehen, mit der Kirche und dem Gerichtshause an den herkömmlichen Orten. Denn die Marktflecken sind ja Ortschaften, denen nur die Bedingungen fehlten, sich zu Städten zu entwickeln, weil sie eben nur, wie man sich ausdrückte, von einer äußersten, leisen Geschichts= welle berührt und emporgehoben wurden.

Nach den mitgeteilten Anhaltspunkten möchte der Flächeninhalt der Linksstadt etwa 7000 Geviertklafter betragen haben.

Es ist kaum anders zu denken, als daß jenseits des Flusses, am entgegengesetzten Endpunkte der Brücke einige Häuser entstanden, der Anfang der späteren Vorstadt am Stein. Grund und Boden scheinen daselbst schon dem Bischofe gehört zu haben, wenn gleich der Domhof und St. Peter in der Nähe Landgüter besaßen.

Die Stadt vom 11. bis zur Hälfte des 13. Jahrhunderts.

Versetzen wir uns nun etwa in die Regierungszeit des Erzbischofes Eberhard II., die bis 1246 reicht, und blicken wir von da nach rückwärts, so haben sich bis dahin auf dem Grunde der Gesamtstadt mehrere Veränderungen ergeben, und hat das Wachstum der Stadt einige Fortschritte gemacht, die auf nachstehende Weise zum Ausdruck gebracht werden können.

1. Um das J. 1000: Zurückweichen des Nonnberger Klosterbezirkes an den Bergabhang bei der Stiege.

2. Allmälige Ausbreitung der Bürgerhäuser über diesen ehemaligen Nonnbergerbezirk, dann zwischen Domhof und Mönchs-(Festungs-)berg und gegen den Frongarten.

3. Im 12. und 13. Jahrhundert: Ursprung der Herrenhöfe Admont, Chiemsee und Berchtesgaden an den zwei entgegengesetzten Stadtenden.

4. Um das J. 1200: Ersatz der bisherigen Pfarrkirche St. Michael durch die Klosterkirche der Domfrauen und Petersnonnen.

5. In der ersten Hälfte des 13. Jahrhunderts: Untergang der Grafschaften und Entstehung der erzstiftischen Landeshoheit. Die Stadt Salzburg wird Landeshauptstadt.

6. Errichtung der ältesten umfassenden Stadtmauer.

7. Vergrößerung der Stadt durch Einbezug der Ortschaft „enthalb Ach" mittels der Ringmauer zwischen dem alten Lederer- und dem innern Ostertor, dann dem innern Steintor.

8. Beginn des Aufschwunges bürgerlicher Tätigkeit.

Die Veränderungen, welche der Flächeninhalt der Bürgerstadt in diesem Zeitraume erfuhr, verteilten sich auf verschiedene Gegenden.

Vor allem ist das Häuserviereck zwischen Kai-, Krotach- und Chiemsee- gaße zugewachsen. Es kann erst entstanden sein, nachdem der städtische Teil des Nonnbergerbezirkes dem freien Verkehr eröffnet war, denn die Krotachgaße eröffnete ja den Zugang in jenen Teil der späteren Kaigaße,

der in der Nähe des Bergabhanges, also ziemlich weit hinter der Abschluß=
pforte bei der Johanskirche lag. Das bereits erwähnte Grunddreieck am
Chiemseehofe, welches in geistlichen Händen blieb, bestimmte die vierte
oder hintere Seite dieser Häuserinsel

Da nun sowohl die Kroten=, als die Kaigasse den freien Verkehr
bis zu den Bergabhängen gestatteten, so entstanden längs denselben, an
der Nonnbergstiege vorbei Häuser, und es wurde der Verbindungsweg
zwischen dem ehemals städtischen Anteil und dem nonnbergisch gebliebenen
Nonntale zu einer öffentlichen Straße. Damit hatte die Stadt Anschluß
an den Berg gefunden und konnte jetzt daran gehen, ein zusammenhängendes
und abschließendes Verteidigungswerk, eine Mauer, zu errichten. Da wird
ohne Zweifel auch die innere Nonntalerklause entstanden sein. Von vielen
dieser Häuser sind Nachrichten aus dem 14. Jahrhundert vorhanden.

Es ist bereits bemerkt worden, daß die zweifelsohne wüsten und
unbebauten Berghänge hinter der ganzen Länge des Domhofes nicht zu
denselben gerechnet wurden. Da selbe jetzt von beiden Seiten, von der
Kaigasse und vom Nonnberger Wagenweg aus zugänglich waren, entstanden
auch dort Häuser. Es drängt sich die Wahrscheinlichkeit auf, daß daselbst
Mundleute der Geschlechtsbürger, Handwerker, Freigelassene, die in der
Stadt ihr Fortkommen suchten, ihre Herbergen fanden. Die Besiedelung
dieser Berghänge fällt auf alle Fälle in eine Zeit, wo es an Wohnungen
für kleine Leute gebrach und die Stadtbevölkerung anwuchs. Der Zugang
zu diesen Häusern vom Kapitelplatze aus schreibt sich aber annähernd erst
aus der Zeit her, als die Hundsgasse allmälig auch den Namen „Herrn=
gasse" deshalb bekam, weil in derselben das Samer'sche Stiftungshaus
für drei Kapläne (oder „geistliche Herrn") der Seelenbruderschaft, (Chor=
vikarien oder Beneficiaten) entstand, die in der Domkirche beschäftigt
waren, und denen der Weg durch den Domhof zu deren Erleichterung
eröffnet wurde.

Wie nun die Felswand des Mönchsberges mit ihrem Maueraufsatze
oberhalb der Stiftsmaierei von St. Peter, so galt gleichfalls die senkrechte
Felswand mit einer Mauerbank von der Nonnbergstiege an bis herüber
zur Mönchsbergscharte und der späteren „Katze" als Stadtmauer. Denn
jetzt lag ja inner= oder richtiger unterhalb dieser Mauer ein bürgerlicher
Stadtteil. Der Schutz der Scharte aber wurde mittels der schon auf=
gezählten Türme bewirkt.

Der wichtigste Zuwachs, den die Bürgerstadt in dem in Rede
stehenden Zeitraum erfuhr, ist wohl der der zwei Häuservierecke auf der

Stelle des Residenzneugebäudes und zwischen Churfürstenstraße und Kränzlmarkt. Die Entstehung der beiden Langseiten dieses Rechteckes, das man als den einzigen regelmäßig oder geradlinig gebauten Teil der alten Stadt bezeichnen darf, möchte vielleicht aus dem Bedürfnisse kürzester Verbindungen mit der Hauptstraße längs dem Ufer abzuleiten sein. Mehr Gewicht dürfte jedoch der Voraussetzung innewohnen, daß die zwei gleichweit voneinander entfernten Linien als jeweilige Begränzungen des Frongartens als St. Peter'scher Grund zu denken seien, die zuerst von der Käsgasse und dem spätern Marktplatz gegen die S. Haffnergasse zurückgesetzt worden sind, wie sie denn tatsächlich um ein weiteres Jahrhundert später abermals um die ganze Häusertiefe der Westseite der genannten Gasse zurückwichen[1]). Leider sind wir gänzlich außer Stande den Einfluß der großen, und verheerenden Stadtbrände von 1167, 1196, 1200 und 1203 auf die Baugeschichte der Stadt irgendwie abzuschätzen, da nur die zerstörten Kirchen angemerkt sind. Wir trauen aber dem Uibergewicht des verständigen Sinnes unserer Altvordern über die hergebrachte Gewohnheit des Holzbaues, der doch an den großen Brandunglücken in den genannten 40 Jahren die Hauptschuld trägt, kaum zu viel zu, wenn wir ihnen eine Ermannung zuschreiben, die sie bewog, die neuen Häuser zwischen der S. Haffnergasse einerseits und dem Marktplatze anderseits frischweg von Stein zu bauen, die auf dem ehemaligen Marktplatze gestandenen verbrannten Häuserreste gänzlich wegzuräumen und durch einen breiten Zwischenraum die neuerbauten Häuser vor dem gefährlichen Feuerherd der eng aneinander stehenden kleinen Bürgerhäuser der Gold- und Brodgasse wirksamer zu schützen. Dafür spricht auch die Bauart der Häuser auf beiden Seiten des Marktplatzes.

Und daß von jetzt an der Stein- oder Ziegelbau allmälig zur Regel wurde, erkennt man mit Wahrscheinlichkeit aus dem allmäligen Verstummen der Chroniken über so jammervolle Feuerbrünste. Vom J. 1270 bis zum laufenden Jahre, somit in einer Zeit von mehr als 600 Jahren ereigneten sich zwar noch fünf Dombrände, aber nur mehr zwei oder drei größere Brände der Linksstadt und ebenso viele der Rechtsstadt, darunter freilich der von 1818. Mit Ausnahme dieses jüngsten ist seit dem J. 1270 von

---

[1]) Die Häuser zu beiden Seiten der Sigmund-Haffnergasse waren nach St. Peter burgrechtpflichtig, ein Beweis, daß sie auf dem Grunde dieses Stiftes erbaut wurden. Daß aber zwischen den einzelnen Frohnhofbezirken untereinander und der Bürgerstadt nicht bloß ideale sondern sichtbare Gränzlinien vorhanden waren, war nicht bloß eine theoretische Forderung jener Zeit, sondern wurde bereits hier zu wiederholten Malen nachgewiesen.

einer Zerstörung der ganzen Stadt, oder selbst eines großen Stadtteiles keine Rede mehr.

Wenn nun der besprochene Stadtzuwachs nach gezogenen Linien gleichsam in einen bestimmten Zeitraum eingezwängt wurde, so ist dieß hauptsächlich zum Behufe leichterer Uibersicht geschehen. In der Wirklichkeit wurde ohne Zweifel sehr bald auch die Westseite der S. Hassnergasse, insbesondere vom späteren Rathause an bergwärts mit Häusern besetzt. Wir erfahren auch aus den Salbüchern des Domstiftes und St. Peters, daß in dem Jahrvierzig 1160—1200 bereits ein Stück der „Trabegasse" bestand, 'worunter wahrscheinlich der Kränzlmarkt und ein Teil der Trägasse, etwa bis zum Durchgang der Albe zu verstehen ist. Da angenommen werden muß, daß die Mündungsstücke des St. Peter'schen und domstiftischen Armes der Albe, die um 1160 schon vollendet waren, an Orten lagen, wo noch keine Häuser standen, so vergegenwärtigt uns auch, wie die Mündung an der Rumpfmühle, so der Ausfluß bei der spätern „Niederleg" annähernd den größten Längsdurchmesser der Stadt im zwölften Jahrhundert. Da der Namen „Trabegasse" eine stärker begangene, befahrene, also belebte Verkehrslinie, eine Hauptstraße bezeichnet, so liegt es in der Natur ihres Platzes, daß sie in der Nähe der Tore und der Brücke lag. Ihre weitere Erstreckung war durch die damalige Ufergestalt und die Frongartengränze vorgezeichnet und man begreift es, daß sie als Fortsetzung der Judengasse sich mit derselben in den Hauptverkehr teilte, der dessen ungeachtet oft bei der Enge dieser Gassen Stockungen veranlaßt haben wird.

Noch ist einer neu entstandenen Grundherrschaft zu gedenken, die in der Gegend des Westertores aufkam. Im J. 1139 schenkte Erzbischof Conrad I. dem Kloster Admont „eine Hofstätte zu Salzburg mit sechs zusammenhängenden Aeckern".[1] Aus spätern Nachrichten, namentlich der Häuserchronik ist zu entnehmen, daß dieser Admonterhof, oder vielmehr sein Rechtsnachfolger, das Bürgerspital, mit seinem Grundbezirke auch die eine Hälfte des Spitalschmidhauses, dann die unterste Flußseite der Trägasse bis zum Sterngäßchen, dann am Salzachgriese (Griesgasse) hinab und zurück bis zum Tore umfaßte, weil die darauf entstandenen Häuser zum Bürgerspitale burgrechtpflichtig geworden sind. Man kann daraus den Schluß ziehen, daß dieses unterste Stück der Stadtfläche innerhalb des Tores nicht zum St. Peter'schen Frongarten gehörte, so wie sich auch aus den ältesten Häusernachrichten ergibt, daß überhaupt die Flußseite der Trägasse nie

---

[1] Wichner, Admont, I.

nach St. Peter zinsbar war, sondern zum größten Teile als bischöfliche Frei angesehen wurde. Um so leichter konnte die Stadtmauer über dieselbe und die Gründe des Admonterhofes bis zum Westertor gezogen und damit ein sicherer Anschluß an den Berg gewonnen werden.

Halten wir jetzt zu einem kurzen Rückblicke inne. Es ist bekannt, daß beim Herannahen des Jahres 1000 fast allgemein der Untergang der Christenwelt befürchtet wurde und man sich bemühte, manches Unrecht gut zu machen, so weit dieß in der Macht stand. Unter den im J. 988 dem Kloster St. Peter zurückgestellten Gütern befand sich auch die „Pforte sammt allem was dazu gehört".[1] Aus dem Vorausgeschickten (Abschn. III. Tor) ist erinnerlich, daß darunter, so weit dieß für jetzt in Betracht kommt, der Stadtteil zunächst um die Stadtpforte (beim Eingang der Döllergasse) zu verstehen sei. Wir wissen weiters, daß in dieser Gegend die Pfarrkirche St. Michael lag, daß der Pfarrgottesdienst von den Mönchen zu St. Peter verrichtet wurde, und daß ihnen auch der „Portzehent" gebürte, den wir für einen Pfarrzehent zu halten berechtigt sind.[2] Endlich ist bekannt, daß die Häuser von der Stadtseite der Judengaße, der Gold- und Brodgaße nach St. Peter burgrechtpflichtig waren.[3] Es ist also gewiß, daß im benannten Jahre 988 auch das Grundeigentum dieses Stadtteiles dem Kloster wieder zuerkannt worden ist.

Aus den Salbüchern des Domhofes und St. Peters[4] lernt man auch eine Anzahl Bürgernamen kennen, denen städtische Ortsbezeichnungen beigesetzt sind. Da findet man

sechzehn Namen mit dem Beisatze: von der Porte, an, oder vor (innerhalb) der Porte (de, in porta, ante portam),

fünfundzwanzig Namen mit dem Zusatze: von, oder an der Brücke (de ponte, de ponto, de prucca, de prukki),

sechs Namen mit der Ortsangabe: jenseits der Brücke, enthalb der Ache (de ultra pontem, trans pontem, trans flumen, ent-ahe),

dreimal kommt der Ortsnamen Kai (de gehai), viermal die Ortschaft „Mülln" (de mulne) vor.

Es ist wohl gestattet daraus einige Folgerungen zu ziehen, welche zur Ortskunde der Stadt im zwölften Jahrhundert einen Beitrag leisten.

[1] Juvavia, dipl. Anh. 289; Chron. nov. 171, 172, 218b, 229a, 212.
[2] Chron. nov. a. a. O.
[3] Von der Burgrechtspflichtigkeit der Häuser auf der Flußseite der Judengaße an St. Peter finden sich keine Spuren.
[4] Notizenbl. der Wien. Akad. V. und VI.

6*

Vor allem wurden jene Namen vorher ausgeschieden, welche durch den Beisatz „Brückener" (ponticus, pontenarius, prukener, pruckäre, teloncarius ponti salzb., mutarius) die Amtseigenschaft ihrer Träger als Mautner, Zöllner, Brückenzolleinnehmer erkennen ließen.

Nachdem hievon Abstand genommen, mußten die Namen „Pforte", „Brücke", „ent Ahe", „Kai" als Bezeichnungen von Stadtgegenden, um nicht zu sagen: Stadtvierteln, angesehen werden.

Es drängte sich dann die Bemerkung auf, daß die zwei Gegenden „an der Pforte" und „an der Brücke" bei weiten die zahlreichsten Namen aufzuweisen hatten, somit die meisten Bürger besaßen, aus denen die Zeugen oder Beisitzer bei den Gerichtshandlungen genommen wurden.

Da man zur Voraussetzung gezwungen ist, daß bei der Kleinheit der ursprünglichen Stadt die Brücke unmittelbar vor dem Tore lag, und somit damals zu einer Scheidung in zwei Stadtteile jeder Grund entfiel, so schien sich die Annahme zu rechtfertigen, daß die alte „Pforte" des 10. Jahrhunderts und die Stadtbrücke im zwölften Jahrhunderte bereits sich in einer gewissen Entfernung voneinander befanden, welche eben Anlaß gab jetzt zwei benachbarte Stadtteile darnach zu benennen.

Im Vergleiche zu diesen zwei Stadtteilen erscheinen die übrigen noch wenig bevölkert, oder wenigstens ihre Einwohner nur selten in der Lage bei Gericht als Zeugen, Beisitzer oder „Genannte" aufzutreten, woraus wohl auch ein Schluß auf die Größe der Stadt, auf die Lage ihrer noch wenig bevölkerten Außenteile gewagt werden darf. Es wurde darin die Bestätigung gefunden, daß zu dieser Zeit die Strecke etwa zwischen der Hälfte des Mozartplatzes, dem Domfreithof und dem untern Ende der Judengasse das Herz der Stadt darstellte, von welchem aus drei Fortsätze ausliefen, gegen den Kai, die Trabegaße und über die Brücke.

Außer den angeführten finden sich noch einige andere Bezeichnungen einzelner Stadtgegenden im 12. und 13. Jahrhundert.

So kommen die vier Bürger Conrad, Carl, Walkun und Aschwin von der Trabegaße (Trabegazze, Travgazze) vor, unter denen Walkun fünfmal genannt wird.

Ein Wilhelm vom Heumarkt (de hömarchet) mag etwa am Platz bei der Pforte gewohnt haben, da das oberste Ende der Judengasse noch im 15. Jahrhundert diesen Namen trug. Man darf daraus abnehmen, daß um diese Zeit der frühere (erste) Marktplatz schon durch einen zweiten ersetzt war, denn sonst würde jener doch wohl nicht die Bezeichnung eines Neben-(Heu-)marktes erhalten haben.

Richolf und Pabo vom Hospital (de hospitali) waren sicherlich keine Spitalpfründner, sondern Bürger, die bei St. Johannis des Täufers Kirche in der Nähe des Domspitales mögen behaust gewesen sein.

Gerhoch vom Friedhofe (de cimeterio) 1235 hatte sein Haus wahrscheinlich am späteren Neubau, weil in der verlängerten Linie der heutigen Hauptwache am Friedhofe mehrere Häuser standen. Er mag scherzweise als ein prähistorischer Ahnherr der „Glockenspielkinder" gelten.

Dietmar und Altmann vom Baumgarten (de pomario, de pömgarten) sind, da ihrer noch ziemlich im Anfange des zwölften Jahrhunderts gedacht wird, etwa am spätern Marktplatze zu suchen, wenn man einverstanden ist, den Baumgarten für St. Peters Frongarten zu halten, was er noch im 15. Jahrhundert war, und zugibt, daß derselbe damals noch bis an den Marktplatz sich ausdehnte.

Alles in allem angeschlagen, erhalten wir für das dreizehnte Jahrhundert einen beiläufigen Flächeninhalt der Bürgerstadt von 30.000 Geviertklaftern, oder reichlich das Vierfache des früheren Zeitraumes. Und sicherlich ist es kein Zufall, daß uns die ältesten Nachrichten und Spuren von einer zusammenhängenden Stadtbefestigung ziemlich deutlich in dasselbe Jahrhundert zurückführen. Denn jetzt sehen wir zum ersten Male den Boden der Linksstadt, wenigstens längs des Flußes, soweit er der Verteidigung bedurfte, größtenteils im Besitze der Bürger. Wenn auch in der Gegend des Chiemseehofes eine Lücke ist, so wird doch daselbst die Mauer auf Stadtgrund, den der Erzbischof dazu hergab, errichtet worden sein. Von der Wasserseite der Pfeifer-, Juden- und Trabegasse ist dieß mit Sicherheit anzunehmen. Von der Albemündung in der Trabegasse bis zum Westertor gilt die gleiche Annahme, und wenn auch da noch eine Häuserlücke besteht, so ist schon die Richtung angedeutet für den Bau der Stadtmauer. Und somit wird es fast zur Gewißheit, daß auch die Versicherung der Mönchsbergscharte, gleichsam der Schlußstein der Stadtbefriedung, in die neuliche Zeit zu setzen sei.

In diesem Zeitraum besitzt die Stadt etwa folgende Tore:

das (innere) Nonntaltor.

das obere Tränktor oder das Kumpfmühltor, welches jedoch seinen Namen nicht früher erhalten haben kann, als an der Albenmündung ein Mühlwerk entstand.

Ob die älteste Stadtpforte in dieser Zeit noch offen oder Hauptverkehrsdurchgang war, ist zweifelhaft, wahrscheinlicher ist, daß sich gegenüber der Mündung der Brodgasse in die Judengasse das Haupttor befand (s. Abschnitt VII.),

ein Tränktor am Anfang der Trabegasse (Klampfertor),

das Westertor.

Auch der Marktplatz blieb seiner Kleinheit wegen nicht auf den Platz bei der Pforte beschränkt; es ist vielmehr mit Grund der Bestand

eines zweiten an der Vereinigung der Gold-, Brod- und Judengasse vorauszusetzen.

Dem entsprechend ist an dieser Stelle im Zusammenhange mit Markt und Haupttor auch die Brücke anzusetzen.

Die vorhandenen Kirchen sind:

Im Bezirke Nonnberg die Marienkirche und die Martins-, später Ulrichskirche des um 1070 eingegangenen Creutrudiskastelles;

im Domhofbezirke die St. Ruperts-Domkirche, die St. Jakobskapelle im Friedhofe und die St. Johannesspitalskirche;

im St. Peterbezirke die St. Peterskirche, die St. Amands- oder Margaretenkapelle im Friedhofe und die Katharinenkapelle, endlich St. Lorenz im Kai beim Spitale;

hiebei wurde von den übrigen Kapellen bei St. Peter und im Domkreuzgange abgesehen;

Im Admonterhofe die Blasiuskapelle;

in der Bürgerstadt die St. Michaelskirche und als neue Pfarrkirche die gemeinsame Klosterkirche der St. Petersnonnen und Domfrauen, oder die Liebfrauenkirche;

in der Vorstadt Mühlen die Mutter Gottes Kapelle auf der Höhe.

Betrachtet man die heutige Rechtsstadt auf einem Stadtplane, so drängt sich die Wahrscheinlichkeit auf, dieselbe habe vom „Plätzl" ihren Ausgang genommen und sich von da aus nach Gestattung der Örtlichkeit in drei verschiedenen Richtungen entwickelt. Allein diese Annahme ist irrig. So wie die Baugeschichte der Linksstadt gezeigt hat, daß ihr ältester Mittelpunkt oberhalb der heutigen Hauptbrücke gelegen war und von dort flußabwärts an seine heutige Stelle gerückt ist, so folgt daraus mit Notwendigkeit, daß auch das Wachstum der Rechtsstadt von einem Punkte oberhalb der jetzigen Hauptbrücke ausgegangen ist.

Bedenkt man, was kaum bezweifelt werden kann, daß in ältester, abteilicher und bischöflicher Zeit die Brücke vom damaligen Haupttore,

der „Pforte", über den Fluß geschlagen ward, so wird man zu dem
Schluße gedrängt, daß am Rechtsufer vom Brückenende zu beiden Seiten
die ersten Häuser erbaut wurden, eine Annahme, die anderwärts tausend-
fältig durch die Erfahrung bestätigt wird. Sucht man den Ort genauer
zu ermitteln, so befinden wir uns außerhalb des Steintores, in der
Nachbarschaft der Häuser 26 u. s. w., von welchen aus die Straße gegen
die Vorstadt hinaus sich namhaft hinunter senkt.

Fügen wir jetzt hinzu, daß die zweite Stadtbrücke, die wir dem
11. bis 13. Jahrhundert zuschreiben, in gerader Richtung von der Brodgasse
und dem damaligen Marktplatz aus über die Salzach erbaut war, so
erreichte dieselbe das Rechtsufer beim ersten Hause 18 innerhalb des
Steintores.

Wir erhalten auf diese Weise für die Rechtsstadt die Gestalt einer
Gasse zwischen Berg und Flußufer, welche aus zwei hie und da unter-
brochenen Häuserzeilen bestehend, etwa von dem späteren „Platzl" bis in
die Gegend des äußern (nicht mehr vorhandenen) Steintores sich ausdehnte.

Aber der Verkehr mit den östlichen Gegenden suchte, den weiten
Umkreis des Imberges meidend, jene Richtung auf, die beim spätern
Ostertore hinaus gegen die Gnigl führte. Da bot der Fuß des Imberges,
bis zu welchem das Moor herzureichte, eine feste Straße. Und jetzt fand
die ursprüngliche Längsstraße am Stein, beim „Platzl" sich um den Berg
herumschlingend, ihren zweiten Ausgang beim Ostertor. Wir treten damit
in die Zeit der ersten umfassenden Stadtbefestigung ein, die um das
Jahr 1250 vollendet gewesen sein dürfte.

Suchen wir uns jetzt die Umgebung des späteren „Platzls" in dieser
Zeit einen Augenblick zu vergegenwärtigen. Da ist es vielleicht von
entscheidender Wichtigkeit zu vernehmen, daß noch im vorigen Jahrhundert die
Hochwässer der Salzach die Niederungen des jetzigen Makartplatzes und
der Theatergasse bespülten, ja daß noch im J. 1828 die Uiberschwemmungs-
gränze bis zur Hälfte der Theatergasse innerhalb des Tores sich ausdehnte.
Wenn auch bis in die Mitte des 13. Jahrhunderts im Stadtgebiete
einzelne Uferstrecken im Drange der Not schon mittels Dämmen versichert
waren, so ist es doch gewiß, daß eine zusammenhängende, entsprechende
Uferherstellung einer weit späteren Zeit erst gelang. Im übrigen hatte
das Kind des Hochgebirges, die Salzach, einen freien Spielraum und
tobte seinen Mutwillen aus.

Es ist daher die Vorstellung, daß in dem besprochenen Zeitraum
eine Salzachau bis in die Nachbarschaft des „Platzls" die Niederungen

am Fluße bedeckte, nicht völlig von der Hand zu weisen. Und es ist eine Regel, daß in Flußgegenden zuerst die höher gelegenen Gegenden besiedelt werden, wofür ja die Baugeschichte der Stadt selbst die schlagendsten Beispiele liefert. Wenn wir hören, daß noch um das Jahr 1400 zwei Häuser am Plätzl und bei der spätern St. Andreaskirche in der „obern" und „niedern Reut" heißen, so darf man etwa diese Namen von dem Ausreuten jener Au herleiten. Die heutige Höhenlage des „Plätzls" über der Salzach rührt ja doch erst von der Brückenanlage an dieser Stelle in den Jahren 1600 '20 her, als es notwendig wurde, einen Landpfeiler oder festes Widerlager für dieselbe aufzuführen und zur Brücke selbst bequeme Zufahrten herzustellen — Unternehmungen, wir wir sie gerade in unsern Jahrzehnten wiederholt in der Ausführung begriffen sahen.

Bei der Stadtbefestigung des 13. Jahrhunderts wurde demnach vor allem das Straßenknie am Plätzl, sowie der Zugang zu demselben von der Wasserseite her, aber auch der Straßenausgang zu sichern gesucht. So entstanden

das Ostertor, das Lederer-, das innere Steintor.

Zwischen den beiden ersteren erhob sich in einem Viertelkreis die Stadtmauer. Längs der Salzach entstand eine fast ununterbrochene Häuserreihe zwischen dem Steintor und Lederertor, Wohnsitze der Gerber und Ircher. Das Plätzl war somit gegen die Salzach abgeschloßen. Aber auch zwischen dem Stein- und Lederertor erstreckte sich eine Stadtmauer längs des Flußes.

Es wird nun ersichtlich, daß durch diese Stadtbefestigung der älteste Teil, die Steingasse, von dem innern, jüngern ausgeschlossen und in die Vorstadt verwiesen worden ist, wie ja auch die viel ältere Vorstadt Mühlen durch das Klausentor von der G'stätten getrennt war. Beide Vorstädte erhielten aber nach außen eigene Tore, wie bereits berichtet wurde.

Kehren wir nun nochmals zu dem ältesten Teil der Rechtsstadt vor dem Steintore zurück. Eine urkundliche Bemerkung setzt uns in Kenntniß, daß bei dem großen Brande der Linksstadt im J. 1167 auch eine „Salvatorkirche jenseits des Wassers" zerstört worden sei.[1] Man hat sich bisher dabei begnügt zu wiederholen, daß ihre Stätte nicht mehr vermittelt werden kann. Nach dem Vorausgeschickten erleidet es kaum einen Zweifel, daß um die Mitte des zwölften Jahrhunderts der größere Teil der Rechtsstadt noch außerhalb des (innern) Steintores gelegen

---

[1] Todtenverzeichnisse des Domstiftes.

war. Daselbst, in der Gegend, wo die Brücke mündete, an der Stelle eines der beiden Häuser am Berge, zu denen von außen steinerne Stiegen hinaufführten, konnte die Erlöserkirche gestanden sein. Wurde ja doch auch die spätere St. Johanniskirche am Imberge, zwar weiter gegen den anwachsenden Stadtteil am Plätzl herein, aber doch auch in der Gegend des damaligen Brückenüberganges, von welcher Stelle noch heute die Stiege zur Kirche hinaufführt, und am Bergesabhang erbaut.

Die Stadt Salzburg ist somit im 13. Jahrhundert, am Ende des fünften Jahrhunderts ihrer eigenen Zeitrechnung, zu einer regelmäßigen und rings umfassenden Befestigung gelangt. Allerdings dürften einzelne Punkte, wie etwa am Nonntaler- und am Westertor, sowie in der Gegend des äußern Steintores schon früher vielleicht mit s. g. hölzernen Mauern oder Pfahlwerk, dergleichen man noch später vor mehreren Toren (zur Zeit von Paris Lodron) angebracht sieht, vermutlich schon im 9. und 10. Jahrhundert verschanzt worden sein. Sieht man von den sagenhaften Erzählungen über Stadtmaueranlagen aus einigen Städten ab, so weisen die sichern Nachrichten von Stadtummauerungen häufig gleichfalls auf das 13. Jahrhundert. So München 1175, Heidelberg 1225, Halberstadt 1241, Trier 1252, Altenburg 1256, Breslau 1274, Kremsir 1290, Basel freilich schon 1100, Freiburg 1120 40 und Köln Ende des zwölften, Regensburg und Mainz aber im 8. und 9. Jahrhundert.

Die Stadt von der Mitte des 13. bis Ausgang des 15. Jahrhunderts.

In diesem Zeitraum sind die Umfänge der Rechts- und Linksstadt durch den Zug der Stadtmauern aus den Annäherungsjahren 1250 und 1480 bereits aus Abschnitt II. bekannt.

Die baulichen Fortschritte bestehen

in dem Ausbau der Trägasse nach der Richtung zum Westertor,

in dem Anbau von Hinterhäusern in der s. Haffner- und Trägasse gegen den Frongarten,

in der Erfüllung der Hundsgasse, Nonnbergstiege, der Schänzlgasse, G'stättengasse, Linzergasse bis zum äußern Ostertor, Bergstraße bis zum Tor mit Häusern; die Häuser der Nonnbergstiege sind schon in den Jahren 1334, '60, '65, '80, '89, '94, 1408, '10, '12, '41 urkundlich genannt,

in dem (teilweisen?) Neubau der Stadtmauer zwischen den zwei Nonntaltoren und zwischen dem neuen Rathaus und dem Bürgerspitaltor nach

Einbezug der Hintergebäude und Hofstätten der Flußseite der Trägaßen-
häuser,

in der Errichtung der drei Vorstadttore zu Mühlen,

in dem Neubau des Walles und Grabens samt zweiter Stadtmauer
zwischen dem zweiten Lederer-, dem Bergstraßen- und dem äußern
Ostertore.

Es kennzeichnet diesen und den vorhergehenden Zeitraum, daß das
Wachstum der Stadt vorzugsweise durch den Bau von Bürgershäusern
bewirkt wird. Der mit Häusern bedeckte Anteil der Linksstadt beträgt
nun annähernd das 5.5fache der ursprünglichen Bürgerstadt.

Im J. 1399 kauft die Stadt den Turm, den die Keuzl inne haben,
(zurück?), welcher 1420 Stadtturm, später Rathaus genannt wird und
auch Gerichtshaus geworden ist.

Der Verlängerung der Stadt flußabwärts entspricht auch die Verlegung des Marktes auf jenen Platz, den er bis zum J. 1865 behielt.
Die Häuserchronik liefert für die Jahre 1337, '43, '83, '95, 1408 die
Nachweise, daß dieser Platz, wie später, vom fürstlichen Hofe und auf
den anderen drei Seiten von Häusern umgeben war.

Neu entstandene Tore waren

die äußere Nonntalklause,

die äußere G'stättenklause,

ein Tränktor an der Stelle des späteren Rathausbogens,

das untere Tränktor beim Schmid am Gries,

die bereits genannten Tore der Rechtsstadt,

die drei Tore der Vorstadt Mühlen.

Auch die Brücke ist wieder abwärts gerückt und befindet sich beim
spätern Klampfertor in der Nähe des Marktes.

Die „Pforte“, wo die erste, und das Gäßchen, vor welchem wahr-
scheinlich die Brücke des zweiten Zeitraumes standen, sind ganz oder zum
Teil verbaut, aber noch im 17. Jahrhundert wird der Zugang in das
Gäßchen beim Laubingerhause (Höllbräu) zur Pestzeit bewacht.

Der Herrnhof Chiemsee, der schon um 1217 entstand und der
Berchtesgaderhof (vor 1225) nehmen samt dem St. Lorenz- oder
Magdalenaspital das südöstliche Dreieck des Stadtgrundes zwischen dem
Kumpfmühl- und innern Nonnbergtore ein. Dagegen ist der Admonterhof
1327 in die Verwaltung der Stadt übergegangen und das Bürger-
spital Grundherr desselben geworden.

In diesem Zeitraume entstanden

die St. Nikolauskirche in der Kaigasse, um 1338 bereits urkundlich, 1782 geschlossen und in das H. 20 umgewandelt,

die St. Johanniskirche am Imberge, sicherlich anstatt der Salvatorkirche erbaut und bald nach 1300 beurkundet,

die St. Blasiuskirche am Bürgerspitale, aus der Kapelle gl. N.,

die Marienkapelle im Chiemseehofe, 1355 und 1412,

des Erzbischofes Pilgrim-Kapelle neben der Domkirche, mit sechs Altären, 1393, abgebrochen 1599,

die St. Andreaskirche in der Linzstraße, 1410, seit 1861 in das H. 1 Linzergasse verwandelt,

die Leprosenhauskirche zu den hh. Hieronymus und Antonius[1]), um 1450(?), „St. Jeronimo zu dem Sundersiechen" 1478,

die Pfarrkirche zu Unser lieben Frau und dem h. Alexius in Mülln 1453, als Nachfolgerin der daselbst schon im 12. Jahrhundert erneuerten Wallfahrtskapelle,

die wiedererrichtete St. Amands-, nun St. Margarethenkapelle auf dem Fridhofe von St. Peter.

Die Stadt im 16. und in der ersten Hälfte des 17. Jahrhunderts.

Nach einem beinahe stillen Jahrhundert von 1480 bis 1580 bauen in den folgenden Jahrzehnten zwei Fürsten, Wolf Dietrich und Paris Lodron, und bringen vielfältige und namhafte Veränderungen im Aussehen der Stadt hervor. Ja die Baulust bemächtigt sich auch der Stadt, wie die anzuführenden Beispiele von Rathaus, Trinkstube und andern Bauten, die Entwickelung des Netzes der Brunnleitungen und die Aufstellung zahlreicher, öffentlicher Brunnstuben (Fischbehälter und Brunnenwasserkästen) zur Genüge dartun. Bedenkt man, daß zu dieser Zeit auch am Dome, an Domherrn- und den lodronischen Hofhäusern, sowie an der Universität gebaut wurde, so gewahren wir eine hübsche Anzahl wohlausgeführter Unternehmungen, die ebenso sehr den Vorteil von Fürst und Kapitel, des Gemeinwesens, aber auch das Behagen der Bürgerschaft förderten und zur Aufnahme des Ansehens der Stadt beitrugen.

Die baulichen Unternehmungen und Umgestaltungen Wolf Dietrichs, bei welchen der Fürst wiederholt die Nebenabsicht ansprach, der Stadt

---

[1]) Im Diöcesanschematismus und bei v. Wallpach 107 heißt diese Kirche irrig: Maria Dorfen. S. Metzger II, S. 1126.

ein „lustigeres" und rühmliches Ansehen zu verschaffen, verteilen sich zwar
fast in allen Gegenden der Stadt, können jedoch auf folgende Punkte
hauptsächlich bezogen werden:

den fürstlichen Hof,

den Neubau[1]), womit zum Teil

die Kapitelgasse in Zusammenhang zu bringen wäre,

auf den fürstlichen Marstall,

auf die Stadtbrücke und endlich

die Begründung und Errichtung des Landsitzes und Herrnhofes
Altenau.

Indem hier ein kleines Wiederspiel der Zerstörungschronik des
Kirchenprobstes Steinhauser versucht wird, die oft genug in diesem Buche
angeführt ist, muß zu den einzelnen Schauplätzen der fürstlichen Bautätigkeit
folgendes bemerkt werden.

Da die ursprüngliche Absicht bestand, den Fürstensitz nach dem
„Neubau" zu verlegen, so wurde anfänglich an dem alten Hofe
Salzburg nicht viel gebessert, sondern hauptsächlich auf Freilegung
seiner Umgebung und Beseitigung von Verkehrshindernissen das Augenmerk
gerichtet. Dahin gehören:

Die Entfernung der Burgmauer vom ehemaligen „Rinderholz" an
in der Richtung gegen die Domfriedhofmauer und nach der Domkirche-
hinüber.[2]) (1593),

die Zurücksetzung der Domfriedhofmauer selbst. (Steinhauser a.a.O. N.23.)

Ob die gänzliche Beseitigung des Domfriedhofes und dessen Umgestaltung in den heutigen Hof- oder Residenzplatz zu Wolf Dietrichs

---

[1]) In Salzburg nannte man das später i. g. „Dikasterialneugebäude" nie anders
als Neubau, dagegen den neugebauten Teil des fürstlichen Hofes, in dessen hinterem
Teile in bairischer Zeit das i. g. „Pallamt" (Mant), dann ein Teil der Post untergebracht
war, das (Residenz-)Neugebäude. „Posthof" kann es nur mißbräuchlich genannt worden sein.

[2]) Nicht um dem verdienten Hübner etwas am Zeuge zu flicken, sondern nur um seine
gläubigen Anhänger in ihren Anschauungen zu berichtigen, ist folgende Anmerkung beigesetzt
worden. Vom „Aschhofe" hatte Hübner eine ganz unklare Vorstellung, und manche denken
sich noch heute denselben als einen Teil des alten Hofes Salzburg. So sagt Hübner (S. 154),
daß im Aschhofe das Alumnat war, wofür sich keine Spur findet; daß die Türniz neben
dem Schmeden (offenbar eine Schmedensäge) an den „Aschhof" hinausgebaut war, womit
nur der Platz zwischen der Domfreithofmauer, der Residenz und den gegenüberliegenden
Häusern zwischen Brodgasse und der St. Michaelskirche gemeint sein kann; endlich daß
beim Brande der Domkirche auch der Aschhof in Schutt zerfiel, wofür sich abermals keine
Bestätigung findet. Wenn die Domfreithofmauer und „die Mauer um den fürstlichen Hof
zur Erweiterung des Aschhofes" abgebrochen wurde, so ist dieß nur dahin zu verstehen, daß
die vorgenannte Gasse, Straße oder der Platz „Aschhof" genannt, dadurch erweitert wurde,
nicht aber die Residenz oder ein Teil dserselben. Und wenn die Gebirgsbäuerinnen im

Zeit erfolgt sei, ist sehr zweifelhaft, da schon die Veränderung der Lage der Fridhofmauer mit Entfernung einer Anzahl Gräber, Grabsteine und Denkmäler vielerlei Gefühle verletzt hatte und darob „mit ein klaines Murmeln gewest." In Ermanglung einer sichern Nachricht dürfte sie wohl in die Regierungszeiten seiner beiden Nachfolger zu setzen sein, um so mehr, da die Freithofmauer schon 1592 zurückgerückt, der St. Sebastiansfridhof aber erst bis um 1600 erweitert worden ist. Steinhauser, Lbstde XIII, S. 36, N. 23.

Mit der Entstehungsgeschichte des Neubaues stehen in ursächlichem Zusammenhang:

die Entfernung der den Domfriedhof längs des „Neubaues" begränzenden Häuser,

die Entfernung des Karners (Beinhauses) oder der Armenseelenkapelle, über welcher die Sauter= oder S. Cesariikapelle errichtet war und

neben welcher die St. Jakobs= (seit 1146) und Bartolomäuskapelle der Turner stand;

die Entfernung mehrerer Häuser am Brotmarkt zwischen der Mündung der Kaigaße und der St. Michaelskirche (1604—7). Darunter sind wahrscheinlich die bei Steinhauser (Lbstde XIII, 105) unter n. 10, 11, 12, 13 aufgeführten Häuser Turn, Trautmannsdorf und Gotteurädt und des Gusters zu verstehen;

die Entfernung mehrerer Häuser auf der andern Seite des Brodmarktes (s. d. Zeichnung) bis hinauf zum Räpplbad in der Pfeifergaße: die Folge davon waren

die Anfänge des Mozartplatzes zur Freilegung des „Neubaues";

die Abtragung der Domspital= oder der uralten (930) St. Johanniskirche (1603),

die Entfernung des Gurkerhofes in der Kaigaße

Durch den „Neubau" wurde die Gaße beseitigt, welche bis dahin aus der Kaigaße in den Domfridhof führte und ungefähr dem heutigen Durchgange durch das Regierungsgebäude entspricht.

3 1525 ihre gewaschene Wäsche bei den Fenstern des fürstlichen Hofes zum Trocknen heraus hängten, so erklärt es sich ganz natürlich, daß man „vom Aichhofe aus" diese Zeichen bäuerlicher Besitzergreifung erblicken konnte. Der „Aichhof", der so viel unklares Wesen in die Residenzbeschreibung gebracht hat, ist, um es einmal deutlich herauszusagen (vorbehaltlich genauerer Chronik im Abschnitt XIV.) 1. im engern Sinne die Häusergruppe 47, 48, 49 vom J. 1858 oder 5, 6 und ein Teil von 7 am Residenzplatze. Zählung von 1881; 2. im weitern Sinne hieß auch der Platz vor diesen drei Häusern „am Aichhof"; 3. im weitesten Sinne erstreckte sich aber die Gaße „am Aichhof" von der St. Michaelskirche bis zum Anfange des Marktplatzes an der Brotgaße.

Statt dieses Durchganges wurde die Capitelgaße größtenteils ausgebaut, indem daselbst

die Dombdechantei (1605—'11),

das Rapitelhaus (1602—'5) und

die Domherrnhäuser 168, 169 seit 1605 durch Wolf Dietrich entstanden, nachdem das Domspital in das Nonntal verlegt worden war.

Hieburch wurde durch die Rapitelgaße und über den eröffneten Rapitelplatz, welche beide einst der nach allen Seiten geschloßene Domhof einnahm, eine früher nicht bestandene Verkehrslinie hergestellt.

Da dem Vorhaben, die „Residenz", welche Bezeichnung nun auskam, in den Neubau zu verlegen, zu viele Hinderniße im Wege standen, so entwickelte Wolf Dietrich nicht minder große Tätigkeit, um den alten Hof Salzburg freizulegen und zur Vergrößerung desselben Baugründe zu gewinnen. In Folge deßen wurde das Lasserhaus, das vor der heutigen Hofapotheke und an dem Übergange vom alten Brodmarkte auf den Marktplatz stand, entfernt, dadurch aber auch die Zufahrt zum fürstlichen Hof und der Verkehr von der Raigaße her zum Marktplatze, zum Salzmarkt und durch den Rizenbogen erleichtert.

In ähnlicher Weise wurde eine Verbindung zwischen Rapitelplatz, Domplatz an der Barfüßerkirche vorbei hergestellt, und daselbst der Abschluß St. Peters gegen den Fronhof, den Frongarten und die Abtsgaße eröffnet.

Es wurden zwölf Häuser und Häuschen angekauft und niedergerißen, die zwischen der Frauenkirche und dem Salzmarkte, der Abts- und Räsgaße standen, darauf die Grundfesten des Residenzneugebäudes gelegt, die Räsgaße geschloßen und in die Bauten einbezogen (um 1604).

Mit der Erbauung des Marstalles (1606 '7) stehen in ursächlichem Zusammenhang

die Abtretung des Frongartens an den Fürsten (1593 und '98), wodurch ein großer Bauplatz auch für die Universität gewonnen wurde,

die Herstellung, bezugsweise die Fortsetzung der über den Rapitel- und Domplatz neu angebahnten Verkehrslinie bis zur Einmündung in die Trägaße,

Abbruch der an die Frauenkirche angebauten Räume des alten Nonnenklosters (ein Teil des Kreuzganges, des Schlafhauses und der Rapitelsaal) gegen Sprengung eines Verbindungsbogens zwischen Kloster und Kirche (1605).

Freier Verkehr durch die Rirchgaße (statt der Räsgaße), Freistellung aller Hinterhäuser der Rirchgaße und Trägaße gegen den gewesten Frongarten Steigerung des Häuserwertes und Gelegenheit zu An- und Umbauten.

Die Erbauung der Brücke an ihrer heutigen Stelle, wiewohl erst nach ein Paar Mißerfolgen gelungen, bewirkte nachstehende Veränderungen:

Verlassen der völlig ungenügenden Brückenzufahrt links durch die Klampfergaße, rechts beim Engelwirt,

Erweiterung des einen Tränktores zum s. g. Löchl- (Wolf Dietrich-) bogen, wodurch, selbst nach Entfernung der dort bestandenen unzweckmäßigen Brücke jedenfalls ein neuer Verkehrsweg nach dem Griese und zur Brücke eröffnet ward,

Entstehen des Hagenauerplatzes,

Verlegung der Brücke an das Tränktor beim Rathause, in die Mitte der Flußlänge der Linksstadt mit bequemer Zufahrt links und rechts,

Eröffnung des bisher abgeschlossenen Plätzls und Erhöhung der beiderseitigen Brückenzufahrten,

Gewinnung einer beinahe geraden Verkehrlinie von der Brücke bis zum äußern Ostertor,

Erleichterung des Verkehrs nach den übrigen Toren der Rechtsstadt vom Plätzl aus.

Die Gründung des Herrnhofes Altenau (seit Marx Sittich Mirabella genannt) führte zu folgenden Veränderungen:

Anfänge eines Platzes vor dem Bergstraßentor,

Entfernung der Stadtmauer am Mirabellgarten und zerstreut liegender Häuser in der Gegend bei der Linde (am untern Ende der Bergstraße) und am Hannibalplatze (Steinhauser in Lbsode XIII, S. 105, u. 192, 202, 21, 222, 232, 242, 252, 532).

Die baulichen Veränderungen unter Erzbischof Paris zur Zeit des dreißigjährigen Krieges sind in so ferne noch umfassender, als sie der Rechts- und Linksstadt, dann den beiden Stadtbergen jenes wohlbefestigte Ansehen verliehen, welches, wie man anzunehmen berechtigt sein dürfte, von der Bischofstadt den Schwedenkönig ferne hielt.[1]

Außerdem beschäftigte den Fürsten im hohen Grade zu gleicher Zeit der Wiederaufbau des Domes (bis 1628, völlig beendigt erst um 1702),

der Ausbau des Spitales der barmherzigen Brüder an der St. Markuskirche (bis 1624).

[1] Für die Bemühung bei diesen Festungsbauten erhielt Santino Solari vom Landtag 200 Reichstaler. Ldtgsprot. v. 1635.

der Bau der Universität und
der alten Türnitz oder Grieskaserne (1641).

Er bewerkstelligte die Vollendung des Michaelsplatzes und sorgte für Wiederaufbau von abgebrochenen Häusern an demselben und in der Pfeifergaße,

beendete den Ausbau der Sommerresidenz Mirabell, den Markus Sitticus betrieben hatte,

endlich erbaute er für zwei Linien seines Geschlechtes die lobronischen Paläste innerhalb und außerhalb des bestandenen Bergstraßentores, und mehrere Häuser der Bergstraße.

Wie man sieht, ergänzten sich die beiden großen Bauherrn der Stadt in ihren Plänen. Während der rastlose Wolf Dietrich in seinem neu= und umgestaltenden Eifer, selbst unter Zurücktreten der Bürgerstadt, neue Straßen eröffnete, Plätze ins Dasein schuf, mit alten Häusern auf= räumte, der Stadt Licht und Luft verschaffte, deren Bedürfniß bis dahin wohl geahnt, aber offenbar nicht gewürdigt worden war, gingen die Absichten des bedachtsamen, klug erwägenden Paris darauf aus, mit seinen Festungs= werken auch Räume in die Stadt einzubeziehen für künftige Häuserbauten, die steckengebliebenen Unternehmungen seines zweiten Vorgängers (Marx Sittich), sein unmittelbarer Vorfahrer lebte während seiner allerdings kurzen Regierungszeit mehr der kirchlichen Reform und dem Vergnügen, umsichtig auszuführen und mit Landschaft und Bürgerschaft jenes aufrichtige, auf gegenseitiger Wertschätzung zwischen Herr und Untergebenen beruhende Verhältniß herzustellen, welches in der langen Kriegsnot sich so erfreulich bewährte. Wenn beide Fürsten auch auf ihre Verwandten nachhaltige Rücksicht nahmen, so geschah dieß durch Paris in einer Weise, die von der Stadt nicht als Ungebür empfunden wurde, zum baulichen Ansehen und zur Erweiterung der Stadt (Eröffnung der Dreifaltigkeits= gasse) beitrug und die niemand dem vielverdienten Fürsten verdachte.

Wenn jetzt in der Hauptsache die große Bautätigkeit dieser beiden Stadterneuerer geschildert ist, so liegt doch dem Chronisten noch ob, eine jahrweise Übersicht jener Unternehmungen und Bauten nachzutragen, die in diesem Zeitraume ausgeführt wurden, und teils schon genannt, teils gar nicht berührt worden sind.

Die Kirche zu St. Sebastian (1505—1512) im Anschlusse an das Bruderhaus (um 1490) erbaut.

1548 erbaute die Stadt das Brunnhaus und legte die Anfänge

der davon ausstrahlenden Leitungen, die über 300 Jahre bis zur Einführung des Untersbergwassers bestanden.

1553 Pesthaus auf der Schanze zu St. Sebastian.

(?) 1571 Pesthaus später auf der Schanze zu Mühlen.

Das Kloster und die Kirche zum h. Franziskus der Kapuziner (1596—1602) aus der alten Imbergveste.

Im J. 1596 wurde die neuerbaute Wolf Dietrich-Kapelle am Dome (gegen den Marner hinaus) geweiht. Sie soll „in die einhundert tausend Gulden" (!?) gekostet haben, wie Steinhauser (a. a. O. S. 50, n. 46) erfahren haben will. Leider ging sie beim Brande der Domkirche nach wenigen Jahren zu Grunde. Zur Grabkapelle für Wolf Dietrich ausersehen, war sie die Vorgängerin der Gabrielskapelle und man mag sich darum die erstere allerdings kunstreicher ausgestattet vorstellen, als die letztere.

Wiederaufgebaut wurde 1603 die St. Niklaskirche im Kai.

In demselben Jahre wurde am Seminarium zu St. Lorenz und Magdalena im Kai die Kirche erneuert,

und die schöne Gabrielskapelle auf dem Fridhofe zu St. Sebastian durch den Stadtmauermeister Tiefenbacher (Teuffenpacher) und den Italiener Castello vollendet.

Seit dem großen Hochwasser am Ende des abgelaufenen Jahrhunderts bis 1608 sind verschiedene und ausgedehnte Verwerkungen an der Salzach auf Seite der Links- und Rechtsstadt zur Ausführung gekommen.

In den Jahren 1608 bis '14 erbaute die Stadt

das Klausentor (um 3617 fl.)

das Linzertor,

das Bergstraßentor (um 4200 fl.) und

das innere Gstätten- oder Bürgerspitaltor,

und 1608 wurden die erst 1599 nach der Brückenzerstörung auf der neuen Brücke aufgezimmerten Fleischbänke, (wegen Verlegung der Brücke zum s. g. Löchelbogen) von der Stadtbrücke an den Gries versetzt, wo ein Teil noch steht. Die an den Toren und am Fleischbankstock angebrachten Inschriften und Fürstenwappen bezeichnen nur die Regierungszeit Wolf Dietrichs und Marx Sittichs, aber die Stadt trug die Baukosten.

Bis 1611 wurde das Gebäude der Domdechantei fertig hergestellt (Bezirksgericht).

In die Jahre 1614—'16 ist der Rathausbau zu setzen, worüber das Nähere Hübner angibt.

Im J. 1614 wurde für den Bau der Domkirche der zweite Grundstein gelegt. S. v. Wallpach, Schallhammer, Hübner, Metzger.

Im J. 1618, '19 ist für die rothe, oder Fronleichnams- oder Corporis Christi-Brüderschaft die Salvator-Kirche im Mai erbaut worden. Unter Marx Sittich wurden nemlich die kirchlichen Brüderschaften neu beschrieben und geordnet.

Bis 1624 Markuskirche (1618) und Spital. Nach dem rasch erfolgten Abgange der barmherzigen Brüder verlegte Erzbischof Paris dahin das Priesterhaus oder Seminarium von St. Anna im Mai (St. Peter- oder St. Lorenzspital, s. oben unter 1603). 1669 erfolgte der „laidige Bergsturz", der die Seminaristen begrub. 1713. '26 entstand aus den Trümmern das Nonnenkloster St. Ursula.

1625 wurde das Gut Wietal an der Glan zum Pestspital bestimmt und ein Contumazhaus in Riedenburg eingerichtet[1]) (Zimmermeister Six?)

Im J. 1627 erstand die Rizenkapelle am Bürgelstein zu Mariä Himmelfahrt,

und 1628 die Kirche der Armen Seelen- oder schwarzen Brüderschaft, die Nachfolgerin des Karners, der nach der Zerstörung der Domkirche und der Entfernung des Fridhofs, wenn er den Brand der Domkirche überdauert hätte, nicht mehr Bruderschaftskirche hätte sein können.

Von 1607 bis 1628 läßt sich der Bau des Zimmerstadels und Getraidekastens der Stadt beim Bären (städtisches Museum) in den Rechnungen verfolgen. Aber erst 1696 scheint das Gebäude vollständig ausgebaut zu sein.

Der Bau des Universitätsgebäudes erstreckte sich bis in das Ende der Fünfzigerjahre des 17. Jahrhunderts.

Um 1630 entstanden die drei Solarihäuser am St. Michaelsplatz (nachmals Domherrnhäuser) und vielleicht etwas früher der neue Rehling stock daselbst.

Nach dem Brande des Waghauses und der Trinkstube (1635, altes Gerichtshaus) baute die Stadt bis 1638 die neue Trinkstube. Darauf

---

[1]) Wenn der Namen „Wietal" mundartlich verderbt ist, und soviel als „Wehrtal", d. i. Tal an der Wasserwehre der Glan besagen will, so ist dieses Gut in das spätere St. Rochusspital aufgegangen.

folgte, unbekannt wann, auch der Neubau der ihr gegenüberliegenden Schranne, oder des Neuen Waghauses.

In den Jahren 1635/37 wurde das Lazaret zu St. Rochus in seiner jetzigen Gestalt erbaut.

Vor den Schweden und dem Kriegsgetümmel geflüchteten Nonnen baute der Erzbischof das Lorettokloster[1] und die drei Kapellen zur Mutter Gottes von Loretto, von Altötting und von Einsiedeln 1637, '39 und '48.

Um dieselbe Zeit, sicherlich unter der Regierung von Erzbischof Paris, wurde (etwa um 1640) an Stelle des Kreuzbildes in der G'stätten die s. g. Bergkirche, zu St. Maria am Gestade oder am Bergl (schmerzhafte Mutter Gottes) erbaut.

Im J. 1641 erbaute der Fürst die erste Kaserne für ständiges Militär — ein Zeichen der Zeit —, die alte Türniz am Griese.

Es erfolgte durch die Stadt der Bau des neuen Hauses hinter der Eisenniederleg (Gries 17) vor 1649, woselbst dann die Wein- und Getränklötschen sich befand.

Gleichfalls im Anschluß an die Fleischbänke wurde (kurz vor 1656) der Törringerstadl am Gries durch die Stadt zu einem Haus (H. 21, Engl) umgebaut und daselbst der Hufschmid und Wagner eingemietet, welcher erstere zuvor rückwärts am Sternbränbogen (altes Tränktor) sein Handwerk betrieb — Gemainer Stadt Schmiede. Auch in der Rittenburg baute die Stadt zu dieser Zeit ein Haus „gegen den Ziegelstadel über".

Zwischen 1602 und 1652 vermehrte sich die Zahl der Brunnstuben auf 8 und die Zahl der Fischbehälter wuchs von 29 auf 80. Statt gedörrter und eingesalzener Fische wurden nun mehr frische Fische verspeist.

In der Nähe der lodronischen Paläste erwarb und erbaute der Fürst mehrere seinen Nachkommen zinsbare Häuser in der Bergstraße.

1645 erfolgte die Stiftung des marianischen Collegiums, einer Erziehungsanstalt für Beamtensöhne, hauptsächlich lodronischer Herrschaften. Es wurde in dem lodronischen Hause in der Bergstraße eröffnet und nach dem Brande von 1818 mit dem folgenden vereinigt.

---

[1] „Loretto" (lauretum) stammt von dem griechischen Worte laura, eine Gruppe getrennter Einsiedlerhütten oder Felshöhlen, dergleichen z. B. der Abt Euthimius um 428—450 in der Nähe von Jerusalem mit seinen Mönchen bewohnte. S. Gregorovius, Athenais 167, 247.

7*

Im Sterbejahre des Erzbischofes 1653 geschah die Gründung des rupertinischen Collegiums oder, wie es damals hieß „Nähr und Zuchthauses", einer Erziehungsanstalt für salzburgische Beamtensöhne. Es befand sich zuerst im Kaltbierhaus in der Kirchgasse und wurde später in das Haus 22 S. Haffnergasse übersetzt, wo es noch besteht.

Die innere Stadt hatte durch die Befestigung im dreißigjährigen Krieg einen Flächeninhalt von beiläufig 63.000 Quadratklafter erreicht. Am Ende des 9. Jahrhunderts ihres Bestandes glich der von den Wällen und Stadtmauern umschloßene Teil ungefähr der neunfachen Größe der ältesten Bürgerstadt, wobei die Berge nicht eingerechnet sind. Und da dieser Zustand bis zum J. 1861 unverändert blieb, so gilt dieses Verhältniß auch für den größten Teil des folgenden Zeitraumes.

Die Stadt von der zweiten Hälfte des 17. Jahrhunderts bis in die zweite Hälfte des 19. Jahrhunderts.

Wie zurückhaltend werden meistens die Geschichtschreiber, wenn sie sich der Gegenwart nähern! Selbständige Meinungen getrauen sie sich oft kaum anzudeuten, weil das Urteil der Geschichte darüber noch nicht sicher gestellt sei und der Parteienstreit dadurch nur angeregt werden würde. Von solchen Beklemmungen fühlt man gegenüber den letzten zwei Jahrhunderten der Stadt Salzburg sehr wenig. Die Gründe liegen nahe. Die Veränderungen, die in diesem Zeitraume eintraten, sind von solcher Wucht, daß kein Scharfsinn erforderlich ist um sie zu deuten. Sie sind auch hinlänglich bekannt. Der alte Kirchenstaat wurde in eine Provinz des benachbarten Reiches verwandelt und ein Teil seines Vorlandes bis nahe an die ehemalige Hauptstadt davon abgetrennt. Mit veränderten Lebensbedingungen ist während dieser Zeit eine andere Bevölkerung in diese Stadt hineingewachsen, rascher vielleicht, als im gewöhnlichen Laufe der Dinge der regelmäßige Zuzug aus der Nähe und Ferne in die Städte erfolgt. Nur die Kirche ist an der Stelle geblieben und hat bei diesem Wechsel der Dinge, wenn der Ausdruck richtig gewählt ist, verstärkte Lebenskraft gewonnen. Es ist eine anziehende Arbeit die Tatsachen zu sammeln und zu vergleichen, die auf einen äußerst verlangsamten Gang städtischen Wesens bis in den Anfang des laufenden Jahrhunderts hinein schließen laßen und dagegen die Beschleunigung wahrzunehmen, mit welcher dasselbe in dem letzten halben Jahrhundert wieder fortschreitet. Wie oft hat man versucht, die Verluste zu schildern, die während der großen

Kriegsjahre die Stadt erfuhr, die Räder aufzuzählen, die aus dem Uhr-
werke hinweggenommen wurden, und den Stillstand aufzuzeigen, der
nach der großen Schädigung des Triebwerkes eingetreten sei! Man sah
nach fremder oder auswärtiger Hülfe aus und mißtraute der eigenen
Triebkraft, die wohl auch viel zu lange war beschränkt, unterdrückt, oder
eingeschüchtert worden. Und was geschah? Die neuen Einwohner, möchte
man sagen, haben mit wachsender Kraft dort wieder die Arbeit aufgenommen,
wo sie den Händen der alten Salzburger entglitt. Wäre eine Zeit von
vierzig bis fünfzig Jahren nicht zu kurz in dem Leben einer mehr als
eilfhundertjährigen Stadt, die wiederholt derlei Schwäche- und Stärke-
perioden durchgemacht hat, so müßte man schon jetzt diesem jüngsten
Wiederaufleben die Bedeutung einer Epoche beilegen und einen neuen
Zeitraum in Rechnung stellen.

Vielleicht sind damit bereits die Gränzen eines chronikmäßigen
Fingerzeiges überschritten und darum mögen wieder die einfachen Tatsachen
ihren Platz einnehmen.

Um das Jahr 1650 (genau 1647), dem Anfange des in Rede
stehenden Zeitraumes, betrug nach damaliger Zählung die Volksmenge
im Burgfriden 9000 Menschen. Im J. 1794 schätzte man sie (nach
Abzug der Pfarreuratien Nonntal-Morzg und Gnigl mit Aigen, zusammen
mit 3727 Seelen) auf 13.000—14.000 Menschen (nach Hübner). In
der fortwährenden namhaften Uiberzahl der Sterbfälle über die Geburten
seit 1700, die gewiß nicht durch eine stärkere Einwanderung überwogen
wurde, liegt aber ein triftiger Grund diese Schätzung anzuzweifeln.

Im J. 1813 ergab eine amtliche Zählung 14.939, im J. 1817
aber 11.250 Einwohner, welcher letzteren Zahl eine gute Wahrscheinlichkeit
inne wohnt, weil ihr spätere Zählungsergebnisse entsprechen.

Läßt man daher die Schätzung zu Hübners Zeit und die Zählung
unter bairischer Regierung (1813) außer Acht, verzichten wir auf die
Schätzung des Menschenverlustes in Folge des Herabsinkens von einer
Haupt-, Residenz- und Handelsstadt zu einer einfachen Kreisstadt, so
haben wir   1650   9000 Einwohner
                     1817   11.250   „
und es ergibt sich binnen 167 Jahren eine Vermehrung um 25%.

Nun betrug die Volkszahl der Stadt

im J. 1830   11.766 Einwohner,
im J. 1880   25.000   „   (rund),

daher berechnet sich innerhalb der letzten fünfzig Jahre der Volkszuwachs auf 112°/₀.

In dem letzten halben Jahrhundert war daher die Volkszunahme mehr als 4mal größer, als von 1650 bis 1817, ja selbst bis 1830.

Man liebte es in früheren Zeiten die drei Bischofsstädte Salzburg, Regensburg und Augsburg in Vergleich zu stellen, und um das J. 1812 konnte man beiläufig ihre Bevölkerungen in folgender Reihe zu einander setzen, Salzburg 1: Regensburg 1.75; Augsburg 2.4.

Daß nun das Wachstumsmaß der Stadt Salzburg, obwohl im Rückblick auf ihre Vergangenheit überraschend, doch nichts ungewöhnliches sei, lehrt der Vergleich dieser Städte 40 Jahre später. Für das J. 1852 gestaltete sich das Verhältniß derselben folgendermaßen:

Salzburg 1; Regensburg 1.5; Augsburg 2.4, beinahe wie im J. 1812. Seit 1852 ist Augsburg allerdings viel rascher fortgeschritten.

Ohne in die Ursachen dieses Anwachsens der Volksmenge, die schon Cicero den Grundstock und wahren Hort eines Gemeinwesens nennt, hier näher einzugehen, mag es doch erlaubt sein, auf die Verminderung des vormundschaftlichen Geistes, insbesondere in Rücksicht auf Eheschließungen, Ansiedelung und Gewerbewesen hinzudeuten.

Wenn sich seit 1650 die Volkszahl der Stadt bis etwa um 1800 nur sehr langsam vermehrte, so wird es auch klar, daß damals die lobronischen Festungswerke kein Hinderniß für den Bau neuer Häuser abgeben konnten. Erinnert man sich, daß in dem Treiecke zwischen Schulhaus und Ursulinerkirche die mehr als zweihundertjährigen Städel erst seit dem Jahre 1860 in Häuser umgebaut wurden, daß das lobronische Treiect zwischen Mirabell und der Franz Josefs-Kaserne noch jetzt einige leere Baustätten aufweist, und daß die Zählung von 1869 in Stadt und Vorstädten unter 100 Häusern 5, zusammen 49 als leer oder unbenützt stehend bezeichnete, so kann man der wiederholten Behauptung nicht ganz beistimmen, welche die lobronischen Festungswerke eine „Zwangsjacke" für die Stadt genannt hat. Von 1650 bis 1857 vermehrte sich die Häuserzahl in den Vorstädten und Vororten von 171 auf 365, woraus entnommen werden kann, daß außerhalb der Ringmauern die Bevölkerung bereits rascher anwuchs (von 1700 auf 5000), als in der innern Stadt. Seit 1857 bis 1880 hat diese Bewegung fortgedauert: 533 Vorstadthäuser mit 9000 Einwohnern.

Allerdings ging dieser Richtung der Volksbewegung nach außen gegen den Umkreis des Weichbildes noch eine zweite, minder ersprießliche

Zunahme der Volksdichte in den Stadthäusern zur Seite. Lag die Ursache in den beschränkten Erwerbsverhältnißen, oder in der langsamen Vermehrung des Volksvermögens (Wohlstandes), oder in mangelnder Unternehmungslust, genug, es machte die mehrhundertjährige Zerstückelung der Häuser in Böden, halbe und Viertelböden immer noch Fortschritte. Es erhoben sich die einstigen einstöckigen Hinterhäuser nach und nach zur Höhe der Vorderhäuser; die Dachböden wurden in dritte oder vierte Stockwerke umgeändert, geräumige Wohnungen untergeteilt, die Vorhäuser verbaut und häufig dabei die Stiegen verfinstert. Wo es anging, wurden an den Verbindungsgängen zwischen Vorder- und Hinterhäusern Gemächer angebracht, ja selbst hie und da Keller als Wohnräume vermietet. Ein vielfach sich wiederholendes Auf-, Neben- ja Unter- und Ineinander, zu dem sich die alten Häuser, die sich dessen nie versehen hatten, bequemen mußten, so gut, oder so übel es eben ging. Auf diese Weise war es zum Teil möglich, daß die Volkszahl der innern Stadt (seit etwa 1830) noch um ein paar tausend Einwohner zunehmen konnte und die mittlere Hausbevölkerung von 16.5 im J. 1647 auf 25.7 im J. 1880 stieg.

Im J. 1860 wurde durch kaiserlichen Erlaß die Stadt Salzburg aus der Reihe der befestigten Plätze gestrichen; es entwickelte sich seither eine lebhafte Zerstörungstätigkeit gegen Stadttore, Festungsmauern, Wälle, Gräben und Schanzen, besonders auf der Nordseite der Stadt, und dieß gab den Anstoß zu Neubauten. Es wurden zwischen 1860 und 1883 etwa 230 Neubauten aufgeführt. Zwischen Stadt, Vorstadt und Vororten wurden nun die Gränzen, die etwa noch bestanden, verwischt.

Der Flächeninhalt des ganzen Stadtgebietes beträgt 880 Hektaren oder bei 240.000 Geviertklafter, wovon auf Flußbett und Berge etwa 150 Hektaren entfallen.

Die Bauchronik dieses Zeitraumes ist wohl noch reichhaltiger, als die des vorhergehenden, und sie wird mannigfaltiger durch die zahlreichen Unternehmungen der Stadt und des Bürgertums.

In den Jahren 1656 '59 wird von dem Fürsten die erste Wasserleitung vom Untersberge zu den 1664 vollendeten Hofbrunnen unternommen. Wegen Gebrechen der Leitung wurde sie 1682 '84 von Hellbrunn aus dauernd mittels des Hofbrunnhauses hergestellt.

Vor 1662 entstand das neue Münzgebände mit teilweisem Waßerbetrieb am Bürgerspitalarm der Albe.

Das Domkapitel erbaute die palastartigen Domherrnhäuser 182 und 181 am Kapitelplatz (jetzt des Fürsterzbischofes Residenz) im J. 1682.

Bartlme Bergamin, des innern Rates und Stadtbaumeister, erbaute an der Fridhofseite der St. Sebastianskirche 1684 die St. Philippskapelle als Bestattungsort für sich und die Seinigen. 1752 bei der Erneuerung der Kirche wurde an der untern Wand das Denkmal des Theophrastus Paracelsus mit der echt bombastischen Inschrift angebracht.[1]

Die St. Erhartspitals= (und nachmalige Pfarr=)kirche im Nonntale ist 1689 erbaut worden.

1692 wurde der alte Stubenbergerhof (die Domherrnhäuser 177, 178 in der Capitelgasse) abgeteilt und in die spätere Gestalt gebracht.

In den Jahren 1695—'97 entstand die neuere Türniz oder Mirabellkaserne, neben dem Tore in der Richtung nach dem Linzertor.

1696 erbaute die Stadt die Schranne oder das Getreidemagazin auf dem Mirabellplatze (H. 557 oder 6 1881). 1818 abgebrannt, 1823 als Bauplatz verkauft.

1695 oder '96 wurde die Pferdeschwemme auf dem Mirabell= platze erbaut, 1818 durch den Brand zerstört;

desgleichen der Schwemmteich mit dem steinernen Pferde auf dem Sigmundsplatze.

Die Kirche zu den hh. Maximilian und Kaietan sammt dem angebauten Hause der Väter von der göttlichen Vorsehung entstand 1690—'97 aus der ehemaligen St. Anna= oder Lorenzkirche beim Eren= trausdorstore. Bis dahin verrichteten die hieher gerufenen Väter ihren Gottesdienst in der St. Niklaskirche.

In den Jahren 1699—1705 ging das St. Johannspital aus dem früheren Mülleckerschlosse hervor. Das letztere zeigt bereits auf dem Vogelschauabriß der Stadt Salzburg zur Zeit des Erzbischofes Paris (um 1650) längs der Straße ein ansehnlich langes und hohes Gebäude, das der heutigen Stirnseite des St. Johannspitales (ohne Kirche und rück= springende Flügelgebäude) sehr ähnlich sieht. Das mittelalterliche siebentürmige

---

[1] Dieß geschah in jener kritiklosen Zeit, die an das alte große Helffenburg zwischen Untersberg und Mönchsberg, an die Teufelsfahrt auf dem Steine des Brunnens im Mirabell= garten, an die Gründung der Stadt „Juvavia" durch Julius Cäsar und an hundert andere Kindermärchen glaubte. Wie es sich mit den vielen Titeln des obengenannten Patrones der Goldmacher verhält, wird wohl nie ermittelt werden. Wenn er der Sohn einer Grund= hörigen (glebae adscripta) des Klosters Einsiedeln war, darf man jedenfalls an dem Adels= beisatze „von Hohenheim" mit Recht zweifeln. Ob er als solcher dann Dr. der Theologie, der freien Künste und der Erzenei (etwa um 1520) werden konnte, ist eine Frage, über die man sich damals gewiß nicht hinaussetzte. Man ist zur Annahme berechtigt, daß er dem Sprichworte folgte: Klappern gehört zum Handwerk. Heutzutage sollte er als Patron der Schwindler verehrt werden.

Rundtürme mit hohen Spitzdächern) „Mülleck" von 1543 war sonach mittlerweile erneuert worden.

In den Jahren 1694—1707 erhielt die Universität ihre Kirche zur unbefleckten Empfängniß). Der Platz hiezu war seit langer Zeit bestimmt. Wie hätte auch eine Benedictiner-Universität ohne größere Kirche bestehen können, um so mehr, da die aula academica und das Sacellum Bruderschaftskapellen geworden waren. Darum ist die Hübner'sche Anekdote von des Erzbischofs unedler Nebenabsicht nicht glaublich.

Die Dreifaltigkeitskirche sammt Priesterhaus und Virgilianum erbante, wie die vorhergehenden, Erzbischof Johann Ernst 1699—1702. Das Virgilianum war eine Erziehungsanstalt für Jünglinge vom Adel des Erzstifts. In Verbindung damit stand das Collegium der Siebenstädter für Bürgersöhne aus den Städten des Erzstifts: endlich befanden sich daselbst auch die Edelknaben des fürstlichen Hofes (Pagerie, 1818 abgebrannt). Jetzt Stadtschule und Pfarrerswohnung.

Um 1711 wurde die neue Dompropstei ausgebaut.

Um 1732 baute Erzbischof Leopold Anton die Schwemme auf dem Kapitelplatze.

In den Jahren 1747 '50 erbante und bestiftete Erzbischof Andreas Jakob, Graf Dietrichstein das milde Leih- oder Versatzhaus.

Das „Hof- und Nationaltheater" ging 1755 aus dem Ball (spiel?) hanse hervor. Als die Stadtkasse zu den Baukosten herangezogen werden sollte, weigerte sich dessen der Bürgermeister J. A. v. Weiser und legte sein Amt nieder.

Im J. 1768 wurde das Knabenwaisenhaus in das hiezu hergerichtete Marchand-haus zu Mühlen verlegt und

1770 das Mädchenwaisenhaus daneben neu gebaut. Im Kriegsjahre 1809 wurden beide Waisenhäuser zu anderen Zwecken verwendet, das Mädchenwaisenhaus aber 1858 wieder eröffnet.

1771 wurde das Standbild der Unbefleckten Empfängniß auf dem Domplatze errichtet.

Im J. 1783 u. ff. wurde das Irrenhaus hinter dem Bruderhause zu St. Sebastian erbaut, nach dem Brande von 1818 nach Mühlen verletzt und 1852 vergrößert.

Die landschaftliche Getraideschranne wurde 1788 '90 erbaut. 1873 ging selbe in den Besitz der Stadt über.

Die Banchronik weist nun eine längere Lücke auf und es hat die Zeit der Anpaßungsbauten (bestehender Gebäude zu neuen Zwecken) begonnen, welche schon mit dem Theater und dem Knabenwaisenhaus (s. früher) ihren Anfang nimmt.

Im J. 1808 wurde das Hammerwerk und der Drahtzug in der Einhube neu eingerichtet. 1854 in eine Wollfabrik verwandelt.

Im Kriegsjahre 1809 wurde das Theatiner- (Kaietaner-)haus in das noch bestehende Militärspital verändert.

Um 1813 '16 wurde im Kronhause das städtische Armenhaus eröffnet.

Im J. 1814, fast am Ende des Krieges, ließ sich der Glockengießer Oberascher im Nonntale eine Kanonenbohrmaschine einrichten.

Im J. 1815 erhielt das städtische Brunnhaus eine Wassersäulenmaschine.

Das Jahr 1818 ist durch den großen Stadtbrand denkwürdig, der 93 Gebäude zerstörte und 12 Menschen das Leben kostete.

1821 wurde die durch den Brand zerstörte St. Sebastianskirche wieder aufgebaut, die meisten Bürgershäuser schon früher.

Das Jahr 1826 sah das erste Moorbad „Bethsaida" genannt, an der Kreuzbrücke entstehen.

Im J. 1829 wurde die Militärschwimmschule zu Leopoldskrone eröffnet.

Im J. 1832 baute Glockengießer Gugg die erste Dampfmaschine und stellte sie in Kaltenhausen auf.

Würtemberger gestaltete im J. 1833 die Kanonenbohrmaschine im Nonntale in eine Feigenkaffefabrik um.

Die Anfänge des städtischen Museums Carolino-Augusteum reichen in das Jahr 1834 zurück, in welchem das „städtische Arsenal von Salzburg" gesammelt wurde. Wiederholte Erweiterungen und Bauten im alten städtischen Zimmerstadel und Getraidekasten schafften seither den erforderlichen Raum.

Im J. 1842 wurde die Bildsäule Mozarts aufgestellt.

Die Schule für Civil- und Landwundärzte, deren erste anatomische Sammlung im J. 1812 entstand, und welche 1819 neu eingerichtet worden war, erhielt 1848 ein eigenes Anatomiegebäude.

In letzterem Jahre wurde auch die St. Karlskirche für das borromäische Collegium in dem ehemals lodronischen Herrnhause gebaut.

Im J. 1849 wurde die Chocolade- und Feigenkaffefabrik zu Parsch (richtiger zu Münchhausen) erbaut;

Im J. 1852 wurde mit den Steindämmen an der Salzach in der Linksstadt begonnen.

1852 und '54 wurden die ersten größeren Canalbauten durch die Kai- und Linzergaße aufgeführt.

Noch zu Lebzeiten der Kaiserin Karoline Auguste war im J. 1853 die Erziehungsanstalt verwahrloster Knaben in der Edmundsburg eingerichtet worden.

Die Gasfabrik in Lehen und die Leuchtgasleitung durch die Stadt wurden 1859 und 1860 eingerichtet.

Im J. 1860 wurde die Eisenbahn Linz-Salzburg-München vollendet, der Bahnhof und die Bahnbrücke in der Stadt der Benützung übergeben.

Im J. 1862 vollendeten die barmherzigen Schwestern das Mutterhaus und die St. Vincenzkirche zu Mühlen.

Vom J. 1862 bis 1879 wurden sehr dauerhafte Unratscanäle in einer Gesammtlänge von beiläufig 11 Kilometern hergestellt.

Die evangelische Kirche wurden 1863 '64 aufgebaut.

In den Jahren 1862 bis '67 wurde die Steindämme an beiden Ufern der Salzach zwischen der Stadt- und Eisenbahnbrücke vollendet und der Flußlauf verbeßert.

Da die Stadt aufgehört hatte, ein fester Platz zu sein, wurden in den Jahren 1861 bis '65 das Lederer-, Michaels- und Kaietaner-tor, die Grieskaserne und die Stadtmauer in der Ursulinergaße entfernt.

Im Jahre 1866 schenkte der Kaiser die Festungswerke der Rechtsstadt her, worauf die Entfernung der Wälle, Gräben und Schanzen, des Mirabell- und Ravelintores ins Werk gesetzt und die eingeebneten Plätze in den Stadterweiterungsplan einbezogen wurden.

Diesem Geschenke kann jenes weitere des Mirabellgartens 1866, dann die Erwerbung des Mirabellschloßes und Imbergwaldes und eines Teiles der Waldstrecken des Mönchsberges in den Jahren 1870 und '71 beigefügt werden.

Im J. 1873 gingen die Uferstrecken der Salzach von der Stadt-, richtiger Reichsbrücke bis zur Karolinenbrücke aufwärts in den Besitz der Stadt über, worauf daselbst die Steindämme ausgeführt und durch Ausfüllung des Jahrhunderte alten Überschwemmungsbodens Bauplätze erobert wurden. Damit ward die Regelung des Flußlaufes im Stadtgebiet vollendet.

In Folge deßen übernahm die Stadt auch die Sicherung der Häuser vor den abbröckelnden Steinen der beiden Stadtberge.

Die Zufahrt zur Stadt- oder Reichsbrücke wurde mittels Entfernung einiger Häuser und Gewerbeläden unterhalb derselben verbreitert.

Der ausgefüllte Raum hinter dem vorgerückten Uferdamm der Linksstadt zwischen dem Löchelbogen und dem Franz-Carlsteg, dann ein Stück
des Festungsgrabens und der Vorwerke zwischen dem Flusse und Mirabelltore
wurde in parkartige Spazierplätze umgewandelt.

Alle diese Verbeßerungen waren um das J. 1880 bewerkstelligt.

Die Schießstätte der Schützengesellschaft ist 1865 in die Josefsau
verlegt und das Schießhaus erbaut worden.

Im J. 1873 hatte die Stadt das neue Gebäude der Bürgerschule
vollendet, welches auch für die Realschule (1851 als Unterrealschule
eröffnet, 1863 zur Oberrealschule erweitert) bestimmt ward.

Die Eisenbahn nach Hallein wurde 1872 in Betrieb gesetzt
und in den Folgejahren ins Gebirge weiter erstreckt.

Im J. 1872/73 wurde auch das Badehaus vollendet, welches
später an die Gemeinde überging und unnöthiger Weise den Namen eines
„Kurhauses" (auch „Kurpark") erhielt.

Im J. 1874 wurde der Bau des Schlachthauses vollendet.

Die Untersbergwaßerleitung wurde 1874/75 ausgeführt.

In der Riedenburg wurde von den barmherzigen Schwestern ein
Krankenasyl 1873 eröffnet, dann vergrößert und 1877/78 die Herz
Jesukirche an demselben erbaut.

Bald darauf wurde die Krippenanstalt in der Riedenburg
gegründet.

Der große Gemeindefridhof wurde 1879 eröffnet und die
andern Fridhöfe, mit Ausnahme des St. Johannspitalfridhofes geschlossen.

Im J. 1879/80 wurde die Hauptbrücke der Stadt auf Reichs-
kosten erbaut.

Gleich darauf erfolgte der Bau des Franz-Carlsteges durch
eine Gesellschaft, welche früher einen hölzernen erbaut und durch acht
Jahre unterhalten hatte.

In den Jahren 1883/84 ist von der Stadt die Carolinenbrücke,
welche 1858 aus Holz erbaut wurde, gleich der Hauptbrücke, aus Stein
und Eisen neuhergestellt worden.

In dasselbe Jahr 1884 fällt der Bau des Künstlerhauses und
des Zufluchthauses zum h. Josef.

Nachdem schon vor einigen Jahren drei Mühlen in Lehen in der

Stadt und zu Mühlen in Kunstmühlen waren umgeschaffen worden, wurde 1884 bei der vierten zu Mühlen auch elektrische Beleuchtung eingeführt.

Die neuen Straßen, welche (Gassen mit neuen Namen abgerechnet) seit 1861 eröffnet wurden, sind:

in der Stadt wurde das seit Jahrhunderten bestandene Gässchen bei der alten Münze, „Münzgäßlein", jetzt Sterngäßchen genannt, 1866 wieder dem Verkehre übergeben,

die vier Straßen am

Franz-Josef- und Rudolfskai der Linksstadt ab- und aufwärts der Hauptbrücke, und

am Elisabeth- und Giselakai der Rechtsstadt ab- und aufwärts, die Haydngasse in der Rechtsstadt,

in Nonntal die Petersbrunnstraße,

in Rittenburg die Neutorstraße,

in Froschheim die Westbahn-, Auersperg-, Ernst Thun-, Schlachthof-, Franz Josef-, Faber, H. Sattler-, Schwarzstraße,

in Schallmoos die Glocken-, Baurhamer-, Rupert-, Virgil-, Wolf Dietrich- und Weisergasse.

„Bis 1861 lastete der Druck der herkömmlichen Bevormundung auf der Selbsttätigkeit, da gab die Gemeindeverfassung der Stadt die Selbstverwaltung und beseitigte für Salzburg einen Hemmschuh seiner Entfaltung, so daß mit diesem Jahre ein neuer Abschnitt in der Entwicklungsgeschichte der Stadt beginnt", sagt beiläufig der Berichterstatter über Stadterweiterung und Flußregulirung im Gedenkbuche an die Naturforscherversammlung des J. 1881.

Vorstädte, Vororte, Orte im Weichbild.

Selten hat sich in kleineren Städten ein bedeutsames Gemeindeleben für die Dauer entwickelt, noch seltener sind einzelne Teile des Weichbildes durch die Eigentümlichkeit des Bestandes oder ihres Verhältnisses zur Stadt Gegenstand historischer Nachrichten geworden. Auch in Salzburg findet man zwischen der Altstadt, den Vorstädten und Vororten zwar Unterschiede, die auf die Zeit ihrer Entstehung und ihres räumlichen Abstandes beziehen, aber Besonderheiten der Verwaltung, des Grundeigentums, der Vereinigung mit der Altstadt sind kaum angedeutet. Vorstädte und Vororte haben in Salzburg auf fürstlichem Grunde[1] ihren Anfang genommen, der nach und nach zur Stadt einbezogen wurde.

Die Ansiedelungen außerhalb der Altstadt waren entweder

Ortschaften im Weichbilde, oder

Vorstädte, oder

Vororte.

Die ältesten Ortschaften im Weichbilde waren solche äußere Stadtteile, die schon entstanden, ehe die Altstadt selbst sammt den in ihr begriffenen Fronhöfen eine gemeinsame Einfridung durch Graben und Mauer besaß. Solche waren

die Ortschaft „enthalb Ach“,

die Ortschaft „bei den Mühlen“,

die Ortschaft „im Nonntal“, nach Ausscheidung des städtischen Anteiles des nonnbergischen Klosterbezirkes.

Daß diese drei Ortschaften schon vor Erbauung der ersten städtischen Ringmauer im 13. Jahrhundert vorhanden waren, ergibt sich teils aus dem bereits Vorgebrachten, teils aus dem Folgenden. Ja es besteht die große Wahrscheinlichkeit, daß der locus Salzburg, der Vorläufer der Klosterstadt überhaupt, gegen Süden, im nachmaligen nonntalischen Teile des Nonnbergerbezirkes lag.

---

[1] Nonntal etwa ausgenommen.

Vorſtädte ſind ſolche Stadtteile, die nahe oder unmittelbar außerhalb der Stadttore oder der Ringmauer gelegen waren. Das Wachstum
der Städte bewirkte, daß zu wiederholten Malen Vorſtädte in die Stadt
einbezogen wurden, indem man außerhalb der erſteren Tore erbaute und
Ringmauern zog. Dasſelbe geſchah auch in Salzburg.

In der Zeit ſeit der erſten Stadtbefeſtigung, ſomit als die älteſten
Vorſtädte ſind demnach anzuſehen:

die Schänzlgaſſe zwiſchen beiden Nonntalklauſen,

die G'ſtättengaſſe zwiſchen beiden G'ſtättenklauſen,

die Steingaſſe zwiſchen den beiden Toren,[1]

die Linzſtraße zwiſchen beiden Oſtertoren, „oben in der Vorſtadt
innerhalb des Glympſſen 1361." Bürgerſp. Reg. 889,

die Lind- oder Bergſtraße zwiſchen dem innern Oſter- und dem
Bergſtraßentor.

Zur Zeit der zweiten Stadtbefeſtigung (um 1480) ſind bereits oder
wurden erſt einbezogen

die Vorſtadt Mühlen, deren Tore zwiſchen dem erſten und zweiten
Stadtmauerbau entſtanden, „zu Müllen im Torff",1450.

die Vorſtadt auf dem innern Mönchsberg, oder bezeichnender die
„Schartenvorſtadt" (ſ. Bürgerwehr).

Durch die dritte Stadtbefeſtigung wurden eigentlich keine neuen
Vorſtädte, ſondern hauptſächlich leere Bauplätze der Stadt angegliedert,
weil zwiſchen 1480 und 1630 die Stadt ihre Ausdehnungskraft zum
großen Teile eingebüßt hatte. Dieſe Plätze ſind:

der äußere Mönchsberg,

das Griesdreieck zwiſchen dem Griesplatze und der Urſulinerkirche,
daß ſich erſt bis um 1870 mit Häuſern erfüllt hat,

das lodroniſche Dreieck um die lodroniſchen Häuſer und zwiſchen
der Lodronſtraße und dem Mirabell. Auch dieſes Dreieck bedurfte zweier
Jahrhunderte, bis es ſich mit Häuſern bedeckte.

Vororte ſind Ortſchaften im Weichbilde der Stadt[2] außerhalb
der Vorſtädte mit zerſtreuten Anſiedelungen, denen ſomit die ſtädtiſche
Bauart nach Gaſſen oder Häuſerzeilen mangelt. Solche Vororte waren

---

[1] In Folge der älteſten zuſammenhängenden Stadtbefeſtigung wurde die Ortſchaft
„enhalb Ach" in einen ſtädtiſchen und vorſtädtiſchen Teil getrennt.

[2] Ortſchaften, die außerhalb des Weichbildes der Stadt liegen und alſo gar nicht
zur Stadtgemeinde gehören, werden mit Unrecht „Vororte" genannt. Das, was man in
Wien Vororte nennt, ſind ſelbſtſtändige Gemeinden mit eigener Verwaltung, die zur Stadt
in keiner Beziehung ſtehen.

Rittenburg, Lehen, das äußere Nonntal, Münchhausen, Parsch, Froschheim,
Schallmoos. Im Laufe der Zeit nehmen die Vororte gleichfalls städtische
Bauart an, wenn die Stadt sich vergrößert, ein Vorgang, der sich vor
unsern Augen vollzieht.

Außer dem angegebenen Kennzeichen ist es die Abwesenheit anderer
Eigentümlichkeiten, durch die Vorstädte und Vororte zurückstehen. So
fehlen ihnen in Salzburg

eigene Pfarreien, indem sie, oft sogar nur stückweise, unter auswärtigen Pfarreien stehen, wie unter Gnigl und Aigen, in andern Fällen
mit benachbarten Dörfern zu einer Pfarrei vereinigt sind, wie Nonntal-
Morzg, Mülln-Maxglan;

sie wurden den nächsten städtischen Bezirken zugezählt und haben erst
seit neuerer Zeit eigene Stadt-Bezirksvorsteher,

sie ermangeln eines Marktplatzes,[1]

sie hatten lange Zeit keine öffentlichen Brunnen und keine Gassen-
beleuchtung;

sie standen auch zum Teile nicht unter dem Stadtgerichte;

ansäßige Vorstadtbürger und selbstständige Haus- und Grundbesitzer
kommen in langsam wachsender Zahl, so weit man sehen kann, erst seit
dem 14. Jahrhunderte vor; früher war der Besitz in den Händen der
Stadtbürger. Hievon ist die Vorstadt am Steine auszunehmen;

sie hatten seit Anfang des Jahrhunderts eine eigene Häuserzählung,
welche in jüngster Zeit sogar einer gassenweisen Zählung gewichen ist,
welche jedoch in den zerstreut gebauten Vororten mit Schwierigkeiten kämpft,

der Betrieb von Gewerben blieb sehr lange Zeit nicht blos vom
Ortsbedarfe, sondern auch von der Zahl der bezüglichen Gewerbsgenossen
in der Stadt abhängig.

Man braucht nicht lange nach den Ursachen dieser Zustände zu
suchen. Sie liegen in der früheren geringen Bedeutsamkeit der Orte
außerhalb der Stadt und in ihrer geschichtlich begründeten Abhängigkeit
von derselben. Vor dritthalb hundert Jahren zählten Vorstädte und Vororte
zusammen erst 170 Häuser mit 1700 Einwohnern (diese Zahlen sind
etwas zu niedrig), im J. 1880 aber 533 Häuser mit 9000 Einwohnern.
Damals machten sie 24, heute aber 40% der bürgerlichen Stadtbevölkerung
aus. Und weil die innere Stadt an der Gränze ihres Wachstumes an-
gekommen ist, so beruht die gegenwärtige und künftige Größenzunahme

---

[1] Im J. 1703 wurde wegen der Kriegszeit (?) die Fastenbulle und auch die Firmung
zu Mülln abgehalten. P. Roman Baumgartner, das Benedictinerpriorat zu Mülln. Höchst.

ausschließlich auf dem Wachstum der Vorstädte und noch mehr der Vororte. Und daraus mag ihre steigende Bedeutung aber auch die Zunahme
ihrer Bedürfnisse erkannt werden.

Die Stadt als Ganzes betrachtet ist ein lebendiger, organischer Körper.
Sie ist auf vierfache Art gewachsen:

Zuerst durch Nebenlagerung oder Aneinanderreihung von Häusern,
wie dieß an der schrittweisen Vergrößerung der Altstadt gezeigt wurde:
Kai, Hundsgaße, Abtsgaße, Trabegaße, Gstätten, Gries u. s. w.,

weiters durch Verdichtung der Bevölkerung auf demselben Raume
mittels Erhöhung der Häuser und Unterteilungen derselben mittels Erbauung von Hinterhäusern,

drittens durch Einfügung der einst steuer- oder abgabenfreien Fronhöfe, der befreiten Häuser in die Zahl der bürgerlichen Gebäude,

viertens durch den Ansatz von Ablegern in der Richtung der
lebhaftesten Verkehrsadern — Vorstädte und Vororte.

Soweit man in die ferne Vergangenheit zurückblicken kann, ist das
Entstehen der drei alten Ortschaften Mühlen, Nonntal und Stein
kein ganz zufälliges. Sie liegen an den ältesten Verkehrsrichtungen. Denn
die eigentliche Alt-Stadt war jahrhundertelang genötigt zugleich nach
Süden — ins Gebirg und über die Tauern — und nach Westen —
Baiern, Franken und den Rhein — auszublicken. Dorthin wiesen die
nächsten Besitzungen und die kirchlichen Colonien des Stiftes; hierher
das alte Stammland, der Zusammenhang mit dem obern Donautal und
die alten Kaisersitze.

Mühlen.

Schon zur Römerzeit führte die Augsburgerstraße aus Juvavum
am Gestade hinaus durch die heutige Vorstadt Mühlen. Zwei Gelübbe-
steine und Graburnen vom Fuße des Kirchhügels, das Kaltbad (Nymphaeum?)
im St. Johannspitale[1], die Denksteine von Maxglan bezeichnen ihren
Lauf. Da eine Römerstraße, wenngleich weniger dauerhaft hergestellt als
in Italien, für das frühe Mittelalter doch ein gesunder Schatz und der
Verkehr mit Augsburg nie völlig unterbrochen war, so mag wohl schon
zur Zeit, da Salzburg in den Rang einer Bischofsstadt einrückte, außerhalb des „Müllnerberges", eine Gelegenheit zur Vorspann sich aufgetan

---

[1] Es ist denkbar, daß diese in den Boden versenkte Badestätte außerhalb der Stadt
etwa als Taufbrunnen in der ersten christlichen Zeit Juvavums gedient haben könnte. Die
Übereinstimmung der ältesten Baptisterien, wie sie die tüchtigsten Altertumskenner schildern,
mit der Quellfassung im St. Johannspitale ist merkwürdig. Hiemit soll keine Vermutung
ausgesprochen werden, die sich näher begründen ließe.

haben, um den Frachtwägen über die Höhe zu helfen. Zwar ist schon in den „Kurzen Nachrichten" des Bischofes Virgil der Ortsnamen Muln zu lesen[1]), doch möchte weit eher Muen (Groß-G'main) darunter zu verstehen sein. Wir gehen sicherer, wenn wir die Entstehung des Ortsnamens „bei den Mühlen" etwa in das 10. Jahrhundert versetzen. Weil wegen des stark wechselnden Salzachrinnsales an Mühlen im Flußgerinne doch nicht gedacht werden kann, so mußte vorerst ein Mühlgraben daselbst angelegt worden sein, in welchem die Wässer aus den Mooren der Rittenburg und des großen Untersbergmooses schräg am Abhange des Mönchsberges hinüber „in das Tal zu Mülln" geleitet werden konnten.[2]) Nun hören wir aber zuerst um die Zeit Erzbischofes Odalberts 925 von einem Mühlbache, der aus dem Saalflusse abgeleitet wurde[3]) und nicht viel später von einem Wuhrschlag an der Traun, so daß wir folgerichtig auch die Entstehung des „Müllnerbaches" in diese Zeit verlegen können. Gedenken wir überdieß der zahlreichen Wassermühlen, die in den Besitz des Erzstiftes und der Abtei St. Peter seit ihrer Entstehung übergegangen waren, und des Jahrhunderte lang betriebenen Handels mit Mehl und Brot nach den Gebirgsländern, so begreifen wir, daß eine mit dem Mühlbau vertraute Bevölkerung unmittelbar vor der Stadt sich solche Gelegenheit nicht entgehen ließ.

Im J. 1148, somit zu einer Zeit, in welcher die Albenleitung nach der Stadt erst begonnen, aber nicht vollendet war, besitzt die Ortschaft Mühlen (ad molendina) auf dem Berge (gleich der Ortschaft enthalb Ach) bereits eine Kirche, die schon Alters oder Baufälligkeit halber erneuert und geweiht wird.[4]) St. Peter, wahrscheinlich auch der Bischofs-hof oder das Domstift, weil von mehreren Mühlen die Rede ist, besaßen daselbst um die nemliche Zeit eine Mühle und zwei Häuser.[5]) Versetzen wir uns einen Augenblick etwa in das 10. Jahrhundert, in welchem die Fronhöfe in der Stadt noch sehr viel, die Bürger aber wenig bedeuten, so dürfen wir annehmen, zwei oder drei der bezeichneten Fronhöfe hätten, wie später beim Albenbau, zusammengeholfen, einem Bauverständigen die Ausführung des Planes anvertraut, ihre Gründe und Hörigen zur Verfügung gestellt, die Mühlbachleitung in Stand gesetzt, und, da des Moorwaßers kein Mangel, das Gefälle aber reichlich war, gleich vom

[1]) Breves Notitiae, Keinz, 41, 3
[2]) Landeskunde IV, 8—11.
[3]) Juvavia, Dipl. Anh. 153, lx.
[4]) v. Meiller, Reg. S. 61, 22.
[5]) Nach dem ältesten Urbar von St. Peter, Wölte IV. a. a. O.

Anfange zwei oder drei Mühlen dahin geſetzt, wo für die ſpäten Nachkommen (es begegnen uns noch im 16. Jahrhunderte dort Mühlwerke,
die den Fronhöfen zinsbar ſind), Raum, Waſſer und Gefälle für ſieben
Mühlen vorhanden iſt.

Jene zwei oder drei Mühlen, die Wallfahrtskirche, eine beſuchte
Landſtraße, die aus einem Haupttore der Stadt nach den Landgerichten
des Stiftes über die Saale und an die Traun, nach Altötting und
Mühldorf, nach Regensburg und dem emporkommenden München führte,
die „uralte Ehetaferne am Bache zu Mülln" (Bierlwirtshaus), die etwa
gelegentlich auch über den Müllnerberg Vorſpann leiſtete, ſetzten eine
Ortſchaft zuſammen, in welcher vielleicht auch ein paar „Pfahlburger[1]),"
ſehr wahrſcheinlich aber „Mundleute[2])" von Stadtbürgern Unterkunft fanden.

Mittlerweile war der ſtiftiſche Mühlgraben der Albe, der durch die
Stadt fließt, (um 1280) bis an die Berchtesgadner Gränze am hangenden
Stein hinauf verlängert worden, und nun fand man auch Mittel und
Wege, den ältern vorſtädtiſchen Mühlbach mit jenem in Verbindung zu
ſetzen und ſtatt des Moorwaſſers Albenwaſſer in denſelben einzukehren
(etwa ſeit 1300). Bald darauf mag das „Bad zu Mülln", an der Albe,
und wie es die Gepflogenheit mit ſich brachte, in der Nähe des Wirtshanſes,
entſtanden ſein. Irren wir nicht, ſo wurde um dieſe Zeit auch der Gailenbach aus der Glan abgeleitet und zu einem Mühlbache hergerichtet.

Um das J. 1330 und ſpäter werden in Mühlen und dem Vororte
Lehen folgende Mühlen genannt:

die Gänmüll, bis 1553 ſo genannt. Der „Geymüllner" (Gänmüller, Geymüller) war um 1300 1350 ein Stadtbürger. Seit 1553
St. Peteriſch,

die Teyſingermüll (Lehen 14). Die Teyſinger ſind als altes
Bürgergeſchlecht ſeit 1240 genugſam bekannt,

die Malzmüll oder „Hofmühle" (ſeit 1553 ſo genannt) (Mühlen,
Bärengäßchen 4) mit zwei Gängen. Aus ihr entſtand, wahrſcheinlich
durch Trennung, die um 1650 erwähnte

Philipp Vermeulens Mühle mit 4 Gängen (Salzachgäßchen 4).

---

[1]) Pfahlbürger hießen Bürger außerhalb der Pfähle, d. h. des Pfahlwerkes, welches
vor dem Bau der ſteinernen Stadtmauern deren Stelle vertrat. Es iſt fraglich, ob in Salzburg
Pfahlbürger vorkamen.

[2]) Mundleute waren Schützlinge, im Mundium — daher auch der Namen Vor-
mundſchaft — von Stadtbürgern lebende, meiſt zugereiſte Einwohner, für deren Wohlverhalten
die Bürger gut ſagten, und die dann ihre Anhänger, nach Art der römiſchen Clienten,
bildeten. Das älteſte, bekannte Salzburger Stadtrecht betrachtet ſie bereits als abgeſchafft.

Sie hieß auch „die Pfistermühle, die der Hofbäcker inne hat" (Sturm, Linsmaier),

die Mühle des Domkapitels (Heilmaier, Bäreng. *),

die Mühle des St. Peterklosters, schon im 12. Jahrhundert, vor dem Albenbaue, urkundlich (Landeskunde IV., Müllnerhauptstraße 32),

die Mühle des Klosters Nonnberg, (Salzachmühle),

die Mühle Nachwins am Gaylenpach (s. Abschnitt I., 1586 „Mühl am Angerl", (Walchermühle, Maxglan),

die untere Mühle daselbst, d. i. am Gailenbach, 1572 „Astmühle" (Fißlthaler in Lehen.),

die Griesmühle und die neue Angermühle,

die Rableinsmühle 1574, (Glangasse 3),

die Aichhamermühle 1574, (Lehen, Hauptstraße 16). Vielleicht sind diese zwei letztaufgeführten dieselben mit den zwei früher genannten,

die Stegmühle, vermutlich am Glansteg bei St. Rochus[1]),

die (um 1330) neugebaute Mühle beim Wartelstain (molendinum noviter constructum prope Wartelstain), Augustinergasse 12.

Unter diesen Mühlen sind ohne Zweifel die Mühlen von St. Peter, Nonnberg, dem Domkapitel und die fürstliche Mühle die ältesten.

Da der Wartelstein bereits um 1330 genannt ist, so fehlen wir nicht weit, den Bau der drei Vorstadttore zu Mühlen, die 1420 urkundlich sind, mindestens in dasselbe Jahrhundert zu setzen.

Nach Auflösung des Domfrauenstiftes baute 1453 Erzbischof Burkard die Kirche zu Mühlen neu und größer und erhob sie zur Pfarrkirche (1465), nachdem er daneben ein Haus für eine Priestergenossenschaft (Collegiatstift) errichtet hatte (1462). Nicht lange darauf besitzt „U. L. Frau zu Mülln" daselbst Häuser und Gilten und ein großes Feld, „die Frei", auch „Fraungarten enhalb Mülln" 1444 (irrig Frongarten genannt), jenseits des Baches neben der „Hochpeunt". 1570 wird Christian Lobwilcher, der Weingastgeb (Krimpelstätter) genannt. Wir finden in der Umgebung schon Landsitze von adeligen Dienstmannen und Bürgern: allen voran den Hof zu Lind, 1340 im Besitze der Kuchler, dann der Kölrer, Aigl (Aiglhof)[2], Tenn; den Hof der Tunckl (O'Donnel), Klaner

---

[1]) Den schwierigen Nachweis dieser Mühlen verdanke ich zum meisten Teile dem Herrn Consistorialrate Toppler.

[2]) Darnach ist Hübner zu berichtigen (I. 489). Der Aiglhof ist nicht das „Stammhaus" der Aigl; deren Wappenbild besteht nicht aus den zwei Rädchen am Maxglaner Kirchturm, sondern aus zwei gekreuzten Zimmermannsäxten, oder auch zwei Sparren: der Aiglhof hieß endlich lange vorher schon „Hof zu Lind", und dieser Namen „Peters-Lind"

(Strahlheim), Fröſchlmoſer (am Mönchsberg und Irrenanſtalt[1]), der Alt, Grimming, Neckeiſen, Kammerlohr (Irrenanſtalt), des Pfenningmeiſters Sturm, des Kaufmanns Marchaud (Knabenwaiſenhaus).

Beim Sitze (nicht „Stammſitze") der Klaner war der „große, luſtige Paumbgarten" oder „das Paradeyß zu Wärtelſtain".

Im J. 1605 wurde das herabgekommene Collegiatſtift in ein Auguſtinerkloſter verwandelt, welches bis 1772 in weltlichen und geiſtlichen Dingen raſchen Aufſchwung nahm, aber durch die Ungunſt der Zeiten in noch raſcheren Niedergang geriet, bis es 1835 als Benedictinerpriorat von Michaelbeuern eine Fortſetzung fand.[2]

In den Jahren 1695—1709 entſtand das St. Johannſpital, 1768 und 1770 wurden beide Waiſenhäuſer eröffnet; nach dem Brande von 1818 kam auch die Irrenanſtalt in dieſe Vorſtadt; 1862 ward das neugebaute Mutterhaus der barmherzigen Schweſtern bezogen.

Bis in das vorige Jahrhundert war die Liebfrauenkirche zu Müllu ein beſuchter Wallfahrtsort, und daraus erklärt ſich wohl auch der Beſtand dreier (alter) Wirtshäuſer, was man ſonſt mit dem Herkommen in Vor-ſtädten ſicher unverträglich gefunden hätte.

Die älteſte Erwähnung der Leproſen zu Müßlen geſchieht in einem St. Peterſchen Urbar von 1272.[3] Die Kirche wurde wahrſcheinlich um 1450 gebaut. Im J. 1478 iſt in einer Bürgerſpitalrechnung noch von den „Siechen im chopl" die Rede. Die älteſte Meßſtiftung in St. Hieronymi und St. Antonii Gotshaus beſteht aber ſeit 1633 für Frau Salome von Altenau.[4] Jahrhunderte lang gebrauchte man die Bezeichnungen: „Siechen-haus", „Sundferſiechen" (d. h. abgeſonderte Sieche); aus Mißverſtändniß der eigenen Sprache wurde ein „Arme-Sünder-Siechenhaus" daraus,

lebte nur wieder auf, als ihn Abt Martin 1604 kauſte, nachdem er das Gut Fröſchelmoos (Irrenanſtalt) an Dr. Kurz (Curtius) verkauft hatte.

[1] Predium Fröſchelmos emit Martinus abbas S. P. 1494 et muro cinxit, postea vendidit D. Curtio, consiliario. Chron. S. P.

[2] Im J. 1621 erteilte das Auguſtinercapitel zu Seemannshauſen (das bairiſche Mutterkloſter der Auguſtiner) dem jüngſt errichteten Auguſtinerpriorat zu Mülln die Er-laubniß Bier zu brauen und ein Brauhaus zu errichten (domum cerevisiae inchoare, fabricam braxiniae perficere.) (P. Roman Paumgartner, das Benedictinerpriorat zu Mülln. Handſchrift.) 1665 hat daſſelbe bereits einen gewiſſen Ruf und wird „braunes Müllnerbier" z. B. einer fürſtlichen Steuerkommiſſion bis nach Stanſeneck nachgeſchickt.

[3] It. payzo de pomario in mula iuxta leprofos. Heinrich Pabß (payzo) war im J. 1272 ein Bürger der Stadt (Copialbuch, Koppler, 216); er wird im Sühne-brief von 1278 unter den Führern der reichen Bürger oder Geſchlechter genannt.

[4] P. Auguſtinus Magnus O. S. A. manuale. Handſchrift. Das Maria-Torſenbild wurde erſt von Mathias Frauenlob, Wirt zum ſchwarzen Bären in die Kirche gebracht und auf einem privilegierten Altar aufgeſtellt.

endlich), da man diese Bezeichnung doch zu beschämend fand, seit ungefähr 1780 wieder ein „Leprosenhaus".

Wer nach starken Sommerregen bei eintretender Abendkühle etwa von der Oede des einstigen Mönchsteinturmes gegen Liefering ausblickt, dem wird ohne Zweifel der stets auftretende Nebelstrich und die blinkenden, bandartigen, übervollen Wasserstreifen beider Bäche ins Auge fallen, an denen der Vorort Lehen liegt. In sicherer Weise kann an dieser landschaftlichen Erscheinung gezeigt werden, daß im Zeitalter der Eisenbahn und des Fremdenbesuches die mittelalterliche Sprache doch hie und da noch einen Rest zurückgelassen hat. Denn die „Loh", in der Mehrzahl die „Lohen, Löhen, Lehen", bezeichnete nasse, sumpfige Stellen, nasse Wiesen, mochten sie mit Gebüsch bestockt sein, oder nicht. Anbau, Bodenverbeßerung, Bachrichtungen haben seit alter Zeit in diesem salzburgischen Mesopotamien (Zweistromland) namhafte Fortschritte gemacht, aber doch schwebt noch zu Zeiten die niedere Nebelwolke der Erinnerung an die Vergangenheit über der Gegend, und mahnt an den unverständlich gewordenen Namen.

Wie früher erwähnt, liegen am Gailenbach[1]) die Mühlen und Lohstämpfe; dieser ist der aus der Glan abgeleitete Mühlbach, und zugleich von der Maxglaner Alleestraße an die Weichbildgränze. Der Gailenbach verdankt seinen Ursprung der tatkräftigen Bürgerzeit der Teyßinger, Säppl, Aufner, Renzl, Gänmüller, Taufkind. Wohl mehr als fünf Jahrhunderte verstrichen, bis abermals eine Periode erhöhter Gewerbtätigkeit anbrach, die durch die Kunstmühlen am Wärtelstein und in Lehen, dann die Wollfabrik in letzterem Orte und ein Sägewerk sich kennbar macht.

Die Rittenburg.

Wenn der Kulturgrad einer Bevölkerung zum großen Teile nach der Ausdehnung bemeßen werden kann, bis zu welcher sie im Stande gewesen ist, sich die sie umgebende Natur zu unterwerfen und dienstbar zu machen, so liefert hiezu die Umgebung der Stadt Salzburg mancherlei Anhaltspunkte.

Auch der Vorort Rittenburg gibt hievon deutliches Zeugniß. Vom Wärtelstein bis zur Mönchsbergscharte hinüber ist er von den Armen der Albe umschloßen, die, wie zum Teil schon gezeigt wurde, doch im Grunde

---

[1]) „Geilenbach", richtiger „Gailenbach", stammt von „gail", welchem die Vorstellungen: Überfluß, Überschuß, Übermut, zu Grunde liegen. Der Gailenbach ist daher der Überschuß der Glan. Diese war aber einst ein zeitweilig übermütiges Waßer, welches im großen Untersbergmoore ihr wildes Wesen trieb und zum Holztriften (Holzrechen bei St. Rochus) verwendet wurde.

für die ältesten Abflüße und Abzugsrinnen der Moore in der Riedenburg und um Leopoldskron zu gelten haben, die zu Mühlbächen gesammelt und benützt wurden. Es wurde bemerkt, daß der später s. g. Müllnerarm der Albe schon ein paar Jahrhunderte vor der Hauptalbenleitung bestanden haben muß, und es darf hier beigefügt werden, daß diese letztere, ungefähr 130 Jahre ihre Dienste leistete, bevor sie um das Jahr 1286 ihr Wasser aus der Albe bei St. Leonhard erhielt und von dieser Zeit an erst den Namen Albenleitung bekam.[1] Und es ist weiters gewiß, daß erst der Gewinn dieses stetigen, reichlichen und regulirbaren Wasserzuflußes aus dem Berchtesgadnersee (mittels des Durchstiches von der Gegend des Geiselweihers und der Schleinlacke bis St. Leonhard) den erwünschten Anlaß bieten konnte, den Mühlbach zu Müllu mittels eines andern Durchstiches (etwa von der spätern Sinnhub an bis zur Pulvermühle) aus der Hauptalbenleitung speisen zu können. Sind wir auch nicht im Stande, hiefür eine genaue Jahreszahl beizubringen, so genügt doch die beiläufige Angabe, daß letzterer Durchstich etwa um das Jahr 1300 ausgeführt worden sei, weil um diese Zeit die Mühlen in der Vorstadt noch unzweifelhaft im fürstlichen, st. peterschen und nonnbergischen Urbar standen, und um 1330 (wie vorerwähnt) bereits die Mühle am Wärtelstein neu erbaut werden konnte.

Nun liegt es in der Natur des Ortes und Sachverhaltes, daß der s. g. Bürgerspital- oder städtische Arm der Albe erst aus dem Müllnerarm abgezweigt wurde, daß man ferners die Sprengung des Wasserganges durch den Mönchsberg nicht wagte, bevor die Erfahrung lehrte, daß die fürstlichen, st. peter'schen und nonnbergischen Mühlen zu Müllu mit reichlichem Wasser versehen werden konnten, und daß endlich die Hauptalbenleitung ihre Leistung soweit zu verstärken im Stande war, daß daraus ohne Nachteil drei Arme versorgt zu werden vermochten. Wir gelangen damit bereits in den Anfang des 14. Jahrhunderts.[2] Im J. 1335 „erlaubte Bischof Fridrich das Wasser in das (Bürger-)Spital zu führen wo sie es (auch) finden".[3] Etwa hundert Jahre später (1429) wird die „Rolle" im Spital erwähnt, die wohl nichts anders ist, als eine Rollmühle zum Putzen oder Rollen der Gerste.

Wie abgelegen und öde übrigens dieser Vorort noch um die Mitte und das Ende des 16. Jahrhunderts war, ist daraus zu sehen, daß vor

---

[1] Landeskunde IV. 96. B.
[2] Gründung des Bürgerspitales: 1327.
[3] Bürgerspitalregesten Wagingers, n. 543.

Verleihung des Hammerwerks an den Drahtzieher von Gnigl Niklas Sinhuber um 1570 an dessen Stelle zwei kleine Pulvermühlen standen, und daß im J. 1597 Wolf Dietrich in der heutigen Riedenburggaße H.-Nr. 11, Haus und Garten des Georg Zillner als Pesthaus (richtiger als Beobachtungshaus für Pestverdächtige) herrichten ließ, welches den Städtern so weit entfernt schien, daß sie statt dessen noch der Schanze zu Mühlen den Vorzug geben wollten.

Neben diesem „Contumazhaus" stand der fürstliche Ziegelstadel (Gärtnergaße 3, 5), in der Nähe (Riedenburggaße 10 oder Gärtnergaße 6) seit 1736 eine Weißgeschirrfabrik[1]), jenseits der Albe bis zur Glan wurden die Holzzaine aufgeschichtet, deren Scheiter von den fürstlichen Küchenwäldern am Untersberg und dessen Vorbergen bis zum Holzrechen am Steg getriftet wurden. An der Rittenburg aber lag der Hofsteinbruch. Etwas belebter wurde die Gegend durch den Bau des gräflich firmianischen Adelssitzes Leopoldskrone 1736 an Stelle des Radlgutes oder Weierhäuschens (1622), zu welchem man damals aus dem Ronntale gelangte; erschlossen wurde sie aber erst durch die Sprengung des Neutortunnels 1767, welcher der Bau von Landhäusern (Hofkanzler Mölk, Riedenburgstraße 9, Azwanger, Steinhauser, Amau, Späth, ebenda 4, 5, Graf Wolfegg, Feld- und Hübnergaße), eines Wirtshauses, Stampfes, der Barake, einer Leinwanddruckerei, Leopoldskronstraße 3, u. s. w. folgte.[2]) Der Bau der Moosstraße 1810 von der Glan aus bis zur Strecke Gretig-Glaneck, die Einrichtung der Moorbäder, die Besiedelung des Hochmoores, wo ein großes Dorf entstand, die Untersbergbesteigungen riefen auch da den Verkehr ins Leben. Um 1856 richtete Prof. Hornung (im H. 7 Feldgaße, 1. Hübnergaße) eine Krankenanstalt ein, die später an die barmherzigen Schwestern überging und in erweitertem Umfange seither „Aßl" genannt wird. In jüngster Zeit wagte man auch den Bau von Stadthäusern im Moorgrunde zwischen Neutor und Rittenburg.

An der hohen Rittenburg selbst aber, die schon vor ein paar Jahrhunderten als vielbenützter Steinbruch diente, die der unkritische Schlachtner mit Sagen aus der Römerzeit umwob, errichtete die Schützengesellschaft 1663 ihr Schießhaus, was im Laufe dieses Jahrhunderts zweimal, südwärts und ostwärts, vom Militär nachgeahmt worden ist. Auf dem Berge selbst weidete bis um das J. 1830 eine kleine Ziegenherde. Eine ärmliche Hütte an der Spitze oberhalb des Wirtskellers barg den Ziegenhirten für

---

[1]) Landeskunde XXI.
[2]) Vgl. Hübner I. 503—506.

ein paar Sommermonate und rückte sammt den buschbewachsenen zwei
Kuppen, die ein schwankender Steg verband, eine Bergidylle im Kleinen
in die nächste Nähe der damals wieder langsam aus ihrer Erstarrung
aufwachenden Kreisstadt Salzburg.

Nonntal.

Die Gegend zwischen der Hauptalbenleitung und der Salzach im
Süden der Stadt bezeichnet man mit dem Namen Nonntal. Sie bildete,
wie berührt, in alter Zeit die größere Hälfte des äußern Nonnbergerbezirkes, und ihr Uibergang an die Stadt erfolgte später, als jener der
ursprünglichen Stadtteile, die auf St. Peterschem Grunde in der Altstadt
erbaut wurden. Im allgemeinen läßt sich auch im Nonntal dieser Uibergang mittels Belehnung auf Zeit, Leibgeding, Erbauung von Häusern
gegen Grundzins, endlich Ablösung dieser Giebigkeiten verfolgen. Wie
bekannt, werden schon bei der Schenkung an den h. Rupert Felder im
Süden der Salzburg und eine Buche als Feldmarke erwähnt und so
mögen wohl manche Grundstücke seit jener Zeit beurbart sein. Die
nonnbergischen Liegenschaften bestanden hauptsächlich in Feldern und
Wieswachs und erstreckten sich, wenn auch nicht zusammenhängend, bis
Morzg, dessen Kirchherr die Äbtissin war. Was war nun natürlicher,
als daß bei der Raumbeschränktheit des Klosters auf dem Berge die
Anlage von Wirtschaftsgebäuden im Tale erfolgte, und daß daselbst die
Klosterbedienten wohnten, oder Häuser, Gärten, Peunten, Wiesen vom
Kloster inne hatten? Da finden wir den Dorfmeister von Morzg, den
„Ezzmaister"[1]), den Klostermüller, den „Mesner", den „Wishai"[2]), „Tor-
wärtl", den Wagenknecht[3]), die „Klosterdirn" belehnt[4]), ohne Zweifel
wohnten daselbst auch der „Maier", der „Gastmeister", der Bachmann[5]), der
Zimmermann, der „Flurschütz"[6]) und der „Holzhai"[7]). Zahlreiche Bürger

---

[1]) Der „Ezzmaister", Eßmaister, Estmaister, von „Ester" oder „Estor", der Hauptzaun,
das Zauntor, besorgte die Zäune und Gränzen der eingefriedeten Grundstücke.

[2]) Der „Wishai" — Wiesenhäger, besorgte den Wiesenbau und leitete die Heumahd.
Der Wis-, Flur- und Holzhai haben ihren Namen von Hag — Häger.

[3]) Der „Wagenknecht", auch „Wagenkässel", d. i. Wagenklepper, genannt, setzte das
Fuhrwerk in Stand und wird sonst bei den Großbauern im Gebirge auch der „Schinagl"
genannt. Er ist nicht mit dem „Stangenknecht" (Salzb. Ztg. 2. Mai 1884) zu verwechseln,
der um etwa drei Jahrhunderte jünger ist und einen Fuhrknecht darstellt, keinen Ausbesserer
schadhaften Fuhrwerks.

[4]) Landeskunde XXIII. Doppler und Hauthaler, Urbar von Nonnberg.

[5]) Die Bachleitungen standen unter der Aufsicht eigener „Bachmänner", die wir im
Nonntal, um Gretig zwei, zu Glauhofen, an der Sur u. a. O. behaust und angesessen finden.

[6]) Der „Flurschütz" übte die niedere Jagd auf der Flur, aber auch in den Kloster-
wäldern die hohe aus, er „schützte" in alter Zeit „die Fluren" vor dem „Raubzeug".

[7]) Der „Holzhai" ist der Häger des Waldes, in den erzbischöflichen Küchenwäldern
heißt er später der „Holzmeister" = Förster.

von Salzburg gingen nach Nonnberg zu Lehen: das Urbar nennt uns um 1380 die Chäwtzl, Teisinger, Zünglein, Gnubl, Säppl, Prantl, Possel, Speher, Jändl, Sauhaut, Ulreich und Görg die Goldschmide mit Lehenstücken im Nonntale[1]). Mit der Zeit besitzt das Kloster auf jenen Gründen die große „Blaichwiese" und den „Pflanzgarten der Abtissin" (um Neudeck), zwei Mühlen, die Gries- (1380), Frou- oder Kloster-, später Stadelmühle, auch Wietalermühle genannt und die Neu- (1380), Hof- (1498) oder Pfistermühle an dem Nonntalerbach, der auch der Mühlgraben heißt. Auch der „Raisslpach", der die Klostermaierei bespült (?), wird schon erwähnt.

An den Steilhängen des Hochschlosses, außerhalb der obern, äußern Nonnbergerpforte entstanden Häuser, in denen „Schützen" und „Wächter" des Schlosses wohnten; später saßen daselbst ein „Büchsenmeister", ein „Kunstabler", des Fürsten „Vogelfänger" und „Jäger". Die Häuschen vermehrten sich, man unterschied auf jenen Steigen eine obere und mittlere „Zeile" (Nonnberg- und Erhartgäßchen); die untere Zeile oder der untere „Rigel" verwandelte sich in die heutige Nonntaler Hauptstraße, neben welcher am Bache eine „Wassergasse" verlief.

Außer Nonnberg finden wir unter den Grundbesitzern auch das Domcapitel und St. Peter.

In der Zeit des Wiederauflebens der Künste und Wissenschaften erwachte Freude an der Natur, Lust zum Landleben in der Bürgerschaft. Wir finden jetzt nicht mehr ausschließlich „Peunten", Gemüsgärten, Wiesen in ihrem Besitze, sondern auch Häuser und eigentliche Landhäuser. Da hatten sich Wilhelm Pürstinger, des edlen Chiemseebischofs Vater, die Alt, Knoll, Venediger, Waginger, Matsperger angekauft, denen die Strasser zu Neudeck und die Freiherrn Lamberg folgten. Zwar blieb die Niederung zwischen Salzach und der Nonntalerstraße wegen Uiberschwemmungsgefahr (zuletzt 1845 und 1858?) gerne gemieden, dennoch bewirkten die Salzach-Dämme des 17. und 18. Jahrhunderts (vor 1670 und 1795—'98) in der s. g. Josefsau eine allmälige Verbesserung dieses noch in den vierziger Jahren des laufenden Jahrhunderts bisweilen von Spuren der Sumpfkrankheiten heimgesuchten Vorstadtbezirkes.

Von Hellbrunn herab bis zum Hofbrunnhause im Nonntale erstreckt sich die Linie einer Bodensenkung, die als einstiges Salzachufer oder Salzachwagrain angesprochen werden darf. Dadurch teilt sich die Landschaft in eine trockene, höhere, windige Ebene, die auf einer Schotterbank

---

[1]) Landeskunde XXIII, a. a. O.

liegt, und in eine gutbewäßerte, von zwei Bächen durchzogene tiefer
gelegene Flur. Käme es daranf an, wißenſchaftliche Gränzen zu ziehen
(die bisweilen ſelbſt von Staatsmännern anfgeſucht werden), ſo würde die
beinahe ſtundenlange Bodenerhebung mit der Böſchung des alten Salzachwagrains Gneis (Gnälls, Gnänls)[1], die breite, heut zu Tage mit den
ſchönſten Baumgängen geſchmückte Tiefebene G'main („kleine G'main"
iſt ein neuerer Name) bezeichnet werden müßen. Verſetzen wir uns etwa
in das 11. bis 13. Jahrhundert zurück, ſo finden wir auf der Höhe,
am Golſerhügel den alten Römerort Morz'g (Marciacum, Marciago),
die Tiefebene aber unbewohnt, denn ſie war Gemeinweide der Stadt
und der Lehenbauern der Abtißin, und trägt wohl dieſen Namen ſchon
ſeit ſehr alter Zeit. Längs dem Abhange des Salzachwagrains, aus
welchem friſche Quellen ſprudeln, entſtanden nach und nach neue Siedelungen,
die endlich mit denen des ſtädtiſchen Vorortes zuſammengränzten, ſo daß
aus ältern Häuſerverzeichniſſen, die noch Teile von G'main und Gneis
zum Stadtbezirk rechnen, das alte Verhältniß von Weideplatz und Siedel=
platz erkannt werden kann.

Aber ſeit den letzten vier Jahrhunderten bevölkerten ſich Vorſtadt
und Vorort weit ſtärker, als (Klein=) G'main und Gneis, und es entſtanden
daneben noch andere Ortsbenennungen, hauptſächlich nach den hervor-
ragendſten Landſitzen. Man unterſchied jetzt

die eigentliche Vorſtadt Nonntal, auch das innere Nonntal
genannt, welches mit Inbegriff des obern und mittleren Rigels bis zum
Hofbrunnhaus und der Straßenſäule oder dem Weichbildzeichen beim
Hahnwirte reichte, das auf der mehrgedachten Karte aus der lobroniſchen
Zeit (etwa um 1645) ſchon erſichtlich iſt.

Das äußere Nonntal oder der Vorort gl. N. mit ländlicher
Bauart oder zerſtreuten Häuſern. Dazu gehörten

die Herrnau, vor dem Nonntaltore gegen die Salzach,

St. Joſef und die Joſefsau; außerhalb des Stadtbezirkes gränzte
die „Bernau" an,

Freudenſal,

Petersbrunn,

die nonntal=morzger Straße mit Neudeck,

―――――

[1] „Gneis„ iſt wohl nichts anders als ein mundartlich etwas entſtelltes „Knaus"
oder „Knäuslein" (die ältere Schreibart „Gnäuls" erinnert noch daran), d. i. ein Anſatz
außen am Brodlaib oder Struten, womit jener Bodenrand Aehnlichkeit hat. S. Schmeller
I. 1354. 2. Aufl.

Weingarten,

Tumeck.

In der „Herrnau" befand sich bis um 1646 die bürgerliche Stachel-
oder Armbrustwiese (auf dem Felde des Gutes 6, 8 Hellbrunner= und
Nonntalerstraße), daneben auf der „Frauenwiese" (Hellbrunnerstraße 14)
der Paurnfeindhof. Von da aus nahm seit 1612 die Hellbrunnerstraße
ihren Anfang, wo früher nur ein Sträßchen für Wirtschaftsfuhren nach
Freudensal und Herrnau führte. Anfangs der Hellbrunnerstraße am
Ufer lag die „Bierlände".

„St. Josef" bestand aus Hof und Mühle (1654), die sich kümmerlich
fristete, kam 1674 in den Besitz des Handelsmanns und Stadtrates
Abraham Zillner, der es von der Ehefrau des Tondichters Franz Heinrich
v. Biber kaufte und 1705 †. Von dessen Sohn, Benedictiner zu Ettal,
kam es an den Pfarrer Achaz Rösch, der es 1713 dem Collegium S.
Caroli an der Universität vermachte. 1812 verkauft und seither im Besitze
der Bräuer zum Kaserer. Daselbst befindet sich seit 1865 die Schießstätte
der Schützengesellschaft.

„Freudensal" wird zuerst 1491 genannt, in welchem Jahre es Georg
Zändl besaß (Pillwein 347). Um 1540 erwarben es die Erzbischöfe, in
diesem Jahre hielt zuerst der Verwalter des Erzstiftes Ernst von Baiern
von da seinen Einzug in die Stadt. Die Wandgemälde sind von 1577
(Pillwein). Seit Anfang dieses Jahrhunderts wurde das Schloß wieder=
holt verkauft. In der s. g. „Freisalgasse" sind zahlreiche Bauplätze für
Häuser vorhanden.

„Petersbrunn", um 1500? erbaut, früher der „Welsperghof" (palatium Welspergianum) genannt. Eine untergegangene Merkwürdigkeit
dieses Vorortes. Bischof Wilhelm Graf Welsperg von Brichsen, der Urheber der
künstlichen Brunnwerke daselbst im Geschmacke Hellbrunns, verkaufte das
Gut 1635 39 an St. Peter, in dessen Besitz es noch heute ist, und seit
ungefähr 1650 Petersbrunn heißt. Andrä Pernegger, der Bruder des
berühmteren Bildhauers Hanns, ist der Kunstmeister dieser Grotten=,
Figuren= und Spritzwerkspielereien gewesen.[1] 1681 war Georg Spändl
„Kunstbrunnmeister zu Petersbrunn". Im J. 1710 wurde das kleine
Herrenhaus „sammt dem künstlichen Spritzwerk im Garten" wegen der
auflaufenden Kosten der Unterhaltung abgebrochen, aber die Maierei im
Stand erhalten.[2]

---

[1] Seine selbstverfaßte Grabschrift hat Hübner überliefert (Topographie 421).

[2] Die Unterhaltung, die Jung und Alt noch immer ungeschwächt bei den Wasser=
künsten in Hellbrunn findet, wird es entschuldigen, wenn über das Petersbrunnerwerk

An der nonntal-morzger Straße befindet sich der Maierhof des Klosters Nonnberg; weiter answärts stand der fürstliche Gestütthof (H. 52 und 54), der mit dem zu Rif das gleiche Schicksal der Zerstörung durch Brand teilte und „Neudeck" (H. 49, 51). Dieses Haus sammt Gründen steht an der Stelle der einstigen nonnberger Klosterbleiche, war 1460—95 im Besitze des Niklas Benediger, 1497 des Georg Waginger, bis 1539 von Hanns und Heinrich Matsperger und Erben; bis 1556 gehörte es dem Hanns und Gregor Münich von Münichhausen, in welchem Jahre es an den Gewerken in Gastein Jakob Strasser überging und den Namen „Neudeck"[1]) erhielt. Im Besitze der Strasser, die sich darnach nannten, blieb es bis 1616, wechselte 1626 in die Hand des Hanns Kaspar von Khuenburg und der Freifran von Frohberg, Freiin von Khuenburg, die es 1648 an den Ratsbürger Christof Fraißauf[2]) und dessen Ehefrau Johanna Zapler verkaufte. Bei diesem Geschlechte, das sich wieder darnach nannte, verblieb es bis 1764, von welchem Jahre an es in verschiedene Hände kam, 1775 in die des Hofkanzlers von Kürsinger, 1797 der Freifran von Moll, 1802—1805 in die ihres Gemals, des Hofkanzlers, nachdem schon 1773 eine Verstuckung stattgefunden hatte. 1832 kaufte es Dr. Fischer, 1849 Dr. Wolfstein (Toppler). Zu Hübners Zeit scheint der Namen Neudeck verschollen.

Alles was im Westen der vorbenannten Straße lag und die Vorstadt begränzte, hieß „Weingarten", heut zu Tage etwa ein Dutzend Häuser. Der Namensursprung ist bekannt. Von der hohen Rittenburg bis zum Hochschlosse herüber lagen Weinberge des Domstiftes und St. Peters, diese älter, jene erst seit 1139 bepflanzt. Da entstand das „Weingartenhaus", durch Jahrhunderte im Besitze der Domherrn, erst seit der bairischen Zeit verkauft. Dieses Weingartenhaus wurde 1481 (s. Bürgerwehr und Katze) vom Domprobste befestigt, mit einem Turme und

einiges mitgeteilt wird. Es gab daselbst Grotten, Nischen, stehende Figuren, bewegliche Darstellungen vom Wasser getrieben, Springbrunnen, Regenschauer, plötzliche Wasserstrahlen. Da waren große und kleine Schalen voll sprudelnden Wassers, ein Bacchus, ein kleines Bachmännlein, zwei Hunde, eine Thetis, zwei Säulen, eine Spritzile, ein Vogelschütze, Bleiflüchte, ein „answeiendes Mani", ein Gutguck, Vogelgesang, die Traube, der Pfeil, das Fäßchen, Leiermännchen, zwei Bauernmänze, ein „Gejaid", eine Wäscherin, ein Strohschneider, sämmtlich entweder durch kleine Wasserstrahlen getrieben oder Wasserkünste bergend, die durch versteckte Pipen und Teller in Gang gesetzt wurden, und die den Lauschenden überraschten.

[1]) „Das Haus, so man nennt Neudeck" (bei Toppler), auch „Neidegg" geschrieben.
[2]) „Fraiß", das Vergehen, Verbrechen, auch das Gericht über Verbrecher. „Fraißauf!" etwa der Mann, der ein Verbrechen ruchbar macht oder das Gericht zur Verfolgung desselben auffordert. „Neidegg" und „Fraißauf" sind wohl spätere Schreibungen, als die Mundart „ei" von „eu" und „ai" nicht mehr unterschied.

wahrscheinlich auch dem Weiher versehen, aber bald darauf im Auftrag des Kaisers von den Bürgern abgetragen. Seit 1528 steht daselbst ein mit der Zeit verschönerter Landsitz, welcher 1800 an einen Gärtner verkauft wurde. Doppler. Der einst dazu gehörige Maierhof heißt noch die „Kapitelmaierei".

Von der Gegend des südlichen Endes des Leopoldskronteiches bis Weingarten mußte einst der Mühlbach der Albe über die Niederung bis zum Mönchsberge geführt werden, was die Herstellung von Dämmen zu beiden Seiten erheischte, deren Haltbarkeit erst nach vieler Mühe gesichert werden konnte, wie die Baugeschichte berichtet.[1]) Im J. 1678 wurde aus dieser aufgedämmten Strecke ein Wasserablaß für die Hofweißgärberwalke und ein Nebenwerk (Tumeck 7, 9) hergestellt, und seit diesem Jahrhundert ist an dem Uiberwasser des Hofbrunnhauses eine Feigenkaffeefabrik im Gange (Almgasse 3.)

„Tumeck."[2])

Der „Fürstenweg" vom Hahnwirte (seit 1808) im Nonntale an Tumeck vorbei in die Hellbrunnerallee und an die Gretigerstraße, verdankt, wie man erzählt, seine Entstehung den jagdliebenden Fürsten des 18. Jahrhunderts, die sich im erstgenannten Hause zu ihren Ausflügen umkleideten, um außerhalb der Stadt für einige Stunden ungekannt sich zu unterhalten.

Das (Klein-) Dossengut (Tumeck 5) erinnert an ein mittelalteriges Stück ländlichen Geschäftsverkehres. Die „Dosser" (dossuarii, vom ital. dosso, Rücken) waren Krächsenträger, die ihre Handelsartikel (meist Salz) auf ihrem Rücken mit sich nahmen und damit die Bauerschaft besuchten. Das große oder obere Dossengut liegt in der Nähe der Gretigerstraße bei Morzg. Auch in Kuchl, zu Georgenberg (H. 58), Unterlangenberg (H. 42) und Tankel (H. 9), wahrscheinlich auch in andern Ortschaften waren „Doser" oder „Dossen-"(güter).

In der Gegend des Röckablasses für die einstige Weißgärberwalke (Tumeck 7) stand seit 1599 das Hochgericht. Die Versetzung desselben von seinem alten Platze vor dem „Galgentor" fand gleichzeitig mit der Einführung des Stadthauptmanns und Syndikus durch Wolf Dietrich

---

[1]) in illo loco ubi magna palus maximum impedimentum operi faciebat, excogitata arte . . xl talentis aquaeductam stabilivimus. Vdste IV. 95.

[2]) „Tumeck" zeigt keine geschichtliche Beziehung zum Dome oder Domkapitel, obwohl die Ableitung nahe liegt. Das Tumeckgut (H. 4) kann auch nicht als Besitz eines „Tum" nachgewiesen werden. 1373 „Gütl am Tumegth", 1650 „Tumegg beim Vogltenn". „Hanns Tumegler" Bürgersp.-Reg. Toppler.

statt und darum mag ihre sentimentale Begründung bei Hübner (Topogr. 445) fraglich sein.[1] Auf einer benachbarten Anhöhe steht seit den napoleonischen Kriegszeiten der Soldatenfriedhof.

Die Vorstadt selbst, an der Straße nach dem „Hällein" und in das Gebirge gelegen, hatte gewiß schon früh eine Taferne. Um 1500 wird Heinrich Matsperger als ihr Besitzer genannt. Das Grab der h. Erentraud wurde in frühen Zeiten von vielen Wallfahrern besucht. In der Kirche daselbst fand, wie im Dome, in frühen Jahrhunderten der Abschluß feierlicher Verträge über den Gebeinen der Heiligen in Gegenwart großer Versammlungen statt.[2] Dienstmannen und Diener des Klosters wurden im Klosterfriedhofe begraben, auf welchem um 1330 Peter Kenzl ein Leuchttürmchen gestiftet hatte. Um das Jahr 1380 besteht in der Vorstadt bereits ein „Failbad" (Hauptstr. 21, Doppler), 1453 ein Brauhaus, das 1569 Herrn Diether gehört, 1451 ein Pfannenschmid, 1552 Burgrechtstaferne und Schmiede „unter der Hütten", den Strassern gehörig. (Doppler).

Um die Wende des Jahrhunderts wurde ein Tabakstampf errichtet, der früher in der Gnigl bestand. (1761—68 Faeß, Paurnfeind, 1801 Koller im Ronntal bis 1807, Doppler). Kanonenbohrerei. Feigen-Kaffeefabrik.

Man unterschied die „untere, mittere und obere Zeile", die „hällinger Strasse", die „Wassergasse", das „Burgfeld", die „Fürbergpennt", die „Abtswiese" (neben dem Maierhof der Abtissin); es gab ein fürstliches Jäger-, ein (Jagd-)Hundhaus. Schon vor hundert Jahren hatte man die Bemerkung gemacht, daß, namentlich im äußern Ronntal der Fürst, die Domherrn und höhere Beamte viel lieber Liegenschaften besaßen, als die angesehenen Bürger.

Im 13. (?) Jahrhunderte hatte eine Abtissin in der untern Zeile die St. Erhartskapelle erbaut. Im J. 1310 widmete eine Nachfolgerin das dabei befindliche Haus (5) zu einem Siechhause für Pest- oder Aussatzkranke aus dem Kloster (Doppler). 1471 wird die Kapelle „St. Erhartskirchen" und 1452 die Ortschaft eine Vorstadt genannt (v. Wallpach, Kirchen 81). Im J. 1603 wurde das Burgrecht jenes Hauses von der Abtissin dem Domkapitel abgetreten, 1610 bewohnen es arme Spitalpersonen, 1654 ist es bereits Domspital, 1674 7 kaufte das

---

[1] Der Besitzer des Sandbühelgutes (am jetzigen Gemeindefriedhof) hieß zu Anfang dieses Jahrhunderts noch der „Galgenwirt". Doppler.
[2] Convenientibus siquidem multis in ecclesia sancte Erindrudis .... Berchtesg. Schenkungsb. in Quell. und Erört. I. 329, chv.

Kapitel das Kellmüllnerhaus zum Männerſpital, 1686—'89 wurde die neue Kirche erbaut (Toppler).

Abraham Görzer († 1683), Wirt zum Engl in der Steingaße, widmete 1657 eine Summe Geldes zu einem Waiſenhauſe, die der Erzbiſchof 1684 verdoppelte. 1713 waren die Waiſenknaben im Bürgelſtein, 1720 im H. 26 Nonntalerhauptſtraße, 1769 kaufte die Waiſenhaus-verwaltung den obern Marſchandhof in Mülln für die Knabenwaiſen. In Hptſtr. 23 befand ſich das v. Weiſer'ſche Armenhaus. Doppler.

Um 1660'80 wurde das Hofbrunnhaus (Brunnhausgaße 5) für die ältere Untersbergwaſſerleitung zum Hofbrunnen erbaut, nach deren Mißlingen wurde Hellbrunnerwaſſer zugeleitet.

Seit den Tagen des Erzbiſchofes Matthäus (1519—1540) beſtand am öſtlichen Abhange des Feſtungsberges (obere Nonnberggaße 18) ein „Hof-" oder „Schloßgarten", ein Augenmerk auch der ſpäteren Fürſten Max Gandolf und Johann Ernſt. Seit der bairiſchen Zeit in Privathänden.

Stein.

Bekannt iſt, daß die Römerſtadt einen großen Teil ihrer Todten in der Felsbucht Byrglſtein-Imberg beſtattete. Es iſt deshalb auch gewiß, daß dieſer Platz ſchon damals vom Hochwaſſer nicht mehr erreicht wurde. Daß die Aedilen der Römerſtadt die Brücke nicht oberhalb Byrglſtein, über die große Stauungsbreite des Fluſſes, geſchlagen haben, kann für ebenſo ſicher gelten. Iſt dieß aber der Fall, dann muß der äußere Teil der heutigen Steingaße ein alter Römerweg ſein, der über Glaſa und Albina nach Cuceullis und auf den Tauern führte und die Eigenſchaft einer Reichsſtraße beſaß, aber auf Koſten der Provinz, d. h. der Städte und Grundbeſitzer hergeſtellt wurde.[1]

Überblickt man den Flußlauf der Salzach von günſtig gelegenen Höhepunkten, ſo drängt ſich bei dem Anblicke ihrer Auen, Altwäſſer, alten, verlaſſenen und ausgetrockneten Rinnſale als der Zeichen ihres Überſchwemmungsgebietes die Bemerkung auf, daß ſtundenweit auf- und abwärts der Raum zwiſchen den zwei Stadtbergen mit ſeinen verhältniß-mäßig nahen und ſichern Ufern der günſtigſte Platz für den Flußübergang war, und daß dieſer Umſtand nicht minder, wie die berggeſchützte Lage

---

[1] Wenn (Vogel-)Huber in Bdefe X. 1 u. ff. von der „römiſchen Conſularſtraße" von Invavum nach Bienunm ſpricht, ſo hat er ſich nicht gegenwärtig gehalten, daß Noritum eine kaiſerliche Provinz war, in welcher die Conſuln keine Straßen bauten, daß der Straßen-bau, wie die Meilenſteininſchriften beſagen, ſicher auf Beichl der Kaiſer durch die Provinz-vorſteher (legati pro praetore) erfolgte, ſowie daß überhaupt der Ban von „Conſularſtraßen" zur Kaiſerzeit ſelbſt in den binnenländiſchen Senatsprovinzen erſt noch nachzuweiſen wäre.

beitrug, ſchon in älteſter Zeit den Ort der vorrömiſchen Stadt zu begründen
und ihren Fortbeſtand zu ſichern.

Niemand kann aber zweifeln, daß die ſicherſten Punkte für Uiber-
brückungen zwiſchen dem Byrglſtein und der heutigen Stadtbrücke liegen
(ſ. Abſchnitt VII). Und weil es eine alte Kulturregel iſt, daß an beiden
Endpunkte eines beſuchten Flußüberganges gewöhnlich einzelne Häuſer
oder Anſiedelungen entſtehen, ſo mag wohl ſchon in älteſter Zeit am ſonnigen
Flußufer des Imberges ein oder die andere Fiſcherhütte, Schiffergelegenheit
oder Lederzubereitung ſich aufgetan haben und deßhalb der „äußere Stein"
zu den älteſten Orten im Weichbilde gehört haben.

Uiberſpringen wir, um den ſichern Boden von Jahreszahlen zu
gewinnen, Jahrhunderte, ſo gelangen wir zum J. 988 unſerer Zeitrechnung,
in welchem wir die Nachricht von der „Stadtpforte" erhalten, die, wie
bereits näher ausgeführt wurde, mit Sicherheit dem Vororte „am Steine"
gegenüber gelegen ſein mußte. Denken wir uns von dieſem Tore aus die
Brücke über die Salzach gebaut, ſo treffen wir auf eine Häuſergruppe,
die durch ihre Lage in der nicht unmerklichen Bucht des Imberges zwiſchen
(innern) Steintor und Bürgelſtein, dann durch das Steilufer geſchützt iſt
und noch vor kürzerer Zeit durch die altertümliche Bauart die Aufmerkſamkeit
von Malern auf ſich gezogen hat. Dort haben ſich nemlich die „Lauben"
bis in unſere Tage gefriſtet, ein Architekturſtück, das wohl ſicher ſchon
im 12. Jahrhundert in Anwendung ſtand.[1] Da mögen die alten Bürger
aus den kühlen, düſtern Hausräumen im Sonnenſchein Abendmahl gehalten,
oder im Kreiſe der Ihrigen den Abendtrunk eingenommen haben, die
belebte Brücke und den Ländeplatz unter ihnen im Auge, an dem noch
im 15. Jahrhunderte Holz-, Salz-, Kohlen-, ja ſelbſt „Obſtſchiffe" ihre
Ladungen löſchten und wo namentlich an Markttagen die Schauluſt
Befriedigung fand. Hinter dieſen Häuſern an der Steilwand des Imberges
wäre die alte Salvatorkirche zu ſuchen, die ſchon im zwölften Jahrhunderte
ein Raub der Flammen geworden iſt.

Daß man den Vorteil ſonniger Lage wohl zu ſchätzen wußte und
dieß beigetragen haben mag, den Vorort zu bevölkern, iſt auch daraus

[1] Da dem Vf. kein eingehendes Handbuch über deutſchen Hausbau und deſſen Geſchichte
bekannt iſt, ſo mögen einige literariſche Nachweiſungen genügen. In dem lehrhaften Gedicht:
„Die ſieben weiſen Meiſter", das dem 12.—11. Jahrhundert angehört, ſitzen dieſelben „in
der Vorlouben". Auf einer „louben" trinken die Wiener und halten ihre Meerfahrt. Wiener
Meerfahrt, ein Gedicht aus der Zeit der Minneſänge. Im J. 1340 verurteilt eine Bau-
ordnung in München die (ebenerdigen?) Lauben zum Abbruch. (Vgl. Schmeller, WB. 1.
1406. 2. Aufl.) Aus den ſalzburgiſchen Taidingen ſind auch die „Gerichtslauben" bekannt.
Photographien aus der ehemals ſalzburgiſchen Stadt Mühldorf weiſen noch zahlreiche eben-
erdige Lauben auf. Spuren ſolcher zeigen auch die obenerwähnten Häuſer am Stein.

zu entnehmen, daß noch am Ausgange des 14. Jahrhunderts zwischen der innern Klause am Stein und Pyrglen drei „Weinzierl" ihr mühsames und unsicheres Geschäft betrieben[1]. (Doppler.)

Im Ausgange des Mittelalters ist die Steingaße ein häufiger Wohnort der „Parchanter" (Barchentweber) und „Ircher" (Weißgärber), deren es in der Stadt eine ziemliche Menge gab. Erstere hatten (1728— 1804) daselbst eine Art Innungshaus (H. 71, Doppler) und außerhalb Münchhausen zu Parsch am Puchschachbach (Gersbach) die „Plaichwiesen der Parchanterbruederschaft". Übrigens wohnten am Steine Leinweber, andere Kleinbürger, auch niedere Hofdienstleute.

Das Haus 15 Steingaße besaß Wilhalm Pürstinger und nach ihm Ludwig Alt's Hausfrau und deren Nachkommenschaft. Das Haus 46 hieß das Steinhauserische, gehörte 1563 dem Hanns und nach ihm dem Andrä Steinhauser († 1592). Nach der Entschüttung der Gautmasse (1613) ging es auf Frau Salome von Altenau und ihre Kinder, dann die Rats- und Handelsherrn Valentin Helmeckh und Hanns Schwabengruber († 1629) über. Haus 49 fiel nach Steinhausers Sturz gleichfalls an Schwabengruber, hierauf mit 46 an Cordula Czernin von Chudeniz, des reichen „Pfeffersackes" Helmeckh Tochter, dann aber an des Fürsten geheimen Rat Thomas Perger und seine Kinder. (Doppler).

Haus 50 hieß um 1563 der „Ziegelstadel auf der Ebmat" (Ebene), Haus 63 „das gemauerte Haus ob des Ziegelstadels" und die Häuser 73 und 75 das „Steinhaus" und das „Ziegelhaus", (Doppler), Haus 79 war schon im Besitze der Venediger.

Der Vorort außerhalb des (äußern) Steintores hieß „Pyrglen", „Pyrglau" oder „Pyrgla", „zu Pyrglastein". Außerhalb Pyrglen stand „Elsenheim", doch zählten die Häuser am Berg zu Pyrglen. Am Abhange, an der Straße und am Bache lag „Münchhausen". Am Puchschach- oder Gersbache bis an den Gais- und Gersberg hinan entstanden erst um das 16. Jahrhundert die Ortschaften „Parsch" (Parz, Porz, Porris,

---

[1] Um eine kleine Übersicht der Weingärten in und um die Stadt zu geben, sei bemerkt, daß außer den drei vorgenannten auch der domstiftische und St. Peter'sche in der Rittenburg, der „schöne Weingarten" beim roten Turm auf der Mönchsbergscharte, ein anderer an der äußern Nonntaler Klause und ein siebenter, eine „Weinlaube", zwischen dem Linzer- und Bergstraßtor zu nennen wären. Aus weiterer Umgebung sind urkundlich bekannt geworden: ein Weingarten am Gilgen bei Bergheim, ein anderer bei Halbenwang (Hallwang), ein dritter bei Söllheim, ein vierter auf der Pager bei Reichenhall und 13, sage dreizehn am Talgehänge bei Hegelwerd. In der jüngst vergangenen Zeit wurde Weinbau betrieben am „Studentenbergel", Riedenburg (Reichenhallerstraße) und am Paschinger- (Gschnitzer'schen) Schlößl am Imberg 5.

Porras) und „Reut", als die Überſchwemmungen des Gersbaches ſeltener geworden waren. Das ganze Gebiet des Gersbaches war ſtädtiſch.

Zu Pyrgla beſtand ſchon im 12. Jahrhundert ein (Urbar-)Amt des Kloſters St. Peter, welches die umliegenden Güter bis an den Heuberg und nach Glas hinauf unter ſich begriff. Unter fortdauernder Anerkennung des ſtiftiſchen Grundeigentums finden wir ſeit 1434 die Kenzl (Haus vnd Paumbgarten ꝛc Pyrglen, Haus und Kenzlgarten), ſeit 1555 die Riz im Beſitze von Bürglſtein, welche letztere das volle Eigentum erwarben. Nach dem Abgange der Rizen um 1656 und kurzem Wechſel der Beſitzer wies der Fürſt den Urſulannonen den Bürglſtein zum einſtweiligen Aufenthalt an (1695), bis ihr Kloſter zu Stande kam. Im J. 1713 befanden ſich 15 Waiſenknaben mit einem Hausvater daſelbſt (Toppler), welche vorher in einem Hauſe, das zum Urſulinerkloſter verbaut wurde, gewohnt haben ſollen (Hübner 129). Der durch die römiſche Begräbniß- und Leichenbrandſtätte berühmte, ſchön gelegene Landſitz kam endlich in jüngſt vergangener Zeit in die Hände der Fürſtin Arenberg.

Schon 1338 war auch das Domkapitel Beſitzer eines Paumgartens am Bürglſtein, den es 1438 an den Hofbäcker Ortwein Krapf (Baumgarten und Burgſtall am Bürgelſtein) zu Leibgeding hindangab und der 1604 ebenfalls an die Riz kam. Im J. 1650 ſteht da der Rohrwolfgarten und heißt das Burgſtall „Reuſtein". Bis 1773 wohnten daſelbſt die Bartholomäer, eine Prieſtergeſellſchaft, welche in der Stadtſeelſorge Aushilfe leiſtete und 1783 aufgehoben wurde. In letzterem Jahre errichtete G'ſchwendtner in dieſem vergrößerten Gebäude eine Lederfabrik, die aber in Folge der Kriegsjahre nach und nach in Verfall kam.

Im J. 1434 beſaß die reichbegüterte Afra von Weißbriach), des Erzbiſchofes Burkard nahe Verwandte, auf des Kloſters St. Peter Grunde „Kalchgrub und Kendel bei Pirglen", 1442 Regina die Haunſpergerin (Toppler), ſeit 1453 aber Hanns Elſenhaymer, der nachmalige Stadtrichter, der den „Sitz Elſenhaym" gründete.[1] Über zweihundert Jahre ſaßen die Elſenheimer daſelbſt, dann eine Zeit lang die Riz, ſpäter die Freiherrn Rehling; in unſern Tagen kaufte die Fürſtin Arenberg dieſen Beſitz.

Das Gut „Fürberg" (Fürberggaſſe 8, 10), 1377 „Gut Neydeck am Fürberg" (Bgſp.-Reg.), dem Kloſter St. Peter grunduntertänig,

---

[1] „Item Regina Haunſpergerin dient von der Kalchgrub Kendel vnd hurnauſchgarten gelegen ꝛu pürglen gegen des Chewczlens ſicz vber ob der ſtraſ vnd macker vnd iſt nun des hans elſenhaimer der es gepawt hat von new ainen ſicz vnd baiſt nun ꝛe elſenhaim dient iärlich dur ꝛ̃ vi vnd ꝛe purckrecht den xII. Urb. St. P. vor 1445. Toppler.

9*

besaß im J. 1482 der Seidenater[1]) Christof Gerslaher, dann der Bürger Georg Waginger, die Domherrn Johann von Khuenburg und Niklas von Wolkenstein, von 1624 bis 1802 die Bürger und Handelsherrn, dann Kammerräte, Landrichter u. s. w. von Feyertag (Toppler).

Das Gut „Münchhausen", dessen Namen und Ortslage jetzt verschollen ist, war uralter Besitz des Klosters St. Peter. Schon 988, bei dem Austritte aus der Einverleibung in die erzbischöfliche Gütermasse, wird Municholus dem Koster zurückgestellt, 1145 wurde der Besitz sogar vom Pabste bestätigt. Der Hof Münchhausen reichte mit seinen Gründen von der Brücke beim H. 5 Gaisbergstraße über den Gersbach), begriff das spätere Hofwäscherhaus und die Mühle (Fabrik Zeller) in sich, erstreckte sich bis zur Zieglhofwiese, umfaßte das spätere Maierhaus des Gütchens Blumenstein (d. h. den Landsitz Endres), alle Gründe des späteren Weichselbaumerhofes zwischen Gangsteig und Straße und die drei kleinen Güter am Bach (H. 5 wie vor?), auf dem Bach (Hofwäscherhaus?) und Erlach. Der Weichselbaumhof und die Mühle bildeten um 1420 die eine, die drei kleinen Güter die andere Hälfte des Gutes, das später noch in kleinere Teile zerfiel und die Kauflust der Elsenheimer erregt hatte. (P. Amand Jung). In den Sechziger Jahren dieses Jahrhunderts wurde der Weichselbaumhof durch Brand zerstört und nicht mehr aufgebaut. In diesem Hause, das seinen Namen von einem Gastwirte trug, hielten im vorigen Jahrhunderte angesehene Bürgergeschlechter bisweilen Gastmäler und Tanzabende.

Vor dem J. 1811 reichte der Stadtbezirk in dieser Gegend bis an den Gersberg hinan, und umfaßte das Quellgebiet des Gersbaches mit den Ursprüngen der städtischen Wasserleitung. Die ganze Strecke von Münchhausen an längs des Baches hinauf ist durch die Städter in Kulturboden verändert worden. Erst mit Beginn des 17. Jahrhunderts werden die Überschwemmungen des Baches seltener, verschwindet der Parz (knorriger Buschwald) an demselben und entsteht die Ortschaft „Reut" am Gersberg. Es war der Zeit der häufigen Regirungswechsel vorbehalten, dieses unzweifelhafte Stück städtischen Weichbildes abzutrennen, und einer Landgemeinde zuzuteilen. Seither heißt der städtische Überrest unrichtig Parsch, der alte Namen Münchhausen ist vergessen und was südlich vom

---

[1]) Seidenater = Seidensticker, verfertigten die Prachtkleider für die Kirchen, die Höfe, die Adeligen und Bürger. Sie wurden den Rittern gleichgeachtet. Seidenater und Goldschmide waren zu Salzburg zu einer Innung oder Brüderschaft vereinigt. Der Domschatz, St. Peter, auch Kloster Mülln besitzen noch treffliche Beweise des Kunstfleißes unserer Seidenater.

Bache lag, kam an die Landgemeinde Aigen. Statt der Mühle am Bach entstand 1849 eine Chocolade- und Feigenkaffeefabrik und der Gersbach erhielt 1871 seine steingefügten Ufer.[1)]

Schallmos und Froschheim.

Will jemand etwa fragen, wie so die Herzöge Theodo und Theodebert (Tiet und Tietprecht) ohne Bedenken dem h. Rupert auf dessen Bitte die Salzburg sammt Umgegend abtraten und dafür ihren Fronhof auf die gesegneten Fluren von Salzburghofen verlegten, so wird man dafür als Grund allerdings vorerst den frommen Eifer der Neubekehrten in Anschlag bringen müssen. Aber vielleicht darf man auch einiges Gewicht auf die Zuversicht legen, welche die bairischen Fürsten zu der bereits bekannten Beflißenheit und Geschicklichkeit der Klöster hegten, mit welcher diese ungastliche und öde Gegenden urbar zu machen verstanden. Versetzen wir uns nur einen Augenblick in die juvavische Moorlandschaft im achten Jahrhundert. Das große Hochmoor[2)] vom Untersberg mit seiner Ab-zweigung in das kleine Rittenburgbecken herein und dem Loh an der Glan (Leßen), die sumpfigen oder wenigstens naßen, den Salzachüber-schwemmungen ausgesetzten Wiesen in Gmain bis zum alten Salzachwagrain (von Morzg bis Nountal) und in die nächste Nähe der Stadt, der knorrige Buschwald (Parz) am Puchschach- oder Gersbach, der von der Höhe ins Tal herabstürzt und die noch sichtbaren Schuttwälle an seinen Ufern zurückließ, das „Itzlingermoos" auf der Nordseite des Imberges zwischen Nußdorf, dem Gersberge und der Rechtsstadt — wahrlich, das Vertrauen auf die Kulturarbeit des neugegründeten geistlichen Stiftes konnte nicht gering sein. Und man muß gestehen, die Klöster, Fürsten und Bürger wurden, wenn auch erst nach langer Zeit, doch endlich ihrer Aufgabe

---

[1)] Was den Namen Parsch betrifft, so wollen einige Lateiner ihn von pars (ein Teil) herleiten (?!) Dagegen ist zu erwähnen, daß Parsch und Garsch (am Inn) ganz nach dem gleichen Sprachgebrauche gebildet worden sind. Ersteres lautet Porris, Porras, Pars, Pors, Parz (erklärt in Landeskunde XX. 133, 134). Letzteres wurde Garzz, Garze, Garoz, Giarse, Gartse, Garosch und Gars geschrieben und ist wohl sprachlich verwandt mit dem Namen der uralten Abtei Gorze bei Metz.

Die Vorstadt am Stein ist eines bevorstehenden Raumzuwachses gewärtig, der sich längs des neuen Salzachdammes um das Ostende der Karolinenbrücke ausbreiten wird. Dieser neue „Quai" oder Kai liegt dem alten Kai gegenüber, ist zwar um viele Jahr-hunderte jünger, länger und mächtiger als der alte und sein gesichertes Hinterland ohne Vergleich größer; aber doch sind beide Brüder und Werke einer und derselben Mutter, der Stadt Salzburg.

[2)] Der Ausdruck „Hochmoor" ist nicht sinnbildlich, sondern tatsächlich zu verstehen. Denn zu Ende des vorigen Jahrhunderts stellte das Untersbergmoor noch eine so stark gewölbte Höhe dar, daß man über selbe hinweg von Anif aus kaum das Schloß Glaneck erblicken konnte.

gerecht. Von Lehen, Rittenburg, Gmain und Münchhauſen-Parſch ward
bereits Erwähnung getan, den Grund zur Trockenlegung des Untersbergmoores legte Erzbiſchof Leopold Anton (1727—'45), das Ützlingermoor
aber erhob Erzbiſchof Paris (1619—'53) aus ſeiner Verlaſſenheit und
Oede. Und wenn auch dieſe Fürſten bei ihren Unternehmungen zunächſt
an die Verbeßerung ihrer eigenen Fronländer (Domänen) dachten, ſo
ſind doch die Einzelnzwecke längſt in einer größeren Bedeutung für
Ackerbau und Gewerbe aufgegangen, denn „Erfindung und Tatkraft, die
auf richtigem Wege ſind, kommen ſtets dem gemeinſamen Weſen zu Gute,
wenn ſie auch urſprünglich perſönliche Zwecke verfolgen.[1]

Das Ützlingermos entſtand ohne Frage durch die Uiberſchwemmungen
der zwei Bäche aus den Tälern zu beiden Seiten des langen Heuberges,
Guggental und Maierwieſe. Auch die beiden Quellwäſſer vom Imberge
herab, beim Linzertor und am letzten Keller, trugen zur Verſumpfung bei.
Im achten Jahrhundert finden wir in dieſer Gegend den Herrnhof Nußdorf
mit dreizehn Knechtshuben, den anfänglichen Siedelſtätten des Torfes
Gnigel[2]. Im zwölften Jahrhundert ſind „Rechenbrunn" und „Mainwieſe"
(Mairwies) als Stiftsgüter von St. Peter beurkundet, und finden ſich
bereits Käſe zinſende Schwaiggüter[3] am Heuberg. Aus dem 14. Jahr-
hunderte iſt das Samgut[4] (bei Nußdorf) bekannt, der Beſitz des reichen
Ulrich Samer († um 1408), Venediger Kaufmanns und Wechslers,
Stifters der Samerkapelle auf dem Domfreithof und eines Zinſenbezuges
für das Bürgerſpital aus einer in Venedig hinterlegten Hauptſumme.
Im 15. Jahrhundert werden uns beſcheidene Anfänge der Ortſchaft
„Froſchheim" überliefert. Wie man erkennt, folgen dieſe dem Zuge der
Laufnerſtraße; die frühergenannten liegen an der Straße nach Oeſterreich.
Was nun in dem großen Dreieck zwiſchen beiden Straßen, oder um die
Stadt ins Auge zu faſſen, zwiſchen Lederer-, Bergſtraß-, und St. Sebaſtians-
tor hinaus lag, hieß „Ützlingermoos", deſſen Teile das „Schallmoos"
und „Langmoos" waren, beide ungefähr vom „Moosbache" (Robinighof-
ſchernbach)) geſchieden. Das Langmoos erſtreckte ſich bis über die Lang-
wid hinaus.

---

[1] Landeskunde IV. 5. die Albenleitung.
[2] Landeskunde XXII. 27, 28.
[3] „Schwaige", Viehhof, der ſich ſpäter gewöhnlich in ein Ackergut verwandelte.
„Hochgotterent" am Heuberg iſt das Reut Goto's oder Gottfrids.
[4] „Samer", von Sam (Sagma), die Pferde-, Eſellaſt. Bei der Beſchaffenheit der
Wege im Mittelalter war die Laſtenbeförderung auf dem Rücken der Tiere weit üblicher,
als die zu Wagen. „Samlehen" waren bei allen großen Fronhöfen. Manche ſchreiben
beharrlich „Saum"; aber irrig; es heißt auch im Keltiſchen Samin.

Vom Stadtgraben (Paris-Lodronstraße — Nennbüheltor — Mirabell-garten — Theater — Lederertor) hinaus bis zum Moos hatte im 14. Jahrhundert die Kultur bereits einige Erfolge aufzuweisen. Da lagen der Reihe nach vom Berge zur Salzach: das „obere und untere Burgfeld", das „Pfeiferfeld" und die „Sattlpeunt", die im Laufe der Zeit in Gärten, Wiesen, Peunten mit und ohne Hofstätten oder Landsitzen zerfällt wurden[1]). Außerhalb, bereits in halbbarem Zustand, lagen die „Peunten am Fieberbrunn" (Froschheim, Viehmarktgaße 9), das „Lausach" mit dem Steinhauserhof (Bayrhamergaße 13), die „Elendpeunt" (Kofler-, Hermes-, Kaspishof, Steiger, Weickl) und die „Moospeunt" (Paurnfeindt 1582, Bayrhamerg. 21. 22). Vom Nennpühel-, Perkstraß-, oder Pötschentor begann als Fortsetzung der Bergstraße der „Nennbühel" (Mirabellplatz), öfters auch die „Bergstraße" und „Lindstraße" genannt mit mehreren Bürgershäusern und Gärten „bei der Linde" (1545, 1560, 1600), „gegen Mirabell über" (Doppler), und lief dann die Straße zwischen Sattelpeunt und Pfeiferfeld einerseits, dann dem rechtseitigen Burgfeld anderseits hinaus. Was vor dem Bergstraßtore lag, hieß schon Froschheim.

Der lodronischen Stadtbefestigung, die einen ziemlich breiten Gürtel um die Rechtsstadt in Anspruch nahm, fielen manche dieser Ansitze zum Opfer (Pirckmayer a. a. O). Ein paar Jahrzehnte (1596) früher war dieß der Fall mit einigen Häuser und Gärten vor dem Lederertore „an dem Graben" und vielen Häusern der Bergstraße aus Anlaß des beinahe sagenhaft gewordenen Vorhabens Wolf Dietrichs zu Gunsten seines Bruders Jatob Hannibal von Hohenems (Hannibalgarten)[2], das aber erst um 1606—8 in Schloß und Garten von „Altenau" mit veränderter Absicht ins Leben trat.

Die Trockenlegung des Üzlinger Mooses in den Jahren 1631—47 wurde bewerkstelligt

durch die Einleitung des einen Waßerquelles vom Imberg in den neuen Schanzgraben,[3])

durch die Bachleitung für den äußern Waßergang vom Imberg bis an den Schernbach (Moosbach),

durch die Abdämmung und Umlegung des Gnigler- oder Alterbaches und Einleitung desselben in den Schern- oder Maierwieserbach,[4])

---

[1]) Pirckmayer in Landeskunde X. Anhang.

[2]) Landeskunde, XIII. 94, 169.

[3]) Die frühere Versumpfung in der Gegend des äußern Ostertores und weiter hinab scheint wohl zur Entstehung des Namens „Rotprülltor" den Anstoß gegeben zu haben.

[4]) Der Gniglerbach heißt auch Schnoderbach, Guggentalerbach, in und unterhalb Gnigl zum Unterschiede von dem daraus abgeleiteten Mühlbache, Alterbach; nach seiner Vereinigung

durch einen großen Abzugsgraben vom Fürstenweg an bis zur Salzach,

durch kleinere Gräben, die in den Moosbach, Schernbach und den Hauptgraben münden,

durch Aufführung von Erde und Schutt aus den Festungsbauten.

Die Anlage der Fürstenstraße und einiger Seitenwege vollendete diese Kulturarbeit, durch welche 2700 Morgen Landes für Acker- und Wiesenbau gewonnen wurden. Seitdem vergrößerte sich Froschheim und entstand der Vorort Schallmoos beinahe neu. Die „Moospeunt" aber wird schon 1548 genannt und erscheint damals schon in den Stadtkammerrechnungen.

Aber es verging geraume Zeit, bis die auf der Moorfläche gegründeten Höfe gediehen. Der Fürst hatte gehofft, indem er sie Domherrn verlieh, an denselben eifrige Fortsetzer des Werkes zu gewinnen. Aber darin wurde seine Erwartung getäuscht. Nur der alte Hof „Rechenprunn" und der „Schallmooshof" (Dietrichstein-, Kürsinger-, Stablhof, Schwarz) gediehen, dagegen zerfielen nach und nach der „Weickl-" oder „Waickhof" (Stadthauptmanns- (1660), Helmreich-, Weiserhof), sowie der „Mitterhof" durch Abtrennung oder Teilung, letzterer in den „Laimprucher-" (1680), „Lairer-" und „Rochhof" (Robinig). In dieser Gegend lagen auch der „Bockhof" (Fürstenweg 4) und der „Kranichhof" (Weiserstraße 7?) Doppler.

In Froschheim kamen zu einiger Bedeutung der „Solarihof- 1640 (Santnerhof, Viehmarktgasse 9, beim Fieberbrun) und beide „Zillnerhöfe" 1690 (Froschheimerstraße 9, 12, 14). Doppler.

Am Fuß des steilen Imberges, „allwo vor disem ein Unterstandhütten unter dem albort hervorstehenden Steinpalßen vor die Frembten sich befundten" (vor 1630), wurden, wegen geringer Feuersgefahr und größerer Entfernung von den Häusern der Stadt, zu erbauen erlaubt eine Nagelschmide (um 1630) und zwei (Glocken-),Gießhütten", eine zuerst „nächst dem Pallhaus vor St. Vitalsporten", dann „zur Schanz bei Mirabell", endlich „wegen der neuen Türniz" daselbst vor St. Ruprechtstor versetzt (1709, Oberascher), die andere aber (1686) gleich ursprünglich Schallmoserhauptstraße 11 erbaut (Gugg). Auch eine „Saisensiederei" (Schallmoserhptstr. 7) wurde sammt Wohngebäuden errichtet (Guglielmo 1751, Scharnberger). Doppler.

Hatte man vor Zeiten die Mirabellgartengegend schon zu Froschheim

---

mit dem Schern- oder Maierwieserbach heißt er Schleiferbach (warum?) und Plainerbach. Zur richtigen landschaftlichen Übersicht ist dieses kleine Lexikon von Bachnamen unentbehrlich.

gerechnet, so wurde sie seit den neuen Schanzwerken in die Stadt einbezogen. In der jüngsten Zeit sind aus Froschheim und Schallmoos zwei
Stadtteile entstanden, für deren Wachstum durch zahlreiche Straßen
gesorgt wurde.

Froschheim hat zwei Hauptstraßen, die Schwarzstraße und die viel-
ästige Westbahnstraße. Diese gibt zuerst rechts die H. Sattlergaße ab,
wird von der Auersbergstraße durchkreuzt und nimmt links die Ernst
Thun- und eine ungenannte Straße innerhalb, außerhalb der Eisenbahn-
durchfahrt aber die Schlachthofgaße auf und spaltet sich dann in die
Froschheimerhauptstraße mit der Viehmarktgaße, in die Westbahn- und
Weiserstraße, an welche Schallmoos angränzt.

Die Schallmoserhauptstraße entsendet an die Imbergwand (das
„Schallmoserg'wändt") die Glockengaße, nimmt aus der Ebene die Wolf
Dietrich-, Franz Josef-, Virgil-, Rupert- und Baierhamergaße auf, steht
mit dem alten Fürstenweg in Verbindung und verliert ihren Namen
an der Weichbildgränze, um als Reichsstraße ihre Richtung in die untere
Gnigl fortzusetzen.

VII. Abschnitt.

Die Brücken.

Allerdings hat es im Salzachtale einst eine Zeit gegeben, in welcher der Fluß die Talbreite ausfüllte, der Imberg und Festungsberg inselgleich aus dessen Fluten hervorragten, und hinter dem Festungsberge die Geschiebe des Mönchsberges sich ablagerten. Aber in der geschichtlichen Zeit hat der Fluß zwischen Hallein und Salzburg im Großen und Ganzen seine Richtung wenig verändert. Wir wißen, daß die Dörfer Glas und Morzg, Anif und Campánif (Elsbethen), schon zur Römerzeit bestanden, daß um Aigen sich eine Spur eines thrakischen Reiterflügels vorfand, daß in der Brunnhausgaße Überreste alter Gräber aufgedeckt wurden, und daß am Bürgelstein ein römisches Brand= und Leichenfeld gelegen war. Die Römerstraße zog am rechten Flußufer talauswärts, und nach Morzg, dem römisch-keltischen Anif und Gretig konnte man nur durch das Nonntal gelangen. Im Süden der bairischen Salzburg lagen bebaute Ländereien und wird eine Gränzbuche genannt. Alles vereinigt sich demnach zur Annahme, schon seit römischer Zeit hätten die Salzachwagraine, der linke: Morzg=, Gneis=, Hofbrunnhaus (Nonntal) und der rechte: Glas-Elsenheim die Gränzen des Überschwemmungsgebietes der Salzach bezeichnet und der Fluß, deßen unregelmäßiges Bett wir uns etwa um die St. Josefs= und Morzgerau breiter denken dürfen, sei in jenem Viertelkreise, den wir noch jetzt auf der Karte sehen, in die Talenge: Bürgelstein-Nonnberg hereingefloßen.

Als die Salzach sich in die Sideroporta[1]) zwischen Imberg und Mönchsberg hineinzwängte, entstand jene Erscheinung, die fast überall vorkommt, wo ein Bach oder Fluß aus der Ebene oder Talweite in eine Felsenge, einen „Strub“ hineinrinnt[2]). Das Waßer „sträubt“ oder staut

---

[1]) Sideroporta, ein Wort byzantinischer Chronisten, bezeichnet eine Talenge, einen Paß überhaupt und heißt Eisentür oder eisernes Tor. Der Paß Lueg, die Unten-Loferer Talengen sind in demselben Sinne die Sideroporta Pongaus und Pinzgaus, wie es die berühmten Thermopylen und der Engpaß bei Tenurio für Thessalien und das eiserne Tor an der Donau sind.

[2]) Landeskunde XXI, 48, 49.

sich nicht blos in der Enge, sondern auch, besonders bei Güßen und Hochwäßern vor derselben. Gleich zwei Vorgebirgen oder Zangenarmen verengern der Nonnberg und Virgelstein den Zuflußraum; in Folge der Stauung und der krummen Flußachse wich das Wasser auf das rechte Ufer und wusch dort, oberhalb des Birgelsteins, eine Bucht aus, die erst in unsern Tagen vollständig ausgefüllt wurde.

Da demnach zwischen dem Birgelstein und Fluß für die Römerstraße kein sicherer Weg übrig blieb, so muß dieselbe zwischen Birgelstein und Imberg durchgegangen sein und ihren Lauf längs der Salzachbucht genommen haben. An derselben finden wir schon um 988 das st. peter'sche Gut Münchhausen in der Gegend, wo der Puchschach- oder Gersbach aus dem Niederwald (Au) oder Parz[1]) unterm Gerhartsberge (Gersberge) hervorbrach und sich in die münchhausener Bucht ergoß. Der Aubach, der mit dem Gersbache vereint jetzt am Fuße des Birgelsteins und am Steilufer der Vorstadt fortgeleitet ist, zeigt noch die beiläufige. Begränzung dieser Bucht an. Uralte Verwerkungen oder Flußdämme wurden dort und zwischen Birgelstein und Münchhausen ausgewaschen oder vorgefunden.

Die Salzach besaß daher seit jeher oberhalb Birgelstein im Stadtgebiet die größte Breite, und die Karten in Hübners I. und II. Teil machen dieß anschaulich. Noch im J. 1789 beträgt daselbst die Flußbreite 2000 Salzburgerfuß.

Die Aedilen (Baumeister) der Stadt Juvavum konnten deßhalb nicht in Verlegenheit sein, in welcher Gegend die Brücke zu schlagen sei. Wenn überhaupt diese Keltenstadt neben ihrer berggeschützten Lage auch der geringen Flußbreite zwischen beiden Bergen als günstigstem und sicherstem Uibergangsort ihren Ursprung verdankte, so konnte nur eine Stelle unterhalb Birgelstein für die Brücke ausersehen werden. Die Untiefen und Sandbänke gleich unterhalb diesem Felshügel und der beträchtliche Abstand beider Ufer gewährten aber weder Sicherheit noch Vorteil; der Brückenschlag konnte demnach nur zwischen beiden Steintoren und zwar wahrscheinlich wieder nur an der engsten Stelle stattfinden. Da jedoch die Stadt in der Gegend der S. Haffnergaße zu Ende war[2]), und der Verkehr über die Brücke doch durch die Stadt gehen mußte, so erübrigt, wie ein Blick auf die Karte lehrt, als mut-

---

[1]) Uiber „Parz", Barsch u. s. w. s. Vorde XX. 133.
[2]) Die allermeisten Altertumsfunde geschahen zwischen Kaietanerplatz und Trägasse.

maßlicher Ort der Römerbrücke nur die Strecke zwischen dem
bestandenen St. Michaels- und dem Klampfertor.

Nach der Zerstörung Juvavums und während des Niederganges des
Ostgothenreiches kam das alte Norikum unter die Oberherrschaft der
Frankenkönige, unter denen die bairischen Herzöge bald in engerem, bald
weiterem Umfange die Regierungsgewalt ausübten und auf dem späteren
Nonnberg die Salzburg erbaut wurde. Sie muß als Schutzstätte und
Mittelpunkt des bedeutenden herzoglichen oder königlichen Besitzes im
Juvavergau betrachtet werden. Wer würde nun glauben, daß man etwa
die vorhandenen Straßen aus der Römerzeit nicht benützte; oder daß die
Grafen mit ihrem Gefolge zu ihren Mallstätten durch die Salzach ritten; oder
daß die herzoglichen Amtleute sich mit Fähren behalfen, daß die Abgaben
an Rindern, Schafen, Vließen, Getreide auf schwankenden Einbäumen
übergeschifft wurden? Man wird zur Annahme genötigt, daß man die
Holzbrücke über die Salzach, die die drei Römerstraßen verband, stets
wieder herstellte, wenn sie dem Flusse zum Opfer fiel.

Schon seit der Merowingerzeit war der Brückenbau eine Gewohnheits-
pflicht der kirchlichen Orte. Das Capitulare (ein nach Absätzen oder Capiteln
verfaßtes Gesetz) Karls des Großen vom J. 802 nennt die Brückenbaupflicht eine gerechte und alte Gewohnheit, der die Kirchen zu gesammter
Hand mit dem übrigen Volke nachkommen sollen. Und nach Absatz 4
des Capitulares von 819 gehörte der Brückenbau zu den gemeinen Lasten
derjenigen, die nicht gegen den Feind ziehen (Bischöfe, Domkapitel, Klöster[1]).
Es ist deshalb gewiß, daß die salzburgischen geistlichen Fronhöfe bereits
die Stadtbrücke bauten, Jahrhunderte zuvor, ehe ihre Salzwerke in Flor
kamen, ehe der Bischof, der Abt, der Domhof, die Abtissin namhaften
Salzhandel betrieben. Später allerdings galt derselbe als Titel zur
Brückenbaupflicht, denn wie wäre sonst der selbstständige Probst von
Berchtesgaden als Theilnehmer an dieser Last herangezogen worden? Daß
man aber endlich auch dem Bürgerspitale, das nur Almosensalz bezog,
die Baupflicht eines oder zweier Jöcher aufhalte, läßt sich nur dadurch
erklären, daß es als Nachfolger des Admonterhofes einem Herrnhofe
gleichgeachtet wurde, der in der Tat zahlreiche Güter, Häuser und Gilten
und seit seiner Gründung ein Haus an der Brücke besaß, dessen Brücken-
kopf oder Landjoch als Uferversicherung galt, die in Stand zu halten
der anrainende Eigentümer verbunden war.

---

[1] Cap. longob. duplex, Pertz, L.L. 1. 18.

Die Zahl der Brückenjöcher wird mit sieben, acht und neun angegeben, sei es, daß man die Landjöcher zu- oder abrechnete, oder daß
die Zahl überhaupt in verschiedenen Zeiten wechselte. Gewöhnlich
rechnete man, wie folgt:

„1. Joch enhalb der Bruggen (Baupflicht), Abtessin,

  2. „ , Probst von Berchtesgaden,

  3. „ , der Herr von Salzburg,

  4. „ , Domcapitel zu Salzburg,

  5. „ , wo das Slagtor steht, Gemaine Stadt,

  6. „ , Abt von St. Peter,

  7. „ , Herr von Salzburg,

  8. „ , Burgerspital.“

Obwohl nun schon seit Kaisers Fridrich II. Zeit Straßen und
Brücken zu den Regalien und Rechten (daher auch Pflichten) der Landeshoheit (somit des Erzbischofes oder Landesfürsten) gehörten, in deßen
Namen auch der Brückenzoll eingehoben wurde, so bestand doch in Salzburg
die vorangegebene Verteilung der Baulast bis ans Ende des 16. Jahrhunderts fort. Irren wir nicht, so war diese Mitwirkung von sieben
Theilnehmern, deren drei überdieß im 16. Jahrhundert bereits den Salzhandel aufgegeben hatten und nur ungerne mitlitten, das Haupthindernis,
daß die Stadt zu einer Steinbrücke gelangte.

Bei der geschilderten Ortsbeschaffenheit gehen wir nicht irre, die
Salzachbrücke im Zeitalter St. Ruperts und der ihm folgenden Aebte
und Bischöfe ungefähr an demselben Orte zu suchen, wo sie sich zur
Römerzeit befand und wo sie am Ausgange des zehnten Jahrhunderts
stand, nemlich in der Nähe der Pforte. Denn es ist doch das Wahr-
scheinlichste, daß man die Brücke, so oft sie auch zerstört wurde, immer
wieder zur Pforte stellte, so wie man im Anfange das Stadttor vor
der Brücke erbaut hatte, wofür die Kleinheit der Stadt ohnehin wenig
Wahl ließ. In der Nähe der Brücke lagen, wie bekannt, Schranne,
Markt und Pfarrkirche, der ursprüngliche Kern der bischöflichen Stadt.

Aus dem Abschnitte V hat sich ergeben, daß man im 12. und
13. Jahrhunderte zwei Stadtteile unterschied, den „bei der Pforte“ und
einen benachbarten „an der Brücke“, daß demzufolge damals die Brücke
nicht mehr vor der Pforte stand. Da nun das Salzachbett flußaufwärts
immer breiter wird, so führt uns die Suche nach der Stelle dieser
Salzachbrücke flußabwärts. Und da wir darauf verzichten müssen, den
Ort derselben urkundlich beglaubigen zu können, so schicken wir gleich

die wahrscheinliche Annahme voraus, und lassen die Begründung und anderes nachfolgen.

Die zweitälteste Stadtbrücke in erzbischöflicher Zeit, oder im 12. und 13. Jahrhundert stand in der Gegend der Mündung der Brodgaße in die Judengaße.

Die Gründe dafür sind:

a. Die Verlegung der Brücke hängt mit der etwa um dieselbe Zeit stattgefundenen Verlegung des Marktes zusammen. Was in dem nächsten Abschnitt hierüber angeführt wird, hat auch beigetragen, die Brücke von ihrer Stelle zu rücken.

b. An der bezeichneten Stelle finden sich noch im 14. Jahrhundert und viel später die Spuren eines oder zweier auf die Salzach mündenden Gäßchen, von denen eines selbst jetzt noch (am ehemaligen Guglbräuhause) erkennbar sein soll. Vgl. Abschnitt XV. Judengaße.

c. Wenn die Seßnagel'sche Stadtansicht Häuserabstände und Gaßen annähernd richtig angibt (und der Zeichner scheint sich dem in Rede stehenden Orte gerade gegenüber, etwa in der Gegend der Veste auf dem Imberge befunden zu haben), so eröffnet sich genau an der bezeichneten Stelle, auf der Wasserseite der Judengaße, die vermutete Häuserlücke, welche 1573 nur mit einer niederen Mauer und einem kleinen Türlein abgeschloßen ist.

d. Auch die noch ältere Stadtansicht aus der Zeit des Bistums-verwalters Ernst von Baiern oder Pfalzgraf bei Rhein (1540—1553) zeigt uns das fragliche Gäßchen zur Salzach als geradlinige Fortsetzung der Brodgaße. Es ist mittels einer niederen Mauer und einem Türlein verschloßen. Ein bis zwei Häuser flußabwärts ist noch das viel schmälere Gäßchen (neben dem heutigen Spänglerhause) erkennbar, in welchem das Feßeltürlein gesucht werden muß.

e. Der Abstand beider Salzachufer ist daselbst der kürzeste, daher für eine Brücke der günstigste.

f. Jenseits dieser wahrscheinlichen Brücke besteht noch heutigen Tages die Häuserlücke in der Steingaße, neben dem ersten Hause innerhalb des Tores, für den Zugang zur Brücke.

g. Es kann nicht als Einwurf gelten, daß diese Brücke damals in den Vorort am Stein mündete, weil dieß ja mit der Brücke von der Pforte herüber auch der Fall war, die ältesten umfaßenden Stadtmauern ungefähr erst um 1250 erbaut wurden, und die in Rede stehende Brücke dem Zeitraume vor Erbauung dieser Mauern angehört.

h. In der Nähe des rechts-, auch des linksseitigen Brückenkopfes lagen jeweils die Ländeplätze für die Holz-, Salz-, Kohlen- und Obstschiffe.

i. Die Versetzung der Brücke nach abwärts entsprach der Stadtverlängerung nach dem Flußlaufe.

Demnach hätten damals Brücke, Stadttor und (zweiter) Marktplatz in Zusammenhang gestanden und zusammt der Brod- und Goldgaße eine senkrecht auf die Längsstraße (Pfeifer-Judengaße) stehende Querachse städtischen Lebens gebildet.

Zur Verlegung der Brücke von der Piorte nach abwärts mag aber noch ein weiterer Umstand beigetragen haben, für den jedoch der Wahrscheinlichkeitsgrad nicht bemeßen werden kann. Da Brücken und Fluß unzweifelhaft zu einander gehören, so wurde es für zweckdienlich erachtet, hierorts über den Salzachlauf einiges einzuschalten, weil dadurch Ortslage und Entwickelung des Stadtteils oberhalb der Brücke im 11. bis 13. Jahrhundert doch einiges Licht erhalten, dann aber auch, um es dem Urteil des Lesers nahe zu legen, wie schon damals Kaibauten, Brückenbauten und Stadterweiterung, von denen wir in unsern Tagen ganz treffliche Beispiele erlebten, in nahem Zusammenhange standen. Die Darstellung dieser Verhältniße ist leider etwas unsicher, wie es der mannigfaltige Lauf des noch uneingedämmten Flußes selbst war, und wie es die spärlichen Ankerpunkte bei der Betrachtung des alten Flußwirrsales auch nicht anders gestatten.

Suchen wir uns also die Verhältniße des linken Salzachufers für den fraglichen Zeitraum zu vergegenwärtigen. Wir müßen uns vor allem gewöhnen, statt dem heutigen fast gerade gestreckten Ufer uns eine Bogenlinie vorzustellen, die von der jetzigen Schanzelgaße (inneres Nonntaltor) in der Richtung der ältesten Stadtmauer über Kumpfmühltor, Pfeifer- und Judengaße läuft und beim Bürgerspitaltor endigt. Diese Bogenlinie hat an der Stelle der vorher besprochenen zweiten Stadtbrücke ihre gegen den Fluß am meisten vorspringende Scheitelhöhe. Die zwei Dreiecke, die ober- und unterhalb dieses Scheitelpunktes liegen und je von dem damaligen und dem heutigen Flußufer begränzt werden, stellen die Räume dar, die der Salzach durch Eindämmung und Geradestreckung ihres Laufes abgewonnen wurden, und wozu, wenigstens im obern Dreieck, etwa im 11. Jahrhundert, der Anfang gemacht wurde. Um sicher zu gehen, wird ausdrücklich wiederholt, daß eben der Zug der ältesten Stadtmauer die Gewähr für die erwähnte Bogenlinie leistet und daß alles, was außerhalb derselben liegt, als Anschwemmung zu betrachten ist, wenn auch etwa zur Zeit der Erbauung der Mauer z. B. vor dem Schanzel und dem Kumpfmühltore bereits Anschwemmungen bestanden, die aber, als unsicherer Grund, noch nicht in die Stadt einbezogen werden konnten.

Knüpfen wir nun an die große Salzachbucht bei Münchhausen ober- und außerhalb des Bürgelsteines an. Jedermann kennt die Schlangen- windungen eines Flußes, der sich selbst überlaßen ist. Wir sehen sie ja noch mehr als zur Genüge auf allen Strecken des Salzachrinnsales, wo nichts oder Unzulängliches für deßen Regelung geschehen ist. Mußte nicht, wenigstens bei Hochwäßern, der Hauptschwall von der Münchhausenerbucht auf das linke Ufer zwischen dem vorspringenden Nonnberg-Vorgebirge und der ältesten Stadtbrücke herübergeworfen werden? Und mußten nicht auf dieser Strecke Unterwaschungen, Losrisse von Uferstücken, Waßertümpel, Brandungen entstehen, wie wir sie noch in der ersten Hälfte des laufenden Jahrhunderts am Klausentore zu beobachten Gelegenheit hatten? Noch zeigt die starke Bodensenkung in der Gegend der Kumpfmühle die Stelle einer solchen Auswaschung an und das „Krotach“, wovon eine benachbarte Gaße ihren Namen trägt[1], läßt uns erraten, daß lange Zeit an diesem Orte Überschwemmungsboden lag, in dem die Sumpf liebenden Tiere, Kröten und Frösche, sich's wohl sein ließen.

Das war beiläufig die Gestaltung dieser heutigen Stadtgegend etwa zu der Zeit, als der städtische Anteil des Nonnbergerbezirkes an die Stadt überging. Und wer möchte läugnen, daß solche Gefährdung durch Wasserschäden, deren Wiederbringung dem durch die Einverleibung ge- schwächten Nonnbergerstifte vielleicht unmöglich war, die Übergabe an die Stadt erleichterte?

Wollten also die Bürger, oder der Stadtherr, oder beide mitsammen retten, was zu retten war, so war die Not am Mann. Da half nichts, als ein starker Damm, eine Verwerfung, eine „Schlacht“, wie man im 15. und 16. Jahrhundert es nannte, ein „Kai“, wie man im 12., 13., 14. und 19. Jahrhundert dieselbe Sache bezeichnete[2].

---

[1] „Krotach“ ist in der salzburger Mundart ein Sammelbegriff, wie Apfalterach, Tornach, Staudach, Minzach, Nestach, Eichach, Pirach, Haslach, Parzach, Poschach, Kanach, Stockach u. s. w. (Zahlde XX. 131 u. ff.)

[2] Viele Stadtbewohner, durch das herrschende Sprachgemenge der Zeitungen beirrt, meinen, „Kä“ und „Kai“ seien ganz verschiedene Dinge, „Kä“ sei ein französisches Wort, bezeichne einen schönen Spaziergang am Ufer, „Kai“ aber einen alten Stadtteil. Aber schon das Dorf Kai in der Nähe des Salzachufers bei Titmaning, wo freilich keine Eisenbahnen hingelten, das Chai (1415) zu Jöchling am Bache oberhalb Piding, in der Nähe der Reichenhallerbahn könnten auf den Irrtum aufmerksam machen. „Kai“ ist zusammengezogen aus „Gehai“ (Ghai), ist also eine Verstärkung des Wortes „Hag“. Die Uferdämme be- standen und bestehen noch aus Reihen von Pfählen, mit Flechtwerk verbunden, die mit dem

Die alten Salzburger haben also richtig um das 11. Jahrhundert einen Kai (oder, wer es lieber hört, „Kä") gebaut, der, da wir Jahreszahl und Klafterlänge nicht genau anzugeben wißen, den Boden der erweiterten Bürgerstadt zwischen der „Pforte", dem Rumpfmühltore und weiter hinauf vor den Einbrüchen der Salzach schützte. An oder auf diesem Kai wurde später die Stadtmauer errichtet, wahrscheinlich auch die Waßerseite der Pfeifergaße. Etwa 70 Jahre später hören wir in dieser Gegend von dem Magdalenenspital, bald auch vom Chiemseehofe, den man später, um am Krotach Raum und Halt zu gewinnen, auf starken Grundmauern zu erweitern für nötig fand. Im 14. Jahrhundert erscheint die Knupfmühle, nicht mehr neu, in den Urkunden. Die ganze Gegend und der benachbarte Stadtteil, der allmälig entstand, hieß nun „am Kai". Noch im Jahre 1320 heißt es von dem späteren Räpplbad in der (ebenfalls später so benannten) Pfeifergaße: „Des (Dom-) Probstes Bad gelegen in der Gaße (in vico), die Gehai genannt wird, (Toppler). Aber schon um 1150 werden ein Alberich und ein Reitersmann (miles) Ortolf vom Gehai oder Gehäii genannt.[1]) So gestalteten sich die Anfänge des (ältesten) Salzburger Kaies.

Uiber die Wirkungen dieses Uferbaumes auf das Rinnsal der Salzach sind wir allerdings ebenso wenig unterrichtet, wie über die Zeit der Errichtung der sonstigen ältesten Verwerkungen. Gewiß ist nur, daß er die

---

Zugschlägel eingerammt und mit Schotter bedeckt werden, wie man dieß in den Salzachauen bei den Waßerbauten noch jährlich sieht. Sie bilden also einen Hag. Werden mehrere Reihen hintereinander eingeschlagen, so ist es ein Gehag oder ein Gehai. Auch in den holländischen Städten heißen die Uferdämme „Kaaie". Die Franzosen haben sich dasselbe Wort mundgerecht gemacht: quai (Kä). Diese unsern Stadtleuten unbekannte Verwälschung des deutschen Wortes „Kai" mahnt an das gestohlene Kind, das unter die Zigeuner geriet, seine Muttersprache in dem Kauderwälsch verlernte, und als es loskam, seine Eltern nicht mehr kannte. Jetzt baut man freilich statt der hölzernen Pfahlwerke die dauerhaften Steindämme, aber der Zweck ist derselbe geblieben.

[1]) Salbuch des Domstiftes im Notizenblatt der Wiener Akademie V., 558, 198; 597, 273 und 600, 287. Wie immer, wo es an Geschichte gebricht, sich die Sage einstellt, so geschah es auch mit dem Kai. Vor sechs, acht Jahrzehnten und früher, als man auch in Salzburg noch aus bloßen Namen und Jahreszahlen Geschichte herstellte, wie Ranke sagt, traute man sich zu einer Entdeckung gemacht zu haben, wenn man den Namen Kai als civitas Caii (die Stadt des Caius), versteht sich, zur Vermehrung der Glorie, keines andern als des Caius Julius Caesar, auslegte und v. Schallhamer weiß sogar „der Sage nach" von einem Castrum oder Castellum Julianum zu berichten (Landesold. I. 58). Daran knüpfte sich die Folgerung, der Kai sei der älteste Stadtteil, er sei schon zur Zeit des „Kaisers" Julius Cäsar unter den römischen Kastell erbaut worden. Und nun fand man darin genug Anhaltspunkte für den Glauben, daß die alte „Juvavia" — der richtige Namen Juvavum scheint unbekannt oder nicht mundgerecht gewesen zu sein — schon zu Julius Cäsars Zeit eine Römerstadt gewesen sei. Dieß als Seitenstück zum Bischofssitz Petena == Seekirchen, den noch Vogel-Huber der Geographie und Geschichte zu Trutz feststellen wollte.

bezeichnete Uferstrecke wirklich schützte, und daß sich bis ins 15. Jahrhundert hinein vor derselben eine ausgiebige Bank von Flußgeschieben ansetzte, hoch genug, daß darauf Gärten entstanden, das wiederholt schon genannte „Paradeyß" an dem Nonntalerbach. Diese Schotterbank setzte sich vermutlich bis in die Gegend des bestandenen Michaelstores fort, denn noch im 16. Jahrhundert und später heißt der gegen das Flußufer gelegene Teil des Mozartplatzes, nach einem Schifferausdrucke, der eine Sandbank bezeichnet, „am Hausen". Während dieser Zeit hat demnach sich die Hauptachse des Flußes geändert. Aber geraume Zeit nach der Errichtung des Kaies wird seine Wirkung doch darin sich geänßert haben, daß er einen Teil des Flußwaßers staute und zwang schräg in der Richtung gegen das andere Ufer zu rinnen, wie noch jetzt bei Uferschutzbauten die Beobachtung lehrt. Und diese schräge Richtung kann gerade für die Brücke bei der Pforte gefährlich gewesen sein und beigetragen haben, sie weiter nach abwärts zu versetzen.

Wären die Jahresangaben über die Salzachhochwäßer viel vollständiger, als sie vorhanden sind, so könnte man versucht werden, die Erbauung der dritten Stadtbrücke in das Jahr 1316 zu setzen, in welchem zum ersten Male von der Zerstörung der Brücke Meldung geschieht.

Die dritte Stadtbrücke (seit bischöflicher Zeit) stand zwischen Klampfertor dies- und dem Hause 14 Steingaße jenseits (Englwirt). Sie ist durch die älteren Stadtansichten beglaubigt und daher auch den Freunden der Stadtchronik bekannt. Auf ihr standen zwölf Metzgerbuden, drei kleine Eigentumshäuser, andere Verkaufsstände und zwei „Sidel-" oder „Sudelküchen", welche letztere Erzbischof Matthäus, da sie abgeschafft waren, wieder zu errichten befahl (1525). Im Jahr 1512 brannte ein Haus auf der Brücke ab (Doppler). Auf dem städtischen Joche stand das „Slagetor", die fürstliche Brückenzollstätte; den Zoll verrechneten in älterer Zeit die Bürger („Bruckner", ponticus, pontenarius, telonearius ponti Salzb., prukkare genannt), später der Pflastermauteinnehmer. Im 16. Jahrhunderte wurde diese Brücke viermal (1505, 1568, '72, '98) vom Waßer zerstört, 1568 sechs Buden weggerißen (Kammerraitung). Der letzte Einsturz leitete einen zwanzigjährigen Zeitraum wiederholter Brückenbauten ein, die jetzt von den Landesfürsten ausgingen.

Mag es sich nun mit der Wirkung des ältesten Salzachkaies in der angedeuteten Weise verhalten, oder auch nicht, worauf es jetzt weniger ankommt, so steht doch anderseits fest, daß das Hauptwaßer der Salzach

von der Bucht am Kai auf das rechte Steilufer am Stein herübergeleitet,
daselbst solchen Widerstand fand, daß es unterhalb der Brücke in die fast
noch größere Bucht Trägaße - Bürgerspital - G'stätten, abermals am linken
niedrigen Ufer hinüberrann. Und daß dieß jedenfalls noch im 12. Jahrhundert der Fall gewesen ist, lehrt die dreieckige Gestalt des Frongartens,
dessen eine Spitze beim Bürgerspitale lag, die Richtung der Trägaße, die
der Linie des alten Ufers entspricht, und die Richtung der G'stätten oder
des Hochgestades, das zur Trägaße beinahe einen rechten Winkel bildet.

Hiemit stimmt zusammen, daß wir während des Bestandes der dritten
Salzachbrücke auch von einem Kai oder Uferschutz am Gries vernehmen.
Da der Grundbesitz des Bürgerspitales (Pemuten, Gemüsgarten, Häuser)
bis zur Sterngaße und den Sternbräuer (unteres Tränktor) heraufreichte,
so war diese Anstalt nach damaliger Uibung auch verpflichtet, das Ufer
seiner Gründe vor den Waßereinbrüchen zu schützen. Wie wir also berichtet
sind, daß den alten Eisenheimern aufgetragen wird, die Schlacht (von
dem Einschlagen der Pfähle so benannt) au der Münchhauserbucht zu
beßern oder wehrhaft herzustellen, so lesen wir, daß bereits im J. 1444
„auf des Spitals Werch" eine „Gießhütte" stand, die zum Spitale zinste.
Im J. 1477 finden wir den „Waßerseher[1]) auf des Spitals Werch",
1512 „ein haws vnd gießhütten" daselbst, 1519 wird der Platz bezeichnet:
„außerhalb vnd vnterhalb des Trenkthores auf der slacht", 1520 „ain
haws vnd zwai große hütten auf dem spitalwerch vor dem Treukthor.
Will die gemain Stadt daselbst püchsen gießen oder das werch pawen,
müssen sie (die Zinn- oder Büchsengießer die Hütten) rawmen". 1564
„hat die güß den stabl weg vnd den grund zerrißen, ist alles öd". (Doppler).

Demnach stand der Spitalkai etwa an dem Platze des um 1860
abgebrochenen neuern Salzstadels, des Bürgerschulgebäudes und der
benachbarten Häuser. An ihn schloß sich an „das Werch beim Peru",
welches 1598 ein Opfer der Fluten wurde (Steinhauser) und 1605 von
Wolf Dietrich (weiter vorgerückt und) erneuert worden ist (Pirckmayer
in Lbsfde XXIII, 12, Anm. †*).

Demnach hat sich die Bucht vor dem Bürgerspital seit Erbauung der
ersten Stadtmauer allmälig mit „Gries" ausgefüllt, in Folge deßen die
zweite und dritte Stadtmauer in der schon augegebenen Weise hinausgerückt werden konnte, bis endlich in unsern Tagen durch den letzten Kaibau
abermals Grund gewonnen und die neueste Uferlinie hergestellt worden ist.

---

[1]) „Waßerseher" ist der Flußaufseher der Salzach, der nach jeden größerem Waßer-
stand den Fluß zu befahren hat, um die sich häufig verändernde Naurinne oder das rechte
Fahrwaßer durch einzuschlagende Pflöcke mit Zeichen anzuzeigen.

Es ist jedoch kein Zweifel, daß zwischen dem obern Kai und dem Spitalkai, auf und abwärts von den Brücken, gleichfalls eine Verwerkung bestanden ist, die im Laufe der Zeit zwar nur wenig gegen den Fluß vorgerückt wurde, aber schon wegen der Stadtmauer und der an derselben liegenden Häuser, dann auch wegen der s. g. Landjöcher der Brücken notwendig war. Die Stadtansicht von 1553 zeigt diesen Uferschutzbau von der alten Pforte an etwa bis in die Gegend des Stieglgäßchens als ein Mauerwerk(?). Von der „Niederleg" an bis zum Stadtturm hinter dem Tuchschererhause (Griesgasse 25) lag ein geräumiger Garten (einst der Lamberg'sche genannt) zwischen den Hinterhäusern der Trägaße und dem damaligen Kai.

Die Salzachbrücken der Jahre 1598—1620 zur Zeit der Erzbischöfe Wolf Dietrich, Marx Sittich und Paris gruppiren sich um die neue Querachse der mittlerweile wieder flußabwärts gewachsenen Stadt — Linzergaße - Sigmund Haffnergaße. Man verließ die engste Flußstelle, erhöhte die beiderseitigen Ufer zu Brückenköpfen und stellte wahrscheinlich auch die Brückenbahn höher über das Wasser. Seither hat man von keiner Zerstörung der Brücke durch Hochwässer mehr gehört. Aber man zahlte Lehrgeld, und wenn Steinhauser von dem Unwillen des Fürsten und öfters von dem „Gemurmel unter Reich und Arm" bei verschiedenen Anläßen erzählt, so glaubt man den Chorus der Städter zu hören, welche Zeugen waren, als die Erzbischöfe binnen zweier Jahrzehnte vier Brücken zu bauen genötigt waren, deren letzte erst Dauer versprach.[1])

Die erste war die zur Not wieder hergestellte alte Brücke zwischen Klampfertor und Engelwirt (1598).

Die zweite wurde an die Stelle der heutigen erbaut, litt aber an dem Fehler, daß man mit vier Jöchern auszulangen hoffte, was durch den Erfolg sich nicht bewährte (1599).

Die dritte wurde von dem Tränktor am Hagenauerplatze zu dem Tränktor in der Lederergaße gesprengt (1608). Zur Herstellung geräumigen Zuganges wurde das niedere Tränktor zur heutigen Höhe und Breite vergrößert (Löchl- oder Wolf Dietrichbogen). Die Stadtansicht von 1553 zeigt auch den Platz, wo das Tränktor in der Lederergaße sich befunden haben muß. Diese „vergebne, schlechte Pruggen" hatte nicht lange Bestand.

---

[1]) Steinhauser in Landeskunde XIII, 56—58.

In diese Zeit fällt auch der Anfang einer steinernen Brücke, von dem man jedoch wieder abstand (1609, '10)[1].

Die vierte wurde abermals vor das „Amthaus" (beim Rathaus war das städtische Gefängniß unter Aufsicht des „Amtmannes") gesetzt. Ihre Errichtung fällt in die Jahre 1612—'20. Sie wurde gedeckt. Schon vor Errichtung der dritten Brücke fand man die Buden auf diesem Orte unpassend, und es entstanden die Fleischbänke am Gries (1607.8). Erst 1798 wurde das düster machende Brückendach entfernt.

In unsern Tagen rief der lebhafte Verkehr und eine ihren Aufgaben gewachsene Brückenbaukunst vier neue Brücken ans eitel Stein und Eisen zu Tag.

Die Eisenbahnbrücke (1860) an dem Orte, wo zur Zeit der Franzosenkriege einmal eine Kriegsbrücke geschlagen worden war.

Die Hauptbrücke, 1878 aus Reichsmitteln erbaut.

Der Franz-Karl-Steg, im Volksmunde der „Kreuzersteg". Seine Vorläuferin war eine Seilfähre seit dem Anfange des Jahrhunderts, die 1869 durch einen Holzsteg, neun Jahre darauf durch einen eisernen ersetzt wurde; sämmtlich Privatunternehmungen.

Die Carolinenbrücke nahe der südlichen Stadtgebietsgränze. Die Stadt erbaute 1856 aus Rücksicht für die Landhäuser in der Gegend von Aigen eine Pfahlbrücke, statt welcher 1883.84 eine aus Stein und Eisen erstand, die auf starken Verkehr hofft.

Diesen Brückenbauten kamen die planmäßigen neuen Eindämmungen des Flußes sehr zu Statten.

Da seit 1661 die Salzach keine Brücke mehr zerrißen hat und den neuen Brückenbauten eine weit größere Standfestigkeit inne wohnt, so bieten sie wohl ausreichende Sicherheit.

———————

Auf den Bestand der Brücken hatten Hochwäßer (Güßen) und Ueberschwemmungen vielleicht keinen größeren Einfluß, als Bauart und Zustand der Brücken und die Stauungsursachen im Flußbett. Wenn man in jüngster Zeit Zeiträume regenreicher und trockener Jahre unter-

[1] Landeskunde a. a. O. 107, 205. Marx Sittich ließ die Grundlagen wieder ausheben. Nicht das „Stellnerhaus am Platzl", wie Steinhauser angibt, sondern das „Lasserhaus enthalb der Pruglen" und das „Stieglbad" wurden abgebrochen, um daselbst das Ufer zu erhöhen, auszumauern und die Brücke herüberzuführen. Das Lasserhaus wird von Steinhauser auch (ebd. 107) „Proihaus beim Sieglwal" genannt, weil es seit 1568 nacheinander von den drei Bräuern Kralmoser, Gabriel Baumgartner und Ruep Eublperger bewohnt worden ist. Toppler. Das Stellnerhaus am Platzl hieß das neue, zum Unterschiede vom alten in der Steingaße 14.

scheidet, die nach den mittleren jährlichen Waßerhöhen bemeßen werden, so mögen die Brückenzerstörungen in Gebirgsländern viel öfter von Gewittern mit Schneeschmelzen verursacht werden, die auch in regenarmen Zeiträumen vorkommen. Die Flußchronik der Salzach besteht nur aus einzelnen Bruchstücken, die um so sparsamer angetroffen werden, je weiter sie zurückliegen; monatliche, tägliche oder Jahresmittel des Waßerstandes sind erst seit 2—3 Jahrzehnten bekannt, und leiden an der unsichern Grundlage verschiedener Nullpunkte und verschiedener Flußbreite. Unter diesen Umständen erübrigt nichts anders, als die gesammelten Nachrichten zu verzeichnen; die Frage, ob es z. B. im Mittelalter mehr regnete, als in der Gegenwart, kann daraus nicht beantwortet werden.

Hochwäßer der Salzach.
* Brückenzerstörungen.

10.—15. Jhhdt.	16. Jhhdt.	17. Jhhdt.	18. Jhhdt.	19. Jhhdt.
964	1501	?	1705	1803
?	1505*	?	?	1805
?	1508	1661*	1732	1814
1269	?	1662	1736	1815
?	?	1663	1754	1820
1316*	1564		1759	1821
?	1568*	?	1761	1827
1386	1571	?	1769	1828
?	1572*		1784	1829
1480	1589		1786	
1491	1598*		1787	1840
			1795	1845
				1848
				1858
				1861
				1863
				1865
				?

VIII. Abschnitt.

Der Markt.

Der Markt oder Marktplatz (forum) fehlte auch in den kleinsten Städten nicht. Er war der Mittelpunkt städtischen Waltens und Wirkens in dem dreifachen Sinne der Rechtspflege, der Gemeindeverwaltung und des Gewerbes. Er lag gewöhnlich in Mitte der Stadt, in der Nähe der Pfarrkirche und der ansehnlichsten Bürgerhäuser. Auf ihm wurde die Dingstätte oder Schranne (der Gerichtshof) aufgeschlagen oder „gehägt", in Salzburg bei schweren Verbrechen (Malefizhändeln, die an den Tod gingen) noch im 16. Jahrhundert. In ältester Zeit stand da der Pranger[1]) und wurden dort auch die Hinrichtungen vollzogen.

Die Rechtspflege und Gemeindeverwaltung, von denen die letztere nur in den Anfängen vorhanden war, befanden sich in ältester Zeit in denselben Händen. Wie der Stadtrichter Jahrhunderte lang die unmittelbare Stadtobrigkeit darstellte, so waren die Schöffen oder Rechtsfinder in jeder Beziehung die tauglichsten Männer aus der Gemeinde, die eigentlichen viri boni, idonei, verneces, credentes, jurati, wie die Gesetze sie nennen, was wir mit „rechtschaffene, gut beleumundete, vertrauenswürdige, rechte Leute, Geschworne" übersetzen dürfen, ohne dabei den Nebenbegriff „vermögliche, wohlhabende Männer" auszuschließen.

Es ist daher kein Irrtum anzunehmen, daß auch der Zusammenkunftsort dieser Gemeindemänner in ihrer doppelten Eigenschaft ein und derselbe war, oder daß die „Schranne" in ältester Zeit zugleich Gerichts- und Rathaus vorstellte (auf dem alten Wagplatze, neben der St. Michaelskirche).

Als aber die Stadt an Ausdehnung zunahm, die Gerichtsbarkeit des Burggrafen an die Stelle des Vogtes trat, als die Bezirke Nonnbergs, St. Peters, des Domstiftes zum Teil dem Hofrechte entwuchsen, die Rechtssachen sich mehrten, Gerichtsbriefe häufiger ausgefertigt wurden, andernteils aber mit der Zunahme der Häuser und des Gemeindeeigentums

---

[1]) Noch im J. 1590 zahlt Ruep Faderer von einer Herberg auf der drinckhstuben vnd Sudtluchel vnder den Branger Zins. Stadtkammerraittung.

Urbar- und Giltenbücher geführt werden mußten, Verlassenschafts-
abhandlungen anfielen, da wird wohl der Zeitpunkt eingetreten sein, da
ein eigenes Gerichtshaus gegenüber dem Stadthause, das seinen
alten Namen „Schranne" beibehielt, erbaut wurde (um 1100?) (heute
das Gasthaus zum Erzherzoge Karl).

Es ist bekannt, daß das Gericht in ältester Zeit unter freiem
Himmel, „bei scheinender Sonne", und wenn selbe nicht zu haben war,
im Salzburgischen „in der Gerichtslaube" gehalten wurde. Gerichtstage
waren anfänglich nur zwei oder drei im Jahre zu bestimmter Zeit,
„gebotene Dinge" abgerechnet. Der Markt war aber überhaupt der einzige
Platz in der Stadt, auf dem wenigstens jede Woche einmal, später zwei-,
noch später dreimal Verkäufer und Käufer sich trafen. Es ist daher
unnötig zu fragen ob dieser Platz nach dem Markte, nach dem Gerichte,
oder nach dem Stadthause benannt, oder einfach als „Platz" bezeichnet
wurde.

Seit der Erbauung des Gerichtshauses blieb die Schranne das
Stadthaus. Gerichtswesen und Stadtverwaltung gewannen aber im Laufe
der Zeit an Umfang, Geschäfte und Schriftwesen mehrten sich. Die niedern,
wie es scheint, einstöckigen oder zweigadigen Gebäude wurden unbequem
und baufällig. Darum kaufte die Stadt 1399 den Kenzlturm samt
Zugehör, baute und besserte daran und bestimmte ihn zum Rathaus
(s. Abschnitt IV. Türme). Hundert Jahre später befand sich auch das
Stadtgericht daselbst.

Nun ist kein Zweifel, daß der (älteste) Marktplatz durch den Bau
des damaligen Gerichtshauses verengt wurde. Stellen wir uns vor, daß
auch die Kirchengänger nach St. Michael, die Hochzeit- und Leichenzüge
zu dieser Pfarrkirche über denselben ihren Weg nahmen, daß der Verkehr
über die Brücke hin und her über ihn stattfand und daß oben und unten
die zwei Hauptgaßen in denselben mündeten. Denken wir uns jetzt noch
die Markt- und Gerichtstage hinzu, die gleichfalls Ansammlungen von
Menschen bedingten, so wird man es hoffentlich für keine Hypothese oder
Phantasiegebilde halten, wenn angenommen wird, es hätten sich daraus
so viele Verkehrsstörungen ergeben, daß die unbedingte Notwendigkeit
entstand Abhilfe zu schaffen. Unter den dadurch hervorgerufenen Veränderungen steht die (teilweise oder gänzliche) Verlegung des Marktes
obenan, weil die Verlegung der Brücke, der Pfarrkirche und des Gerichts-
und Rathauses auch noch andern Ursachen zugeschrieben werden darf.
Das Jahr dieser Veränderung, kaum das Jahrfünfzig derselben kann

angegeben werden, kein urkundlicher Nachweis ist vorhanden. Und dennoch hat sie so gewiß stattgefunden, wie Brücke, Pfarrkirche und Rathaus anderswohin versetzt worden sind.

Der Wochenmarkt oder Kleinhandel hauptsächlich mit Lebensmitteln und täglichen Hausbedarf, war ein Ausfluß des Fronhofsrechtes, somit des Stadtherrn, der ihn zu gebieten hatte. Der natürliche Ort desselben war der Stadtplatz, der auch deßhalb zum Marktplatze wurde, weil er in nächster Nähe des Gerichtes und des Stadthauses lag und dadurch die Schlichtung von Streitigkeiten, sowie die Marktaufsicht erleichtert wurde. Die Enge der Gaßen mittelalteriger Städte, worin Salzburg keine Ausnahme machte, wies mit Notwendigkeit auf diesen einzigen Platz, der daher durch Rechtsgewohnheit zum Marktplatze geworden ist. Die Erweiterung oder Verlegung desselben bedurfte deßhalb der Zustimmung oder Genehmigung des Stadtherrn, wie sich Nachrichten davon, z. B. aus Merseburg gegen Ende des 12. Jahrhunderts, selbst von Reichsstädten erhalten haben. Darum wird auch die Stadt Salzburg von ihrem Herrn, dem Erzbischofe die Verwilligung eingeholt haben, einen zweiten (aushilfsweisen) Marktplatz zu eröffnen. Da nun aber dessen Ort und Zeit aus Pergamenten nicht aufgezeigt werden kann, so erübrigt nichts als eine mehr oder weniger wahrscheinliche Bestimmung.

Was nun die Zeit betrifft, so können folgende Umstände zum Anhaltspunkte dienen.

Die Verlegung wurde dringlich in Folge der Stadtvergrößerung zwischen dem Salzachkai und dem Festungs- und Nonnberge, somit ungefähr zwischen 1050 und 1100;

die Verlegung wurde herbeigeführt durch den Bau des Gerichtshauses, welcher wiederum wahrscheinlich in die Zeit der größten Bedeutsamkeit der Burggrafschaft (um 1100) fällt;

die Verlegung fällt ungefähr in die Zeit, da zwei Stadtgegenden „an der Pforte" und „an der Brücke" unterschieden werden, weil früher für einen zweiten Marktplatz kein Raum wäre. Um 1150 sind aber diese Stadtgegenden schon urkundlich;

mit Rücksicht auf den (wahrscheinlichen) Ort dieses zweiten Marktplatzes kann deßen Verlegung nicht mehr in der zweiten Hälfte des 12. Jahrhunderts stattgefunden haben, weil zwischen 1160 und 1220 (in runden Ziffern) die Marienkirche schon Pfarrkirche wird, damit aber eine Stadterweiterung flußabwärts angedeutet ist, welche die Einrichtung des dritten Marktplatzes zur Folge hatte, der um 1320 bereits urkundlich ist.

Der zweite Marktplatz bestand daher ungefähr in der Zeit zwischen 1100 und 1300.

Zur Begründung des Ortes sei vor allem bemerkt, daß der neue Marktplatz möglichst nahe dem alten und dem Gerichts- oder Stadthause eröffnet werden mußte. Hätte dieß nicht schon die Kleinheit der Stadt bedingt, so wäre es zur Erleichterung des Marktverkehrs und der Aufsicht geboten gewesen.

Der gewählte Platz, an der Mündung der Gold- und Brodgasse in die Judengasse, war von diesen drei Gassen, dann von der Trabegasse und der später s. g. neuen Milchgasse her zugängig.

Da das Haus 59 im ehemaligen Schleifergäßchen (jetzt Judengasse 4) offenbar zu- oder vorgebaut, oder wenigstens vergrößert worden ist und das gegenüber liegende Haus zum Stern (jetzt Sparkasse) nur halb so tief war und hinten ein Häuschen angebaut hatte (Toppler, um 1423), welches früher vielleicht gar nicht vorhanden war[1]), so blieb ausschließlich für Marktgeschäfte ein für damalige Zeit immerhin genügender Platz.

Mittels des schon früher erwähnten Gäßchens stand dieser Marktplatz mit der Brücke und der Rechtsstadt in gerader Verbindung.

An der Ecke der Milchgasse in die Brotgasse war bis 1498 die städtische „Fronwage" aufgestellt, somit an dem Marktplatze selbst.

Die Brodgasse hieß einst „der alte Brodmarkt". Da aber die Brodtische und Brodbänke schon um 1327 auf dem spätern dritten Marktplatze standen, so muß jene Bezeichnung in eine frühere Zeit zurückreichen, in welcher der Brodmarkt ein Ausläufer oder Anhängsel des älteren, zweiten Marktplatzes war.

Wie auf dem ältesten Marktplatze und zwischen demselben und dem zweiten Marktplatze (noch im 14., 15. und 16. Jahrhundert) angesehene Bürger wohnten, so war die Goldgasse hauptsächlich ein Sitz des Kleingewerbes (und ist es bis in die Neuzeit geblieben). In allen Städten, in denen Goldgassen vorkommen, lagen dieselben zwischen dem „innern" und „äußern" Tor, d. h. zwischen dem Tor zur Kirche und dem Stadttor[2]). So war es in Hallein, St. Gallen, Aarau, Chur, Soloturn, Basel, Biel, Burgdorf und Freiburg an der Saane (Schweiz, Uechtland). Die Salzburger Goldgasse lag demnach zwischen dem Domfriedhofstor am

---

[1]) Bürgersp. R. B. 717: Elsbet des Hannsen Zaunrüden hausfraw gibt zu kauffen in der Burger Spital Salzburg 6 hofstattpf. auf dem hynntern claw beroll, das der ponborfter gewesen ist, gegen der Lupp Andrein haws ober. 1423. Das Lipp-Andräthaus ist obgenanntes Haus 59 alt.

[2]) Landeskunde XX. 47, 48.

Aschhofe und dem früher schon aufgeführten Stadttor beim Hause 3 in der Judengasse. Zwischen Goldgasse und Stadttor besteht daher eine ebenso innige Beziehung, wie zwischen dem ersten, zweiten und dritten Stadt- oder Brückentor und dem innerhalb derselben liegenden ersten, zweiten und dritten Marktplatz.

Die Bedeutung der „Goldgasse" lag darin, daß Neuankömmlinge oder Zuzügler, wenn sie beim Tore hereinkamen, ihre Zuflucht in dieser Gasse, in der Nähe der Domkirche suchten, auf dem Markte leichter jemanden fanden, der sich ihrer annahm, und dann beim Kleingewerbe unterkamen. Sie zahlten eine Art Schutzgeld oder Steuer (collata), davon wurde dieser Aufenthaltsort „Collatagasse" genannt, welches Wort im Laufe der Zeit dort in Goliatgasse, hier in „Goldgasse" (auch Goleten-, Colagasse) entstellt wurde. Gerade im 12. und 13. Jahrhundert ist in allen Städten dieser Zuzug am lebhaftesten; da kam der Ruf auf: Stadtluft macht frei. Der Bestand der Goldgasse weist deshalb in diese Zeit zurück und erhellt auch für die damit zusammenhängenden Marktplatz, Stadttor und Brücke bezüglich der Zeitrechnung in etwas das Dunkel.

So wurde die Gegend der alten „Pforte" ihres Menschengewühles ledig, der Verkehr hatte einen anderen oder zweiten Mittelpunkt gewonnen; bei jener nun abgelegenen Pforte entstand das Badhaus Kaltenbach; Tor und Gäßlein wurden endlich abgesperrt und überbaut; nur der alte Namen bestand noch fort, bis endlich auch derselbe verschwand, und der einstige ehrwürdige Mittelpunkt der Stadt Arns, Adalrams, Liuprams, der beiden Dietmare, Friedrichs I. und Gebhards zum „Heumarkt" wurde. Eine Stadt verliert die Erinnerungen ihrer Vergangenheit und damit einen Teil ihres Ich, wenn sie ihrer Kindheit und Jugendjahre vergißt.

Der dritte Marktplatz ist zweifelsohne in Folge der Stadterweiterung bis zur S. Haffnergasse und in die Trägasse hinab, und vielleicht in Folge der Brände von 1270 oder 1312 entstanden.

Sechs große Feuersbrünste der damals, wie die der meisten andern Städte, aus Holz erbauten Stadthäuser waren vorausgegangen. Wir wißen zwar die Jahreszahlen: 1127, 1167, 1196, 1200, 1203, 1270, die Zerstörungen der Dom- und anderer Kirchen, die dabei vorfielen; aber außer den kurzen Chroniknachrichten: „Salzburg vom Feuer zerstört", „Dombrand", „fünf Kirchen abgebrannt", „Salzburg abgebrannt", „große Feuersbrunst in Salzburg, das Feuer ergriff auch die Salvatorkirche jenseits der Ache", wißen wir nichts. Und fast möchte man glauben, daß dieß genug sei. Denn bei der Kleinheit der Stadt, den engen Gaßen, dem allgemeinen Schrecken, den Holzbauten und kindischen Löschanstalten, wird wohl nie viel vom „freßenden Fewr" verschont worden sein, außer was vielleicht nicht in der Windrichtung lag. Aber der Brand von 1270 brachte auch den „Hof Salzburg" des Fürsten in arge Gefahr. Man wird wohl endlich daran gedacht haben, diesen Hof auch von der dritten Seite frei zu stellen und einen Platz zu eröffnen, der anstatt der daselbst niedergebrannten Häuschen gegen Flugfeuer größere Sicherheit versprach. Wahrscheinlich entsprachen auch die Raum= und Verkehrsverhältniße des zweiten Marktplatzes und Brückentores und der Mangel an Answeichstellen nicht dem Bedarfe. Denn die Stadt war im 13. Jahrhundert in einen Zeitraum rascheren Wachstums eingetreten.

Nehmen wir, um die Jahreszahl abzurunden, an, dieser neue dritte Marktplatz, der über sechsthalbhundert Jahre seinen Ort behauptete, sei um 1300 bereits in Gebrauch gestanden (Toppler Hausbesitzchronik bezeugt deßen Vorhandensein zuerst um 1325), so finden wir auf, an und um denselben folgende Eigentümlichkeiten:

a. Auf demselben stand, ungefähr in deßen Mitte, vor dem Hause 11, welches mit seinem Hinterhause schon damals einen Durchgang hatte, der Meßstein,[1] (1353), auf welchem die Meß=, oder Marktfahne aufgesteckt wurde. Seit dem die Stadt ihre erste Stadtmauer erhalten hatte, besaß auch die Rechtsstadt ihren Marktplatz, der damals noch größer war und bis zur späteren St. Andreaskirche hinaufreichte. Auch auf demselben stand ein Meßstein, etwa zwischen den Häusern am Plätzl 2 und 4, da 1 noch nicht vorhanden war (1351, 1385, Toppler).[2]

b. Die Meßfahne, Marktfahne, später auch die Fahne bei St. Floriansbrunnen genannt. So lange sie wehte, gab sie das Zeichen zum Kauf und Verkauf. Gewiße Waren oder Lebensmittel mußten „bei" oder „unter der Fahne", d. h. zur gewohnten Marktzeit verkauft werden. Käufer von größeren Mengen wurden erst „nach abgenommener Fahne" zugelaßen. Sie wurde für die Jahr= und Wochenmärkte gebraucht.

---

[1] domus Virgilii Sappl, per quam transitur, ex opposito messtain, 1395, 1476, 1513, '17, Toppler. Der Namen „Meße" kommt schon zu Virgils Zeit als „Martins= meße" und 930 als „Rupertsmeße" urkundlich vor. Er ist wohl den von dem fränkischen Königs= und Kaiserhofe ausgegangenen Bestätigungsbriefen entnommen, denn in Baiern hieß die Meße „Tult".

[2] Bgsp. R. 836. „Bernhart in der Rewt hat redlich geworben von Ortlieben Rawter das harvs enhalb ach zenachst an der padstuben (Stieglbad, gegen dem Meßtain vber". 1351: Ebda 1385: „Steffan gmain hat zu schaffen geben lathrein der präntlin 2 Pfd. gelte auf einen harvs enhalb ach pey dem meßtain zenägst des grießler harve.

Die Meßfahne war allgemein gebräuchlich. In den salzburgischen Städten und Märkten bediente man sich an ihrer Statt gewohnheitsmäßig eines billigeren Ersatzmittels — des auf einer Stange aufgesteckten „Strohwisches" (z. B. Tittmaning). Dem Werte des Marktrechtes geschah dadurch kein Abbruch. Aber Jahrmärkte s. g. „Freimärkte", die nicht blos für Marktbürger gehalten, sondern auch von entlegenen Käufern und Verkäufern besucht wurden, standen unter dem unzweideutigen Abzeichen des bezüglichen Gerichtes — dem auf einer Stange aufgesteckten Schwerte. (Hübner, Fürstentum II, 351.)

c. Der (städtische) Markt- oder St. Floriansbrunnen. Da sich auf dem ältesten Marktplatze schon ein Brunnen befand, so geht die Vermutung dahin, daß der dritte Marktplatz gleich Anfangs mit einem (Zieh-)Brunnen ausgestattet wurde, der später durch einen „laufenden" ersetzt wurde. Während in alten Zeiten der Geistliche aus der Kirche sich den brennenden Häusern näherte und den Segen sprach, nannten später die gebrannten Kinder, wie das Sprichwort sagt, im Vertrauen auf die Hilfe des Heiligen, den Marktbrunnen nach St. Florian.

d. Die Fronwage stand bis 1498 am angemerkten Orte, somit ebenfalls in der Nähe des Marktes. Weil aber auch der neue Marktplatz für den Bedarf nicht ausreichte und im Laufe der Zeit auch in mehreren benachbarten Gaßen und Plätzen die Verkäufer feil hielten, so wurde die Fronwage in das alte Gerichtshaus verlegt. Als dieses, in welchem bereits der „Trinkstuben" Erwähnung geschieht, „durch ain gefährliche Feuerprunst merklichen schaden erlithen vnd empfangen, also hat Gemaine Statt fuer guet vnd rathsam erachtet, die Fronwag von dar hinüber in das Schrannenhauß (Wagplatz 3) zu richten" (1635, Doppler). Der älteste Markt- oder Schrannenplatz heißt demnach seit 1498 der Wagplatz, obwohl die städtische oder Fronwage später ein anständiges sechsseitiges Häuschen auf dem Sigmundsplatz erhielt und vor kurzen Jahren an die Getraideschranne versetzt wurde.

e. Auf und ab neben dem Meßstein standen die Prottische (1337), Verkaufsstätten, die weit früher in Friesach (dem Hauptorte der salzburgischen Besitzungen in Kärnten) genannt werden, und deshalb schon auf dem alten Brotmarkt gestanden sein mögen. Nachdem „die Schranne" verlaßen und das Rathaus bezogen worden war (geraume Zeit vor 1463), wurden die Brodtische vom Marktplatze entfernt und den 20 Bäckern die Schranne angewiesen. 1643 wurden ihnen die damals zwischen Rathaus und Brücke befindlichen drei Läden eingeräumt. In der ersten

Hälfte dieses Jahrhunderts verkauften die Stadtbäcker in einem düstern Gewölbe links vom Eingange des Rathauses; jetzt halten nur mehr Landbäcker Schwarzbrod in der Marktgaße feil.

f. Unterhalb der Brodtische werden die **Protpänke** genannt (1338, '9, '41, '48, '97, 1423, Bürgersp.-Reg. Toppler)[1]. Brodtische und Brodbänke waren in mehreren Fällen im Bürgerbesitz und wurden vermietet. Mit den Brodtischen verschwanden auch letztere vom Marktplatze. Aber die Brodbäcker und Kästen in der Schranne, die nun auch zuweilen Brodmarkt (sowie der Platz daselbst) heißt, waren, wie die Stadtrechnungen erweisen, Eigentum der Stadt.

g. Unter einigen Häusern der Umgebung des Marktes waren Weinkeller, **Weingruben** genannt, angelegt. Man unterschied sie nach der Tiefe in drei Stufen und darnach waren die Löhne der Faßzieher für das Hinein- und Herausschaffen abgestuft. Derlei Weingruben befanden sich in den Häusern 2, 11 (?) und 12 am Marktplatze, am Durchgange auf den alten Milchmarkt (s. unten), im Hause 3 Residenzplatz, im Wispeckhause in der Käsgaße nahe der vorspringenden Ecke des spätern Residenzneugebäudes (Toppler). Mehrere dieser Häuser sind wohl noch an den Stufen erkenntlich, die über die alten Kellergewölbe in die Kaufläden führen.

h. In den Jahren 1423, '29, unbekannt, wie lange vor oder nachher, stand am H. 2 Kränzlmarkt, dem Rathause gegenüber, eine **Wechselpank** (Toppler).

i. Mit der Zunahme des Verkehrs und dem Wachstum der Stadt entstanden nach den feilgebotenen Waren geschiedene **Sonder**- oder **Nebenmärkte**, unter denen die für Erzeugniße der Landwirtschaft und andere Lebensbedürfniße die größte Mehrzahl ausmachen. Solche sind:

1. Der **Käsmarkt** in der darnach benannten „**Käsgaße**" zwischen dem alten Hofe Salzburg und dem Residenzneugebäude.

2. Der **Rindermarkt** bei dem darnach benannten „**Rinderholze**", einem (vermutlich aus Holz gebauten) Vorsprunge des Hofes Salzburg, der längst weggeräumt wurde.

3. Die **Fleischbänke** auf der Brücke, 1360, 1423, '24, 1457 bis 1598[2].

4. Der **Salzmarkt**, 1564, '95 in der heutigen Churfürstenstraße.

---

[1] „3 protpend vnder den prottischen" 1408. Bg.-Sp. Urb. „12 ₰ ₰ auf einer protpangt gelegen vnnter den prottischen" 1338. Bg.-Sp.-Reg. 528.

[2] Die Jahreszahlen sämmtlich nach Topplers Häuserchronik. Sechs Fleischbänke standen auf der Brücke, vier am Spitalhause (Klampfergaße 3). Bürgersp.-Urb. 1452.

5. Der Habermarkt, 1452, 1564, Churfürsten- und S. Haffner-gaße, vom Nitzenbogen abwärts.[1]

6. Der alte Milchmarkt, oder die alte Milchgaße, 1579, 1589, der untere Teil der S. Haffnergaße.

7. Die neue Milchgaße, auch der neue Milchmarkt, 1589 bis 1865. Noch in diesem Jahrhundert war dort der Butter-, Schmalz- und Schafkäsemarkt.

8. Der Brodmarkt in der alten Schranne, wie angeführt. Darnach wurde auch der Platz vor der Schranne benannt.

9., 10., 11., 12., 13. Der Eiermarkt (1452, 1585), Prein-markt (Prein = Hirse), der Hennen- oder Hühnermarkt, 1770, '90), der Vogel- und Kränzlmarkt. Von diesen Namen sind nur die zwei letzten übriggeblieben. Sie bezogen sich alle auf den letztgenannten Platz und die angränzenden zwei Häuser am Marktplatze selbst.

13. Der Fischmarkt, in älterer Zeit beim Brunnen auf dem Hagenauerplatze. Als dieser wegen des Brückenverkehrs durch den er-weiterten Torbogen auf den Gries versetzt wird, folgte ihm der Fischmarkt dahin. Bald darauf für längere Zeit auf den Hagenauerplatz zurückversetzt und in unsern Tagen auf kurze Zeit abermals an den Gries verwiesen, scheint er schließlich in der Hofstallgaße zur Ruhe gelangt zu sein, wohin ihm „der wilde Mann" den Weg zeigte.

14. Der Heumarkt 1472, auf dem ältesten Marktplatze. „Der heumarkt ist vor Alters in dem blätzl vor dem höllpreyhauß gewesen und um diese revier ist auch ein Stattthor gestandten". (1744. St. Peter. Urbar).

15. Der Holzmarkt befand sich um 1469, 1526—30 auf dem Aschhofe bis zum Rinderholz (zwischen Residenzplatz und obersten Markt-platz), s. später; im vorigen und in der ersten Hälfte des gegenwärtigen Jahrhunderts in der Zauner- und Marktgaße, und wird jetzt auf dem Makartplatze gehalten.

16. Der Viehmarkt fand beim Zaunerwirt im Nonntal, dann beim Ofenlochwirt in der Rittenburg statt. Seit Erbauung des Schlacht-hofes wurde er in dessen Nähe nach Froschheim verlegt.

17. Als schwacher Nachklang des einstigen Marktplatzes auf dem

---

[1] Hübner I. 276 bezeichnet den Kaietanerplatz mit den Worten: „Vor Zeiten der Habermarkt". Wenn man aber bedenkt, daß „vor Zeiten" der Kaietanerplatz gar nicht vor-handen war, sondern erst seit der letzten Stadtbefestigung im dreißigjährigen Kriege, also in der neueren Zeit entstand, wo die Namen dieser Sondermärkte bereits verschwanden, so muß die Überlieferung Hübners aus trüber Quelle geflossen sein.

Plätzel ist der kleine Obstmarkt zu betrachten, der noch in den ersten drei Jahrzehnten dieses Jahrhunderts daselbst sich erhalten hat.

18. Der Nikolaimarkt mit Tröblkram unter den Dombögen. Er scheint der Nachkomme des Tándlmarkts zu sein. „ein leberfarben rogk, .. ist verkaufft auf den tandlmarkt. Virgil Waginger, Stadtpfarrkirchenrechnung 1515.

19. Viele Jahre wurden in der einspringenden Ecke zwischen der alten Winterresidenz und dem Neugebäude Pelzbäume feil geboten.

20. Als Anhang zu den Sondermarktplätzen sind die von der Stadt vermieteten Schererläden (1548 u. s. w.) bei der Döllergasse an der Trinkstube beizufügen. Es waren Geschäftsbuden der Tuchscherer und Walker, 3—6 an der Zahl. Nach dem Brande der Trinkstube 1638 wurden sie an die Seite der Schranne bei der St. Michaelskirche versetzt.

Hier würden auch noch aufzuführen sein

21. an der Domfriedhofmauer einige Buden der Messerschmiede, Taschner und Säckler, und

22. an der Mauer des Hofes Salzburg neben dem Hoftore die „Saphoyer“ oder wälschen Krämer, ein Siegelstecher, die Spängler, Buchführer und der Hofsattler in ihren versperrbaren Läden (Hübner I. 155).

Nach der Polizeiordnung des Erzbischofes Matthäus 1524 sollten drei Marktplätze sein:

„der gemaine Markht,
der Protmarkht bei der Schranne,
der Markt enhalb der Pruggen“ auf dem Plätzl.
Außerdem werden noch andere Orte bezeichnet:

„Auf dem Aichhof sollen Stroh, Heu, Holz, Schindel, Laden, Kohlen, Zaunholz,
bei dem Rinderholz: Hafnerwerk, Milch und Kreutlerei,
an dem Platz in der Abtgassen so man von den Rinderholz gegen Ruprecht Lasser und Ruprecht Stempfer Häuser geht (oberster Marktplatz), Leinbat, Garn, Smalz, Huener, Ayr, Haar, Genns, Vögl, Lemper und solch Pfennbert auf gemainen offenen platz verkaufft werden,
grüne Bisch und gesalzne Bisch auf dem gemainen (Fisch-)markht beym Trenktor umb den Brunnen fail gehalten werden.“

So wenig umfassend diese Marktordnung war, so scheint sie doch von nicht gar langer Dauer gewesen zu sein, wie ein Blick auf die ständigen, eingelebten Sondermärkte zeigt.

Der vierte Marktplatz wurde zu Neujahr 1857 auf dem alten Universitätsplatz eröffnet. Er folgte gleichfalls der Bewegung flußabwärts, wie das Rathaus, die Brücken und die alte Stadterweiterung überhaupt. In jüngster Zeit scheint ein neuer Markt in der Rechtsstadt auf dem Makartplatze zu entstehen.

Wie man sieht, hat sich in Salzburg bisher nie ein größeres, vom Ortsbedarfe unabhängiges Gewerbeleben entwickelt, das in eigenen größeren Verkaufsplätzen oder Werkstätten für seine Erzeugniße zum Ausdruck gekommen wäre.

Die Jahrmärkte oder Dulten.

Wie der Wochenmarkt dem Kleinverkaufe der Lebensmittel diente, so der Jahrmarkt dem Großverkaufe der Schnitt-, Kram- und Kaufmannswaren. Sowohl der Wochenmarkt als der Jahrmarkt waren Ausflüße des Fronhofrechtes, d. h. jeder Herr eines Fronhofes konnte, wenn nicht ältere Rechte verletzt wurden, d. h. wenn sich binnen zwei Meilen im Umkreise kein anderer Marktplatz befand, sowohl einen Wochen- als Jahrmarkt gebieten, den nicht blos seine Leute und Hinter-saßen, sondern auch Freie aus der Nähe und Ferne besuchen durften, soweit er ihnen freies Geleit zuzusichern vermochte, oder die Kaufleute selbst sich dasselbe zu verschaffen im Stande waren. Verschieden hievon ist der tägliche Handel und Wandel (mercatus omni die legitimus), den das ottonische Kaiserdiplom für Salzburg im J. 996 verleiht, oder vielmehr bestätigt[1]). Dieser tägliche Handel und Wandel der Bürger in ihren Häusern, Buden und Läden gehört zum Wesen der Stadt, denn er setzt voraus, daß der größere Teil der Bewohner vom Gewerbe lebt, und deshalb ist in diesem Sinne jene ottonische Urkunde die älteste Bestätigung des Salzburger Stadtrechtes.

Aus dem Rechte des Fronhofsherrn, des bairischen Herzogs nemlich, erklärt es sich demnach ganz von selbst, daß schon in vorrupertinischer Zeit auf oder am Fuße der Salzburg die St. Martinsmeße gehalten wurde[2]), weil eben die Burgkapelle eine Martinskirche war, die urkundlich sicher ist. In der nachrupertischen Zeit, da der Dom oder „die große Kirche St. Ruperts" die Haupt- und Mutterkirche geworden war, ist die St. Rupertsmeße für das erste Drittel des 10. Jahrhunderts wiederholt beglaubigt[3]).

---

[1]) Juvavia, d. A. 212, LXXXII.
[2]) Breves Notitiae IV. 6. Indic. VII. 6.
[3]) Juvavia, dipl. Anh. 125, I. 923, VII. Kalend. Octobr.; 153, lx, ad missam S. Ruperti im J. 925; 154, lx, VIII. Kalend. April., im J. 930; 156, lxi, e, ad missam S. Rhodberti, 925.

Ursprünglich beschränkten sich, wie mehrfach versichert wird, die Meßplätze überall auf die Vorhallen und die gefriedeten oder gefreiten Bezirke der Kirchen, die an den Gedächtnißtagen ihres Schutzheiligen mit der kirchlichen Feier auch die der außerkirchlichen Messe oder Dult[1]) vereinigten.

Die Unschicklichkeiten, die der Jahrmarkt in unmittelbarster Nähe der Kirche, auf dem Kirchhofe, neben den Gräbern mit sich brachte, und erst mit zunehmender Gesittung als solche empfunden wurden, die Anfüllung des Kirchhofes mit Gräbern und Denksteinen, die steigende Bedeutung des Jahrmarktes, die vierzehntägige Dauer desselben, veranlaßten im 12. und 13. Jahrhundert, wie anderwärts die Erweiterung oder Verlegung der Marktstätte über den Kirchenfrieden hinaus in den Bezirk des erzbischöflichen Hofes, des Domhofes und selbst auf den angränzenden dritten Marktplatz der Stadt.

Wenn also der älteste Jahrmarktplatz um oder am Fuße der Salzburg, das ist, auf dem Nonnberge zu suchen ist, der zweite sicherlich auf dem Domfriedhofe gewesen sein muß, so weisen die geschichtlichen Spuren für das 13. bis 16. Jahrhundert, zu welcher Zeit auch der bischöfliche Hof schon erbaut war, auf nachstehende Örtlichkeiten hin:

außerhalb der Mauer des Domfriedhofes und am Aschhofe,

außerhalb der Mauer des Domhofes am spätern Kapitelplatze,

auf dem Fron- oder Frauenhofe, vor der Domkirche und neben dem Bischofshofe,

am Rinderholze, neben dem Bischofshofe,

vom Rinderholz am Marktplatze herab.

Im J. 1482 verlieh Kaiser Friedrich der Stadt einen „gemeinen, freyen Jarmarckt mit alle vnd yglich gnad, freiheit, recht, freyung, frid, gelait, schirm, ordnung vnd gewohnheit" „zu ewigen zeiten, eines yedes jares, acht tag vor vnd acht tag nach sannd Vincentientag nechst

---

[1]) Darum läutete die Domglocke „die Freiung Ruperti" ein und schloß sie. d. h. sie gab das Zeichen, daß der freie Zuzug von anwärts begonnen habe und den „Gästen" freier Handel gestattet sei. Das der bairischen Mundart eigenthümliche Wort „Dult" stammt nicht aus dem lateinischen indultum, welches in der Bedeutung „Jahrmarkt" nicht vorkommt (Schmeller W. B. 2. Aufl. 505). Denn die „Dult" war ein weltliches Recht und kein kirchlicher Ablaß. Das Wort ist vielmehr alt- und mittelhochdeutsch und bedeutet: Fest oder Feier. So hießen die Festtage des Herrn „unsers Herrn Tulttage". So wurden St. Ruperts zwei „Tulttage" im Frühjahre und Herbste auf die Jahrmärkte übertragen. Und wie einst die Martinomesse zu Salzburg der Stichtag, d. h. der Tag der Reichnisse der Unterthanen war (Br. Not. a. a. O.) so wurden nach den St. Rupertstagen Wohnungsmieten, Dienstbotenaufnahmen oder Gedingzeiten erstreckt und bemessen. Die Fronfasten im Herbst, sonst nach dem Feste der Kreuzerhöhung benannt, hießen bei uns auch Quatember Ruperti. Im Wechsel der Neuzeit sind für solche Zwecke die Rupertstage außer Gebrauch gekommen.

nach einander"[1]). Seit etwa 1580 erscheint dieser Jahrmarkt unter dem Namen „Viertagmarkt" in den Stadtrechnungen, 1641 als „Fastenwochenmarkt" und der im Herbst als „Michaelimarkt".

Seit den baulichen Stadtveränderungen durch Wolf Dietrich wurden die meisten vorgenannten Örtlichkeiten geräumiger und erstreckte sich der Jahrmarkt

über den Residenzplatz, (Domfriedhof und Aschhof),

auf den Kapitelplatz (Domhofmauer früher),

auf den Domplatz (früher Frauen=, richtig Fronhof genannt),

auf den Marktplatz bis an die Residenz hinan.

Seit 1856 sind die Ortsüberlieferungen der Dult nicht mehr erhalten und sind die beiden Jahrmärkte auf den Mirabellplatz verlegt worden. Auch die Domglocke ist verstummt. Nachdem schon vor ein paar Jahrhunderten die Marktangelegenheiten (gegen Verrechnung an die Platzherrn, Erzbischof und Kapitel) von der Stadt besorgt worden waren, ist die Jahrmarktsorge mit Nutzen und Last gänzlich an die Stadtgemeinde übergegangen. Der Jahrmarkt selbst aber, ursprünglich für den Großhandel bestimmt, ist, wie in so vielen andern Städten, durch die Veränderungen der Handelsbeziehungen längst zum Kleinhandel herabgesunken und hat sich demnach überlebt.

---

[1]) Lbslbe V. 205, xxi.

Brunnen und Wasserleitungen.

Kaum ist der Zusammenhang zwischen der Römerzeit, der fränkisch-bairischen Herrschaft und der kirchlichen Ansiedelung irgendwie deutlicher erkennbar, als in den Brunnen. Haben nicht die Salzschöpfbrunnen zu (Reichen-)Hall die Jahrhunderte seit der Unterwerfung der Ambisontier und Alaunen bis in die Zeiten der Aebte und Bischöfe überdauert? Verknüpft nicht die Römer-Cisterne im St. Johannspital die alte Kaiserzeit mit der Gegenwart? Gestalt, Fassungen, Gerät und Gerüst der Brunnen erinnern noch vielfältig an römische Muster.

Da in und um Salzburg die verschiedensten Arten von Brunnen angetroffen werden, ist es erlaubt bei Beschreibung und Aufzählung derselben etwas pedantisch zu Werk zu gehen.

Die einfachste Quellfassung sind die Wasserbehälter im ebenen Grunde. Sie kommen noch im Schalmose und auf der G'main vor.

Um eine Stufe höher stehen die Quellbrunnen mittels eingestoßener etwas geneigter Röhren, wie sie in Gneis und Liefering zu sehen sind. Hieher möchten zu zählen sein die „Brünnlein", die einst aus dem Schloßberge und Imberge entsprangen, deren mehrere noch im Verlaufe dieses Abschnittes genannt werden. Da es vor Zeiten in der Stadt nicht den gegenwärtigen Reichtum fließenden und springenden Brunnenwassers gab, so achtete und hütete man mit sorgsamer Hand derlei kleine Wasserschätze. Vermutlich vor Erbauung einer größeren Cisterne wurde nach den Wasseradern gesucht, die im Umkreise des Festungsberges bemerkt werden konnten[1]); die Quellfassung am alten Mönchsteinturm diente dem dort aufgestellten Türmer und die Cisternen auf beiden Stadtbergen dürften wohl auch nicht aufs Gerathewohl in die Felsen gehauen worden sein.

Die Cisterne, den Römern unter den Namen Cisterna, fons, puteus wohl bekannt, Sammlungen von Dach- oder Regenwasser, dem

---

[1]) Aufschreibung eines Werkverständigen im Regierungsarchive.

sich, wenn der Schacht tief ist, auch wohl eine oder die andere Ader
Quellwaßers, ein „Waßerfluß" in der Sprache der Brunnenmeister,
beimengt, wurden, wie dieß in der Natur der Orte liegt, auf beiden
Stadtbergen angelegt. Darum mag schon in alter Zeit das Kloster
Nonnberg eine Cisterne besessen haben. Auf der hohen Festung
befinden sich drei[1]), bei des Abtes Turm, am roten und Falkenturm[2]), an der Bürgerwehr zusammen vier; jünger sind die im
untern (lobronischen) Zwinger auf dem innern, dann beim Marke-
tenbertturm (um 1630) und die Fröschlmoser'sche (Hübner I. 472,
vom J. 1542) auf dem äußern Mönchsberge.

Wer möchte zweifeln, daß die Veste auf dem Imberge, die
Wohnung eines Pflegers, um 1300 bereits erbaut, eine Cisterne besaß,
die noch dem heutigen Kapuzinerkloster dienstbar ist. Die Cisternen beim
St. Franziskusschlößchen, eine zweite in deßen Nähe beim verschwunden Wachhaus in der Tiefe auf dem Abhange des Fürberges,
und die dritte in der Nähe des bestandenen Backhauses (nicht mehr
erhalten) gehören den Jahren 1622—'30 an.

Die Schöpf- oder Zieh-, dann die Pumpbrunnen unterscheiden
sich bekanntlich, durch die Brunnenröhren und den Stempel mit der Klappe.
Schöpfbrunnen stehen weit länger im Gebrauche, da sie um viele Jahrhunderte älter sind. Wie es aber in der Kulturgeschichte mit dem Stein-,
Erz- und Eisenalter der Fall ist, so verhält es sich mit den Brunnen. Die
Schöpfbrunnen reihen sich zwar nach ihren Verbeßerungen aneinander,
wie folgt:

Ziehbrunnen mit Staugengeschöpf (tolleno röm.),

„　　　mit Seil und Rad, Seilgeschöpf, (girgillus),

„　　　mit Kette und Rad, Kettengeschöpf.

Aber im praktischen Leben kommen all diese Geschöpfe neben Pumpbrunnen und laufenden Brunnen noch in Anwendung.

Der Brunnen mit dem Stangengeschöpf ist sicher eine Ver-
laßenschaft der Römerzeit. Die Ähnlichkeit der gegabelten Säule, in
der sich der Hebelsarm bewegte, mit dem römischen Sklavengalgen
(furca, patibulum) und mit dem gegabelten Holzpflock, in welchen Hände
und Kopf des Sklaven bei der Peitschenstrafe gesteckt wurden (furcifer[3]),
verschaffte ihm auch in den salzburgisch-reichenhallischen Aufschreibungen

---

[1]) Kbolde XVII, Pillwax Hohensalzburg.
[2]) Die Cisterne in der Nähe des Falkenturms ist ausgefüllt.
[3]) Plantas, Pers. V. 2, 37. Mil. glor. II. 4. 7; Liv. I. 26; Sueton. Nero 49;
Digesta.

den gleichen Namen (patibulum). Diese Galgenform war den Deutschen unbekannt, daher bezeichnen sie die ältesten salzburger Quellen mit einem Fremdnamen[1]. Auch für die Stange, an welcher der Eimer hing, hat sich die altlateinische Bezeichnung (aßer) erhalten[2]. Mehrere solcher Schöpfgalgen standen um den Salzbrunnen herum, und nach der Brunnen-stange wurden die Rechtsanteile an der Salzquelle (Cisterne) benannt. Es ist zu vermuten, daß auch auf dem Hallerbühel am Dürrenberge die gleiche Einrichtung bestand.

Das Radgeschöpf stellt uns die alten Klosterbrunnen, wahrscheinlich auch die tiefen Schloßbrunnen auf den hochgelegenen Vesten Salzburg, Plain, Mittersil vor Augen, zu deren Waßerspiegel auch die längste Brunnenstange nicht hinabreichte. In der ältesten Gestalt erscheint der Brunnenhaspel (girgillus) der Römerzeit. An demselben reiht sich unmittel-bar der sechsarmige Haspel mit ebenso vielen Handgriffen, das Wappen-bild der Pruninger[3] zu Steinbrünning bei Abtsdorf. Bald darauf wurde der Haspel durch ein vierarmiges Rad mit acht Handgriffen ersetzt (spätere Wappenfigur derselben Pruninger). Die engen runden Brunnenschächte zu Steinbrünning, Schloß Plain, des Kreuzbründleins zu Mühlen und anderwärts sind wohl mit diesen Haspeln gleich alt.

Verbeßert mit Rücksicht auf die Dauerhaftigkeit wurde das Rad-geschöpf durch Anwendung des Eisens in der Kette und Kurbel. Dieser Fortschritt damaliger Brunnenkunst ist noch heutigen Tages an manchen Orten des Stadtbezirkes sichtbar.

Den weiteren Fortschritt bezeichnen

die Pumpbrunnen,

die Brunnen mit fließendem Waßer und

die artesischen Brunnen, deren im Stadtbezirke zwei, aber erfolglos, gebohrt wurden (Leopoldskronstraße 16, Westbahnstraße 1).

Die Zeit der Einführung der Pumpbrunnen ist unbekannt; die Brunnen mit fließenden Waßer, jene ausgenommen, bei denen natürliches Gefälle benützt wurde, kamen erst mit den Waßerleitungen auf.

---

[1] Br. Not. XI 3; Indie. I. 3 .... patiatorium .. quod barbarice dicitur galgo (kelt. gealg.).

[2] Notizenbl. der Wien. Acad. V. und VI. in den Salbüchern des Domstiftes und St. Peters. — Salzb. Kultura. 124.

[3] Mon. Boica, die Geschlechterwappen in I., II. und III. Die ältesten Pruninger gehören dem 12. und 13. Jahrhundert an, sie waren erzstiftliche (Urbar-)Vögte; spätere Pruninger dürften ein Zweig der Nußdorfer sein. Die Nußdorfer zu Pruning überlebten den hauptsächlich in Baiern seßhaften Zweig ihres Geschlechtes, der sich von Perchaim, Tütting und Hofstaring zubenannte.

Nach ihren wirtſchaftlichen Zwecken kann man unterſcheiden
Haus= und Hofbrunnen und

Straßenbrunnen, zu öffentlichen Zwecken, denen als eine
Nebenform die Brunnſtuben angereiht werden möchten. Doch iſt
eine ſtrenge Scheidung ſchon deshalb nicht möglich, weil viele Brunnen
ohne Zweifel häuslichen und öffentlichen Zwecken zugleich dienten, mit
einer gewißen Regelmäßigkeit in den Straßen der Stadt und auch in
den Vorſtädten verteilt ſtanden, zwar an der Gaßenſeite oder im Bereiche
der Dachtranſe der Häuſer angebracht waren, ſomit gewißermaßen zum
Hauſe gehörten, anderuteils aber Zugſtange und Ausflußrinne nach der
Gaße kehrten und deshalb eine öffentliche Benützung rechtfertigten. Manche
dieſer letzteren Brunnen ſind in neuerer Zeit in Hausbrunnen verwandelt
worden. Hätte eine annähernde Darſtellung des Brunnenreichtumes der
Stadt ſonſt keinen andern Zweck, als eine Eigentümlichkeit ihrer Bewohner,
die ſorgfältige Waßerbeiſchaffung zu kennzeichnen, ſo wäre damit allein
ſchon das folgende Brunnenregiſter gerechtfertigt. Selbſtverſtändlich ſind
darin jene Brunnen nicht enthalten, die erſt als laufende ſeit der Errichtung
der Waßerleitungen entſtanden ſind.

Von Haus= und Hofbrunnen mögen folgende genannt werden:[1]

Der Brunnen im fürſtlichen Hofe, bevor dahin fließendes Waßer
eingeleitet wurde. Die marmorne Faßung oder den Brunnenkranz ſchenkte
Erzbiſchof Guidobald dem Kloſter St. Peter. Hübner I. 188, ungenau.

Der Brunnen des alten Domhofes.

Der Brunnen des Chiemſeehofes, der noch auf der Stadtanſicht
von beiläufig 1650 zu ſehen iſt. Deßen marmorner Brunnenkranz ſoll
in den Dechantshof zu Seekirchen verſetzt worden ſein.

Der Brunnen des Berchtesgadnerhofes. Stadtanſicht von 1650.

Der Brunnen des Magdalenaſpitales. Stadtanſicht von 1553.

Die Brunnen im Kloſter St. Peter, im Kloſter der Peters=
nonnen und im Domfrauenſtift. Der Brunnen des Admonterhofes
wird noch näher bezeichnet werden. Andere Hausbrunnen müßen der
Kürze halber übergangen werden.

Der räumliche Abſchluß der vorgenannten Herruhöfe, die klöſterliche
Abſperrung der andern, wohl auch ein gewißes Selbſtgenügen vereinigten
ſich, um die Beſchaffung des Trink= und Nutzwaßers auf eigenem Grund
und Boden derſelben als eine Folge ihrer geſellſchaftlichen Stellung

---

[1] Die mit ˜ bezeichneten Brunnen mögen als lebendige, oder laufendes Waßer
lieſernde gelten, die nicht bezeichneten werden für Schöpf= oder Pumpbrunnen angeſehen.

erscheinen zu laßen. Deshalb ist es auch gewiß, daß die marmornen Brunnenfaßungen, das Kettengeschöpf, die Umfangsgitter zuerst bei denselben aufkamen.

Als Straßenbrunnen, von denen viele, auch wegen Enge der Gaßen, an den Häusern standen, und die durch sichere Nachrichten verbürgt sind, können aufgeführt werden:

Brunnen der Linksstadt.

1. Der Brunnen auf dem Heumarkt. Obwohl erst 1366 beurkundet[1]), ist er doch vermutlich der älteste öffentliche Brunnen gewesen, da bekanntlich dieser Platz der erste oder älteste Marktplatz war.

2. Der Brunnen auf dem spätern (dritten) Marktplatz. Da der Platz seit etwa 1300 besteht, und um 1438 Gersbergwaßer zu diesen Brunnen geleitet wurde, so wäre es unglaublich, daß der geräumige Platz sammt der ansehnlichen Häuserumgebung nahe an 200 Jahre ohne Brunnen geblieben wäre.

3. Der Admuntbrunnen (1322) stand ursprünglich auf dem freien Grunde des Admonterhofes, da die jetzt angebauten Häuser zur Zeit seiner Errichtung wohl nicht vorhanden waren. Er ist jedenfalls älter, als das Bürgerspital. Er heißt 1347 beim „Prunnen", 1408 „Spitalbrunn", 1512 „Spitalhofbrunn", 1523 „Spitlbrunn", 1528 „Schepffbrunn". Er ist, mit einem Erker überbaut, noch am Spitalschmidhaus vorhanden. Seine Errichtungszeit fällt, wie sich aus Abschnitt V. ergibt, in den Zeitraum zwischen 1139 und das J. 1322.

4. Der Judenbrunn ist 1370, '82 und 1415 sichergestellt[2]). Er stand auf dem heutigen Rathausplatz. Die Beziehungen dieses Brunnens zur Judenschaft sind unbekannt. Ob ein Judenhaus in der Nähe lag, ob ein Jude denselben errichtete, oder ob die Judenschaft denselben erbaute oder in Stand halten mußte, ob selbe in Verdacht kam, ihn vergiftet zu haben — keine Spur. Sicher ist nur, daß die erste Judenhetze im

---

[1]) „das haws des weißen Petrein (Peter Keuzl) an der porten pei dem prun, da man geet an die padstuben gein kaltenpach". Toppler. Die Badstube lag in der Töllergaße an der Stadtmauer.

[2]) „Item ein pergamer theuspries von Mertein Speher, daß er zw khauffen geben dem Conrad Tawstind 10 dl. auf seiner halben hofstat gelegen pey dem Judenprunn". Bürgersp. Reg. 565. „Aurrecht Zändl gibt dem Hanns Ramsauer zu kaufen sein purkrechtshaws vnd hofstatt pei dem Judenprunn mit samt den hintern stock von dem turn hinz (bis) an das hafenhaws". „Martin Auer kawft von Mathews Ramsawer das haws pei dem Judenprunn zunächst des Erekers Haws, vnd das haws gegenuber, da Fridrich Zwirschlag der schefman inn ist." Wagingers Bürgerspitalregesten. Toppler. Das Haus bei dem Judenbrunnen ist nach des Herrn Consistorialrates Untersuchung ohne Zweifel das H. 370/1858 oder Rathausplatz 4/1881.

J. 1348 stattfand, und daß 20 Jahre später der Brunnen diesen Namen trägt.

5. Der Brunnen am Hause Chiemseegaße 1, welches in dem Häuserverzeichniße von 1816 den Namen „Leierbrunnhaus" trägt. Der Brunnen ist offenbar für den öffentlichen und Hausgebrauch ursprünglich bestimmt worden, denn vermöge der dortigen Straßenbreite lag keine Nötigung vor, ihn an der Hausmauer anzubringen. Der Besitzer des Nachbarhauses Kaigaße 13 ist zur Instandhaltung des Brunnens verpflichtet, und dieß ist wohl ein übriggebliebener Fingerzeig auf die Entstehungsweise dieser „Haus- und Straßenbrunnen".

6. Der Brunnen am Hause Kaigaße 31. Das Haus heißt 1512 „das Eckhaus im Khai beym Röhrlbrunnen". „Jerig ober (Ceder) im lai hat inn ain egkhaws bayen der rörlprun stet", 1516. Bürgersp. Urb. Doppler.

7. Der freistehende Brunnen auf dem Kaietanerplatze. Seine Errichtungszeit ist nicht bekannt. Da man im 17. Jahrhundert nur noch ausnahmsweise Brunnen mit Kettengeschöpf baute, wofür derselbe seiner früheren Gestalt nach und wegen seines um 1860 erst entfernten Schutzgitters eingerichtet war, so läge die Annahme am nächsten, dieser Brunnen sei ursprünglich außerhalb der Stadtmauer (somit vor 1630) angelegt worden, sei in den Gärten des „Parabeyßes am Futbach" gestanden und habe somit eine ähnliche Bestimmung, wie andere Brunnen gehabt, die noch anzuführen sind. Demnach hätte er die ganze Umgestaltung der Bodenoberfläche bei Anlage der Stadtmauer, des Tores und des Grabens überstanden, hierauf eine neue Faßung und das Barockgitter erhalten und stehe jetzt, in einen schmucklosen Pumpbrunnen verwandelt, auf seiner zur Umgebung nicht recht paßenden Stelle.[1]

8. Der Brunnen beim H. 14, Herrngaße. Das Haus war, gleich dem H. 13 Kaigaße (s. 5.) eine Zeit lang domkapitelisch und ist noch als „Leierbrunnhaus" bekannt. Der Brunnen stand zwar im Hofe neben der Gaße, aber sein Waßer ward selbst aus der weitern Nachbarschaft gesucht. Vor wenigen Jahren wurde er eingeschüttet.

9. Der Brunnen beim H. 7, Festungsgaße, errichtet um 1568. Er steht am Rande des Vorgartens an der Gaßenzwiesel. Zur Zeit der

---

[1] Wie an andern Stellen dieser Blätter mag die weitere Forschung auch darüber noch unbekannte Ergebniße liefern. Alles aufzunehmen, was in den Archiven noch verborgen liegt, lag nicht in der Absicht des Verfaßers. Schon genug, wenn vieles berührt wird, was einer weitern Aufmerksamkeit wert sein mag.

Erbauung des Brunnens war das Haus domkapitelisch und wohnte darin der Stadtpfarrer.

10. Der Brunnen am H. 13, Goldgaße (Taghofer). Sein Alter ist unbekannt. Das Haus gehörte den Venedigern, den Renzl und den Praun (1424, '66, 1512, '60, '70) und aus dieser Zeit mag er wohl herrühren.

11. Der Brunnen im H. 12, S. Haffnergaße ist zwar ein Hofbrunnen, aber sein Waßer wurde von der Nachbarschaft viel aufgesucht und derselbe mag daher als Haus- und Straßenbrunnen gelten.

12. Der Brunnen am H. Sigmundsplatz 3 war bis vor beiläufig 20 Jahren ein Haus- und Straßenbrunnen, ist aber jetzt mit Zugstange und Ausfluß nach innen gekehrt.

*13. „Das Prünlein am gries gegen Klobenstein über", 1404 (Bürgerspitalregesten). „Klobenstain" hieß eine Strecke des Mönchsberges in der G'stätten oberhalb der Häuser 12, 15, 17, 19 und 21. Der Namen wurde später in „Kolbenstain", „Gollnstain", schließlich gar in „Goldenstein" verderbt. Demnach mag das Klobensteinbrünnlein der Vorgänger des jetzigen Griesbrunnens beim Stieglbräu- und Sonnenwirtshause sein[1]). Er stand einst an der Bürgerspitalgartenmauer.

14. Ein Brunnen vor der Ursulinerkirche stand an der lobronischen Stadtmauer. Daß er auf das Grundwaßer (Salzachspiegel) abgetenft war, erkannte man aus der hoch aufgemauerten Ostwand des Brunnenschachtes von der Außenseite. Seine Entstehungszeit ist unbekannt.

Brunnen der Rechtsstadt.

*15. „Das prünlein, do man auf dem Imberg geht". 1453, 1456 (Catenich[]), 1512, '26. Der Aufgang zur St. Johannskirche und zur Imbergveste war, wie öfters erwähnt, die Imbergstiege von der Steingaße aus, gegenüber der damaligen Brücke, denn außerhalb des (innern) Ostertores führte längs der Stadtmauer nur ein Samweg hinauf. Dieses Brünnlein floß daher vermutlich aus dem Imberge und seine Schale oder Granter stand auf dem kleinen Platze beim Engelwirt[2]).

---

[1]) Nach dem Sprachgebrauche wäre anzunehmen, daß das Klobensteinbrünnlein von lebendigem Waßer (aus dem Mönchsberge) gespeist wurde. Es drängt sich die weitere Frage auf, da „Klobenstein" sicher die älteste Namensform dieser Berggegend war und bereits 1404 beurkundet ist, ob der Namen nicht doch einen „geklobenen Stein") erraten läßt, und wenn dieß der Fall, ob dieser Felsenspalt nicht als der lange Zeit drohende Vorbote des grausigen Bergsturzes von 1669 aufzufaßen sei, denn gerade vom Klobenstein nach auswärts gegen das Tor fiel die größte Steinwucht herab.

[2]) „Item ain Haus (Steing. 5) an dem Imberg, zunägst an das haws pey dem prünlein; Albrecht Huetter, messer Bg.-Sp.-Urb. 1526. „Aber(mals) ain Heusl

16. Der **Glimpfbrunnen**, Linzergaße H. 50. Er ist schon 1419 urkundlich, und wird seit 1439 von dem Hause Heinrichs des Glimpffen, Burgers und Metzgers zubenannt. (Toppler, Ldsfde XIII. n. 103, 150, 159; XVI, 586). Im J. 1492 heißt er der „Brunnen vor dem Ostertor": später nennt man das Haus auch „Leierbrunnhaus".

Die folgenden beiden „Brünnlein" mögen vielleicht durch Röhrenleitungen vom Imberge aus (vor dem heutigen Linzertor) gespeist worden sein.

17. Das „prünlein in perkhamerstraß" 1429, 1486 (Wagingers Bürgersp.-Reg.). Dessen Stelle war nicht genau zu ermitteln.

18. Das „prünnlein vor dem perkstraßtor" stand ohne Frage in den Gärten, die vor dem Tore gelegen waren und durch die lobronische Stadterweiterung und Befestigung eingeebnet worden sind (Pirckmayer, Ldsfde X). In Folge des Baues der lobronischen Häuser und des Schanzgrabens ist es wahrscheinlich in den noch vorhandenen Haus- und Straßenbrunnen neben dem Gasthause zum Krebse am Mirabellplatze verwandelt worden. Aus dem Leibe des lobronischen Löwen ragt das Meßingrohr hervor, aus welchem der Pumpbrunnen Waßer speit. (Stadtansicht von 1645 50, auf der noch der Brunnen so einsam steht, wie der auf dem Kaietanerplatze).

Brunnen in den Vorstädten und Vororten.

Stein und Münchhausen.

19. Der Brunnen beim H. 73 Steingaße. „ist des Pruns halber ausdrucklichen geröbt vnd beschlossen worden, daß derselb durch des Kauffers (Hofrat Fr. Korwolff) garten wie vor alter, solle seinen Rinsal oder Wasserlauf — haben, von wellichem Prun dan ain Rindl oder Rhendl, wie hievor, **auf die gassen heraus** gericht solle werden. 1611, '39, '78, '94, Toppler.

20. Der Brunnen beim H. 101 Steingaße stand am Straßenrand, ist aber seit dem Umbau des Hauses nicht mehr sichtbar.

*21. Das **Kreuzbrünnlein bei Elsenheim** ist wahrscheinlich der Brunnen beim Zuhause links an der Straße. Es bezieht sich darauf die alte Grundbezeichnung: Kalchgrub und „Kendel", denn damit wird ja eine Wasserrinne bezeichnet (Ldsfde XXI, 47), und in der Nähe war ein Weichbildkreuz.

(Steing. 7) enhalb der prugkhen gelegen zenagst an der stiegen, so auf den perg hinauf get gein S. Johanns oder auf den Ymberg ... gerat ob dem pronlein". Stdtpffirch.-Urb.

Nonntal und Nonnberg.

22. Der alte, aber neuerdings hübsch hergerichtete Pumpbrunnen bei der Aussicht auf der Höhe des Nonnberges.

23. Der Brunnen beim Pfarrhofe in Nonntal, nun beseitigt.

24. Der Griesbrunnen im Nonntal, um 1400 genannt, dessen Örtlichkeit unbestimmbar ist. (Bürgerspitalregesten, Doppler.) Vielleicht ist aber damit der Brunnen auf dem spätern Kaietanerplatz gemeint, denn die dortige Gegend bis zur Rumpfmühle hieß ja einst auch „am Gries" (in arena) und lag damals außerhalb der Stadt.

*25. Der Petersbrunnen, um 1600 mit einer selbstständigen Röhrenleitung, trieb die bereits erwähnten Wasserwerke und scheint darum ein laufender Brunnen gewesen zu sein. Veränderte Brunnkehrungen haben seither stattgefunden.

Mühlen und Lehen.

26. Der Brunnen bei der Kirche zu Mühlen, 1515 erwähnt.

27. Der Brunnen im Bärengäßchen beim H. 3. Seit etwa 20 Jahren nach innen gekehrt und in einen Hausbrunnen verwandelt.

28. Der Uetl- oder Vetlprun vor dem Lieferinger- oder Schergentor, auf der alten Hochpenut, von dem im Abschnitte I. S. 10 die Rede war.

29. Der Herbstbrunnen in Lehen (? Taghofer-, Gasparotti- oder Kierlhof), um 1620 und öfters genannt. „Ein Prunn, der Herbst- prunn genannt, auf der Herbstwiesen in Gaillenpach stehend" (und zum Lasterhof verkauft). Hofurb. Anlaitlibell v. 1622.

Froschheim und Schallmos.

30. Der Fieberbrunnen zu Froschheim, 1573, mit ziemlicher Sicherheit beim ehemaligen Solari- oder Sautnerhof, Viehmarktgaße 9 zu suchen. „Ain Lanntl in der Röttenpenut gelegen pey Froschham nit weit oder zunägst pey dem fieberpronlein", Stadtpff. urb. v. 1526, Doppler. Auch 1590, 1608, '36.

Diesen mögen noch angereiht werden.

Der Rechenprunn, jetzt „Röcklbrunn". Der gleichnamige Maier- hof wird bereits um 1150 1200 im Urbar von St. Peter aufgeführt. Er gehörte bis 1811 in den städtischen Burgfriden.

*Der Gänsbrunnen im Apfalterach, dessen Wasser zu dem einst städtischen Ziegelstadel fließt. Außerhalb des Burgfridens.

Mit Ausnahme der Brunnen 1 und 2, die als öffentliche angesehen werden dürfen, und des Brunnens 14, der jedenfalls spätern Ursprunges, ist daher, von den eigentlichen Hausbrunnen abgesehen, die Errichtung der Haus- und Straßenbrunnen noch größtenteils ein Werk der Hauseigentümer. Einer der Zeit nach unbestimmten Nachricht zufolge, welche von zwölf Brunnen spricht, die der Benützung durch die Nachbarschaft zu Gebot stehen sollen, darf jedoch angenommen werden, daß die Errichtung oder Verteilung derselben in verschiedenen Stadtteilen nicht ohne Dazwischenkunft oder Teilnahme der Stadtbehörde zustande gekommen sei. Damit war die Zeit herangerückt, in welcher die Beschaffung von Trinkwasser zu allgemeinem Gebrauch, wenn auch noch nicht als eine öffentliche Pflicht, doch aber als eine verdienstliche Leistung zu Nutz und Frommen der Stadt angesehen wurde. Zwei Beweggründe scheinen dabei von Ausschlag gebender Wirkung gewesen zu sein.

Einmal die Unzulänglichkeit der Hausbrunnen bei Feuersgefahr selbst nach Einrichtung der Pumpbrunnen, deren es aber am Ende des 15. Jahrhunderts wohl nur wenige gab. Fürs zweite die stets sich erneuernde Furcht vor der Brunnenvergiftung. Die häufigen und Jahre lang herrschenden Volksseuchen schrieb man teils dem Einfluß der Gestirne, wohl aber auch den schädlichen Eigenschaften des Brunnenwassers zu. Man setzte aber im Grunde jedes Brunnens reines gesundes Wasser voraus, deßen Verderbniß daher nur von außen und oben hinein bewirkt werden könne. Denn erst als die Naturwißenschaft sich aus der Zwangsjacke der Scholastik befreite, dämmerte die Ansicht auf, daß die Verunreinigung des Bodens selbst, in den die Brunnenschächte hinabgetrieben waren, die Senkgruben, Mistpfützen, Aborte, Schweinställe, die stinkenden Aeser auf den Straßen, die in die Gassen geleiteten Urinrinnen Schädlichkeiten seien, deren Entfernung förderlich werden könne. Bis diese Klärung der Anschauungen erfolgte, kehrte man im eigentlichsten Sinne nicht vor der eigenen Tür, sondern machte die verhaßten Juden für die vielen Pesten verantwortlich. Es bleibt unentschieden, welchen Einfluß das wiedererwachte Studium des heidnischen Altertums, die Kenntnißnahme von den großen und zahlreichen Wasserleitungen der Römer auf die Entschließungen nahm. Es war schon genug, daß man auf ein Mittel verfiel, einen ununterbrochenen reichlichen Zufluß frischen Wasers herzustellen, welches, da es in geschloßenen Rinnen bis zur Brunnenmündung geleitet wurde, auch nicht vergiftet werden konnte.

Die erste Wasserleitung der Stadt vom Gerhards- oder Gersberge aus zum Marktbrunnen wurde kurz vor dem J. 1488 hergestellt. Denn sie muß bereits vorhanden gewesen sein, als in diesem

Jahre die Röhrenleitung unter der Brücke bis zum Marktbrunnen gelegt und damit das Waſſer aus der Rechtsſtadt auch in die Altſtadt befördert wurde[1]). Ihre Errichtung gehört der Zeit nach der Verleihung des Rats-briefes an die Stadt durch Kaiſer Friedrich (1482) an. Irren wir nicht, ſo belebte die hiedurch erlangte etwas größere Selbſtſtändigkeit von Bürgermeiſter und Rat auch die Unternehmungsluſt für ſtädtiſche Werke, wie dieß ja auch in jüngſter Zeit wieder beobachtet werden kann. Und einen mächtigen Ruck auf dem Wege heilſamen Entſchluſſes gab ohne Zweifel die gewaltige Volksſeuche der Jahre 1482 bis um 1486, an welcher in der Stadtpfarrei 4500 Menſchen ſtarben, und die anderwärts den Namen engliſcher Schweiß erhalten hat.[2]) Zwar iſt es gewagt Namen ohne ſattſame Begründung zu nennen, auch ſind die Bürgermeiſterver-zeichniße der Jahre 1482 bis '88 nicht ganz vollſtändig; allein da Entwurf und Ausführung eines ſolchen Werkes den Stadtrat ohne Frage mehrere Jahre hindurch beſchäftigten, ſo genügt es die Namen der zwei Bürgermeiſter zu nennen, die während dieſer Zeit an der Spitze der Stadt ſtanden. Dieſe ſind Elſenheimer 1483, '84, '85 und Hans Gläven-berger 1486, '87, und '88.

War einmal die Bahn gebrochen, ſo gehört bekanntlich weniger Witz dazu, auf derſelben fortzuſchreiten. Die Salzburger bedurften nur zwiſchen Fürberg und Gersberg eines Dammes, um dem Gefälle zu Hilfe zu kommen und legten übrigens ihre hölzernen „Teicheln" (Brunnröhren) in geringer Tiefe in den Boden. Nach und nach (die Zeiten ſind dem Vf. unbekannt) entſtanden drei Brunnleitungen (die Alt-, die Haupt- und Mirabellleitung), die auch die Wäſſer vom Kühberge (Guggental) auf-nahmen.

Um einen Vorrat Waſſers an den laufenden Brunnen zu ſammeln, wurden an denſelben B r u n n ſt u b e n (hölzerne Waſſerbehälter mit Ablauf) errichtet, welche bald auch zur Aufbewahrung von Fiſchen (Fiſchkalter) benützt worden ſind, und der Stadt ein jährliches Gefälle eintrugen. Nach den Stadtrechnungen beſtanden in den Jahren 1542—'44, ſomit etwa 50 Jahre nach der Einführung fließenden Waſſers in verſchiedenen Stadtgegenden ſieben Brunnſtuben:

zu St. Sebaſtian (am Bruderhaus),

---

[1]) Aquaeductus ſubterraneus in foro per pontem. Chron. anon. S. Petri.
[2]) Sie dauerte in ſchwächerem Grade bis 1497 fort. 1498 folgte dann die dritte Judenaustreibung.

beim Ostertor (in der Nähe des Brauhauses zum Gabler), wie es
scheint, im J. 1649 „auf dem Plätzel vor dem Kapuzinertor" erneuert,
vor der St. Andreaskirche,

auf dem Vischmarkte (Hagenauerplatz),

bei der Schranne (vermutlich der später in die Mitte des Platzes
gerückte St. Michaelsbrunnen und der beßere Nachfolger des alten
Brunnens „an der Porten"),

beim Seckauerhofe (Kaigaße, Neubau),

beim Hause des Vaschang (Kaigaße?)

Bald wurde das hochgeschätzte „Gaisbergwaßer" in das Stellnerhaus am Plätzl und in das Brauhaus vor dem Ostertor (1520), in den
fürstlichen Hof, in einzelne Häuser der S. Haffnergaße und der Trägaße
geleitet. Im J. 1603 werden 26, im J. 1613 schon 41, 1615 bereits
61 und 1633 gar 73 Fischkalter verzinst; wohl auch ein Beweis der
Zunahme des Fischeßens.

Aber der St. Florians= oder Marktbrunnen blieb ein Augapfel der
Stadt. Lange Jahre wurde an demselben gebeßert und verschönert. Im
J. 1555 wurde „aus bevelch des H. Bürgermaister Christoph Laffer dem
sewastian Nerlinger pruedermaister nach vermög seiner bekanntnuß von
wegen des florian auf den prun am platz ausbezahlt 265 fl.
6 Schill. 9 Pf." In die Jahre 1583 und '87 fällt die Anfertigung
des Gitters und beßen Bemalung sowie die Aufstellung der marmornen
Brunnstube. (Salzb. Ztg. 1879, n. 90 und 95). Aber schon 1596
erhält die Christof Grueberin, Malerin auf der Trinkstuben, für das
Gater, so auf den Florianbrunnen gehert," zu dreien Malen 116 fl.
48 kr. Und zwei Jahre früher, 1594 wird dem „Sebastian Leiß und
seinen baiden Gespan, so den Brunnen am Markt sollen machen", eine
Summe von 100 fl. auf Rechnung, den Schmidgesellen aber nach beendeter
Arbeit 1595 „von dem Gater zum Brunnen", 3 fl. Trinkgeld gegeben
(Stadtkammerraitungen). 1734 wurde Pfäffingers Staudbild St. Florians
statt des alten von 1555 auf den Brunnen gestellt.

In Folge der lodronischen Stadterweiterung erhielten das Lorettokloster, Mirabell, die lodronischen Häuser, später das Priesterhaus, Versatzhaus und das Häuservierec am Uiberackerhofe s. g. Gaisbergwaßer.

Im J. 1548, zur Zeit des Bürgermeisters Hanns Zachner (1544
—'53), der auch „Gnigler" genannt wurde, fand die Erbauung des
Stadtbrunnhauses statt[1]). Wir dürfen uns dasselbe als einen großen

---

[1]) Landeskunde IV. 60—65.

Pumpbrunnen vorſtellen, der mittels eines Rades durch das Albenwaßer
betrieben, aus einem hiezu gegrabenen Brunnenſchachte am Grieſe Waßer
emporhob und es durch Röhren nach den verſchiedenen Stadtgegenden
trieb. Da die zuſammengeſetzten Kettengeſchöpfe oder Paternoſterwerke
hiezu nicht brauchbar waren, andernteils um einige Jahre ſpäter, 1555
zu Reichenhall ein Druckwerk mit metallenen Stiefeln in Gebrauch geſetzt
wurde, ſo erhält man dadurch wenigſtens eine beiläufige Vorſtellung von
der Einrichtung dieſes Waßerſaug- und Druckwerkes. Der Verlauf der
Ausbreitung ſeiner Röhrenverzweigung läßt ſich hiſtoriſch nicht verfolgen.
Gewiß iſt nur, daß jetzt mehrere Brunnſtuben der Linksſtadt, ſo die
am Fiſchmarkt (1553), bei der Schranne (1556), das Rathaus, beim
Seckauerhaus und beim Vaſchang Brunnhauswaßer erhielten, und daß
ſelbes allmälig in zahlreiche Häuſer eingeleitet wurde.

Die Geſammtentwicklung der beiden nun beſtehenden Waßerleitungen
nach Ablauf eines Zeitraumes von 300 Jahren wird aus einer Zuſammen-
ſtellung des techniſchen Clubs erſichtlich, welche als eine Vorarbeit für
die Entwürfe zur neuen Untersbergwaßerleitung anzuſehen iſt. Darnach
lieferte

> das ſtädtiſche Brunnhaus . . 　täglich 26—30.000 Eimer,
> die Gersberg- und Gaisberg-
> leitungen, zum Teil ſtädtiſch,
> zum Teil ärariſch . . . 　　　　 „　　27.000 Eimer,
> endlich die (Petersbrunn-) Nonn-
> talerleitung . . . . . 　　　　 „　　　1.000 Eimer.

Zuſammen beiläufig 53 bis 56.000 Eimer, die ſich auf 14 öffentliche und über 300 Hausbrunnen verteilten, wobei die Hofbrunnleitung
nicht in Anſchlag genommen iſt.

Auf dem durch Wolf Dietrich geſchaffenen „Reſidenzplatze" erbaute
Erzbiſchof Guidobald 1656 59 (und Max Gandolf 1664—'82) den
Hofbrunnen, deßen Waßer anfänglich mittels lerchener Teicheln über
Gretich und das Aichach vom Fürſtenbrunnen „dreißig Stadien weit"
(Steininſchrift) in die Stadt geleitet worden war. Da ſelbe jedoch den
Druck nicht aushielten, wurde Hellbrunnerwaßer herabgeleitet und mittels
eines Druckwerkes über den Vorſprung des Feſtungsberges herüberbefördert.
Obwohl urſprünglich für den Zierbrunnen beſtimmt, kam das Waßer
doch bald einigen Häuſern im Nonntale, dem Kapitelſpitale, in der obern
Zeile, dem ſ. g. „kalten Preyhauſe", dem Nonubergerkloſter und der
„Hofſchmitten" zu Gute. Allmälig entwickelte ſich eine verzweigte Leitung

zu den Theatinern, den Häusern am Krotach, Berchtesgadnerhof, den Solarihäusern, Neubau, Residenz und Franziskaner.

Zur Zeit von Paris Lobron entstand als dritte (jüngste) Schwester der Gersberg-, Kühbergleitung die Mirabell- oder Gaisbergleitung, wie bereits angedeutet wurde. Sie scheint einigen Veränderungen in der Brunnkehrung unterworfen worden zu sein.

Etwas vor dieser Zeit dürfte die vorgenannte Nonntaler Leitung, von welcher keine Nachrichten bekannt sind, entstanden sein. Da sie Petersbrunn zu ihren Abnehmern zählt, steht sie wohl mit dessen Chronik in Zusammenhang.

Eine umfaßende und durchgreifende Maßregel war endlich die im J. 1874 ausgeführte Untersbergwaßerleitung. Seit den Tagen Guidobalds war den Salzburgern der Fürstenbrunnen fast wie eine Art Jungbrunnen vor Augen. Harrach und Firmian schätzten sein Waßer außerordentlich, und lange nach ihrer Zeit war der „Waßerreiter" noch ein wohlbekannter Mann (Vierthaler Reisen, 39, 1799). Im J. 1719 bitten „Georg Niklas Reißenstuel, bürgl. Spezereihändler und Josef Sinhueber auf der Rietenburg bei der Hofkammer um Bewilligung zur Leitung eines Trinkwaßers vom Untersberg". Anfangs 1720 bitten „Stadtsyndikus, Burgermeister und Rath auf gemainer Stadt Unkosten den Brunnquell am Untersberg außer führen zu dürfen, dessen Waßer ohnedem zu Verlust geht"[1]. Die Bitten wurden abgeschlagen. Vielleicht war die Errichtung der Steinsäge, derentwegen schon um 1690 die Kugelmühlen nach Gretig versetzt worden waren, der Ablehnungsgrund für beide Gesuche. Die Ausführung des Werkes und dessen Betrieb seit 10 Jahren gibt nun Zeugniß von der vollständigen Uiberwindung der Schwierigkeiten und der Erfüllung der gegebenen Aufgabe bei dieser Waßerleitung. Vertragsmäßig liefert sie rund 4000 Kubikmeter binnen 24 Stunden. Daneben blieb ein Teil der Gaisbergleitungen und die Hofbrunnleitung in Gang[2].

---

[1] Hofbauamtsakten im Archive der Landesregierung.

[2] Wenn man Salzburg wegen seiner vielen Kirchen einst Klein-Rom genannt und den Nonn-, Festungs- und Mönchsberg, die Rittenburg, den Imberg und Birglstein mit den sieben Hügeln Roms verglichen hat, so mag dieß auf sich beruhen. Aber über die Waßerleitungen läßt sich reden. Die vier noch in Gebrauch stehenden römischen „Waßer", (Westermanns Monatsschrift, 1883)

Aqua virgo — Fontana Trevi — aus der Gegend von Gabii,
„ Alsietina — Aqua Paolina — Seewaßer,
„ Claudia — Aqua felice — aus dem Fluß Teverone.
Anio novas, ebenfalls aus dem Teverone,
liefern zusammen täglich 180.000 Kubikmeter Trink- und Nutzwaßer für 200.000 Einwohner, oder rund 0.9 Kubikmeter für den Kopf.

12

Zu den Anſtalten und Unternehmungen, das Waßer für Haus-
halt und Gewerbe dienſtbar zu machen, gehören die Mühlbäche,
Mühl- und Hammerwerke, Lohſtämpfe, die Bäder, Viehtränken und
Schwemmen, endlich die Teiche.

Das alte Erzſtift Salzburg war ein noch älteres Müllerland. Im
8. Jahrhundert beſaß es ſchon zahlreiche Mühlen an Bächen und Flüßen.
Im 10. Jahrhundert gab es bereits aus einem Fluße abgeleitete Mühlbäche und Wuhrſchläge, ſo an der Saale und bairiſchen Traun[1]. Es iſt
daher nicht zu wundern, daß der alte Vorort bei den Mühlen ſchon
frühzeitig, wie bereits bemerkt, ſeinen Namen erhalten hat, ſo daß Bach
und Vorort vor Ausführung der Albenleitung vorhanden waren[2].
(Abſchnitt VI). Der Mühlbach kann nur aus dem großen Sumpfe[3] an
der Rittenburg und dem Untersbergmoor entſprungen ſein, wirkte zugleich
als Abzugsgraben und wurde in das „Tal zu Mülln" geleitet. Man
wird nicht anſtehen, dieſen Mühlgraben den Herrnhöſen St. Peter und
des Fürſten zuzuſchreiben, die an demſelben noch zur Zeit des Albenbaues
ihre Mühlen hatten.

Die Feindſeligkeiten zwiſchen Kaiſer und Pabſt, Grafen und Biſchof
und die ausgeſetzte Lage dieſer Mühlwerke außerhalb der Stadt, vielleicht
auch die abnehmende Waſſermenge — mit andern Worten, wie die
Urkunde ſagt „die größte Not zwang", auf andere Mittel zu denken[4].
Somit wurde der Mönchsberg durchbohrt und Waßer aus der öſtlichen
Seite des ſchwer zugänglichen Untersbergmoores geholt — Albenmühl-
bach. Der Bau fällt in die Zeiten der Dompröbſte Hermann (—1137),
Gebeno (1138—'44), Heinrich (1150) und Hugo (—1167) und der
Aebte Balderich (—1147) und Heinrich (—1167) mag alſo 25—30 Jahre
in Anſpruch genommen haben. Der neue Mühlgraben reichte ungefähr
bis in die Gegend des (jetzt verſchwundenen) Geiſelweihers (zwiſchen der
Berchtesgadnerſtraße, der Gretig-Glanecker- und Eichetmühle), auf welche
der einſt weit ſtärkere Roſittenbach herabſtürzt und das Moor unter

---

Tagegen fließen täglich nach Salzburg
    aus der Fürſtenbrunnerquelle rund 4.000 Kubikmeter Trinkwaßer,
    aus dem Königſee (Albe)   „   55.900   „   Nutzwaßer,
zuſammen rund 60.000 Kubikmeter für 25.000 Einwohner, oder 2.4 Kubikmeter für den
Kopf, die Hofbrunn-, Nonntalleitung und der in Gang gebliebene Reſt der Gaisbergleitung
nicht eingerechnet.

[1] Juvavia dipl. Anh. 153, x, 925; 223, 1; 227, xix um 1025/40.
[2] Landeskunde IV. 90.
[3] ... mala palus ... maximum impedimentum, nemlich für den Albenkanalbau.
Lvstde IV. 95.
[4] Lvstde IV. 90.

Waßer setzte. In der Stadt teilte sich der Kanal in den domcapitlischen und st. Peterischen Arm mit den anliegenden „Pfistern" (pistrina), d. i. Backhäusern und Mühlwerken.

Aber bis an die Albe am hangenden Stein vorzubringen und daraus das Waßer in den neuen Mühlgraben einzukehren, war damals unmöglich. Wie sonst öfters, brachte die Anhänglichkeit an den Pabst dem Erzstifte auch damals mancherlei weltlichen Schaden.[1]) Das Kaiserdiplom von 1156 hatte dem Stifte Berchtesgaden eine salzburgische Landstrecke an den Halleinerbergen und am Untersberg zugesprochen und die Berchtesgadener bezeichneten eine Linie von der Kirche zu Wals über Anif an die Salzach als die Gränze ihres Besitzes[2]). Diese Linie geht in der Nähe der Pflegerbrücke am Albenholz vorbei und bezeichnet den Uebergang des jetzigen Geiselweiherbaches in den Albenkanal. Von da an über Gretig hinauf an den hangenden Stein war also strittiger Boden und an eine Fortsetzung des Kanales nicht zu denken. Erst im J. 1280 und 1286, zu einer Zeit, als Salzburg auf die guten Dienste des berchtesgadenschen Nachbars wieder zählen zu dürfen glaubte, erfahren wir, daß das Waßer des Albenflußes durch die Ratenau (Gartenau) geleitet und zu diesem Zwecke eine „Wuer" angelegt worden sei[3]). Dieses obere Stück des Albenkanals: Hangender Stein - Albenholz, wurde also erst etwa 120 Jahre später ausgeführt, als das untere, vermittelte aber den stetigen, reichlichen Waßerzufluß aus dem Königssee, deßen sich seither die Stadt und 60—70 Mühl-, Säge-, Hammerwerke, Fabriken, die im Laufe der Zeit an diesem Mühlbache errichtet wurden, erfreuen.

Wie schon bemerkt wurde (Abschnitt VI.), schritt man zunächst dazu, **den Mühlbach von Müllu mit dem Hauptkanal in Verbindung zu bringen** (Müllnerarm der Albe).

Im J. 1335 erlaubte Erzbischof Friedrich den Bürgern, das Waßer für das neue Spital zu suchen, „wo sie es fänden"[4]). So entstand der städtische oder Bürgerspitalarm der Albe. Die Rollmühle des Spitales ist 1429 und 1433 beurkundet.[5])

---

[1]) Vogel-Huber behauptete freilich in seinen zahlreichen Bedenken gegen des Verfaßers „Kulturgeschichte" das gerade Gegenteil.

[2]) Landeskunde XX, 35 u. ff.

[3]) Ebenda IV, 96, 98.

[4]) Bürgerspitalregesten Wagingers, 543.

[5]) Ebenda, 670. „Item Chuncz Prunaer von Manhaym dient 6 Schilling dl. von der Rollen. 1512 Item in dem spital ain stampf mit vier dryben, den hat ain vntermaister vnd ain köchin in dem spital by nutzung davon inne. (Wer darzue erpaut ain müll vnd pfister, darin man des spitals notdurft mellt vnd pacht)." Bgsp.-Reg. Die Spitalmühle von 1429 (s. oben) ist jetzt Liebergers, G'städten 2. (Toppler.)

Mittlerweile wurde auch der Gailenbach von der Glan abgeleitet.

Im J. 1395 entschloß sich der Fürst, als „dritter Albenherr" zu den beiden bisherigen „Albenherrnhöfen" hinzuzutreten, an der Leitung Teil zu nehmen und seinen Hof mit diesem Nutzwasser zu versehen.

Auch der Chiemseehof, die Kumpfmühle, die Stadtteile Kai und Heumarkt (1495, 1501[1]) erhielten Albenwasser; andere folgten nach.

Die ältesten Bäder finden sich an der Salzach, und ihre Oertlichkeiten dienen zur genaueren Bestimmung der Lage der damaligen Flußufer, so das einst douncapitel'sche „Räpplbad" am ältesten Kai (Pfeifergaße 9), das „Bad zu Kaltenbach" (Döllergaße 6) oder „in der Neustift", das „Griesbad" (Griesgaße 7), das „Spitalbad" (Badergaße 3) und das seit dem Brückenbau von 1600 entfernte „Stieglbad" am rechten Ufer. Die Bäder „im Nonntale" und „zu Müllu" lagen an den durchfließenden Bächen. Erst als in Folge der Wasserleitungen die Bäder vom Flußufer unabhängiger wurden, entstanden solche „beim Bruberhause" (Linzergaße 43), „beim Engel" (Steingaße 14) und bestanden die in der Pfeifergaße, Griesgaße und beim Spitale trotz ihrer nunmehrigen Entfernung vom Flußße bis in den Anfang des jüngsten Jahrhunderts dennoch fort (Räplbader, Spitalbader, Griesbader).

Die neueren Bäder finden sich abermals an der Salzach (in der Steingaße und zu Müllen), das städtische Badehaus aber in der Westbahnstraße, Froschheim.

Aus dem Abschnitt III. war bereits zu entnehmen, daß eigentlich sämmtliche auf den Fluß mündenden Tore oder „Türlein", mit Ausnahme des jeweiligen Brückentores, als „Tränktore", Nebentore anzusehen sind und auch so benannt wurden. Wenn noch im Anfange des 15. Jahrhunderts gesetzliche Bestimmungen über städtische Gemeinwaideplätze an der Albe und Glan erlaßen werden, so muß eine größere Viehhaltung in Stadt und Vorstädten angenommen werden, der ebenfalls die Tränktore entsprechen und es ist erlaubt, an den Vergleich der Stadt mit den Märkten im Lande nochmals zu erinnern. Anderseits mag die Bemerkung folgen, daß der Rindermarkt (forum boarium) in Alt-Rom in der Nähe des Capitols, in Salzburg einst neben dem fürstlichen Hofe; dort in der Nähe des Tiber, hier unweit der Salzach lag. Auch der Lebensmittel oder Gemüsemarkt (forum olitorium) hatte in Alt-Rom eine Stelle neben der Aemilischen Hauptbrücke in der Nähe des Flußes, wie in Salzburg der erste, zweite und dritte Marktplatz. Diese wiederholten Vergleiche

---

[1] Landeskunde IV. 104, 105.

mögen darin ihre Entſchuldigung finden, daß die Ortskunde Altroms
am meiſten erforſcht und bekannt geworden iſt und deshalb von ſelbſt
zu derlei Nebeneinanderſtellungen einlud.

Auch die Pferde wird man an geeigneten Orten am älteſten
Salzachkai, vor dem Kumpfmühltore und außerhalb des „Paradeyßes“,
am Gries vor den dortigen Tränktoren, durch das Tränktor in der
Lederergaße auf den davor gelegenen Salzachgries in die Schwemme
geritten haben. Setznagels Stadtanſicht lehrt, daß innerhalb des Domhofes
im 16. Jahrhundert eine Schwemme gelegen war, deren auch Hübner
gedenkt. Aber das 17. und 18. Jahrhundert ſahen drei denkmalgleiche
Schwemmen entſtehen:

der Schwemmteich auf dem Sigmundsplaße mit dem ſteinernen
Pferde, 1695 vom Erzbiſchofe Johann Erneſt errichtet.

der an römiſche Brunnen erinnernde Schwemmteich auf dem
Kapitelplaße vom Erzbiſchofe Leopold Anton 1732 erbaut. Da deßen
bisheriger Namen manchen Fremden Gelegenheit zu wohlfeilem Spotte
gibt, ſo könnte man ihn ja den „Firmiansbrunnen“ nennen[1]).

der Schwemmteich auf dem Mirabellplaße, ebenfalls von
Johann Erneſt. Seit dem Brande von 1818 eingeſchüttet. Der „Pegaſus“,
von Kupfer, ein Löwe und ein Einhorn (von Hübner als „Rhinoceros“
angeſehen) von weißem Marmor an verſchiedenen Orten erinnern noch
daran.

Endlich ſei noch der Teiche und Weiher gedacht.

Am Rande des Stadtgebietes beſtand ſchon geraume Zeit vor Erbauung des Schloßes Leopoldskron in deßen Nähe der Kühweier.
Die Nähe der Albe geſtattete ihm beſtändigen Waßerzu- und Abfluß zu
verſchaffen. Er beherbergt Fiſche und verdient daher den Namen Weier
(vivarium).

Die zwei St. Peterſchen Teiche, wie wohl auch der Kühweiher,
entſtanden aus dem Abbau eines ſeichten Torflagers, und werden mit
Albenwaßer geſpeiſt.

Der (einſt) domcapitel'ſche Weier beim Weingartenhofe neben
der Albe.

Der verſchollene Teich der Abtißin im Nonntale, wahrſcheinlich
in der Nähe des Bleichplaßes.

---

[1]) In dem als Fremdenführer anzuſehenden Büchlein: Salzburg, ſeine Monumente
und ſeine Fürſten, wird die ganz haltloſe Bemerkung beigefügt (S. 147), daß in dieſem
Schwemmteiche (der, wie oben ſteht, erſt 1732 neu hergeſtellt wurde), „die zum Waßertode
begnadigten Hexen und Ketzer erſäuft wurden.“

Der Weier um das Schloß Freudensal, wodurch dieser einst fürstliche Landsitz das Aussehen einer „Wasserburg" gewann.

Die kleinen bereits verschwundenen Teiche

beim (einst) fürst-chiemseeischen Weierhofe in G'main an der Weichbildgränze,

beim Weierhofe am Fürberge,

beim Landsitze Fleberbach an der Aignerstraße.

Einige Brunnröhrenteiche an der nountaler Fürstenstraße, vor dem Linzertore, vor dem Neutore und beim Weierhäuschen an der Aiglhofallee,

die teichartigen Waßeransammlungen im Schanzgraben vor dem Mirabell- und Lederertore (nicht mehr vorhanden),

der neu angelegte Teich an der Stadtbezirkgränze der Rittenburg beim Hause 25 an der Albe.

Mehrere dieser Teiche und Weier werden zur Eisgewinnung benützt.

———

X. Abschnitt.

Stadtviertel, Straßen und Plätze.

Es wurde schon berührt, daß die älteste überhaupt bekannt gewordene Stadteinteilung mit der so vieler anderer Städte darin übereinstimmt, daß man beiläufig nach Weltgegenden die Tore unterschied, nach denen auch die Stadtgegenden benannt wurden. Wegen der Lage an den Bergen war aber in Salzburg dieser Unterschied nicht durchgreifend, denn es fehlte ein viertes Tor. Es gab daher anfänglich nur

ein oberes Tor gegen Nonntal,

ein unteres und ein mittleres Tor, die Pforte.

Die Stadteinteilung des 12. Jahrhunderts (Abschnitt V.) macht vier auf die eigentliche Bürgerstadt beschränkte Stadtgegenden ersichtlich:

1. Den Kai, welcher dem obern Ende entspricht, oder sich daselbst als Stadterweiterung bemerklich macht.

2. Die Pforte mit dem nunmehr alleinigen Ausgang durch das innere Tor nach der Domkirche zu.

3. Die Brücke, die uns jetzt das nach abwärts gerückte äußere Tor der Altstadt am Flusse (statt der „Pforte") vergegenwärtigt, und

4. ent Ahe, den Vorort jenseits des Flusses, oder die Anfänge der Rechtsstadt.

Zugleich beginnt auch schon die Stadterweiterung am untern Ende, die obersten Häuser der „Trabegasse".

Im 13. bis 16. Jahrhundert, nach Erbauung der ersten Stadtmauer tritt der Unterschied zwischen Stadt und Vorstädten hervor, welche letztere den entsprechenden, benachbarten Stadtteilen zugerechnet werden, ein Zustand, der sich nach Erbauung der zweiten Stadtmauer nur rücksichtlich der vergrößerten Innenstadt etwas verschoben hat. Die vier Stadtgegenden sind jetzt:

1. Kai und Nonntal, wie noch aus der Polizeiordnung des Erzbischofes Matthäus ersehen werden kann,

2. Heumarkt und Markt, oder der erste, (zweite) und dritte Marktplatz sammt Umgegend. Beurkundet durch das Ansuchen der Stadt

um Albenwaßer vom J. 1501[1]) und die erwähnte Polizeiordnung von 1523 24.

3. Trägaße, G'stätten und Mülln. 1569.

4. Uiber der Brücke.

Noch ist also die alte Vierteilung zu erkennen, wenn man bedenkt, daß das alte Brückenviertel des 12. Jahrhunderts nun, weil die Brücke abermals nach abwärts gerückt wurde, zum Tragaßenviertel, das Pfortenviertel aber aus gleichem Grunde Marktviertel geworden ist.

Die Stadtbeschreibung von 1552 teilt die Rechtstadt in folgender Weise ein:

„Enhalb der Pruggen (58 Häuser), vor dem Osterthor (74 H.), zwischen beyden Thoren auf den Pirglstain (33 H.), Äußeres Pirglthor (31 H.), Fleberpach (3 H.), Münichhausen (20 H.), am Jehersperg (Gersberg, 7 H.), vor dem Lebrerthor (35 H.), vor sand Sebastiansthor (12 H.) Zusammen 273 H.

Die nicht ganz vollständige Steuerbeschreibung von 1608 nennt folgende zwölf Viertel:

1. Markt (51 Häuser), 2. Kai (110 H.), 3. Trägasse (74 H.), 4. Pruggen (118 H.), 5. Mönchsberg (17 H.), 6. Nunnthall (65 H.), 7. Gstetten (34 H.), 8. Mülln (53 H.), 9. Juner Stain (37 H.), 10. Außer Stain (59 H.), 11. Vorm Lynzer Thor (21 H.), 12. Vorm Perchstraß vnd Lebrerthor (26 H.).

In Folge der dritten Stadterweiterung, die sich hauptsächlich am Gries und der G'stätten, dann im lobronischen Stadtteile bemerklich machte, wurde die alte Vierteilung auf die Altstadt beschränkt. Zugleich wurde Rücksicht auf die Seelsorge genommen und werden die künftigen drei Stadtpfarrbezirke bereits erkennbar. Die Einteilung (von 1648?) ist nun folgende[2]):

1. Kai. Beginnt bei der alten „Pforte", erstreckt sich längs des alten Salzachkaies bis zum bestandenen Nonntaltor und am Berg herüber bis zum St. Peterbezirk. Der größte Teil des alten Domhofbezirkes wird noch nicht als städtisch angesehen. 127 Häuser.

2. Markt. 50 Häuser, entspricht ziemlich genau dem „Heumarkt und Marktviertel" des 13.—16. Jahrhunderts. Lag zwischen Rathaus, Pforte, dem Dom und dem fürstlichen Hof. 50 Häuser. Hieher gehörte die Schartenvorstadt oder der innere Mönchsberg. 1 und 2 bilden den Bezirk der Dompfarrei.

---

[1]) Landeskunde IV. 105, K.
[2]) Hübner I. 17.

Das Trägaßenviertel zerfiel in zwei Teile:

3. „Getreidegaße", 67 Häuser. Wahrscheinlich zählten dazu auch die Häuser am obern Gries.

4. G'stätten, 38 Häuser. Wahrscheinlich gehörten dazu auch die Häuser am untern Gries.

Diese beiden Bezirke bilden den Sprengel der Stadtpfarrei am Bürgerspitale. Freihöfe, Domherrnhäuser, Spitäler, Städel werden nicht in Anschlag gebracht.

Die Rechtsstadt wurde seit 1647 in zwei Hälften geteilt:

5. Unterbrückenviertel[1]), 82 Häuser; zwischen Vitals-, Virgils- und Rupertstor und der halben Linzergaße.

6. Oberbrückenviertel, 60 Häuser; die Bergseite der Linzergaße und der s. g. innere Stein bis zum Johannis- oder innern Steintor.

Daburch war also aus der Vierteilung eine Sechsteilung geworden, wie z. B. zu Florenz schon in Dantes Zeit statt der alten Quartiere Sestiere entstanden waren.

Die Vorstädte hießen:

7. Müllen mit 45 Häusern,

8. Nonntal mit 62 Häusern,

9. (äußerer) Mönchsberg mit 17 Häusern,

10. Innerer Stein mit 40 Häusern,

11. Äußerer Stein mit 19 Häusern.

Man nannte dieß auch die „polizeiliche Einteilung". Daneben bestand die bürgerliche Einteilung, welche

7. Mülln mit dem äußern Mönchsberg, Rittenburg und Lehen begriff,

8. den innern, äußern Stein und Parsch zusammenfaßte, und

9. und 10. Froschheim und Schallmoos als Vororte beifügte, wie bereits eingangs angeführt worden ist. Daraus erklärt sich auch, daß noch im J. 1818 bei der Neuwahl des Bürgermeisters Heffter zehn Viertelmeister als Wahlmänner mitwirkten.

---

[1]) Allerdings hat das Ganze nur 4 Viertel, daher sind 6, 8 Stadtviertel ungenaue Bezeichnungen. Allein bisweilen nahm man es mit der Vierzahl nicht so genau. So hießen die Handwerkevorsteher doch Vierer, wenn ihrer nur drei waren. 8½ Vierling gingen in Straubing auf 1 Scheffel. 9 Vierdung gingen in Regensburg auf ein Pfund bei Waaren, die man nach dem Zentner wiegt. Ein Viertel Bier waren 2 Maß, oder das Viertel eines Achtels vom Eimer. Das Traidviertel auf der Dreschtenne ist kein Viertelraum. Das lateinische Viertel ist oder war kein Viertel der Stadt Paris. Das Galgenviertel war kein Stadtviertel, sondern die Stadtgegend in der Nähe des Richtplatzes. Ebenso spricht man von einem adeligen Viertel, einem Gerber-, Fischerviertel u. s. w., ohne damit wirkliche Stadtviertel zu meinen.

In der ersten Hälfte des laufenden Jahrhunderts wurde die i n n e r e Stadt in acht Bezirke geteilt:

1. Bezirk (Marktviertel), 67 Häuser,

2. Bezirk (Kaiviertel, Waßerseite), 70 Häuser,

3. Bezirk (Kaiviertel, Bergseite mit Nonnberg und St. Peter), 80 Häuser,

4. Bezirk (Trágaßenviertel, Bergseite, halbe Kirchgaße, halbe Trágaße, G'stätten bis zur Sonne sammt inneren Mönchsberg) 48—50 Häuser,

5. Bezirk (Trágaßenviertel, Waßerseite [G'stätten, Gries, halbe Trágaße] 76—96 Häuser,

6. Bezirk (Innerste Steingaße, Linzergaße, Bergseite bis zum alten Ostertor und Imberg) 70—72 Häuser,

7. Bezirk (Linzergaße, Bergstraße), 70 Häuser,

8. Bezirk (Linzergaße, Lederergaße und der Stadtteil außer des Andrä- und Lodronbogens) 69—72 Häuser.

Letztere Bezirkseinteilung der innern Stadt bestand noch 1858 mit 606 Häusern. Die äußern Stadtbezirke sind:

(9). Mönchsberg mit   34 Hausnummern,

(10.) Vorstadt Müllu,   60   „

(11.) Riedenburg,   60   „

(12.) Lehen,   40   „

(13.) Vorstadt Nonntal, 105   „

(14). Vorstadt Äußerer Stein (vom äußern Steintor angefangen) 49 Hausnummern,

(15.) Schallmoos (außer des Linzertores bis zum Bahnhof), 106 Häuser,

(16.) Froschheim (außerhalb des gewesenen Mirabell- und Lederertores), 85 Hausnummern.

Zusammen 1104—1128 Häuser mit 23.570 bürgerlichen Einwohnern (1880), sammt den Soldaten 25.000.

Straßen.

Man tadelt heut zu Tage Wolf Dietrich, weil er aus der Kunstgeschichte Salzburgs durch seine Zerstörungen Blätter herausgerißen und Lücken hinterlaßen habe. Aber hat denn nicht auch die Bürgerschaft des 18. und des halben 19. Jahrhunderts beinahe auf die Stadtgeschichte des ganzen Mittelalters vergeßen? Liegt sie nicht gleich zerbröckelten Mauerresten ziemlich tief unter der Oberfläche und den Schöpfungen der Gegenwart begraben? Man möge es daher erklärbar finden, wenn einige solcher Steinchen wieder hervorgesucht werden und zwar hier insbesonders die

Alten Straßennamen.

Abtsgaße, urk. 1320. Sie ist die heutige Sigmund-Haffnergaße. Der Ursprung ihres Namens ist darin zu suchen, daß sie (Abschnitt V.) auf des Klosters- oder des Abtes von St. Peter Grund entstand, der bei der schrittweisen Stadterweiterung mit Bürgerhäusern besetzt wurde. Sie heißt noch im 15. Jahrhundert bisweilen der ganze Länge nach so, aber da teilen sich bereits der „Habermarkt" (vom Ritzenbogen und der Churfürstenstraße abwärts) und weiter unten der „Milchmarkt" oder die alte „Milchgaße" (bis zum Rathause) in ihre untere Hälfte.

am Aschhof, urk. 1369, hieß, wie bemerkt, der gaßenbreite Raum zwischen der Domfridhofmauer, und den Häusern 47, 48, 49 der Zählung von 1858.

beim Pern (Bären). Vom Stieglbäcker oder Stieglbräuer lief ein Gäßchen längs der Albe hinab bis zum „Werch", welches sich an der Stelle der alten Ursulinergaße befand. In diesem Gäßchen lag das thennische Haus „beim Bären", etwas zurück gegen das Ursulinerkloster-zuhaus, an welchem noch jetzt der eisengegoßene Bär sichtbar ist. Lbsfde XIII, p. 56 u. 58, n. 61 u. 64.

Pfaffengaße[1]) So hieß 1. die „Hundsgaße". „Darczue hab ich denselben dreyen chapplänen mein haws gelegen in der pfaffengaßen geschafft (194 alt, Herrngaße 8 neu), das ich newes von grunt auf barczue gepawt hab . . ." 1429. Samersches Urbarbuch. „der pfaffen hawß, das zu der Samer Capellen gehört". 1434. Aber 1442: „der herrn haws zu der Samer Capellen". In der pfaffengaße wohnten schon zur Zeit Samers einzelne Chorvicarien oder Domgeistliche. 2. Die heutige „Priesterhausgaße". Hübner I. 363.

am Brotmarkt. 1. Der älteste Brotmarkt war in der Brotgaße, 2. der zweitälteste befand sich auf dem dritten Marktplatz (Brottische); 3. der drittälteste war in der Schranne und wurde der dabei liegende Platz „Brotmarkt" genannt, 4. die jüngsten Brotläden an der Brücke und im Rathaus erhielten den Namen „Brotmarkt" nicht mehr. (Abschnitt VIII)·

Berghamerstraße urk. 1371 hieß ursprünglich die „Bergstraße", sie führte zum Bergstraßentor, (Lobronbogen, Mitterbacherbogen), welches ein Hauptor war.

Pyrglen, Pyrglau s. XI. Häuser.

---

[1]) „Pfaff. Dieses kurze und stattliche Wort scheint erst um die Zeit der Reformation seine ursprüngliche, wildvolle Bedeutung verloren zu haben." Schmeller WB. I. 420. 2. Aufl. In Würzburg gibt es noch heutigen Tages zwei „Pfaffengaßen". Das Wort bedeutete einen Weltgeistlichen.

Der Frauen- richtiger Fronhof. Ein sehr geräumiger aber unregelmäßiger Platz zwischen der Mauer des Domhofes (sie lag in der Verlängerung der Linie vom heutigen Dompfarrerhaus bis zum Dome), der Stirnseite des Domes, dem St. Peterkloster, dem fürstlichen Hof und der Barfüßer- oder Franziskanerkirche bis zur Ecke des Franziskanerklosters, an welcher man nach St. Peter vorbeigeht. Durch die Erbauung der Dombögen, den Flügel des Residenzgebäudes gegen St. Peter und das Herausrücken von Klosteranbauten wurde der Platz auf den heutigen Domplatz beschränkt. Teile desselben waren also die Franziskanergaße von der erwähnten Ecke an bis zu den Dombögen und der nordwestliche Teil des Kapitelplatzes. Das Domfrauenkloster lag wohl in der Nähe dieses Platzes, aber der Namen „Fraunhof" hat seinen Grund in der mundartlichen Entstellung, wie man statt „Frongarten", „Freudensal", Fraungarten, Frausal und Freisal sprach.

Die teufe Gaße ist die heutige Nonntaler Hauptstraße. Da man am Nonnberg oder Festungsberg drei Gaßen unterschied, so hieß die unterste auch die tiefe (teufe). Die Wörter: die Teufe, abteufen, haben sich noch in der Bergmannssprache erhalten.

G'stätten (arena) = Gestade oder sandige Stätte hieß 1. die Umgebung des Chiemseehofes gegen die Salzach. „das hauß auf der gestetten, gegen des von Chiemsee hof ober an dem Wazzer genant die Alben gelegen." 1384, domcap. Copialbuch. molendinum dictum Chumpfmil in civitate Salzburg in arena, die Kumpfmühle in der Stadt Salzburg an der G'stätten. Copialbuch 1308. 2. Die noch so benannte Straße zwischen beiden Klausentoren.

am Haufen hieß der gegen das bestandene St. Michaelstor abhängige Teil des Mozartplatzes. Der Namen stammt aus der Schiffersprache, und bezeichnet eine größere Schotterbank. Indessen ist anzuführen, daß 1604 Wolf Dietrich das Hannibalhaus (neben dem Mozartdenkmal) und viele Häuser der Pfeifergaße „auf einem Haufen" niederreißen ließ . . und ist noch alles bis zu Ausrötung seiner Residenz (Abgang von der Regierung) „auf dem Hauffen" liegen geblieben. Lbstunde XIII 83, Anm. 4. — „Von einem neuen Haus, Hof und Garten „auf dem Haufen" im Khay: Friedrich Rechlinger zu Goldenstein." 1620 — „Haus, Hof und Garten „auf dem Haufen" im Kai: Herr Santin Solari f. Paumaister". 1620. (Domherrnhaus).

Heumarkt (1423) die oberste Judengaße, vom Höllbräuer an bis zum St. Michaelsbogen. Die übrigen Marktplätze s. Abschnitt VIII.

unter den Huetern. Man hat in Salzburg die Erinnerung an die bürgerliche Gewerbetätigkeit in den Gaßennamen vermißt; diesem Mangel soll einiger Maßen abgeholfen werden. Die Strecke vom Bürgerspitaltore an bis etwa zum Stiegelbräuer bewohnten noch in der ersten Hälfte dieses Jahrhunderts mehrere Hutmacher, und so hieß sie auch nach ihnen im 15. 16. Jahrhundert.

Hundsgaße. Darüber hat sich die ganz haltlose Sage gebildet, die „Herrn von Hund" hätten da ein Haus gehabt, wornach die Gaße sei benannt worden. Hans Hund besaß zwar ein Haus am alten Brodmarkt 1452 (Steinhauser, Lbsk. a. a. O. Zahl 38) und Albrecht Hund ein anderes Haus 1501, '12; 1526 deßen Witwe; aber dieses „Hundhaus" lag in der Nähe eines sehr angesehenen Stadtteiles, „pey dem gäßlein hynuber dem Gerichtshaws" und ist 1569 im Besitze des Georg Döller, des Stadtkämmerers von 1573 (Töllergaße 8). Ein „Hundhaus" lag auch im Nonntal in der untern Zeile, im 16. Jahrhundert, aber da waren des Fürsten Jagdhunde eingesperrt. Wohl möglich, aber nicht nachweisbar ist, daß ein solches Hundehaus, jedenfalls vor 1400, sich in der Hundsgaße befand, die davon den Namen erhielt. Sie führt denselben, soweit die Urkunden zurückreichen (Toppler, Lbslde XII, 124, somit lange bevor die Hund zu Dorfheim in der Stadt ansäßig wurden) 1376, 1442, '95, 1501, '21, '26, '44, '60, '69, '72, 1600, '1, '50, '62, '77, '92, 1709, '15, '27, '34, 1805, '10. Sie heißt 1429 „Pfaffengaße", 1686, 97, 1703, '38, '56, '63, '66, '70 auch „Herrngaße"; 1766, '70, '72, '92, 1804 wieder „Hundsgaße" je nach den verschiedenen aus geistlichen oder weltlichen Händen stammenden Aufschreibungen.

unter den Irchern 1415, d. i. Weißgärbern. Wie noch den ältern Salzburgern bekannt ist, bewohnten die Weißgärber den Teil der Steingaße: Waßerseite, außerhalb des innern Stein- oder St. Johannistores. „Auf dem Stein vnter den Yrihern." Lbslde XIII, Doppler 53. n. 74.

Räsgaße. S. Abschnitt V. und VIII. (Marktplätze).

Kirchgaße, urk. 1335, die spätere Pfarr- oder S. Haffnergaße.

am Kloben- oder Kolbenstain (urk. 1404); G'stättengaße, in der Gegend des Stieglbräners. s. Häuser.

am Krotach 1465, Krotengaße (S. Abschnitt V.). Krotachgaße.

bei den Lederärn, später die Lederergaße. Die Gaße an der Stadtmauer zwischen dem Plätzl und dem Lederertor. Lbslde XVI. Doppler. n. 485, v. J. 1484. „Die Behausung am Egg in der Lederergassen, da man (damals) ringsumb geen mag" 1540 50. St. Sebastian-Bruderh.-Urbar.

an der Linde, die Lindstraß 1456. Gegend vor dem Bergstraß-tor, auf dem heutigen Mirabellplatz. „ain chrawtgartten .. bey der linden vor der perischstrazz an dem Rennpuhel" 1408. Lbsbe XIII, 51. Doppler. ebenda 55; 1409, 1416, 87. Lbsbe X. Archiv 7. Pirckmayer. „Das Haus bei der Linden gegen Mirabell über ist zur Schanz kommen" 1630.

auf der Lurel (1358), nicht ganz bestimmbare Gegend, wahrscheinlich vor dem Bergstraßtor.

Marktgaße, 1. nach Hübner, die Klampfergaße; 2. die heutige Marktgaße, seit Anfang des Jahrhunderts „Modegaße" genannt.

Milchgaße, 1. alte, 1465, 1522 der unterste Teil der S. Haffuer-gaße. 2. die neuere, zwischen Haus 3 und 4, Marktplatz, jetzt zur Goldgaße gerechnet. —

Münzgäslein 1557, jetzt Sterngäßchen.

Pomeranzengäßchen, im vorigen Jahrhundert um 1760. Das Gäßchen zwischen der Rückseite des Rathauses und der Stadtmauer, dem Klampfertor und der Brücke.

am Rennpühel 1358, der heutige Mirabellplatz. Urkundlich oft genannt. Wird im Urbar der Goldschmidzeche auch „Kornpühel" genannt (vielleicht liegt ein Schreib- oder Lesefehler zu Grunde). Durch den Schanzenbau 1620 30 umgestaltet.

beim Minderholz 1418, ein vorspringender Bau des fürstlichen Hofes gegen den heutigen Marktplatz.

da man an die Rittenpurg geet 1429, Augustinergaße. S. Abschnitt III. Tore.

am obern, mittlern, untern Ridel, richtig Rigel. — Die Nonnberggaße außerhalb des Nonnbergtores, das Erhartsgäßchen und die nonntaler Hauptstraße.

Ruprechtsgaße 1650, Linzergaße.

Salzgäßlein. Um 1642. „Ein Hafnergewölbl im Salzgäßl." Stadtrechnungen. Ist wohl das jetzt verbaute Sackgäßchen zwischen Rathaus und H. 3 am Kränzlmarkt. In der Nähe befand sich das Gewölb für den (verpachteten) städtischen Salzhandel.

bei den Schererläden, hinter dem Gerichtshause oder der spätern „gemainer Stadt Trinkstuben" (Wagplatz 1). „domus quondam Joh. de Kaltenpach (1565) prope rasores pannorum". „Kaltenpachhaws bei den Tuchschererläden" 1626. Haus 69, alt, Döllergäßchen 6, neu.

Schergengäßlein 1. ist die oberste Griesgaße, weil daselbst der Amtmann oder der Scherge wohnte. 2. die Gaße außer- und innerhalb des Laufner- oder Schergentores zu Mühlen.

vor dem Schleifmühltor. 1650. Anfang der G'stätten außerhalb des Bürgerspitaltores.

Schloßergaße 1600, die Goldgaße. „Das Eckhaus am aschhoff, so man in die schlossergassen geht." Toppler.

unter den Smiden 1341. Anfangsstück der jetzigen Steingaße vom Plätzl hinein. „mein haws, daz gelegen ist unter den smiden enhalb ach". Lbslde X. p. 178, xli. Steingaße 7. „das emaln Vnderleius des smybs gewesen ist." Lbslde XII, 214, cxxx. 1378.

Schmidgasse ist ein Stück der heutigen Priesterhausgaße. „4 Pf. gelts auf einer Behausung und Hofstatt enhalb der prucken vor dem Osterthor in der Smidgassen gelegen zwischen der Antalerin und Petern Waymer hewsern, von Leuharten Pewgenzain Smid." Urbar der St. Georgskapelle auf der Vestung. Nach dem „Ekschmid" (jetzt Viebl) zubenannt.

Sebastiansgaße 1514, Linzergaße.

Sporergaße um 1518. Goldgaße.

Trabegazze 1150 1200 s. Abschnitt V. Trägaße, jetzt entstellt: Getraidegaße.

am Tummelplatz. Dieß war wahrscheinlich unter Wolf Dietrich der Platz, auf dem heute die Sommerreitschule steht. Vgl. Hübner I. 70.

am Waltbühel, am östlichsten Ende der Schalmoser Hauptstraße. Einst den Alt'schen gehörig, beim Eder-, v. Fabrici = Holthueterhof 1550—1650.

Webergaße 1384, 1407. Lbslde XIII, Toppler 33, 46 die Pfeifergaße. Sie hieß noch 1512 Webergaße, 1516 alte Webergaße, wurde aber schon 1420 zuweilen, und seit 1512 16 allgemein Pfeifergaße genannt. Daselbst wohnte vor 1407 Chunrat Amayßl, des „Herrn von Salzburg Pfeiffer". Die Weber siedelten später außerhab der Ircher in die Steingaße über.

Weg. Der Hochweg, Nunbergweg, Nunberger Hochweg oder Wagenweg ist die obere Nonnberg- und Festungsgaße der Häuserzählungen von 1852 und 1880. Der untere Nunbergweg führte durch die innere und äußere Nonntalerklause (Schanzlgaße) in die Vorstadt.

der hohe Weg oder Gangsteig gegen Mülln 1557, außerhalb des Klausentores, 1603 Steinhauser.

das Gäßlein, da man in die Zell geht, Zellgäßlen, irrig auch „Zettlgaßlen", ist das heutige Sterngäßchen. Es hat seinen Namen von dem Hause 4 im Badergäßchen, welches 1471, 1513 „in der Zeel" oder „Zell" hieß, und das 1513 Münzmeister Johann Thenn vom Spitalmeister Sebastian Wäginger zu Erbrecht erhielt, daher es dann die Münze, 1608 die alte Münze heißt. Das Wort rührt aus der Zeit des Abmonterhofes (Abschnitt V.) her, in welcher etwa ein paar Mönche „aus Abamunt", in diesem Hause wohnten. Im frühen Mittelalter hießen ja die Wohnorte einiger Mönche „Zellen" und noch 1509 heißt die Priesterwohnung am Nonnberg „die Zeel".

Zeile ist gleichbedeutend mit „Rigel" s. d.

Eine Ortseigentümlichkeit der Stadt Salzburg waren seit Alters die Stiegen, Steige, Saum= und Fahrwege auf die zwei Stadtberge, heut zu Tage beinahe namenlose Verkehrslinien, denen vielleicht in der Zukunft, wenn sich auch diese Anhöhen mit Häusern bedecken, eine größere Wichtigkeit beschieden sein mag. Da viele darunter sehr alt sind, so werden sie auch den alten Straßennamen zugesellt.

Vorauszuschicken wäre

1. Die Stiege aus der G'stätten in das Perngäßl hinab, von welcher das Brauhaus und Backhaus „am Stiegel", richtiger „an der Stiege" benannt sind. Da nemlich vor Alters zwischen Stiegelbräuhaus und dem H. 6, G'stätten (Furtmoser) die Spitalgartenmauer stand, so gab es damals von den Häusern unter dem Kolben= oder Klobenstein in der G'stätten zur Albe und zur Salzach hinab keinen andern freien Weg als über diese Stiege. S. Abschnitt XV.

Auf den Mönchsberg und Nonnberg führten:

2. Die hilzene Klosterstiegen über die Leiten hinauf, 1537, 1671. „Die lange Nunberger Stiege an der Leiten" 1713. Im J. 1835 wurde diese teils steinerne, teils hölzerne Stiege auf den Nonnberg abgebrochen. 1793 Lehnrößlerhaus bei der langen Stiegen (137 alt, zwischen Schanzlgaße 2 und 4). Sie führte außerhalb der innern Nonntalerklause auf die steinerne Stiege (s. 3) und vor das innere Nonnbergtor mit der St. Johanniskapelle hinauf. Nur angedeutet in der Setznagelschen, deutlich auf der lodronischen Stadtansicht. Die untern Stufen dieser Stiege dürften noch im Hause erhalten sein.

3. Die steinerne (früher gedeckte) Nonnbergstiege (s. Abschnit V.). Im J. 1526 gibt es da noch zwei hölzerne Häuser. Die Häuser 1,

2, 3, 4, 5, 6, 8, 10 sind sämmtlich schon zwischen 1334 und 1440, soweit überhaupt Nachrichten zurückreichen, beurkundet.

4. Der nunberger Wagenweg (s. früher) heißt jetzt Festungsgaße, aber das Straßenstück vom s. g. steinernen Hund bis zum innern Nonnbergtor ist namenlos. Seit Erbauung des Bollwerkes an der Scharte, „die Katze" genannt, 1480 besteht ein Verkehrsweg vom Festungsberg auf den Mönchsberg hinüber.

5. Die Mönchsbergstiege bei St. Peter ist der Aufgang zur Mönchsbergscharte und auf den innern Mönchsberg und besteht daher gewiß schon seit dem 12. Jahrhundert. S. Abschnitte IV, V, VI.

Seit Errichtung der Bürgerwehr sind auch die Anfänge

6. der Stiege bei der Edmundsburg hieher zu rechnen, welche von der vorigen abzweigt und den Weg zum äußern Mönchsberg eröffnet. Erzbischof Paris festigte diesen Steig.

7. Die Fahrstraße aus der Vorstadt Mühlen auf den Berg. Dieser ursprüngliche Samweg, der unter dem Felsen des Mönchsteins vorbeiführt, ist älter als der einstige Mönchsteinturm, der an diesem Weg erbaut wurde. (Abschnitt IV).

Auf den Mönchsberg hinauf oder richtiger herab leiteten auch zwei Wege, die dermalen verschloßen sind:

8. vom Ausfalltor neben Achleitners Landhaus (Mönchsberg 17) auf den Hügel Buckelreut, und

9. vom s. g. Pulverturme des untern Zwingers auf den hügelartigen Mönchsbergfuß bei Weingarten (S. IV. Türme).

Auf den Imberg.

10. die (ehemals hölzerne) Stiege aus der Steingaße. (S. IX. Brunnen).

11. der Fahrweg aus der Linzergaße (S. IV. Türme).

Straßen und Plätze mit noch gebräuchlichen Namen, die in dem bisherigen Verlaufe wenig oder gar nicht erwähnt worden sind.

Bierjoblgaße. Ein neuerer, nicht gar glücklich gewählter Namen. Das Samersche vor 1404 gestiftete Kaplanhaus ad animas fidelium, 1682 verkauft, heißt 1775 Bierjoblhaus; nach demselben wurde der westliche Teil der Herrn- oder Hundsgaße bis zum Nonnberg- oder Festungsweg seit Anfang dieses Jahrhunderts allmälig Bierjoblgaße genannt („Jobl" im Salzburgischen = Jackl, Jakob). Die Veranlaßung zu dieser Zweiteilung der Herrn- oder Hundsgaße gab die Eröffnung

13

derselben gegen den Domhof oder heutigen Kapitelplatz herab, um den im Dome Bediensteten, welche in der Hundsgaße wohnten, den Weg abzukürzen.[1]

Döllergaße. Wie vorhin angeführt, besaßen 1530 Erasm, 1550 Christof, 1569—95 der Stadtkämmerer Georg Döller[2]) in dieser Gaße ein Haus. Sie hieß früher „das Gäslein hinter dem Gerichtshaus“, „da man zu Kaltenbach geht“.

Dreifaltigkeitsgaße, entstand erst mit der Priesterhausgaße durch den Bau von Haus, Kirche und Virgilianum einerseits unter Erzbischof Johann Ernest 1694 und anderseits des lobronischen Palastes um 1646 (jetzt Borromäum). Es lagen daselbst früher einzelne Häuser, Gärten und „Peunten“.

Franziskanergaße, ehemals ein Stück des Fronhofes. Das Kloster der Petersfrauen war früher an die Frauenkirche angebaut. Es bestand also die Straßenlinie Franziskaner = Hofstallgaße bis zur Zeit Wolf Dietrichs gar nicht. Die zwischen dem alten fürstlichen Hof und der Kirche mündende Käsgaße wurde mit einem Tore gesperrt, ebenso die Abtsgaße an der Stirnseite der Kirche. Dadurch kam die Grundhörigkeit der Örtlichkeiten zum deutlichen Ausdruck. Die Marien=Franziskaner=, Barfüßer=, oder Pfarrkirche wurde sonach ihrer mannigfaltigen Eigenschaften und geschichtlichen Beziehungen wegen zugänglich:

vom fürstlichen Hofe aus über den Fronhof(platz),

von der Domkirche aus, da das Domkapitel Pfarrherr war, gleichfalls über den Fronhof,

von St. Peter aus, durch die noch bestehende Pforte über das Randstück des Fronhofes,

die St. Augustins=Chorfrauen, oder Domfrauen gelangten unmittel-

---

[1] „Damit aines Hochw. Capitls Chordiener khonstiglich desto stattlicher mit gelegenen Herbergen versehen shundten werden, .. wolln der Hr. Thuundbechant steis antheren, damit der Heissischen Behausung in der Hundtsgassen gelegen, durch einen seidlichen shauff au ein Er. Capitl shomen möcht, dann in angeregten Hawß die Vicarii und Revenaler, so nitt behaust seinn, stattlich underkhomen shundten. Man möchte auch khonstiglich ain gässl von angeregter gassen, darin das Haus stehet, zwischen der Ställ in den Thumbhoff hinein machen lassen, damit gedachte Chordiener desto nechner (näher) zu der Khirchen vnd auch zu den Prunen hetten. Dom-Capitel-Protokoll von 1564. Toppler. Laut Cap. Prot. von 1627 wurde durch den domcapitl. Gemeinstadl (beim H. 7 Vierjodlgaße), an deßen Stelle Max Gandolf den Domherrnhof, Kapitelgaße 2 erbaute, ein Weg zwischen der Herrngaße und dem Kapitelplatz hergestellt. Das Heissische Haus (Herrng. 22) wurde nicht angekauft, aber in demselben und andern Nachbarhäusern der Herrngaße wohnten Chorvikarien, Choralisten, Revenaler u. s. w.

[2] So schreibt er sich selbst in der Stadtkammerraittung, nicht Töllerer, Thellrer, Tellerer, Dellerer, was mundartliche Entstellungen sind, wie Klampferer.

bar auf ihren Chor in der Kirche, da ihr Kloster an der Stadtseite derselben (zwischen Käs- und Abtsgasse) gelegen war,

die St. Benedictsnonnen oder Petersfrauen kamen von der Bergseite der Kirche auf ihren Chor, weil, wie gesagt, ihr Kloster angebaut war,

die städtische Pfarrgemeinde betrat endlich ihre Pfarrkirche von der Abtsgasse aus und erfüllte den untern Teil des Kirchenschiffes.

Durch das Tor in der Abtsgasse blieb der St. Petersbezirk, und dessen Zusammenhang mit dem Frongarten von der Bürgerstadt geschieden.

Goldgasse ist im ältesten Stadtteil eine alte Gasse (S. Abschnitt V., VII. und VIII). Ihr Namen wurde bereits gedeutet. Sie heißt so 1348, '61, '92, 1418, '34; um 1408 und 1500 „Sporergasse", 1600 „Schloßer- gasse", später und heut zu Tage wieder Goldgasse.

am Gries oder an der G'stätten, in arena, 1. der angeschwemmte Raum im 14. Jahrhundert am Chiemseehofe, vor dem Kumpfmühl- (und spätern Kaietaner=)tor, auf welchem dann das „Parabeyß" entstand (Abschnitt II., III., VII.). 2. das angeschwemmte Dreieck zwischen Rathaus, Bürgerspital, der äußern G'stättenklause und dem je und je durch neue Verwerkungen oder Kaibauten hinausgerückten Flußufer. (S. die an- geführten Abschnitte). Auf diesem Platze war der große „Lamberggarten" und (seit?) der Pranger[1]) (1600) gelegen.

Hagenauerplatz. Da die älteste Stadtmauer zwischen dem roten, oder Keuzl=, oder späteren Rathausturm und dem Turme in der „Nieder- leg" ohne Zweifel in gerader Linie verlief (Abschnitt II. und IV.), so war dieser Platz damals gar nicht vorhanden, sondern es lief über demselben die Stadtmauer. Unbekannt ist, ob etwa in dieser alten Mauer schon ein Tränktor bestand, wie in der von 1460 80, welches jedenfalls den Anlaß für einen erweiterten Zugang schuf. Auf diesem Raume befand sich der alte Fischmarkt (Abschnitt VIII). Seine neuere Gestalt erhielt er durch Wolf Dietrich (Abschnitt VII.), der auch das „Amthaus" (Stadt- gefängniß und Wohnung des Amtmannes oder, wie ihn Hübner nennt „Stadteisenmeisters") von da neben den Rathausbogen versetzen ließ 1599[2]). Der heutige Namen erinnert an den Kaufmann gl. N., in deßen Hause Mozart geboren wurde.

Herrngasse. s. früher Hundsgasse.

---

[1]) Stadtansichten Seynagels 1573 und von beil. 1650.

[2]) Die älteste bekannte Wohnung des „Schergen" oder Amtmannes ist am Griese neben dem Tränktor (Sternbräubogen) und der städtischen Schmiede zu suchen. 1429 „Peter smid im winkel pei dem treunktor vnd dem scherigen". 1452 junibhaus im winkel pei dem fronpoten". Toppler. Auch Hübner I. 26 deutet dieß an. Das „Amthaus" ist also nicht mit dem Rathaus zu verwechseln.

Hofstallgaße. Entstand durch die Errichtung des Universitätsgebäudes (Abschnitt V.) und des Hofstalles.

Judengaße. Die älteste bisher bekannt gewordene Urkunde über
die Juden ist von 1395 und liegt im städtischen Museum. Sie besagt,
daß Erzbischof Pilgreim zu kaufen gegeben hat das „haws" hie ze
Salczburg zenächst Mertleins des Zingießer haws vnd gegen der
Judenschul ober, das vns von Efferlein dem Juden lebig
worden ist, darumb, das er von vus entuaren ist, ... Hansen dem
Schützel, vnserm Burger ze Salzburg . . . vmb vierdhalbhundert guet
vngerisch gulbein." Da die Judenschule ohne Frage in der Judengaße
gelegen war (s. auch weiter unten), so fand sich auch das Haus Efferleins,
(Ephraim) des entflohenen Juden, daselbst. Aber es fehlen zwischen 1395
und denjenigen Jahren des nächsten Jahrhunderts, bis zu welchen die Häusernachrichten aus der Judengaße zurückreichen, die Bindeglieder, so daß die
Örtlichkeit der Judenschule und des gegenüberliegenden Hauses fraglich
bleibt. Wenn man in Betracht zieht, daß sich bei jeder Judenschule oder
jüdischem Bethaus gewöhnlich ein eigenes kaltes Bad befand, dessen sich
die Frauen bedienten, so fände man darin einen Anhaltspunkt, die
Judenschule an der Flußseite der Judengaße zu suchen. Und wenn man
sich erinnert, daß in den deutschen Städten diese Bethäuser bei weiten
nicht immer an den abgelegensten und abgeschloßenen Orten, sondern
sogar bisweilen mitten in der Stadt, neben dem Rathause standen, so
befremdet auch in Salzburg die Nachbarschaft der Judengaße mit der
Judenschule am Gerichtshause und der Schranne keineswegs.

Die zweitälteste bisher erfindliche Nachricht über die Bekenner des
mosaischen Glaubens enthält das Registrum Eberbardi[1]), welches meldet,
daß im J. 1402 Erzbischof Gregor dem Juden Nachem (Nahum), Heli
und Eleasar, seinen Söhnen das Haus sammt aller zugehörung in der
Judengassen, darinne die Judenschul ist, vmb ain gelt, des er
gentzlich gericht ist (16 guter vngrischer gulbein, jährlich auf Weihnachts-
tag zu reichen) verkauft(?) hat. „Also lassen wir den egenanten Juden
dasselb haws mit aller zugehörung irer aller dreyer lebtag ze leibgeding
vnd nicht verrer (weiters), vnd sein desselben vnsers haws ir Scherm
und vertreter, gemeingklich als purckrechts Recht ist in vnser Stat ze
Salzburg vnd sol die Judenschul beleiben, als si von alter
herkommen ist." Zwei Jahre darauf (1404) nach dem Tode Erzbischofes
Gregor, wurden die Juden teils verbrannt, teils vertrieben. Das Bethaus

---

[1]) Regierungs-Archiv.

ober die Judenschule (wohl nicht „Synagoge" zu nennen) soll sich im
späteren Hause Laubingers, dann Höllbräuhaus, befunden haben, wofür
allerdings eine bis in die Vierziger Jahre des laufenden Jahrhunderts
erhaltene bauliche Einrichtung sprechen mag. — (1423) Haws in der
Judengassen, Michel Laubinger, ¹/₂ Pfd. Pf. den Sonndersiechen). Bürgersp.-
Regest. 1437, '38, '78, '91.¹)

Kaigaße. Wie die „G'ftättengaße" von dem einstigen Flußgestabe
ihren Namen trägt, so die Kaigaße vom Flußdamme, von denen beide
Gaßen nun viele hundert Fuß entfernt sind. Man unterschied sonst den
„vordern" und „hintern Kai", welche durch die Mündung der Kapitelgaße
getrennt wurden. Abschnitt V. und VII.

Kaietanerplatz. Ift erft seit der lobronischen Stadtbefestigung
entstanden, indem das Hofbräuhaus „zum kalten Bier" 1654 dahin verlegt wurde (jetzt Fronfeste) und 1696 Kirche und Wohnhaus der Theatiner
zu Stande kam (nun Militärspital).

Kapitelgaße. Ihre westlichen zwei Drittel gehörten zum Domhofe
und waren von der Kaigaße durch ein Tor abgeschloßen, so daß das
Domspital einen Ausgang in diese Gaße hatte. In Folge der Verwandlung
der der Regel St. Augustins folgenden Münster- oder Domherrn in
Weltgeistliche, öffnete sich der Domhof; der Bau des Capitelhauses
(Tabakverwaltung) 1602—1606, und mehrerer Domherrnhäusern, darunter
des jetzigen erzbischöflichen Hofes (1693), der Domprobstei vollendete diese
Gaße und brachte sie in die heutige Gestalt.

Kapitelplatz. An die Bergseite der Domkirche war der ein Viereck
barstellende eigentliche Domhof, oder der Dommünster (= Domkloster)
angebaut. Ihm zur Seite (gegen den Neubau und die neuere Domprobstei
hinüber) lag, ebenfalls an die Kirche angebaut, die Domprobstei, nach
der Stadtansicht von 1562 ein kleineres Viereck. Als diese beiden Vierecke
niedergelegt und dadurch die Domkirche freigestellt war, entstand der jetzige
Kapitelplatz. Die Kapitelmühle, der Kapitelkasten, die Wohnung des Kapitel-
synbicus (Hofrichters) und der Dompfarrhof blieben stehen. Statt der
Schwemme und des Brunnens im Domhofe wurde die neue auf dem
freien Platze errichtet (Abschn. IX).

---

¹) Nehmen wir einstweilen an, das Höllbräuhaus siehe an der Stelle der alten Judenschule, so wäre das Haus 55 Efferleins Haus gewesen. Im Hause 56 findet sich um 1520
die Koplersche, und im Hause 72 (Roll) um 1442 die Apotheke des Zacharias Stewitz.
Nun ist weiters bekannt, daß die Juden in vielen Städten in alter Zeit als Aerzte und
Apotheker, Salben- und Gewürzkrämer in Achtung standen, und darum weisen möglichen-
falles die Standorte dieser Apotheken auf früheren Betrieb durch die Juden und auf die
Nachbarschaft ihrer Gaße und Schule zurück

Makart- (früher Hannibal-)platz. Bevor Wolf Dietrich um 1603,6 Haus und Garten für seinen Bruder Jakob Hannibal zu bauen und anzulegen beschloß, lag hier zwischen der Stadtmauer von 1460 80, der alten Ringmauer am Königs- und Lederergäßchen und der Bergstraße sammt ihrem Tore ein geräumiger mit nur wenig Häusern, aber geräumigen Gärten oder Krautäckern bedeckter Platz, den der Erzbischof einlöste. Bekanntlich vollendete erst Paris Lodron den s. g. Hannibalgarten und baute das Wolf Dietrich'sche Altenau zum Mirabellpalaste im Zusammenhang mit dem Hannibalgarten aus.

Mozartplatz (früher Michaelsplatz). Entstand durch die Niederlegung einer Anzahl Häuser der Pfeifergaße und des Hannibalhauses (Steinhauser, Ldsfde XIII. 204 und 135) und durch Zurücksetzung der Baulinie des „Neubaues". (Wolf Dietrich, Paris).

Pfeifergaße. Reichte bis 1604 5 über den heutigen Mozartplatz bis zum Gerichtshaus (Erzherzog Karl-Gasthof) und an die Schranne herüber. Es standen da auf der Waßerseite vom Gerichtshaus angefangen bis zum Räpplbad 11—12 Häuser, die Wolf Dietrich sammt dem Bad in der Neustift (Töllergaße jedoch mit Ausnahme der beiden Häuser Wagplatz 2 und Mozartplatz 4) niederreißen ließ, wobei auch die Stadtmauer in Trümmer ging.[1]) Auch auf der Neubauseite fielen einige Häuser zum Opfer. Der dadurch entstandene wüste Platz („Hauffen") wurde erst unter Paris Lodron und später in die heutige Gestalt gebracht.

Residenzplatz. Die Entfernung des Domfridhofes, deßen Mauer schon Wolf Dietrich hatte zurücksetzen laßen, der Kapelle Erzbischofes Pilgrim (bei den spätern Tombögen), des Karners[2]) oder der Seelenbruderschaftskirche, endlich mehrerer kleiner Häuser (vor dem Neubau) zwischen St. Michael und der Domprobstei gaben diesem Platze seine heutige Gestalt, stellten Neubau, Domkirche und Residenz frei und gaben der letztern erst bie stattliche Zufahrt.

Schanzlgaße (früher Stockhausgaße), die Gaße zwischen dem innern und äußern Nonntaltore. Das Schänzl entstand bei der letzten Stadtbefestigung im dreißigjährigen Krieg.

---

[1]) „Jetzt aber ist derselbe Ort, da dises schöne Haus (Hannibals von Raitenau) und andere gestanden, ein verwüstes, treitschlüchtiges, schendliches, offenes Ort, das gleichsamb der ganzen Statt ein merkliche große Ungestalt geben thuet und durch solches Niederreißen . . die Stadt zur Mitternacht schier etwas offen stehet und ganz schlechtlich bewahrt ist." Ldsfde XIII. 83, 135.

[2]) Karner = carnarium (mittellateinisch) statt Beinhaus, Todtenkapelle. Nach den Altlateinischen müßte es eigentlich ossuarium heißen.

S. Haffnergaße. Sie entstand um die Zeit, als die Marien-kirche Pfarrkirche wurde und die Stadt ihre erste Erweiterung fluß-abwärts nahm. Ihr oberer Teil, bisweilen auch ihre ganze Länge hieß „Abtsgaße", der untere „Habermarkt" und „Milchmarkt". Vor der letzten Häuserbeschreibung nannte man sie lange Zeit „Kirchgaße" und „Pfarrgaße".

Heuwag- oder Sigmundsplatz. Ist das unterste Stück des Frongartens gewesen, das nach dem Universitäts- und Hofstallbau leer blieb. Weil im J. 1815 das alte Waghaus oder die Schranne, auch das Brodhaus genannt, auf dem Wagplatz verkauft worden war, erbaute die Stadt auf diesem Platze ein eigenes Waggebäude im Sechseck, welches während der letzten Stadterweiterung abgebrochen wurde, weil die Wage an die Getreideschranne verlegt worden war. Während jener Zeit hieß der Platz „Heuwagplatz", auch „Spitalplatz", oder „bei der Hofstall-schwemme". Bemerkenswert waren die Freskogemälde, die der Schwemme zum Hintergrund dienten, dann der Felsenkeller des P. Rectors der Universität (jetzt Weidl) neben dem Bürgerspitale.

Theatergaße. Zwischen dem Plätzl, dem Lederertor und dem Theater. Sie hieß zu Hübners Zeit „Schloßergäßchen" (Topogr. I. 314), auch „Lederergaße". Jetzt blieb der Namen nur der untersten Strecke.

Universitätsplatz. Ist nebst dem Sigmundsplatze der freige-bliebene Rest des Frongartens. Aber zur Zeit der Universität hieß er „Collegiumsplatz" und trägt also seinen Namen, wie die Judengaße und andere, nur zur Erinnerung. Er könnte auch der „neue Marktplatz" heißen.

XI. Abschnitt.

Häuser.

Man hat hie und da die Frage aufgeworfen, ob die alten Städte im Durchschnitte größere und geräumigere Häuser gehabt, als in neuerer Zeit, und hat sie öfters bejaht, als verneint. Die Antwort schien die Folgerung zuzulaßen, daß das Hauseigentum gleich dem Grundeigentum überhaupt im Werte gestiegen, sich unter mehrere Besitzer geteilt habe und deshalb kleiner geworden sei. Allein die Frage ist kaum so einfach, als sie gestellt wurde, und gilt in dieser Allgemeinheit auch nicht für die verschiedenen Zeiträume einer langlebigen Stadt. Zahl, Größe und Eigentumsverhältniße der Stadthäuser sind vielmehr der Gesammtausdruck der jeweiligen Lebenszustände der Bewohner, insbesondere des besitzenden Volksteiles im Vergleiche zum besitzlosen, aber auch die Folge vergangener Zustände. Gibt es nicht hundert Städte, in denen die Kleinbürger seit jeher die Hausbesitzer blieben? Wir sehen dieß noch heute in verschiedenen Vierteln und Bezirken selbst der Mittelstädte. Hat nicht erst das allmälige Wachstum verfügbarer Geldsummen seit den Franzosenkriegen zum Häuser-bau mit der Hoffnung auf Zinsengenuß Anlaß gegeben? Und wie viele tausend Häuser sind erst in Folge veränderter Erwerbsverhältniße in Zinshäuser umgestaltet worden!

Kehren wir daher zur Stadt Salzburg zurück und suchen wir wenigstens eine sehr oberflächliche und beiläufige Ansicht zu gewinnen, da eine gründliche historische Einsicht wohl zu den Unmöglichkeiten gehört. Nehmen wir, um die Vorstellungen abzugränzen, drei Zeiträume an, von denen der erste ungefähr bis zur Erbauung der ersten Stadtmauer reicht, der zweite den beiläufigen Zeitraum bis zum Baue der zweiten Stadt-mauer begreift, der dritte vielleicht mit dem Beginne des 19. Jahrhunderts abschließt. Der gegenwärtige vierte Zeitraum entzieht sich wegen der unbestimmbaren Dauer, die einer Aufzählung seiner Eigentümlichkeiten im Wege steht, der historischen Betrachtung. Wie die Bemeßungen der geschichtlichen Zeit überhaupt nicht nach einzelnen Jahresangaben geschehen können, so fließen auch diese benannten drei Zeiträume in einander.

Daß man die älteste Häuserzeit der Stadt die der Fronhöfe nennen müsse, wird deutlich, wenn man sich erinnert, welchen Raum der Grundbesitz derselben bedeckte. Eine kurze Namenreihe: St. Peter, Domhof, Nonnberg, Admonterhof, Chiemseehof, Berchtesgadnerhof und die den Fronhöfen gleichgeachteten des Dom= und Magdalenaspitales genügt, um die Ueberzeugung hervorzubringen, daß sie reichlich zwei Drittel des Stadtbodens einnahmen. Fügen wir den geräumigen Aschhof (Ascuins= oder Aschwinshof?), die Schranne, das Gerichtshaus, die Bürgershäuser der Morner, Teisinger, und weniger anderer um die Pforte herum, sowie die Holzhäuser der Goldgaße hinzu, setzen wir an den ältesten Kai ein oder zwei Schmieden oder Brauhäuser und füllen wir den noch übrigen beschränkten Platz mit der Taferne des Domhofes, mit Stallungen und den sicherlich kleinen Holzhäusern an der Nonnbergerstiege, in der Hundsgaße und am Steine aus, so gewinnen wir ein ziemlich entsprechendes Bild.

Den zweiten Zeitraum kennzeichnet der Bestand von Häusern der Dienstmannen und Bürgergeschlechter am Marktplatze, in der Trabe= und spätern Judengaße, im Kai und der Pfeifergaße, als da sind die Haunsperger, Turner, Goldecker, Gutrat, Landschaden, Törring, Keuzl, Tannhausen, Trucksaß, Nußdorfer, Wispeck, Oeder, Elsenheimer, Trauner, Venediger, Teysinger, Tänkl, Säppl, Aufner, Aygl, Züngl, Reuter, Feyertag, Tauskind, Praun und anderer, dann der Häuser von Bischöfen und kirchlichen Genoßenschaften, der Gurker= (Krotach 2), Seckauer= (gegenüber Haus 5, Kaigaße), Lavanterhof (Kaigaße 18), die Häuser von Admont (Mozartplatz-Töllergaße), Hegelwerd (Kaigaße 15, 17), Salmansweil (Kaigaße 8), Raitenhaslach (alte Pfeifergaße), der (Prediger= und Servitenordens=)Brüder von Wels, München und Friesach, der Priesterbruderschaft von der St. Johanns=, von der Samerkapelle, der schwarzen Bruderschaft, das Kentschach oder Rubenhaus zur Hieronymus-Elisabetkapelle im Dom (Pfeiferg. 16), der Priester= und roten Bruderschaft, der Oblaten, das Corporeihaus in der Käsgaße und der Stubenbergerhof (Kapitelgaße 5, 7). Aus dieser Zeit stammen (wenn auch nicht in ihrer heutigen Gestalt) Häuser mit zum Teil (für Salzburg) ansehnlichen Flächeninhalt. Wenn auch die Stadt in den Jahrhunderten 1200—1500 ansehnlichen Zuwachs an Häusern von Kleinbürgern in der G'stätten, am Gries, am Stein, noch mehr in der Rechtsstadt erfuhr, so waren doch die Häuser der Bürger=Kaufleute der bedeutsamste Bestandteil. Wenn auch aus einigen Stallungen fürstlicher Dienstmannen dieser Zeit später Häuser gebaut wurden, so kommt deren Zahl und Umfang doch kaum in Vergleich

mit den Warenschuppen und Städeln der Kaufleute, im untern Gries
und der ehemaligen Ursulinergaße, in der Bergstraße und selbst am
Steine.

Die letzten drei Jahrhunderte (bis um 1800) dürfen als die Zeit
der Spaltung des Hausbesitzes und der Vermehrung der
Geschoße oder Stockwerke aufgefaßt werden, und man erklärt sich diese
beiden Erscheinungen öfters durch die Annahme, die Festungswerke seien
das Hinderniß neuen Häuserbaues geworden, daher seien die Häuser in
die Höhe gewachsen und nach der Länge, Breite und Höhe in Bruchstücke,
s. g. „Böden" zerlegt worden. Daß diese Erklärung nicht völlig zutrifft,
wurde bereits (Abschnitt V) bemerkt. Sie liegt viel eher in der Abnahme
der Unternehmungslust und das geschah ungefähr in nachstehender Weise.
Um das 15. Jahrhundert mindert sich etwa in gleichem Maße die Zahl
der alten einheimischen Adelsgeschlechter, die nach den Sitzen und festen
Häusern im Lande sich nannten, sowie jener beherzten, körnigen Bürger,
der „Venezianer Kaufleute", die das Schwert am Sattel zu achten,
zwölfen und selbfünfzehn ihre Züge in die Lagunenstadt und zurück
unternahmen und nach Linz fortsetzten. An die Stelle der alten Freiherrn,
die von den Gerichtssitzen ihren Namen trugen, und der Ritter in Wehr
und Waffen trat der Briefadel, Hofbeamte, Hof- und Kammerräte,
Pfleger, zuletzt auch Universitätsprofessoren. Den reisigen Kaufleuten
folgten zwar ebenso behäbige Handelsfirmen, die auch noch Geschäfts-
reisen unternahmen, aber schon mehr von ihrem Hause aus Geschäfte
vermittelten und zuletzt als „Faktoren" sich auf den Speditionshandel
verlegten. Um das Jahr 1700 begegnen wir, ungeachtet sich der Hofadel
öfters mit dem Kaufmannsadel oder Geschlechtern verschwägert, bereits
zunehmender Verarmung, die Sorge der geistlichen Fürsten um die
Glaubenseinheit treibt eine Anzahl der wohlhabendsten Bürger aus dem
Lande, schließlich erhalten sich nur mehr einige wenige Kaufmannshäuser
beim alten Ansehen und leben mehr vom Ererbten und Hergebrachten,
als vom Erworbenen. Mit dieser Veränderung der gesellschaftlichen und
Erwerbszustände, die, wie es in der Natur der Sache liegt, nicht auf
diese zwei tonangebenden Stände beschränkt blieben, ändern sich auch die
Zustände der kleineren Hausbesitzer. Und wie man heut zu Tage von der
Zertrümmerung eines großen Gutumfanges spricht, so zerbröckelte sich
der Hausbesitz, Häuser von Edelleuten gingen in Bürgerhände über, die
Kaufhäuser verwandelten sich in Zinshäuser, oder nahmen „Parteien"
ein, größere und noch mehr kleinere Häuser wurden zerlegt, und im

Innern der Häuser erfolgten raumbeschränkende, oft gesundheitswidrige Umgestaltungen[1]).

Damit man aber nicht glaube, als gebe diese Schilderung einer größtenteils persönlichen Anschauung Ausdruck, wurden aus des Herrn Consistorialrates Doppler Hausbesitzchronik[2]) nur 100 Fälle von Häuserverstuckungen und Boden- oder Häuservereinigungen zusammengestellt, ohne bei rascher Durchsicht eine Auswahl zu treffen, oder eine vollständige Uibersicht geben zu wollen, die leicht auf das Doppelte hätte vermehrt werden können.

Das Ergebniß war folgendes:

Häuserverstuckungen:

Jahrhundert	Jahrgänge		Bemerkungen
15.	1408, 1476, 1488, 1493	4	
16.	1586, 1588, 1595	3	Auswanderung von Bürgern der Stadt.
17.	1603, '17, '24		Zeit des dreißigjährigen Krieges
	1630, '33, '33, '35, '49		
	1650, '51, '52, '54, '55		
	1662	34	„Gefährliche und weitaussehende Conjuncturen". Landtags
	1671, '71, '75, '78		protokolle. „schwere
	1680, '80, '80, '83, '85, '86, '87, '87		Zeiten." Auswander
	1690, '91, '92, '94, '95, '95, '95, '99		ung der Tefferer und Tlirnberger.
18.	1700, 1706,		1711—1734 „außerordentliche Kriegssteuer."
	1712, '13, '14, '16, '18, '19		Landtagsprotokolle.
	1721, '24, '29		große Auswanderung
	1730, '30, '32, '32, '32, '32, '33, '35		aus d. Gebirg, 1731/32.
	1735, '35, '36,	31	
	1740, '41		
	1763, '65		
	1779, '80		
	1795, '96, '99		
19.	1804, '4, '5, '5		
	1813, '13	11	
	1820, '45, '50, '58, '81		

Summe der Verstuckungen   83

---

[1]) Das Gedenkbuch an die 54. Naturforscherversammlung, S. 185, 186, führt dieß näher aus.

[2]) Herr Consistorialrat Adam Toppler erlaubt mir nicht ihn als meinen Mitarbeiter zu begrüßen, daher erlaube ich mir ihn meinen Vorarbeiter zu nennen, um der Wahrheit Zeugniß zu geben.

Häuſer- und Hausböbenvereinigungen:

Jahr-hundert		
17.	1692, '95	2
18.	1711, '64, '79, '90, '95	5
19.	1804,'5,'8,'8,'8,'10,'13,'30,'73,'74	10

Summe der Vereinigungen   17
Geſammtſumme   100

Kann auch nicht behauptet werden, dieſe Zifferreihen ſeien das ganz getreue oder vollſtändige Bild der vor- und wieder rückſchreitenden Zer-trümmerung des Hausbeſitzes, ſo reichen ſie dennoch hin, um darnach im allgemeinen den Gang der Erſcheinung zu ermeſſen. Schon genug, wenn aufgezeigt werden kann, wann beiläufig die Hausteilungen nach Stock-werken, in früherer Zeit auch nach ſenkrechten Hälften, nach vordern und hintern und Viertel-Böden ihren Anfang nahmen.

Um die weitere Zerſtückelung des Hausbeſitzes in der Stadt Salzburg zu verhindern, deren nachteilige Folgen nicht verkannt werden können, erging eine kaiſerliche Entſchließung am 30. Jänner 1853, welche die Hausteilung und die Trennung vereinigter Teile verbietet, die Vereinigung bücherlich vorzumerken und für die vereinigten Teile bei Verkäufen einen gemeinſchaftlichen Ausrufspreis feſtzuſetzen anbefiehlt. Indeßen erſcheinen ſeit mehreren Jahren wieder getrennte Häuſer, die früher unter e i n e r Nummer begriffen waren, wie aus dem XV. Abſchnitt zu erſehen.

Uiber die H a u s z e r ſ t ö r u n g e n d u r c h F e u e r kann aus den mittleren Jahrhunderten nichts als die mehr oder minder große Wahr-ſcheinlichkeit erwähnt werden, daß der jetzt ſ. g. alte, richtiger der britte Marktplatz dadurch entſtanden ſein dürfte, daß die daſelbſt befindlichen Holzhäuſer nicht wieder aufgebaut wurden. Auch nach dem Brande von 1818 wurden in der Rechtsſtadt verſchiedene zerſtörte Baulichkeiten nicht wieder errichtet, übrigens das Geſammtausſehen des abgebrannten Stadt-teiles nicht namhaft verändert. Hinzugefügt mag werden, daß im J. 1848, ſomit nach einer Zeit von dreißig Jahren noch nicht ſämmtliche Brand-ſpuren und -reſte getilgt oder entfernt waren. Die im J. 1818 abge-brannten Gebäude hat Süß (Bürgermeiſter, S. 187 u. ff.) aus der Salzburger Zeitung zum Wiederabdruck gebracht.

Z e r ſ t ö r u n g e n oder Beſchädigungen von Häuſern durch a b-ſt ü r z e n d e Steine und Felsſtücke werden zehn aufgezählt: 1486, '92, '96 das H. 269, G'ſtätten 5 (Maurer Bciols Haus, heißt noch 1595 „die öde Hofſtatt"), 1614, 1665 (? Schloßerhaus 275),

1666, 1669, 1756, 1765 (G'stätten 21), sämmtlich vom Mönchsberg auf die G'stätten, 1778 vom Imberg auf die Linzergaße. Der große Bergsturz von 1669 (dem die kleinen von 1665, 1666 als unbeachtete Warnungen vorausgegangen waren) zerstörte teilweise oder gänzlich die Häuser

G'stätten 25, „durch den laydigen Pergfall in den Grund geschlagen",
„ 27, „völlig eingeschlagen" (Büchsenmacher Georg und Andre Heypperger),
„ 29, „völlig zugrund gericht"
„ 31, „ „ „
„ 33, „ in den grund geschlagen"
„ 35, „ (Hans Pernegger, Hofschinagl 1601, '17, '28)
„ 37, damals vielleicht ein Stadel,
„ 39, „ist dieß Haus und der Perg gänzlich eingefallen." Bestand vor dem Bergfall aus zwei Halbhäusern,
„ 41, Meßnerwohnung zur
„ 43, Berglkirche,
„ 45, „von dem Bergfall völlig ruinirt."
„ das Priesterseminarium } jetzt Ursuliner-
„ das Haus des Buchdruckers Katzenberger } kloster.

„Georg Ernreich Stockhamer (Stockhammerbräuer) hat diese sieben Häuser, die ganz zu Grund gingen, erkauft und 4 Behausungen (25, 27, 29, 31) und einen Stadel (H. 33, 35) erbaut und seinen sechs Kindern hinterlassen." Doppler.

Häuserabbrüche zu dem Zwecke baulicher Umgestaltungen erfolgten in größerer Zahl in den drei Zeiträumen 1581—1604 5 unter Wolf Dietrich, um 1620—30 unter Paris Lodron und 1860—70 bei der jüngsten Stadterweiterung. Die der ersten laßen sich in nachstehende Ortsgruppen bringen.

Kaigaße-Kapitelgaße, Keutschachhof, (jetzt Bezirksgericht, Ldskde XIII, 107, 48, 49).

Kaigaße, zwei vom Kapitelspitale zu Leibgeding oder Nutzgenuß verliehene Häuser (Ldskde XIII. 105, 12, 13). St. Johanniskirche und Goldschmidhaus (Ldskde XIII, 107, Anm.)

Kaigaße, Seckauerhof.

Mozartpatz, vor dem Neubau, 4 Häuser (Ldskde XIII, 105, 2, 3, 4, 5).

Residenzplatz, vor dem Neubau, 2—4 Häuser (Ebendort, 7, 8, 9, 10).

Residenzplatz-Marktplatz, das Laßerhaus (Ebd. 26).

Residenzneugebäude, in der Käs- und obern Kirchgaße und am alten Salzmarkt (Churfürstenstraße), 12 Häuser, darunter der alte Schaidgaben, schon im 14. Jahrhundert beurkundet, ein Lasser'sches Haus, das Corporal- oder Corporeihaus,[1] einst der Venediger (1335, 1356), die Häuser der Elsenheimer, Angl und Kaserer (Lbskbe, wie oben, 127, 28, 29, 30, 31, 32, 43.

in der alten Pfeifergaße, 10—12 Häuser, darunter das Haus der Tannhausen oder Alben (später Brüder von München), der Raitenhaslacher, das Zachner- und Anfanghaus (Landesk. a. a. D. 14, 15, 16, 33, 34, 35, 36, 37, 38, 39).

am Brobmarkt und an der Neustift (Döllergaße-Judengaße-Wagplatz), das Silberberger oder Panhamerhaus am Brobmarkte, das Bad an der Neustift (Lbskbe a. a. D. 40, 41, 42) und der vordere und hintere Haunspergerhof (Lbskbe a. a. D. 39).

in der Trägaßen das Windischhaus (Lbskbe a. a. D. 17).

am Spitalgries und beim Bären (Gries-Ursulinergaße) zwei Häuser (Lbskbe a. a. D. 50, 51) und der Lamberggarten.

am Gestade nach Mülln und in der Vorstadt, vier Häuser (Lbsk. a. a. D. 44, 45, 46, 47). Statt der Häuser 46, 47 wurden die jetzt stehenden, Hauptstraße 9, 11 erbaut.

Zwischen dem Bergstraß- und Leberertor, 8—12 Häuser zum Behufe der Anlage des Hannibalgartens und des Schloßes Altenau (Landesk. a. a. D. 19, 20, 21, 22, 23, 24, 25, 53 und Anmerkung).

Am Plätzl, das Stieglbad und Lasserhaus zur Eröffnung des Brückenzugangs (Lbskbe a. a. D. 18, der Namen „Proihaus" in der Anm. auf S. 107 ist irrig).

Die zur Anlage der Schanzen vor dem Linzer- und Bergstraßtore angekauften Häuser und verwendeten Gründe der Linortner, Zillner, Altenstraßer, Alt, Knoll, Flechhamer, Gauseder, Paurnfeind u. a. hat Herr Archivar Pirckmayer in Landeskunde X., Miscellen, 1—11 beschrieben.

In den Jahren 1860—70 wurden abgetragen:

die Grieskaserne, oder Türniz,

das Kaietaner-, St. Michaels- und Leberertor,

---

[1] Das „Corporeihaus" hat seinen Namen von den Singknaben, welche, wenn der Leib des Herrn (corpus Domini) zu den Kranken oder im feierlichen Umgange getragen wurde, vor demselben psalmsingend einhergingen. Die Knaben hießen Corporalknaben, oder Corporaler, (Kapellknaben?).

die Häuser 317, 318, 319 und mehrere Läden in der obern Griesgaße bis zur Brücke,

das Kammacherhaus in der Ursulinergaße (286 alt, vor 1858),

die St. Andreaskirche (H. 593, jetzt Dreifaltigkeitsgaße 2), und vor drei Jahren

die Häuser 589—593 in der ehemaligen Theatergaße, nachdem das Haus 594 schon um 1870 der erweiterten Brückenzufahrt geopfert worden war.

Über den Häuserneubau in jüngster Zeit wurde bereits im Abschnitt V. berichtet, daher soll hier nur eine übersichtliche Darstellung stattfinden, welche jedoch vermöge der schwankenden Häuserzählungen keinen vollkommen genauen Vergleich zuläßt.

	1858		1880		
Vorstadt Mühlen .	57 Häuser		60 Häuser,	1 Keller	
Rittenburg . . .	43	„	60	„	3 Städel
Lehen	29	„	40	„	
Mönchsberg (mit 21 Häusern zur Stadt, mit 10 zur Vorstadt Mühlen gerechnet)	31	„	34	„	und 2 ohne Hauszahl
Vorstadt Nonntal .	91	„	105	„	6 Städel u. a.
„ Äußerer Stein (vom äußern Steintor angefangen) . .	46	„	49	„	
Schallmoos . . .	46	„	106	„	13 Städel, Keller.
Froschheim . . .	22	„	85	„	

Zwischen den oben angegebenen Jahren, welche den Zeitraum der lebhaftesten Bautätigkeit umfaßten, wurden 225 Neubauten, 121 Um-, 208 Zubauten ausgeführt. Unter den Neubauten ragen einige palastähnliche, andere durch ihren Landhausstyl oder Bauschmuck hervor.

Teils aus den Häuserchroniken, teils aus den hier bereits gegebenen Anhaltspunkten laßen sich drei hauptsächliche Grundgestalten von Salzburger Stadthäusern zusammenstellen:

1. Der Hof, oder das Hofhaus, das Haus des Fürsten, der Klöster, Probsteien und Bischöfe, dann des Hochadels. Es war der Regel nach im Viereck um einen Mittelraum gebaut, der gleichfalls Hof hieß. Der Außenbereich des Hofes war bisweilen beträchlich groß, wie dieß am Domhofe, am Außenbezirke St. Peters, Nonnberges gezeigt wurde.

Diese Bauform hat sich bis in die neueste Zeit erhalten, wie die Residenz, der Neubau, Mirabell, des Langen Hof, die Klosterhöfe dartun.

2. das bürgerliche Gewerbehaus, oder wie es so oft heißt, Burgrechts Haus und Hofstatt, auch „Bewohnung", „Behausung". Teilt man das vorgenannte Hofhaus durch einen Kreuzschnitt in vier Teile, so erhält man je ein Haus mit einem offenen Hofraum nach hinten, die Hofstatt. Der Hof gränzte meistens an die Höfe der Nachbarhäuser, von denen er durch Planken oder Mauer geschieden war. Der Kaufmann hatte im Hause selbst den Kaufladen, die Schreibstube und seine „Bewohnung", im Hofe wurden Holzschuppen, Gemächer für Waaren, der Brunnen angebracht. Wo die Gelegenheit sich bot, blieb ein Teil zu einem Wurz- oder Krautgarten übrig. Der Bäcker und Müller brachte im Vorderteil sein „Zimmer" und den „Broblaben", nach rückwärts „Pachhaus und Mühle" an. (Niederlegmühle, Stiegenbäcker.) Die Bräuer betrieben, wie mehrere Fälle wahrscheinlich machen, ihr Gewerbe mit der „Bräustatt", der „Schwelk", der „Kühle" anfänglich im Hinterhaus und rückten, als das Bier anfing allgemeines Getränk zu werden, zum Besitze des Vorderhauses vor, wo sie die „Gast- oder Bürgerstube" und die „obere Stube" einrichteten. Sie vereinigten im 14. und 15. Jahrhundert mit dem Brauhaus das Wirtshaus. Die Lederer und Ircher suchten wie die Müller die Nähe des Flußes oder des Albenganges auf. Die „Lederstuben" sind in Stadt und Land schon im 12. Jahrhundert bekannt. Die Nebengebäude, oder An- und Zubauten des größeren Bürgerhauses waren das „Stöckel" und „Stübel" und der „Arker" (von arca). Das erste stand frei, das Stübel war angebaut; beide zählten nur ein oder zwei Geschoße und lagen im Hofe; der Erker wuchs an der Ecke oder Vorderseite des Hauses empor, beschränkte sich aber bisweilen auch auf das obere Geschoß.

Die „Stube" (mit dem mittellateinischen stufa [Ofen] nahe verwandt) war ein heizbares, meist größeres Gemach und diente daher oft zum Aufenthalte vieler: „Gaststube", „Trinkstube" im Waghaus, „Gemeinstube" im Bürgerspitale, Leprosenhause (die Herberge für Pilger und durchreisende Arme). Das „Bräustübel", der Aufenthalt der Bräuknechte, das „Bürgerstübel" oder das Bürgergefängniß und das „Herrnstübel" in den Gasthäusern neben der Gast- oder Bürgerstube, sind bekannt.

3. Das kleine Bürgerhaus war zwei bis drei Fenster breit, bestand aus „Zimmer und Herdstatt", oder „Wohnzimmer, Kammer und Kuchel", und hieß auch „Hausung", „Hausstatt". Neben dem Eingang war der „Laden" mit der Werkstatt. Wegen seiner Raumbeschränktheit wuchs es

raſcher in die Höhe, wo es nur zwiſchen den Nebenhäuſern Anlehnung
fand. Zwei ſolcher Nachbarhäuſer wurden nicht ſelten zu einem umgebaut.
Auch dieſe Häuſer beſaßen nach rückwärts kleine Hofräume.

Hausnamen.

Der Bedarf für einzelne Zwecke die Stadthäuſer in kurzer und
dauernder Weiſe zu bezeichnen, führte zum Gebrauche von Hausnamen.
Sie wurden den Ortsverhältnißen, der Lage und Geſtalt des Hauſes,
deſſen Nachbarſchaft, ſeiner Beſtimmung, ſeinen Einwohnern, oder auch
den Abzeichen entnommen, die die Eigentümer an deßen Stirnſeite angebracht hatten. Dieſe Namen vertraten die Stelle der feſtſtehenden,
heutigen Gaßenbezeichnung und Hauszahl, die wie ſchon bemerkt, in
Salzburg erſt mit dem lanſenden Jahrhundert gleich alt iſt. Die Orts-
geſchichte ſammelt und bewahrt dieſe Haustitel, da in denſelben Beſonder-
heiten der Gaßen und vergeßenen Winkel, Sprachaltertümer zu Tage
kommen, die Erinnerung verſchwundener Gebräuche oder ausgegangener
Erwerbe und hie und da auch ein kleines Stück Hauschronik verſteckt iſt.
Wenn auch vieles davon bereits Erwähnung fand, ſo mag doch eine
Sammlung ſolcher Namen in einem überſichtlichen „Renner" nicht zwecklos
ſein.[1]) Hausnamen, die von zeitweiligen Beſitzern herrühren, vieler Brau-,
Wirts= oder Badehäuſer wurden nur ausnahmsweiſe aufgenommen.

Abmunterhaus 1496. Wagplatz 2.

Beim Abmuntprunnen. 1332, Trágaße 47, Spitalwagnerhaus.
1408 Haus beim prun gegen der pabſtuben über. 1408 beym Spitlprun.
1582 beym Schepfibrunn. Doppler.

Albersdorf. 1674. Hellbrunnerſtraße 16. Im 18. Jahrhunderte
„Müllbacherhof". Hübner I. 422.[2])

---

[1]) Was man heutzutag etwa alphabetiſches Regiſter, Inventar, Liſte, Catalog, Speci-
fikation und wie all die mannigfaltigen Fremdworte heißen, zu nennen pflegt, begriff man
vor Zeiten bisweilen unter dem Namen „Renner". Man kann damit die Vorſtellung des
Einſchaltens oder Einreihens der verſchiedenen Schlagworte, gleichſam eines Dameinrennens
verbinden, oder, wenn es beſſer dünkt, das raſche Aufſuchen eines gewünſchten Schlagwortes
in dem Reihenverzeichniß einem Rennen des Blickes vergleichen, und in beiden Fällen die
Bezeichnung anſchaulich finden.

[2]) Daß ein einzelnes Haus hier „Torf" genannt wird, darf nicht befremden. Es ſteht
gleichbedeutend mit villa, Landhaus, mit oder ohne dem etwa dazu gehörigen untertänigen
Orte. Im Salzburgiſchen gab es viele ſolche aus 1—2 Häuſern beſtehende Anſiedelungen
mit dem Gattungsnamen ·dorf. z. B. das „Torf" oder die zwei Kornhöfe (ſpäter vier) zu
Purf (Mitterſil); Riedorf (Pinzgau); Aldorf am Gänsbühel (Riedlerrotte, Kuchl-Golling);
Tietreichsdorf (Gaſtein); Graſensdorf (Lungau); Hartwigs-, Hauptmanns-, Humprechtsdorf
(Pinzgau); Hundsdorf. 1. zwei Güter bei Radſtadt (nachmals „Cheyer"), 2. Häuſer ob der
Eichenau. 3. in Gaſtein; Judendorf (St. Veit, Pongau); Krotendorf (Zederhaus); Latendorf
(Niederweißpriach, Lungau); Nerdorf (Krimel); Petzlensdorf (St. Veit, Pongau); Wernhers-
dorf (St. Veit, Pongau); Zawsdorf (Ching). Durch Güterteilung entſtanden daraus 2—4
und mehr Häuſer.

14

Altenau. 1607, später von Marx Sittich „Mirabell" genannt. Die Tochter des Wilhelm Alt, Handelsherrn, Salome von Altenau, erhielt dieses neugeschaffene Adelsgut zum Eigentum -- bis 1613.

Aschhof, urkundlich um 1350, begriff einst die drei Häuser am Residenzplatz 5, 6 neu und 49 alt. 1. „Das Eckhaus in der goltgassen am aschhof" 1418. „das eckhaus am aschhof, so man in die schlossergasse geht" 1600: 2. „Das pfaffenhaws am aschhof." 1399, „Priesterhaus der neuen (Pilgrims-)Capellen, am aschhof", -- bis 1813 „Beneficiatenhaus". — Scheibl. Steinberger: 3. am aschhof, 1735 „Fechtmeisterhaus", zum Gasthaus beim g. Schiff einbezogen. Auch die Gasse vor diesen Häusern hieß „am Aschhof". Wahrscheinlich sind diese drei Häuser aus der Teilung eines einzigen Hofes hervorgegangen.[1]

Pachhaus in der Trägassen 1330, in der spätern „Niederleg", wo noch jetzt die Bäckerei besteht.

Pachhaus in der Brotgassen 1350, noch jetzt Bäckerhaus.

Badstuben gab es schon seit früher Zeit wie bereits früher erwähnt worden ist. Urkundlich sind

im Mai 1315, dieselbe, welche 1308 in arena (am Gries genannt wird, und die Friedrich, Bischof von Seccau, 1308 dem Domprobste übergab, später das Näplbad genannt, beim Rumpfmühltore.

das Bad zu Kaltenpach 1366, dann in der Reustift 1406, Döllergasse.

die Badstube am Gries 1374, oder bei dem Treultor. (Löchelbogen).

die Badstube beim Spital 1336, von der noch das Badergäßchen den Namen führt.

das Bad enhalb Ach, 1351: (am Plätzl), bei der Errichtung der Brücke an ihrer jetzigen Stelle entfernt.

Päterhausen 1526, Hundsgasse 187. Lgstde XIII. S. 93. u. 128.

zum Palmbaum 1643, 1700, Judengasse 6. Eigentum der Brüder Franz und Elias Palmbaum. Der Hausnamen überlebte sie lange.

---

[1] Ob der Namen „Aschhof" von einem Ascum (Aschrain) herzuleiten sei, ist allerdings ungewiß. Anzuführen wäre, daß auch die Ableitung von cinerarium, sepulcrum, conditorium in quo cineres mortuorum conduntur, Du Fresne gl. med. aevi I. 987, möglich ist, wornach Aschhof — Friedhof wäre, und die „Asche" der römischen Leichenbrennung übertragen wäre auf den Staub (pulvis), in den auch die zur Erde bestatteten Leichen verwandelt werden. Doch folgt daraus nicht, daß der Aschhof selbst ein Friedhof gewesen sei, sondern nur daß er „am Aschhof" gelegen war, was bei der unmittelbaren Nähe des Domfriedhofes erklärlich wäre. Doch scheint diese Erklärung etwas gesucht.

Patzenhäusl. 1775. Kaigaße 22. Es scheint ein Spottnamen gewesen zu sein. S. Semelhänsl.

beim Bären um 1600. In der Nachbarschaft des Stieglgäßchens; ein Haus der Thenn. „Das Haus am Wasser zum Bern" (Ldsde XIII, 107, 50). Das Haus stand früher weiter zurück und wurde unter Wolf Dietrich 1605 hervorgerückt und „der groß geschmelzte Ber" wieder dahin versetzt (Ldsde a. a. O. 58, 64). Jetzt Franz Josefskai 19.

Bayrnhaus. 1650. Schinagls Gasthaus, Trägaße. Abschnitt XV.

Petersbrunn. S. Abschnitt VI. Nonntal. Jetzt Freisalgaße 8.

Bettelumkehr. S. Abschnitt VI. Vorstadt Stein und Abschnitt I. Jetzt Steingaße 103.

Pfenningstube. 1640. Haus des Mundbäckers Eisertinger. 1650 vom Fürsten angekauft für den Pfenningmeister und Münzwardein, Goldscheider und Stempelschneider. Enthielt die Probir= und Schmelz= gewölbe, Scheidgaden und Probirzimmer, Kasse und Silbereinlösungsamt, dann die Kanzlei des Münzamtes. Unter bairischer Regierung verkauft. Seit 1816 Baumeister Rauscher, Griesgaße 4.

Blumenstein. Fürberggaße 8. Sonst auch Künburg=, Salm=, Allgeyerhof. Gf. M. Caffry. 1802 vom Gute Fürberg abgetrennt. Auch „Neydegg" genannt.

beim Bock; 1560. Haus und Garten auf dem Stein, 416.

an der Porten. 1250. „eine Hofstatt an der Porten" (in porta), Lehen des Otto und Chuno von Gutrat. — Abt Ekhard von Admont erhält an der Porten der Stadt ein gemauertes und hölzernes Haus, die einst Chuno von Gutrat hatte, zum Tausch für die Blasiuskapelle sammt Zugehör, 1327. „Die padstuben daz (zu) chaltenpach ze Salzburg in der porten an der rynkmauer", 1370. „ein haus an der Porten, gegen den prun über". 1434. Doppler. Judengaße 12, Döllergaße 6, Wagplatz 2. S. Abschnitt III, Tore.

Pyrglstein, Pyrglastein, Pyrglen. Steingaße 58, 60. Altes Burgrecht des Klosters St. Peter. 1434—1521 hatten die Keuzl den östlichen Teil, 1338—1604 den westlichen Teil das Domcapitel inne, d. i. Purgstall oder Hügel und Pammbgarten. 1555—1655 die Riz. 1695 verkauften die Rehlinger den ihnen von den Riz hinterlassenen „adelichen Sitz Pürglstein" an den Erzbischof. 1695 Ursulanonnen. 1699—1701 Priesterhaus. 1698—1720 Waisenknaben. — um 1800, Rosenegger. — Fürstin Arenberg. Auch die Gaße vom äußern Steintor bis Elsenheim hieß zu Pyrglen oder Pyrglau, oder Pyrgla.

14*

auf der Ebm, oder Ebmat. 1650. HH. 394, 395, 398 am Stein. beim Eckschmid. 1471, '79. Linzergaße 21. „Eckschmid vor dem Ostertor". Lbskde XV. n. 386 und 461.

Edmundsburg. Mönchsberg 2. 1526, '52, '66, Hanns Pocksperger. Maler. 1601, 11 Pockenspergers Malers Haus. Pfenningmeister Empacher. 1620 Apothekerin Tyll. 1694 Felix Pflanzmann. 1696 das Kloster St. Peter. Abt Edmund baut es neu auf. 1858 Knabenrettungsanstalt.

zum Elephanten, Elefantenhaus. 1412, 1598, 1608, '22, '39, 1816. — 1482, 1511, '25, Benedict Reicher, „Büchsenmeister", hatte daselbst auch seine „Büchsenhütten". Kaietanerplatz 3. Gilles, Flatscher.

Elsenheim. Fürberggaße 2. 1434. Afra von Weißpriach. 1442. Regina von Haunsperg, „kalchgrub, kendel vnd hurnauschgarten (Holzgarten) ze pirglen". 1453 Hanns Elsenhaymer; 1547 Haus und Gut Kalchgrub zu Elsenhamb. 1562. Dr. Christof Elsenhamer, Sitz zu Elsenhamb. 1624 Elsenheimers Erben. 1663 Emeran Friedrich Rüz. — Die Rehlinger. — Freyberg. · Fürstin Arenberg. Doppler. Pirckmayr in S. Ztg.

beim Fechtmeister. 1735, 1858. S. Aschhof.

beim Fieberbrunn. Froschheim, Viehmarktgaße 9. 1608 beim Fieberprunn im Pfeifferfeld, Andre Meisel. U. L. Fr. Erbschfturb. der Fieberbrun befand sich zwischen Viehmarktgasse 9 und Froschheimer Hauptstraße 11 nach den Stdtpsirchurb. Doppler. Sautnerhof?

Fleberbach. Nonnbergisches Grundrecht. 1360 erhält es Friedrich Zändl zu Erbrecht. 1412 Ruprecht Zändl. 1477 Caspar Laubinger. 1544 Martin Straßer, Gewerk in der Gastein. 1606 Georg Paumann. 1673—1803 die Feyertag. Doppler. Alle genannten sind Stadtbürger gewesen. 1843 Frau Leopoldine Bolland. Liegt zwar nicht mehr im Stadtbezirk, wurde aber bis 1811 dazugerechnet.

Frauenhaus. 1400, 1526. Herrngaße 30. „ein haus (28, Herrngaße) gelegen in dem kay hinter St. Nikola pey dem Frauuhaus zunächst an die huntsgassen". „ein haus (Herrngaße 22) gelegen hinter St. Nikola ob des Frauuhaus hie in der stat zenegst der huntsgassen" 1526. Gemeine Stadtbehausung 1537. Das Haus erscheint schon 1413 in zwei Hälften geteilt, die später vereint wurden, deren eine domus spiculatoris (Haus des Züchtigers) hieß; 1647 Freimann- und Todtengräberhaus. Der Freimann war demnach der Nachbar der „offenen oder unfertigen Frauen" oder „gelüstigen Fräulein", die auch in andern Städten, wie in Burghausen, an entlegenen Orten, in der Nähe der Stadtmauern zu finden waren. Frauenhäuser gab es 1352 in Regensburg eines, von 1403 an bis um 1550 mehrere, 1433 und 1461, zu München; in Nürnberg bis 1562. 1548/49 nimmt die Stadt Salzburg „von den gemain Frawn" oder „von dem gemain Haws" vierteljährig 3 fl. 2 ß Zins ein. Salzb. Stdtkamm.-Raitt.

Frauenwies. 1640 ist eine Peunt des Paurnfeindthofes. Nonntal, Hellbrunnerstraße 14. Süß, Bürgermeister 103.

Freudensal, Nonntal, Freisalgaße 12. S. Abschnitt VI. „eine peunt im Nuntal bey dem Freydensall." 1490. Stadtpf. Urb. v. 1490. in Lbsłde IX. 60, b, 3 Z. v. u.

Fürberg. Gaisbergstraße 29/30 alt, Fürberggaße 10/12 neu. 1360 verleiht Abt Otto I. von St. Peter der Bürgerfrau Frizel Chamlin das Gut Fürberg, das gelegen ist zu Pirgl beim Pors. Chr. nov. 330. „Christof Gerslaher, Seidenater am Fürperg ze pürglen 1482. Görg Waginger 1485. Virgil Fröschlmoser zu Reichenhall bis 1584. — 1624 Wolfgang Feiertag, Ratsbürger und Handelsherr. 1802 Kaietan von Feiertag verkauft Fürberg und Neubegg. Doppler.

beim Gabler. Bräuhaus. Linzergaße 9. 1429 Peter Zeyser, der Pirprew. 1530 Michael Knoll. 1535 Gapler. 1620 die Holzhauser. 1719 bis um 1800 die Elixhauser. 1803—'48 die Gänsl. — Urban. — Mayer. Der Hausnamen besteht demnach schon 350 Jahre.

beim Glimpf. Linzergaße 50. „ein haws vor dem Ostertor zenächst an dem Brunnen, genannt der Glimpffen." 1435. Lbsłde XIII, n. 150 und 159. Heinrich 1419 und Hanns vor 1494, die Glimpffen waren Bürger und Metzger.

Goldenstein, s. Klobenstein.

Greifenthal, Greifenthalschlößchen. (Nonntaler Hauptstr. 23, Freudensalgaße 2.) „Ein Haus, Hofstatt und Garten, so vor diesem ein Schmiden gewest, aniezo aber das Gr. genannt wird, zunächst mit einer Seiten gegen dem Bach über und mit der andern an die Hällingerstraßen gelegen." Nonnb. Urb. 1763. 1764 Johann Josef Muralt. 1724 erbt das Haus Matthias Sigmund Piechteler von Greifenthal, s. Cammerbiener und Hofcapellmeister von seiner Hausfrau Maria Magdalena Freisaufin.

Grienau (Grünau). S. Hassnergaße 8. S. Abschnitt XV.

Griesbad. 1374, 1472 beurkundet. Griesgaße 7. Kristan Pader daselbst. 1541 Andre Wendl, aus dem letzten Willen des Paracelsus bekannt. 1582 Anthony Wendl. — 1752 Jakob Müeß, bilrgerlicher

Chyrurg und dessen Frau Elisabet, Baderin. 1788 Anton Biernbacher. 1803 Franz Sädler, Griesbader. 1845 Eduard Schieber. (Toppler).

in der Gugl. 1477. Altes Brauhaus, Judengaße 3. „Gilig Smälczl vnd der Gugler", im angegebenen Jahre. Um 1860 eingegangen. Der Namen bestand sonach fast vier Jahrhunderte und hieß nicht „Kugl".

Hasenhaus um 1650. Kranzlmarkt 4. „Beiderseits (des Kränzl-marktes) sind einige ansehnliche Handels- und Bürgershäuser, worunter das ehemals mit eitel triumphirenden, die Jäger und Hunde bratenden Hasen übermalte s. g. Hasenhaus merkwürdig ist."[1]) Hübner I. 141. 1408 Hauns Cholrär. 1460, '77, Hanns und Matthäus die Prätzl. 1571 Hanns Pronott. 1729, 1771, die Paurufeind. 1792, Leopold Hagenauer. 1805, Frau Anna Popp — Sallinger. Silber.

am Haufen, um 1650. Die Häuser rechts und links neben dem abgebrochenen St. Michaelstor, das zweite Rehlinghaus (Mozartplatz 5) und die drei Solarihäuser (Mozartplatz 8, 9, 10).

beim Herbstbrunnen, S. Abschnitt IX. Lehen 3. Taghofer.

beim Hirten, beim „guten Hirten." 1666. Herrugaße 28. Ruprecht Lorenz Hirdt, Buchführer, besaß dieses Haus im angegebenen Jahre. Noch 1800 hieß es das Hirtenhaus. 1858 erscheint der weltliche und Bürgersnamen in einen biblischen umgedeutet.

Höll, Bräuhaus, Judengaße. 1451 urk., 1656 der Name „Höll" bezeugt.

Hundhaus. Nonntal, untere Zeile. S. Abschnitt X.

beim Judenbrunn (1370). S. Abschnitt IX. Rathausplatz.

Judenhäuser. Die Nachrichten fallen größtenteils in die Zeit zwischen der zweiten (1404) und dritten (1498) Judenverfolgung.

1354, '67. Aaron der Jud. „Hofstatt, die ehmals Aaron des Juden gewesen ist, und auf welcher Margareth, Otten des Chewtzlens wytib dem Chonrat Tauffchint 30 Pfenn. gelts zu khawffen gibt. Gelegen an des Sapplen haws. (Bürgsp. regesten 569).

1395. Esserlein der Jud, Judengaße, gegen der

1395. Judenschul über (Höllbräuhaus?), 1402. Nachem, Heli und Eleasar (s. Judengaße).

1429. „Haws, da yeczund die Juden inn sind." Trägaße 27. Abschnitt XV.

1429. „Haws von den Juden bewohnt. Giselakai 15.
1477 Jakob der Jud, ebenda.

---

[1]) Vermutlich um ein widerwärtiges Gegenüber zu necken, mag dieses Gemälde an-gebracht worden sein. Solche Späße kamen in verschiedenen Städten vor.

1446. „Purckrechthaws vnd Hofſtatt vor dem Oſtertor zwiſchen des Schmuel　Samuel) vnd des Picher Häwſer." (Ldsbc XIV. n. 201). Bergſtraße?

1452. „Jäwſel der Jud." (Giſelakai 3.

1487, 1512 „Jud Judl (Judas) Haws". Königsgäßchen 2.

Kaltenbach, Badſtube zu. Döllergaſſe 6. Gehörte vermutlich im 13. Jahrhunderte dem balneator (Bader) Lonb; dann dem Hanns von Kaltenpach). 1355, 1370 „die padſtuben di genaut iſt daz chaltenpach vnd iſt gelegen zu Salzpurch in der porten hinter dem gerichthaus an der Runchmawer." Doppler Gehörte bis zum angeführten Jahr dem Ludwig Zappl. Heißt noch 1565 und 1626 Kaltenpachhaus.

am Klobenſtein, „Goldenſtein", „Golluſtein", „Molluſtein", „Kholmſtein", „Kolbenſtein" geſchrieben*) 1404—1700. Die Häuſer 12, 17, 19, 21 in der G'ſtätten, bisweilen auch 15, waren benaunt „am", „auf" oder „unter dem Goldenſtein". Da wohl nicht daran zu denken iſt, daß der Namen „Goldenſtein" am Mönchsberg eine tatſächliche Begründung habe, dagegen die daſelbſt von Zeit zu Zeit abſtürzenden Steine durch die Chronik ſichergeſtellt ſind, ſo verdient die ältere (1404) Schreibung „Klobenſtein" (geklobener, d. i. geſpaltener Stein) den Vorzug.

zu den drei Königen. 1. Marktplatz 13, 1423. Elſpet Hannſen des Zaurnden Hausfrau gibt zu khawſſen in der Bürgerſpital das Burgrecht auf dem Haws zunegſt daran (an der „Latern") do dye heiling drey khunig gemalt ſein. Bgſp. Reg. 747. 2. Linzergaſſe 38. 18. Jahrhundert.

beim Konſtabler. Nonntal, Brunnhausgaſſe 2.

Korporalhaus, 1550. „Corporei". Käsgaſſe, um 1604 abgetragen. ſ. Abſchnitt XV.

beim Kreuz. Mühlen, Hauptſtraße 4. ſ. Abſchnitt I.

beim Krucifix. ſ. Abſchnitt I.

zum goldenen Kreuz. Dreifaltigkeitsgaſſe 1, 1616, '45. Ruep Wibmer 1645 und wahrſcheinlich ſchon ſein Vorfahrer Simon Wibmer beſaßen die Wirtsbehauſung „zum gulden Kreiz" enthalb der Pruggen

<hr>

*) Da die Schreibung der Ortsnamen noch heutigentages vielfach zwiſchen Mundart und Schriftſprache ſchwankt, wie die Schriften der Alpenvereine, der geologiſchen Forſcher u. ſ. w. dartun, ſo erklärt ſich auch die Unbeſtimmtheit, ja bisweilen gänzliche Zerrheit der uns aus älteren Quellen überlieferten Ortsnamen. Der wechſelnde Volksmund wurde damals weit ſeltener durch die Schrift- oder Reinſprache geſichert oder berichtigt, weil man viel weniger ſchrieb, weil der Unterricht in der Mutterſprache damals im Argen lag und weil man oft erſt an der Richtſchnur des Lateins im Teutſchen ſchreiben lernte.

gegen St. Andre Kirchen herüber am Egg zwischen der Freyhamer vnd Stöllner oder Gerzerischen Behausung. Hofburgr. Anlait. Lubell. v. 1649. Das Haus reichte in die Lederergasse, wo 1741 die Wirtsgerechtigkeit ausgeübt wurde. Es besteht über dieses goldene Kreuz eine Haussage, die aber unverbürgten Ursprungs ist.

zur Krone. 1. Marktplatz 12., 17. Jahrhundert. 2. Kronhaus, Trágasse.

im Krotach. 16. Jahrhundert. Bezeichnung für die Häuser 7 und 9 in der Gasse gl. N.

beim Landschaden. 1434. Rathhausplatz 2. Die „Landschaden" waren ein steierisch-kärntisches Dienstmannengeschlecht der Salzburger Kirche.

in der Laterne (1377). Marktplatz 12, im 15., 16., 17. und 18. Jahrhundert. Das Haus ist seit 1320 bekannt. Abschnitt XV.

beim Leierbrun, Leierbrunnhaus. Wie im Abschnitt IX. angemerkt ist, trugen drei Häuser diese Bezeichnung, nemlich Chiemseegasse 1, Herrngasse 14, und Linzergasse 50.

Liechtenegg, 1560. Hofstatt, H. 407 am Stein.

Lind Hof. Abschnitt VI. 1543 „Item ain hof Lynnd bey der mül ze warthelstain", „Kunigund weylant pauln kölrer(s) tochter, Jörgen Angel(s) witib." Lehenbuch des Erzb. Johann. 1487 Jörg Angl am Hof zu Lind. 1534 Sebastian Angl am Hof und Sitz genannt zu Lyndt. 1591 Sebastian Thenn zu Lindt. 1604 kauft den Hof Abt Martin von St. Peter. Seitdem hieß der Hof auch „Lindhof" und „Peterslind". — Reichenhallerstraße 12, 14.

bei der Linde 1393, 1408, „bei der Lynnden vor dem Bergstraßthor am Rennpühel". 1543 „ein Haus bey der Linnden vor dem perkstraßthor"; wurde 1642 zur Schanze einbezogen und stand „gegen Mirabell über". 1608 ließ Wolf Dietrich abbrechen „das Appotegger-Haus, so an der Linden bey dem Gries gestanden ist." (Steinhauser in Lbsfde XIII.) Apotheker Wieser eröffnete dann Arzneiladen und Werkstätte in der Trágasse (Biber).

an der Madich (Mattich?) 1380 bis 1763. Nonntal, Erhartgäßchen 1, „Haus, Hofstatt und Garten an der M., am untern Weg negst außerhalb des Nunbergthores, wie man vor diesen (1639) auf die Riedenburg gangen" (ist). Doppler. Landesk. XXIII. 93 „die Madich".

Matseerhaus 1415. a. Residenzplatz 3. b. bei der St. Andreaskirche, Lbsfde XIII. Doppler 56.

unter der **Marter** ꝣe **Pyrglen**. 1560. Steingaſſe. S. Weichbildkreuze im Abſchnitt I.

beim **Meßſtain** 1395. Marktplaꜩ, H. 11/12.

beim **Meßſtain** enhalb ach 1351, am Pläꜩl, H. 1.

Meſen- (richtig: Meßner-)haus 1496, Marktplaꜩ 9, oder an der
Ecke der ehemaligen Käsgaſſe,

Mithridathäuſl oder „Celtragerhäusl“, 1780, Nonntal 73 alt,
Freiſalgaſſe 4. Die Hauſirer mit Mithridat (in Blechbüchſeln), Scorpion-
und andern hundert „Cliteten“ wurden ſchon unter Erzbiſchof Hieronymus
beſchränkt, kommen aber im Hochgebirg doch noch zuweilen vor und finden
einigen Abſaꜩ.

beim **Möblhammer**. Trágaſſe 26. 1414, Niclas Pirprew. 1470,
Gilig Fludermaiſters haws. 1584, Andre Han. 1594, Sebaſtian Sailler.
1623 Barbara Geiꜩkhoſſer, geb. Sailler. 1697 Lorenz, 1742 Sebaſtian
Möblhamer. Die Brauerei hat aufgehört.

Münchhauſen. ſ. Abſchnitt VI.

Münzhaus 1457. Käsgaſſe. S. beim Schmelzer.

in der **Münze**. Griesgaſſe 37 und G'ſtättengaſſe 2. Beſtand ſchon
vor 1662. Die Lage an der Albe erklärt, daß mehrere Verrichtungen
mittels Waſſerbetriebes vollzogen wurden. Es ſtand damit als Neben-
geſchäft eine Kryſtallſchleiſerei in Verbindung. S. Hübner I. 134—136.
Von der Schweigſamkeit oder dem Amtsgeheimniß der Münzer ſprach
die Steininſchrift des Gebäudes. Die Münze wurde nach des Kurfürſten
Ferdinand Zeit, um 1810 geſchloſſen und das Haus 1820 verkauft.

in der **alten Münze**. Babergäßchen 4. Der Münzmeiſter (Hans
Thenn) erhielt dieſes Haus 1513 vom Bürgerſpital zu Erbrecht. Aber er
bewohnte auch ſeit 1526 eigentümlich(?) das Haus 19 in der Trágaſſe,
das dem Smekawiz gehört hatte und 1651 die fürſtliche „Münze“ heißt,
und ſeit dieſer Zeit wird das Haus in der Babergaſſe die „alte Münze“
genannt. Das Münzweſen, welches früher die Münzmeiſter auf Teilung
mit dem Fürſten betrieben, ging ganz in des letzteren Betrieb über und
die Prägung von Gold- und Silbermünzen wurde von der der Pfenninge
oder Scheidemünzen getrennt. Der Schaidgaden war abgeſondert. Um
1662 wurden (Gold- und Silber-)Münze, Pfenningſtube und Schaidgaden
in die zwei Häuſer am Gries verlegt. (S. Pfenningſtube und Zell.) Somit dürfte eine Zeit lang im Babergäßchen und in der Trágaſſe zugleich
gemünzt worden ſein. Hübner gedenkt eines Gemäldes auf dem letzterwähnten
Hauſe, das ſpäter ein Amt mit dem Namen „Bergweſensproductenver-

schleißdirektion" oder „Messinghandlung" beherbergte, und zuweilen auch
„Münzamt" genannt wurde. Das Gemälde stellte Berg- und Münzwerk-
zeuge dar.

Neudegg, Neydeck, Reidegg. 1. Ronntal 49, 51. Die einstige
Ronnberger Klosterbleiche. s. Abschnitt VI. 1539 verkaufen Heinrich
Matzspergers, Bürgers zu S. seel. Erben Ruedbrecht, Hainrich, Christoph,
Catharina, Hans, Wolfgang, Sebastian und Anna dem edlen und vesten
Hansen Mun ich von Munichhausen u. s. w. das Hauß, so man Reydeckh
nennt, mitsambt stäblen, grunten . . . . plaich u. s. w. Ronnberg.Archiv.
2. am Fürberg 1377, S. Abschnitt VI.

Neustein, Haus 1 alt, vor dem äußern Steintor.

Neustift. Badhaus, s. Kaltenbach.

Neustift enhalb Ach. 1403, Krautgarten vor dem Bergstraßtor.

Niederleg, Trägaße. 18, 20, 22. St. Peterisches Grundrecht.
Pächthaus in der Trägaße. 1509. Gemeine Stadt, um 1487 wird im
Hintergebäude die „Lötschen" oder Niederlage für Stahl und Eisen errichtet.
1524 besteht daneben auch eine Weinlötschen. 1569 Riderleg bis 1804;
gemeiner Stadt Eisenniederleg und Geträuklötschen. Der Neubau des
Hinterhauses am Gries. s. Abschnitt XV. 1804 wird die Mühle, 1805
das Haus am Gries, 1828 die Bäckerei und die Hausböden in der
Trägaße verkauft. Der Namen hat sich noch erhalten.

Niederzeil. Um 1600. Ronntal, Wäschergaße, 2. „das Herrnhaus
„Niedernzeil", so zwar auf des adeligen Klosters Ronnberg, Grund und
Boden steht, aber sonst allerdings stift- und dienstfrei ist -- uegst oberhalb Petersbrunn". Toppler. — 1499 Tobias Alt. Dr. Heinrich Knoll
und Ehefran Susanna Alt. 1655, Hanns Feuerienger, Handelsmann.
1663 Marcellin Knoblach, s. Generaleinnehmer und Kriegszahlmeister.
Knollhof, Eggerhof, Knoblachhaus. 1789 dem Kloster St. Peter gehörig.
Bis 1858 Neureiterstöckl. Der Namen ist von der in der Nähe
verlaufenden Straße, der „niedern Zeile", oder den Häusern am Ronn-
taler Bache entlehnt.

Oede Hofstatt auf der Gstetten, 1562 außer der innern Klause
durch einen herabgefallenen Stein zertrümmert.

Räpplbad. Pfeifergaße 9. „Des Domprobstes Padstuben". 1315
Götzleins Padstuben. 1384 Räppel der Pader zu Salzburg. 1418 Peter.
1455, '77, 1502 Hanns Räpl, Pader und Burger. 1526 Wolfgang. 1560
Jeronimus Räpl. 1632 Räplbad, 1805 Josef Reisenberger. 1817, Altes
Bader-Günterhaus, Strumpfwirker Laubacher. Eckelhofer. Herzog. (Toppler).

in der Reut. 1353. in der Gegend der spätern St. Andreaskirche. „Wernhart in der Reut, puriger ze Salzburg". Lbskde XI. n. 60 Toppler. „Rilla aus der Reut, Peter sein Bruder" 1390). Lbsfb. XII. n. 164. Toppler. 1373 Ortolf Räuter, purger ze Salzburg.

In der Reut, oder im Neugereut, die Gegend und Häuser am Gersbach, vom Hause Vogelsang längs des Gersbaches bergaufwärts, die Apothekerhöfe inbegriffen. S. Vogelsang. 1811 vom Stadtgebiete abgetrennt.

in der obern Reut, 1402, bei der spätern St. Andreaskirche.

in der nidern Reut. 1374, 1415. „Marttein Räwtter, Stadt-richter zu Salzburg hat erbawt ain newe Cappeln zenächst an den haws, daz die gemayn haußet in der mybern Räwt — sannb Andres cappeln." 1422 „Chunnigund hannsen des Schoun witib, Purckrechthaws vnd hof-statt genant In der mybern Rewt." 1759 das Hoffreitterhaus in der Niderreith an dem Stieglbad gegen der Lüngergassen, anietzo beym goldern Creuz genannt" Toppler. s. Goldenes Kreuz.

an der Ringmauer, Stadtmauer, Burgmauer, an der Wehr, murus civitatis. Solche Häuser sind benanntlich

des Abtes von Admunt Haus 1327, Töllergaße - Wagplatz 2.

das Kaltenpachhaus 1310, Töllergaße 6,

das Haus der Margaret Stupperin beim Ledertor 1484. Lbsfb. XVI. Toppler,

das Haus und der Garten an der Weer, Trägaße. (S. Abschn. II.),

Burgrechthaus und Hofstatt des Wilhalm Aigner, Lederer 1497. Ledergaße 4,

das Haus in der Zeel (cella!) hinter dem pat. 1513. s. Zell.

beim Röhrlbrunn. 1512. Kaigaße 31. (S. Abschnitt IX).

beim Roß in der Wiege. Hundsgaße 190 oder Herrugaße 16. Seelenbeschreibung von 1647.

Rosenkranzhäusl. um 1750, Linzergaße 18. „Ain hauß enthalb der pruglen zenächst außerhalb des ostertor, so etwen Hanns suespeckhen, hernach maczenperger vnd anyetzt Rosenkranz der schnester vnd lerczler in hat." StPfkirch. Urb. von 1526. Wurde auch das „Betheumacher-haus" genannt.

Ruben- oder Rübenhaus. Pfeifergaße 16. Auch „Reutschachhaus" genannt. Erzbischof Leonhard hatte die Rübe zur Wappenfigur, welche auf diesem von ihm erkauften, umgebauten und zu einer Messenstiftung im Dome gewidmeten Hause angebracht war. Das Haus hieß auch

„Bischof Leonharten Capellenhaus", aber seit etwa 1700 bis heute, wie oben steht.

Der Hof Salzburg. So hieß bis um 1600 die fürstliche Residenz.

Sattlpennt. 1412, 1543. „Der Hof vor dem Perkstraßthor, die Sattlpennt genannt." Doppler. Sattlpennt hieß der Grund zwischen dem Bergstraß- und Lederertor. Der s. g. Hof lag sonach in der Gegend von Mirabell, des heutigen s. g. Kurgartens oder außerhalb.

Das Haus auf der Saulen (Säule), 1368. Bürgersp. Reg. 584. Doppler.

im Sauwinkel. Steingasse 12. (Giselakai 9. Ausgang des vorigen Jahrhunderts. Zu Anfang des 19. Jahrhunderts hieß dieser, von dem ehemaligen Brückenzugang herrührende Winkel der Steingasse auch „Steinwinkel". Es bestand in dem bezeichneten Hause eine Bierzapflerei, das „Sauwinklwirtshaus" genannt, ein Gegenstück zu andern Wirtshausnamen, dem „Sauleuzl" (Goldgasse 13), dem „blutigen Fetzen", der „rostigen Pechpfanne" (im Kai), welche letztere nur überliefert worden sind.

beim Schmelzer. 1320. In der Käs- oder Abtsgasse. Es ist wahrscheinlich dasselbe Haus, das später als „Schaidgaden" oder „Schaidhaus" bekannt ist und 1605 abgebrochen wurde. Man vermutet in diesem Hause, welches „bei der Pfarrkirche" U. L. Fr. stand, auch die Münze. (Hübner). Das Münzgeschäft bevor es ausschließlich auf fürstliche Rechnung ging, wurde in früherer Zeit zwar im Namen des Fürsten, aber gewerbsmäßig von Bürgern betrieben, wovon noch Spuren zur Zeit der Thenn (nach 1500) bemerkbar sind. Es ist zu vermuten, daß die Münzer das geschiedene Gold und Silber, das legirte oder geschmelzte Metall aus dem Schmelzhause oder dem Schaidgaden des Fürsten überkommen und daraus in besonderer Werkstätte die vertragsmäßige Anzahl Münzen geschlagen haben. Die Pfenningprägung scheint früher keiner so genauen Gegenrechnung unterlegen zu sein. Da aber die Namen der früheren Münzmeister zur Stunde noch unbekannt sind, so fehlt ein sicherer Fingerzeig auf ihre Werkstätte. S. Münze.

beim Scripturaler. 1500, 1575. Brodgasse 11. Wolfgang, Hanns, Rueprecht Knecht die Scripturaler (Scripteraler, Schriftteral). Da Lesen und Schreiben damals noch nicht jedermanns Sache war, so halfen die Scripturaler, „Stuhlschreiber", anderwärts auch „Memorialisten" genannt, aus der Not. Sie schrieben nicht blos Briefe, wie ihre Nachkommen in Spanien, Italien und Sicilien auf offener Straße selbst heutigen Tages, sondern verfaßten „Scripturen", Bittschriften, „Memoriale",

Schriften für Rechtsparteien. Ihr Geſchäft oder ihr Geſchick muß bisweilen ſie in den Stand geſetzt haben, ein Haus zu kaufen, wie der
angeführte Hausnamen beweiſt.

Schaidgaden, ſ. Schmelzer.

Schneiderzeche. 1491—1809. Kaigaſſe 9 (Gaſthaus zum goldenen
Frieden). Die Gewerbezechen oder Zünfte beſaßen in Salzburg die Schneider-
und Goldſchmidzeche, dann die Bäcker, Parchanter und Weber ausgenommen,
ſehr wenig Eigentum, wohl ein Zeichen ihrer geringen Bedeutſamkeit
oder auch mangelnden Gemeingeiſtes. Das Haus hatten vor 1491 die
Velber (Freiherrn im Pinzgau) erbrechtlich von St. Peter. In den Kriegs-
jahren zur Franzoſenzeit wurde es verkauft.

Seccanerhof 1218, Kaigaſſe, beim Durchgange durch den Neubau.
Die übrigen geiſtlichen Häuſer, ſ. im Abſchn. XIII und XV.

Semelhaus, ſ. Patzenhänſl. Kaigaſſe 22. 1640. Die Semler
(Sembler) Hanns 1441, Peter † vor 1484. Das Haus wurde 1597 in
dem Sterblauf geſperrt. Lbsfde XIII. S. 58. n. 57. 2.

beim Spiculator oder Freimann, oder Züchtiger. S. Frannhaus.

Spitlbad. Trägaſſe 50. 1408. Die Badergerechtſamen gingen ſeit
dem Anfang des vorigen Jahrhunderts allmälig auf Wundärzte über.

beim Spitlbrun, ſ. Admuntbrunnen.

Spitalhaus. Klampfergaſſe 3. 1322. „Das Spitalhaws an der prucken
iſt ganz des ſpitals, hat darezue geben Chunrat der Tewſing, ee das ſpital
gebaut iſt worden.“ Bürgerſp.-Urb. Das Haus wurde 1639 an den Hofrat
Joh. Rudhart Holthueter verkauft. 1713. Dr. Ludwig Bluemblacher,
ſ. Hofrat und Univerſitätsprofeſſor. Es gab noch mehrere Spitalhäuſer,
die aber früher hinwegkamen, oder kürzer dem Spital verblieben.

Stadtkochhaus. 1. Trägaſſe 23, 1775. — 1387, Ruprecht
Bändl. 1434—54, Virgil Venediger, 1463—86 desgleichen. 1487—1505,
Johann Ramsperger. 1521, 1578, 1611 Dr. Sebaſtian Matſperger und
Angehörige. Dr. Gervaſius Fabricius, deſſen Sohnes Ehefrau, Cordula
Reckſenſen. Der Hausnamen erhielt ſich von dem Ende der 80er Jahre
des vorigen bis in die zweite Hälfte des gegenwärtigen Jahrhunderts.
2. Lederergaſſe 8. Stadtkoch Hinterholzer.

am Stein. 1. einzelne Häuſer in der Steingaſſe. 2. ſoviel als:
am Meßſtein (ſ. Abſchnitt VIII.) „ein hans auf dem Stain, genannt
zum Stern“. ſ. dieſes. „am Stein, da die hh. drei Kunige gemalt ſind“.
ſ. Dreikönighaus. „am Stein zwiſchen dem haus in der Latern und gegen
den prottiſchen.“

Steinhaus, beim Ziegelhaus, äußerer Stein, H. 3 alt.

im Steinwinkel, j. Sauwinkel.

Zum Stern. 1. Marktplatz 3, 1608 „das Sternhaus unten am (Markt-)Platz, so mit allen vier Ecken frei steht." 2. H. 13 alt, Marktplatz. 3. Sternbräuhaus, Trägaße.

Stieglbad am Plätzl. 1369 bis 1600. An der Mündungsstelle der jetzigen Stadtbrücke. Lbsbke XIII. 107. Anm. (S. Abschnitt VII).

Stieglbräu. G'stätten 8. 1523, Steffan, Preu an der Stiegen.

Stieglschmid. Linzergaße 4. 1608. Die eine Hälfte des Gasthauses zur blauen Weintraube. Um 1695 vereinigte der Gastgeb Georg Mödlhauer beide Hälften.

zum Stockhamer. Trägaße 33, 35. 1608 Haus, 1623 Tobias Holzhauser. 1639 Stefan, 1680 Ehrenreich Stockhamer, 1712 Johann Adam St. 1744 Franz Georg Elixhauser. 1747, '88, 1818, '48 die Flätscher (Toppler). Als Bräuhaus eingegangen.

Strahlheim. 1520. Augustinergaße, am ehemaligen Wartelsteinertor (Mülln 12. alt). 1448 Clauers Garten. 1512, Klanerhaus zu Mülln bei dem thor, da man zu der Riedenburg geht. 1564, des Klaners hauß zu Strahlham. Der Sitz Strahlham. Unter Sebastian Klaner, 1519 und 1521 Bürgermeister, erhielt dieß Haus die Eigenschaft eines adeligen Sitzes. Deßen Tochter Helena, des Landeshauptmannes Hanns Diether zu Schedling Ehegemalin, heißt schon Klanerin zu Strahlheim. Als 1650 das Handelshaus Klaner unterging, kam nach einiger Zwischenzeit das Haus und der „schöne Paumbgarten" an das Augustinerkloster. Wie das schöne Fenster auf dem Nonnberge, das von diesem Geschlechte herrührt, erkennen läßt, führten die Klaner einen Strahl = Pfeil als Wappenfigur, daher der Namen des Hauses.

bei dem Türlein. 1327, '38, 1429, '99, 1680, 1739. Mehrere so bezeichnete Häuser kamen in der Judengaße, am jetzigen Hagenauerplatze, in der heutigen Sterngaße vor. S. Abschnitt II. Tränktore. Dem (Dom)freithoftürlein über, 1516. Haus 7 Kaigaße.

der rote Turm, Turn beim Judenbrunn. So heißt 1595 das Rathaus vor seinem Umbau in die spätere Gestalt. Bürgerspitalurbar.

beim Vogelfänger. Nonntal, Brunnhausgaße 2.

Voglhaus, 1647, 1730, Goldgaße 6, nach einem Besitzer zubenannt. Auch in der Hundsgaße gab es zwei „Voglhäuser" (1740, 1770, Josef Alexander Vogel).

Voglſang. Parſch. am Rande des Stadtgebietes. Gut Voglſang im Reugereut. Ldslde XX. 185. Die Gegend um die ſ. g. Apotheker= höfe hieß, weil zuletzt gerodet, im Reut oder Reugereut. Vogelſangguet oder Luegerſchlößchen 1780. 1811 vom Stadtbezirk abgetrennt.

an der Wage. 1420, '77, '85, '92, '95, '96, '97; an der alten Wage 1498, 1512, an der Wage am Egg, als man unten in die Prot= gaſſen geht, noch 1529, '64, '95, obwohl die Fronwage bereits am ſpätern Wagplatze ſtand. (Toppler). jetzt Goldgaſſe 2.

Wärtelſtein. Auguſtinergaſſe 11. S. Abſchnitt III. und VI.

an der Wechſelpank um 1420 30, dem „Stadtturn" gegenüber. Kränzlmarkt 2. S. Abſchnitt VIII.

Weiherhof. Der Weiherhöfe, deren Namen ſich noch bis heutigen Tag erhalten haben, gab es mehrere. S. Abſchnitt IX. Die triftigſte Urſache zur Anlage der Teiche mag wohl ihr Dienſt als Fiſchbehälter geweſen ſein.

in der Weingrube, am alten Holzmarkt, ſomit zur Zeit des Erzbiſchofes Matthäus und ſpäter. Reſidenzplatz 3. Obwohl mehrere Weingruben vorhanden waren (Abſchnitt VIII), ſo trug doch dieſes Haus vorzugsweiſe den Namen.

Windiſchberg. 1567. Mönchsberg 22 und Umgebung. S. Hübner I. 471. Nach Chriſtof Fröſchlmoſer war Wolf Windiſch im Beſitz, dann Berchtold Guigler, Urſula Güczner und Cordula Heuthener. 1622 Carl Jocher und ſeine Ehefrau Anna Güczner. 1654 kaufte es P. Alfons Stadelmaier, Rector, für die Univerſität. 1811 verkauft.

im Winkel. So hießen die Häuſer
am Marktplatz 12,
in der Steingaſſe 12, auch Steinwinkel,
in der Döllergaſſe, 1366 des Heinrich Schwabel, 1434 Rubein.
in der Ledergaſſe, 1399, 1484. Ldslde XII, 310, ccü; XVI, 217, 485. Toppler.

in der Zell, 1354. Badergäßchen 4. „im Münzgäßlein" 1557. ſ. alte Münze. Der Namen iſt, wie bemerkt wurde, wahrſcheinlich ein Ueberreſt aus der Zeit des Admonterhofes.

Zieglhaus. 1585 domus laterum, 1652, vor dem äußern Stein= tor. H. 2 alt.

Ziegelſtadel. 1560, H. 394 395, beim Z. H. 401, ob des Z. H. 407 am Stein.

Wenn in den Bauwerken Lebensäußerungen der in einer Stadt je wirksamen Kräfte zu erblicken sind, so ist klar, daß eine Aufzählung und Schilderung der ersteren nach der Ortslage zwar für ein Fremdenführerbuch angemessen sein mag, daß aber eine Stadtchronik dabei nicht stehen bleiben darf. Diese soll vielmehr durch gruppenweise Darstellung der Gebäude nach Bauherrn oder Bauzwecken den geschichtlichen Zusammenhang mit den herrschenden Gedanken im Laufe der Jahrhunderte anschaulich machen. Es kommt dabei, so scheint es, weniger auf die Eigenschaften oder Vorzüge der Bauwerke an, wenn nur ihr Verhältniß zu den bestimmenden Gewalten und zum Leben der Stadt zur Durchsicht gelangt. Von selbst bietet sich die Trennung in kirchliche und nicht kirchliche Gebäude dar. Aber eine durchgreifende Scheidung geistlicher und weltlicher Herrnhöfe, von Staatsgebäuden und Bürgerhäusern ließ sich gleichwohl nicht aufrecht erhalten, da manchen derselben beide Eigenschaften gemeinsam waren, viele im Laufe der Zeit ihre Zwecke wechselten und deshalb auch die Festsetzung eines allen gemeinsamen Zeitpunktes der Betrachtung nicht ausführbar war. Die meisten Vorteile bot deßenungeachtet die Trennung in eigentlich kirchliche Gebäude, in geistliche und weltliche Herrnhöfe, in den Geschlechterbesitz, städtische Gebäude und Bürgerhäuser. Für letztere erschien die Aufzählung nach Straßen und Häusergruppen, wobei die alten Grundeigentums- oder Burgrechte in großen Strecken zum Durchbruche kamen, die einzige zweckgemäße. Aus mehrfachen Rücksichten empfahl sich endlich die Aufreihung jener Gruppen nach Hauszahlen. Es war auch das einzige Auskunftsmittel, um Gebäuden, die unter verschiedenen Eigenschaften auftraten, eine leicht auffindbare Stelle zu sichern.

Kirchen, Kapellen, Klöster und Friedhöfe.

Die s. g. Maximuskapelle.

Seitdem Sauppe 1877 die Lebensbeschreibung St. Severins nach einem vaticanischen und Mailänder Codex herausgegeben hat, weiß man, daß in ihrem 24. Capitel (Juvavia, dipl. Anh. 6) statt iuvavo zu lesen ist ioviaco, und daß der zögernde Priester nicht Maximus, sondern Maximianus hieß.[1] Die Legende vom h. Maximus oder Maximian findet daher ihren Ort zu Schlögen in Oberösterreich (bei Haibach zwischen Paßau und Linz). Dieß vorausgeschickt wäre die Mönchsberggrotte, die unter dem angegebenen Namen sich Berühmtheit erwarb, als eine Begräbnißstätte zu betrachten, die in ihrem obern Abschnitte ein aus dem Kalkstein des Berges gehauenes Leichenbehältniß aus der Römerzeit (Loculus, conditorium, sarcophagus[2]) birgt, dessen Deckplatte fehlt. Die etwas tiefer und nördlich gelegene gangartige Abteilung zeigt mehrere seichte Nischen in einer Reihe, wie solche in den römischen Familiengräbern (sepulcrum familiare) und Columbarien oder gemeinsamen Bestattungsorten (sepulcrum commune) zur Aufbewahrung der Aschentöpfe üblich waren[3]). Die Nischen scheinen jedoch nach der Tiefe unvollendet oder sie verloren ihren gewöhnlichen Raum nach rückwärts etwa durch Ebnung der Felswand. Soweit man sieht, wäre somit die s. g. Maximuskapelle als die Stätte für ein Einzelgrab mit Leichenbestattung, der gangartige Anhang aber als ein beabsichtigter gemeinsamer Bestattungsort für Aschenurnen nach Leichenverbrennung aufzufaßen. Ob zwei in der obern Grottenwand angebrachte Vertiefungen als Pastophoren (Behältniße für die Bestandteile des Liebesmales, Agape) anzusprechen seien, wofür sie Vogel-Huber ansah, ist wohl sehr zweifelhaft.

Die Martinskirche.

Genannt wird sie zuerst in den kurzen Nachrichten in einer Meldung über die Gränzen der Jagd- und Fischereigerechtigkeit des St. Peterklosters[4]) Eine Gesichtslinie zwischen dem Nockstein und der Martinskirche über die Salzach herüber bildet die Fischerei- und Jagdgränze des St. Peterstiftes und diese Bestimmung ist wohl ebenso alt als die Verleihung dieser Fronhofsrechte selbst, die zum Anfange des Stiftes gehören.[5])

---

[1]) Monum. Germ. Auctores antiquissimi. I.
[2]) Plin. H. N. VII, 2; VII, 16, XXXVII, 7. Epist. VI. 10, 5; Sueton. Aug. 18.
[3]) Ulpian. digest. II, 7, 5; Cicero off. 1, 17; Auton. Epitaph. XXXVII. 1. Inscript.; Fabretti 16, 71 nach Anthony Rich, Illustr. Wörterb. d. röm. Alterthümer. Paris und Leipzig 1862. Didot.
[4]) Brev. Not. Keinz VII. 1.
[5]) Mag vielleicht die Stelle in den Br. N. (Anm. 1.) später eingeilgt werden sein, so lag doch zu derselben eine Nachricht vor, die nicht jünger sein kann, als die Bewidmung mit den Fronhofsrechten selbst.

Arns Anzeiger und die kurzen Nachrichten gedenken ferner der „Martinsmesse" als Stiftzeit, d. i. des Tages zur Reichung der Urbarialgaben,
insbesondere des Salzes an das Kloster Nonnberg und zwar schon zur
Zeit des Herzogs Theodebert bei der ursprünglichen Bewidmung des
Klosters[1]). Die Martinskirche und die Martinsmesse bestehen
also schon zur Zeit der Gründung des Stiftes Salzburg.
Sie war die Burgkapelle der Salzburg und wird ihrer noch in den
Kaiserurkunden gedacht, die den Besitz der Salzburg sammt aller Zugehör
bestätigen, zuletzt im J. 1057[2].) Hansiz (II. 935) berichtet von der Weihe
einer Ulrichskapelle auf dem Nonnberge 1031/2 durch Erzbischof Dietmar
und aus dem J. 1000 rührt eine Nachricht von der „scheibligen Kapelle"
im Gottesacker her. Seither ist sie als Ulrichskirche bekannt. (Esterl,
Nonnberg 20). Daß die Martinskirche ursprünglich eine Seelsorgkirche
war, darauf deutet nicht blos das Fest ihres Schutzheiligen, die Martinsmesse, sondern auch der um die Ulrichskirche gelegene Friedhof, der
außerhalb oder neben dem Klosterfriedhof erwähnt wird. (Esterl 20, 124).
Der Martinstag und die Martinsmesse der Salzburg wurden später
durch den Rupertstag und die Rupertsmesse der Bischofsstadt ersetzt.
Daß die Martinskirche seit der Erbauung der Kirchen St. Peter und
St. Rupert nur mehr als Kapelle galt, mag den Umstand erklären, daß
ihrer in der salzburgischen Kirchengeschichte gar nicht gedacht wird, welche
sich in jener Zeit ausschließlich mit den Schöpfungen Ruperts und
Virgils beschäftigte.

St. Peter[3]).

Die zweitälteste Kirche wurde vom h. Rupert erbaut und ihr Gründer
auch daselbst beigesetzt. Das Kloster war und blieb der Sitz der Abt-
rektoren, Bischöfe und Erzbischöfe bis um 1111.

847 unter Erzbischof Liupram Kirchenbrand.

988. Das Kloster wird aus der Einverleibung in die erzstiftische
Gütermaße erlöst und es beginnt wieder die Reihe eigener Aebte mit
Tieto oder Titus.

1127 Kirchenbrand, 1130 Wiederaufbau, 1142/3 Kirchweihe.
Wandmalereien?

1167? Kreuzgang ältestes Stück.

---

[1]) Brev. Not. IV. 6; Indiculus VII. 6.
[2]) Juv. dipl. Anhang 243, civ., ecclesia S. Martini, quae est in monte ubi
moniales sunt.
[3]) Aus Raummangel mußten in diesem Abschnitte zahlreiche Belegstellen wegbleiben.

1170 '71 Kreuz-, Aegydius- und Getraudskapelle.

1215 27 Katharinakapelle erbaut von Herzog Leopold von Oesterreich.

1242 H. Geistkapelle beim Turm. Portal.

1304 Abteikapelle.

1319 St. Veitskapelle erbaut oder neu hergerichtet?

1424 St. Wolfgangskapelle.

1492 die seit 1141 bestehende St. Amands= nun St. Margarethen= kapelle wieder erbaut. Das Kloster vergrößert.

1609 ein Teil des Kreuzganges.

1615, '26 die Klosterkirche umgebaut, der Säulengang im Friedhofe mit den Grüften eröffnet, 1667 letztere vollendet.

1657—'63 das Conventgebäude umgebaut, der Flügel am Dom= platz gebaut.

1682—90 das neue Hofviereck.

Die Domkirche.

Von Bischof Virgil gegründet 767—774, die Gebeine des h. Rupert und zweier Genoßen übertragen.

845 abgebrannt.

993 schadhafter Zustand.

1023 Erzbischof Hartwik in der St. Gregorskapelle bestattet.

1127 Brand, 24. September Kirchweihe. „Binnen weniger Jahre wurde die Kirche mit vielerlei Schmuck von der Decke bis zum Fußboden geziert. Der Erzbischof baute auch sehr hohe Türme, die früher nicht waren, und stattete sie mit weit größeren und klingenderen Glocken aus, an den Seiten brachte er (Glas?) Fenster und Gemälde mit goldenem Hintergrunde (? pictura auro rutilante) von einem Ende zum andern an". Vita Chunradi, M. Germ. XIII, 74, 19. In diese und die nächst= folgende Zeit fällt auch die Wirksamkeit der drei Maler Gerloch, Rudolf und Conrad, die in den Salbüchern des Domstiftes und St. Peters genannt werden, und wahrscheinlich Kirchengemälde (etwa auch für St. Peter) anfertigten.

1122 30 Ursprung des Münsters oder Domklosters in Folge der Einführung des Augustinerordens unter den Domherrn.

1139 Urkunde über das Begräbnißrecht.

1146 St. Jakobskapelle auf dem Friedhofe erbaut.

1167 Brand des Domes, des Münsters und des Frauenklosters, auch der Jakobskapelle. Langsamer Bau. Wandmalereien (?)

15*

1182 Kirchweihe auf die Namen St. Ruperts und St. Martins, 18 Altäre (in ambitu).

1202 3 Dach und Holzwerk abgebrannt,

um 1220 drei Kapellen zu den hh. Augustin, Katharina, Kaiser Heinrich und Kunigunde.

um 1246? Taufbrunnen (lavacrum oder lavatorium), deßen Ueber= reste, die Löwen, noch vorhanden.

1270 großer Brand.

1274 Kirchweihe.

1312 Brand.

1321 Bauschäden. Taufbrunnen, oberer Teil.

1335, '39, '43, '49, Große Beßerungen unter Ortolf.

1383 Feuer im Dom. Altäre, Orgel, Glocken, Fenster, Kirchenschmuck (Zierat) verbrannt.

1384 5 Neubau, 18 Altäre.

1386 Erzbischofes Pilgrim Kapelle mit 6 Altären an den Dom angebaut (im Domfreithof, in der Gegend der Dombögen).

1399 Orgel.

1401 Samerkapelle im Domfreithof erbaut mit 3 Altären (zwischen Dom und Jakobskapelle).

Im Dome selbst wurde 1323 die Erentraudkapelle zur Sühne des Mordes des jungen Keuzl von den Brüdern Marquard und Friedrich von Bergheim, der Thomasaltar aber von Ulrich Mörs (1446—'48 Bürgermeister) erbaut.

1454—'61 Prachtportal oder „Parabeyß".

1465 runde Türme an den Enden des Querschiffes.

1488 Bleidach.

1598 Dombrand. Die Kirche hatte im Laufe der Zeit 23 Altäre und 2 in der Unterkirche erhalten. Nach dem Brande gänzliche Nieder= legung des Kirchengebäudes.

Da die Domherrn wieder in den Weltpriesterstand zurückgetreten waren, wurden der alte, baufällige Dommünster, die Probstei und Dechantei, auch die Domschule abgetragen und die neue Domkirche von diesen Anbauten frei hergestellt.

1614—28 Bau bis zur Weihe, bis 1655 Kirche und Vorhalle vollendet. Kupferdach. 11 Altäre, 2 Oratorien.

1702 3 große Orgel.

1859 letzter Dombrand.

1884 Neue Orgel. Kreuzwegbilder[1]).

St. Marien- und St. Erentrudskirche am Nonnberge.

Um 700 vom h. Rupert gegründet.

St. Erentraud im Felsengrab bestattet, wie St. Rupert ursprünglich zu St. Peter.

Um 1000 wird das Kloster wieder selbstständig unter Äbtissinnen.

Um 1009 Kirchenbau und Kirchweihe.

1140 Hochaltar geweiht. Basilika. Vermutlich rühren aus dieser Zeit die Wandmalereien im Turmraume her und sind etwa gleichzeitig mit denen des Domes und St. Peters. Ein Stück des romanischen Klostergangs noch erhalten.

Um 1160 die St. Erentrudskirche im Berchtesgadner Urkundenbuche genannt.

1310 Siechhaus oder (Pest-)Spital des Klosters am Fuße des Nonnberges (Nonntal) eingerichtet.

1423 Klosterbrand.

1448.51 Johanniskapelle umgebaut. Um diese Zeit wird der Markttag am Palmsonntag auf dem Nonnberg erwähnt.

1464—'75 Kirchenbau.

1484—1505 Turmbau.

1510 Kirchweihe.

1480 Das Glasgemälde von den Klanern gestiftet.

1711 Ter Turm erhöht.

1852 Gothischer Hochaltar aus Scheffau, Erneuerung des Innern der Kirche.

1881 Orgelchor entfernt[2]).

Die St. Michaelskirche.

Daß neben der Klosterkirche St. Peters und St. Ruperts Domkirche zum Behufe der Pfarreiverrichtungen auch eine Kirche gebaut wurde, wird Niemanden befremden. Noch heutigen Tages bestehen zu Matsee, Bischofshofen, Reichenhall, Hegelwerd außer den Probsteikirchen noch Pfarrkirchen. Aus den alkuinischen Versen im uralten Cobez zu St. Peter

---

[1]) v. Schallhammer, Domkirche; v. Wallpach, Baugeschichte.
[2]) Esterl, Nonnberg; v. Wallpach, Baugeschichte.

bei Mezger, Hansiz und Dümler ergibt sich, daß zu Arno's Zeit die
Verehrung St. Michaels in Salzburg schon üblich war[1]). Auf der
Kirchenversammlung zu Mainz 813 wurde der Festtag des Erzengels
festgesetzt. Nach Abschnitt V. dieser Schrift lag die St. Michaelskirche
im bürgerlichen Stadtteil neben Gerichtshaus und Schranne an der
„Porte". Grund- und Pfarrrechte wurden dem Kloster St. Peter 988
bestätigt[2]). Die „St. Michaelskirche an der Pforte der Stadt" wird auch
später wiederholt dem Kloster bestätigt. Ungeachtet diplomatischer Urkunden-
mängel kann nicht bezweifelt werden, daß im J. 1139 das Pfarrecht in
der Stadt an den Erzbischof und das Domcapitel abgetreten wurde, aber
das Kloster Kirchherr blieb[3]). Denn wir finden Dompfarrer in den Jahren
1139, 1189—98, 1203, 1205 chunradus plebanus (de Sulzowe) u. s. f.
bei von Meiller. Als im J. 1167 der große Stadtbrand ausbrach, und
auch die St. Michaelskirche versehrte, wird sie noch „Pfarrkirche" (parochia)
genannt und im folgenden Jahre vom Abte wieder aufgebaut[4]). Ob sie
in den Stadtbränden von 1200 und 1203 verschont blieb, wißen wir
nicht. Wahrscheinlich blieb sie bis zum J. 1223 die Stadtpfarrkirche, und
einer der Domherrn, wie auch nachher, Stadtpfarrer. Der uralte Gebrauch,
daß an vielen Orten vor den Kirchen Gericht (Schranne) gehalten wurde,
mag Ursache sein, daß die „Gerichtslaube" vor oder an dieser Kirche sich
in die s. g. „Schranne" verwandelte. Spätere Nachrichten siehe in von
Wallpachs Baugeschichte 1882.

Die Liebfrauenkirche und ihre Nachbarklöster.

Die Frühzeit dieser Kirche liegt fast gänzlich im Dunkel und es
mag zweifelhaft sein, ob ihr oder der St. Michaelskirche das Ansehen
höheren Alters zukomme. Man findet statt sicherer Tatsachen nur stärkere
oder schwächere Wahrscheinlichkeiten für die früheren Jahrhunderte.

Das Capitulare Pippins vom J. 755 bestimmt, daß die öffentliche
Taufkirche eines Sprengels nur dort bestehen soll, wo sie der Bischof
verordnet hat[5]). Die Kirchenprovinzvorschriften Karls des Großen vom
J. 799 setzen fest, daß in jedem Kirchsprengel eine rechtmäßige Taufkirche

---

[1]) Hist. Salisb. 256; Germ. sacra II. 61, 63.
[2]) Chron. nov. 171.
[3]) v. Meiller 37, 209; 38, 210 und Anm. 81 und 82, auf S. 437, 438; chron.
nov. 218b und 220a, v. Meiller 42, 226.
[4]) Hansiz II. 953; Fontes rer. austr. XXVIII. — Chron. nov. 242. Catalogus
religiosor. 7. Brand 1127 unter Abt Balderich.
[5]) Pertz LL. I. 25. Capit. Vernense, 7.

mit einem würdig errichteten Taufbrunnen sich befinden soll[1]). Ein Ungenannter, der zu Salzburg um die Jahre 1170—77 schrieb, da man sich wieder ernstlich mit der Zeitrechnung der Salzburger Kirche beschäftigte, berichtet, ursprünglich sei daselbst nur die St. Peterkirche vorhanden gewesen, wo der Bischof seinen Sitz gehabt habe, neben derselben habe es aber eine Liebfrauenkirche gegeben, die als Tauf- und Synodalkirche (zu Kirchenversammlungen) diente. Dieselbe bestehe noch heutigen Tages, d. i. um 1170, sei aus ihrem alten Bauzustande erneuert und auf den Namen Maria's geweiht[2]).

Hält man diese Umstände mit der Tatsache zusammen, daß St. Peter bis 1139 die Pfarrverrichtungen ausgeübt hat, wozu auch die Taufe gehört, so wird jedenfalls ein Zusammenhang dieser Liebfrauenkirche mit St. Peter ersichtlich. Als Synodalkirche scheint sie wenig benützt worden zu sein, denn wir hören bis zum 12. Jahrhundert von Kirchentagen zu Reisbach, Maria Sal und andern Orten beinahe öfter, als von solchen zu Salzburg. Deßhalb mag vielleicht die Baulast der Kirche wegen dieser Eigenschaft zum Teile dem Erzbischofe zugefallen sein. Wenn die Zeitschätzungen Heiders in Betreff des ältern (untern) Teiles am Taufbrunnen im Dome annähernd deßen Entstehungszeit in das 12. und 13. Jahrhundert setzen, aus welchen auch die Nachricht von der Aufstellung einer prachtvollen Brunnenschale durch Erzbischof Eberhard II. († 1246) stammen soll, so mag damit ungefähr der Zeitraum der Aufstellung des ersten Taufbrunnens im Dome angedeutet sein.

Wenn wir ferner bei Filz, Michaelbeuern, lesen, daß Mathilde, Gräfin von Tengling nach dem Tode ihres Gemals (972) in diesem Kloster den Schleier nahm, und im J. 988 von der sehr edlen Frau Truta vernehmen, die gleichfalls nach dem Tode ihres Eheherrn Weriand im Kloster zu St. Peter die Gelübde ablegte, so erscheinen diese Frauen doch als Vorgeherinnen des zu Michaelbeuern vorhandenen und zu St. Peter unter Erzbischof Conrad I. neuerdings oder förmlich begründeten Nonnenklosters[3]). Es entdeckt sich damit eine weitere Beziehung der Abtei St. Peter zur Liebfrauenkirche, weil ja das Nonnenkloster an diese Kirche angebaut war und mit selber in Verbindung stand, aber in geistlichen und weltlichen Dingen von der Abtei aus regirt wurde.

---

[1]) Ebenda I. 80. Statuta provincialia 1.
[2]) Dümler, Archiv. f. K. öst. Gesch. Quellen XXII, 298. Der Wortlaut ist auch zu lesen in Voöde IX. 6. Anm. Der Ungenannte setzt damit eine Anzahl von 12 Clerikern in Verbindung, was doch erst seit der Zeit der Vollendung der Domkirche zu verstehen wäre.
[3]) Mezger H. S. 371, 372; Chron. nov. 203.

Es erübrigt jetzt noch, der gleichfalls unter Erzbischof Conrad I. errichteten Versammlung der Domfrauen zu gedenken[1]), deren ältesten geschlossenen (res clausae) Wohnort (vermutlich in der Nähe des Domklosters oder eigentlichen Münsters, da er mit demselben gleichzeitig 1167 durch Feuer zerstört wurde) wir allerdings nicht kennen, von dem es aber für die spätere Zeit mehr als wahrscheinlich ist, daß er sich auf der dem Kloster der Petersnonnen gegenüberliegenden (Evangelien=, oder Stadt=)Seite der Liebfrauenkirche befand. Die Zweifel über den Platz des Domfrauenhauses (es werden auch Augustiner=Conversschwestern genannt und 1167 von den Domfrauen [sorores] als ancillae dei unterschieden), lösen sich auf folgende Art.

Abt Benedict von St. Peter († 1577) gibt an, das Kloster der Domfrauen habe sich neben der Liebfrauenkirche in der Kirchgasse befunden[2]).

Der Kirchprobst und Chronist Steinhauser bemerkt, daß der Zugang zu diesem Kloster durch die Käsgasse stattfand und Pillwein bezeichnet dasselbe als in der Nähe der einstigen Münze (oder des Schaibgadens) befindlich[3]).

P. Franz Esterl erzählt, daß die Domfrauen in Gegenwart der Leichen der Äbtissinnen von Nonnberg, die in die Frauenkirche herabgetragen wurden, das Placebo sangen und dabei über Nacht wachten[4]).

Fügen wir dem hinzu, daß seit 1223 in dieser Frauenkirche der pfarrliche Gottesdienst stattfand, so erscheint uns dieselbe jetzt in der dreifachen Eigenschaft

als Klosterkirche der Petersnonnen,

als Kirche der (adeligen) Versammlung der Domfrauen und

als neue Stadtpfarrkirche mit einem Domherrn als Pfarrer, der Weltgeistliche zu Stellvertretern und Gehilfen hatte.

Seit dem 12. Jahrhundert können über diese Kirche verschiedene Schicksale und Veränderungen berichtet werden.

Im J. 1127 wurde die Frauenkirche (ecclesia b. Mariae virginis), welche sonst auch zum Unterschied von der Dom= (ecclesia maior), St. Peters= und vielleicht auch der St. Michaelspfarrkirche capella genannt wird[5]), ein Raub der Flammen[6]). Daß damit diese Frauenkirche

---

[1]) Mezger H. S. 371, 372; Chron. nov. 203.

[2]) ebenda, aus Piechter.

[3]) Herzogth. Salzburg, 383.

[4]) Chron. v. Nonnberg, 82.

[5]) Um dieselbe Zeit und später werden auch die vier Tochterkirchen im Lungau zum Unterschiede von der Mariapfarrkirche Kapellen genannt.

[6]) Catalogus religiosorum oder series abbatum S. Petri Salisburgi.

(die auch von der St. Hartwigs- oder Marienkapelle im Dome capella s. Mariae ad s. Hartwicum 1122 wohl zu unterscheiden ist) gemeint sei, und nicht die spätere St. Veitskapelle, scheint aus folgenden Umständen hervorzugehen. An und für sich ist es fraglich, ob die St. Veitskapelle damals vorhanden und eine frühere Frauenkapelle war und mag die dabei unterlaufende Voraussetzung etwa durch das Wort capella veranlaßt worden sein. Im J. 1127 ist ausdrücklich von einer ecclesia B. M. V. die Rede. Daß sie Abt Balderich herstellen ließ, beweist insoferne nichts für den Bestand einer Marienkapelle zu St. Peter, weil sich aus dem hier Vorausgeschickten der fortdauernde Zusammenhang der Marien- oder Frauenkirche in der Abtsgaße mit der Abtei St. Peter ohne Zweifel ergibt. Nach einem größeren Brande, der vier Kirchen in Asche legte, handelte es sich, sollte man meinen, vor Allem um die Herstellung der wichtigeren Kirchen, unter welche die Klosterkirche der Petersnonnen, die zugleich noch Taufkirche war, wohl gezählt werden darf. Wenn Abt Balderich seine Klosterkirche und die ecclesia B. M. V. 1130 wiederherstellte, aber erst bis zum J. 1141 von der Aufrichtung der St. Amandskapelle verlautet, so mag wohl die Wiederinstandsetzung der alten, lange vorhandenen Frauenkirche dringlicher gewesen sein, als der Bau einer neuen Frauenkapelle an der Klosterkirche, von der sich früher doch keine irgend verläßliche Spur ihres Daseins nachweisen läßt.

Auch die Weihe der Marienkirche durch den Bischof von Regensburg mag weit eher auf die Klosterkirche der Petersnonnen, als auf eine neben der soeben gleichfalls neu hergestellten Peterskirche neu gebauten (?) Seitenkapelle bezogen werden. Hält man die in den Chroniken zerstreut vorkommenden Nachrichten gegeneinander und vergegenwärtigt man sich die durch die Baulasten bedrängte Lage des Abtes Balderich, der nach allem, was man weiß, ein tüchtiger und praktischer Mann war, so wird man kaum anstehen, unter der ecclesia B. M. V. die spätere Pfarrkirche sich zu denken.

Im J. 1167 brannte mit andern Kirchen auch die Marienkirche neuerdings aus und wurden auch die Clausuren der Domherrn, Domfrauen (fratrum, sororum) und der Dienerinnen des Herrn (ancillae dei) zerstört[1]. Uiber die Instandsetzung und Kirchweihe nach diesem Brande berichtet der zu Eingang dieses Absatzes bereits erwähnte Schriftsteller aus den Jahren 1170 '77.

---

[1] Hansiz G. S. II. 953.

Daß in den Stadtbränden von 1200 oder 1203 die Marienkirche nicht verschont blieb, ist daraus zu entnehmen, weil nach den St. Ruperts-annalen Bischof Rudeger (von Bergheim-Radeck) von Chiemsee im J. 1223 dieselbe, jetzt „Pfarrkirche" genannt, neuerdings weihte[1]). Vielleicht fand schon nach dem J. 1167, vielleicht erst um 1203 die Uibersiedelung der Domfrauen an die andere Seite der Liebfrauenkirche statt, worüber wir ohne Nachricht sind.

Es ist wohl zu glauben, daß nach so vielem aufeinander folgenden Brandunglück eine gewiße Ermüdung im Kirchenbau eintrat und man daher auf den Gedanken kam, die ohnehin nicht reichlich bewidmeten Petersnonnen und Domfrauen, dann die städtische Pfarrgemeinde in der besagten Kirche zu vereinigen, damit alle drei Genoßenschaften bei künftigen Ereignißen etwa zu gesammter Hand ihrer Aufgabe gewachsen wären. Es erscheint als eine notwendige Entlastung des Klosters St. Peter, wenn von jetzt an die Beziehungen desselben zur Frauenkirche nicht mehr ver-folgt werden können, die Bau- und Beßerungsmittel der Kirche in der Hauptsache von den „Pfarrkindern" aufgebracht werden und das Kloster dagegen nur Kirchherr zu St. Michael blieb.

Das Wachstum der Stadt und der „Pfarrmenig" hatte auch die Vergrößerung der Pfarrkirche zur Folge. In den Jahren 1408—'87 wurde daher unter Aufsicht oder Leitung des Bürgers Hans Laubinger als „Baumeisters unser l. Fr. Pfarrkirchen" (1425 in den Bürgerspital-regesten so genannt) ein neuer Chorraum erbaut (bis um 1430[2]), der Turm beigefügt (1486—96), und bis um 1500 der Hochaltar errichtet. Aber die vollständige Einrichtung der Kirche mit Meßkleidern, Ornaten, Glocken, Orgel, Meßbüchern zog sich bis in die Jahre 1515 '20 hin[3]).

Im J. 1462 wurde die Versammlung der Domfrauen, 1583 auch das Kloster der Petersnonnen aufgelöst und die Kirche den Barfüßern übergeben, welche bis um 1628 auch die Pfarrei versahen. Nach dem

---

¹) v. Meiller S. R. 232, 274, 3. September. Das MS. Q zu St. Peter hat die Jahreszahl 1221 was sich wohl, wie öfters, aus den verschiedenen Jahresanfängen, nach denen man rechnete, erklären dürfte.

²) Landeskunde IX. 9 u. ff.

³) „a di ultimo settembris 1515 in der tult vergangen zetzt Ruepti (Ruperti) tauft vier meßpuecher von Jacob Wagler (Buchführer zu Salzburg, ein unternehmender Mann), gestet aines iiij flor, facit tantum 14 Pf. Solich puecher sein getruckt auff Salzburger pistum (nach den für das Bistum Salzburg geltenden Vorschriften), bez (das ist) guetter teugt; ist große nott gewesen die puecher und auch die (früher in der Rechnung aufgeführten drei) meßgwannt" (Ornat). Stadtpfarrkirchenraittung. — Buchführer vereinten damals die Geschäfte der Buchhändler, Kunsthändler, Verleger und Papierkrämer und zogen mit ihrer Waare auf die Messen und Märkte. Diese Meßbücher waren nicht der einzige Verlags-artikel Wackers.

Brande der Domkirche vertrat die Liebfrauenkirche deren Stelle. 1634 '43 wurden auch die pfarrlichen Verrichtungen in die neugebaute Domkirche übertragen.

Der Turm wurde von Max Gandolf erniedrigt und mit einer zur Mode gewordenen, zwiebelförmigen Blechhaube überdeckt, aber im J. 1866 '67 wieder stylgerecht erhöht und eine betürmte Spitze aufgesetzt.

Max Gandolf und Johann Ernest erneuerten 1686—'89 das Klostergebäude, das Kirchenbach; ersterer errichtete auch den Bogengang zwischen Kirche und Kloster. Aber schon Wolf Dietrich ließ 1605 den an die Kirche angebauten Teil des Kreuzganges, das Schlafhaus darüber und den Capitelsaal aus der Zeit des Nonnenklosters abbrechen und die noch heute bestehende Gaße herstellen, die 1607 gepflastert wurde.[1]

Weitere Nachrichten s. bei Spatzenegger in Landeskunde IX., von Wallpach, Baugeschichte und von Steinhauser in Landeskunde XXIII.

Die Johanneskirche und das Domspital.

Aus Abschnitt V dieser Schrift ist bereits bekannt, daß St. Johannes des Täufers Kirche schon im J. 930 an der Gränze der zwei Bezirke des Domhofes und Nonnbergs (etwa an der Ecke der spätern Kapitelgaße) stand, und daß das dazu gehörige Haus mit Hof einem Domherrn (damals Domprobst Irminhar, Juv. dipl. Anh. 161) zu Leibgeding verliehen war. Vielleicht ist es nicht zu gewagt, wenn man sich hiebei der Regel Chrobegangs von Metz, des § 74 von Karls des Großen Kirchencapitulare aus dem J. 789, welches empfiehlt, daß fremde Wanderer (hospites peregrini) und Arme (pauperes[2]) bei Klöstern, Bischofsitzen und anderwärts regelmäßige und kanonische Aufnahmsorte finden sollen, sowie der §§ 49 und 66 der Kirchenversammlung zu Aachen 816 erinnert, die sich gleichfalls auf Pilgerherbergen und Armenpflege bez'ehen. Es wäre sonach die Möglichkeit vorhanden, daß bei dieser auch mit einem Salzreichnisse bestifteten Johanniskirche eine Art kleiner Pilgerherberge bestanden sein mag, über welche schon um 930 ein Domherr gegen Bezug der Erträgnisse (nach Abzug der Auslagen) die Aufsicht gehabt hätte.

Diese Kirche, mit welcher zur Zeit der Erzpriester Pabo belehnt war, und das vom Erzbischofe erbaute Pilgerhaus (elemosinaria domus) schenkte Conrad I. im J. 1122 dem Kloster St. Peter[3]), erhielt es aber später

---

[1]) Landes"unde XIII, 89, 158 und 101, 188.
[2]) Pertz LL. I. p. 65, .. ut hospites peregrini & pauperes susceptiones regulares & canonicas per loca diversa habeant!
[3]) v. Meiller 8, 43.

von demselben zum Tausche gegen drei Bauerngüter und zwei Gärten in der Stadt wieder zurück[1]), und nun wurden Kirche und Spital dem Domcapitel wieder übergeben und letzteres bis um das J. 1130 für „Reisende und Arme" — da wiederholt sich der aus dem J. 789 oben angeführte Ausdruck pauperes & peregrini — fest begründet[2]). Zugleich wurde den Domherrn zu verstehen gegeben, daß es anständiger und gewissenhafter sei, die Einkünfte, die aus den Reichnißen (angariis) der Gläubigen stammen, nicht für sich, sondern für die Armen zu verwenden[3]), was sich wohl auf die alte schon 930 bestehende Uibung beziehen mochte und vielleicht die zeitweilige Entziehung der ganzen Stiftung gegenüber dem Domcapitel erklärt[4]). Worauf die Domherren 1143 das Spital reichlicher mit Zehenten, Mauertträgniß zu Mauterndorf und (Reichen-) Hall, und dem Zehent von zwei Salzpfannen (statt der früheren Salzzehente) ausstatten[5]). Daß aber in der darüber ausgestellten Urkunde die Kirche bei diesem Spitale nun „Johanns des Evangelisten" benannt wird, ist wohl Irrtum und Verwechslung der Namen[6]).

Im J. 1206 widmete zum Spitale Erzbischof Eberhard II. eine beträchtliche Waldgegend, „die Schintelau" in der Ebenau[7]).

Im J. 1294 wurde die Kirche den beiden Johannes dem Täufer und Evangelisten geweiht. Im J. 1345 vermehrt Bischof Gottfrid von Paßau dem Spitale (infirmaria) der Domherrn, die von der Kirche St. Rupert zu Traismauer schon seit alter Zeit bezogenen Einkünfte von 14 auf 20 Pf. oder Talente (Lößde X, 179, xliii). Seit der Mitte des 15. Jahrhunderts hieß die Kirche auch „St. Johann zu Stubenberg", nach dem Domherrn Caspar von Stubenberg, der 1478 als Domprobst starb und daselbst wohnte. Ein Domherr war bis um 1604 stets Spitalmeister und es gebürten ihm gewiße Bezüge aus dem Spitale. Das Spital nahm an liegenden Gütern und Einkommen zu[8]). Im J. 1603

---

[1]) v. Meiller 11, 60.
[2]) Ebenda 17, 97. Diese Wiedererrichtung und neue Ordnung des Domspitales kann nicht leicht später als 1130/'31 angesetzt werden, weil der Zeuge Graf Weriand (von Plain) nach diesem Jahre nirgends mehr erscheint.
[3]) Ebenda 444, 94.
[4]) Aehnliche Praxis wurde nicht selten auch bei weltlichen Lehen wegen Mißbrauch, Streitlust, Vernachläßigung u. s. w. eingehalten.
[5]) Meiller 56, 243.
[6]) Im J. 1123 verleiht ja auch Pabst Calixt II. dem Salzburger Domcapitel die freie Abtwahl. Hansiz II. 941 hat dieß ausgebeßert. S. v. Meiller 10, 54.
[7]) v. Meiller 196, 117 und Juvavia 534, c.
[8]) Weihbischof Hofmann in Lößde IX. 224 u. ff.

ließ Erzbischof Wolf Dietrich Kirche und Spital abbrechen und versetzte
letzteres an die St. Erhardskirche im Nountal[1].

Die Kirche zu St. Lorenz und Magdalena
mit dem St. Peter-Spitale.

Daß das Kloster St. Peter eine Gast- oder Fremdenherberge besaß,
in die sich auch Kranke bringen ließen und daselbst starben, ist selbstverständlich. Dieselbe ist für die Zeit von 1180—'90 urkundlich beglaubigt[2].
Aber mit diesem st. peter'schen „Gasthuse" ist das Spital nicht zu verwechseln, welches höchst wahrscheinlich auf den zwei Gärten errichtet wurde,
die, wie vorerwähnt, das Kloster nebst anderm zum Tausche gegen
St. Johanns des Täufers Spital erhielt, und welche noch außerhalb der
Marken der Bürgerstadt in dem (einst nonnbergischen Bezirke) gelegen
waren[3]. Es ist demnach wohl nicht unrichtig, wenn Erzbischof Conrad I.
als mittelbarer Urheber auch dieses Spitales betrachtet wird. Im J. 1150
besteht dasselbe und wird dessen Kirche neu geweiht[4], aber wie beim
Domspitale, so wurde auch das zu diesem Spitale gehörige Haus, „der
Hof bei St. Laurenzien und dem Spital", zu Leibgeding verliehen, und
es werden nebst andern mehrere „Richter zu St. Peter" genannt, die
dasselbe bewohnten[5]. 1506 heißt es das Magdalenaspital. Es wurde
1591 zum Priesterseminarium bestimmt und eingerichtet, 1603 die Kirche
erneuert; 1662 heißt es „altes Seminarium und Annakirche, und wird
(ohne den Raum, den das Priesterhaus einnahm) 1665 den Theatinern
eingeräumt. Doppler.

Die alte erzbischöfliche Hofkapelle,
oder die capella S. Crucis et S. Joannis in aula.

Weihbischof Hofmann (Lbälde IX. 208) ist der Meinung, daß diese
Kapelle wahrscheinlich so alt war, wie der erzbischöfliche Hof selbst, und

---

[1] Lbälde XIII. 78, 121.

[2] Notizenbl. d. Wien. Akad. VI. 286, 451.

[3] Es sei hier die Bemerkung gestattet, daß man die Spitäler gewöhnlich an den
Randstücken der bewohnten Stadttei'e oder außerhalb derselben errichtete. So stand das
Domspital oder richtiger, die älteste Pilgerherberge (930) an der Gränze des Domhofbezirkes
(s. Abschnitt V.) und damit wohl auch am ursprünglichen Rande der zusammenhängenden
Stadthäuser, das St. Peterspital an der Stätte des heutigen Militärspitales, weil von 930
—1130 die Stadt bis in dessen Nähe vorgerückt war, das Bürgerspital 1327 abermals eine
Strecke weit außerhalb der Trabegasse beim Tor, ebenso das Bruderhaus (um 1480) am
Ende der Linzstraße, um vom Leprosenhause und dem späteren St. Johannspitale keine
Meldung zu machen.

[4] Mezger hist. Salisb. 362.

[5] Doppler, Häuserchronik.

demnach der ersten Hälfte des 12. Jahrhunderts angehörte. Sie wurde von Erzbischof Michael v. Kuenburg (1554—'60 mit Turm und Glocke versehen, 1596 aber von Wolf Dietrich abgebrochen[1]). Bei dem Um- und Neubau des fürstlichen Hofes nach dem Brande der Domkirche entstand der Verbindungsgang mit der Liebfrauenkirche, welche die Stelle der erzbischöflichen Kirche vertrat, der das erzbischöfliche Betzimmer (Oratorium) sich anschloß. Die reichlichen Stiftungen zur Hofkapelle verwaltete das Domkapitel, der Hofkapellan verwandelte sich in einen Beneficiaten (Dom-herrn), der dem Erzbischofe das Legatenkreuz vortrug. Die Hofkapelle war Hofpfarrkirche, also Seelsorgskirche. (Bulle Pauls II. von 1465). Unter Churfürst Ferdinand und selbst noch 1813 bestand die „Residenzpfarre in der Franziskanerkirche zu U. L. Fr. mit 30 Seelen". Dazu gehörte einst das Haus 4 am Residenzplatze.

Die Erlöserkirche

jenseits der Brücke wurde durch den Brand im J. 1167 zerstört, wie bereits gemeldet (Abschnitt V). Ihre Bauzeit ist unbekannt, ihre Stätte eine mutmaßliche. Daß sie keine bloße Kapelle nach heutigen Verständniß, sondern eine Art Tochter- oder Aushilfskirche für Seelsorge gewesen sein könnte, wäre nicht blos aus dem Namen basilica zu vermuten, sondern vielleicht mehr noch aus den nicht seltenen Unterbrechungen des Brücken-baues zwischen Links- und Rechtsstadt.

Die St. Amandskapelle (Margarethenkirche)

im St. Peters Friedhofe hätte vielleicht schon früher genannt werden sollen. Aus einigen oft angeführten alkuinischen Versen hat man ihr Vorhandensein zur Zeit Arns gefolgert; andere beziehen aber diese Verse auf Arns Abtei zu Elnon in Flandern. Sicher ist, daß diese Kirche im J. 1127 mit der Klosterkirche abbrannte, 1141 wieder geweiht wurde und daß sie Abt Rupert Keutzl 1485—91 neu in noch vorhandener Gestalt wieder aufbaute. S. v. Wallpach Baugeschichte.

Die St. Jakobskapelle

im alten Domfriedhofe wurde 1146 von dem Burggrafen, Probst und Viztum Lintwin, dem Ahnherrn der Turn (auf dem Turnberge bei

---

[1] Steinhauser, Lhdsde XIII, erwähnt im alten erzbischöflichen Hofe auch eine Kapelle zur h. Dreifaltigkeit (47) und eine (dritte) zur h. Maria Magdalena (114, 115).

St. Elsbeth) erbaut. Sie ist schon in dem großen Brande 1167 zerstört worden, und blieb unaufgebaut die Stätte des Erbbegräbnißes der Turn[1]). 1459 erfolgte eine Entscheidung zwischen Wilhelm von Turn und dem Dompropste Burkard wegen Verpflichtung zu einer Seelenmesse in dieser Kapelle[2]). Sie wird noch um 1600 erwähnt.

Die St. Blasiuskirche

im Abmonterhofe ist nach abmontischen Aufschreibungen als Kapelle um 1180/'85 entstanden (Wichner, Admont II, 4). Sie geht sammt dem Hofe durch die Schenkung Erzbischofes Friedrich 1327 an das neu zu errichtende Bürgerspital über. Im J. 1350 besitzt sie zwei Altäre, einen zu den hh. Blasius und Stefan, den andern zu Ehren St. Annens und Elsbeths. In den Jahren 1322, '40, '45, '70, 1409, '10, '12 wird sie noch immer Kapelle genannt, in den Jahren 1410—'28 wird ein Kirchenbau geführt[3]), zu welcher Zeit Jakob Gäumüller (bis 1413), Virgil und Ruprecht Venediger (bis 1420), Martin Aufner (1420) und Virgil Wagenschläffel (1421—'27) Spitalmeister waren. 1428 wird der „obere Altar auf der Parkirchen (Emporkirche) zu St. Elsbeten" erwähnt. Es dürfte daraus gefolgert werden, daß die Teilung in eine obere und untere Kirche (Langhaus) aus dieser Bauzeit herrührt. Eine Beßerung des Bauzustandes fand 1566/67 statt, aber für einen Einsturz der ganzen Kirche sind die aus diesem Anlaß verzeichneten Baukosten doch zu geringfügig.

Im 17. Jahrhundert besteht an der Bürgerspitalkirche ein Pfarrer. Seit etwa 1783 eine Stadtkaplanei, die später wieder zu einer Pfarrei erhoben wurde.

Im Übrigen s. v. Wallpach, Baugeschichte, v. Steinhauser in Lbälde XXIV.

Die St. Nikolauskirche

ist ihrer Entstehungszeit nach fraglich. Im J. 1328 aber gedenkt ihrer schon Bischof Heinrich von Lavant, als er das derselben benachbarte Haus — den spätern Lavanterhof — kaufte. Chiemsee Copialbuch. 1603 erbaute sie Wolf Dietrich neu. 1782 wurde sie geschloßen und dann in ein Bürgershaus verwandelt. Kaigaße 20.

---

[1]) Das Bürgergeschlecht der Kaserer hatte ein solches in der Barfüßerkirche, die Wilhelmseder in der Bürgerspitalkirche, die Reuter in der St. Andreaskirche.
[2]) Pirckmayer, nach Acten des Regierungsarchives.
[3]) Bürgerspitalregesten Wagingers 491, 522.

Die St. Johanniskirche auf dem Imberge

war, seitdem die Rechtsstadt mit Mauern umgeben, und nachdem die Erlöserkirche am Stein nicht mehr aufgebaut wurde, bis in den Anfang des 15. Jahrhunderts die einzige Kirche „enthalb Ach". Ihrer wird im J. 1319 und 1322 gedacht[1]). Max Gandolf ließ sie 1681 fast ganz neu herstellen. Die Zeit ihres Bestandes erfüllt demnach wohl sechs Jahrhunderte.

Die Chiemseehofkapelle.

1355 „Kapelle zu unser L. Fr."; auf St. Peterschen Burg-recht (d. h. des Magdalenaspitales) erbaut. Wiederholt daran gebeßert und gebaut. Nach Uibergabe des Chiemseehofes an die Landschaft entweiht um 1870.

Erzbischof Piligrims-Kapelle.

Gegründet 1366.67. Der Stiftbrief errichtet 1393[2]), für sechs Altäre mit sechs Kaplänen. Stand im Domfreithof in der Gegend des spätern Bogenganges zwischen Residenz und Domkirche (Residenzplatz). Die Widmung der Altäre war: 1. St. Thybold, 2. U. L. Fr., St. Ruprecht und Virgil, 3. St. Peter und St. Anton, 4. St. Leonhard, 5. St. Alban, 6. St. Niclas. Daß die, wie angegeben wird, ebenfalls um 1367 ge-gründete Priesterbruderschaft in dieser Kapelle ihren Andachtsort hatte, ist wahrscheinlich. Die Piligrimskapelle ging mit der alten Domkirche unter, 1599. (Steinhauser in Lbskde XIII, 66, n. 84). Die Priester-bruderschaft wählte zu ihrem Sitze die St. Michaelskirche, bis im Kai die Rote-Bruderschaftskirche an deren Stelle trat.

Die Samer-, S. Caesarii-, ad animas (fidelium), all-gläubigen-Seelenkapelle, auch „Karner" genannt,

war eine aufeinander stehende Doppelkapelle, verschiedenen Alters, mit 6 oder 8 seitigen Umriß und drei Altären. Sie stand im Domfreithof und wurde (auf dem Karner?) von Ulrich Samer erbaut[3]), 1401 geweiht. Sie ging wohl bei dem großen Brande der Domkirche zu Grunde.

------

[1]) Landeskunde X, 154. 20, Toppler, Viechter bei v. Wallpach 79 .
[2]) Toppler in Lbskde XII. 259. CLXIX. Vielleicht verzögerte der Brand der Dom-kirche im J. 1383 den Ausbau und die Einrichtung der Kapelle.
[3]) Landeskunde XIII. Toppler 42, 58. Alte Steininschrift bei Hübner I. 268.

Die St. Andreaskirche

wurde von dem Stadtrichter Martin Reuter (Räwtter) nach der Absicht seines Vetters des Doctors Hans Reuter und aus dessen Hinterlaßenschaft erbaut, vor 1415[1]). Erzbischof Andreas Jakob erneuerte sie 1757; 1861 abgebrochen, wurde der Platz verkauft und ein Bürgershaus daraufgebaut; Linzergaße 1.

Die Kirche zu den hh. Hieronymus und Antonius

am Leprosenhause, stammt in ihrer gegenwärtigen Gestalt aus dem J. 1450. Sichere Spuren, daß vor dieser Zeit am Siechenhause oder „Siechenkobel" eine Kapelle bestand, haben sich nicht gefunden.

Die St. Georgskirche

auf der Veste Hohensalzburg wurde 1502 geweiht. Da jedoch in früheren Zeiten bekanntlich schon Erzbischöfe Monate lang auf derselben verweilten, so wäre es unglaublich, daß im 12. bis 15. Jahrhunderte daselbst keine Burgkapelle vorhanden gewesen sein sollte; wiewohl darüber keine Nachrichten auf uns gelangt sind.

Die Liebfrauenkirche zu Mühlen

bestand als Kapelle schon vor dem J. 1148, weil sie damals „durch Alter oder Brand" verfallen, neu erbaut (v. Meiller, Regg. 61, 22) und „in Gegenwart fast der ganzen Stadtbevölkerung" sammt dem Altare neu geweiht wurde. 1453 vergrößert und schon lange als Wallfahrtskirche besucht, wurde sie 1464 65 Kirche des an derselben errichteten Collegiatstiftes und Pfarrkirche, 1605 Kirche des fast ganz neuerbauten Augustinerklosters. 1674 und 1874 der Turm mit Blech gedeckt.

Die Kirche zu St Johann dem Täufer

im Johannisschlößchen auf dem Mönchsberge soll schon 1443 (Hübner) erbaut gewesen sein und wurde 1603 neu errichtet.

Die übrigen neueren Kirchen s. im Abschnitte V.

---

[1]) Ebenda XIII. Doppler 55, 76, Stiftbrief. Nach der Kirchenaufschrift 1413.

Friedhöfe.

In einem Zeitraum von nahe zwölf Jahrhunderten haben sich im Stadtbezirke folgende christliche Friedhöfe befunden:

1. der Friedhof bei der St. Ulrichskirche, oder der alten Veste Salzburg,

2. der Friedhof bei der Klosterkirche am Nonnberg,

3.   „   am Kloster St. Peter,

4.   „   an der Stadtpfarrkirche zu U. L. Frau, geschloßen um 1600 (?).

5. der Friedhof der Domkirche seit etwa 1140, geschloßen um 1600,

6.   „   des Domspitales, verbaut um 1600.

7.   „   des Bürgerspitales, 1789 geschloßen.

8. der Pfarrfriedhof der Vorstadt Mühlen, 1465, 1879 geschloßen.

9. der Friedhof zu St. Sebastian 1511, 1600 erweitert, 1879 geschloßen.

10. der Friedhof des St. Johannspitales, um 1705 eröffnet.

11. der Pfarrfriedhof der Vorstadt Nonntal, 1727 errichtet, 1879 geschloßen,

12. der große Friedhof der Stadtgemeinde in Gneis, 1879 eröffnet.

Hiezu kommen noch in Betracht:

13. der während der französischen Kriegsjahre zu Anfang des Jahrhunderts (um 1809) entstandene Militärfriedhof in Gneis,

14., 15. die Friedhöfe zu Gnigl und Aigen für Angehörige jener Teile des Stadtgebietes, welche noch in diese Landpfarreien eingeteilt sind.

16. der Pestfriedhof beim St. Rochusspitale.

Endlich ist der Judenfreithof auf dem Mönchsberge zu nennen.

Der zuerst angeführte Friedhof wurde bereits bei der St. Martins- oder St. Ulrichskirche erwähnt. Der zweite besteht noch in seinem Umfange. Seinen Ursprung verdankt er ohne Zweifel dem mittelalterlichen Rechte, daß Dienstmannen und Lehensleute eines kirchlichen Fronhofes bei deßen Kirche begraben wurden. Der Friedhof zu St. Peter entstand auf dieselbe Weise; aber er war auch der älteste Pfarrfriedhof, da sich bei St. Michaels-pfarrkirche nicht die geringste Spur eines solchen findet. Der Friedhof an der Stadtpfarrkirche zu U. L. Frau ist selbstverständlich und wird auch noch urkundlich erwähnt. Der Domfriedhof entstand wahrscheinlich 1139, da Erzbischof Conrad dem regulirten Augustiner-Chorherrn-Dom-kapitel die Rechte geistlicher Gerichtsbarkeit beurkundet (nicht: verleiht[1],)

---
[1] v. Meiller S. R. 37, 209.

welche bis dahin mit St. Peter streitig gewesen waren. Ausdrücklich wird das Begräbnißrecht auf die Leichen der Dienstmannen, Eigenleute (also geistliches Herrnhofsrecht) und anderer Personen anerkannt. Die Friedhöfe des Dom= und Bürgerspitales, dann des St. Johannspitales und Bruderhauses sind in demselben Rechte begründet, das die Güter der todten Hand, der milden Stiftungen genoßen und sie gewißermaßen den geistlichen Fronhöfen gleichstellte. In Folge der Beschränkung und endlichen Schließung des Domfriedhofes und des wohl immer in seiner Oertlichkeit beengt gebliebenen Stadtpfarrkirchenfriedhofes zur Zeit Wolf Dietrichs wurde der Friedhof zu St. Sebastian (Bruderhaus) zu einer Art allgemeinen Friedhofes erweitert, in beßen Mitte die zierbereiche St. Gabrielskapelle sich erhebt (1600)[1].

In Folge Eröffnung des neuen Friedhofes der Stadtgemeinde erfolgte vor der Hand die bedingungsweise Schließung der Friedhöfe St. Peter, St. Sebastian, zu Mühlen, Nonntal, am Nonnberge und des Soldaten= friedhofes.

---

[1] Da Theophrastus Paracelsus im damaligen Bruderhaus= oder St. Sebastians= friedhofe zur Erde bestattet wurde und dieser Mann nun einmal seit langer Zeit zu den Salzburger Berühmtheiten gezählt wird, so finde ich darin abermals die Entschuldigung für einige Bemerkungen. Wenn es heißt, (Volde XVIII, 209), in seinem Testamente habe sich Paracelsus „sein Begrebnuß zu St. Sebastian enthalb der Prücken auserwöhlt“, so ist die Frage, ob diese Wahl nicht durch Umstände beschränkt war. In jener Zeit (1541) standen nicht blos der Friedhof von St. Peter, sondern auch noch der Domfriedhof und der Friedhof bei der Pfarrkirche, in welcher doch Paracelsus „mit Ersten, Sibendt und Dreißigsten besungen“ wurde, um vom Bürgerspitalfriedhofe zu schweigen, in Gebrauch. Er hätte also scheinbar auch diese wählen können. Allein bei Berücksichtigung jener Zeiten und ihrer Anschauungen war die Wahl des Paracelsus, der ein armer, wenigstens nicht bemittelter, zugereister und somit rechtloser Fremder war, doch nicht so frei, als man anzunehmen geneigt sein mag. Allgemeine Friedhöfe für Alle ohne Unterschied gab es damals in Salzburg nicht, und dieß ist bei der mittelalterlichen Scheidung nach Ständen u. s. w. begreiflich. So ist keine Erfindung, daß sich diese Ausschließung der Fremden nicht blos auf gewiße Friedhöfe beschränkte, sondern in manchen Städten sogar auf das — Hochgericht erstreckt werden wollte. „Wir laßen keinen fremden Schlänkel (Schlingel) hinauf in unsern Galgen: er gehört für uns, für unsere Kinder und Kindskinder!“ Ist es doch bekannt, daß selbst noch heutigen Tages in Landfriedhöfen arme nicht zuständige Leute, zufällig verunglückte Auswärtige, zugereiste, fremde Arbeiter ohne Angehörige oder genügenden Zehrpfennig an einem abgelegenen Orte des Friedhofes begraben werden. Da nun für die Bestattung des Paracelsus in einem der obengenannten Friedhöfe niemand eintrat und er selbst, vielleicht auch mit Rücksicht auf die Kosten, den Anspruch darauf nicht erheben konnte, so „wählte“ er den Friedhof der Bruderhäusler. Wie man sieht, ergibt sich daraus keineswegs die Folgerung, er dürfte in dem Hause am Plätzl gestorben sein, wie ebenfalls a. a. O. an= gedeutet wird. Daß vollends Theophrastus, der noch in seinem Sterbejahre eine unstäte, herumziehende Lebensweise befolgte und in einem kleinen Wirtshause starb, in dem letzt= erwähnten Hause, oder nach andern, im Maierhause der heutigen Irrenanstalt, eine Art chemischer Küche gehabt haben sollte, ist völlig unglaublich.

XIII. Abschnitt.

Ständischer Besitz.

Unter dieser Ueberschrift sind Burgen und Häuser zu verstehen, die Mitgliedern der drei obern Stände des Erzstiftes gehörten, die erst im Beginne dieses Jahrhunderts erloschen, nicht aber ein s. g. landtafelmäßiger Besitz, nach welchem heutzutage öftere Nachfrage vorkommt.

1. Fürstliche Burgen und Hofhäuser.

Die Salzburg oder das Erentrudskastell.

In der ältesten Geschichte des Salzburger Stiftes wird der Veste der Juvaver, des Hochschloßes Salzburg (castrum superius, ... que et Salzpurch appellavit, castrum Juvavensium) zwar wiederholt gedacht, aber in einer Weise, daß es neben den Klöstern St. Peter, Nonnberg und selbst der Maximilianszelle zurücktritt. Die Bezeichnung „Juvaverburg" verleitete zur Annahme einer Veste aus der Römerzeit; der Ausdruck castrum superius schien manchen die Voraussetzung eines zweiten Castelles, einer untern Burg (castrum inferius), die man auf dem Imberge suchte, zu rechtfertigen. Bevor man sich noch über die Bedeutung der Veste vor ihrem Uebergang an das Kloster St. Peter Rechenschaft gab, war dieselbe schon in ein Gewebe von Voraussetzungen eingesponnen; sie erschien eher wie ein zweifelhafter Steinrest der Römerzeit, als ein Gegenstand der Geschichte. Versuchen wir also dieser alten Salzburg näher zu treten.

Wenn die alten geistlichen Erzähler und Nachrichtenschreiber, denen wir ausschließlich die älteste Kunde von Stadt und Land verdanken, von Juvavum, dem castrum iuvavensium, dem pagus iobavensium, dem Fluße ivarus oder iuvavus, Jgonta, u. s. w. sprechen, aber auch die deutschen Namen „Salzburg", „Salzaha", „Salzburggau" anzuführen nicht vergeßen, so entspricht diese Zweinamigkeit nicht nur der Neigung dieser Geistlichen, die Ursprünge der neuen Kirche möglichst nahe in Berührung mit der romanischen Zeit zu bringen, sondern offenbar auch der zu Ruperts Zeit noch herrschenden Zweisprachigkeit der Einwohner des Salzburggaues, die durch den Wortlaut mehrerer Ortsnamen sicher gestellt ist. Daraus folgt nun, daß wir zwar berechtigt sind, die Namen der Stadt und des Flußes als aus der Zeit des untergegangenen Römerreiches herstammend gelten zu laßen, nicht aber den Ursprung des so genannten Juvavercastelles. Denn wir wißen jetzt, daß Juvavum weder eine römische Colonialstadt war, noch den Schutz eines Castelles genoß, worüber Peutingers Tafel keinen Zweifel läßt.

Wüßten wir nicht, daß schon die Pippine die Anlage von Burgen in der Nähe zerstörter Römerstädte begünstigten, so würden die vielen Städtenamen aus der merovingischen und fränkischen Zeit, die mit -burg zusammengesetzt sind, auf die Zeit des Ursprunges dieser Burgen zurückweisen. Es steht weiters fest, daß der größte Teil des Salzburggaues, namentlich auch die zahlreichen spätrömischen Colonisten, dem bairischen Herzoge untertan waren. In diesem Gaue mußte der Herzog einen Mittelpunkt für die Gutsverwaltung, nach damaligen Einrichtungen einen Fronhof oder Herrnhof haben, den er befestigen ließ. Dieß ist der Ursprung der Salzburg. Die Salzburg war demnach ein befestigter herzoglicher Fronhof.

Diesen Fronhof sammt dem Bezirke der alten Römerstadt, mit einem beiläufigen Jagd- und Fischereibanne, wie er zu einem Fronhof unentbehrlich war und ein Kennzeichen desselben ist, schenkte der Herzog dem Wanderbischof Rupert für sein Kloster. Ausdrücklich sagt die Urkunde, daß der geschenkte Bezirk zur (alten) Stadt und zur Veste gehöre, welche Salzburg heißt[1]). Der Namen ist dann, wie auch anderwärts, auf die am Fuße der Burg neu entstandene Stadt übergegangen.

In dem ursprünglichen Burgbezirke entstand noch zu Ruperts Zeit das Nonnenkloster zur h. Maria[2]). Da dessen erste Vorsteherin Erintrud wie eine Heilige bestattet wurde[3]), so nannte man das Kloster nach der h. Erntrud und die bischöfliche Veste, die nicht zum Kloster gehörte, wegen der Nachbarschaft das „Erntrudskastell". Unter diesem Namen wird der Besitz dieser Burg sammt aller Zubehör im Salzburggau den nachfolgenden Erzbischöfen bestätigt. Woraus sich ergibt,

---

[1]) Breves Nott. II. 1. de inventione iuvavensis castri. — Indiculus I.; VII. 1. sicut ad supra memoratam oppidum vel castro (pertinere) videtur. — in castro superiore que et Salzburc appellavit (hieß).

[2]) de monasterio puellarum, quod constructum est .... in castro superiore Indiculus, VII. 1.

[3]) in quo loco honorifice requiescit. Ind. VII. 1.

daß die Salzburg in der Tat der Kern des weltlichen Besitzes der Kirche im Salzburggau, der wirkliche umbilicus (Nabel, Mittelpunkt) der kirchlichen Frei geworden ist, wie sie es in der vorrupertischen, herzoglichen Zeit für den ganzen Salzburggau zwischen dem Lueg und der Mündung der Salzach in den Inn gewesen ist[1]).

Die kaiserlichen Bestätigungsbriefe, worin des Erentrudlastelles ausdrücklich gedacht wird, sind aus den Jahren 890, 978, 979, 1027 (Martinskirche), 1051 und 1057[2]). Es ist unmöglich daran zu denken, daß dieß eine leere hergebrachte Formel gewesen sein könnte, weil es sich um den eigentlichen Urkundentext und insbesondere um jenen Teil desselben handelt, den man dispositio oder Verfügung genannt hat. Sonach kann der Bestand der alten Salzburg bis zum letztgenannten Jahre für urkundlich nachgewiesen gelten.

Bei Ermittelung des Platzes, wo diese Veste stand, kommt die Stelle der alten Martins- oder Ulrichskirche mit ihrem Friedhofe in Betracht, welche beide innerhalb des Burgbezirkes und außerhalb des alten Klosterbezirkes lagen[3]). Die Veste kann daher nur jenen Platz eingenommen haben, den später die Wohnung der Kapläne und Beichtväter und des Hofrichters inne hatten. Somit trennte etwa der Weg, der heutigen Tages zwischen den zwei Toren des Nonnbergerbezirkes längs der Mauer des Klosterfriedhofes vorbeiführt, die Bezirke des Klosters und der Veste. Die Vermutung, daß das Kloster zur Zeit Kaisers Heinrich erst auf dem gegenwärtigen Platze erbaut, und früher tiefer herunten, somit an der Stelle der Veste, gestanden sei, ist, weil völlig haltlos, von der Hand zu weisen.

Die hohe Salzburg.

Die Chroniken geben übereinstimmend das J. 1077 als die Bauzeit der Vesten Hohensalzburg, Werfen und Friesach an[4]) und sicher ist es, daß erstere im J. 1106 zur Zeit des Regierungsantrittes des Erzbischofes Conrad I. schon bewohnt war, weil die kaiserlich gesinnten Dienstmannen sich daselbst versammelt hatten und Miene machten, sie dem Fürsten vorzuenthalten.

---

[1]) Den Sitz des herzoglichen, dann kaiserlichen Fronhofes finden wir später nach Salzburghofen übertragen.

[2]) Juvavia, bipl. Anh. 112, 200, 203, 236, 243.

[3]) P. Franz Esterl, Nonnberg, bemerkt ausdrücklich, daß die (St. Martins- oder) Ulrichskirche noch vor ihrer durch die Erbauung der Schanze gebotenen Entfernung der Stadtpfarrei unterstand und also nicht zum Kloster gehörte.

[4]) Pertz M. G. IX, 33.

Über ihre ursprüngliche Anlage ist zwar nichts bekannt. Vergleicht man aber die erhaltenen Trümmer der Veste der Plainergrafen, die um 1105.8 erbaut wurde[1]), mit dem Entwurfe auf Tafel II. in Dr. Pillwax Hohensalzburg[2]) unter gleichzeitiger Berücksichtigung der Regeln über den Burgenbau[3]), so gewinnt man folgende Anhaltspunkte.

Beide Burgen gleichen sich in der ursprünglichen Anlage in merkwürdiger Weise. Der Unterschied besteht darin, daß an der hohen Salzburg in den folgenden Zeiten eine Menge Verstärkungen, Anbauten, Außenwerke angefügt wurden, was bei der Plainerburg unterblieben ist. Da letztere bis zum Beginne des 18. Jahrhunderts in ihrem baulichen Zustande ohne wesentliche Veränderungen erhalten worden ist und sogar davon Ansichten vorhanden sind, so ist man im Stande aus deren Trümmern sich ein annäherndes Bild von der erzbischöflichen Veste im 12. oder 13. Jahrhundert zu machen, bevor die Verstärkungsbauten begannen.

Hohensalzburg und Plain hatten mitsammen gemein das gleiche Verhältniß des äußern und innern Burgplatzes, die Lage des letztern und in demselben des Palas am Rande der äußern Mauer, den im Winkel angelegten Aufgang, so daß der Angreifer seine rechte (unbeschützte) Seite der Burgmauer zukehren mußte, und wie es sich von selbst versteht, ein durch Zugbrücke und Turm geschütztes starkes Eingangstor in den äußern Burgplatz. Das große Schwalmbach über dem ganzen Palas zeigt die älteste Abbildung der Salzburgerveste aus dem J. 1493[4]), und dasselbe ist auch noch in der Ansicht des Schloßes Plain aus dem Beginne des 18. Jahrhunderts über der Mauerhöhe erkennbar. Wie viel Türme ursprünglich die Außenmauer von Hohensalzburg besaß, ist nicht zu ermitteln. Auf der Plainerburg ist noch der neben dem Eingangstor erkennbar, der dem alten „Plattnerturm" auf Hohensalzburg entsprechen dürfte. Turmartige Ausbauten und Erker scheinen übrigens zu Plain die Türme der Umfaßungsmauer vertreten zu haben.

Als nicht in der ursprünglichen Anlage begriffene Bauten auf Hohensalzburg wären sonach zu bezeichnen:

der Graben um den innern Zwinger und ein Paar Türme an demselben und am Palas selbst,

die Vorburg und der in Felsen gehauene Schloßgraben[5]).

[1]) Loelde XXIII, 222 und 231.
[2]) Loelde XVII, zur Seite 88.
[3]) Kulturgeschichte, 47, 48, Salzburg 1871.
[4]) Buch der Chronika.
[5]) Pillwax a. a. O. Tafel I. 8.

die Rundtürme in der Außenmauer, deren Bauzeit bekannt ist[1]),

die Basteien gegen Osten und Süden,

das Schlangenrondel, zum Hohn der Stadt der „Bürgermeister"
genannt,

die „Reise",

die Kirche im äußern Burgplatz,

die Kasematte beim Hasenturm und der Pulverturm,

einige Magazine an der Außenmauer,

die Einbeziehung der Katze als Vorwerk,

um die baulichen Umgestaltungen im Innern, die späteren Cisternen und
die durch Einführung des Geschützwesens herbeigeführten Veränderungen
nur obenhin zu berühren.

Wie das alte Creutrubskastell, so war diese neuere Veste in ver-
stärktem Maße ein Sinnbild weltlicher Herrschaft, ein Bollwerk gegen
innere und äußere Feinde und ein — Zwing-Salzburg. Hohensalzburg
war nicht selten, in Zeiten der Unsicherheit, der Gefahr, auch, wie es
heißt, aus Gesundheitsrücksichten zum Aufenthaltsort der Fürsten-Erzbischöfe
bestimmt. So von Conrad I., Eberhard I., Eberhard II., wie aus den
Regesten v. Meillers zu ersehen. In der Zeit Eberhards I. ist bereits
der Ausdruck „Palas" für das Wohnhaus des Fürsten auf dieser Veste
üblich[2]). Aber auch die Erzbischöfe Bernhard 1479 '80, Johann 1488 9,
Leonhard fanden es an der Zeit, sich dieser Burg anzuvertrauen. Und
bekannt ist die Zeit der s. g. Belagerung des Erzbischofes Matthäus vom
5. Juni bis 1. September 1525 durch die Aufständischen, endlich Wolf
Dietrichs Gefangenschaft und Tod daselbst, 25. November 1611 —
16. Jänner 1617.

Zu den Zeiten der Erledigung des Bischofssitzes stand die Veste
unter dem Regentschaftsrate, dessen wichtigste Glieder Domherrn waren.
Im J. 1170 wurde sie dem Kaiser Friedrich geöffnet. Im J. 1611 aber
befehligte daselbst in Folge des bairischen Einfalles der Oberst Haslang,
der im Namen des Domcapitels und der bairischen Commission das
„Gubernament" führte. Während der drei Franzosenkriege verlor die

---

[1]) Unter den Türmen, deren Namen Dr. Pillwax nicht erwähnt, ist „des Platners
Turm" zu nennen, von dem Büchsenmeister Hanns Platner (1399, Urkde XXIV, 119)
zubenannt. Da auch 1486 (ebd. 123) der Büchsenmeister Christof Vorster „ainen turen
auf seiner gnaden gslos Salzburg" inne hat, und sich ohne Zweifel in dessen Nähe die
Büchsenmeisterei befand, so ist des Platners Turm auf Plan I. Pillwax unter Z. 28 zu
suchen. Dagegen bleiben der „Krautturm" und der „untere viereckhete Turm" vor der Hand
noch unbestimmbar.

[2]) Acta sunt haec anno dominicae incarn. MCLVI .... in palacio Salzburgensi,
quod situm est in castro. v. Meiller Regg. 76, 109.

Veste ihren Geschützvorrat, wurden die Zeughäuser geleert und das Gebäude als Caserne benützt, denn bei Annäherung der Feinde entfernten sich die Fürsten, ihre Truppen kamen nicht in Betracht und die Stadt ergab sich ohne Widerstand. Nur noch in der bairischen Zeit (1810—'16) wurden Anstalten getroffen, die Stadt als befestigten Platz aus Besorgniß vor einem Angriffe von österreichischer Seite zu halten[1]. (Belagerungszustand vom 14. August bis 15. Oktober 1813). Aber die Veste hatte sich überlebt; sie galt bis 1861 sammt der Stadt noch als befestigter Platz, in welchem Jahre sie dieser Eigenschaft entkleidet wurde.

Hohensalzburg, und wir dürfen ohne Bedenken dasselbe auch von dem Erentrudskastell voraussetzen, obwohl darüber keine urkundliche Spur vorhanden ist, hatte als unmittelbaren Befehlshaber einen Castellan. Mit dem Erlöschen der Gerichtsbarkeit der erblichen Vögte auf dem Bereiche des Stiftlandes wurde das Obergericht zunächst von dem Castellan auf Hohensalzburg ausgeübt, der demnach im eigentlichen Sinne ein Burggraf wurde, wovon sich ein deutlicher Beweis schon unter Erzbischof Conrad I. findet. Die Burggrafschaft Salzburg war aber damals noch durch den Bann der umliegenden Grafschaften beschränkt[2].) Wir finden dieselbe Vereinigung des Richteramts, des Schloßbefehles, ja selbst der Pflegschaft noch spät, wenn auch in geminderter Ausdehnung zu Tittmaning, Tachsenbach, Mittersil, Mosheim u. s. w. Um die Mitte des 13. Jahrhunderts erlosch die richterliche Bedeutung des Burggrafen, der bis dahin auch oft praefectus urbis heißt (wie zu Werfen, Friesach u. a. O.) Das Obergericht wurde dem Landeshauptmanne unter Leitung des Hofrates übertragen. Die Gerichtsbarkeit in der Stadt übte der Stadtrichter. Aber der Schloßpfleger zu Hohensalzburg, sowie der zweite auf dem Imberge erhielten außerhalb des Burgfridens in kleineren Bezirken ihre (niedere) Gerichtsbarkeiten. Die Festung blieb deßenungeachtet der Bewahrungsort schwerer Verbrecher, das Sinnbild von „Zwing und Bann", oder der obersten Richtergewalt, wenigstens außerhalb des Lueg. Sie heißt nun „Hauptfestung", war demnach der wichtigste Verteidigungsplatz des Stiftes für Stadt und Land und blieb Staatsgefängniß. Die zwei Pflegschaftsbezirke zu beiden Seiten der Stadt wurden anders verteilt. Zuletzt finden wir in der erzbischöflichen Zeit nur mehr eine Art militärischen Schloßcommandanten, der zugleich Verwalter ist. Bis zum J. 1861 walten endlich die Stadt- und Festungscommandanten, zugleich Brigadiere, ihres Amtes[3].

---

[1] Pichler, Salzb. Landesgeschichte, 996—998.
[2] Landeskunde XXIII. Die Grafschaften und die kirchliche Frei.
[3] Landeskunde VI. 268.

Das Schloß auf dem Imberg.

Die Zeit seiner Erbauung ist nicht genau bekannt und kann auch nur annähernd ermittelt werden.

Wenn wir vernehmen, daß im J. 1262, zur Zeit des unglücklichen Erzbischofes Ulrich der bairische Herzog Heinrich die Salzburger Rechtsstadt einnahm, ausplünderte und verbrannte, aber der Linksstadt im J. 1263 nichts anhaben konnte und Frieden mit den Bürgern machte, so dürfte man berechtigt sein daraus abzunehmen, daß damals die Rechtsstadt nur ungenügend befestigt war. Nun erzählt Hansiz (II. 323) und nach ihm Zauner, daß Erzbischof Conrad IV. im J. 1291, um die widerspenstigen Bürger im Zaune zu halten, die Mauern der Rechtsstadt niederreißen und daneben eine starke Veste erbauen ließ. Kurz zuvor, im J. 127x hatte Erzbischof Friedrich vom Kaiser die (bereits erwähnte) neuerliche Zustimmung erhalten, auf seinem Gebiete feste Städte mit Mauern, Türmen, Gräben und Zugbrücken anzulegen. Diese Nachrichten laßen sich dahin vereinigen, daß zwischen 1278 und 1291 die Mauern der Rechtsstadt vollendet, aber auch die Imbergveste erbaut worden ist. Und was das Niederlegen der Stadtmauer betrifft, so kann dieß unmöglich anders verstanden werden, als daß zur Erleichterung der Verbindung zwischen Rechts- und Linksstadt und deren Vesten und um die Rechtsstadt fortwährend in Gewalt zu haben, die Stadtmauer der Rechtsstadt l ä n g s d e s F l u ß e s geöffnet und eine neue Brücke herübergeführt wurde. Vielleicht wurden auch auf der Grundfeste dieser Mauer neben der Brücke Häuser aufgebaut. Denn die Nachricht vom Niederreißen der Stadtmauern stammt offenbar aus einer wenig verläßlichen Quelle und ist vom Standpunkte der Wehrhaftigkeit einer Stadt, und insbesondere einer Bischofsstadt in dem angedeuteten Sinne unglaublich. Wenn ferners eine Stelle bei Pertz[1]) den Bau der Imbergveste mit Erzbischof Eberhard III. in Zusammenhang bringt, wornach dieselbe etwa um das J. 1406 einem Neubau unterzogen worden wäre, so sind wir im Zweifel, ob diese Notiz sich auf eine Verstärkung der Mauern, oder einen Zubau bezieht, oder ob das Latein und der Versbau dem Chronisten irgend einen Streich gespielt haben.

Das Schloß auf dem Imberge wurde, wie der Augenschein lehrt, zu einer Zeit erbaut, in welcher die Rechtsstadt noch vom Lederer-, Oster- und innern Steintor umschloßen war, denn die Veste hing mit

---

[1]) SS. XI. 24 (Eberhardus) Ynnberch construxit, Lauffen, Berffen ...

ben Mauern zusammen, die von den beiden letztgenannten Toren zu ihr am Berg hinausliefen und selbe sammt der St. Johanniskirche in den Bereich der Stadt einschloßen. Wir sind versucht anzunehmen, daß der Bau der dritten Stadtbrücke um 1300 (vom Klampfertor herüber zum Steinwinkel beim Engelwirt) mit dem Baue des Schloßes und der teilweisen Abtragung der Stadtmauer zusammenhängt, weil die Imbergstiege die gerade Verkehrslinie zwischen dem Schloße durch den Steinwinkel über die Brücke nach der Rechtsstadt sicherte und die Bauzeiten nicht widersprechen. Die späte Bezeichnung „Trompeterschlößl" scheint mit dem Ursprunge des Namens „Trompetergängl" auf Hohensalzburg gleichzeitig zu sein und von einem Zeichen der Wachsamkeit herzurühren, welches zu geben die Türmer beauftragt waren. S. jedoch unten Anm. 2.

Die Imbergveste[1]) stellt sich auf Abbildungen als ein im Rechtecke erbautes, festes Gebäude von drei Geschoßen dar, das an den Ecken vier gezinnte, wenig vorspringende, aber über die gleichfalls gezinnten Flügelgebäude sich merklich erhebende Türme besaß. Ein Anbau an der Ostseite scheint um 1553 bereits wieder in Verfall geraten zu sein. Die Veste wurde (1596—'99) in ein Kapuzinerkloster umgebaut. Man erkennt im Innern noch deutlich das Mauerwerk zweier Türme gegen die Stadtseite. Der kleine Zwinger, der Hofraum, die Gewölbe im Erdgeschloße, auch die Cisterne sind erhalten. Der nördliche Turm, die anstoßende Langseite sammt einem Teile des Turmes beim Eingange, endlich die überragenden Teile der andern zwei Türme wurden abgetragen und statt der nordöstlichen Langseite die Kirche erbaut.

Die Veste war ursprünglich als eine kleine Zwingburg der Rechtsstadt, wohl auch als Verteidigungspunkt für letztere bestimmt. Wie ihre mächtige und ältere Schwester, die hohe Salzburg, war auch sie eine Zeit lang der Sitz von Pflegern, die zugleich als Schloßhauptleute zu betrachten sind[2]). Da versteht es sich von selbst, daß es da oben auch einen Gefängnißort oder eine „Keiche" gab, deren Spuren vielleicht noch zu erraten sind.

Schließlich braucht kaum erinnert zu werden, daß weder auf dem Festungsberg, noch auf dem Imberg je eine Römerburg gestanden ist.

---

[1]) Man schrieb auch „Innberg", „Mynberg", „Nymberg" und „Ynnberg", die ungenaue Bezeichnung „Kapuzinerberg" kam erst seit 1600 auf.
[2]) Wilhelm Nußdorfer, Pfleger auf dem Innberg, 1423. Registrum Eberhardi 321. Vincenz Tonneslinger, Trometter meines genedigsten Herrn von Salczpurg, Pfleger auf dem Ynnberg, 1520. S. Abschn. XV. am Stein, H. 427.

Der erzbischöfliche Hof.

Da derselbe schon mehrfach berührt worden ist, erübrigt nur wenig beizufügen. Vor allem ist Schlachtners Angabe von einem Palaste Kaisers Karl des Großen auf dem Platze des Bischofshofes als haltlos abzuweisen, und wenn noch in einer topographisch-historischen Schrift vor kurzer Zeit (1873) daselbst das „Schloß des kaiserlichen Burggrafen" als seit Karls Zeiten gestanden bezeichnet wird, so verstößt dieß gegen die lautere Geschichte und braucht hier nicht weiter widerlegt zu werden[1]). Der Platz kann nur zum Domhofe oder nach St. Peter gehört haben, bevor auf demselben Erzbischof Konrad I. 1110 seine Wohnstätte (nostras mansiones) in geziemender Weise (honorifico cultu) und in Zusammenhang mit der Domkirche (matrici ecclesiae convenientius adiungi) erbaute[2]).

Wahrscheinlich war der Hof Salzburg im Viereck gebaut und begriff außer der eigentlichen Fürstenwohnung, wozu die „goldene Stube" gehörte, die Truchseßenstube, die Türniz, Kapellen, Schatzkammer, Stallungen, Getraidkasten, später sogar ein Brauhaus, einen Glockenturm u. s. w.[3]), wovon wir nur trümmerhafte Nachrichten besitzen.

Zur Baugeschichte des neuen Hofes Salzburg, oder der „Winter=residenz" ist zu bemerken, daß an derselben beinahe 200 Jahre umgebaut und neu gebaut wurde und zwar vom J. 1596 bis 1792,3, in welchem Jahre der Flügel gegen die S. Haffnergaße erst vollendet worden ist. Die Beschreibung s. bei Hübner. In den französischen Kriegszeiten quartirten sich daselbst Generäle ein. Historisch ist der Markus-Sittikussaal geworden, in welchem 1816 die Uebergabe Salzburgs von Baiern an Oesterreich stattfand[4]). Im Karabinersaale wurden 1842 die großen Concerte beim Mozartfeste gespielt.

Altenau und Mirabell.

Dieses Schloß erbaute 1606/7 Erzbischof Wolf Dietrich, benannte es nach seiner Freundin, die vom Kaiser in den Adelstand erhoben wurde, und machte es ihr als einen befreiten Adelssitz zum Geschenke, 1609; deßwegen und aus keinem andern Grunde nannte man sie mit Recht „Frau von Altenau". Es war zugleich Wolf Dietrichs Sommersitz, den

---

[1]) Vgl. Lodde XXIII. 287.

[2]) v. Meiller S. R. 2. 8.

[3]) Abermals ist Hübner zu verbessern, welcher angibt, Erzbischof Michael habe in den Zimmern des Aschhofes (soll heißen: am Aschhofe) gewohnt. S. Abschnitt V., X., XI. und XIV.

[4]) Filz, Selbstbiographie. Wien. Akademieschriften.

er, von Krankheit heimgesucht, als seinen Ruheplatz betrachtete[1]). Steinhauser beschreibt es als „ain schöns, groß, geviert, herrliches Gepeu, wie ain Schloß oder Vestung, mit ainem wolgezierten, von Plech gedeckten, glanzeten Thurn, und inwendig, auch aussen herumb mit schönnen Gärten von allerlai Kreutlwerch, Paumbgewächs und Früchten geziert und versehen". Nach des Erzbischofes Sturz bauten seine Nachfolger das Schloß weiter aus, welches als „Sommerresidenz" benützt wurde, verschönerten die Gärten, ließen sie nach französischer Manier einrichten, versahen sie mit Figurengruppen, Staudbildern, setzten Flügelgebäude und eine Wachstube an, fügten eine Kapelle hinzu u. s. w. Fr. Donner 1726 verfertigte die Statuen auf der großen Treppe[2]). Selbst der sorgsame Haushälter Erzbischof Hieronymus „hat zur innern Verschönerung beträchtliche Kosten aufgewandt" (Hübner). Den Schwemmteich vor dem Schloße richtete Johann Ernest ein.

Diese Herrlichkeiten wurden 1818 ein Raub der Flammen. Das Schloß wurde in sehr nüchternem Äußern wieder aufgebaut, diente dem Cardinal und Fürsterzbischof Tarnoczy zum Wohnsitz und ging samnit den Gärten 1870 an die Stadtgemeinde über.

2. Geistliche Herrnhöfe.

Der Hof des fürstbischofes von Chiemsee.

H. 88/1858, Chiemseegaße 8 1881.
Pfeifergaße 20

Nachdem Erzbischof Eberhard II. wegen der Größe seines Sprengels sich für die Gegenden diesseits der Tauern einen Stellvertreter erbeten hatte, wurde der salzburgische und paßauische Domherr und Probst zu Zell am See Rudeger von Bergheim (=Radeck) 1215 auf der vierten Kirchenversammlung im Lateran zum Bischofe ordinirt und ihm sein Sprengel mit dem Sitze auf der Insel Herrn-Chiemsee und Güter angewiesen[3]). Als Stellvertreter des Erzbischofes hatte er aber einen ständigen Wohnsitz in Salzburg und erwarb hiezu einen Teil jenes Platzes oder

---

[1]) S. die Aufschrift des alten Schloßes bei Hübner I. 384. Wolf Dietrich scheint bisweilen an krampfartigen Zufällen gelitten zu haben.
[2]) Vergl. Taureiters vierzehn Ansichten dieses Schloßes. Jahresbericht des Museums Carolino-Augusteum. 1871, II, Zahl 118. Was Hübner I. 383 von der Frau von Altenau erzählt, ist ungenau, wenn er etwa damit die erste Begegnung derselben mit dem Fürsten in das J. 1607 verlegt. Salome's ältester Sohn wurde schon 1592 geboren.
[3]) Landesb. XIX. 38.

der Gärten, die zum ſt. peter'ſchen Magdalenaſpitale gehörten. Erſt 1305 wurde der Chiemſeehof von dem Bande der ſt. peterſchen Grundherrſchaft frei (Hübner I. 373); 1338 wurde der Streit wegen der Fenſter gegen den Berchtesgadnerhof geſchlichtet, woraus auf die Lage und Ausdehnung der Gebäude dieſes Hofes geſchloßen werden kann. Im J. 1355 entſtand die Kapelle zu U. L. Frau, wurde aber 1412 und ſpäter ſammt dem Hauptgebäude um- oder neugebaut (Mezger, 1127). Von 1495 hat ſich eine Urkunde über die Benützung des Albenwaßers erhalten, welches Recht wohl älter ſein mag (Lbölde IV. 104). Wann die ſtarken Grund-mauern auf der Seite der Kumpfmühle erbaut wurden, iſt unbekannt; ſie dienten offenbar zum Abſchluße des Hofes gegen den ſteilen Abhang am Krotach (Abſchnitt VII).

Da im Anfange dieſes Jahrhunderts das Chiemſeerbistum einging, ſo wurde auch der Hof verweltlicht und 1810 verkauft, nachdem einige Zeit dahin der Sitz des Conſiſtoriums verlegt worden war. Im J. 1824 —'35 wohnte daſelbſt der Erzbiſchof und in dem Nebengebäude einige Zeit der flüchtige, ſpaniſche Prinz Don Carlos.

In Folge Errichtung der neuen Landesvertretung wurde derſelben der Chiemſeehof ins Eigentum übergeben (1862).

Der Hof des Fürſtbiſchofes von Gurk.

Uiber benſelben iſt nichts näheres bekannt, als daß er in der Kai-gaße zwiſchen deren Anfang und dem Neubaudurchgange ſtand und aus Anlaß der Erbauung des heutigen Regierungsgebäudes unter Wolf Dietrich abgebrochen wurde. Iſt zu unterſcheiden von dem „Hauſe" des Biſchofes von Gurk. (Abſchnitt XV. Kaigaße 37 1881).

Der Hof des Fürſtbiſchofes von Seckau und der Hof des Fürſtbiſchofes von Lavant

werden gleichfalls im XV. Abſchnitte beſprochen (H. 174 und 166).

Der Hof des Fürſtprobſtes von Berchtesgaden.
H. 120—124 1858, Krotachgaße 4, 5, 6, 7 1881.

Wann derſelbe von der Probſtei erworben wurde, iſt nicht bekannt. Im J. 1211, als nach vielfältigen Zwiſten des Erzſtiftes und der Probſtei ein friedliches Uibereinkommen getroffen wurde, ſteht dieſer Hof im erblichen Lehenbeſitze (pro beneficio) der Probſtei, beßen Grundherr das Domkapitel iſt (ad maiorem eccleßam pertinente) und dafür jährlich

12 Burgrechtpfennige erhält. (Hund II. 192. Kammerbücher. v. Meiller S. R. 201, 137). Da die Probstei aber auch 11 Burgrechtpfennige an St. Peter entrichtet (Urbar), so scheint sie auch ein Stück Grundes vom Magdalenaspital erworben zu haben.

Der Hof ist 1813 bereits verkauft, da das Probsteiland Berchtesgaben im J. 1803 zu dem weltlichen Fürstentum Salzburg geschlagen worden und beide an Baiern gekommen waren.

Seit 1820 einige Jahrzehnte Poststall[1]). Seit 1841 fand dort das borromäische Collegium Unterkunft, welches um 1850 in das ehemals lobronische Herrnhaus übersiedelte. Im J. 1881 82 von der Landschaft angekauft.

Zum Berchtesgadnerhof gehörten vier kleine, demselben gegenüber liegende Häuschen „im Krotach", „in der Krotengassen" (1455, 1650), darunter das „Caplaneihaus" und „das Häusl, darin der (berchtesgadensche) Hofrichter wohnt" (1562). 1608 werden statt derselben nur drei, 1713 zwei Häuser (120 und 121 1858) angeführt, die somit aus den vier alten hervorgegangen sind.

Der Admonterhof.

Wie bereits mehrmals berührt ist, war der ältere Admonterhof an der Stelle des Bürgerspitales, ein Herrnhof mit umliegenden Grundbesitz, der bis zum Zell- oder Münzgäßlein und an den Gries sich ausdehnte. Erzbischof Friedrich tauschte denselben vom Kloster Admont ein, widmete ihn für das zu begründende Bürgerspital und entschädigte das Kloster mit zwei in der Nähe der Pforte und Stadtmauer gelegenen Häusern, die im Lehenbesitze des damals bereits ausgestorbenen Geschlechtes der Gutrat gewesen waren[2]). Sie bildeten den jüngern Admonterhof, der um 1575 in den erzstiftischen Besitz und dann in Bürgerhände übergieng. S. Abschnitt XV, H. 72, oder Wagplatz 2, und Häuser 340, 341, 342, oder Babergäßchen 1, 2, 4.

Der Hegelwerderhof.

S. Abschnitt XV. H. 110, Kaigaße 17. Vgl. Gaiß, Hegelwerd.

---

[1]) Die fürstlichen Postmeister Mathias (1679?), seit Josef (1712, '39), Capeller hatten ihre Behausung Linzergaße 21, dann 19; Cajetan Dominitus Capeller 1747 ebendaselbst. 1789, 1804 Vital Schaffner; 1808, '13, '16 Post- oder Poststall-meister, Posthalter Haider aber Bergstraße 14.

[2]) Ortskunde XXII. 56, Anm. 2. Wichner, Admont III. 240.

Der Hof der Abtei Raitenhaslach.
S. Abſchnitt XV. Brotmarkt. Haus d.

Der Hof der (ſchwäbiſchen) Abtei Salmannsweil oder Salem.
S. Abſchnitt XV. H. 71. Kai. Domherrnhäuſer.

Zu den geiſtlichen Herrnhöſen ſind auch alle
Domherrnhäuſer
zu zählen, ſowohl diejenigen, welche auf dem Bezirke des alten Domhofes, als außerhalb deſſelben ſtanden. Es waren, wie die andern Herrnhöſe, von Steuern und Abgaben befreite Häuſer, deren Inhaber gleich urſprünglich oder im Laufe der Zeit aus dem Verhältniße der Grunduntertänigkeit durch Ablöſung der Burgrechtspfenninge ausgetreten waren. Selbſtverſtändlich waren der Domhofbezirk und die auf demſelben geſtandenen Häuſer altbefreit.

Über die Domherrnhäuſer ſ. Abſchnitt XV.

Das Haus der Brüder von Wels,
Webergaße h. Abſchn. XV.

Das Haus der Brüder von München,
Kai, m, Abſchn. XV.

Da die Brüder von Wels, München, Frieſach Domprediger waren, ſo ſind deren Häuſer gleichſam als eine Predigtſtiftung anzuſehen, und ſo mögen hier noch andere
Stiftungshäuſer
angereiht werden, wenn ſelbe gleichwohl nicht als eigentliche Herrnhöſe anzuſehen ſind. Als Stiftungen waren ſie jedoch Geſammtheiten von Vermächtnißen der tobten Hand, behauſte Beſitzkörper mit eigener Verwaltung, Renten und Reichnißen, etliche ſelbſt mit gewißen Vorrechten ausgeſtattet, ſteuer und abgabenfrei, privatrechtliche und Stiftungsverbindlichkeiten ausgenommen, und ſomit immerhin mehr oder minder begüterten Herrnhöſen zu vergleichen. Da ſie teils um der frommen Stiftzwecke willen, teils weil Fürſt und Geiſtliche zu den Stiftern oder Beitragleiſtern gehörten, unter der Aufſicht der höhern Geiſtlichkeit ſtanden, ſo entſchuldigt ſich damit ihre Einreihung nach den Herrnhöſen der Geiſtlichkeit. Nach Umwandlung des Erzſtiftes in ein weltliches Fürſtentum und ſeiner Einfügung in die Verwaltung eines Nachbarſtaates zogen die zahlreichen und namhaften Stiftungen die beſondere Aufmerkſamkeit

auf sich. Sämmtliche Stiftungskörper in Stadt und Land wurden unter einer vom Staate bestellten „Administration" vereinigt und mit einer gewißen Bevorzugung von Geld und Geldeswert der Übergang von der Natural- zur Geldwirtschaft möglichst beschleunigt. Von jetzt an traten die Capitalien in den Vordergrund. Seit der österreichischen Zeit unterschied man eine landesfürstliche, Consistorial- und städtische Stiftungenverwaltung, die aber nur nach den Aufsicht führenden Oberbehörden benannt wurden und einer strengeren Buchhaltung unterlagen. Die s. g. landesfürstlichen Stiftungen gingen in der jüngsten Zeit zum größten Teile in die landschaftliche Verwaltung über. Unter Stiftungen versteht man daher heutigen Tages in erster Linie die Fonde oder Geldkräfte und stellt in zweite Linie die verschiedenen Zwecke.

Da es sich hier nicht darum handelt, eine Aufzählung der gegenwärtig vorhandenen Stiftungen, die ohnehin bereits mehrmals (Tettinek, Ozlberger, Günther) beschrieben worden sind, ihrer Häuser und Anstalten, deren an verschiedenen Orten dieser Schrift gedacht wird, zu liefern, so kann sich die historische Stadtbeschreibung auf jene beschränken, die nur mehr der Geschichte angehören. Und da wäre zuerst des **Häuserbesitzes des Bürgerspitales** zu gedenken. Außer dem in Abschnitt XV (Bürgerspitalgrundrecht) erläuterten zusammenhängenden Grundeigentum dieser Anstalt besaß dieselbe zu verschiedenen Zeiten noch viele andere Häuser in der Stadt, von denen in der Häuserchronik Meldung geschieht, am längsten und seit der Gründung das Spitalhaus an der vormaligen Stadtbrücke (Klampfergaße 3). Es folgen

das schon mehrmals berührte **Domspital,**

das **Magdalenaspital** des Klosters St. Peter,

der Stiftungskörper der **Liebfrauenkirche** (Lbälde IX, 58 ff.). Häuser, Burgrechte und Gilten,

das alte **Collegiatstift** und spätere **Augustinerkloster zu Mühlen,**

das Haus der fürstlichen **Hofkapelle** zu St. Johann. Residenzplatz 4,

die Häuser der **Priesterbruderschaft:**

Nonnbergstiege 1, seit 1438[1]), von der Corporis Christi Bruderschaft (1613) der Priesterbruderschaft im J. 1673 verkauft,

Pfeifergaße 4, seit 1438, im J. 1641 an Steinmetz Martin Altenburger verkauft,

---

[1]) Genannt domus in acie d. h. an der Ecke. Auch das Eckhaus am Kränzlmarkt hieß domus acialis.

17

Mönchsberg 7, verkauft 1504,

das Haus der Samerkapelle und Stiftung. 1401 9 in der Hunds- oder Pfaffengaße (Abschnitt XI.) für drei Kapläne und die Cesariuskapelle: „an sand chaiser Hainreichs Capellen vnd an den charner, mit einem gebelib (Gewölb), das als hoch sey an (als) sand Chaiser Hainreichs Capellen gewelbt ist." 1682 verkauft.

Das Haus der Stadtpfarr-Capläne, Bierjodlgaße 4. 1570. 1608 Caplanhaus. 1647 Altes Capellenhaus, das Haus wurde 1670 verkauft. Die Kapelläne waren inzwischen in das H. 22 Sigm. Haffnergaße versetzt worden und befinden sich um 1713 im Hause, Residenzplatz 4, welches noch 1808 Domstadtcaplanei heißt.

Stiftungshaus zur Erzbischof-Piligrim-Capelle am Aschhof 6. Pfaffenhaus. Bischof Piligrims Priesterhaus. 1376—1808.

M. Aufners Haus, Hofstatt und Garten zur Meße auf St. Annenaltar in der Bürgerspitalkirche 1407. Um 1600 mit dem H. Trägaße 46 vereinigt.

M. Renters Haus zur Meße in St. Andreaskirche 1415. Damals öde Hofstatt, Dreifaltigkeitsgaße 4.

das Haus U. L. Frauenkirche auf der G'stätten H. 278, 1574.

Haus zur St. Anna-Kapelle im Dom. 1417 gestiftet von Erzbischof Eberhard III., 1604 abgebrochen. Steinhauser in Ldsk. XIII, n. 139.

Haus zur Meße in St. Colomanns- und Sigmundskapelle im Dom, gestiftet von Erzb. Sigmund I., (1452—'61), „in der Abtsgaßen zunächst dem freithof der pfarrkirchen." Unter Wolf Tietrich abgebrochen. Dem Beneficiaten wurde 1629 in Gemeinschaft mit dem der Annakapelle das obengenannte Haus, Bierjodlgaße 4 eingeräumt.

Das Rübenhaus in der Pfeifergaße, um 1500 von Erzbischof Leonhard zum Altare St. Hieronymus und Elisabeth im Dome gewidmet.

Das Beneficiatenhaus zu St. Johann am Imberg: unbekannten Alters. Darin wohnten 1594 '99 die Kapuziner.

Das Beneficiatenhaus zum Hospital der barmherzigen Brüder von M. Sittich gewidmet; aber nach 10 Jahren baufällig und auf Abbruch verkauft.

Das Messenhaus zu der h. Dreifaltigkeit Altar im Dome. Steinhauser a. a. O. 204, 7, Ldslde IX.

Haus, Hofstatt und Garten zu einer Jahrtagsstiftung für Stephan Klocker. Hundsgaße 12. gewidmet 1530, verkauft 1644.

Haus zur Predigtstiftung in der Pfarrkirche von Virgili Säppl und Ott, Hofspegkh in der Kirchgassen „zenägst an des Wyspegkhen haws" (darunter ist die Käsgaße zu verstehen). 1413 16. Das gesammte Stifterträgniß belief sich jährlich auf 70 Pfd. 1432 wies Aufner dem Stiftprediger das haus in der Abtsgassen (ob des Langen Hof) an. 1584 übernahmen die Franziskaner die Predigt, das Haus übernahm gänzlich das Bürgerspital. Es wurde wahrscheinlich in den Langen Hof einbezogen. In ersterem „Predighaws" wohnten zu ebener Erde die „Corporeiknaben", 1432. 1580 sind die Corporales in das „Mesnerhaus" gestifft (worden). „Corporalhäusl" in der Käsgaßen und „Mesnerhaus" am Markt, von Wolf Dietrich abgebrochen. Steinhauser a. a. O. 204; 29, 31.

3. Weltliche Herrnhöfe.

Wenn wir auch im Stande sind, die Träger der vier alten hohen Hofämter des Erzstiftes, des Marschalls, Kämmerers, Truchseßen und Schenken, welche im Lande freies Gut besitzen mußten, zu nennen, so wißen wir doch in Abgang von Urkunden nicht, ob sie im 12. und 13. Jahrhundert in der Stadt Häuser mit eigenem Rücken besaßen. Gewiß scheint dieß nur

bei den Uzelingern (Uzling-Fischach-Bergheim-Nadeck) zu sein, da Gerhoch I. (1120—50), und Megingot oder Meingoz II. (1150—63—) Zechmeister und Gerhoch III. (1144—1170) Stadtrichter, und die Brüder Rudeger I. (1170—1200), Marchward III. (1182) und Gerhoch V. (1182) als Viztum, Truchseß und Kämmerer zu gleicher Zeit am Hofe bedienstet waren (Ldslde XIX).

Die Gutrat hatten Häuser vom Domstifte zu Lehen oder Leibgebing (Ldslde XXII. und Abschnitt XIV. und XV.),

die Aichhaimer besaßen zur Zeit ihres Niederganges ein oder zwei Häuser in der Trabegaße (Abschn. XIV. und XV.),

der letzte Goldecker endlich überließ sein Haus am Brod- oder Heumarkte an St. Peter (Abschn. XV) gegen ein Seelgerät. Ob letztere wirkliche Herrnhöfe waren, ist unklar.

Dagegen erscheint der Haunspergerhof als sehr alter Freihof mit der s. g. kaiserlichen Freiheit des Zufluchtsrechtes (Abschn. XV.).

Auch der Wisbeckenhof in der Käsgaße ist ein alter Freihof mit einem Turme gewesen. (Abschn. XIV. und XV.). Steinhauser, 150.

17*

Wie alt der Besitz des Hofes der Nußdorfer in der Trägaße ist, bleibt fraglich. Sie wurden 1436 Stiftsmarschälle, und nach Pichler soll Peter der Nußdorfer (1424) einen Grabstein in der Margaretenkapelle gehabt haben und Ulrich (um 1427) im Stadtbuche als Spruchmann zu lesen sein. (Abschnitt XIV. und XV.)

Ebenso ließ sich das Alter des ansehnlichen Törringerhofes am Alchhofe (Gasthof Schiff) nicht ermitteln. (Abschn. XIV. und XV.)[1].

Vom Hause der Laudschad (S. Haffner-Trägaße) hat sich nichts als der Namen erhalten (Abschn. XV.).

Ähnliche Bewandtniß hat es mit dem Hause der Prant oder Pranker.

Die Häuser der

Velber (zu Kaprun und Velben im Pinzgau, 1100—1400),

Kuchler (zu Abtsee, Friedburg im Innkreis und Riedenburg in Baiern, 1130—1436),

Diether zu Urstein und Schedling, (bei Teufendorf),

Dücker (zu Urstein),

Lamberg, (Abschnitt XIV.),

des Langen Hof (Abschnitt XV.),

der Rohrwolf (Steinhauser in Lbst. XIII., n. 204),

der Taunhauser (Steinhauser a. a. O. 97, 204),

der Lasser (zu Lassereck und Marzoll, Steinhauser a. a. O. 204, 26; 208, 18; 196),

der Turn (Steinhauser, 204, 4; 204, 11; 57, 15) und mehrerer anderer sind in dem folgenden Abschnitte genauer verzeichnet, wurden aber hier der Übersicht wegen aufgeführt.

Hieher sind noch zu zählen:

der Keutschacherhof, 1497, wahrscheinlich an der Stelle des Hauses der Mönche von München erbaut für des Erzbischofs Leonhard Verwandte, — dann Domdechantei jetzt Bezirksgericht. Zauner IV, 241. Steinhauser, Lbskde, 144,

die kurz dauernden Schöpfungen Wolf Dietrichs

für Hannibal von Raitenau, (Steinhauser, a. a. O.)

„ Hanns Werner von Raitenau (Hübner I. 156) und

„ Frau von Altenau (Mirabell).

Endlich die noch, wiewohl in andern Eigenschaften fortdauernden des Erzbischofes Paris:

---

[1] In dem Verzeichniße der von Wolf Dietrich abgebrochenen Häuser, das, wie vermutet wird, der nach Rom gesendeten bairischen Anklageschrift beilag, wird auch das „Törringhaus" angeführt, welches sich bei Steinhauser nicht verzeichnet findet.

die lodronischen Herrnhöfe für zwei Zweige seines Geschlechtes, (Borromänm, und 539 und 540) und

die zu denselben vormals gehörigen Häuser (Hofwirt, Marianisches Kollegium, Krebsstock u. A.), Abschnitt XV.

Schließlich wäre zu bemerken, daß die Erzbischöfe, um ihren höheren Beamten Freiwohnungen zu verschaffen, manchmal einzelne Häuser antauften, die darauf haftenden Gilten auf andere Häuser übertrugen, auch sie sonst von den Burgrechtabgaben befreiten. Solche Häuser blieben befreit, auch wenn sie dann in andere Hände übergingen.

4. Die gemeine Stadt.

In ältester Zeit zeigt das Bistum in Bezug auf Land und Leute noch eine unverkennbare Aehnlichkeit mit einer Römerstadt. Abgesehen von der Tatsache, daß die Sprengelbischöfe doch eigentlich die Nachfolger der Stadtbischöfe der Römerzeit sind, ließ sich ja das dem Bistume geschenkte Land, dessen Mittelpunkt eine Stadt sein mußte, sehr gut einem römischen Stadtbezirk gleichstellen. Daher wird noch im 9. und 10. Jahrhundert nicht selten, besonders in Angelegenheit der Erzbischofswahl, civitas (Bürgerschaft, Stadt) gleichbedeutend mit Stadt- und Landsaßen des Bistums genommen. Die strengere Scheidung der Stände, die Beschränkung der Wahlen auf die Geistlichkeit, die Vergrößerung des Kirchenlandes verrückte die Stellung der Hauptstadt, deren Gewerbfleiß, Handel und wachsender Wohlstand sie jedoch noch ein paar Jahrhunderte in Geltung erhielten. Aber mit der Zunahme des vormundschaftlichen Geistes im 15. Jahrhundert wurden die Stadtvertreter nach und nach in die Stellung von Beamten gedrängt und die Selbstbestimmung in Gemeindeangelegenheiten ging verloren. Den Gipfel solcher Entmündigung stellte die den deutschen Städten fremdartige, aus Frankreich herübergenommene, von Baiern eingeführte s. g. Municipalverfassung dar. Das nachgefolgte österreichische System unterschied sich wenig von der früheren erzbischöflichen Uibung. Erst das neue Gemeindegesetz eröffnete wieder der Selbsttätigkeit die Bahn. Eine annähernde, wenn gleich nicht ganz vollständige Uibersicht des städtischen Besitzes braucht in diesem Buche nicht gerechtfertigt zu werden, wiewohl der landständische Unterschied nicht mehr besteht. Das städtische Eigentum steht ja im engsten Zusammenhang mit der jeweiligen gemeindlichen Fürsorge, dem städtischen Haushalte und seit alter Zeit mit dem Ungeld — jetzt Gemeindeumlage genannt. Eine Auf-zählung der Besitzstücke nach der Zeitfolge war unausführbar.

Zum Stadteigentum gehörten oder gehören:

die Stadtmauern und Stadtgräben, die bis 1480 entstanden waren,

die Stadttore,

die Türme, soweit diese drei Gruppen noch vorhanden, oder nicht in andern Besitz übergegangen sind,

die Straßen und Plätze und sonstiger Stadtgrund,

die Parkanlagen,

das Stadtbrunnenhaus,

die Karolinenbrücke,

der Franz-Carl-Steg (bis jetzt Teilbesitz)

die städtischen Wasserleitungen, Brunnen und Fischbehälter,

die Badeanstalt (s. g. Curhaus) und das Freibad,

die Unratkanäle,

die alte Gerichtsschranne,

das Gerichtshaus,

das Rathaus,

ein Teil der älteren und die jüngeren Fleischbänke (am Gries),

die Freibank,

das Schlachthaus,

die Mühle und das Backhaus, in der „Niederleg",

die Eisenniederlege,

die Getränklötschen,

die Sudlküchen dabei,

die Trinkstube,

mehrere Kornspeicher (im heutigen Museum, und ober den Fleisch-bänken),

die städtische Getreideschranne am Mirabellplatze,

die ehemals landschaftliche Getreideschranne,

der Zimmerstadel, (Erdgeschoß des Museums),

die Stadtschmiede am Gries,

die Ziegelei im Apfalter,

die Fron- oder Stadtwage,

die Bäckerläden in der alten Schranne und an der Brücke,

die Tuchschererläden,

das Versatzhaus, eine Stiftung,

das städtische Museum,

der Hof und Garten Mirabell,

die Sparkasse,

das Bürgerspital, eine Stiftung mit einer Anzahl Häuser, dann den dazugehörigen Mühlen,

das Bruderhaus, eine Stiftung,

das Armenhaus oder die s. g. Communstube (Kronhaus),

das Amtmannhaus, das Stadtgefängniß und das Bürgerstübel über dem Rathausbogen,

das Schloßerhaus an der Nonnbergstiege,

das Stern- oder Kaspishaus (altes Sternbräuhaus, zeitweilig),

der Keller beim Klausentor,

die Städel an der alten Stadtmauer beim s. g. Hechsenturm,

ein Verkaufsladen am Authause,

das Albenhüterhaus in der Riedenburg,

Ein Haus in der Nähe der fürstlichen Ziegelei in der Riedenburg (beim Hofe des Dr. Sedlitzky),

der Estererhof,

der Apfalterhof und

der Grünbühelhof bei Aigen.

In zeitweiligem Besitze der Stadt befanden sich einzelne Bürgershäuser in Folge von Verlaßenschaftsabhandlungen oder Ganten.

Als Schluß könnten betrachtet werden die

Zunfthäuser:

das Haus der Schneiderzeche im Kai, H. 9, 1491—1809,

das Haus der Metzgerzunft in der Bergstraße (Ungrechtshaus, von Wolf Dietrich verbaut), Steinhauser,

die Häuser der Parchanter in der Steingasse 71, (397 alt), in der Linzergasse 56 58 1552, und die Plaichwisen zu Parsch (Hefterhof).

Auch die Ledererzeche besaß eine Zeit lang Haus 6. in der Ledergasse.

Das Haus der Steinmetz-, Maurer- und Zimmerleutzeche am Stein 65, (400 alt), 1650.

Die Bäckerknechtbruderschaft besaß 1520 das halbe Haus, 433 am Stein.

Die Häuser des Weberhandwerks, Steing. 81, 1662, 1728, '36; und 95 97, 1713, 1808; Steing. 93—97, 1622—1736.

Häuserbesitz der Geschlechter.

Der Hausbesitz der Geschlechter bildet eine Brücke zwischen städtischer Ortsbeschreibung und der Stadtgeschichte. Wie ein Stadtgeschlecht ohne Haus nicht denkbar ist, so erscheint der Besitzstand der Geschlechter als deren historischer Untergrund und als Zeuge aus vergangenen Jahrhunderten. Wie lustig stünden die Alt, Tensinger, Töller, Feiertag, Elsenheimer, Venediger, Kölrer, Matschberger, Oeder, Rauhenperger, Speher, Unterholzer, Zünglein in der Stadtgeschichte, wenn wir nicht auf die Häuser zeigen könnten, von denen aus sie in den Rat gingen, wo sie ihrem Heimwesen oblagen, ihre Geschäftsräume hatten, oder die sie im Laufe der Zeit erwarben. Wenn andere Städte sich gerne ihrer sangesberühmten oder sagenbekannten Geschlechter, ihrer Turniergenoßen und streitfertigen Männer erinnern, so kann doch auch die alte Bischofsstadt auf die Häuser der Ausner, der ältern Gutrat, Haunsperger, Kenzl, Kuchler, der Nußdorfer, Trauner und Wispeck hinweisen, deren Inhaber, so viel man weiß, Namen trugen, die in Baiern und Oesterreich wohlbekannt waren oder zur besten Ritterschaft zählten.

Die erforderliche Raumbeschränkung legte die Bedingung auf, nur solche Geschlechter aufzunehmen, die nahe an hundert Jahre und darüber der Stadt angehörten. Die Angaben sind mit sehr wenigen Ausnahmen aus des Herrn Consistorialrathes Doppler Hausbesitzchronik gesammelt. Die Jahreszahlen drücken gewöhnlich nur die urkundliche Meldung, nicht aber Anfang und Ende des Besitzes aus. Die mit * bezeichneten Geschlechter nahmen ungefähr die Stelle der s. g. Patriciergeschlechter der Reichsstädte ein, als deren Kennzeichen Adel, Lehenbesitz und Stadtämter angesehen wurden. Geschlechtsnamen durch ** bemerklich gemacht, gehören dem alten Stift- oder Dienstmannenadel an. Aber schon gegen Ausgang des 16., mehr noch im 17. und 18. Jahrhundert verliert das alte städtische Geschlechterwesen seine Bedeutung und erscheint der Briefadel an dessen Stelle.

Aichaimer**. Trägaße 6, bis 1334,

      " 8, " 1334,

Alt*. Griesgaße (Hagenauerplatz) 9, 1485.

    Steingaße 15, 1477, 1512, 1534,

    S. Haffnergaße 6, 1554 1634,

      " 8, 1514 1551,

      " 10, 1546, '51, '69,

    Marktplatz 3, 1570, um 1608,

    Franz-Josef-Kai 1, 1567—1635,

      " 5, 1574, 1596,

    Bergstraße 24, 1558, . . . 1617.

Die Alt besaßen auch vielerlei Grundstücke im Nonntale 1515—1600 und einen Stadel am Franz-Josef-Kai.

Apfaltersberger. Kaigaße 13, 1415, '34, '70, '78, '98.

    Goldgaße 8 10, 1396, 1424.

Aufner*. S. Haffnergaße 16, 1350, 1434,

    Marktplatz 12, vor 1343 1410,

    Goldgasse 8, um 1396,

    Rathausplatz 4, 1415,

    Trägaße 19, 1385, '92, 1428,

      " 43, 1434,

    Universitätsplatz 9, 1385, 1428,

    Sigmundsplatz 2, 1360, 1412.

Die Aufner besaßen noch verschiedene Häuser 1360—1463, viele Lehen im Gebirge, namentlich in Gastein.

Aygl**. Trägaße 27, vor 1387, 1408, '27.

    Marktplatz 14, 1369,

      " 1, 1413, 1501,

    S. Haffnergaße 10, 1377 . . . 1434,

    Aiglhof 1569.

Paurnfeind (zu Enns); urkundlich 1422, Judengaße 12, 1586.

    Judengaße 8, 1649, '62, '83, 1718 . . . . 1768 1809

      1835,

    Wagplatz 2, 1608, '41, '76,

      " 5, 1615, '47,

    Kränzlmarkt 4, 1729, 1771 . . . .

    Töllergaße 4, 1594, 1631, '50, '69,

    Goldgaße 13, 1615, '28, '47,

Plätzl 4, 1612, '40, '46,

Steingaße 50, 1603, '28, '44, '46.

Peißer*. Brodgaße 11, 1500,

„　　　　3, 1547,

Kränzlmarkt 3, 1569,

S. Haffnergaße 5, 1660, '95.

Pernegger. Schänzlgaße 12, 1470.

Kaietanerplatz 3, 4, 1594, 1615, '26, '60, '69.

Chiemseegaße 2, 1634, 1700,

Peisl. Kaigaße 11, 1774, 1884,

Pflügl v. Lederergaße 1, 1397,

„　　　　6, 1476,

Trägaße 15 ..., 1519, '27.

Praun*. Rathausplatz 4, 1504,

S. Haffnergaße 5, 1508, '25, '70, '82,

Goldgaße 13, 1560, 1610,

Wagplatz 5, 1516, '28, '42, '51, '74.

Marktplatz 7, bis 1591,

„　　　11, 1508, 1610.

Um 1560 auch ein oder zwei Häuser in der Bergstraße.

Taghofer. Goldgaße 14, 1775, '78, 1823, 1884.

Tänkl*. urkundlich 1403. Goldgaße 12, 1411, '34.

Judengaße 14, 1423, '29, '39.

Wagplatz 5, 1423, '52,

Trägaße 33, vor 1434, '67,

Plätzl 3, 1429,

Froschheimer Hauptstraße 12, 1450,

Gnigl 8, 1463.

Tauffkind*. Chunrad 1374—'80 Stadtrichter,

„　　　1418, '25 Trägaße 1,

Sigmund 1419, besitzt gleich seinem Bruder viele Gülten auf Häusern und mehrere Burgrechte.

Teysinger** (vom Erlach) schon 1240 angesehene Stadtbürger.

Chunrad 1302, '63, 1351 Peter T. Stadtrichter.

Marktplatz 2, 1363, '70,

Klampfergaße 3, vor 1322,

Trägaße, Niederlegmühle, vor 1324,

Töllergaße 6 (Bad zu Kaltenbach), bis 1365,

Mühle im Lehen, um 1330,

Teyſinggut zu Erlach (um Münchhauſen?).

Thenn*. Trágaße 5, um 1530, 1568,

    Trágaße 15, 1510, '18, '52, '58, '69, 1600, 1605,

      „   19, 1512, '34, '57, '69, '88, 1603,

      „   35, 1512, '26, '37, '46, '56,

      „   36 \
      „   37 ∤ 1546, 1562,

      „   44 und 46, 1531,

      „   48, 1529,

    die Zell 1, 2, 4, 1513, '31, '69, '88, '95,

    G'ſtättengaße 14, 1520, '39, '88.

    zwei Häuſer beim Bären, 1531, '80, 1602,

    Mülln, Hauptſtraße 36, 1561, 1600,

    Nonntal, Haus und Garten, 1562, 1606, 1639, dann dem
        Landgute Petersbrunn einverleibt,

    Hof Lind, (Aiglhof) 1569, 1592.

Diether**, (zu Schedling) Churfürſtenſtraße, 1503, '17,

    Chiemſeegaße 3, 1565, '84.

Töller* (Töldrer, Töllerer, Thelterer, Tölrer u. ſ. w.)

    Töllergaße 8, 1530, '50, '64, '69, '95, 1601, '16,

    Trágaße 31, 1562,

    Nonntal, Erhartgäßchen 4, 1564, '87, '99,

Törring**. Freiherrn und Grafen,

    Reſidenzplaß 7, 1450, 1512, '26, '52, '69, 1608, '47, '53,

    Stabl am Gries, jeßt H. 21 vor 1618, 1659.

Trauner**, Goldgaße 13, 1476, 1515,

    Pfeifergaße, beim H. 82 1858, 1384, 1434,

    Chiemſeegaße 4, 1457, '77, '96,

    an der Stelle des Reſidenzneugebäudes,

    S. Haffnergaße 14, 1608, 1647.

Dücher**, Freiherrn,

    Chiemſeegaße 3, 1661, '80, 1713,

        „   6, 1687, 1858.

Tunkl. Brodgaße 3, 1472, '99, 1526,

    Goldgaße 11, 1495,

    Rathausplaß 2, 1492,

Trägaße 13, 1507, 1626, '29,

Kränzlmarkt 3, ... 1567.

Egg, Linzergaße 2, 1748—1819, „Eckbäck".

Eizenberger. Judengaße 9, 1622—1810,

Eizenbergerhof, Schallmoos.

Elixhauser, G'stätten 8, 1670, 1805,

Linzergaße 9, 1719, 1814.

Elsenheimer*, und Freiherrn,

S. Haffnergaße 12, 1410 ..... um 1600,

An der Stelle des Residenzneugebändes 1429, 1570,

Pfeifergaße (Lbätde XIII, 106, 204, n. 33.)

Steingaße 11, 1489, 1519,

„　13, 1478, 1495,

„　101, 1494, 1517,

„　105, 1453, 1624, Elsenheim.

Fürberggaße　1

„　　　　7 ⎫ zwischen 1440 und 1495,

Gaisbergstraße 4 ⎬　　　1512,

Goldgaße 41 alt ⎭

Linzergaße 51, 1433, '83.

Ennser. Trägaße 35, 1434, '82,

„　41, 1434, '54, '62, '86.

Fabricius Dr.** Trägaße 21, 1568, 1662, '95,

Trägaße 23, 1644, '95,

Kränzlmarkt 3 und 5, 1664, '95.

Feiertag**. Bergstraße? 1397, 1432 abgebrochen,

Steingaße 11, 1429,

Trägaße 7, 1429, '34,

Judengaße 7, 1608, '62,

Marktplatz Haus 11 12, 1643—1676, 1701,

Trägaße 13, 1665 1802,

Pfeifergaße 7, 1689, 1713,

Fürberg 8, 9, 1624 .... 1812 58,

Flederbach 1643, 1704,

Schoppermair „

Welber** zu Kaprun. Kaigaße 9, bis 1393 6,

Venediger*. S. Haffnergaße 1335, '56,

Goldgaße 6, 1478,

Goldgaße 13, 1396, 1411, '19, '52, '78,

Trägaße 23, 1437, '54, '67, '83, '86,

„ 9, 1418,

Brodgaße 4, 1392, 1423,

Universitätsplatz 7, 1434, '54, '63, '86,

(Äuß. Stein 5), Steing. 79, vor 1460,

Nonntaler Hauptstraße 49 und 51 1881, 1460, '90, 1511
(Neudeck).

Flatscher. Trägaße 33, 1747—1858,

Fraißauf*. Judengaße 13, 1676 1757,

Döllergaße 2, 1705 . . . 1808,

Nonntal 54, 55 1858, 1648, '66, '93, 1716, '40 (Neudeck).

Fröschlmoser*, seit 1461 beurkundet. Kaigaße 5, 1526,

Trägaße 1, 1547,

„ 9, 1585, '91,

„ 10, 1498, 1535,

„ 15, 1569.

Glimpf, Linzergaße 50 52, 1439, 1552,

Müllnerhauptstraße 40, 42, 1515, '71,

Mönchsberg 27, 1549, '64,

Fürberggaße 10, 12, 1548 u. ff.,

Steingaße 73, 1626.

Goldecker**. Wagplatz 5, bis 1393,

Grimming**, Freiherrn,

Marktplatz 3, 1616,

Kaigaße 7, 1731 1827,

Festungsgaße? 1584,

Mülleck 1573, 1680.

Gschwendtner (von Adel):

Marktplatz 10, 1638, 1760, '75,

Trägaße 9, 1662, 1712,

„ 16, 1668, '94, 1713, '92, 1813.

Gutrat** (Werfener Burggrafen).

Kaigaße, neben dem Domspital, 1160, 1210, Leibgeding,
an der Porten, zwei Häuser bis um 1300, Lehen.

Gutrat* („Guträdl“, ursprünglich Laufnerbürger).

Kaietanerplatz 3, 1550, '78, 1602,

„   4, 1691, 1779.

Hagenauer. Trägaße 7, 1713 . . . .

„   9, 1713 1816,

Kränzlmarkt 4, 1792, 1805.

Hann*. Trägaße 27, 1434, '42, '54,

„   29, 1442, '54,

Judengaße 5, 1562, 1643,

Brodgaße 4, 1588, 1650,

Nonntalerhauptstraße 23, 1557, '96, 1606, '44.

Es ist nicht ganz sicher, ob zwischen den Hann des Jahrhunderts 1400—1500 und denen von 1562 bis 1650 Geschlechtsabstammung oder blos Namengleichheit besteht.

Hannsperger**, zuletzt Grafen:

Brotmarkt, 1512, abgebrochen 1604,

Nonntaler Hauptstraße 47, 1550, '84, '99, 1622.

Erhartgäßchen 2, 1555, '84, 1604, '13,

Franz-Josef-Kai 11, 1588, 1616.

Heffter v. Marktplatz 4, 1683 . . . 1831,

„   5, 1738 . . . 1818,

„   6, 1634, '50, '82.

Heilmayr, Nonnthal 48, 50, vor 1772,

Mülln, Bäreng. 8, 1820, 1885.

Hunt v.** Pfeifergaße, 1423, Steinhauser, W. Dietrich,

Döllergaße 8, 1501 ff.

Kammerlohr v. Marktplatz 6, 1634, '50, '82,

Trägaße 12, 1678, '98, 1710, '28, '67, 1804,

„   47, 1732,

Mülln (Irrenanstalt), 1700, 1804.

Kaspis v.* Trägaße 38, 1629, '94.

Käserer*. An der Stelle des Residenzneugebäudes, 1421, 1526.

Wagplatz 4, 1472, 1512, '26,

Judengaße 1, 1478,

Trägaße 21, 1442, '63, '86, 1512,

„   48, 1501, '23,

Dreifaltigkeitsgaße 3(?), 1423, '77,

Marktplatz 4, 1603, 1788,

Goldgaße 4, 1651, '87, 1713, '60, '66.

Da zwischen 1526 und 1603 eine unausgefüllte Lücke besteht, so fragt sichs, ob die spätern Raserer die Geschlechtsnachfolger der frühern sind.

Renzl[*]. Seit Beginn des 14. Jahrhunderts sehr angesehen.

Marktplatz 1, 1364, 70,

„ 9, 1366,

„ 8, Christof der Pössel-Renzl,

„ 12, 1347,

„ 14 theil. 1364, 1397,

Haus im Nonntal, um 1350 70[1]),

Rathausplatz 1, bis 1399, (Rathaus, Renzlturm),

S. Haffnergasse 14, 1365, 1417, '34, 1509, '21,

Trägasse 3, 1363, '79, '84, 1468, 1503,

„ 9, 1408, '18,

Residenzplatz 2, 1492.

Linzergasse 51, 1373,

Goldgasse 13, 1476, 1512,

Steingasse 60, 62, Bürglstein, 1434, '67,

Haus auf dem Mönchsberg (später Altisch) vor 1577, '85, 1503, 1521 bis um 1550.

Rlauer[*]. Trägasse 12, 1424, '38, '58, '66, '92, 1526, '65, '90,

Kränzlmarkt 5, um 1480,

Chiemseegasse 6, 1626, '49,

Goldgasse 7, 1472,

S. Haffnergasse 20, 1502, '24, '57, '61,

Linzergasse 20, 1486,

Mühlen 12 1858, 1512 . . . 1651, Strahlheim.

Rleymayrn v. Festungsgasse 1622, '51, '70, '98, 1710,

Rnoll[*]. Trägasse 19, 1473, '98,

Judengasse 1, 1501,

„ 8, 1528, '52,

S. Haffnergasse 18, 1587, '93, 1608, '15, '50,

? Bergstraße 16, 1627,

Lederergasse 3, 1484, 1513,

Linzergasse 5, 1334, 1484,

Linzergasse 9, 1507, '17, '22,

Nonntal, Wäschergaß 2, 1639, '50.

Rölrer[*]. (Chöldrär, Cholrär, Röllerer),

---

[1]) Christoff der elter Chänzel, Nonnb.-Urb. in Volde XXIII, 94.

Judengasse 1, 1350, '70, '93, 1429, '35,

Marktplatz 12, 1377, '93,

Brodgasse 9?, 1350, 1393,

Kränzlmarkt 4, vor 1408,

Kaigasse 27, 1557,

S. Haffnergasse 4, vor 1522,

,,   20, 1561,

Trägasse 15, 1500,

Der Hof zu Lind, (Aiglhof, Abschn. VI.)

Kopp. Nonnbergstiege 1382, '94, 1408,

Steingasse 6, 1440,

,,   21, 1429, '31, '36,

,,   36, 1404, '16,

Judengasse 3, 1555, '59, '71, '78, 1640 . . . . . .

Lücke zwischen 1440 und 1555, die nicht ergänzt werden kann.

Krapf. Brodgasse 11, 1391, 1434, '72, '83,

Marktplatz 8, 1391, 1415, '69, '75,

S. Haffnergasse 8, 1478, '95.

Kuchler**. Marktplatz 14, bis 1369,

S. Haffnergasse 16, zum Teil, bis 1350,

Hof zu Lind, 1340.

Kuenburg**, Freiherrn und Grafen,

Kaigasse 10, 1564, '84 (erbrechtlich),

Marktplatz 3, 1670, 1715, '27,

S. Haffnergasse 16, 1680, 1713 . . . 1884,

Kaietanerplatz 5, 1618, '29, '48,

Fürberggasse 6, 1741, 1800.

Laimprucher. S. Haffnergasse 6, 1617, 1733,

Plätzl 2, 1682—1735.

Lamberg**. Freiherrn und Grafen,

Marktplatz 3, 1525, '35,

S. Haffnergasse 8, 1608, '50, 1713 . . . . .

,,   16, 1647, 1680,

Trägasse 24, 1558, 1623,

Chiemseegasse 6, 1551, '57,

am Stein 95, 97, 1563, 1608,

Schwarzstraße 7, ... 1880 . . . .

Laschenzky, Kaigaße 20, 1785, 1885,
    Bergstraße 21, 1850, '58,
    Dreifaltigkeitsgaße 4, 1808, '58.

Laßer*, später Freiherrn, zu Marzoll und Laßereck,
    An der Stelle des Residenzneugebäudes; 1518, '82, 1604,
    Brodgaße-Marktplatz (abgebrochen) 1542, '78, 1608,
    Trágaße 27, 1609, '40, '50, '58, 1712, '75, 1808,
    Plätl, 1545 abgebrochen, bis um 1600,
    Giselakai 1, 1526, '79, '81,
    Festungsgaße 4, (10, 8), 1526, '55,
    in der Zell 1598, 1623.

Laubinger. Judengaße 15, 1423, '37, 1500, '12, '28 . . . .
    Bergstraße 5, 1523, '36.

Lebitsch. Döllergaße 8. 1680, 1713, '59, '84, 1813,
    Augustinergaße 14, 1780, 1813.

Lindner, Stein 1; 1713, '75, 1804, '16.

Linordner, Linhartner, Linzergasse 68, 1559, 1613, '72.

Lürzer, von, Linzergaße 17, 1680,
    Krotachgaße 5, 1808, '13,
    Kränzlmarkt 2, 1742, '99, 1805.

Mai. Pfeifergaße 18, 1768—1881.

Matschperger* (Maczenperger)
    Linzergaße 68, 1465,
    Judengaße 8, 1478, 1512, '23, '52,
      „   10, 1492,
      „   12, 1501, 1578.
    Rathausplatz 2, 1522,
    Trágaße 23, 1521, 1569,
    Steingaße 71, 1552, 1563,
    Nonntal, Hauptstraße 49, 51, 1515, 1538.

Mayr von. Herrngaße 14 (a, b), 1560, '78, '93, 1620,
    Griesgaße 10, 1640, '68, '73,
      „   25, 1685, 1703, '42, '46, '89, 1807,
    Trágaße 3 (?) 1660 . . . 1816.

Metzger. Festungsgaße 8, 1752,
    S. Haffnergaße 18, 1775, 1808,
    Kranzlmarkt 2, 1807,

18

　　　　Judengasse 14, 1784,

　　　　Marktplatz 12, 1812, '30.

Murauer*, schon vor 1300 urkundlich.

　　　　(Residenzneugebäude), 1453, '96,

　　　　Goldgasse 14, 1484,

　　　　Judengasse 5, 1500.

Nußdorfer**. S. Haffnergasse bei 18, 1434, '93, 1500,

　　　　Trägasse 25, 1387, 1425, '34, '42, '63, '68, 1500, 1533,

　　　　　　'69, 1608, '30.

Oeder*. An der Stelle des Residenz-Neugebäudes, 1478,

　　　　Marktplatz 6, 1525, '43,

　　　　　„　　7, 1521¹),

　　　　　„　　10, 1543, '76, '94, 1613, '20,

　　　　Judengasse 11, 1552,

　　　　Trägasse 13, 1534, '40, '56, '64,

　　　　　„　　27, 1568, 1585 ausgewandert, 1608 unbewohnt,

　　　　　„　　47, 1511, '23,

　　　　Kaigasse 31, 1484, 1516, '23, '28,

　　　　Schanzlgasse 12, 1517, '40.

Possert, Linzergasse 29, 1737, 1881.

Räpl. Pfeifergasse 9, 1384, 1526.

Rauhenperger*. Trägasse 8, 1508, '15, '20,

　　　　Trägasse 9, 1512, '26, '75,

　　　　　„　　15b, 1412, '18, '32, '34,

　　　　　„　　21, 1547,

　　　　　„　　27, 1542,

　　　　　„　　38, 1528, '33, '35,

　　　　　„　　47, 1562, 1571,

　　　　Judengasse 11, 1459,

　　　　　„　　7, 1525, 1579 ausgewandert,

　　　　　„　　9, 1569.

Rauhenpichler von.

　　　　Giselakai 1, 1706, '32, '60, '67, '99, 1804, '73,

---

¹) Einzelne Jahreszahlen bezeichnen wohl nicht immer den Hausbesitz. Angesehene, oder geschäftskundige Geschlechtsherren wurden sehr oft zu Gerhaben (Vormündern), Vertretern der Gläubiger u. s. w. bestellt. In solchen Fällen entrichteten sie die fälligen Gülten, Gebühren u. dgl., und wurden ihre Namen in die Rechnungen eingetragen, aus denen ein Teil obiger Angaben geschöpft ist. So scheint es bei den Elsenheimern, Klonern, Oedern und andern bisweilen der Fall gewesen zu sein.

Klampfergaße 1, 3, 1757, 1803,

Hof Rauhenpüchl, Schallmoos.

Rehling[**], Freiherrn.

Mozartplatz 4, 1589, 1600, '12, '34, '85, '93, 1713, '26,

„ 5, 1634, '61, '75, 1713, '26, '74, 1813.

Reinländer, am Stein 31; 1640—1716,

am Stein 17; 1610, '23, '47,

„ 1, 1552,

Renner, Kaigaße 7, 1477, 1512,

„ 27, 1616, '32, '63.

Reutter[**]. Marktplatz 3, 1410, '29, '52, '77, 1512, '25,

Marktplatz 15, 1465, 1512,

Trágaße 13, 1457, 1503,

„ 24, 1414, '32, '84, 1525,

„ 29, 1434,

Dreifaltigkeitsgaße 1, 1349,

Linzergaße 51, 1399.

Riegersberger, am Stein, 18; 1710—1821,

Linzergaße, 46; 1713, 1816.

Riz[**]. Freiherrn.

Judengaße 11, 1653,

S. Haffnergaße 10, 1647, '50. Rützenhaus, Rizenbogen,

Pyrglstein 1555, 1605, 1655.

Samer[*] S. Haffnergaße 1. . . . 1376, 1409, 1412. Können von 1376 rückwärts nicht urkundlich nachgewiesen werden. Da sie aber unter dem Gewerbsnamen „Wechsler" vorkommen, so gehört ihnen wahrscheinlich auch Ulrich der Wechsler und Goldschmid von 1368, '82 an, vielleicht auch Hanns und Görg die Wechsler, Stiefsöhne des Leopold Zeller mit dem Hause 371; 1420, '34.

Säppl[*]. An der Stelle des Residenz-Neugebäudes 1335, 1416.

„Hans und Hofstatt an dem Markt zwischen paul thöldrer (Marktplatz 12) und Görg goldschmit hewsern." 1377.

„die vordern vnd hinttern hevier am margkht gegen den prottischen", „an des awoser haws (Marktplatz 12) vnd das hynnder in der abbtsgaßen" 1343. Marktplatz 10 und S. Haffnergaße 5. 1336, 1393, 1416.

Schaffmann, Freiherrn.

Trágaße 28, 30. 1680, 1713, '44 . . . .

Schwerstein, am Stein, 19; 1345, 1429.

Scheller*. Kaigaſſe 5, 1423,
      Judengaſſe 11, 1599.
      Chiemſeegaſſe 1, 1608, '13.

Schibenhofen, zu Stum und Trübenbach,
      Trägaſſe 1, 1713, '91, 1828,

Schiber, (Schitter), Mitterhof, Schalmoos, 1816,
      Bergſtraße 10, 1874,
      Linzergaſſe 15, 1792, 1858, '85.

Schinnagl. Reſidenzneugebäude 1580, 1604 abgebrochen,
      Trägaſſe 39, 1622, '98,
      „   41, 1624.

Schmittner*. Judengaſſe 13, 1437,
      Kränzlmarkt 3, um 1452;
      Trägaſſe 5, 1442, '54, '63, um 1580,
      Linzergaſſe 6, 8, 1535, 1540.
Sind wahrſcheinlich nach 1580 ausgewandert.

Silberberger, Judengaſſe 9, 1423,
      Marktplatz 8, 1565, '82,
      am Protmarkt 1568—1604, abgebrochen,

Spängler. Marktplatz 2, 1743, '84, 1813, '84,
      Mozartplatz 4, 1880,
      Theatergaſſe 14, 1840, '84,
      Steingaſſe 89, 91, 1736.

Spáth. Wagplatz 5. Um 1788, 1871,

Speher*. Judengaſſe 3, vor 1327,
      ? Griesgaſſe 7, 1334,
      Trägaſſe 6, 1334, 1438,
      Rathausplatz 4, 1370, 1415,
      Griesgaſſe 21, 1370, 1415,
      ? Steingaſſe 4, 1440.

Stellner. Kaigaſſe 33, 1526, '69, 1608, '50,
      Brodgaſſe 4, 1579, '88,
      Krotach 5, 1562, 1623,
      Steingaſſe 15, 1573, '91.

Stockhamer. Trägaſſe 33, 35, 1639, '80, 1712,
      Trägaſſe 38, 1719—39,
      Häuſer in der G'ſtätten 25, 29, 33, 35; 1673, 1682.

Straßer**. S. Haffnergaße 16, 1442, '86, 1518,

         „   4, 1522,

    Pfeifergaße 9, 1543,

    Trágaße 47, 1479.

Strobl*. Trágaße 47, 1442;

    Judengaße 7, 1506, '24,

        „   9, 1500, '26,

        „   11, 1689, 1717, '34,

    Marktplatz 4, 1593, 1608,

Trauner**. Chiemseegaße 4, 1457, '77, '96,

    (Resibenzneugebäude) 1515, '30,

    Goldgaße 13, 1476, 1515,

    S. Haffnergaße 14, 1608, '47.

Uiberacker**. Grafen, Raigaße 37, Leibgeding 1423, 1536, 1780,

    Dreifaltigkeitsgaße 9, 1734, 1885.

Unterholzer*. S. Haffnergaße 3, 1534, '50, '62, '77,

    Marktplatz 12, 1513, '37, '69,

        „   2, 1538, '51, '69, '79, ausgewandert.

    S. Haffnergaße 6, 1541,

    Steingaße 50, 1552,

    Franz-Josef-Kai 3 und 5, 1567, 1574,

    Bergstraße 5·7, 1555, '62.

Waginger*. S. Haffnergaße 6, 1468, '99, 1511, '29, '40,

    Trágaße 7, 1526, '75,

        „ 32, 1455, 1512.

Wagner, Linzergaße 68, 1800, '81,

    Steingaße 48, 1858.

Weißkirchner. Schanzlgaße 12, 1500,

    G'stätten 15, 1613, '37, '80, 1716,

        „ 12, 1691, 1708,

    Griesgaße 31, 1682, 1705, '28,

Die Lücke zwischen 1500 und 1613 kann nicht ausgefüllt werden.

Welsperg**. später Grafen,

    Festungsgaße 4, 1586, 1600, 1655,

Widmer, Wibmer, Judengaße 14, 1528;

    Plätzl 2, 1616, 1640,

    Trágaße 9, 1603, '23, '62,

    Steingaße 5, 1576, 1606.

Wisped**. (Wisbach bei Hallein),

> „Der Wyspeckhenhof, so in der Räsgassen bey der Pfarr
> gewest". Steinhauser. bis 1604.

H. 5, Goldgaße, vor 1429.

Wolfartshauser*. Residenzplatz 7, 1490, '96, 1526, '69.

Zäudl*. Nathansplatz 4, 1382,

> Trágaße 23, vor 1387, 1418, 1434,

Zeyringer*. Schanzlgaße 12, 1450,

> Giselakai 7, 1572,
>
> Wagplatz 6, 1483, 1526, '69,
>
> Goldgaße 8, 1520, '42,
>
> Steingaße 8, 1560, '95.

Zezi. Residenzplatz 3, 1745, '78, '84, 1800,

> Trágaße 5, 1764, '70, 1800, '16.

Zillner*, später Freiherrn Zillerberg.

> Steingaße 7, 1584, 1604,
>
> Trágaße 16, 1608, '25, bis 1647,
>
> Marktplatz 9, 1692, 1720, '50,
>
> Griesgaße 6, 1646, '88, 1714, '35,
>
> Dreifaltigkeitsgaße 9, vor 1734,
>
> St. Josef 1674, 1707,
>
> Froschheim 9, 12, 14, 1690.

Zäuglein*. Schon um 1240 angesessen.

> Hagenauerplatz 2, 1414, '32, '52,
>
> Griesgaße 9, 1414, '52,
>
> Nonntal 19, 1307, 1412,
>
> „   ein Garten, um 1360 80 (Nonnb. Urb.).

Schart man die aufgeführten einzelnen Fälle von Häuserbesitz nach Jahrhunderten und Stadtgegenden zusammen, so erhält man folgende Uibersicht:

Stadtgegenden	Jahrhunderte						
	13.	14.	15.	16.	17.	18.	Summe
A. Kai	1	6	9	15	9	5	45
B. Wagplatz, Juden-, Döller- gaße	1	6	17	15	18†	8	65
C. Marktplatz, Brod-, Goldgaße	—	17†	13	15	11	7	63
D. S. Haffnergaße . . .	—	6	10	11	8	2	37
E. Kränzlmarkt, Trágaße . .	—	12	38†	26†	15	14	105
F. Uiber der Brücke . . .	··	5	21	14	6	4	50
Summen	2	52	108	96	67	40	365

Daraus wäre zu entnehmen:

Die meisten Besitzfälle langlebiger Geschlechter kommen im 15. Jahrhundert vor.

Vom 15. bis ins 18. Jahrhundert nimmt die Zahl der Fälle beinahe in arithmetischer Reihe bis auf das Drittel ab. Das heißt, die Geschlechter dauern kürzer im Häuserbesitz aus; es wechselt daher die Bevölkerung rascher.

Das 18. Jahrhundert zeigt beinahe in allen aufgeführten Stadtbezirken die geringsten Besitzzahlen, d. h. die langlebigen Geschlechter haben sich überall fast gleichmäßig vermindert.

Wie aus den beigesetzten Zeichen † zu ersehen, wohnten die Geschlechter am dichtesten

im 14. Jahrhundert im (größtenteils neugebauten) Stadtteile C, 33 °/₀,

im 15., 16. und 18. Jahrhundert im Stadtteile E, 35, 27 und 26 °/₀,

im 17. Jahrhundert im Stadtteile B, 27 °/₀.

Im 15. und 16. Jahrhundert werden die entlegeneren Stadtteile A und F ebenfalls häufiger bewohnt, was wohl auf Wohnungsmangel beruhen mag.

XV. Abschnitt.

Häuserchronik.

Wenn auch der öffentliche oder Gemeindebesitz in der Ortsbeschreibung den Vorrang hat, so lehrt doch die tägliche Erfahrung, daß die Hauptaufmerksamkeit, die nächstliegende Sorge, die wärmste Theilnahme überall und allezeit dem Sondereigen, dem Einzeln- oder Geschlechtsbesitz zugekehrt bleiben. Deshalb berührt selbst ein nur übersichtlich, im kurzen Auszug gelieferter, chronikartiger Abriß des bürgerlichen Hausbesitzes manche Saiten, die hier oder da wiederklingen. Denn eine ausführliche Geschichte der einzelnen Häuser in Stadt und Vorstädten zu geben, würde die Gränzen dieses Buches weit überschreiten und ein mehrbändiges Werk darstellen, selbst wenn sie auch für viele Häuser nicht in erwünschter Vollkommenheit ausgeführt werden könnte. Die beigebrachten Nachrichten sind aus den handschriftlichen Sammlungen des Herrn Consistorialrathes Doppler geschöpft, der in dreizehnjähriger Ausdauer sich damit ein unvergeßliches Denkmal seiner Heimatsliebe gestiftet hat und sie dem Verfasser mit Bereitwilligkeit und freundlichstem Entgegenkommen zur Benützung überließ. Die Quellen, aus denen er schöpfte, sind, um tausendfältigen Wiederholungen auszuweichen, in den Nachträgen zusammengestellt. Die Beschaffenheit der gesammelten Nachrichten (heutige Grundbuchsführer dürften sich verwundert fragen, wie es möglich gewesen sei, bis ins 16., 15., ja selbst ins 14. Jahrhundert zurück so viele Hausbesitzer verläßlich aufzufinden) läßt es allerdings bisweilen zweifelhaft, welches von zwei fraglichen Nachbarhäusern gemeint sei, weil die Hausbezeichnungen nach Eigentümern sich im Laufe der Zeit ändern und Lücken erkennen lassen, auch weil Hausnummern erst mit Beginn des laufenden Jahrhunderts eingeführt wurden. Da aber selbst die Hauszahlen sich seither mehrfach geändert haben, auch die Stadtviertel nicht zur durchgreifenden Häusergruppirung benützt werden konnten, so stellten sich von selbst wieder fast mit Notwendigkeit die historischen Stadtteile als sichere, von weitem erkennbare Ankerplätze ein. In Betreff der angeführten Jahreszahlen, die seit den letzten sechzig Jahren vorzugsweise auf den gedruckten Häuserverzeichnißen beruhen, gilt das bereits ein paarmal in Erinnerung gebrachte. In den Überschriften bedeutet die erste Hauszahl die Zählung von 1858, die zweite die von 1881.

A. Linksstadt.

An der Porten und am Brotmarkt.

Da diese Gegend wenigstens 500 Jahre das Herz der kleinen Stadt war, so soll sie, wie billig, die Reihe eröffnen. Die Verlegung der Pfarrkirche, des Rathauses und des Stadtgerichtes nahm der Gegend um Pforte und Brotmarkt ihre Bedeutung. Aber noch lange darnach blieben die Kaigaße, der Brotmarkt und die Judengaße eine Hauptverkehrslinie und die Feststraße, durch welche sich die Einzüge der neu antretenden Fürsten und die kirchlichen Aufzüge bewegten. Die Umgestaltung des alten Brotmarktes durch Wolf Dietrich und Paris Lodron, der sie zu Ende brachte, eröffnete eine mit der Richtung der alten Straße sich schräg kreuzende geräumige Zufahrtslinie zwischen St. Michaelstor und dem fürstlichen Hof und dadurch traten Kai- und Judengaße in den Rang von Nebengaßen zurück.

Der alte Brotmarkt gränzte an den Bezirk des Domhofes in der Gegend des spätern Neubaues, reichte bis zu den Mündungen der Kai- und Webergaße ging beim Gerichtshause in die Gegend an der Pforte über und stand mit dem Aschhofe durch ein schmales rechtwinkliges Straßenknie in Verbindung[1]. Der Platz war zur Seiten der Michaelskirche durch einen (noch bestehenden) Schwibbogen, abgeschloßen.

H. 51; Wagplatz 3.

„Am Brodmarkt" oder „am Heumarkt". „Die Schranne". Aus der Zeit vor Verlegung des Rat- oder Stadthauses (und des Gerichtshauses) an seinen jetzigen Ort sind keine bestimmten Nachrichten vorhanden. Aber aus den Berichten über die Bürgermeisterwahlen ist zu entnehmen, daß sich bisweilen noch in diesem Hause die Wahlmänner versammelten. Die Bezeichnung „Schranne", richtiger „bei der Schranne", ist auch nur eine überlieferte, insoferne die Gerichtssitzungen nicht mehr öffentlich, unter

---

[1] Hinter und links von der St. Michaelskirche sieht man auf der alten Stadtansicht die Domfriedhofmauer am obersten Ende des Aschhofes. Durch die nicht ganz entsprechende Perspektive getäuscht hielt Hübner die Domfriedhofmauer für einen in der Luft schwebenden hölzernen Gang, der vom (Dom)Gußterhause zur St. Michaelskirche herübergeführt habe. (Topogr. I. 184). Man müßte von demselben aus in eine Dachlücke der Kirche hineingeraten sein. Hübner hatte keine Vorstellung, wie der Domhof, die Bürgerstadt, St. Peter u. s. w. im Mittelalter räumlich abgeschloßene Stadtteile waren.

freiem Himmel, sondern im Rathause gehalten wurden und nur mehr die „Malefizrechte", d. i. die Aburteilung todeswürdiger Verbrecher vor diesem Hause oder auch vor dem ehemaligen gegenüber gelegenen Gerichtshause stattfanden. In solchem Falle wurde das Urteil von dem Ruheplatz der Stiege, die von außen am Hause hinaufführte, verkündet, der Stab gebrochen und die Stücke herabgeworfen.

Nach Entfernung der „Prottische" vom Marktplatze (um 1430 40) erhielten in diesem Hause die 20 Stadtbäcker ihre Verkaufsstätten. Allmälig geriet die ursprüngliche Bedeutung „Schranne" in Vergessenheit und man bezog sie nun auf die Bäcker. 1526, '69 „Prothaus oder Schranne." Die Bäckerläden wurden an das Rathaus und an die Brücke versetzt (1643 „ist das Prothaus in das Rathaus versetzt worden") und nach dem Brande des alten Gerichts- und damaligen Waghauses und der Trinkstube die Wage in dieses Haus verlegt. Um 1645 „Gemainer Stadt Waghaus". Zu derselben Zeit wurden die Tuchschererläden, die an dem gewesenen Gerichts- oder Waghaus standen, entfernt und an das neue Waghaus versetzt. 1647 „Gemainer Statt Wag". 1713 Gemainer Statt Fronwag. 1800 Gemainer Stadt Hauptwag. 1802 Hauptgüterwage. Die Wage wurde 1815 auf den Sigmundplatz versetzt, 1817 Weimwirth Weickels Haus. 1858 Ignaz Paurnfeind. 1874, '81 Johann Löhe. Getreidelager und Getraidekäufe fanden also in dieser Schranne niemals statt.

H. 52; Wagplatz 5.

1423, 29 Ulreich Tänckhl „Haws am heymarckht". 1472, '77, 1512 Wilhelm Stumpf „am Brotmarkt. 1512, '26 Hanns Gangsperger. 1526, 1608 Hanns, Veit, Leopold die Praun'schen und Nachkommen. 1615 Wolf Paurnfeind. 1650 Christof Paurnfeind von Eyß zu Wisbach und Nachkommen. 1718 beginnt die Verstuckung in „Böden". 1748 „Handelsfactor" Kolb vereinigt sie wieder. Um 1788 Franz X. Späth, Handelsfactor, 1821 dessen Nachkommen. 1874 Graf Arco-Zinneberg.

H. 53; Wagplatz 6.

War bis 1392 im Besitze der Goldecker, in welchem Jahre Hang, der letzte seines Geschlechtes, das Haus um ein Selgerät für seinen Bruder Hans an den Abt von St. Peter abtrat. 1423 „des Herrn von St. Peter haws am heymarkt". Darauf hatten Erbrecht: die Goldschmidin Caspar (Zeyringer?); 1442, '53 Alexius aurifaber, d. i. Goldschmid; 1468, '82, '94 die Zeyringer und mit ihnen die Valkenauer, ebenfalls Goldschmide, bis 1496. 1509 verkauft der Abt das Haus, für welches jährlich 7 fl. B'standgeld (Miethe) bezahlt wurde, wegen Baufälligkeit an den „Goldslaher" (Goldschmid) um 175 fl. 1496 Jakob, 1526 Caspar Zeyringer und Nachkommen bis um 1570, Burger und Goldschmide. 1542 kauft Hanns Gnigler (er hieß eigentlich Zachuer) als Gerhab (Vormund) der Zeyringerkinder „eine ewige und jährliche Gilt" auf dieses Haus um 300 fl., d. h. er nahm (wahrscheinlich zum Hausbau) diese Summe (Capital) zu leihen und zahlte dafür jährlich 15 fl.[1]) 1589 Steinhauser Felix. 1608 Steinhauser, Handelshaus. 1647 Frau Czernin von Chudeniz, dann Gräfin Starhemberg (eine Verwandte der Steinhauser'schen und Alt'schen). 1650 Samuel Gerold, Buchführer[2]), „Haus auf dem gewesten Brotmarkt." (Seit Entfernung des Bades zu Kaltenpach, oder in der Neustift (Landeskunde XIII.) scheint das Bader- gewerbe in dieses Haus übertragen worden zu sein)[3]). 1800 Bader Zeller. Mehrere Eigentümer. 1858, Drei Besitzer. 1881 Baumgartner.

H. 54; Judengasse 14.

1429 Heinrich Dänckhl. 1452, '77, 1528 Lukas und andere Höhen- felder. 1529 Widmer und Wibmer (Wolf Widmer war 1528, '37, '39 Bürgermeister). 1569 Hanns Steinhauser und Martha Westendorffer. 1608 Steinhauser, Handelshaus. 1647 Adam Grueber, Handelsmann und Rathsburger. 1713 Strobl (Anton Strobl war 1720 bis 1732 Bürger- meister). Um 1780 Peter Metzger (Bürgermeister 1775—1795). 1800 Kaufmann Gschnitzer und Sohn (Bürgermeister 1847—'50) † 1884.

H. 55; Judengasse 12.

1434 „an der porten, gegen den prun vber". 1509 „an dem heymarkt, gegen den prun vber". 1526 „an dem hewmarkt gegen den Schererläden (s. H. 51) vber."

1442, '63, '99 Anna, dann Leonhard Sulzperger. 1526 Benedict Pfaffenberger zu Burghausen. 1552 Hiliprand. 1569 Lugenstein. 1608 Khellenperger (ein Hanns Khellenperger war 1651 Bürgermeisteramts- verwalter, dann Bürgermeister bis 1657). 1623 Abraham Attenperger. 1647 Paul Cranstorffer, Goldschmid, „Haus in der Judengassen".

---

[1]) Da jedes Geldausleihen auf Zinsen von der Kirche Jahrhunderte lang als Wucher erklärt war, bediente man sich, weil die volkswirtschaftlichen Elemente von Capital und Zins nicht aus der Welt geschafft werden konnten, in Salzburg der Ausdrücke: eine Gilt kaufen oder verkaufen. („Gilt" in solchen Fällen = Zins).

[2]) Samuel Gerold wird auch „Kunstführer" genannt und ist ein Ahnherr der rühmlich bekannten Verlagshandlung zu Wien. „Kunstführer" will sagen, er führte auch Waren, die in das Fach der Künste (Holzschnitte, Kupferstiche, vielleicht auch Gemälde u. s. w.) einschlugen; also Buchhandlung und Kunsthandlung vereinigt.

[3]) Die Ortsnachweise bei Steinhauser a. a. O. sind etwas unsicher.

Obermaier. Regensburger. Stockhamer. 1858 Franz Mayr. Baurnfeind Josef 1881.

Die „Judengaße" wurde also erst nach 1526 auf den „Heumarkt" ausgedehnt und 1647 ist letzterer Namen getilgt.

H. 71; Wagplatz 1.

„An der Porten" oder „am Heumarkt".

Seit ältester Zeit Gerichtshaus (Stadtgericht) bis zur Übersiedelung in das Rathaus. Daß vor diesem Gerichtshause öffentliches Gericht gehalten wurde, ist bereits angeführt. (H. 51). Daß in ältester Zeit auch, und zwar bald nachdem das Urteil gefällt war, die Hinrichtungen auf dem Platze vor dem Hause vollzogen wurden, ist wahrscheinlich, weil es auch in andern Städten so gehalten wurde und die Stadt damals noch nicht im Besitze eines ihr gehörigen Richtplatzes außerhalb der Mauern sich befand. Als bedeutungsvoller Überrest dieses Verhältnisses und als Wahrzeichen alter Rechtsgewohnheit wird noch im Jahre 1590 der pranger an diesem Hause genannt[1]. Als im J. 1498 die städtische Fronwage von der Ecke der Milch- und Brotgaße (am Hause 22 oder Brotgaße 4 1881) entfernt wurde, fand dieselbe in diesem Hause ihre neue Stätte. Neben der Wage entstand bereits allmälig in demselben Hause die Trinkstube. Vom Waghaus (sammt Trinkstube) wird 1553 ein Wohnungszins von 38 fl. entrichtet, was nicht ganz unbedeutend ist, 1588 schon 83 fl., im Jahre 1593 96 fl., bald darauf 117 fl., aber 1619 bereits 154 fl. 4 Schill. 1622 aber 169 fl. Im J. 1635 brannte das Haus ab, wurde bis 1638 neu hergestellt (die Wage entfernt, s. früher H. 51) und als städtisches Wirts- und Gasthaus, mit dem alten Namen „Trinkstube" vermietet. Vielleicht wurde erst zu dieser Zeit auch der Pranger entfernt, denn die Stadtansicht von 1650 zeigt ihn auf dem Griese. Der Mietzins betrug 1640 schon 200 fl. und stieg 1641 auf 250 Gulden.

1564 Rupert Koch, Wirt auf der Trinkstuben. 1638, '47 Balthasar Eixenberger, Gastgeb daselbst (und zugleich beim Mohrenkopf). 1713 Georg Kaserer. 1813 Wolfgang Mayr. 1858 Ignaz Bauernfeind. 1874, '81 Johann Löhe. — Gasthof zum Erzherzog Karl.

Über die Herstellung und Ausschmückung dieses Gebäudes nach dem Brande, s. Hübner I. 178. Die Steigerung des Mietzinses von 1553—

---

[1] 1590 zahlt „Ruep Haderer von einer herberg auf der Trinkstuben vnd Sudküchl vnder dem branger ½ jahr zins Ruepti (Ruperti) in der fasten verfallen 5 fl. 4 Schilling". Stadtkammerraittung.

1622 um mehr als das vierfache (vor dem Neubaue) weist auf zahlreichen Besuch und lebhaften Fremdenverkehr hin. Und während des dreißigjährigen Krieges erfolgt der damals prachtvolle Neubau, und steigt der Mietzins neuerdings um 70°/₀. Das Schlagwort von der „Saisonstadt" und die Bezeichnung „Hotel" für deutsche Gasthöfe war aber noch nicht erfunden.

H. 68; Döllergaße 8.

„hinter dem gerichtshaus", „pei dem gäßlein zur salzach", (welches zwischen diesem und dem Laubinger (Höllbräu)hause an der alten Stadtpforte zur Salzach hinausführte.

1372 Chunrad des Ochsenpüchlers Haus zenächst des Seydl Tuechler Hofstat. 1409 Ulrich, 1449 Georg Dachs. 1452 Jobst Häfftler, 1466 deßen Witwe, 1487 Hollensteinerin. 1501 Albrecht Hundt († 1516), 1526 Beatrix, Albrecht Hundtin. 1530 Asen (Erasmus), 1550 Christof, 1569 Jörg Dölrer[1]) (Bürgermeister 1595), 1601 deßen Erben. 1616 Georg Dölrer. Mathias Fischer, Gastgeb, wohnt im Hause. 1630 Joh. Rud. Sturm, f. Rat und Pfenningmeister und Frau Susanna (Sturmhof außerhalb der Gasfabrik, Lehen). 1647 Hanns Georg Westermayer, Lebzelter, 1650 Wirts und Mett(schanks)behausung. 1672 Dr. Felix Pflanzmann, f. Kammerrat. 1680, 1713, '59, '84 Franz, Florian, Gottfrid. 1813 Ursula Lebitsch, vh. Rueborfer. 1858 Peter, Maria Poschacher. 1874 Reinhold Kiesel.

H. 69; Döllergaße 6.

1355, '61 „Badstube zu Chaltenpach". „in (bei) der Porten hinter dem Gerichtshaws an der Rynchmauer".

Ludweig der Säppl, 1370, verkauft sie an Hanns Layuer. 1406 Bad an der Neustift. 1472, Jörg, Pader. 1526, Paderin. 1569 Neustiftspater Caspar Tax. 1604 Georg, Caspar Päsinger pader. Es ist ungewiß, wann das Badegewerbe in das Haus 53 übertragen worden ist. Um 1512 scheint ein Um- oder Zubau (appropriatio domus) ausgeführt worden zu sein, wodurch etwa die Sackgaße vom Brobmarkt herein in den rechten Winkel der jetzigen Döllergaße umgestaltet wurde[2]).

---

[1]) So und „Töller" unterschrieb sich der Stadtkämmerer und Bürgermeister selbst.

[2]) Ungeachtet Steinhauser (Abbde XIII) das Bad an der Neustift unter J. 134, 139, 140, 201, 41, 42 erwähnt, sind seine Ortsbestimmungen doch für die Gegenwart unzulänglich. Gewiß ist, daß es in der Nähe des Haunspergerhofes lag und sammt demselben und einem Hause, das zur Annakapelle im Dome gehörte, 1604 abgebrochen wurde. Auch das Panhamer-, Kleyl- oder Silberbergerhaus in der Nähe traf dieses Schicksal. Die Ortsbestimmung „am Brobmarkt" bezeichnet offenbar nur die Stadtgegend, denn am Platze selbst lag doch das Bad nicht, da es an der Ringmauer sich befand. Auf der Sebnagelischen

H. 70; Döllergaße 4.

1372 Tuechler Seydl. 1429 Chunrad Gernug. 1477, '97 Khopler-
haus. 1482 Goldschmid Faust. 1496 Goldschmid Bertold. 1512 Peter
Albär, Kürschner. 1542 Paul und Virgil Altmann. 1564 Dr. Wolff Alt.
1585 Magdalena Luegenstein. 1595 Wolf Paurnfeind, hat am Haus
„ein khlain gepäwlein angefangen", worüber sich jedoch drei Nachbarn
beschwerten. Es wurden commissarii geschickt und die Sache verglichen.
Erbteilung 1694 und 1705 in 32tel, dann in Erdgeschoß und vier
„Böden". 1788 Chrisostomus Pibern im 2. und 3. Stock († 1794).
1809 Spezereihändler Haslauer besitzt den 1., 2. und 4. Boden. 1858,
'81 drei Besitzer.

Nun folgen zwei oder drei Häuser, deren Lage jedoch nicht mit
Genauigkeit angegeben werden kann.

a, b, c, Abgetragene Häuser (1604).

„Das Haus, welches zu St. Anna Capellen im Thuemb gehört ....
und war dises Haus hinder der Neustift am Brotmarkt gelegen." Steinhauser, Lbskbe XIII, 84, n. 139 und 106, n. 204, 42.

„Wer das Haus, so dem Silberberger angehört hat, am Brotmarkt
gelegen." Ebdort. 106, 40. „In disem 1603 Jahr hat ihr hochfürstliche
Gnaden das Eghaus am Brotmarkt, oder das negst daran gelegene ....
(um 2023 fl.) abkaust .... Diese hievor beschrieben Heüser, und noch
wol mehr, hat der Erzbischoff alle lassen niederreissen". Ebd. 82, 134.

1406 „Philipp Haidingers Haus an der Porten, gegen Herrn
Jakoben des Turner haus ober"[1]. 1434 Fruman (?). 1490, '96, 98
„Ein hawß am hewmargt am egk neben der haunsperger, gegen der
Turnär ober, so etwa der Panhamer in gehabt". — 1526 Stefan Klötl.
1543 Onufferus (Onuphrius, zu tentsch: Humphrey) Monin (oder Many).
1568 Silberberger. „gelegen gegen des Turners haws ober und neben

---

und der selbern Karte 1553 scheint der Anfang der Döllergaße vom Brodmarkt hinein
zweifellos ersichtlich zu sein.

[1] Das Haus der Turm oder Turnär (zu St. Jakob am Turnberg) kann kein anderes
sein, als das Eckhaus neben der Michaelskirche auf der dem Hause 6 gegenüber gelegenen
Seite des Brodmarktes. Es entspricht beiläufig der zurückgelegten Ecke des Neubaues.
Steinhauser (s. a. S. 1. 105, 201 n. 1 und 11 und S. 54, 57, n. 15) gibt zwei
Häuser von Achaz und Sigmund von Turm an, die beide vielleicht in derselben Häuserflucht
lagen und hinter welchen auch die St. Jakobskapelle am Domsfriedhofe, das Erbbegräbniß
der Turm, stand. Wie zu entnehmen, waren die Turm schon zur Zeit Jakobs III. und
wohl lange Zeit vorher „zu Thurn und Neubeuern" (am Inn) im Besitze dieses Hauses.
Achaz III. Erbscheuk, zu Neubeuern und Rohrdorf, 1583, 92 hatte zu Ingolstadt studirt
und war Pfleger zu Mühldorf. Auch Sigmund II., der Sohn Jakobs V., studirte zu
gleicher Zeit daselbst (1567 u. ff.) Das Geschlecht starb während des dreißigjährigen Krieges
(um 1640) aus.

des pades genannt die Neustift". 1584 Herr Dietrich Khuen. 1604 abgetragen. 1608, „Behausung am Prodtmarkt, so vor vier Jahren abgebrochen."

Im J. 1538 steht (wohl am Eingange der Döllergaße, aber wo? vielleicht vorspringend?) „Das Egkhaus am Brotmarkt, wie man in die Neustift geht — Spändlhaus? gegen dem Kletzlhaus über".

H. 72; Wagplatz 2.

An der Porten oder am Heumarkt.

Die Chronik dieses Hauses reicht bis ins 12. Jahrhundert zurück. Um 1181/83 wird „Meinhard vor der Pforte" genannt[1]); „vor" heißt nicht etwa außerhalb, sondern von der Pforte herwärts oder hervor. Der Sohn oder Enkel desselben ist um 1231 „Meinhard an der Pforte"[2]). Im J. 1250 weist das Domkapitel den Söhnen Karls von Gutrat, Otto und Chuno auf dem Hause des Bürgers „Meinhard an der Pforte" 300 Pfenninge an[3]). Es ergibt sich auch, daß die Gutrater dieß Haus zu Erbrecht hatten, denn es führt noch 1364, '99 den Namen „des drug-säzz haws". (Die Gutrat waren des Erzstifts Erbtruchseße). Im J. 1327 vertauscht Erzbischof Friedrich an den Abt Ekkehart von Admont ein hölzernes und ein gemauertes Haus an der Stadtmauer und Porten, das dem Chuno von Gutrat gehört hatte (das Geschlecht war um 1300 ausgestorben) gegen den Admunterhof, der zum künftigen Bürgerspital bestimmt wurde.[4]) 1496 „des von Admunt haws". 1514 wohnt der abgedankte Abt Michael von Admont im obern Stübchen des Hauses.[5])

Von Zeit zu Zeit tritt die Unterscheidung der vorgenannten zwei Häuser, (wahrscheinlich ein vorderes und hinteres) wieder hervor. 1412 gibt der Abt (von Admont) das Haus dem Goldschmid Peter zu Leib-geding (auf drei Leib: Peter, seine Frau und Schwester). 1443 erhält eine Hälfte der Maler Hanns Mynner zu Erbrecht und die andere Oswald, Kramer[6]). 1454 Apotheker Zacharias Stewitz. 1476 geht des Stewitz Erbrecht von seinen Kindern auf den Bürgermeister (1468, '69, '76, '77) Jakob Schönperger über. Noch bestand die Verpflichtung Mönche von Admont während ihres Aufenthaltes zu Salzburg mit Dach und Fach zu beherbergen[7]).

1500 Afra Stumpf, Leibgeding[8]). 1526 Stumphen und Rudolph-

[1] v. Meiller Salzb. Regg. 139, 49. Notizenblatt der Wien. Akad. V. 513, 172.
[2] ebenda 252, 373.
[3] Copialbuch des Domkapitels (Doppler).
[4] Wichner Admont. III. 31.
[5] [6] [7] [8] Ebenda III. 172 und IV. 50.

haws. Das Haus geht (höchst wahrscheinlich 1575, als Erzbischof Johann Jakob vom Kloster Admont die Probstei Friz, oder die admontischen Güter und Renten im Salzburger Lande kaufte), in das erzbischöfliche Urbar über, befindet sich noch 1650 in demselben und wird unter den Besitzstücken der Probstei Friz aufgeführt.

1593 Wolf Paurnfeind durch Kauf. Des Mathias Paurnfeind Witwe, geb. Zapler, wieder verheiratete Fraißauf erhält 1641 von beiden Häusern ³⁄₄, Paurnfeinds Töchter ¹⁄₄. 1647 erbaut oder besitzt Sr. Gestreng Joh. Egidius Perner den hinten anstoßenden Neubau, das Pernerstöckl. Sofia Perner war eine Tochter Paurnfeinds). 1676, '88 Frau von Kimpflern, geb. Paurnfeind, vereinigt beide Häuser. Es folgen nun mancherlei Teilungen unter zahlreichen Verwandten. Johann Sebastian, dann Caspar von Freißauf (Fraißauf und Freisauf) 1806, 1808 Freyssauf (Handelsfactor) 1813 deßen Erben und 4 Consorten. 1817 Handelsfactor Schaffner. 1858 drei Besitzer. 1874 Karl Roll und Harretsberger.

Bei den Teilungen des Hauses in ein vorderes, hinteres, in Böden, in Viertel, 32tel, 74tel wurden auch die Fischbehälter, die Keller, das Torwartzimmer, das Wagen-, Speise- und Käsegewölb, der Stall, die Teile des Dachbodens den jeweiligen Eigentümern zugeschrieben und man ersieht dabei die mancherlei Gelegenheiten des geräumigen Hauses.

Wie der Fund eines Mosaikbodens innerhalb der Toreinfahrt beweist, steht dieses Haus über den Resten eines juvavischen.

H. 73; Mozartplatz 4.

Gewiß ist, daß auf diesem Platze zwei Häuser standen, der Haunspergerhof und das ältere Rehlinghaus. Es ist aber nicht genau zu ermitteln, wie nach dem Abbruche des Haunspergerhofes (1604) deßen Baufläche verteilt wurde. Es erübrigt daher bis etwa zur Auffindung neuer Behelfe nichts anderes, als beide Häuser neben einander aufzuführen.

Haunspergerhof.	Schönpergerhaus (Schemperhaus).
Schon Michael von Haunsperg (1373, 1404), vermält mit der Erbtochter der alten Stiftsmarschälle, Margarethe von Aichaim, besaß das Haus. „Herrn Martin von der Alben Hofstatt neben des Drugksazzen haws" 1364 (er ist also wahrscheinlich nicht	1526 Schönpergerhaus (s. H. 72). 1538 Spändlhaus(?) Dr. Ribeisen deßen Witwe bis 1568. Christof Pfliegl, bis 1581. Christof Weiß, Bürger, bis 1589. 1589 bis 1765 Hofrath Re(c)hlinger und deßen Nachkommen.

Eigentümer, sondern hatte blos Erbrecht von dem Haunsperger).

1512, '15, '20, '23, '32, '64, '89, der Haunsperger haws, bis 1603.

1603 kauft Wolf Dietrich von den Brüdern Johann, Christof, Sebastian und Sigmund, den Nachkommen Martins von Haunsperg, den vordern Teil, und von Willibald, dem Sproßen der hartwigischen Linie dieses Geschlechtes, den hintern Teil des Hauses gegen die Salzach. Steinhauser in Lbst. XIII. n. 131, 132, 138, 204, 390).

1603 4 dürfte Nehlinger auf dem Grunde d. abgebrochenen Haunspergerhofes sein neues Haus und bald darauf (1634 ist es bereits bewohnt) das zweite daneben auf dem Grunde der von Wolf Dietrich niedergerißenen Häuser (das s. g. Nehlingstöckl) erbaut haben.

1765 Landschaftskanzler von Antrettern. 1795 Hofbuchdrucker Duyle. 1805 Kaufmann Auer, Duyle. 1813 Josef Heuf, Spezereihändler, und Duyle. 1858 Alois Duregger. 1874 Karl Spängler.

H. 74; Mozartplatz 5.

Vor 1477, Chunrad Chellner. Strettenwanger oder Strattenwenger bis 1514. 1515 Die Brüder von München, 1522. Hauns Schengkh bis 1532. Ehrnreich von Trautmannsdorf bis 1536. Balthasar von Tannhausen und deßen Witwe bis 1568²). „Die Herrn Weitmoser" 1569, darin der Gastwirt Kübler.

Im J. 1594 wurde das Haus und vielleicht auch das nächste von Wolf Dietrich angekauft, niedergerißen und darauf jenes palastähnliche Haus

¹) Die Haunsperger Otto (1422) und Martin 1550 erscheinen als Bürger und Gerichtszeugen zu Salzburg, aber die Geschlechtschronik nennt sie, wahrscheinlich weil sie zu den Bürgern sich herunterließen, nicht. Die „kaiserliche Freiheit", die auf dem Haunsperger Hofe ruhte, ist wohl nichts anderes, als was das Salzburger Stadtrecht von 1368 sagt: „Fleucht (flieht) ainer in aines pidermans (biderben Mannes) haws, der ainen zeitlichen schaden getan hat, wer den vordert oder haimsucht (mit Gewalt ins Haus bringt), dem sol man die hant abslahen. Es sol auch chain richter disen aus dem haus nit nemen". Die „haimsuche" war nach uraltem deutschen (und bairischen) Rechte überhaupt eine straibare Handlung. Dieses Zuflucherecht soll sich auch auf dem Hofe zu Ottmaring bei Roßdorf (Teusendorf) erhalten haben. Bekanntlich darf die englische Polizei auch nicht in die Häuser eindringen: Mein Haus ist meine Burg, sagt der Engländer.

²) Nach des Herrn R. von Raab Zählung (Lodde XII, 15, 16) war es Balthasar III., deßen Ehefrau Euphrosine Apzentbaler, Erbtochter ihres Hauses † 1461. In diesem Hause bewirtete Tannhausen den neu antretenden Erzstiftsverweser. Herzog Ernst von Baiern und deßen Brüder. Wenn Frau Euphrosina bereits 1461 starb, so zog sich vielleicht die Verlaßenschaftsabhandlung bis 1468 in die Länge. Daß die Tannhausen aus der Oberpfalz stammen, scheint aus ihrer Wappenfigur, dem Greifenfuß, hervorzugehen. Der ziemlich entartete Ableger der Tannhäusersage, der an den Trümmern der Veste im Leßachtale in Lungau haftet, wird wohl erst seit der Einwanderung der Tannhausen dahin verpflanzt worden sein. Das Geschlecht dürfte schon früh nach Lungau und in den Besitz der Veste

erbaut (Steinhauser, Lvslde XIII, S. 69, n. 97), das des Erzbischofs Bruder, Jakob Hannibal 1600 aus mehrerlei Ursachen so rasch verlaßen mußte, und bald darauf der Erzbischof wieder abbrechen ließ (Steinhauser a. a. O. S. 107. n. 204, 55.) Deßen Grundfesten wurden im J. 1841 bei der Grundaushebung für das Mozartdenkmal aufgedeckt und zeigten die Baulinie in der Richtung der Pfeifergaße als alte Begränzung des Brodmarktes.

Unter Zurücksetzung der Baulinie erbaute (unter Erzbischof Paris) darauf „Herr Friedrich von Rehlingen, f. Rath,“ Haus, Hof und Garten, welche um 1842 im Besitze des Freiherrn von Imhof sich befinden und seitdem bei diesem Geschlechte verblieben sind, nachdem sie noch im J. 1813 in den Händen der Rehlingen waren.

Abgetragene Häuser (f. S. 276).

d. Brotmarkt.

1399, 1408 und um 1459 des Abts von Raitenhaslach Hans. 1526, '64, '72, der Rosen Haus, 1569 Helias Riß, Burger und Wirth alhie. 1594 abgetragen, wie Steinhauser (Lvslde XIII. a. a. O. Zahl 97 und 204, 15) angibt.

e. Brotmarkt.

1420 „bei der pfeifergassen“; 1520, '26 „schier an die pfeiffergassen“; 1420 „zwischen des Abbts von Raytenhaslach vnd des Perleinsein hewsern“.

1420, Peter Winter, pader im Nunthal. 1511, '20, '54, '68, '78, '90 Gilig Hauser oder Hanseder. 1564 Peckenhaus. 1590, Frau Wilhelm Gutratherin; Hanns Mainpurger, Peckh bis 1604, Felicitas Pruckpöckin, d. i. die Gutraterin. Abgetragen, Steinhauser a. a. O. Z. 97 und 204, 16.

f. Webergaße (Brotmarkt).

1512 „ist das erst Haws so man in die Webergassen get“. 1423, '29, '52, '77, '92, ?1510 Albrecht Hunt: Chürsner Perelsein (Perleinsein, Perlasein) vor 1496; 1498, 1512, '20 Kürschner Stigler Hanns und Ruprecht. 1528, Dr. Erasm Rordorffer, Hauspfleger auf Schloß Salzburg,

---

„Turnichal“ gelangt sein. 1275 ist Gotfrid Tankauser bereits salzburgischer Vicedom zu Friesach. K. von Raab in Lvslde XII. 6. „Turnichal“ scheint doch nur ein angenommener Name für den alten Lehachhof zu sein. („Turn“, um oder in dem es von dem mitter nächtlichen Geisterspuck und Lärm „schall“!) und das „Turnschalweibel“ wird wohl für eine stark verbaute „Frau Penns“ gelten müssen.

1534, Wolff Höhenfelder. 1541, '64, Sigmund Offlinger, Hanns Offlinger Stadtrichter und Mautner (1586—91), 1595, deßen Erben. 1601, Lorenz Rainer und Frau, Burger und Gastgeb. Abgerißen. Lbslde XIII, Z. 130, 204, 38.

Zum Teil auf diesem Grunde erstand ein Haus Santino's Solari unter Erzbischof Paris, das später ein Domherrnhaus geworden ist, Pfeifergaße 1.

g. Weber- oder Pfeifergaße.
Später H. 79 1858 beiläufig.

1452 Haus Aaron's Haus. 1452 Ulrich Fraunknecht. 1477 Stefan Aichinger, Parchanter; 1512, '18 deßen Witwe, 1528 Klaus Gschwent, Kürschner, Aiden (Eidam, Schwiegersohn). 1542, Christoff oder Christan Hamperger, Kürschner, 1553, '70, '95 Wolff Hamperger.

1604 5 vom Erzbischofe abgelöst und niedergerißen; Steinhauser in Lbslde a. a. O.

h. Webergaße.
H. 80 1858 beiläufig.

1407 8 Chunigund die Ameyßlin, Pfeifferin, macht Stiftungen nach dem letzten Willen ihres Ehemannes. In Folge derselben treten die Brüder von Wels (Minoritenmönche?, Domprediger) in den Besitz dieses Hauses. 1412—1554 Brüder von Wels. 1556, Zimmermann Martan När, 1562, '70 Martan Strübl, 1589, '95, Martin Peham, 1602—5 Gabriel Ner Handschuhmacher. Da seit 1412 neben der Bezeichnung „Webergaße" auch der Name „Pfeifergaße" in Übung kommt, so sind wohl die Stiftungen Ameyßls Ursache, daß die Gaße nach ihm benannt wurde.

i. Webergaße.
H. 81, beiläufig.
Bräuhaus in der Pfeifergaße.

1501 Paul Pirprew, 1504 Hanns Hayder, 1526 Wenzlbräuhaus. 1569 Bartlme Brugg(er) Hofbäcker; Hanns Rainsmoser, Bräu. Andre Eglauer Bräuer 1604. Abgetragen. Lbslde a. a. O. 204, 35, 36; 128. Nach Steinhauser (a. a. O. 81 u. 128) hatte Eglauer zwei Häuser.

k. Webergaße.
H. 82 beiläufig.

1384 Charlein, der Trauner; 1434 Traunerhaus; 1445 Ulrich Elsenhainer, 1485; 1477 erwirbt Ruprecht, Pechl, darauf Erbrecht, 1495 deßen Erben, die Weinpacherin; 1504 Hans Wiener, Schneider;

1515—'23 Bartlme Newer, Pfaff (Kaplan einer Bruderschaft); 1542 Hieronymus, 1566 Matthäus Aufang; 1586 Frau Doctor Haßler, Schwester Kopp's; 1595 dieselbe (Barbara Koppin) allein; 1601, des Dr's Kirchperger Hausfrau, Barbara Koppin, 1604 † Simon Steinparz und Eberhard Kopp, Söhne der Frau Dr. Haßlerin. Abgetragen. Steinhauser, a. a. O. 204, 33.

Es darf erinnert werden, daß die Häuser 79—82 nur beiläufig den Grundflächen der alten Häuser g—k entsprechen.

I. Webergasse.

Neben Charlein des Trauners Haus und dem Rapplbad wäre ein Haus einzuschalten, das dem Domkapitel gehörte, und bei den Domherrnhäusern am Schluße angeführt ist.

H. 83; Pfeifergasse 9.

1315 Gözzleins Padstub, die von der Tuembbrobstey ze lehen ist. Der Dompropst Friedrich von Mitterkirchen (1292–1308, Bischof von Seckau 1308—1318) schenkte das Bad und die benachbarte Kumpfmühle dem Domkapitel. 1384 Räppl der Pader zu Salzburg. Peter, Hanns, Wolfgang, die Räppl bis 1509, '26; 1543 Witwe Räplin, Lorenz Winter, Pader[1]); 1560 Jeronimus Räppl. Rapplpad. 1569 Martin Faulhaber, Burger und Pader (1502 ist Hanns Räpl auch schon Bürger[2]). 1571 Bartlme Maio oder Maier; 1575 Georg Holzschuech; 1579 Niklas Fellinger; 1583 Niklas Pendter; 1585 Michael Kramer; 1608 Sebastian Adler und Sohn; 1623 Georg Päsinger, 1629 dessen Witwe. 1632 Hanns Leitner, 1662 dessen Witwe; 1672 Wolf Gugg; 1679 Joh. G. Weyringer, Aiden; 1708 Erben, 1715 Leopold Weyringer und Ma. Clara Paurnfeindtin. 1739 Leopold Weyringer, Dr. (?) chirurgiae, Katharina Töller. 1747 Leonhard Lidl, Elise Töller, 1754 Witwe; 1768 Franz Günter, gew. Feldscher unter k. k. Dragou.-legers. 1805 Josef Reisenberger[3]), 1817 altes Bader-Günterhaus, jetzt Strumpfwirker Laubacher. 1858 Josef Edelhofer, 1874 Martin Herzog.

---

[1]) Wenn das Testament des Paracelsus Meister Hanns den Rapplbader aufführt, so muß er Rappl geheißen haben, und wäre zwei Jahre später 1543 obige Witwe Raplin seine Ehefrau gewesen, denn von 1384 bis um 1569 waren die Rapl ununterbrochen im Besitze. S. Löelde XVIII, 213.

[2]) Die Bader trieben ein s. g. unehrliches Handwerk und konnten daher Anfangs nicht Bürger werden. 1406 erklärte sie Kaiser Wenzel für ehrlich. Studirte Wundärzte (in Frankreich Chirurgen mit dem langen Amtskleid [robe] genannt), gab es in Teutschland damals sehr selten.

[3]) Die Officin wurde anderswohin versetzt.

Pfeifergaße 84; H. 11.

Rumpfmühle.

Wie vorerwähnt, gab der Domprobst Friedrich von Mitterkirchen zu seinem Selgerät die Rumpfmühle auf dem Griese (in arena) mit dem Hause daneben dem Domkapitel in die Oblay¹). (Das domcapitel'sche Copialbuch aber sagt: ad communem cameram). 1537 verkauft Ludwig Riz zum Sprintzenstein dem Bischof Hieronymus zu Chiemsee sein Erbrecht auf der Rumpfmühle sammt dem Mühlhaus und kleinen Häuslein in der Pfeifergaße, die mit ainem Ort an das Räplpad und mit dem andern an das ober Trenckhthor und an die Stadtmaur daselbs stoßen. Der Bischof von Chiemsee zahlte das Burgrecht an das Domkapitel.

Rumpfmühle 1526, '69, 1647, 1713, '75, 1808, 1881 Johann Hager.

(?) Rumpfmühlgaße 85; Pfeifergaße 13.

1378 oder 1387, Wichart von Polheim gibt dem Propste Johann von Friesach, Pfarrer zu Pettau seine Hofstatt zu Salzburg beim Chiemseehof „an der G'stätten". 1384 wird das Haus beschrieben: „auf der gestetten gegen des von Chiemsee hoff ober an dem wasser genannt die Alben gelegen" und abermals: „ain hauß und hofstat in dem gehai an der stetten auff der Alben gegen des von Chiemsee Hoff ober". Davon sind an St. Peter 18 Burgrechtpfenninge zu entrichten.

Woraus sich ergibt, daß sowohl die Rumpfmühle als das Haus daneben „am Griese oder an der G'stätten" und neben dem „obern Tränktore" standen.

Die Häuser des Kaplanes Völkel 1443, des Halleiner Bürgers Stefan Krügel (1410) und des Bürgers von Salzburg, Ortolf des Tätzels (1445) „nächst dem Chiemseehof" sind entweder in der Rumpfmühlgaße, oder im Krotach zu suchen. Alle vorgenannten Häuser, die Rumpfmühle inbegriffen, kamen nach der Hand in den Besitz des Stiftes Chiemsee.

Haus 89; Pfeifergaße 18.

Vor 1526 Paul Hofhaimer Organist. 1552 dessen Erben. 1556 Adam Rhapp, Thumbkastner, Katharina Hofhaymer. 1569 Jakob Rhapp.

¹) Landeskunde IX. Weihbischof Hofmann. Domkapitel. 162, 11. „Oblay" ist ein spätlateinischer Ausdruck und bezeichnet die Summe oder den Inbegriff der frommen Stiftungen nach dem Willen der Verstorbenen (oblata, oblationes). Der Oblaiarius (ein Domherr) verwaltete diese Stiftungen. Auch St. Peter, Nonnberg hatten ihre Oblaien. Geschenke oder Vermächtnisse, die ohne bestimmte Verfügungen der Geber stattfanden, wurden vom Anwalt nach den Beschlüßen des Capitels verwaltet (ad communem cameram).

1628 Augustin Turner, Taxator und Registrator. 1651 Virgil Kreitl, Glaser; Michael Plahusch, Hofeinkaufer. 1728 Michael Plahusch, Pfarrer, deßen Schwager Christof Strasser, hammerau'scher Oberverweser. 1737 Niklas Haslberger, Hofeinkaufer. 1768 Jakob Mai, Kaminkehrer und Nachkommen bis 1881. Johann Maggini.

Das Haus ist durch eine Steintafel als Hofhaimers Wohnhaus gekennzeichnet. S. Pirckmayer, Lbskde XXII. 103 u. ff.

H. 90; Pfeifergaße 16.

"Rübenhaus."

Das Haus wurde 1501 von Erzbischof Leonhard zu der von ihm im Dome errichteten Meßstiftung auf dem Altare St. Hieronymus und Elisabet gewidmet und wegen Baufälligkeit 1679 an J. B. Schleindl, Landschaftssecretärs-Adjunkten verkauft.

1526 „Kapellmeister von Bischof Leonharten Capellenhauß". 1647 Dr. Johann Curtius (Kurz), Beneficiat SS. Hieronymi & Elisabethae † 1645. 1713 Schleindlhäusl. 1775 Reutschachhaus. 1808 Reutschach- oder Rubenhaus. 1816 Altes Reutschach- oder Rubenhaus. 1874 Weinberger Walpurg, 1881 W. Engelhart.

Des Erzbischofs Leonhard Wappenfigur war die Rübe, die ober der Haustüre angebracht ist.

H. 91; Pfeifergaße 14.

Zirkelwirt.

1479. Georg Prueser, Pfarrer in Hallein. 1526 Lukas Spieß. 1569 Hauns Rauchenpüchler, Kumpfmüller. 1608 Adelger Püchler, Gastgeb[1]). 1627 Simon Klamer, Hoftischler. 1641 Gaudenz Klamer, Hofkellermeister. 1647 „gulden Circul". 1686 beim „golden Zierggl". 1775 Zirklwirtshaus. 1858 Zirkelwirtin Theres Hierl. 1881 Katharina Starzinger.

H. 92 und 93; Pfeifergaße 10 und 8.

1579, '82, 1597, 1601, 1608, '11, Michael Kreuzthaler, Bild-hauer. 1620, '23 Sohn Lorenz Kreuzthaler.

---

[1]) Da in der Nähe aller Badstuben Bierzapfer oder Wirte angetroffen werden, so das Pöchl beim Griesbad, der Lasser und das Kreuz beim Stieglbad, die Gans und der Pennerwirt beim Spitalbad, der Kierl beim Müllnerbad, der halbe Mondschein beim Bruder-hausbad, der Engl und der Sauwinkel beim Bad in der Steingaße, so wird wohl der Zirkel viel älter sein als 1608, und es war Adelger Püchler nur der erste Gastgeb, der zu-gleich das Haus eigentümlich besaß.

92 10.

1666 in Drittel und Neuntel, 1681, '87, 1727 in zwei Teile, dann in Erdgeschoß und vier Böden geteilt, 1811 auch halbe Böden erwähnt. 1858 Kalkantenhaus, 5 Besitzer („Kalkant" ist der Orgeltreter.) 1881 4 Besitzer.

93 8.

bis 1642 die Kreuzthalerischen Erben.

1858 Josef Perner.

1881 Fanni Mainguet.

H. 94; Pfeifergasse 6.

1498 Haus des Amans[1]) von Sitelsdorf. 1516 Dr. Artolf, 1526, dessen zehn Erben. 1552 Wolfgang Ippenperger, Salzmair[2]) zu Reichenhall. 1568 Thoman Widmann, I. U. L., Kanzler zu Burghausen. — 1608, '13 Dr. G. Rottmayr f. Rat. 1790 Domchorregent Christof Pachmayr. 1858 Bachmayrhaus, 2 Besitzer. 1881 drei Besitzer.

In der Lücke zwischen 1568 und 1608 scheint das Haus einem Zachner gehört zu haben, der in den Achziger Jahren des 16. Jahrhundert gestorben oder ausgewandert ist. Nach Steinhauser (Lbstbe XIII, 101, u. 189) ließ Wolf Dietrich 1607 des Zachners Haus in der Pfeifergasse abbrechen. Damit stimmt, daß es im J. 1608 wieder aufgebaut in der Hand eines fürstlichen Beamten ist.

H. 95; Pfeifergasse 4.

1438 verkauft Ortolf Schiffter sein Haus an die Priesterbruderschaft. 1641 verkauft letztere es an den Maurermeister Martin Altenburger. 1775 Maurermeister Heiß. 1800 Maurermeister Karlsdorfer. 1858 Sebastian Stief, Maler.

H. 96; Pfeifergasse 2. Kaigasse 1.

1429, '52 des von Puchhaim Haus. 1516 Georg Saurer, Hofrichter von St. Peter († 1517). 1569 Hanns Riß, Gastwirt, 1623 Caspar Riser, Handelsmann. 1608 Risenhaus, darin wohnen: Hanns Hartwig von Hannsperg, f. Truchseß, und Georg von Greiffensee, f. Jägermeister.

---

[1]) Der „Aman" ist der Bewirtschafter eines Amthofes oder des Landgutes, das der Fürst oder ein Fronhofbesitzer einem seiner Dienstmänner (z. B. Urbarrichter) zu Lehen gab (anstatt eines Teiles der Besoldung). Solche Amthöfe und Amtmänner gab es jenseits der Saale zu Au, zu Sitelsdorf (Sillersdorf). Bekannt sind auch der Stift-Michaelbeurische Amthof zu Seewalchen, der Stift-Matsee'ische zu Zell.

[2]) Der „Salzmaier" zu Reichenhall oder zu Traunstein war der oberste Beamte des Salzwesens an diesen zwei Orten.

1649 besaß es der Ratsbürger Michael Stellner, wegen Schulden kam es an die Gläubiger. 1713, '75, 1858 Stumpfeggerhaus; 1830 Kaffeehaus. 2 Besitzer 1858, 1881.

Kai.

H. 97; Kaigaße 3.

1516 Wolfg. Hellmüllner, Kürschner. Seit 1529 gehörte es dem Bürgerspital. 1556 Sebastian Nerlinger, Brudermeister. 1608 Sabina Ritter. — 1646 Sabina Stubhainz. „Ritterhaus". 1623 Georg Oblmann, Seidenader. 1775 Großuhrmacher Pentele, Johann und Franz. 1858 3 Besitzer.

H. 98; Kaigaße 5.

1423 „Haus gegen Seccau ober."

1569 Frau Nißin. 1623 Hanns Un(t)ersperger, Kunstführer (d. i. Kunsthändler). 1650 Dr. Paurs, Hofgerichtsadvokat. 1858 3 Besitzer.

H. 99; Kaigaße 7.

1429 Lienhart Chamler „gegen St. Johanns in dem Gehan ober". 1512 Jakob Renner, gegen den Frenthoftürl ober". 1562 „gegen des von Seccau haus ober." 1654 Med. Dr. Oswald Grembs und Frau. 1664 Kammerath J. J. Weckherlin von Adelstätten. 1677 Hofrath Casimir May. 1751 Claudius Freiherr von Grimming. 1819 Frau Anna von Wagner, geb. v. Grimming. 1827 Michael Andorfer. 1858 A. Hollwöger. 1881 Jos. Steinberger.

H. 100; Kaigaße 9.

St. Peter'sches Burgrecht.

1393 „gegen der Tumber (Tomer, Domherrn) spital ober".

Vor 1407 die Velber. Partei der Tischler. 1491 von der Schneiderzeche erkauft, in deren Besitz das Haus bis 1809 blieb. Aber schon 1369 und 1393 scheint diese Zeche darin behaust gewesen zu sein. 1809 Jos. Reisenberger, Chirurg. 1816 Wirtshaus zum „goldenen Frieden", später „zur Taube"[1]). 1858 Johann Trauner. 1861 Elsenwenger.

H. 102; 13.

Tomkapitelsches Burgrecht. 1401, '21, Haus Chellner. 1415 Thoman Apphaltersperger, des Chellners Aiden. 1434, '37 Marx Vittlein „gegenüber dem Echaws beim Capitlspital". Aber 1470, '78, '98 Erasm, dann Sigmund Aphaltersperger. 1514, '26, Hanns Panichner zu

---

[1]) Reim: Im Wirtshaus beim goldenen Frieden,
   Da wird nöt g'rauft und nöt g'striden.

Volckhenstorff. — Heinrich von Tachsperg. 1595 die Thurn, 1618 Sigmund, Georg † 1633, Alexander, 1617 Virgili Clauer, thurn'scher Verwalter. 1608 Eitel Friedrich, Graf von Hohenzollern (wohnt darin). 1647 J. G. Freiherr von Fronberg, f. Rat und obrister Kämmerer und Frau. 1650 Tumherrnhof, Carl Graf von Castell Barco, Hofratspräsident. Das Haus wird (um 1650?) vom Domcapitel von den Freiherrn von Turn „erhandelt“.

Domherrnhaus bis um 1813, dann Kaufmann Haslauer, 1881.

H. 103; Chiemseegaße 1.

1514 Das Spießerhaus. 1552, '57 Mayburger, Schlayrer[1]). 1605, '18 Mathias Scheler oder Scheller.

H. 104; Chiemseegaße 3.

1565, '9, '85, Virgil Diether, f. Waldmeister, dessen Erben, — Dietrich Khuen, 1608, '13, '28, Hans Christof Perner, 1680 Franz Dücher Freiherr, 1713 Baron Benedict Dücker.

H. 105; Chiemseegaße 5.

1488, '98 Wilhelm Tätenpeck (Tattenbach). 1522, '78, Wilhelm Noppinger; die Jorg Nopingerin. 1623 Hans Waltpurger, Bildhauer und Frau Barbara Salvadori. 1640 Erben

H. 106; Chiemseegaße 6.

1422 vermacht Maria Schalchdorfferin das Haus dem Domkapitel. Vor 1499 scheint es eine Zeit im Besitze der Grafen von Schaumburg gewesen zu sein. (Ein Graf aus diesem Hause war um diese Zeit Erzbischof.) 1601, '11, '20, '26, Sigmund von Lamberg, Augustin Clauer, dessen Gewalttrager. 1688 Alfons Dücker, Freiherr, dessen Nachkommen bis 1874.

H. 107; Chiemseegaße 4.

1457 Rudolf, 1477, Wilhelm, '97 und Clement Tranner, 1501 —'30 Asm Mändl, 1528—50 Kammermeister Hanns Pietenperger, Hanns Pleyer, Paul Altmann, Mautner —1585, (1570 Felix Altmann). 1601 die Riz, 1611 die Teufl von Pichl zu Abtenau, 1677 verkauft an Joh. Chr. Ciurletti zu Lerchen bei Radstadt.

---

[1]) Die „Slayrer“, deren es in der Stadt angesehene gab (der älteste des Altischen Geschlechtes war ein Schlayrer) verfertigten und handelten mit Schleiertüchern, d. i. dem Kupfschmuck der verheirateten Frauen, der in den verschiedensten Gestalten um das Haupt gebunden wurde, als „Gebände“. Der Schleier war das Abzeichen der „untertänigkeit“ nicht bloß der Stadt- und Bauersfrau, sondern auch der Klosterfrau gegen ihren himmlischen Bräutigam. Die Schlayrer beschäftigten gewöhnlich mehrere Näherinnen (und Stickerinnen? zur Verzierung, Anfertigung und Anpassung dieses Kopfputzes.

H. 108; Chiemseegaße 2.

1415 Der Nymerleibgeschech. 1463 Jakob Katzenkräll. 1543 Hanns Zachner. 1552 Hanns Kreuch, Mathias Schmeckenpfrill, Notar. 1561 Egyd Kalbsor, Notar; 1563, Kreuch, Stadtschreiber. — 1643 Hanns Pernegger, Bildhauer d. J., dessen Erben bis um 1700.

H. 111; Raigaße 19.

1565 Hanns Geitzkhofler, f. Pfenningmaister, 1569 Hanns Geitz-khofler, f. Silberkamerer. 1580 vom Fürsten angekauft. Domkapitlisch. Verkauft.

H. 112, 113; Raigaße 21, 23.

1598 Dr. J. Georg Alt, 1608 derselbe und Frau. Nach deßen Tode Frau Barbara von Rauzau zu ³, und Gervasi Fabrici, Pfleger von Tachreubach, zu ¹. 1650 Baron Leiblfing. Um 1770,1. Boden: Kaiser, Pfleger zu Loser, 2., 3., 4. Boden: Josef Sedlmaier, f. Hofrat, noch 1800. 1858 drei Besitzer. Einst domkapitelisch.

H. 114; Raigaße 25.

Schon 1688 in Böden und halbe Böden geteilt. 1817, '58 altes Staudacherhaus. 5 Besitzer.

H. 115; Raigaße 27.

1487 Christof Seybnater. 1489 Ruprecht Lamprechtshauser. 1552 Georg Teysenperger[1]. 1557 David Kölrer[2] 1571, '92 Erasmus von Khünburg, 1606 deßen Witwe Sabina. Die Freiinen von Neuhaus. 1616 Dr. Veit Renner, Tumrichter oder Capitelsyndikus, deßen Witwe bis 1654. — Vincenz Lankmayr, f. Hofzahlmeister. Verstuckt.

1800 altes Hofzahlmeisterhaus.

H. 117; Raigaße 31.

1429 „gegen der prüder von München haws ober". 1512 egkhawß im ghay pey dem rörlprun gegen den d. br. v. M. ober. Bürgerspital.

Bis 1385 Friedrich v. Restveuchten (wahrscheinlich der Stadtrichter von Hallein 1390, Lbslbe. XX. 45 Anm. 1385 Otto Trientner. 1402 Meister (wahrscheinlich M. juris canon.) Gerhard von Swechten, übergibt es 1407 dem Bürgerspital ins Eigentum. 1429 Andre Perlavein und Söhne. 1477 Michl Ramjauer. 1485, 1512, '16, '23, '31, die Eber (Eder) Christof, Kirchprobst, Georg, Hanns. 1536, Barbara des Paschang Hausfrau bis 1564. 1603 Andre Eglauer, Gastgeb (f. Pfeifergaße).

---

[1] Georg Teusenperger, geschworner Hofprocurator. 1511 im Testamente des Paracelsus.
[2] Die „Kölrer" haben zwei (zwar nicht leicht kennbare) Schürhacken im Wappen, waren also vermutlich einst Kohlenbrenner, wie die Schürer von Waldheim.

1647 Virgil Rhendlinger, Gaftgeb. Um 1680 Chriftof Grembslbauer, Gaftgeb. 1713 Wirtshaus zur goldenen Sonne. 1775 Sonnenwirtshaus 1817, '58 altes Sonnenwirtshaus. Um 1780 Virgil Popp, Bierbräuer. Vgl. Lbskbe XVIII. 211 und 245. Anm. 18, II. Da die Mittheilungen der Gefellfchaft für Landeskunde noch immer zu wenig gelefen werden, fo fei ausdrücklich bemerkt, daß **Paracelfus nicht in diefem Wirtshaufe** feinen letzten Willen machte und ftarb.

H. 118; Raigaße 33.

1526 Georg Stellners Brewhauß. Veit Brew. 1569, 1608, '23, '47, **Stellnerhaus**, 1713 „Käfererers Würthsbehaufung beim weißen Lewen." 1775 **Räfererbräu**, 1800 Mofer, Rafererbräu. 1808, '13, '16, '58, '74, Mofer, 1881 Therex Mofer.

H. 119; Raigaße 35.

Panichnerhaus um 1526. 1569 Dr. Carl. 1600 Panichnerhaus. Hanns Chriftof P. 1608 Ehinger. 1620 Kafpar v. Rhuenburg. 1627 Andre Lidlof, Buchführer. Um 1713 Joh. Chrift. Paurnfeindt von Eyß, Hoffammerrat. 1775 Baron-Auerhaus. 1859 Anna Buchner. 1874 Efchlauer. 1881 v. Dietensheim.

H. 129; Kaietanerplatz 2.

Um 1557, neuerbaute Hofschmitten. 1569, **Hofschmidten**, Gilg Grünwald. 1608, Hans Zötl. 1647, ift derzeit unbewohnt. 1657, '79, Alte Hofschmitten, fo aniezo ein neues hochf. **Preyhauß** ift. 1686, 1713 hochf. **Preyhaus**. 1748, '55 Kaltes Breyhauß neben der Hofschloßerey. 1792, Das **Kaltbierhaus**. Erzbifchof Leonhard erkaufte es für 1300 fl. S. Hübner I. 283. 1800, 1804 Kaltenbränhaus. 1808 Alte Bränhaus-kaferne. 1816 **Hauptfronfefte**.

H. 130; Schanzlgaße 3.

Da ftanden im 15. Jahrhundert zwei kleine Häuschen, aus deren einem vor 1442 eine „Gießhütten" gebrochen wurde. Ob fie einem Glocken- oder Stückgießer, oder Zinngießer diente, ift nicht bekannt. Doch find 1639 in der Nähe der Stückgießer Friedrich Arnold, 1600 Wolf Henz, Zinngießer und 1608 der Glockengießer Georg Pöchner anfäßig. Um 1650 wurde aus dem neu errichteten Kaltenbierhaus die Hofschmiede, dann Hofschloßerei außer verfetzt, die dann in ein perfönliches und bürgerliches Gewerbe überging.

Die Geftalt der Gegend wurde durch Erbauung der Schanzwerke verändert.

H. 131: Schänzl 14.

wird vor 1775 nicht genannt. 1800 Kammerprokurator, 1804 Staatsratssecretär, 1808 Regierungsrat Pichler, seit 1810(?) Wirtshaus zum weißen Lamm.

Von den Häusern 133, 134, 135, 136 oder 10, 8, 6. 4 Schanzlgaße neu, war 10 einst im Besitze des Dr. Paul Rettinger, 1541, '57, '70, die Häuser 6 und 4 gehörten den Brüdern Peter und Jorig den Eybenstock und ihrem Vater Peter, welche hier am Nonnberge allerlei Steine brachen, Mauern rückten, Bauten und Eingänge machten, ohne sich viel um die Grundherrschaft der Abtissin zu kümmern, worüber es endlich 1465 zum Austrag kam. Die Ortsbestimmungen dieser Häuser sind sehr zahlreich: „unterhalb der Hofrichterbehausung", „unter des Pfarrhofes (Kaplanstöckl) und Richterhauses", „unter unserm Priesterhaus" (1507), „außerhalb des innern Thores gleich unterhalb der Zeel" (Zelle = Priesterhaus, 1509), „hinab von St. Johannskirchen" (1412, 1529), „zunägst dem innern Thor", „zenägst bei der Klausen unter dem Nunburg" (1442, 1507), „zwischen des Turn und pognerhaus" (1405), „zwischen der Thör ligundt" (1595), „negst innerhalb des gewesten Nunthalthores" (1654), „beim alten Nunthalthor" (1645).

H. 132: Schanzlgaße 10,

war das äußere Nonntaltor, oder die Klausen. Zwischen derselben und dem Jäger- oder Hundshaus im Nonntal lag ein später entferntes Häuschen mit Garten und ein kleiner Weingarten „oben im perg", „auf dem velß zenägst bei der Clausen vor dem Nonthallthor" (1600), „vor dem Thor in der Stainwandt", das in so ferne Erwähnung finden mag. weil 1445 der Goldschmid Sigmund Seyringer, um 1470 Ruprecht, Pernegger, 1500 Paul, 1517 Peter und Kunz die Weißenegger, dann Georg Oeder und dessen Tochter Felicitas, verheiratete Zott (Gewerk in Gastein) und Enkelin Apollonia Schmelzer zu Rottenmann dasselbe inne hatten.

Das alte Tor erscheint als Profoßenhaus 1647; 1650 Glockengießerhaus, gemeiner Stadt gehörig, 1775; 1808 Stockhaus und Glockengießerhaus.

H. 137: Schanzlgaße 2.

War 1657 noch eine Leiten, über welche die „teils hölzerne, teils steinerne Nunbergerstiege" hinaufführte. Seit 1671 '75 bebaut mit Stallung, Stadl, dann einem Haus, „vier Gaden hoch". 1756 Gantverkauf, Verstuckung. 1835 die Stiege abgebrochen, das unterste Stück derselben im Hause scheint noch vorhanden zu sein. Über derselben stand das Haus. Das seit 1672 bestandene Gäßchen sammt Thor ist mit einem Hausanbau nach vorn ausgefüllt.

H. 138; Kajetanerplatz 3.

1451 Barbara Graf, 1483 Lienhard Graf, Klairer. 1511, 1550, Benedict Reicher, Büchsenmacher. Seither heißts von diesem Hause: „so emal ain Büchsenhütten gewest". 1550 Melchior Gutrather, Pfleger zu Glanegg. 1578 dessen Kinder Ruprecht und Benigna, verheiratete Schleglsperger. 1592 deren Tochter Anna Maria, vh. Hacker. 1619 Anna Maria, vh. an den Domrichter Rottmayr (1602 bereits Witwe). Rosina Pfisterer 1622 und Hanns Pernegger d. J., Bildhauer, 1639—1663. — vier Kinder — 1669 Euphrosina Pernegger, Ehefrau des Bergrichters Mathias Faistl zu Lend († 1667). Schon 1602 verkauft die Gutrat einen Teil des Hauses, 1681 ist die Hälfte in andern Händen, um 1740 gänzlich verstuckt. Seit jüngster Zeit zusammengelegt. Seit etwa 1589 heißt das Haus, unbekannt warum „Elefantenhaus".

H. 139; Kajetanerplatz 4.

Um 1380 die Murat Els(pet). Sie vermacht das Haus der Stadtpfarrkirche. 1547 Leonhard Stainprecher, Hauspfleger auf Hohen-Salzburg erhält von der Abtissin und Convent die Erlaubniß einen hölzernen unverschlagenen Stiegengang vom untern Nonnbergweg (d. i. der heutigen Nonnbergerstiege) in sein Gärtl herab zu errichten. 1595 ist das Haus schon in Böden geteilt. 1594 Michael Pernegger, Maler († 1615). 1617 die Brüder Andre (und Ehefrau Helena Fürst) und Hans Pernegger. 1636 Hanns Pernegger der älter und Frau Katharina. 1646 derselbe [1], und Silvester Paur, Maler [3]. 1660 Hanns d. j., 1662 Bildhauer [1]. 1667 dessen vier Kinder Bonaventura, Franz, Dominicus und Euphrosina, in zweiter Ehe mit Hanns Jacob Merl von Mülln und Sichelburg vermält. S. H.-Nr. 138, da beide Häuser, wie es scheint, noch zu gewissen Anteilen gemeinsam waren. 1669 Christof Lusime, Maler und Ehefr. Magdalena Wibmer [1], und 1672 die andern [3]. 1688 deren Tochter Eva [1]. 1691 vereinigen Adam Franz Gutrather [1], und dessen Cousran Salome Streicher [2], des Hauses durch Kauf. Im Besitze dieses Geschlechtes scheint dasselbe bis 1779 geblieben zu sein, worauf es dann Ritter-, Röther-, oder Rhetorhaus heißt.

H. 140; Kajetanerplatz 7.

1549 Wolfgang Ebinger, Landschreiber von Salzburg, verkauft das Haus an Christof Weitmoser zu Winkl; 1595, 1609 Weitmoserhaus.

1613 Stefan Walther von Waltherswyl's Witwe, Frau Benigna, geb. Thurn. 1618 Hanns Caspar Freiherr von Khünburg, Hofratspräsident, Urbarrichter zu Glan, Abtsdorf und Moos, † 1628, dessen Erben. 1648 Frau Anna Eva Freifrau von Stein, geb. Künburg. 1666 Söhne und Töchter, 1668 Paris Frhr. von Fronburg. 1712 dessen Kinder. Sie verkaufen es an die Kaufmann von Söllheim'schen Enikeln und Erben Christof Cajetan und Josef Chrysogon Pauernfeindt und dann beginnt 1713, 1714 u. s. w. die Verstuckung.

H. 144; Kaigaße 34, Nonnbergstiege 1.

1394 „Maister Franzisk Kirchhof von Elsterbich, Schuelmaister des Tump ze Salzburg", 1414 Pfarrer zu Stall (in Kärnten) schenkt das Haus „in dem Gehay an dem Eckh, als sich die Straß und der Stayg auf den Nunberg schaiden" der Priesterbruderschaft (1414).

1526, '29 Hans mynner, Maler, von Trosperg.

1673 von der Priester- oder Corporis-Christi-Bruderschaft verkauft um 850 fl. und 6 Taler Leykhauf.

H. 158; Nonnbergstiege 2.

1365 das da befindliche (kleine oder hölzerne) Haus wurde mit Bewilligung der Abtissin aus den Steinen neu erbaut, die in dem hinter demselben befindlichen Berge gebrochen wurden. — Ulreich der Multerlär. 1432 Wilhelm Aschacher. — Das Haus wurde um 1630 40 in zwei: 158 und 159 geteilt; 158 hieß das Büchsenmacherhaus und war der Sitz von drei berühmten Meistern, deren Werke in dem Artilleriemuseum zu Paris zu finden sind.[1]

1641 Primus Lodron, Schloßer. 1659 Kilian Zollner, († 1681) und Margareth Laßin († 1693). 1703 Johann Neureuter und Margareth Graf (zweite Frau Zollners). 1753 Andreas Zaruba und Elisabeth Weigl erkaufen von Joh. Neureuter die Werkstatt und den 1. Boden. 1787 kauft Gißl Joachim von Zaruba Werkstatt und Hausboden.[2]

H. 160; Kaigaße 30.

1488, '98 der „Lallenschuster"; 1501, Michel Perger, Schuster; 1516, '26, '37, Peter Perger; 1486, '97 Cunz Dachs, Parchanter. 1619, '40 Balthasar Hasenerl, 1646, '50, '54 Hans Hasenerl, Burger, Steinmetz, Maurermeister und derzeit s. Baumeister.

---

[1] Demmin. die Kriegewaffen, Leipzig 1869. p. 576, 578, 584. Die Schätzung des Alters der Erzeugnisse dieser Meister in dem angeführten Werke ist nach obigen sichern Angaben zu verbessern.

[2] Das H. 158, 159 besaß um 1480, 1512 Christof Werder, Ratsbürger.

H. 161; Kaigaße 28.

1605 Martin Deholt (Dechtl, Peholt) Cräzwascher, bis um 1636 10.[1])

H. 162; Kaigaße 26.

1569 Hans Gilcher von Köln, Burger und Chramer alhie.

1650 Hans Zächerl († 1676) Burger und Gastgeb, Teilbesitzer, erhält 1657 die Erlaubniß, eine unverdeckte Stiegen sammt Ausgangstürl von dem hohen Nunbergweg, gleich unter dem Nunberg-Casten, in den hinter seinem Haus an der Leiten herauf liegenden Garten richten zu laßen, gegen 4 Pf. Recognition; 1678 seinem Schwiegersohn Sebastian Assegg, auf Lebenszeit verlängert. 1706 dem Michael Pfleger, die Errichtung einer Planken auf der (Stadt-)Mauer erlaubt. 1713 Pfleger- wirt. 1775 zu den drei Mohren.

H. 163; Kaigaße 24.

1608 „Behausung im Khay, an das Semblhäusl stossend".

1533 Balthasar Mayrhauser, Kamerer zu Hof (Kammerdiener) erhält die Verwilligung zu einem Thürl auf den obern Nunbergweg heraus. 1526 Lienhart Hengkhamer, Peck. Leonhard, Pildtschnitzer. 1561, '69, Jakob Mayrhauser, Bürger, Schlayrhändler. 1604, Stephan Hämel, Schneider und Adam Guetmann bringen beim Stadtrat vor, man solle Rueppen Wenger, Pfisterer (Klosterbäcker) am Nunberg zu (als) ihren Mitinwohner nit einlassen in bedenkhung grosser Feuersgfahr mit dem pachen 1638, Hans Khäsinger, Pech. — Schrankenbäckerhaus. 1746 Josef Fuchs, 1775 Fuchsbäckerhaus. 1858 Paul Hattinger.

H. 164; Kaigaße 24.

1526 Kürschner Sembler; 1569, Haus Semler. 1647 Semuler- oder „Semuelhäusl", 1775 auch) „Batzenhäusl" genannt.

Bischöfliche und Domherrnhäuser.

H. 110; Kaigaße 17.

Schon 1434 Högelwerder Hof. 1602 auf Wunsch des Erzbischofes an das Domkapitel verkauft und zu einer Domherrnwohnung bestimmt. „Bei der schwarzen Brueberschaft gegenüber."

Vgl. Ldälde XVIII, 214, 215 und Geiß, Hegelwerd.

---

[1]) Der „Cräz-" oder „Gräzwascher" ist ein Zeitgenoße der großen, steifen Halskrausen, welche damals und früher von Fürsten und Edellenten, Königinnen und Hofträulein. Männern und Frauen der Stadtgeschlechter allgemein getragen wurden. „Kreol" heißt bei uns noch die Halskrause. Jene großen Halskrausen, deren Steifung, Fältelung, Kräuselung wohl die Hülfsmittel der damaligen Wäscher überstieg, mußten auch mehr Arbeitszeit beanspruchen, als letztere aufwenden konnten, daher ein selbstständiges Gewerbe begründen. Der Namen „Krös" ist offenbar von jener Verdoppelung des Bauchfelles entlehnt, welche Gekröse heißt und ähnliche Kräuselung zeigt.

H. 125; Kaigaße 37.

Das Haus des Bischof von Gurk. „Gurkerhof.“

1423 verleiht Ernst Bischof von Gurk den Söhnen Virgil Uiberackers, (Landes-Hauptmanns zu Salzburg, und Ahnherrns der ältern Sighartsteiner Linie dieses Geschlechtes, Ernst, Wolfhard und Caspar das schon ihrem Vater leibgedingweise übergebene Haus im Kai, an des von Berchtesgaden Haus und Hof daselbst stoßend, gleichfalls zu Leibgeding (Pirckmayer, Chartular).

1424 Des von Gurk Haus. 1494 des Uiberacker Haus, ebenso 1569, 1608, ’47, 1713. Da die jüngere Sighartsteinerlinie um 1780 erlosch, scheint das Haus an das Domkapitel rückgefallen zu sein, denn 1787 wird von diesem der Verkauf des Hauses in Erwägung gezogen und nach dem „Versteigerungs-Proclama“ dasselbe dem Johann Hagenauer, „Director der k. k. Gravier-Accademie in Wien“, sammt Garten um den Ausrufspreis von 7200 fl., den er anbot, überlaßen. Wahrscheinlich wohnte er bereits in demselben, denn 1775 heißt es schon Hagenauer Stock.

1800 Mathias H. 1804 H. Baudirektor. 1808, ’13 Mathias Hagenauer. 1817 Kameralbaudirector Hagenauer. 1830 Dr. Edler von Hilleprandt. 1874 Amalie v. Hilleprandt.

H. 126, 127; Kaigaße 37.

Als um das J. 1130 Erzbischof Conrad I. vom Kloster St. Peter die demselben 8 Jahre zuvor übergebene Kirche des Domspitales (St. Johann der Täufer) mit dem dazu gehörigen Grunde zurücknahm und sie wieder dem Domkapitel übergab, schenkte er dafür dem Kloster drei Bauerngüter und in der Stadt zwei Gärten[1]. Da wir bald darauf auch von einem Spitale des Klosters hören, so liegt es nahe, in diesen zwei Gärten den künftigen Spitalgrund zu vermuten und anzunehmen, daß diese Schankung mit der Bedingung geschah, auf selben gleichfalls ein Spital zu errichten. Nichts widerspricht dieser Annahme, ja die Zweiteilung des Grundes wird selbst noch durch die Stadtansicht von 1553 bestätigt. Demzufolge entstand auf dem einen Teile des Grundes ein s. g. Spital-haus mit Garten, auf dem andern das kleine Spitalgebäude und getrennt davon die Kirche, welche zuerst 1150 hauptsächlich zu Ehren St. Lorenzens geweiht wurde und seit 1506 nach ihrer neuerlichen Weihe zu St. Lorenz und Magdalena hieß. Von dem größern Grundstücke mit dem Spital-

---

[1] Meiller II. 60.

hauſe ſind an den Berchtesgadnerhof nnd an den Chiemſeehof Stücke abgetreten worden. Das Spitalhaus (in der Gegend von 126) wurde vermietet, im 16. Jahrhunderte wohnten darin St. Peterſche Hofrichter. An dem Platze des einſtigen Spitalhauſes oder Seminariums entſtand ſpäter das Haus 126 (beiläufig). Der dazugehörige Garten erſcheint aber (1583) als zum Chiemſeehof gehörig. Im J. 1591 wurde „des gotshanſz (St. Peter) hoff hintter Khemſee bey ſand laureutzen vnd dem ſpital im gebäy gelegen" ſammt Capelle (Kirche), Spital und allen zuegehörungen um 2000 fl. an Wolf Tietrich verkauft, der daſelbſt das Prieſter-ſeminarium errichtete und 1602 die Kirche neu baute (1582 war das Seminarium im Seckauerhof). 1624 wanderte dasſelbe wegen der neuen Stadtbefeſtigung in die G'ſtätten und wurde der ganze Grund umgeſtaltet. 1685/96 entſtand auf dem ehemaligen eigentlichen Spitalgrund, der durch die hinausgerückten Feſtungswerke Zuwachs erfuhr, das Haus der Theatiner. Im J. 1808 ſteht in dem Häuſerverzeichniſſe noch „Theatinerkloſter" (die Theatiner, Caietaner oder Väter der göttlichen Vorſehung waren aber keine Mönche, und ihr Haus kein Kloſter), 1813 heißt es „Militärlazaret" und iſt ſäcnlariſirt. Seit dem Jahre 1809 iſt es Militärſpital geblieben.

H. 166; Kaigaße 18.

1338 kauft Heinrich, Biſchof von Lavant das Haus zunächſt der Nikolauskapelle — Lavanthof —. 1617 hatte Biſchof Georg Stobäus von Palmburg denſelben umgebaut und verkauft ihn an Thomas Perger, f. Rath, Untermarſchall und Küchenmeiſter. 1619, während der Erledigung des erzbiſchöflichen Stuhles verkauft Thomas Perger den Lavanterhof um 6882 fl. an das Domkapitel. 1620 von Domherrn bezogen.

In der bairiſchen Zeit ſäcnlariſirt. Kameralärar. — Gensdarmerie-kaſerne. — Landeseigentum.

Noch muß zweier Häuſer Erwähnung geſchehen, die zeitweilig Dom-herrnhäuſer waren. Dieſe ſind:

H. m; Webergaße.

1383. Des Domcapitels haus im Khai zwiſchen Charel des Trauner Haus und ihrer (des Capitels) Badſtuben. In dem vorgenannten Jahr wird es Hannſen dem Weinpreul, Hausfrau und Kindern verliehen. Im 16. Jahrhundert vermietet: 1543 an J. Straſſer, Thumbrichter, 1583 Melchior Wolſſichen, Thumbſchreiber, 1591 J. L. Rotmair, Thumſchuelmaiſter, 1594 E. Pallinger, Thumb-cantor, 1595 Dr. T. Kirchperger, Thumbſchreiber, 1597 mit F. Hueber,

Schuelmaister; 1602 W. Pranperger, Thumbrichter. 1619 bewarben sich die Domherrn Constantin Graf Lichtenstain, 1630 Johann Dietrich von Muckhenthal, 1631 Ulrich Conrad von Stadion. 1635 nahm der Fürst-bischof von Chiemsee die vor den Schweden geflüchteten Nonnen des schwäbischen Klosters Holzen darin auf, 1638—1658 folgten wieder drei Domherrn. In letzterem Jahre wurde es dem f. Kammer-Raitmeister Georg Hauser verkauft.

H. 204. Festungsgaße 7.

1375 gab Pfarrer Rudolf von Siezenheim „sein Purchrechthaws, hofstatt vnd garten, das gelegen ist ze Salzburg, da man auf den Nunburg get, gegen der herren vreithof vber von Sand Peter" zu seinem Gotshaus zu Sutzenhaim „inwendig vnd auswendig, vnd noch im J. 1526 zahlte der Pfarrer von Siezenheim dafür 3 Schilling Monatssteuer. Allein im J. 1534 verlieh es das Domkapitel ungeachtet des Widerspruches des Dombechants, dem Domherrn Christof Adam von Nußdorf, dann dem Canonicus Eberhard Penscher. Es folgten 1562 Virgil Vberäcker, 1568 Balthasar von Ramnach, 1580 Michael von Wolkenstein, 1583 und 1590 die Stadtpfarrer Dr. Martin Brenner und Matthäus Fleischmann. Nach Ubergabe der Stadtpfarrei an die Franziskaner verfügten Erzbischof Wolf Dietrich und Marx Sittich über das „Pfarrhaus" nach Belieben und letzterer vertauschte es an St. Peter gegen das Eckhaus der Kirchgaße (H. 225, S. Haßnerg. 22), in welches er die Stadtkapläne und den Pfarrmeßner einquartierte.

Zu den neuern Domherrnhäusern gehören ferner noch die drei Solarihäuser am Hausen.

Michaelsplatz 77, 78, 79; Mozartplatz 8, 9, 10.

Im J. 1623 wurde dem f. Baumeister Santino Solari der Grund zu diesen Häusern verliehen. 1637 erhielt er auch auf denselben „allerhand Wein- und Pirschanksgerechtigkeit", die auf dem Eckhause 79 an der Pfeifergaße „zur gulden Gloggen" ausgeübt wurde. Solari starb 1646. Solaris Witwe und Kinder besaßen diese drei Häuser nach Anteilen.

Im J. 1657 erkaufte der Erzbischof das größte derselben, 79, und widmete es zu einem Domherrnhaus. In der bairischen Zeit 1811—'16 war daselbst das Oberpostamt. Dann wurde es seiner früheren Be-stimmung zurück gegeben.

Im J. 1658 erkaufte Domherr Graf Martinig einen Anteil des H. 77, welches 1662 durch Kauf ganz an das Domkapitel überging.

In diesem Hause starb Mozarts Witwe, die königl. dänische Etatsrätin von Nissen.

Das Haus 78 blieb im Besitze der Solarischen Erben. 1662 Frau Maria Johanna, geb. Solari, Ehefrau des Med. Dr. Mayr Franz von Bürglau. Nachher 1670—'97 dieser selbst und seine Kinder. 1708 Frau Maria Johanna von Hofmühln; 1719 deren Kinder, 1731—'49 Franz Josef Reichsfreiherr von Hofmilln, bair. Hofkammerrath und Salzmair zu Reichenhall, † 1754. Max Freiherr von Hofmilln zu Burghausen verkauft endlich das Haus 1765 an den Erzbischof, der es dem Domkapitel schenkt. Die Domherrn wechselten in diesen drei Häusern nach der Option (d. h. nach dem ausgedrückten Wunsche). Daher sind die Namen dieser drei Domherrnhäuser, unter welchen sie seit den Tagen Hübners und dem Beginne des 19. Jahrhunderts in den Verzeichnissen aufgeführt werden, zufällig und drücken kein Eigentumsrecht aus.

Der Domhof.

Der ganze Raum, welcher jetzt von der Hunds- oder Herrn- und der Kaigasse, vom Mozart- und Residenzplatze, Domplatze und St. Peter begränzt wird, stellte einst den großen Domhof vor, den man sich nach der heutigen baulichen Einteilung aus folgenden vier Stücken zusammengesetzt vorstellen muß:

Aus dem unregelmäßigen Häuservieleck zwischen der Herrn- und Kaigasse und dem Kapitelplatze, auf welchem Raume die Häuser 166 — 169, 180, 181 und 182 stehen,

aus dem Kapitelplatze und den Häusern bis zur Hundsgasse,

aus der Domkirche und dem Domfriedhofe,

aus dem Gebäudeviereck zwischen Kapitelgasse und Mozartplatz.

Zwischen den Häusern 168, 169 und der Domdechantei (201) lagen einst der Kapitelgarten und der Hofraum des Kapitels mit den Stallungen und der Pferdeschwemme. An den Dom angebaut auf dem heutigen Kapitelplatze, stand ein viereckiges Gebäude mit dergleichen Hofraum, das Domkloster, oder der Münster (monasterium) im eigentlichen Sinne. Darin waren die Zellen der Domchorherrn, das gemeinschaftliche Schlafhaus, ihr Speisezimmer oder „Revent", die „Librei" oder Bücherstube und der Capitelsal, um den viereckigen Mittelraum geordnet. Ein Bogengang, der eigentliche „Domkreuzgang", führte, wie noch in den Klöstern zu sehen ist, im Viereck herum und eröffnete den Zugang zu drei Kapellen und zum obern Stockwerk. In der einen Kapelle fand die Wahl der Erzbischöfe statt, die andern waren die Begräbnißorte der Dompröbste und Dechante.

20*

An den Münster stieß die „Anwaltstube" und in der Richtung zur heutigen
s. g. Domprobstei, die nur zum Teile auf dem Platze der alten steht,
die (alte) Domprobstei. An die Liberey war die Dechantei angebaut.
Man entnimmt dieß einem Berichte, den im J. 1604 der Domdechant
(Joh. Krafft von Weittingen) in einer Capitelsitzung erstattete. Er sei
„verschiener (in vergangenen) tagen in der alten Dechantei gewesen, die
nothwendige panfälligkeit daselbsten zu besichtigen, und habe in des Doctor
Jacoben Campi Camer ein vernagelte thür gefunden, nach welcher eröffnung
er dadurch in die Bibliothek kommen vnd in derselben mit staub, altem
gerümpelwerk vndt vbel versehenen fenstern dermassen ein Vnordnung
gefunden, das es gleichsam zu erbarmen gewesen. Wolle demnach solches
hiemitt angezaigt haben, auf das man mit ausraumung des staubs vnd
fenstermachung fürderliche wendung fürneme".

Im J. 1547 wurde die Capitelstube einer Ernenerung unterzogen.
An der Decke wurde „Tafelwerk" angebracht, an den Seiten „Colannen"
(Columnen?, säulenartige Verkleidung zwischen den Fenstern) „mit edlen
Eschenholz zu verleisten", in den Fenstern „geschmelzte Glaser" und
„Kreuzscheiben". 1549 stellte Meister Ulrich der Maler[1]) die Wappen
für diese Stube her, dem Eingang gegenüber des Erzbischofes und des
Stiftes Wappen, zu beiden Seiten derselben je vier Wappen der Suffragan-
bistümer[2]); auf den Langseiten links die Wappen der Herrn vom Capitel
„mit Schild und Helm", rechts die zehn Städte[3]) und die vier Erbämter.
Alle Uiberschriften lateinisch, die der Städte und Erbämter aber deutsch.

Dieß war annähernd die Lage der Gebäude bis zur Zeit der Umwandlung der Domchorherrn nach St. Augustins Regel in Weltpriester
(1514). Die von nun an neu eintretenden Domherrn, nicht mehr an
das klösterliche gemeinsame Leben gebunden, suchten sich anfänglich
Wohnungen in der Umgebung des Domes und Domklosters, teils in
Häusern, die schon früher dem Domkapitel gehörten, teils in andern,
die nachher in das Eigentum des Kapitels übergingen, oder von den
Erzbischöfen angekauft, umgebaut wurden und früher oder später als
Domherrnhäuser gleichfalls zum Besitzstande des Kapitels gehörten. Die
Domherrn hatten nach dem Alter ihres Eintrittes bei jeder Erledigung
einer Wohnung oder eines Hauses, das Recht der „Option", d. h. sie

---

[1]) Da die Bürgerbücher um diese Zeit eine große Lücke zeigen, kann der Geschlechtsnamen dieses Malers nicht angegeben werden.

[2]) Gurk, Seckau, Lavant, Chiemsee, Passau, Regensburg, Freisingen, Brichsen.

[3]) Salzburg, Hallein, Radstadt, Laufen, Tittmoning, Mühldorf, Gmündt, Friesach,
St. Andrä, Pettau.

drückten ihren Wunsch aus, die erledigte Wohnung vom Kapitel in Nutzgenuß zu beziehen, worauf selbe „chorbrüderlich" verliehen wurde. Es ist
verständlich, daß die ältern Domherrn in geräumige, bequemere Häuser
vorrückten, um so mehr, da sie als Dechante oder Pröbste die für diese
Würdenträger bestimmten Häuser benützten. Daher gab es häufigen
Wechsel und kein Domherrnhaus war, namentlich in späterer Zeit, Eigentum
des darin wohnenden Domherrn, obwohl es im Volksmunde häufig nach
demselben, oder auch nach einem Vorgänger, der es lange Zeit bewohnte,
benannt wurde. So verwirrend nun diese jeweiligen Hausbenennungen
für die Forschung in der Häuserchronik sind, so ist es doch verwunderlich,
daß noch jetzt, siebzig Jahre nach Auflösung des alten Domkapitels, in
den Häuserverzeichnißen und bauämtlichen Acten von einem Schwarzenberg-,
Straßoldo-, Starhemberg-, Spaur-, Wolfegg u. s. w. haus die Rede
ist, da diese Domherrn doch nur zeitweilige Nutznießer (mit der Verpflichtung die Häuser in Stand zu halten), nicht Eigentümer waren.

Aus verschiedenen Kapitelprotokollen ergibt sich übrigens, daß im
16. Jahrhunderte an den Domherrnhäusern noch „Zinnen" gebräuchlich
waren (darunter sind wohl die steinernen, stufenartig aufgesetzten Werk-
stücke an der Stirnseite und die abwechselnd im Zahnschnitt angebrachten
Ausläufer der Seitenmauern zu verstehen, wie solche noch die Stadtansicht
von 1553 und die darnach verkleinerte Setznagel'sche in Fülle zeigen);
daß wegen Feuersgefahr die hohen Schwalmdächer und enge Rauchfänge
vermieden wurden, dagegen „Zieglpflaster und Estrich unter dem Dach"
in Aufnahme kamen; daß der Bauzustand mancher Domherrnhäuser in
Folge zahlreicher Umbauten ein sehr mangelhafter war; daß dann und
wann eine Mauer, „sehr ermobert, oder erhischet (erschüttert), vast rührig
vnd vnbeständig" sich erwies, daß man „bis sechs Schließen" einziehen
mußte, neue Mauerpfeiler für nothwendig hielt, daß die Domherrn mit ihren
Häusern mitunter sehr eigenwillig verfuhren, das Capitel deshalb zahlreiche
Baubesichtigungen und Augenscheine anzuordnen genötigt war u. dgl. m.

Die Säcularisation des Domkapitels hatte aber auch noch diese
andere Folge, daß der von allen Seiten geschlossene Bereich des Domhofes
(im weitern Sinne) nach und nach geöffnet wurde, indem die in denselben
führenden Pforten, welche im Abschnitte V. 4 aufgezählt wurden, entfernt
worden sind.

So entstand die Kapitelgaße, in welcher anfangs durch geraume
Zeit noch der Torbogen erhalten blieb, bis er bei einer baulichen Veränderung der nachbarlichen Domherrnhäuser entfernt wurde.

H. 167; Kaigaße 16.

1404, die Tannerin (vermutlich Margaret, Eckards des jungen Tanners † 1396, Witwe; nach der Zählung in Lbßde XXI, 162, war es Ekhard XIII., der letzte weltliche Tanner).

1457 Hanns Lauterbach, (Lautenpeckh[1]), salzburgischer Urbar-richter, 1477, 1512. — Heinrich Maurer, Schlairer. 1528, '30, Heinrich Widmann; deßen Erben. 1551, Sigmund Pichler, Schlairer, von Trofaiach, 1558 deßen Erben. 1564 Hans Papler. 1571 Landeshauptmann Jakob Khuen (von Belasn), deßen Erben — 1604. 1602 wohnt darin der Domherr Joachim von Stain, dem es 1621 22 das Domkapitel abkauft. 1800 (Domkapitl.) Rentmeisterstödl. Secularisirt und dem Kameral-ärar einverleibt.

H. 168; Kaigaße 14.

Das Haus ist alter Besitz des Capitels, über welchen der Fürst zeitweilig verfügte und Bedienstete daselbst behauste.

1401, '7 Andrä Steinhauff; 1421 Leonhard Pillung von Torczpach, des Fürsten Büchsenmeister; bis 1451 Pantaleon Höhenfelder; 1451, '57, '77, '82 Meister Leonhard, der Holzzimmermann; 1483 Ruprecht Rueblinger; 1501 Jörg gebel, prew (Bräuer); 1515 Jörg Stelluer, pierprewhaws; 1526 Sigmund „Keutschach" und Verwandte, „Landeshauptmannshaus". 1558, '63[2]). Vom Domcapitel zurückgefördert. Es ist ersichtlich, daß schon 1421, 1451, '82 das Haus des Domkapitels war und daß sonach Erzb. Leonhard seine Verwandten darin zu Leibgeding aufnahm. Um 1520 ein mäßiger Umbau, wobei noch des Bränhauses Meldung geschieht.

Die Häuser 168, 169 wurden durch den geführten Neubau des Domdechants Wilhelm von Trautmannsdorf (1561, '63 u. ff.) und mehr noch Wolf Dietrichs in ihrer Lage derart verändert, daß zwischen deren Ausdehnung vor und nach den Bauten keine sichern Gränzen zu finden sind, und die Nachrichten in einander fließen[3]).

---

[1]) Die Lauterbach, Lentenpeckh waren mit den Tannern verschwägert. Wandula Grans, die Gemalin Ekkarts X. von Tann, wahrscheinlich eines Geschwisterkindes zu Ekkart XII., dem Vater Ekkards XIII., war in zweiter Ehe mit einem Lauterbach vermählt. Lbßf. a. a. O.

[2]) Das Haus kommt noch 1605 als zweite Knen'sche Behausung vor. 1605 läßt Wolf Dietrich durch den Domherrn Marquard von Freiberg dem Capitel erklären, er sei willens anstatt des Keutschacherhofes und des von Schwendi Behausung zwei neue Domherrnresidenz-höfe zu erbauen (168, 169), was auch geschah.

[3]) Ueber den Domdechant W. v. Trautmannsdorf s. Lbßde VII, 202. Für die Nachricht in Lbßde IX. 221, daß der Domdechant Wilhelm von Füchsenberg (1681) den Tecanalhof in gegenwärtige Gestalt brachte, findet sich in den Capitelprotokollen kein genügender Grund. Daß Erzbischof Wolf Dietrich daselbst sein Wappen anbrachte, ist ein Beweis eines Neubaues durch ihn, wenn gleich erzbischöfliche Wappen auch auf Bauwerken angebracht wurden, die die Stadt auf ihre eigenen Kosten führte, z. B. die Fleischbänke

n. Das Haus der Brüder von München

ist in den Jahren 1429, '88, '98, 1512, '29 beurkundet, ohne daß deßen Platz genau ausgezeigt werden könnte. Es lag dem Eckhaus im Kai beim Röhrlbrunn (117, 31) gegenüber und ist in den Besitz des Herrn Sigmund von Keutschach übergegangen (1522), bildete sonach später einen Bestandteil des Hauses 168 oder 169.

H. 169; Kaigaße 12.

1314 Twot, Chunrat des Chymkower (Chiemgauer) wittwe, Chastnerin zu Mühldorf, übergibt für die Schuld ihres Mannes dem Domcapitel das halbe Haus „in dem Gehay an dem Eke des Tuembrobstenthor."

1391 Ott, der Pluemlein, Ortleins und Kathreys, nachmaliger Andrä Pöschl zu Hallein Sohn, und Bruder Christeinens (Christina) Härtl, Burgerin zu Salzburg, übergibt an Dombechant und Capitel „das Haus in dem gehay vor dem Tuemtor an dem Ek."

Leibgedinger: 1425 Leonhard Ränner, Pfarrer zu St. Veit und dessen Verwandte, darunter ein Ulreich Tewfenbechk. 1439 Virgili Eglh. 1467 Magdalena, Hansens des Weißkirchners (Malers) Witwe, jetzt Ulreich Paumgarttners Hausfrau, „verkauft an Wilhelm Pürstinger, Hofschreiber in der Tuembrobstey ihr Leibgeding auf dem halben Haus bei dem tuemtor, do der reicher aufsitzt"[1]. 1497, 1501 erbaut auf dieser Stelle Erzbischof Leonhard für seine Verwandten den „prächtigen" Keutschacherhof, welcher 1541 nach Erlöschen des Leibgedinges an das Domcapitel heimfiel[2]. 1597 Johann von Schwendi, Domherr. 1605 erbaut Wolf Dietrich die neue Domdechantei, die 1611 bezogen wird.

1818 Rentamt und Pfleggericht.

1860 Steueramt und Bezirksgericht.

H. 180; Kapitelgaße 4.

Schon 1592 beabsichtigte Wolf Dietrich im Kapitelgarten für einen Kapitelherrn ein neues Haus bauen zu laßen. Aber im J. 1602, nachdem 1598 der Dom abgebrannt und während man mit dem Abtragen dieser

---

(1608), die G'städtentore (1607, '11), das Linzer- und Bergstraßtor 1614. Solche Wappen markiren nur die Bauzeit.

[1] Wilhelm Pürstinger ist der Vater des verehrten Bischofes von Chiemsee Berthold Pürstinger, geb. 1465, † 1543. Da es gewöhnlich geschah, daß solche Leibgedings- und Hausläuse erst erfolgten, wenn der Käufer ein oder mehrere Jahre bereits im Hause gewohnt hatte, was bei Pürstinger als Domschreiber um so mehr anzunehmen ist, so könnte mit ziemlicher Wahrscheinlichkeit das H. 169 alt, oder Kaigaße 12 als das Geburtshaus des Bischofes betrachtet werden. „Reicher" ist wahrscheinlich der Büchsenmeister des Fürsten, der unter andern auch in Bd. XXIV. 122, 26 genannt wird.

[2] Solche Art für die Geschlechtsgenoßen zu sorgen nennt der italienische Geschichtschreiber Cesare Balbo die zweite Art des Nepotismus.

Kirche beschäftigt war, ließ der Erzbischof das Kapitel wißen, daß er sich
entschloßen, „die structur des Thumbs ganz und gar abzutragen, anstat
deſſen aber ain neue thumbkhirchen von grundt aufzupauen. Damit aber,
Jrem fürhaben nach, ain beſtendig werckh für das abgeprochne aufgericht
und erpaut, alſo ſeind Jre Hochfürſtl. Gn. auf genommen augenſchein
und obſehung Werckhuerſtändiger uerrer entſchloſſen das vorhabundt neu-
gepew auff andern formb als vormals geſtanden, zu richten, befinden
aber, das ſoliche Veränderung der ſtructur nit ſein mög, es werde den
das ſchlafhaus im Thumb, Lybrey, Capitl= und Anwaldſtuben ſambt der
Thumbſchuel und ainem theil des ſtöckhls gegen berürtem ſchlafhaus, ſo
zur ThumbProbſtey gehörig ab= und hinweckhgebrochen. Damit aber
dergleichen vneutberliche örtter widerumb erpaut vnd reſtaurirt, ſo ſchlagen
Jre Hochf. Gn. den Capitlgarten darzue für. Hergegen für angedeut
ſchlafhaus und andere obbegriffen örtter, ſo niderzulegen vnd abzuprechen,
erbieten Jre Hochf. Gn. zu Ergezlichkeit neuer ſtructur in bemelten
Capitlgarten ſechstausend gulden zu aſſigniren" u. ſ. w.

      Aus den Domcapitelprotokollen ergibt ſich, daß der alt und jung Sebaſtian
Teuffenpacher, Steinmetz[1]) und der Maurermeiſter Peter Schalmoſer,
beide Salzburger Bürger 1602—1605 den Bau führten, daß der Hof-
tiſchler das Viſir machte (den Plan entwarf), daß aber auch der fürſtlich
paſſauiſche Werkmeiſter Dominico dabei zu Rat gezogen wurde. So
entſtand die neue „Capitelſtube", oder Capitelhaws", in welcher auch
eine Domherrnwohnung ſich befand und 1614—18 auf Koſten des Erzbiſchofes eine Kapelle eingerichtet wurde.

      1608 wurden daſelbſt die marmornen und gemalten Wappen an-
gebracht. 1808 Tabakniederlage. Bis 1816 Kaſerne, dann wieder Tabakniederlage.

181; Kapitelgaße 2.

      1547 (domkapiteliſch) Cammerhaus, „gegen der (Dom-)ſchuel
ober".

      1592 hat ſich der Erzbiſchof bedacht, „die Capitlsgartenmauer von
des Herrn von Seyboldſtorff Haus (181) an biß zu dem Rhentſchacher-
Hoff (169), gleichßfals den Pogen vnd das darauf ſtehundt thürell, ſo
zu bemelten Rhentſchacher Hoff gehörig, (Eingang mit Torbogen in den
Domhof) abzubrechen und alßdann von gedachter des Herrn von Seyboldſtorff Behauſung gerad an widerumb ain neue mauer biß an den

----

[1]) Füßwein, Künſtlerlexikon, 27 nennt ihn nach einer falſchen Leſeart „Touffenbacher".
Steinmetze waren ja gewöhnlich damals auch Baumeiſter.

Rheutschacher Hoff aufzusetzen (damit wurde die Kapitelgaße eröffnet und erweitert).

1663 „Thumbherrnhoff bey der Schwemb".

1667 Erhöhung des Gebäudes, neue Dachung. 1900 flor.

1748 und später einige Zeit der Seggauerhof oder curia genannt (nicht zu verwechseln mit dem ältern Seckauerhof)[1].

1813 Stadtkommandantschaft.

1858 Geniedirection.

Seit beiläufig 1865, mit dem nächstfolgenden, ein Teil des erzbischöflichen Hofes und des Consistoriums.

182; Kapitelplatz 2.

1596 (Domkapitel'scher) „Gmainstall bey der Roßschwemb". 1682 der Erzbischof weist „nach so vielmahligen Anmahnen" 15.000 fl. zum Bau des „neuen Canonicalhofes bei der Schwemb" an und bedingt sich die Anbringung von „Wappen und Ueberschrifft" aus. Bartlme Obstal (von Opstal?)[2] Steinmetz, ist „mit dem Riß und dissegno umbgangen"; es wurden zur Ausführung der kapitel'sche Maurermeister Lorenz Stumpfegger und der Zimmermeister berufen. Während des Baues sich ergebende Zweifel wurden durch den „italienischen Baumeister" (Architectus) aus Passau Carlo Lorago und durch den Hofmaurermeister Ruepp Hueber erwogen und begutachtet. Es wurden zwei Modelle verfertigt und die Steine vor dem Linzerthor gebrochen.

Zum erzbischöflichen Hof einbezogen.

H. 170; Kaigaße 10.

1554 Wetzlhaus. Capitlische Behausung, so durch weiland den Wetzl (Goldschmid) ledig worden. 1599 Eckhäusl im Khay, darinnen ein goldschmid derzeit wohnhafft, so zu St. Johanns Spital zinnsbar. 1605 die paufellig Behausung im Khay, das Goldschmidthaus genannt. 1606 Kaspar Wismüller, Goldschmidt. 1610 Domherr Marquard von Freyberg, 1622 vom demselben neugebaut und der Bruderschaft „aller christglänbigen Seelen" gewidmet. Die Bruderschaft will 1625 die Kirche bauen.

1808 Schwarze-Bruderschafts-Gebäude. Die Bruderschaft ist 1801 schon „aufgehoben".

---

[1] Da die zu Bischöfen gewählten, oder ernannten Domherrn bisweilen kürzere oder längere Zeit noch Mitglieder des Capitels blieben, so gab es zu Zeiten einen Gurker-, Seckauer-, Passauerhof, ohne daß damit Eigenthumsrechte verstanden wurden. Dieselbe Bewandtniß hat es mit dem Hause des Seniors Capituli mit Ausnahme des Seniorats-schlößchens auf dem Mönchsberge, welches ständig diesem Würdenträger zur Benützung verblieb.

[2] Pillwein, Künstlerlexikon 180.

1805 verkauft.

1881 Dr. Schneller.

Vgl. Landeskunde XVIII. Dr. Aberle über Paracelsus. 1526 wohnen darin Hanns Weczl und der Rottmeister Michael Setznagel. Das Haus bestand ursprünglich aus zwei kleinen Häusern, deren eines aus einem Keller umgestaltet worden war.

H. 171; Kaigaße 8.

„Salmannsweilerhaus."

Das Stift Salem, oder Salmannsweiler in Schwaben, gestiftet von einem Verwandten des Erzbischofes Eberhard II., übergab sich nach dem Aussterben der Linie seines Stifters 1201 ganz (in den Schutz) der Salzburger Kirche. 1237 bezeugen die Salemer, daß zwischen ihnen und den Salzburger Chorherrn große Freundschaft (familiaritas) bestehe und sie bei letztern immer Gewogenheit und Gunst (gratiam et favorem) gefunden haben. 1253 teilt das Domcapitel mit den Salemern Pfannen, Salzbrunnen, Grundstücke, Waldungen zu (Reichen-)Hall (in maiori civitate Halle), nachdem es schon 1237 dieselben zu gemeinschaftlichem Betrieb von Salzberg und Pfanne zu Hallein zugelassen. Auf dieses Freundschaftsverhältniß und das Fürwort des Erzbischofes Eberhard II. für seine Landsleute ist wohl der Besitz des Hauses 171 auf dem Grunde des Domhofes zurückzuführen. In diesem Hause war das Wirtshaus „zum weißen Rößlein". „1547, 1. Juli hat der Herr Thumbbrobst ainem erw. Capitl anzaigt, wie sein genad Ir gerechtigkhait an der behausung neben des weißen Rößlens ... Herrn Arnolphen von Sintzendorf (172) verkaufft vnd vbergeben".

Zum Behufe der Vermehrung der Domherrnhäuser wurde es 1630 vom Salemerstifte angekauft und der Kauf 1654 vom Cistercienergenerale genehmigt.

Domherrnwohnung bis um 1810.

1813, '16 Baron Grimminghaus.

1858, '74, '81 Karl Andeßner.

In diesem Hause machte Paracelsus seinen letzten Willen und starb einige Tage darauf. Darum war wohl auch der Rottmeister Setznagel (s. früher) bei der Verlassenschaftsaufnahme. Vgl. Loßde XVIII.

H. 172, 173.

Zwischen Salmannsweiler- und Seccauerhof standen nahe beieinander zwei zum Kapitelspital gehörige Häuser, die auf Leibgeding verliehen wurden. 1547 verkauft Dompropst Eberhard von Hirnhaim sein Leibgeding

auf der Behausung neben des weißen Rößlein (f. 171) an Arnulf von
Sinßendorf. Nach dem Ableben dieses Domherrn (1567—'96) Niklas von
Trautmansdorf (Lbsfde VII., 202, 287). Ob mancherlei Streitigkeiten
wegen der Baukosten zog Wolf Dietrich das Haus an sich und ließ es
abbrechen. An deßen Stelle wurde das Meßnerhaus der roten Bruderschaft
erbaut, ging aber 1805 an Tismas v. Widerwald durch Verkauf über.
1881 Fr. Nagl. Dieses Haus hieß 1421 zunagst beim SpitalEkkhaus
gen Heinrich des Chellner hauß vber (102); 1455 bei dem Tor in der
Herrnspital; 1466 bei dem hintern Tor i. d. H. Sp.; das Weißenegger-
haus (zwei Domherrn dieses Namens 1500, '17, '25, '26) „zunagst an
Sand Johannskirchen vnd Freythoff (gegen H. 101 über), bewohnten die
Domherrn 1540 Georg Graf Ortenburg, 1548 Friedrich von Rißenbach,
1549 Johann von Rienburg. Auch diese Behausung ließ 1602 Wolf
Dietrich abbrechen und kam an deren Stelle entweder ein Teil des
Meßnerhauses oder die Kirche der roten Bruderschaft zu stehen. (Toppler).

In dieser Gegend dürfte auch eines der ältest beglaubigten Häuser
des Domstiftes gestanden sein. Unter Probst Gundacher (1190—1193)
gestattet das Domstift der Witwe des Werfener Burggrafen Chuno von
Schnaitsee (Mutter Chuno's, des ersten Gutrat) den Genuß einer Hofstatt
bei der St. Johanneskirche im Mai am Domspitale auf Lebenszeit (der
Verstorbene, Chuno von Schnaitsee - Werfen versah die Dienste eines
domcapitelschen Vogtes, hatte also wahrscheinlich diese Behausung bereits
zu Leibgeding). Nach dem Tode der Mutter Ita wollte (da das Leibgeding
erloschen war) der Sohn das Haus nicht zurückgeben, es mußte Gerichts-
hilfe in Anspruch genommen werden (1217—'22) und wurde über den
Burggrafen der Bann ausgesprochen. Der Streit dauerte aber deßenungeachtet, fort bis 1250 die großjährig gewordenen Söhne Karls von Gutrat
Verzicht leisteten (Lbsfde XXII die Werfner Burggrafen).

1618·19 wurde statt der alten Domspitalskirche die neue St. Salvators-
oder rote-Bruderschaftskirche vollendet. Um 1806 säcularisirt und um 1810
verkauft.

H. 174.

Seccanerhof.

1556 von dem Erzbischofe „die Behausung, so dem Stiffte Seccaw
zugehörig gewest, erkhaufft und (neu- oder umgebaut) seiner f. Gn.
Brüedern und Vettern Gandolfen, Christoffen, Erasmen vnd Gregorien
den Rhienburgern .... zu erbrecht" verliehen.

1582 „soll Dr. Petrus Scolichius in den Seccanerhoff ziehen wo

das (Prieſter-)Seminarium zufolge des concilium tridentinum und der
constitutiones synodales aufgericht werden ſoll."

1592 wird der „weg zwiſchen dem Seccawerhof und der Stuben-
berger- und Dechanteigartenmauer" durch den Bau des Erzbiſchofes (Neubau)
beeinträchtigt.

1595, 1602 wurde der Seckauerhof, der Spital- und Domdechantei-
garten, die Häuſer von Johann Wilhelm, dann Niclas von Trautmannsdorf (beide Domherrn) u. a. zum Neubau einbezogen.

Der Neubau.

Während der Verhandlungen mit dem Domkapitel um Abtretung
und Ablöſung der vorbenannten Grundſtücke und Gebäude hatte Wolf
Dietrich ſich geäußert, daß er „durch dergleichen gebeue die Fürſtliche
Haubſtatt Salzburg Etwas luſtiger zieren vnd orniren wolle"; 1592,
8. Juni. Dagegen erſuchte das Kapitel den Domherrn Anton Grafen
Lodron „bey Sr. Hochf. Gn. vmb abſtellung derentwegen anzulangen,
vnd ſovil die gelegenheit geben thuet, dergleichen gebeue Sr. Hochf. Gn.
aus dem gemiet zu ſchlagen".

Aber 1594, 5. Mai „laſſen Iro Hochf. Gn. wegen vorhabenden
Ires newen Panes, deſſen Sy noch albereith im werckh ſeien, ainem
Hochw. Thumb-Capitl fürbringen, das Sy ſolchen Paw, zu deme Sy
ain ſonderbare zuenaigung tragen, zu khunfftigen Iren Fürſtlichen Reſidenz-
hoff fürgenommen vnd angeſtellt, ſolchen Paw auch mit Pläzen vnd
anndern dergleichen luſtbarkheiten alſo wellen zuerichten laſſen, das derſelb
zu ſonnderbaren ornament Irer Fürſtlichen HaubtStatt geraichen ſoll.
Demnach ſeien Ire Hochf. Gn. gedacht, gegen der Dechantey hinaus
ainen Plaz von demſelben gartten einzunemmen vnd daſelbſthin ain gepew
mit zwo ſtuben, zweyen Cämmern, ainen ſaal, ſambt ainen kheller zuerichten, vnd ain Liberey dorthin dirigiren zu laſſen, des gnedigſten Ver-
ſehens, ain hochgedacht Capitl werde ob ſolchem Irem vorhabunden gepew
khain ſonnderbar bedenckhen tragen, ſunder in ſolchen willigen."

Für dieſen Dechanteigarten gab der Erzbiſchof „das Hauuiperger-
Schlöſſl ſammt dem Puchuergütl" auf dem Mönchsberg zur Entſchädigung.
Hübner nennt es das Alt'ſche Schlößchen, ſeit Johann Krafft von
Weittingen „Johannisſchlößchen" genannt.

Den Spitalgarten, den Garten beim Stubenbergerhof, der damals
vom Senior des Capitels bewohnt und benützt wurde, wechſelte Wolf
Dietrich gegen das Frankmangütchen (Marketender) auf dem Mönchsberg ein.

Bekanntlich wurde der „Neubau" (so genannt zum Unterschiede von dem „Residenznengebäude" zwischen Käs- und Abtsgaße) von Wolf Dietrich nicht vollendet. Seine Nachfolger Marx Sittich und Paris beendeten den Bau.

1801 2 ward beabsichtigt „bei aufgehobener rother und schwarzer Bruderschaft" die hintere Neubauecke (gegen die Kaigaße) auszubauen und längs des Neubauflügels zwischen diesem und den Häusern der Kapitelgaße vom Platze bei der Tompropstei aus bis zur Chiemseegaßen- mündung eine neue Gaße zu eröffnen. Zugleich sollten von der schwarzen Bruderschaft an bis zur Tompropstei Tomherrnhäuser in nunnterbrochener Linie hergestellt werden. Die eintretende Regierungsänderung ließ diesen Bauentwurf unausgeführt, obwohl unter der Regierung des Churfürsten über großen Mangel an Wohnungen für Beamte, die von Paßau anher übersetzt werden sollten, geklagt wurde.

H. 175, 176.

In dieser Gegend stand 1544 das Haus des Tomherrn Johann von Malentein, nachmaligen Bischofes von Seckau, welcher verschiedene Reparaturen damit vornahm. 1553—'62 wohnte darin auch der Tom- schreiber Dr. Martinus Pezius.

1564 erklärt Anton Graf Lodron seine Absicht dem Capitel, in dem „Eckhaus neben der Tomdechantei" einen Bau führen zu wollen. Im Laufe der Jahre zeigten sich sowohl größere Gebrechen als auch fort- während Baulust des Tomherrn, so daß die Hauptmauer gegen die Kapitelgaße neugebaut und hinausgerückt und zu diesem Behufe die Albe (vor der Tult, wie schon damals gebräuchlich) abgekehrt wurde, daß das Kapitel wegen „Brunnen, Gangsteig und Straßen, dann befürchteten großen Baukosten dem Grafen sein fürnehmen beschaiden und glümpflich auszureden beschloß". Allein es wurde doch nachher ein Uibereinkommen getroffen und von der damaligen Bausumme mit 1266 fl. 2 Sch. 28 dl. die Hälfte zu vergüten beschlossen. Aber im J. 1600 belief sich die Bau- rechnung bereits über 5000 fl. Mittlerweile wurde Anton Graf Lodron Tompropst und langte um die Bewilligung an, in diesem Hause ver- bleiben zu dürfen. Seitdem blieb es die „Tompropstei". Im J. 1610 wurde die gräflich lodronische Behausung mit einem Stück der alten Tom- Dechantei vereinigt, dem jeweiligen Tompropsten zur Wohnung angewiesen und der gesammte Baukosten mit 6000 fl. vom Erzbischof Wolf Dietrich übernommen. Vor dieser und der erzbischöflichen Bauführung (Neubau) war die Domschule, die in dieser Gegend stand, schon wie bemerkt, um 1582 in den Seecauerhof verlegt worden, wo jedoch abermals ihres Bleibens nicht war.

H. 177, 178.

Diese beiden Häuser stehen auf dem eigentlichen Spitalgrunde und sind auch erst seit 1603/10, nachdem das Spital zu St. Erhard in die Vorstadt Ronntal versetzt worden war, in die spätere und jetzige Gestalt gebracht worden. So viel aus einzelnen unzusammenhängenden Nachrichten und den alten Stadtansichten zu entnehmen ist, stand annähernd an der Stelle von 178 das im Viereck gebaute eigentliche (Weiber-)Spital sammt Nebengebäuden, dessen Bereich auch die St. Johannis- oder Spitalskirche, den Spitalfriedhof und das Caplanhaus umfaßte und bis an die Domfriedhofgaße (Neubaudurchgang?) reichte. Das Spitalgebäude bewohnte nach der Übersiedelung des Spitales der Spitalmeister, es hieß seit der Zeit Caspars von Stubenberg (beurkundet 1456—'67, '78, Spitalmeister, dann Domprobst) auch der Stubenbergerhof. Daneben, etwas zurück, beiläufig auf dem Platze von 177, stand das Männerspital als ein kleines „Stöckl"[1]. Der Stubenbergerhof hieß später auch der Olmützerhof, weil Carl Graf Lichtenstein, Erzbischof von Olmütz, denselben als gleichzeitiger Domherr von Salzburg bis 1688 inne hatte.

1692 wurde dieser Olmützer- oder Stubenbergerhof in zwei Domherrnhäuser abgeteilt (177 und 178), die wesentlich seither nicht mehr verändert worden sind.

197, 198, 199, 200; Kapitelplatz, 3, 4, 5, 6.

1569, Thumcapitlkastenhaus. 1635 neuer Traidkasten errichtet. 1695 Hauptbau des alten Kastenhauses. Dazu die Inschrift. 1775 Kapitelgetreidkasten. 1858 Lohnkutscher Bartlme Angelberger.

1569 Thumbpfister. 1775 Kapitel-Pfister-Mühl. 1800 Kapitelsyndicus und Schwemmbäcker. 1816 Schwemmbäcker Fallbacher, Mühle und Backhaus. 1874 Nocker.

201; Kapitelplatz 7.

Um 1530 Stadtpfarrhof, 1813 Stadtdechantei, 1881.[2])

Wenn man zu Hübners Zeit der Meinung war, die ganze Umgebung des Domspitales zwischen der heutigen Kapitelgaße und dem Mozartplatze

---

[1]) Der Leser wird ersucht, von der verwirrenden, nach Orts-, Zeit- und Besitzangaben zum Teil unrichtigen Darstellung bei Hübner I. 257 u. ff. Umgang zu nehmen.

[2]) Vom Stadtpfarrhofe lief eine Mauer mit einem Tor bis an den Münster und schloß den Domhof ab.

sei zum großen Teile auf Kosten der Gründe des Domspitales bebaut
worden, so vergaß man, daß der Domhof älter als das Domspital war
und daß letzteres ohne Frage aus dem ersteren und auf dessen Grunde
entstand, unbeschadet der mancherlei Stiftungen oder Schankungen, die es
im Laufe der Zeit annahm. Ein Blick in die Frühzeit des zehnten Jahrhunderts entdeckt, wie bereits gezeigt, um 930 den Zusammenhang zwischen
der St. Johannskirche und den Weltgeistlichen am Dome. Schon damals
war Domprobst Irminhar, dann sein Nachfolger, der adelige Priester
Engilbert und dessen Sohn Lintfred im Lehenbesitze dieser Kirche und
des dazu gehörigen Hofes, den ihnen der Erzbischof (im Namen
der Erzkirche oder des Capitels) verlieh, wie dieß wohl noch mehrere
Jahrhunderte später in ähnlicher Weise zu geschehen pflegte. Wenn im
12. Jahrhunderte Erzbischof Conrad I. bei dieser Kirche und auf dem
zu ihr gehörigen Hofe das St. Johannspital gründet, so ist dieß nicht
als eine neue Schankung an das Kapitel anzusehen, weil ja Kirche und
Grundstücke im Bezirke des Domhofes lagen, und weil, wenn dieß auch
nicht der Fall gewesen wäre, die größte Wahrscheinlichkeit besteht, daß
diese Kirche fort und fort an adelige Priester, was damals wohl ziemlich
gleichbedeutend mit „Domherrn" war, verliehen wurde. Neu ist nur, daß
Conrad I. das Domcapitel verhielt, bei dieser (bereits vorhandenen) Kirche
und an diesem (bereits bestehenden) Hofe eine Herberge für Arme und
Pilger zu halten oder wieder zu errichten, daß er in dieser Absicht eine
Schankung für seinen Teil (ex mea parte) von zwei Gütern zu Marzon
(Marsean, bei St. Johann) und Tingolting macht und beifügt, daß ein
Teil der (bereits üblichen) Zehente, die dahin (in hunc locum) entrichtet
werden, zur Erhaltung der in das Spital Aufgenommenen (ad consola-
tionem eorum) zu verwenden sei. Wie man sieht, war also damals die
St. Johanniskirche bereits mit liegenden Gründen in und ausserhalb der
Stadt und jährlichen Reichnißen bewidmet und das Domcapitel im
Lehengenusse beider.

Wollte man nun daraus folgern das Domspital habe etwa den
ganzen oder auch nur den größten Teil der in Frage stehenden Grundfläche zwischen Kapitelgasse und Mozartplatz eigentümlich besessen, so wäre
dieß nur bei gänzlicher Verkennung der Eigenschaft des Domkapitels
als eines mit der Domkirche gleich alten Herrnhofes mit Grundbesitz
und hoher gesellschaftlicher Stellung in und ausserhalb der Stadt denkbar.
Die Johanniskirche mit ihrem Widemgut stand zum Domkapitel in dem
Verhältnisse eines geistlichen Lehens oder beneficiums, dessen Genuß

jeweilig der Erzbischof, ohne Zweifel nur an Domherrn verlieh, mag nun der Ursprung des Lehens bei einem der alten Domherrn oder gar beim salzburgischen Sprengel-Bischof Virgil, oder anderswo zu suchen sein.

Überblicken wir die Lage der spätern Domherrnhäuser so wird ersichtlich, daß sie sich in zwei Gruppen bringen lassen, deren eine alle jene in sich schließt, welche auf dem alten Grunde des Domhofes stehen, 166, 168, 169, 171, 172, 173, 174, 175, 176, 177, 178, 180, 181, 182, 201, während die zweite kleinereAnzahl, 77, 78, 79, (102), 110, sich außerhalb desselben befindet. Für die meisten Häuser der ersten Gruppe kann der Zusammenhang mit dem alten Domcapitel genügend nachgewiesen werden, wenn auch vor dem Übergang der Domherrn in den Weltpriesterstand manche derselben zu Leibgeding verliehen, andere, wie der Salmannsweilerhof, etwa verschenkt und später zurückgekauft worden waren; während dagegen die Häuser der zweiten Gruppe sämmtlich nach der Secularisation durch Ankauf erworben worden sind.

Aus dem Angeführten wird das Bild der Abgeschloßenheit des Domhofes (selbst wenn man den alten erzbischöflichen Hof dazu nimmt) nach allen Seiten vollkommen anschaulich, wobei man sich die damals nur zum kleineren Teile vorhandene Kapitelgaße beim Domspitale durch das Tor zur Nachtszeit versperrt denken muß. Die Webergaße und der Brodmarkt der Bürgerstadt, die dem Flußlaufe entlang sich erstrecken, berühren den Grundbezirk des Domhofes. Auf der Linie des Neubaues lassen sich mit Sicherheit keine Domherrnhäuser[1]) nachweisen, sondern soweit wir davon Kunde haben, Behausungen von Edellenten, die ihnen entweder vom Domstifte zu Leibgeding überlaßen waren, oder etwa in deren Eigentum übergegangen sind. Von der Ecke der St. Michaelkirche an in der Richtung zum Dome aber stehen so viel bekannt, wieder Häuser und Häuschen, die unzweifelhaft geistlichen Zwecken dienstbar sind: „Wer ain Haus, das zu ainer Meß im Thuemb zu der heiligen Dreifaltigkeit Altar gestift gewesen. Wer ain Haus, das zu aller glänbigen Seelen gestift ist gewesen und ain Pfarer im Spital innen gehabt hat. Wer ain Haus im Thuembfreithof, darinnen man die Khörzen gemacht hat, welche in der Thuembkhirchen gebraucht worden. Wer das Gusterhaus (Guster = Custos), darinnen man die Consistori gehalten". Steinhauser in Landes-kunde XIII, 105.

---

[1]) Das Haus Berners von Gottenrade (Steinhauser), das der Turn und des Traut-mannsdorfers, scheinen aber doch Domherrnhäuser gewesen zu sein. (Lbßße VII. 269, 477).

Hundsgaße und Nonnberger Hochweg.
H. 194; Herrugaße 8.

Ulrich Samer, der Wechsler hatte auf dem Domfriedhofe eine Capelle gestiftet sammt den darin zu haltenden Gottesdiensten. Darüber steht in seinem Urbarbuche von 1429: „Darzue habe ich benselben drenen chapplänen mein haus gelegen in der pfaffengassen geschafft, das ich newes von grunt auf darczw gepawt hab, das sy all dren wesentlichen (d. h. die Kapläne selbst) mit ainem erbern (ehrbaren) gotleichem (gott-gefälligen) geordent leben darin sullen sein, als zw frumen endgleichen (tüchtigen, frommen, das Ende bedenkenden) priestern gehörtt, vnd das haws pessern (in Stand halten) was notturfst daran ist. 1483 der Herrn in der Sammerkapellen hauß. 1526 Aller gelaubigen Seelen haws. (Die Sammerkapelle und der Karner oder die Todten-kapelle waren bekanntlich unter einem Dache und lagen übereinander. Die Todtenkapelle aber war der Andachtsort der Aller-Seelen-Bruder-schaft oder ad animas. 1646 Andreas Balneator (zu deutsch: Bader), Caplan U. L. Fr. Altars ad animas (fidelium). 1647 Baptistenhauß, so capitlisch. (Das Domcapitel überwachte die Samer'sche Stiftung.) 1682 Beneficiathauß ad animas. Das Domcapitel verkauft das Haus auf Erbrecht um 1000 fl. rheinischer Münz Kaufschilling und 2 Ducaten Leikauf an Wilhelm Christoff Kolberer. 1687 ist in diesem Hause Margaretha Waldherrin, Wittib, Bierzapflerin. 1713 Kolberer'sche Be-hausung. 1775 Bierjodlhaus. 1800 Bierjodlwirt. 1804 „Wänzler. 1813, '16 Matthäus Wänzler, vulgo zum Bierjodl. 1858 Gasthaus zum weißen Kreuz. 1881 Roth Anton.

H. 195, 196; Herrugaße 4, 6.

1434 Des Reventchnechtz[1] haws gelegen neben der pfaffen hauß das zu der sammerkapellen gehortt, in der hunczsgassen. 1442 Ulrich Wollf gürtler. 1546 gürtlerhaus. 1570 Benedictus Saler Campanator in summo[2]. 1601 wird dem Balthasar Kärrer f. salzb. Kellermeister erlaubt, zu seinem neuerbauten Haus „ein Flechl einzufahen, 21 und 84 werchschuech breit und lang," zu einem Garten. 1660 Johann Khärer, der h. Schrift Doctor. 1713 Caldonazzi, 1800 Caldonazi- oder Beicht-vaterhaus. 1858 Anna Schreilechner. 1874 Johann Rehrl.

---

[1] Der „Reventknecht!" war der Diener im Speisesaal oder Refectorium des Dom-klosters.

[2] Campanator in summo (templo) heißt wörtlich: Glockendiener oder -läuter im höchsten Gotteshaus. Er war demnach eine Art zweiter oder dritter Domme ßner. Die Be-zeichnung in summo statt Domkirche war sehr gebräuchlich. So hieß der Domschulmeister magister in summo, es gab capellani in summo u. dgl.

H. 203; Bierjoblgaße 4.

1570. Ist das Haus darinnen die Caplän wohnen und zu der Stattpfar gehörig, wie sy denn von Alter da innen gewohnt haben. 1595, habens die Caplän in der Pfarr innen. 1602 Statpfarer Hauß. 1608 Caplanhaus. 1646 Alt Caplanhaus. Barbara Weingartnerin. 1713 Portheumacher Pruner. 1800, '4, '8, '13 Tischler Röbl. 1816 Wirtshaus zur goldenen Schlange. 1848, 1858 Kleinkinderbewahranstalt.

In diesem Hause beleuchtete 1818 und 1821 Glockengießer Gugg das Gastzimmer mit Gas aus Wildshuter Braunkohlen. (Salzb. Ztg. Lbsfde VI. 297).

H. 204; Festungsgaße 7.

1347 Elspet, Heinrichs des Haubenriem Witib, Purgerin zu Salzburg und ihr Sohn Seibot, „Haus am Nunpurgweg".

1357 Rudolf Pfarrer zu Sützenhaim.

1375 Pfarrer Rudolf übergibt Haus und Garten an die pfarr ze Salzburg, zu dem (ewigen) liecht ½ Pf. Pf. Darin wohnen die Pfarrer von Sietzenhaimb 1404, 1408 (nachdem es abgebrannt war) und 1526; dieses Stiftungshaus betrachtete das Domcapitel dann als ein Domherrnhaus, 1536, 1570 wohnen darin Domherrn und Stadtpfarrer, 1590 Stadtpfarrer. Das Haus wurde dann an St. Peter vertauscht. Um 1623, 1650 des Richters von St. Peter Haus. 1713 St. Petrischer Faßbinder. 1816 Binderhaus. Brunnen.

H. 209; Festungsgaße 4.

1426 Thoman der Koch. 1526 Lasser Bürgermeister. 1555 Gebrüder Lasser. 1585 Alexander Grimming, Schloßpfleger auf Salzburg. 1586 Christina Grimming, vh. Welsperg. 1600 Wolf Dietrich und Katharina von Welsperg. Bis über 1655 die Welspergischen. — Welsperghaus, 1681 Virgil Hölzl, Burger und Handelsmann, 1711 dessen Witwe Hester Liuortnerin, 1717 Peter Hölzl, 1749 und 1754 Frau Maria Ursula Prunerin, Hölzls Witwe und ihr Ehewirt Peter Anton Lorenzoni[1]). 1780 Hörl und Kunigunde Pöstin. 1796 Schloßer Lorenz Meißner und Ehewirtin Katharina Moslechner. Schloßer Schneider. In diesem Hause wohnte auch Michael Haydn (bis 1806).

H. 208; Festungsgaße 6.

1485 Jorg Globitscher Zinngießer. 1522 vom Abt zu St. Peter eingelöst. Mayrhauserhaus. — 1651 M. Karl Reichardt Hofrichter zu

---

[1]) Pillwein, Künstlerlexikon 135, wo auch dessen Wohnhaus angegeben ist.

St. Peter, Erben. 1622 M. Franz Thomas Khleyenmayr, Hofrichter und 1652 Reicharbts Witwe. 1670, '98 Khleymayr'sche[1] Erben und Witwe in ²⁶/₁₂ und ²¹/₁₂ Teilen, 1710 verkauft an Rupert Wohners oder Wahners Ehefrau. Bauerhaus.

Judengasse.

H. 60; Judengasse 1.

1370, '71 Vital Chöldrär's Haus (Köllrär, Kollerer).

1429 Dorothea, Witwe Christofs Khölrär, Burgers.

1459, '73 Erasm Rauhenperger, Burger.

1487—1516 '18 Ruprechts Käserer sel. Kinder. Wolfgang Knoll 1501 (Gerhab? b. i. Vormund).

1516, '25, '31, '37 Contzen (Conrads) Mörts Haus.

1569 Hans Talhamer, Burger und Wirt.

1604, '8, '23 Lorenz Rainer, Gastgeb, Käufer von Hans Talhamers Erben.

1633 Wolf, 1636 Juliana, 1647, '62 Moriz Hölzl, Burger und Gastgeb.

1650 Wirtsbehausung, (Grundbuch).

1713 Cordula Langin, Preu- und Wirthshaus zum Türkenkopf. Hanns Moser. 1766 Ruepp Egger, Pierpreu, nimmt beim Bruderhaus 4000 fl. auf und zahlt selbe bis 1798 zurück.

1775 Moserbräuhaus, 1813 Egger, oder Moserbräu.

1858 Gasthaus Gustav Riß, 1874 Franz Wisenberger. Die Brauerei hat aufgehört.

H. 61; Judengasse 3.

Ist vor 1327 Martins des Spehers[2] Haus bei dem Türlein. 1327 Rueger Schueler, Kramer bei dem Türlein.

1429 Ortolf Schifftär. Seit des Spehers und seiner Hausfrau Zeit (1438) liegen auf diesem Hause eine ewige Gilt von 5¹/₂ Pf. Pf. und 1 Pfund Piper (Pfeffer), die an das Bürgerspital zu reichen sind, eine zweite zu einem ewigen Jahrtag für Speher zu ¹/₂ Pfd., und eine dritte

---

[1] 1656 in einem Gerichtsbriefe über Bürgstein schreibt sich der Hofrichter „Franz Tho. Kleinmayr", anderwärts, wie oben steht. Im achtzehnten Jahrhundert folgten die Nachkommen der damals aufgekommenen Manier, durch angehängtes n sich vor den Bürger- und Bauernnamen auszuzeichnen, Kleimayrn, Schallhammern, Kosleru, Hesterru, Antretteru, u. s. w., wovon die salzburgischen Staatsschematismen viele Beispiele geben. Dieser Schreibung folgten der Verfasser der Juvavia und der unpartheiischen Abhandlung, dessen Brüder, Söhne und Nachkommen. Die Schreibung „Kleinmayr" ist bei diesem Geschlechte nie üblich gewesen.

[2] Die Speher hatten einen steigenden Falken im Wappen.

zu 1 Pfd. den geistlichen priestern predigerordens, die (aus Wels, oder Friesach in Salzburg terminiren (sich) zeitweilig aufhalten).

1459, '77 ist Gilig Smälzl Eigentümer des vordern, seit 1452 der Gugler des hintern Hauses. 1479 an des Schmälzleins statt Hans Püchler, besitzt seit 1487 beide Häuser.

1512, ein zwisach Haus in der Gugl in dem gäßlein pei der judengaßen, Wolfgang Püchler, pirschenk, seit 1504.

1540 Jörig (irrig Hans, oder Franz) Schrötl, Stadtrichter[1]). Dieser zahlte die Gilten nicht, die an das Bruderhaus zu entrichten waren. Daher erkaufte das Bruderhaus beide Häuser sammt den darauf lastenden „Burden" und dem „preuzeng". Die Lasten betrugen bei 33 oder 40 Pfd. Pf.

1546 wird der vordere Stock an die hans walchin, der hintere (die halb Gugel) an den pirpreu Leonhard Gschwandtner in B'stand aus-gelaßen (vermietet). 1554 Jakob Walch und Hans Reutter Pirpreu. 1555 Achaz Khopp Apotheker und Jakob Kharner den vordern; Reutter den hintern Stock.

1558 vereinigte Apotheker Kopp beide Häuser in seinem Besitz. Das Haus heißt noch immer „in der Gugl, beim Türl"; die zu Capital angeschlagenen Gilten beliefen sich zu 4⁰⁄₀ auf 900 fl. Der „Piper", dazu bestimmt, den Hasenbraten der Bürgerspitalpfründner zu „stuppen", wurde mit 2 Schill. 20 Pfenn. abgelöst. 1587, 1637 Eberhard Kopp, 1640—'57 Katharina Koppin.

1659 Elias Guggenberger, Burger und Pierpreu, 1687 dessen Erben bis 1707; Coloman Proßinger von 1700 7 bis zu seinem Tode 1733. Guglpreuhaus. 1739 Antoni Elixhauser, Pierpreu; 1740 kauft das Haus Ma. Rosina Gräfendorfer, geb. Schalhamber, in zweiter Ehe Lorenz Hörls Hausfrau, um 14.000 fl. und 200 fl. Leikauf[2]). 1793 Franz Paul Hörl; 1809 Stanislaus Erlacher und Frau, Anna Pallauf. 1819 Karl Wührer, Kürschner. 1821 Michael Haidenthaler. 1843 Johann Holzegger. Das Brauhaus zur Gugl (nicht „Kugl") ist als solches eingegangen. 1881 Pfanzelters Erben.

Wie man sieht, waren in älterer Zeit das Brauen und der Bier-schank getrennte Geschäfte. Die Gugl hatte vom Gugler (1452), wie die Sinhub vom Sinhuber ihren Namen.

---

[1]) Er heißt Georg Schrott zu Kellenberg und war auch Pfleger zu Plain.

[2]) Der „Leikauf", richtiger „Leitkauf" ist die Bestätigung des Kaufes, entweder dadurch, daß Käufer und Verkäufer mitsammen Lit oder Leit, d. i. ein weinartiges Getränke oder süßen Wein trauken, oder daß der Käufer dem Verkäufer ein Aufgeld, Angeld entrichtete. Von solchem Getränke rührt der Namen „Leithaus" (Berchtesgaden) her. Es wurde später in Leuthaus umgedeutet; verleutgeben von Bier oder Wein.

H. 62; Judengasse 5.

1526 früher Morauer, jetzt Fürstalberhaus, 1530.

1552—'62 Wolfgang Bockenberger.

1562, '69 Andrä Haan, Burger und Wirt, 1611—'36 Caspar Haan, Bürgermeister.

1647 drei Erben und Eigentümer.

1709 Wilhelm und Christof, 1713 Christof Auer.

1753 Lorenz Hörl, bgl. Sternbräuer und Frau.

1800 Kürschner Wührer.

1840 dessen Tochter Anna Zeller, 1858 Witwe Zeller.

1874 Karl Stainer.

Vergleicht man jetzt die einschlägigen Nachrichten der Häuser 20, 60, 61, 62 nach der Zählung von 1858, so gewinnt man einen näheren Einblick in die Ortslage derselben und der zwei dazwischen verlaufenden Gäßchen.

Marktplatz 20 alt, 2 neu	Judengasse 60 alt, 1 neu	Judengasse 61 alt, 3 neu	Judengasse 62 alt, 5 neu
1363 Teysinger. 1364 Haus am Markt zunächst bei der Thür. 1429, '59 Gänmüller.	1327 Rueger Schueler, des Kramers Haus bei dem Törl zwischen des Teysinger und Bezzels Häusern. 1349 Ruegerhaus bei dem Bezzes (oder Bezzels) Türlein. 1438 Haus in der Judengassen bei dem Türlen (Rueger Schueler).	1408 Heinrich des Sayler Aiden (Schwiegersohn) haus bei dem Türlein (der Schifftär). 1429,52 das Schiffterhaus bei dem Türl, da man zu der Salzach gelt. 1452 das Schiffterhaus hat un der Gugler ynn. 1512, '29 ein zbifach haus genant in der Gugl in dem gäßlein bei der Judengassen. 1564 ein Haus in der Judengassen genant in der Gugl beim Thürl. 1595, 1653, '67, '80 Haus in der Judengassen in der Gugl beim Türl.	?Bezzel 1327. 1709 das Gäßl, so das Auer- und das Bräuhaus die Gugl scheidet.

Folgerungen: 1. Zwischen Haus 20 und 60 alt befand sich eine Tür, 1364, folglich auch ein Ausgang zur Salzach.

2. Zwischen Haus 60 und 62 befand sich eine Tür (des Bezzels türlein) 1408, '29, 1438, 1449, '52, und ein „gäßlein" 1512, '29; das Gäßlein wird noch 1650 erwähnt.

3. Bezzelshaus lag neben Rueger Schuelers Haus, somit das Bezzeltürlein zwischen

beiden, 1327, weil auf der andern Seite das Teysinger- oder Gänsmüllerhaus zur gleichen Zeit lag.

4. Man könnte zweifeln, ob Bezzels Haus in Haus 61 oder 62 zu suchen sei, weil dafür die gleichzeitige Nachricht aus den Jahren 1327 u. f. w. fehlt.

5. Sicher ist jedoch, daß an der Stelle des heutigen Hauses 61 ein (schmales) vorderes und hinteres H a u s u n d e i n G ä ß l e i n sammt Türl 1512, '29, '64, '95, 1635, '67, '80 n e b e n e i n a n d e r angetroffen werden.

6. Daraus folgt aber mit Wahrscheinlichkeit, daß diese zwei schmalen Hausstöcke an das rechts- oder linkestehende Haus angebaut, also in die früher bestandene breitere Gaße erst hineingebaut wurden.

7. Und daraus ergibt sich weiters mit Wahrscheinlichkeit, daß diese breitere Gaße vom zweiten Marktplatz zur zweiten Brücke führte (Abschnitt V, VII und VIII).

H. 63; Judengasse 7.

Bis 1500 Sebastian Stainhauff, dann bis 1527 Hanns Strobl der ältere und jüngere.

1528 Ruprecht, 1552 Christof, 1571 Ernst Rauhenperger.

1579 Peters Feyertag Erben, 1608 Stefan, f. Rat und Hofsekretär, Peter Feyertag, Handlsmann, 1623 Wolf Feiertag, Ratsburger und Handlsmann, 1640, '47 Stefan und Wolf, ersterer Dr. und geheimer Rat, letzterer Stadtrat und Handelsherr, 1650, '54 deren Erben: Franz Feiertag.

Bis um 1700 Bartlmä Bergamin, (Bürgermeister 1691 bis 1700 †) Caspar Wilhelmseder, Stadtkämmerer 1732—41, Bürgermeister 1741—55 †. Ernst von Antrettern, Hofkriegsrat und Landschaftskanzler.

1769 Lorenz Hörl, Sternbräuer, 1791 Andrä Hörl.

1805, '8, '13, '17 Joh. Rep. Gall (1808 und Bolland), 1819 verkaufen die bürgl. Spezereihändler Haus und Handlung an Josef Zeller. 1847 dessen Sohn Josef, 1855 dessen Witwe Anna.

1874 Karl Steiner.

H. 64; Judengasse 9.

1423 das Sylberbergerhaus.

1500 Hansen Strobls Haus, 1526 dessen zweites Haus (s. vorher).

1526 das ander Rauhenpergerhaus (s. vorher); darin wohnt Ambrosy Knecht, burger und Wirt 1569.

1608 Aigenstuellerhaus. Wolf Aigenstueler, Gastgeb[1]).

1622 Baltasar Eizenberger, Besitzer, hat das Haus schuldenfrei gemacht.

---

[1]) Der Unterschied zwischen Bierschenk oder Bierzapfer, Gastgeb, Wirt, Gastwirt, Tafernwirt, Weingaßgeb, Weinwirt hat sich längst verwischt, obwohl noch zwischen Ausschank und Wirts- oder Gasthaus gewerbliche Schranken bestehen.

1713 Eizenbergers Wirthshaus beim Mohrenkopf. Wwe. Maria E. und zwei Töchter.

1775, 1800, 1808, Weinwirt oder Weingastgeb Eizenberger.

1813 Paul Weickl, Gastgeber zum Mohren.

1817 Gasthof zum Mohren, 1858 Franziska Irresberger.

1874 Johann Wiesenberger.

H. 65; Judengasse 11.

Vor 1423, Fridel im gmach. 1452, Leonhard Mülhaimer.

1477, Gangsperger, 1498 Hans G. 1512, '16, '28 dessen Erben, 1529 Kainz (Chunrad) bis 1555.

1553, '56 Jörg Eder's Erben durch Kauf.

1564, '76, '82 Wiguleins Pientenperger, '84 dessen Wwe. Katharina, nun Praudstätter, † 1621, seit 1595 auch deren dritter Ehemann Mathias Scheller (Schäller oder Schäller) † 1625, und vermacht das Haus dem Bruderhaus, gemainen Almosen (Armensäckl) und dem Siechenhaus. Da kauft es

1629 Wolf Paurnfeind, † 1629, dessen 6 Kinder übergeben es der einen Schwester Fr. Susanna von Rundinel. — Vincenz, 1650 Placidus Paris von Rundinel, 1653 Emeran Fridrich von Rüz und Schwester, 1655 Egon Gotthard Maurer von Hohenstein und Fr. geb. Rüzin. 1658 Peter Perckmayr und Fr. durch Kauf.

1661 Virgil Mayrhauser, † 1669, dessen Sohn Mathias, Mutter und 7 Kinder, 1686 Johann Mayrhauser und Geschwister. 1689 Johann Tagerer, für welchen Frau Elisabet Strobl einstand. 1717, Strobl, 1734 Fr. Anna Strobl. Frau Eva Waldmüller, geb. Strobl verkauft das Haus 1758 an Franz Enk v. d. Burg, Hofkammerat und Quardaroba-inspektor und dessen Frau, geb. Waldmüller um 4000 fl. 1778 die Witwe, 1800 Enk'sche Kinder, Leopold Enk v. d. B., 1805 dessen sechs Erben verkaufen das Haus um 10.000 fl.

1808 Eizenberger, zweites Haus. — P. P. Weickl, 1831 Georg, '74 Heinrich, 1881 Ignaz Weickl.

H. 66; Judengasse 13.

1423 Ulrich des Mosärs Haus.

1437 Haus Schmidtners † 1499. — Stift von 6 fl. a. d. Bruder-haus. 1526 Hans Schnel; 1540, '47, '57, '60, '62 Daniel, dann Josef Hohenhausen und Miterben. 1570, '73 Antoni Rot, Rat oder Radl, 1576 dessen Erben.

1574, '80, Hans Pronot, Handelsmann.

1589, 1608, Maximilian Steinhauser. Nach dessen Sturz

1614, Hanns Schwabengruber, d. inn. Rats. † 1639.

1640 Wwe. Regina Schw. und zwei Schwestern Eva Lorch und Barbara Fill zu Augsburg, mit den Ligsalz verschwägert, alle drei geborne Widmann. 1641 Eva Lorch und die widmann'schen Erben.

1649, 50 Peter Weiß und Susanna Eisenhut, 1671 zwei Töchter.

1676 Christofs Freißauf zwei Söhne Christ. Ferdinand und Franz Bernhard. 1693 letzterer allein. 1708—1730 beil. Josef Thomas Fr., Generalsteuereinnehmer. 1740 dessen acht Kinder. 1744 Christof, Ratsburger und Handelsfaktor. 1751 Witwe des Jos. Ant. Cajetan, Ma. Theresia geb. Robinig um 5200 fl. 1757 Anton und Franz, deren Söhne. 1775 Gebrüder Freißauf.

1799 kauft und übergibt Raimund Felix Azwanger das Haus seiner Tochter Josefa Würstl. 1806, 1813, Ignaz Würstl, Handelsfaktor. 1858 Theres von Lauser. 1874, '81 Dr. Peter Poschacher, Vicebürgermeister.

H. 67; Judengasse 15.

1423 Hans Lawbingers Haus am Eck, da man zu der Salzach get. 1429 Laubingerhaus, 1437 Michael Laubinger. 1451 Bräuhaus in dem Gäßlein an die Salzach. Martha Laubingerin. 1512 Bräuhaus in der Judengaßen, so man zu der Salzach im Gäßlein get; hinter dem gerichtshaus.[1]

1516 Hans Hueber — 1523. 1526 Caspar Laubingers Tochter, Virgil Huebers Hausfrau; David Payrhamer, Brän.

1551, '64 Christof Schiltl.

1571 Barbara, des Wolf Magerl Hofkastners Hausfrau. 1620 Wolf Magerl zu Wegleiten.

1621 kaufen das Haus Wolf Walsperger und Ehefrau. 1656 Bräuhaus die Höll genannt. Wolf Hölzl, Pirprew, Schwiegersohn. 1664 Felicitas Linortner, Hölzls Witwe. 1687 Maria Elisabet Hueber, alias Heidenthaler, Tochter. 1717 Felicitas Hueberin, Tochter, Ehefrau des Michael Knosp, 1760 dessen Sohn Michael Josef.

---

[1] Aus den oben angeführten Ortsbezeichnungen ist zu ersehen, daß noch im J. 1512 in der Gegend der einstmaligen Piorte ein zur Salzach hinausführendes Gäßchen bestand, welches mit dem Töllergäßchen nicht zu verwechseln ist. 1588 werden noch wegen der „landigen Injection" bei der Gugl und beim Töllergäßl (das ist eben der Ausgang neben der Hölle) durch 34 Wochen Wachen aufgestellt, um den Auswärtigen den Eintritt zu verwehren.

1788 Michael Ambros Elighauser, Bräuer am Stiegel, durch Gantkauf. 1807 dessen Sohn Franz; dessen Witwe. 1804 7 Christian Robler, 1813 Serafin, 1837 Franziska und Serafin, 1842 Franziska Robler allein.

1858 Josef Brodmann. 1874 Engelbert Schrems.

H. 56; Judengasse 10.

Bis 1478 Hannsen Choplers Haus in der Judengassen; zur Hälfte, 1491 von dessen Geschäftsherrn (Vollstreckern des letzten Willens) ganz dem Bürgerspital übergeben. 1492 von Asm Matsperger um 700 fl. gekauft. 1552 Kaspar Koppler, Apotheker[1]). 1569 Susanna Auer. 1608 Wolf Sailer, Ratsbürger[2]). 1629 Christof, 1647 Frau Felicitas Schmirber. 1713 Feyrienger, 1734 Anna Maria Feyersengerin. 1784 Grueber und Lackner. 1808, '17 Weißbierwirt Stocker. 1858 Leopold Scheibl. 1874, '81 Vincenz Stocker.

H. 57; Judengasse 8.

1478 Heinrich Mätsperger (Mätzperger, Mätzenperger, Mätschperger), 1512, '29 die Mätsperger, 1552 Ruprechts und Heinrichs Mätsperger Witwen. 1564 Wolf Wagner. 1587 dessen Sohn. 1615 Christof Grueber, 1619 Kinder. 1647 das heruntere Grueberhaus. Gregor Hundtspichler, Pfleger zu Neuburg am Inn. 1649 Christof Baurnfeindt und Ehefrau Maria Gschwendtner. 1858 Heinrich Obpacher. 1874 Fänstle Johann. 1881 Leopold Wishofer.

H. 58; Judengasse 6.

1552 Balthasar Raßlsperger. 1560 Dr. Paurs. 1608, '47, Hanns Schwabengruber, „das ander Altenstrasser Haus". 1643 Franziskus und Elias Palmpamb, Gebrüder. 1662 Christof Göttl, Ratsbürger. — 1775 Prenbßeißl — u. a.

H. 59; Judengasse 4.

1399, 1407 (Phi=)lipp Andre, Burger und Schloßpfleger. 1434 —54 Ulrich Elsenheimer. 1454—1510, Jacob Fürst Weltpriester, 1552 Wolf Schützinger. 1608, '42, das ander Altenstrasserhaus. 1650 Frau v. Lamberg. 1800 Altes Schleiferhaus.

Altenstrasser bewertete sein Vermögen 1608 auf 52.000 fl.

---

[1]) 1520 ist Gregor Kopler, wahrscheinlich derselbe, den Süß (Bürgermeister 51) 1524 Keppler nennt; ebenfalls Apotheker und im äußern Rat. Daraus ist zu entnehmen, daß wohl nur die Gilt auf dem ganzen Hause versichert wurde, und Choplers Nachkommen doch wieder Eigentümer geworden sind.

[2]) Wolf Sailer gab aus Anlaß der von Wolf Dietrich angeordneten Schatzsteuer (jeder Steuerpflichtige mußte sein Vermögen einschätzen) sein Vermögen auf 27.000 fl. an (1608).

Goldgasse und Brotgasse.
H.-Nr. 27—46.

H. 27.

1350 „Pachhaus in der Protgassen". Von Lorenz Tauschint geht es über an Vital Cholrer. 1434 Ludweig Tänchleins Witwe. Lukas Hohenfelder — 1445. Thomas Schaur. Reschl. Hetzinger — 1499.

1526 Salzburger Böck (Bäcker).

1552 Bartlme, Pechh.

1569 Michael Mainburger, Bäckenbehausung.

1608 Georg Mainburger, Mundtpechh.

1621 Wolf Eisertinger, von den Kindern Mainburgers.

1647 Eisertinger, Mundbäcker.

1713 Johann Eißl, Mundbäcker.

1775 Ehrenreich.

Um 1780 Franz Feyerl.

1808, '13, '17 Stürzer.

1858 Bäckerswitwe Zöpfl.

1874, 81 Holztrattner.

H. 28.

1472 der Vetterlein(?).

1500 ¹⁄₃ Ruecht Scripturaler (Schribzialler, Schriffteraller).

1569 Ruprecht Riecht (Ruecht).

1585 ²⁄₃ Scripturalerhaus (aber auch noch das „andere Eisertingerhaus" genannt).

1696 ³⁄₃, auch der oberste boden von 27 abgetrennt.

1713 Prambsteidlhaus (landschaftl. Buchdrucker).

1858 fünf Besitzer.

1881　„　　　„

H. 29; Brotgasse 13.

1391 Ott der alt hofpechh, Haus in der Protgassen, an Hannsen des Chrapfen haus (30).

1434, '54, '99. Ortwein Krapff, Hoffpechh. — Hofbäckerhaus, 1476 Domus Zolner (Haus Zolner).

1500—'12 Erhart Peysser (Stadtschreiber 1482—'86). 1512 Wolfgang Püchler, 1535—'47 dessen Erben. Herr Wilhelm von Moßhaim 1551—'79. Gregor Kellmüllner, f. Kammerdiener 1601(?), '11, Erben 1640, '47. 1660 Joh. Schrofner, Handelsmann, † 1671. 1695, 1713 Ferdinand Sigmund am Ende (Amende), f. Goldarbeiter (Verfertiger der kostbaren Monstranze im Dom[1]). Tochter, vh. Riedlechner 1757; deren Tochter heiratet den „Goldarbeiter" Maier[2]). 1770, '92, 1813 Goldarbeiter Meyerhaus. 1858, 81 Paul Weibhauser.

---

[1]) Pillwein, Künstler 5: Gärtner, Chronik.

[2]) Der Namen „Goldarbeiter" statt des älteren „Goldschmid" (die früher auch „Goldschlaher" hießen), ist ungefähr 200 Jahre üblich. Noch 1647 heißen die acht Goldarbeiter in Salzburg ohne Ausnahme „Goldschmide". Noch um 1770/80 kennt der Volksdichter P. Maurus Lindmayr (Lindemayr) „'s Goldschmids Bue(bn)" und Uhland 1840 „des Goldschmids Töchterlein".

H. 30; Residenzplatz 2.

„gegen den Hof ober". 1391, 1405 Hanns, 1415 Ortwein, 1477 Wilhelm und Jeronymus die Krapfen. (Alex Kenzl scheint bis 1492 Burgrechtsinhaber, d. i. Grundherr oder Obereigentümer gewesen zu sein). 1483 Cunz Castner, Tuechler (Tuchmacher oder -händler). 1491 Asm (Erasmus), 1507 wolfgang püchler, „gwölbherr". 1542 s. Cammermeister Onufrius Mani, 1567 Frau Silberberger, dessen Tochter. 1582 Herrn Dietrich Khuen's Hausfrau (Pfleger zu Radstadt). 1595 fürstl. Kammer; aber „1628 hat der Erzbischof die Silberbergerische statt der Lasserischen (Behausung) am Salzmarkt eingetauscht. Lasserische Behausung. 1713 Guardianisches Haus. 1744 gevierteilt. 1780 Reiterhaus, 1800 Eyberger. 1808 Löhr, 1813 Lindemayr Handelsleute. Niedermayr. Fr. Gschnitzer. H. Dieter und E. Gattermayr.

H. 31: Residenzplatz 3.

Matseerhaus. Der Probst von Matsee und Domherr zu Passau, Hanns von Scherffenberg, verkauft das Haus 1403 an Christan den Zergadner[1]), dieser 1415 an Chunrad den Gäukuecht, Burger zu Salzburg. Das Haus heißt 1469 „zur Weingrub", liegt „am Holzmarkt" und „gegen den Hof ober". Dann kommt es an Hannsen Frankh, an die „Stoin" (Stör? Stoll?) 1469 an den Tafelmacher[2]) Hans Reytpacher. Unter seinen Nachkommen ging das Haus in Bruchteile, aber Paul Reytpacher der Goldschmid vereinigte wieder und Paul Leitenpech alle 6 Teile, bevor er auswanderte. 1572. '90 wechseln vier Besitzer. 1595 schenkt es der Erzbischof seinem Guardaroba- und Kammerdiener Janschicz. 1617 Hanns Freisam. 1647 Martin Lohrer, 1685, 1720 Martin Lohrer, 1745, '50 Philipp, 1775 Kammerfourier (Bernard) Zezi, 1778 Josef Zezi. 1804 Kaufmann Spät, 1818 Weizner. 1881 Anna Gottwald.

H. 32: Residenzplatz 4.

1415 Des Hofmaisters Haus, gegen unsers gnädigen Herrn Hof von Salzburg ober.

1501 St. Johanns Capellen zu Hof Haus, '65, '95. Darin wohnten auch Hofbedienstete, der Kuchlmeister Hans Ergott, der s. Rat und

---

[1]) Der „Zergadner" war der Aufseher und Rechnungsführer des s. Speisegewölbes. Etwas verschieden davon war der „Zwierchgadner". In diesem Gadem wurde das Wild „zerwierkt", d. i. geteilt und verkauft.
[2]) Die „Tafelmacher" waren Maler auf Holz. Man gebraucht noch hie und da den Ausdruck „Tafeln", statt Gemälde oder eingerahmte Bilder. Votivtafel. Über die salzburgische Tafelmalerei hat Sighart sich vernehmen lassen.

Cammerherr Ludwig von Sbroiavacca, der Beneficiat zu St. Johann in aula (am Hofe). Später Stadtcapelläne.

1775 Stadtkaplanhaus. 1813 Glaſer Rehle. 1858, '81 fünf Beſitzer.

H. 33; Goldgaſſe 16.

Verſchiedene Gewerbsbürger, Glaſer, Sporer, Plattner, Faßbinder, Zinngießer, Zugwerker, Uhrmacher u. ſ. w. Das Haus 1677 verſtuckt.

H. 34; Goldgaſſe 14.

1613—1797 das Lebenfeindhaus (warum? unbekannt). In dieſem Hauſe wohnten die Buchführer (Buchhändler) Georg Hebenſtreit 1632, Georg Mantler 1647, 1680, Johann Drahtzieher 1701, 1713, Erben '20, '44, '59, und Johann Ekebrecht 1770, '80.

H. 35; Goldgaſſe 12.

Ein Haus von Kleinbürgern, nach denen es verſchiedentlich benannt wurde. Von Ludwig Dänckhlein gedieh es an Lucas Höhenvelder (1434, '42—'54), von welchem es an das Bürgerſpital kam, und 1564 mit 33 Pfd. 4 Sch. oder 1650 mit 12 fl. ewiger und 21 fl. 4 Schill. ablöslicher Gilt belaſtet war. Schon 1508 erſcheint das Haus in vier Teile (Böden) geſchieden, deren erbrechtliche Beſitzer die Gilten und Dienſte (Mietzinſe) tragen. 1656 ſind bereits halbe Hausböden verzeichnet und 1759 noch zwei halbe Böden über fünf Stiegen. In dieſem „Baumeiſter-, Schönsleben- oder Glockengießerhaus" (die Glockengießer Jacob Lidl 1647, Benedict Eiſenberger 1713, und Johann Oberaſcher, Vater und Sohn 1799) beſaß Joſef Chriſtlmayr 1780 († 1795) „privilegirter Kanzleiwaarenhändler" ſammt Frau Regina Kainz zwei Böden, das Verkaufsgewölbe, „ſo vom 4. Boden verſtuckt worden" (1805) Anna Flöckner, geb. Daghofer, und gelangte an die Flöckner'ſchen und Chriſtlmayr'ſchen Kinder erſter und zweiter Ehe. 1858 ſind 10, 1874 und '81 aber 9 Beſitzer.

H. 36; Goldgaſſe 10.

1392, '98 Georg von Laven. 1552, '61, '69 Georg Gumpltzheimer, Schloßer, ein Namen, der mit dem Gitter des St. Floriansbrunnens im Zuſammenhange ſteht. Seit 1573 beginnt mit Jakob Arnold eine bis in das laufende Jahrhundert vielleicht ununterbrochene Reihe von Kupferſchmiden, aber auch die Verſtuckung des Hauſes. Um 1689 wurde daßelbe von den Teufl'ſchen Erben dem Bürgerſpital übergeben, wornach die Scheidung von ſechs Halbböden in drei Stockwerken vollzogen wurde. „Kupferſchmidhaus" 1600, '80, 1775, 1858, vier Beſitzer.

H. 37; Goldgaſſe 8.

Aufner und Aphaltersperger verkaufen das Haus um 1396 dem Gilg Inzeller, des gu. Hrrn. Pfeiffer. 1478, Rüplein der Venediger (?)[1]. 1512 Bartlmeen Zurichs (Goldſchmides) Hausfrau oder Witwe. Jakob Zeyringers (Goldſchmides) Hausfrau 1523, '42. Ruprecht Zurich und deßen Erben. Dann viele Kleinbürger. 1667 iſt das Haus bereits in vier Böden geteilt.

H. 38; Goldgaſſe 6.

1396 Rueprechten des Venedier haws. (1392 Ruepleins des Goldſchmids haus in der Goldgaße[2]). 1478 Rueprecht Venedier und Brüder. 1526 Rueprecht Zurich. „Haus am Egkh zwiſchen der Prot- vnnd goldtgaſſen" 1512. „da man erſt in die ſporärgaſſen geet" 1408. — 1564, '71 Steffan und hanß gälicher. 1608 Peter Julius, Kramer, Sophoyer[3]. 1613, '23 Herman Weber, goltſchmit, 1626 deßen Hausfrau Sara. 1651 Paulus Mayr, goltſchmit. 1660 Hannß Caſpar Ainhorn Goldtſchmidt. — 1858 Gürtler Steinböck, 1881 Koidl.

H. 39; Goldgaſſe 3.

1410 Elias (Helyas) des Chramers Haus. 1472, '99 Friedrich, 1501, '7 Paul, 1526, '31, '37 Ruprecht Tundhl. 1539—'45 Wolff Wibmer (Widmer Wolfgang, 1539 und '40 Bürgermeiſter). 1617 Marx Winckhler, Handelsmann. 1623 Chriſtof Schmirber (Vermögensbekenntniß auf 20.000 fl.). 1775 Kaufmann Andrä Wallner (ſpäter Zeitungsredacteur). v. Ernſt. Barbara Haas.

H. 40; Goldgaſſe 5.

„Haus in der ſporergaſſen" 1424, „in der golbgaſſen" 1472. 1424 „des Elias haus, dem Burgerſpital vermacht", die Burgrechtspfenninge gehören dem Wiſpeck. 1477 verkauft das Spital dieſes Haus dem Gamrecht (Gamuret) Röll auf Erbrecht. 1512 Chriſtof Althamer, erbrechtlich. Dann Kleinbürger. 1595 in ¹⁄₆, ²⁄₆ und ³⁄₆ geteilt. 1808, '17 Kaufmann Wallner, zweites Haus. 1858 drei Beſitzer. 1881 Barbara Haas.

H. 41; Goldgaſſe 7.

1497—1506 Sibilla Elſenhamerin. „Elſenhamerhaus" noch 1744. 1 Zinngießer, 1 Meßerſchmid, 2 Kupferſchmide, 1 Nagelſchmid, 1 Reit-

[1] Wegen zweifelhaften Ortsangaben ſind manche Hausbeſtimmungen ſchwankend. Vielleicht berichtigt dereinſt ein künftiger Stadtfreund ſolche Ungenauigkeiten. Non omnia poſſumus omnes!

[2] Es iſt wohl ſicher, daß Rueplein der goldſchmid und Rueprecht Venediger die gleiche Perſon ſind.

[3] Die „Savoyer" ſind wälſche Krämer.

kuecht, Buchbinder folgen sich im Besitze. 1858 drei, 1881 zwei
Besitzer.

H. 42; Goldgasse 9.

„Binderhaus in der Goldgasse“. 1805 „Hofbinderhaus“. Von 1595
—1805 folgten 8—9 Faßbinder als Teilbesitzer. Die Hausteilung beginnt
um 1624. 1858 Binder Anton Stark. 1881 Babett Pichler.

H. 43; Goldgasse 11.

1495 Sebastian Tunchl. 1544 sind schon Hausteile angemerkt. 1566
Hedwig, Christof Magerls, Hofkastnersfrau. 1575 Hanns Steinhauser
und Nachfolger bis 1606[1]. 1606 sind 4 Besitzer, 1639 mehrere „Consorten“. 1650 drei Hausböden, 1804, 6 drei Eigentümer. 1813 Jos.
Fleckner mit andern. 1818 Fallaur. 1881 Pichler Babette.

H. 44; Goldgasse 13.

1424 Ruprecht Venediger. Paul Renzl (1466). Dessen Ehefrau
Regina (Witwe), dessen Tochter Katharina, des Erhart Tranner[2] Hausfrau (1487, 1512). Jakob Wacker 1515, ’26, dessen Tochter —1529.
1560 Veit und Leopold, 1570 Leopold Praun. 1615 Wolf Paurnfeind
und Nachkommen. 1658 drei Teileigentümer[3], darunter ein Gastgeb,
Georg Wiser. 1755 Josef Daghofer mit einem Drittel. 1775 Wirtshaus
zum goldenen Lamm. 1817 „Saulenzl“. — Die Daghofer — bis zur
Gegenwart, vereinigen den Hausbesitz.

H. 45; Goldgasse 15.

1477 Hanns Herzog, Zinngießer, Goldgasse. 1483 Hanns Anwein,
goldschmid. 1488 Niclas Freisatz. 1496 Sigmund Hässtler, 1528 Josef
Mailant, Goldschmid, bis 1550. — „Goldschmidhaus in der Goldgassen“
1514—1742. 1528 zur Hälfte geteilt, 1650 drei Besitzer. 1845 drei
Besitzer. 1881 desgleichen.

H. 46; Goldgasse 17.

1650 in zwei Teile geteilt. 1813 in Viertel geteilt. 1775 „Papawirtshaus“, 1784 Andre Schweizer, Bierzapfler. 1845 „Papawirtshaus“,
4 Besitzer. 1881, 4 Besitzer.

---

[1]) Die Steinhauser’schen, Alt’schen und Magerl’schen (später geadelt) waren verschwägert.

[2]) Die Renzl waren damals schon ein hervorragendes salzburgisches und bairisches
Adelsgeschlecht, die Tranner ein alter salzburgischer Landadel; dessen letzter Sproße um
1830 starb.

[3]) Es ist nicht zu verkennen, daß die Bürgerspitalmeister überhaupt und Wolf Paurnfeind
um diese Zeit zur Hausverstuckung beigetragen haben, insbesondere scheint letzterer mehrere
Häuser in dieser Absicht gekauft zu haben. Insoferne aber die Zersplittung des Grund- und
Hauseigentums zum Teil durch den Mangel an kaufkräftigen Bewerbern hervorgerufen
wird, so ist sie von diesem Standpunkte aus ein Zeichen des wirtschaftlichen Niederganges.

Am Aschhofe.

H. 47; Goldgaſſe 19.
Reſidenzplatz 5.

1418 „Eckhaus am Aſchhof“, auch 1650, 1796, 1810. „Eckhaus,
ſo man in die Sloſſergaſſen geht“ 1600. 1454 Egkhhaus halbs in der
goldgaſſen und halbs am aſchhof“. „am (Holz)markt, gegen den hof ober.“
Hofburgrecht.

Von dieſem Hauſe iſt noch die älteſte Form von Übertragung des
Nutzeigentums auf zeitweilige Nutznießer bekannt, die Belehnungsbriefe
der (Erz-)biſchöfe Eberhard von 1418, Fridrich 1442, Sigmund von
1452, Burkard 1462. Hanns Ramsperger übertrug ſein Nutzeigentum
oder Erbrecht 1514 29) an das Bürgerſpital, wozu, da es ſich um
Schenkung an einen milden Ort handelte, der Erzbiſchof als Obereigentümer
faſt jedesmal auch das Hofburgrecht abtrat. Wie nun die Spitlmeiſter
des Spitals Gut zu Nutz brachten, erſieht man aus folgender Zifferreihe:

1530 trug das Haus „Zins“ 33 fl. oder 33 Pfund.

1540   „   „   „   „   36   „
1546   „   „   „   „   39   „
1550   „   „   „   „   52   „
1560, 1575, 1579   „   51   „

1580 wurde es um   49   „ an einen einzigen Unternehmer
(Geſammtpächter), der für den Mietzins haftete, hindangegeben.

1604 ertrug es Mietzins 65 fl.

Im J. 1639 wurde es in drei Teilen oder Böden verkauft um
2500 fl., woraus ſich ein Zinsverhältniß von 2·7% ergibt und worauf
etwa bevorſtehende größere „Baufälligkeiten“ von Einfluß waren.

Das für den Geſchäftsbetrieb nicht ungünſtig gelegene Haus wurde
häufig von Goldſchmiden ins Auge gefaßt. Es wohnten darin oder be-
zogen (Geſchäftsläden: Lienhart Oſtermayer 1530, Jakob Rainpacher 1543,
Vincenz, der Hofgoldſchmid, 1552; Virgili Eber 1569, 1611 Michael
Feichtmayr, 1615 David Harter (Harterer, Häderer). 1743 Joſef Greiſſing
Hofzinngießer. 1755 Anthony Singer, Hofzinngießer. 1768 Joſef Lehner,
Hofzinngießer, 1792 Stephan Platzer, Hofzinngießer. Die Abteilung des
Hauſes nach Zinsparteien wird ſchon um 1540 erſichtlich. — 1775 heißt
es Zinngießerhaus („zu ebener Erde: die große Zinngießerwerkſtatt“,
ſpäter zwei abgeteilte Geſchäftsgewölbe), 1800 Hofzinngießerhaus. 1817 18
Philipp Aichinger, Zinngießer, 1858 Hofzinngießerhaus, 6 Beſitzer,
1881 vier Beſitzer.

H. 48; Residenzplatz 6.

1369. Das Bürgerspitalregestenbuch) Wagingers gedenkt eines pergamenenen Briefes von pischoff pilgrim (Erzbischof Piligrim) von diesem Jahr, das er geben vnd eingeantwort hat „zu seiner Capellenstiftung „Bischof Pilgrims-Kapelle") das „egkhaus gelegen an dem aschhoff".

1552 das Pfaffenhaus am Abithof (Aschhof). 1526 wohnen noch die gestifteten sechs Kapläne darin, aber 1569 nur drei Geistliche, darunter Hannß Sumerlang, Regent auf dem Chor (der Domkirche) und der „Nachpfarrer" (Stellvertreter des Pfarrers). 1608 Priesterhaus. Zwei Geistliche wie vor, der Hofgoldschmid Franz Erasmus und Johann Lentan, Seidenaber. 1647 Priesterhaus. 1713 Beneficiaten oder s. g. Capellenhaus. 1775, 1808 desgleichen. Säcularisirt. 1813 Anton Reisenstuhl, Kaufmann und Anton Reiter, desgl. 1858 Scheibl, nun Anton Steinberger.

H. 49; Residenzplatz 7.

„Haus am Aschhof".
1399 Heinrich Chosmann, Goldschmid. 1429, '52 Vincenz Plab, Goldschmid. 1498 Wolfgang Faust, Goldschmid bis 1501. 1502 Oswald Wolfartshauser, Goldschmid. 1529, '64, '70 Ruprecht Wolfartshauser. 1619 Abraham Reiter, Advokat. 1680 ist das Haus verstuckt. 1775 Fechtmeisterhaus (Leopold de Serra). 1858 Katharina von Rauchenpichler. Dann zum nächsten Haus einbezogen. 1881 Josef Mayr.

H. 50; Residenzplatz 7 (und Wagplatz).

1399 des Gransen Haus[1]).

Residenzplatz.	Wagplatz.
1526, 1530 Frau Törringerin.	1472 Ruprecht Käsrer.
1569 Georg von Törring.	1515 Steffan Kesser (Käsrer).
1647 Törringer'sche Behausung.	1552 Benedict Pietenberger.
1653 gedenkt die Frau Gräfin das	1569, 1608, Hanns Schaidinger,
Haus zu verkaufen.	Weinschenk.
1713 Helmreichhaus.	1623, '47, Marx Hölzl, Gastgeb.

1775 Schiffwirtshaus, 1792 Weinwirtshaus zum goldenen Schiffe. Hübner I. 175.

1813 Wolfgang Mayr, Gastgeber z. gold. Schiff. 1817 Gasthof z. g. Sch. 1858 Katharina von Rauchenpichler. 1874, 1881 J. Mayr.

---

[1]) Die Gransen zu Uttendorf waren oberösterreichische Adelige und mit den Kuchlern verschwägert.

(Alter oder dritter) Marktplatz.

H. 19; Marktplatz 1.

1364, Christoffen des Chantzls Haus an dem Markt; 1370 des Pößleins Haus. (Pößlein ist der Unterscheidungsname Christofs von andern desselben Geschlechts der Keuzl.)

1413 ist das Haus schon im Besitze Georgs des Aiglen. Am Hause zunächst, auf der Brücke stand Hannsen Drengskhalbs Fleischbank.

1435, Paul, 1487, '98 Jörg Aygl.

1518, Haus des Kirchmaiers.

1526, '28 Katharina Kirchmairin, Witib, vermacht das Haus dem Hans Pruessfer (Brieser), Wagmeister.

1569, Sebastian, Christof Brieser, jeder einen „Boden".

1608, '23, Tobias Brieser, Ratsburger; 1608 Leonhart Ergot, Khay. Maj. Khriegsoberster.

1639, die gesammten brieserischen Erben und „Mitinhabern".

1647, Sechs Eigentümer, 1650 vier Eigentümer, Frau Dr. Mayrin mit 87, Fr. Maria Eisenhutin, geb. Brieserin mit 43, Leonhard Brieser, des Wagmeisters Hans Brieser Sohn, mit 1, Fr. Susanna Grünermlin, (Notars-)Witwe mit 37 Anteilen, zusammen 168 (Rechnungs-)Anteile.

1713, Augustin Pechtl, bgl. Spezereihändler und Frau.

1780, B. P. Kritz, Hof- und bgl. Kürschnermeister und Fr.

1813, Wwe. Krötz, Bortenmacher Speckmayr, Frl. v. Mölk und A.

1858, Krötzhaus, 10 Besitzer (Häuserverzeichniß).

1881,   „   8   „   „   „ 2.

H. 20; Marktplatz 2.

1363, Haus Chunrads des Teysingers und seiner Brüder (Hartneyd und Peter) zwischen Vital Khölrer und des Pößleins Haus (s. früher).

1364 stiften die zwei Brüder für den verstorbenen Chunrad einen Jahrtag zu St. Peter (Prior Hartmut Teysinger) gegen eine jährliche Gilt[1] auf ihrer „Chram[2]" in ihrem Haus am Markt bey der Thür[3] ob dem Weincheler"[4].

---

[1] [2] Da man in früherer Zeit die Bedeutung von Capital und Zins nur theologisch, nicht volkswirtschaftlich verstand, da der Wucher oder das Gelddarleihen auf Zinsen überhaupt von 28 Kirchenversammlungen, darunter sechs allgemeinen und von 17 Päbsten verdammt worden war, so erdachte man andere Vorgänge, um jährliche Geldreichnisse zu sichern. Zu diesen gehören gewisse Gilten. Die zwei Teysinger verpflichten also sich und ihre Nachfolger, gegenüber dem Prior von St. Peter, von ihrem Geschäft oder ihrer „Chram"(?) jährlich 1 Pfd. Pf. zu zahlen, der Prior dagegen, den Gottesdienst zu halten. Heut zu Tage erlegt man ein „Stiftungscapital", von dessen Zinsen u. s. w.

[3] Die „Tür" ist das s. g. Bezzettlürlein in dem Gäßlein zur Salzach (Abschnitt III).

[4] Sieh Abschnitt VIII.

1434, '42 '45 haften auf der Chram zwei Gilten, eine zu 8 Schillingen und die vorgenannte zu einem Pfund.

1473 verkauft Margaret, Tochter Heinrichs Gäumüllers das Haus an Balthasar, Melchior und Jeronymus die Dachauer. 1485, '90) sind Melchior und Mr. Gerwig Dachauer in Besitz und haben die Gutrater das Haus bestandweis (d. i. zur Miete) inne.

1487 weist Erasm Püchler für seine zwei Töchter, die im Frauenkloster St. Peter sind, eine erkaufte Gilt von 8 Pf. Pf. auf dem Hause an; das heißt wohl nach heutigem Verstande: Pichler hat einen „Haussatz" auf dem Dachauerhaus, wovon das jährliche Interesse von 8 Pfunden an das Frauenkloster gezahlt wird.

1525 verkauft Melchior Dachauer das Haus an Christof Gutrater, Ausserg zu Laufen und Burger zu Salzburg.

1528 deßen Witwe und Söhne Hans und Virgil, verkaufen es 1538 an ihren Vetter Christof Unterholzer, den Spitlmeister. Bis 1550 Christof, 1551 deßen Sohn Thoman, 1552 Georg bis 1567 71, 1571 Thomans Erben. Ruprecht Unterholzer, Kaufmann zu Nürnberg (ausgewandert) verkauft das Haus 1597 an den Bürger und Handelsmann Simon Steinparz. 1613 deßen Hausfrau und 7 Kinder.

1617 Thoman Elsler und Frau.

1639 geht das Haus aus den Händen der Gläubiger an Hanns Rhellenperger, des innern Rats- und Handelsmann über, der schon seit 1610 ein Teilhaber gewesen sein dürfte. Die Gilten betragen 1650 bereits 47 fl. 4 Schillinge.

Nach Franz Rhellenperger erscheint 1668 als Eigentümer der Doctor und f. Kammerrat Franz Rhimpfler. Deßen Witwe Euphrosina, geborne Paurnfeindt, verkauft es 1686 an Johann Mayrhauser, aber Maria Uibleisen, geb. Freisauf, Forstmeistersehefrau steht dafür ein, verkauft es aber 1687 an Dr. Adam Loßpichler, f. Leibmedicus. 1743 verkauft es der f. Truchseß Johann Loßpichler an Franz Antony Spängler, Handelsherrn. Seitdem blieb das Haus bei diesem Geschlechte.

H. 21; Marktplatz 3.

Das Haus bestand ursprünglich aus zwei Häusern: einem vordern größern und einem hintern, kleineren. Es hieß das Haus „im Stern" 1608, „die zway Häuser in der Judengassen vnd protgassen", „das haws am Markt gegen der wag über" (1429), „das Sternhaws zu vorderst am Platz, so mit allen vier Egckhen frey steht" (1608, 1662). Schon um 1366 scheint Chunrad Tauskind beide Häuser besessen zu haben, welche noch 1407, ja 1744 die beiden Tauskindhäuser genannt werden[1]). Aber 1366 und 1399 heißt es das Pondorsserhaus (das kleinere). 1423 verkauft Elspet des Zaunrüben Hansfrau „das hyntter clein hewsl, das des pondorsser gewesen", dem Bürgerspital. 1429 ist das größere (sammt dem kleineren?) im Besitze des Martin Reuter (Martin, Stadtrichter 1406 —1414) und bleibt bis um 1523 bei dessen Nachkommen. 1525 Caspar von Lamberg „so die Reuterin hat", bis um 1537, dann scheint Unterholzer an den Besitz gekommen zu sein. 1565 Elsenheimer (vielleicht als Gerhab der Unterholzerischen). 1570, Ludwig Alt der jüngere. 1588, dessen Erben. 1608, Fridrich Rehlinger zum Goldenstein, Marx Winkler, Handelsmann. 1616 Ludwig Grimming. 1647 Grimminghaus. Hans Wilhelm Rott, Handelsmann, seit 1652 Eigentümer, um 6000 fl. 1665 Franz Malknecht zu Müllegg. 1670 Joh. Jos. Graf Khuenburg (7000 fl. Kaufsumme und 3000 fl. Leikauf. 1727 verkauft Max Jos. Gf. Khuenburg um 11.000 fl. an Martin Schuester, Handelsmann. Kaufmann Weiser durch Heirat. 1772 Bürgermeister Ign. Anton Weiser, 1817 † Franz X. Weiser, folgt dessen Sohn Ignaz. 1838 dessen Witwe. Dann Tochter Rosine und Notar Thomas Neuhofer (Ansatz 12.000 fl.). — Salzburger Bank. — 1881, Salzburger Sparkasse. Der Neubau des stattlichen Hauses in seiner jetzigen Gestalt scheint zwischen 1647 und 1670 erfolgt zu sein, binnen welcher Zeit der Kaufpreis von 6000 fl. auf 10.000 fl. stieg.

H. 22; Marktplatz 4.

1429 „Haus an der Wag". 1477, '80, '96. Ott Lengfelder und Erben. 1498 „Haus an der alten Wag". 1510 Christof Lengfelder. 1528 die Praitenauerin. 1547 Hanns Rieger. 1550 Sebastian Althamer (Bürgermeister 1565, 1573). 1561 Hanns Grafenauer, 1579 dessen Witwe Katharina Stellner. 1588 Andre Haan. 1596 Kinder. 1603 Caspar Haan (1606—'36 Bürgermeister). 1637 Sohn Maximilian Haan, Kaufmann zu Venedig † 1648. Christof Zillner „B'standmann", Gast-

---

[1]) Aus dem J. 1366 gedenken die Bürgerspitalregesten eines Kaufbriefes „von Chunbem Teysinger, das er hat zu kaufen geben dem Conrad Tauskind 6 Hofstatpfening auf der Pondorfferin Haus am Markt". Was heißt das? Da nach der Ansicht der Theologen wie bereits erwähnt, jedes Zinsennehmen als Wucher verdammt worden war, so wurde ein solches Darlehen in die Form eines Rentenkaufs gebracht: Teysinger hat das Recht von dem Hause der Pondorferin jährlich 6 Hofstat- oder Burgrechtspfenninge zu beziehen. Tauskind, Besitzer des Pondorfserhauses, will seinen Besitz von dieser Last befreien. Er kauft also dem Teysinger diese Rente ab, d. h. die 6 Hofstattpfenninge sind der Jahreszins, der zu Capital angeschlagen, eine Summe vorstellt, die dem Teysinger vergütet oder rückgezahlt wird. Die Ablösungssumme betrug bei gewissen derlei Renten, z. B. Anlait, von 1 Pfenning 1 Schilling, d. i. 1 zu 30.

wirt. Dessen Witwe Elisabet März Marren Rhäserers Ehefrau. 1650—60, † 1687. Georg 1687, 1760 Eva Rosina Raserer. 1766 Georg Raserer. 1771 Schwester Helena. 1788 deren Ehemann Jos. Eschenbacher, 1804, '11, '21 Anton Lindner. 1845 Anton Raith, 1849 dessen Witwe. 1881 Franz Reitmaier.

H. 23; Marktplatz 5.

1552 Georg Copeinbl, s. Silberkämmerer. — 1593 Hanns Strobl, Handlsmann, „Eckbehausung, gegen den Florianbrunnen über". 1644 Paul Hämerl. 1683 Eisengeschmeidhändler Jakob Heffter und Hausfrau Anna Stockhamerin. Johann Niklas Heffter. 1737 Joh. Sigbert Valentin Heffter. 1783 Witwe, dann Ignaz Heffter † 1818. Kaufm. Heffter'sche Eisenhandlung. 1818 Anton von Heffter (Bürgermeister 1818—'31). Karl von Frey 1858, 1874. Reitmayr 1881.

H. 24; Marktplatz 6.

1421, '27 des Swergebls Hans „gegen den prottischen ober". 1512 Virgili Schwaiger (1510 Bürgermeister). 1526 Puechpergerin. 1552 Paul Altmann, Gebhart Osslingers Erben und Hanns Seng. — Grueber. 1608, 1647 Sigmund, dann Balthasar Marstaller, Handlsmann. Marstallerhaus. 1692 Jeremias Portenschlager, Pader (fürstl. Leibbarbierer). 1747 dessen Söhne. — Wundarzt Augustin Paulus 1. und 4. Stock, Ab. Stockinger und Fr. Elsbet Kaltenhauser, geb. Stockhamer, 1738 Joh. Sigbert Valentin Heffter, wie bei H. 23. Karl v. Frey.

H. 25; Marktplatz.

1393 Virgili Säppl schenkt das Haus dem Bürgerspital. 1408 der Vasllein, 1427 Chunrat Ottinger zu Erbrecht. 1512 Wolf Mucher, 1529 derselbe und Jörg Oeder zu halben Teilen. 1564 Hanns Grim, Gürtler und Kinder. 1583, '4 Hanns Puechner. Jorg Kochmayr. 1591, '93 Fridrich Pötschacher. 1622 Hanns Pagge. 1634 Ma. Stadlmayr, geb. Pagge. 1682 Georg Kammerlohr, Hofrat, Ehemann der Wwe Stadlmaier. 1684 Joh. Kaltenhauser, Handlsmann. 1724 Ma. Elisabet Kaltenhauser, geb. Stockhamer 1/30 und Kinder 35/36. 1739 Franz Anton Muralt und Frau. 1751 derselbe allein. 1766 Joh. Jos. Muralt, um 1780 Joh. Gg. Oberfrienninger, Vater und Sohn. — Karl v. Frey.

H. 26; Marktplatz 7.

1421 Werntzel (Bernhard von Schachen) Pfundmautner. 1468 Hans Gryll. 1495 Ludweig Paumbgarttner. 1500—'12 Witwe. 1552, 1556 Jörg Löbel (Stadtkämmerer). 1591 verkauft die Witwe Braun das Haus an Heinrich Merode, Apotheker. 1598 Onuphrius Mony oder Many 1613, 1625 Stephan Mony. 1645 Christoph Monu, Ehefrau Katharina Gutraterin. 1647 Christoph Mayr, Hofapotheker. 1687, 1713, '24, '51 Christof Mayr, 1753 Johann Kilian Rupprecht, Anton Rupprecht † 1805. Dessen zweite Frau Katharina Schöpfer † 1825. Karl Hilz, Dr. Alexander Petter. — Hofapotheke.

o. Abgetragenes Haus.

„Ein haws am eck gen den prottischen vber", „am markt gegen den fürstlichen hof vber".

1383 Heinrich Platz-ins-gut. Um 1400 Haymeran Gsyu. 1429 Hanns Grueber. 1477, 1512, '23 die Brüder Tachauer. 1529 Christan die Mitterfilerin. 1529 Ruprecht, 1564 Wolf Lasser, dessen Erben. 1608 kaufts die fürstliche Kammer auf Abbruch, Lbsfde XIII. 103, n. 196.

H. 9; Marktplatz 9.

An der Stelle dieses Hauses standen ursprünglich zwei kleinere Häuser[1]. Nennen wir dieselben nach ihren ältesten bekannt gewordenen Eigentümern,

a. das Haus am Eck, das Fridolfinger (bis 1380), Quintein (nach 1380) oder der Wagenchläfslin Haus (1439), die es dem Bürgerspital eigentümlich übergab. Seitdem hieß es das „Spitalhaus am egg, gegen den hof vber und kirchgassen" (d. h. es erstreckte sich längs des Salzmarktes in der Richtung gegen die Kirchgasse) „am Salzmarkt am egt".

b. Das Haus daneben „am markt zu obrist bei dem Rinderholz" (unklar bestimmt), „zwischen Teyninger (Haus 10) vnd des Burgerspitals hewsern"; es gehörte zur Pfarrkirche, eine Zeit lang wohnten darin die Kirchpröbste, dann hieß es auch das „Mesenhaus", richtiger „Meßner=" oder „Messenhaus".

Das Haus a wurde wie damals üblich, vom Burgerspital zu Leibgeding oder Erbrecht verliehen, und so finden wir darin den Goldschmid Conrad Haslauer (1453), 1498 einen Schuster gl. N., 1508 den Hanns Pleyer, f. Secretär, 1537 den Silberkämmerer Kopeindl, 1541 Hans

---

[1] Von einem dritten Hause: Rosensinngel 1434, Summer 1500, Caspar Zeich 1502 zwischen dem Pfarrkirchen- und Urban Teyningers Haus (16/1881) finden sich ebenfalls Spuren, aber es reichen die Nachrichten nicht aus um es genauer ins Auge zu fassen oder ihnen Platz zu bestimmen. Ob die Ansicht, daß eines oder beide der hier betrachteten Häuser an der gegenüberliegenden Seite des Salzmarktes gelegen waren, richtig sei, bleibt doch noch fraglich.

Maller, 1547, '64 Wolfgang Stemeseder und Erben. 1576 kommt Dr.
Fleckh, f. Secretär, käuflich an das Haus; nach ihm 1584 Leonhard
Schwabengruber, bei deßen Nachkommen es verblieb, bis es Wolf Dietrich
kaufte und abreißen ließ.

Das Haus b hieß, von den darin beherbergten Leibgedingern 1429,
'34, '52 das (Goldschmid) Pachmayrhaus; 1453, '77, Goldschmid
Wilhelm, 1501, '05, '12, '16, '23, '64, '70 die Kirchpröbste, einen Teil
hatte der Stadtschreiber Christan Reuter zu Leibgeding, 1522 der Goldschmid Heinrich Breitfuß, 1528—'40 Jakob Zimmermann, Goldschmid,
1542—'57 Hanns Sulzperger, Goldschmid, 1558—'71 Thomas Meichlpöckh,
1572—'80 Paul Reischl, 1581 Benedict Obernauer, Goldschmid. Es
wurde von Wolf Dietrich mit dem vorigen weggeschafft. S. Landeskunde
XIII. 106, n. 30 und 31 bei Steinhauser heißt das Meß(ner)haus irrig
Nesthaus, was wohl ein Fehler der Handschrift ist.

Warum Wolf Dietrich diese zwei Häuser kaufte und auf deren
Grund ein neues baute oder bauen ließ? Der Grund liegt vermutlich
darin, daß es damals üblich wurde, einigen Hofbeamten Naturalquartiere
zu verschaffen. Die altertümliche oder unansehnliche Gestalt mancher
Häuser, etwa auch dieser zwei in der Nähe des fürstlichen Hofes, die
leichtere Gelegenheit des Ankaufes, mochten die Wahl leiten. Genug, im
J. 1608 ist das neue Haus gebaut, aber aus Steinhauser erfahren wir
darüber nichts. Das Haus gehört wahrscheinlich schon den Thellmüllerschen
und es wohnt darin Andre Fleckh, „Kammersecretari adjunct". Von den
Rhellmüller'schen gedieh es an Jakob Käspiß, des Rates, der eine
Rhellmüllersche zur Frau hatte, 1623, '46, um 1670 an Abraham
Zillner, Handelsmann, und „Sr. Gestreng, Herrn Sebastian Zillner,
1697 Josef Heinrich (Zillner) von Zillerberg, 1713 den Zillner'schen, ist
aber von fünf Parteien bewohnt. Um 1775 gelangt es an die Steigerschen.
1784, '90 Anton Steigers, Caffeesieders sel. Erben. 1804 Steigersches
Kaffehaus. Franz Steiger, lbschftl. Bauverwalter. 1817 Steigerische
Caffeeterie. 1858 Carl Tomaselli.

Wie bei vielen andern Gelegenheiten kann der aufmerksame Leser
auch hier bemerken, wie schmal viele Bürgershäuser waren, da zwischen
der Ecke der Kurfürstengaße und des Marktplatzes bis zum nächsten
Hause 10 am Marktplatz zwei oder drei Häuser standen. Es erklärt sich
daraus, daß in älterer Zeit „ein Zimmer" und eine „Behausung" nicht
selten gleichbedeutend waren, da das Haus nur Zimmerbreite hatte und
später erst einen Überbau erhielt.

H. 10; Marktplatz 10.

1423 Elsbet, Hansen des Zaunrüden Hausfrau, verkauft das Haus dem Bürgerspital. 1429, '52 Schilcher Schneider. 1477, '98, 1512 Jakob, dann Ulrich Patron. 1507 12 Benedict, 1520 Ruprecht Ratzpeckh. 1528 Wolfgang Meisremel[1]), „Kastner in der Tumbrobstei". 1543 Hanns und Wolfgang Eber. 1564 Hanns und Sebastian, 1594 Sebastian Eber. 1613 deren Kinder. 1637 Görg G'schwendtner, Eisenhändler und Frau. 1655 Peter G'schwendtner und Mutter. 1667 Frau Ma. G'schwendtner, Peter Zillners Ehefrau. 1703 Franz G'schwendtner. 1775, Frau Marschallin, G'schwendtners Tochter. 1709 Joh. Hagenauer. Bis 1789 Anton Trientl, dann Nicolaboni. 1812 A. v. Pichl, 1817 verstuckt. Nicolaboni, Cortolezis, Benno von Maipis, Schneider Winkler, Dr. Mayrhofer, Schneider Zingerle, Kanzellist Schnierer u. v. a.

H. 11; Haus 11 und 12.

Dieses Haus wurde bezeichnet als: „Haus am Markt gein den Prottischen vber" (1337), „Haus in der Latern am Markt" (1337), „Spitalhaws an dem Markt im Winkel", „des Spitals haws im winkhl auf dem (Meß-)stain".

Der älteste bekannte Besitzer scheint Peter der Geyzpart zu sein, der Schulden halber vom Hause gekommen sein mag (um 1337). 1343, '46, '74, '77 werden Urban und Ruprecht die Aufner genannt, 1410 Aufners Witwe. Urban Aufner erwarb von Probst Graf zu Werfen, von Alexander Kenzl und Paul Kölrer je ', Burgrecht und scheint damit die Grundfläche des Hauses namhaft vergrößert zu haben. Auf diese Grundteile dürfte sich der Besitz des Störenschatz 1365 bezogen haben, wie dies auch von Pauls Röllerer Anteil 1393 zu verstehen wäre. Der Nachfolger Hans Gruber oder seine Witwe schenkte das Haus dem Bürgerspital um 1435. 1477 erhält es Görg Winkler auf 15 Jahre zu Leibgeding. 1512 '15 erhalten es Thoman Unterholzer und Ehefrau Magdalena „auf ewige Zeiten" zu Erbrecht. Christof und Jörg Unterholzer besitzen die zwei aneinanderstoßenden Häuser am Markt und am alten Milchmarkt (S. Haffnergaße). 1552, Tobias, Abraham und Isaak[2]),

---

[1]) Die etwas befremdenden Namen „Rosenstingl" (s. das Haus vorher), „Meisremel" führt Steub. wie es scheint, mit Grund. auf „Thilo, Sohn des Roso" und „Rumilo, Sohn des Meijo" (Rudmar, Sohn des Meginhard) zurück.

[2]) Um die Zeit der Glaubens- und Religionspaltung in Teutschland kamen für Knaben und Mädchen Taufnamen aus dem alten Bunde auf. Dieser Gebrauch dauerte ungefähr ein Jahrhundert. Galt dieß hauptsächlich in bürgerlichen Geschlechtern, so zog dagegen der Adel Namen aus den deutschen und französischen Ritterromanen vor: Gentiflor, Schionatulander, Wigalois, Gawein, Florestan, Parcifal. Salzb. Kulturgeschichte 156.

Gebrüder der Unterholzer kommen 1569 an den Besitz. Aber die Unterholzer wandern der Religion wegen aus und so verkauft Tobias zu Wels
das Haus an Hanns Teuffenpacher 1592, dieser aber 1596 an Georg
Baumann, 1608, 1610, welchem Michael Baumann, der Bürgermeister
(1637—'51) folgte, seit 1643 vom Besitzer zum Fideikomiß für seinen
Stiefbruder Stefan v. Feyertag gemacht, 1676 verkauft, aber bis 1704
Rechtsstreit. [? 1653 ist das Haus im Besitze der Frau Elisabet Marolt,
geb. Reuner, 1676 Johanns, 1705 Joh. Christofs Grundtner und 1724
der Frau Apollonia Grundtner, geb. Strobl.] 1753—1775 besitzt es
Johann Kerschbaumer, Generalsteuereinnehmer, Stadtrat und Handelsherr; dessen Nachkommen, darunter Franz X. Kerschbaumer † 1802.
1803—'16 Josef Metzger, 1818 Anton v. Fendt, der die drei Iteme
der Häuser Metzger und Polis (Marktplatz und S. Haffnergaße) vereinigte.
v. Fendts Tochter, Frau Plachetka. — Junger; Koch (11 und 12).

Im Haus am Milchmarkt befand sich die „Weingrube“, (schon 1435
urkundlich) deren Kellergewölbe sich unter das Haus am Markte erstreckte
und über demselben das „Schenckhgemach“ oder „Schenckhaus“, 1477,
1512 und später.

H. 12; Marktplatz 13.

„Das Haus zwischen der Latern und des Stern“, „das (zweite)
Haus auf'n Stain am Markt“, auch „am Hennenmarkt“ genannt (1770),
besaß um 1337 Meinhart der Zughengst[1]. 1365 heißt es des Grafen
Hofstatt (unter welchem Namen Chunrad der Graf[2] zu Schernberg bei
Goldeck zu verstehen ist).

[1] In den bürgerlichen Unruhen zwischen den Geschlechtern und der „Gemain“, die
durch den Friedebrief von 1287 beendigt wurden, ist Mainhart der Zughengst (vielleicht
der Vater des obigen) unter den Führern der gemeinen Bürger, die „uf ire triwe (Treue)
und uf ir sel und der gemeinen triwe und sel in unser (des Erzbischofs) hant gesworen“.
Aus des Zughengstes und einiger seiner Genoßen, Fridrichs des Münichhausers, des
Muranere, Meisters Fridrichs des Talgauere Umständen ergibt sich, daß die „gemeinen
Bürger“ etwa keine besitzlose Menge waren.
[2] Ist ein Personenname und bezeichnet nicht etwa das Amt eines Grafen. Hier
mögen deshalb einige Nachrichten über dieses Geschlecht ihren Platz finden. Die Graf sind
um 1250 Bürger zu Villach. Unter Erzbischof Ortolf, der ein Kärntner war, wird um
1348 zuerst Conrad Graf als Probst (d. i. Urbaramtmann und Richter, nach heutigen
Benennungen etwa: Pfleger und Steuereinnehmer) zu Werfen genannt. Diese Probstei
umfaßte das ganze Pongau, soweit es im erzbischöflichen Urbar stand. In dieser ansehnlichen
und wohl auch einträglichen Stellung wurde Heinrich Graf, Sohn und Amtsnachfolger,
Lehen-Besitzer von Schernberg (nicht Schernberg, sondern Schergenperg [1193/96],
Schergenperge [1207] ist die älteste Schreibung), indem er den Turm daselbst sammt
den untertänigen Bauern von den letzten des Namens, Hartnit (II.) und dessen Ehefrau
Margaret von Schernberg kaufte. (Auch die Schernperger dürften aus Kärnten gekommen
sein). Als Pröbste zu Werfen, viel öfter aber als Richter zu Radstadt sind die Graf lange
Jahre hindurch bekannt. Von Wilhelm Graf, Ritter, Pfleger zu Radstadt, meldet Hund:

Auf Chunrad Graf folgte 1395 '6 Virgili Säppl, 1452 Conrad
Turnzel, ein Hanns Hating „ob dem Stain", der Reutgärtler, Kaufreuter,
Hofreuter, Hohenleitner u. a. 1569 '70 wurde das Haus in 2, später
in 3 Teile gesondert. 1784 der Häublmacher Rothwang. — Reitlechner
1858 und 1881.

H. 13; Marktplatz 14.

„Haus im Stern", oder „mit dem Stern" (1369—1667); „Haus
am Stain" (Meßstein), oder „auf dem Stain" (1515—1751); beide
Benennungen werden auch zugleich gebraucht vor 1369 Hartneid Ruchler.
Das Haus wird aber öfter als das Conrads von Ruchel bezeichnet. Nach
1369 Ulrich Aigl, um 1397 Jakob Prantl-Renzl(?) und 1404 Ulrich
Samer. 1429, '42, '90, '98 die Snaudes. — 1620 der Handelsmann
Maximilian Zappler, 1650, 62 Georg Heyperger, dann mehrere Glaser.
1858 Reitlechner.

H. 14; Marktplatz 15.

1465, 1512 Martin Reuter. 1526 Hanns Staudenrauch. 1552,
'69, '90 Hans Gandolf Woiad, Walch[1]) und Erben. 1608 Frau Dr.
Rhizmägl, nachmals Frau von Lamberg, um 1650 Gräfin Spaur.
Frhr. von Winkler, 1713 Kaufmann Hagenauer. 1775 Kaufmann
Lechner. Verstuckt.

Käsgasse.

An die Häuser des Marktplatzes können die zwischen Käsgasse,
Liebfrauenkirche, Abtsgasse und Salzmarkt bestandenen und

„war ein kurzweiliger Mann, bei Kaiser Maximilian wohl daran, der gern viel Narren
um sich gehabt". Damit wird wohl die Fröhlichkeit und Aufgelegtheit zu schnackischen Ein-
fällen, auch derben Späßen gemeint sein, die auch heut zu Tage in Salzburg noch nicht
ausgestorben ist und an der hochselende, sauertöpfige Einwanderer manchmal sich zu ärgern
verpflichtet fühlen. Denn von demselben Wilhelm Grai wird bezeugt: daß er am Stift Salzburg
lannd und leuten und am maisten an uns (den Bürgern von Radstadt) vnnd der landschafft
allhin in vngrischen Kriege (1480—'90), auch in andern trefflichen Sachen mit darstreckung
leibs und guets erlich vnd woll than habe. Nicht unrühmlich ist ferner der Pfleger Christof
Graf zu Radstadt 1536 während der „birgischen Versammlung". Leider geht es mit dem ansehnlichen Vermögensstand talabwärts. Schon 1590 „ist der edl vnd vest Christoph Grai von
allen seinen Gütern gestanden, den Gläubigern überlassen, auch die Hofmark Wagrain", mit
der er für seine Version belehnt war. Die „Grafen von Schernberg" enden in bitterer Armut
und Dunkelheit, wozu der allzugroße Kinderzegen wohl beitrug. Auf dem Landtag von 1687
erhält Johann Conrad „in Beherzigung seiner großen Noth, Weib und Kind, zu einer Ab-
fertigung 30 fl." und ist schon bei Hof mit einem ehrlichen viatico versehen worden."
[1]) Die „Walchen", italienischen Krämer, Savoyer, die in Salzburg an der Domfridhofmauer ihre Stände hatten, und von denen einige, wie obiger Woiad, auch Bürger geworden
sind. Der Namen Walch, latinus ist in salzburgischen Urkunden bis ins 12. Jahrhundert
zurück zu verfolgen und bezeichnete auch die Rechtszuständigkeit der Personen. Z. B.
Schenkungsb. v. Berchtesgaden, ccxiv.

zum größten Teile unter Wolf Dietrich in den Jahren 1604—'7 ein-
gelösten und zum Behufe der Aufführung des Residenzneugebäudes
a b g e b r o c h e n e n H ä u s e r angereiht werden. Auf dieser Häuserinsel
standen

Der Friedhof der Pfarrkirche.

p. Das Kloster der Domfrauen. Nachdem 1462 dasselbe aufgelöst
worden war, wohnten daselbst eine Zeit lang die Priester des Domchores.

q. Der Wispeckhenhof 1335, '56, 1407, '16, 1520—1605. Hof
der Wisbacher, die zwischen Hallein und Oberalben ihren Sitz hatten[1]).
Lbskde XIII. 87, 150. S. 107, 204, 54.

r. Das Haus des Heinrich Venediger 1335, 1356 Agnes V., dann
Virgil Säppl. Gestiftete Wohnung für den Pfarrprediger 1407. Darin
seit 1432 die Corporal- oder Sängerknaben, die den Leib des Herrn
begleiteten, wenn er zu den Kranken getragen wurde. 1531—'73 nebst
denselben auch Elsenheimer und 1582 Wolf Schinagl. Landeskunde XIII.
106, 29.

s. Das Moraner oder Murauerhaus 1453, wahrscheinlich sehr alt,
1531, '62 Christof und Hanns die Elsenheimer, 1580 Wolf Schinnagl.
Lbskde a. a. O. 85, 145; 88, 127; 106, 27.

t. Ein Haus der Elsenheimer Hanns und Max 1429—'77; das
1479 Jörg Aigl, 1515 Afra, Clementen Tranners Hausfrau, später
1595 der Handelsherr Christof Reckeisen, auch Franz Rohrwolf, zuletzt
Dr. Christ. Adam Schidh 1598 und deßen Kinder besaßen. Landeskde.
a. a. O. 85, 145, 106; 204, 28; 88, 157.

u. Das Haus des Hanns Rubein (1431 Bürgermeister), 1434
deßen Witwe, 1469 des Hanns Preis von Pilgreinsgrün (Stadtrichter
1472—'85), dann deßen Tochter Margaret, Hausfrau des Hanns Prätzl
zu Radeck, 1518 Rupert Laffer und deßen Nachkommen. Lbskde a. a. O.
106, 26(?)

v. Veit Schiltls Haus, bereits 1536 abgelöst, das 1478 der
Margaret Oederin, 1489 der Margaret Gläfenperger, 1503 dem Christan
und 1520 dem Sebastian Diether gehörte.

w. Das Münzhaus, für Salome Alt eingerichtet.

x. Den Schaidgaden. Darin haust 1421 Johann, 1434 Gabriel
Kaserer, 1487 Conrad Oberndorffer, Kaserers Oheim, 1505 deßen Erben,
1511 Jakob Kaserer, seit 1526 hieß es Schaidhaus, 1605 abgebrochen.
Lbskde a. a. O. 87, 151 und 152, 106, 43.

---

[1]) S. über dieses Geschlecht: Salzburger Kalender, Oberer 1880.

y. Ein Haus, das 1432 der Weildorffer, 1452 der f. Hofmeister, 1477 Bartlme Baumgartner, 1507 der Seidenater Gabriel Praitfuß, 1516 der f. Kanzler Dr. Wolf Pachaimer, 1535 Dr. Niklas Ribeisen, 1538 der Kammerschreiber Christof Perner inne hatten und 1546 der Erzbischof ankaufte. Lbslbe a. a. O. 106, 204, 32.

Zwei kleine Häuser in der Abtsgaße, Caplanhaus und für eine Meße gestiftet. S. die Anmerkung zu H. 9, Seite 331. Steinhauser in Lbslbe XIII, 105, Z. 7 und 8(?).

z. Endlich das Stampferische Haus, in der Nähe des Rizenbogens an der Ecke, und 1626 abgelöst.

An die soeben aufgezählten Häuser schließen sich die übrigen in der
Abtsgaße und am alten Milchmarkte
an.

H. 225; S. Haffnergaße 22.

„St. Peters Eglhaus gegen U. L. Fr. Pfarrkirchen ober", „hinter der Pfarrkirchen in der Abtsgaßen", „gegen der Pfarrkirchen vnd dem Frawnkloster ober".

1350 kauft St. Peter dieses Haus von dem Bürger Lautzinger und leiht es auf Leibgeding aus. Vor 1358 an „die alt Keuzlin", 1358 an den Hofschreiber Friedrich Schalchdorffer, 1434 an den Official (?), 1442 an Fridrich Grän. Um diese Zeit brannte das Haus ab, denn 1455 gibt die „alt Weilhaymerin" 100 Pfund zum Bau und erhält Leibgeding. 1493 wohnt darin Ludwig, Probst zu St. Zeno und Official des Stiftes Salzburg, 1500 der Kanzler Dr. Christof Mändl von Stainfels, 1504 Dr. Wolf Pachaimer, kaif. Rechten Dr., 1523 Hans Diether, Pfleger zu Caprun, 1558 Caspar Diether, Landeshauptmann, 1563 '6 Dr. Melchior Mühlhamer (Mühlhauser?), des Erzbischofes Johann Jakob Physicus.

1606 '13 verkauft und verwechselt das Kloster das Haus an den Erzbischof. 1608, '23 ist darin der Pfarrmeßner, 1647, '50 Stadt-kaplanhaus. 1713 Rupertinisches Collegium bis heutigen Tag.

H. 226; S. Haffnergaße 20.

„Ist ehmals des Kalhohsperger stall gewest". Kalhohspergerhaus 1358. Burgrecht St. Peter.

1451 Hanns Goldfues, Seidenater. 1463, 1486 Dr. Leonhart Kurz (auch der „Lifringer" genannt, von seinem Besitz daselbst, „der freyen khünst vnd Ertzney Doctor") erbaute mit großen kosten das Haus von neuem, 1487, '96, dessen Witwe Ursula, 1501 und Tochter

Magdalena — 1509. Sebaſtian Klauer, Urbarrichter zu St. Peter, Magdalena, Virgil Klauer, 1524, '41, '60, David Rhölderer (Rölrer) 1561, '85. Joh. Prantl, Lic., Hofgerichtsadvokat und Nachkommen, 1606, '08, '13, '20, '47.

1713 Capellhaus, bis heutigen Tag.

Das Haus erhielt zweimal gegen den Frongarten hinaus (Markt= gaſſe) einen Grundzuwachs.

H. 227; S. Haſſuergaſſe 18.

Steht auf ſt. peteriſchem Grund und iſt fürſtliches Beutellehen geweſen.

1434, '42, '54, 1509, '10 und darüber, die Nußdorfer. Ruprecht Truchſäß 1521, '27. F. Stallmeiſter Hanns Minnich. 1528 Chriſtof Peruer, ſ. Kammerſchreiber. Das Haus erſcheint zwiſchen beiden vor= genannten in zwei Hälften abgeteilt, beziehungsweiſe verliehen worden zu ſein. 1558 „der alte Herr Peruer“, dann deſſen Sohn. 1586 die Peruerſchen Kinder; Hanns Theun, deren Vormund. 1587 erhält es zu Lehen Dr. Knoll. 1647 abermals Dr. Knoll, 1650 Frau Suſanna Knoll. 1710 Baron Hegi, dann Baron Rehling. 1775 Kaufmann Metzger. 1796 Frau Suſanna Spätin, Frau Creutraud Fentin, Frau Thereſia Spänglerin, bürgl. Handelsfrauen und Kaietan Metzger übergeben ihrem Bruder Joſef Metzger das halbe Haus. 1808 Kaufmann Metzger. 1813 Joſef Spängler und Anton Lanſer. 1858 Johanna Angele. 1881 Roſina Perger.

H. 228; S. Haſſuergaſſe 16.

Das Haus ſtand im St. Peter'ſchen Urbar und beſtand urſprünglich aus drei Häuſern, deren Chronik ſich bis in die Mitte des 14. Jahr= hunderts zurück verfolgen läßt. Damals ſtand an dieſer Stelle der Hof der Chuchler und ihr „Marſtall“. Die Nachfolger der Kuchler waren die Aufuer. Gehörten die Kuchler zum ſtolzeſten Landadel, ſo waren die behäbigen Aufuer mehr bürgerlich geſinnt. Während ihres Beſitzes entſtanden aus dem „Marſtall“ zwei Häuſer, die wahrſcheinlich der letzte Aufuer frommen Zwecken widmete und um den Vollzug ſeiner Stiftungen zu ſichern, die Häuſer und deren Verwaltung dem Bürgerſpitale, richtiger: den Spitlmeiſtern übertrug, denn der Vorteil, den das Spital ſelbſt daraus zog, war gering. Das eine (mittlere) Haus war zur Aufnahme von „vier Schuelern“ (Schüler der Domſchule) beſtimmt (anderwärts hießen ſie auch) „Currentknaben“) 1432. „Item dy ſtiſſt zu gotsleichnam, von

erst 4 Schueler, das ain yeder trag ain latern vor gotsleichnam aus
der pfarr zw den siechen (Kranken in der Stadt) vnd von den siechen
wyder in dy pfar mit gesang" (in Salzburg hießen diese Knaben auch
„Corporaler", weil, wie bereits an anderm Orte bemerkt, sie den Leib
des Herrn [corpus D. N. Jesu Christi] begleiteten). „So hat er dy
vier schueler gestisst in das Predighaws (Haus des Stiftpredigers, d. i.
des Predigers an der Pfarrkirche), das sy in dem untern gwelb ir
wanung haben vnd im wynnter in der stuben pei ainem venster". (Sie
waren später eine Zeit lang im Corporalhaus in der Käsgaße untergebracht, dann um 1740 wieder im Stiftpredigerhaus). Das oberste Haus
(an 227 anstoßend) wurde vermietet. Das unterste Haus ging von den
Chnchlern (Kuchlerhof) an die Aufner, von diesen an die Straßer (Hanns
von Straß zu Alben), dann Hedwig Schondorsser, Straßers Tochter
über, von welcher es Matthäus Lang kaufte — „des Langen hof".

Haus 228.

a	b	c.
Kuchler Marstall Aufner		Kuchlerhof.
Spitalhaus in der Abts- gaßen, Leibgedinger:	1469 Stiftprediger- haus; die 4 Schueler.	1350 darf eine Tür nach hinten in den Frauen- (Fron)hof ausgebrochen werden.
1458 Thomas Symtzen- hauser, Pfarrer in der Gastein.	1563 Stiftprediger. 1584 übernehmen die Barfüßer Franziskaner	1417, '34 Martin Aufner.
1465 Christan Gramatzsch, Pfarrer in der Abtenau.	die Stiftpredigt; das Haus vermietet.	1442, '54, '85, 1512 die Straßer von (Nieder-) Alben.
1469 Habamer v. Volkens- borff, (?) Christan der Hofschreiber.	1589 nen ausgebaut. 1595 Priester vom Erz- bischof in das Haus ein-	1521 Hedw. Schondorsser. 1525 Matthäus Lang „des Langen Hof" 1530,
1489 Licentiat Leonhart Angerer.	gewiesen. 1647 Kapellmeisterhaus.	1558 „die alt Fran Langin", 1608.
1638 die Lamberg'schen 1638, '47, '50 Wilhelm Prantauer kauft das Haus von den Lamberg- schen - Prantauerhaus.	Christof Niederhauser, Präceptor u. 13 Knaben, darunter Sigmund und Ruepp Megerle[1]).	1647 Langen Hof. Alfons Freiherr von Lamberg.

[1]) Einer dieser beiden Megerle dürfte der nachmals so bekannte Kanzelredner P.
Abraham a. S. Clara geworden sein.

1668—'87 Max Gandolf, Graf von Kuenburg vereinigt alle drei Häuser, die Kapellknaben bezogen wahrscheinlich damals das jetzige Kapellhaus, und so entstand der große palastähnliche Bau.

1713 bis heute: Gräflich Künburgisches Palatium, Palast, Palais, gewöhnlich „der lange Hof" genannt.

Des „Langen Hof", betrug somit nur ungefähr ein Drittel, oder vielleicht die Hälfte des Künburgischen Herrnhauses. Die Hausgärten gegen den Frongarten hinaus, deren Überreste man noch am Kapellhause und rupertinischen Collegium erkennt, wurden am H. 228 in den Palastbau einbezogen.

H. 229; S. Haffnergaße 14.

Burgrecht St. Peter. 1365 Peter Cheußleins Haus in der Abtsgassen. Sigmund Kenzl 1434, '54, '67; Alex. '68, — 1508; Simon und Jorg Kenzl 1521; Targperger 1516—'27, Bernhart von Dachsperg 1528, '31. 1558 Dachsperger Hof, 6 Parteien, 1569 vier Parteien. 1608 Frau Juliana von Trauner, geb. von Haunsperg. 1647, '50 Mortaigne haws. Frau Maria Catharina von Prankh, geb. Traunerin. 1689 Frau Maria Helena Freifrau von Lerchenfeld, namens ihrer Tochter, der Frau Maria Jakobe Freiin von Prankh zu Haunsperg (sammt dem Schalmooshof). 1713 Freyherr von Prankische Behausung. Baron Franz Wilhelm Gottlieb von Prankh. 1775 Robinighaus, 1808. 1813 Sigmund von Robinig. 1816 Eisenhändler v. Robinig. 1858 Karl Buchsbaum. 1874. 1881 Franziska Buchsbaum.

H. 230; S. Haffnergaße 12.

Burgrecht St. Peter. Dieses Haus bestand ursprünglich aus zwei Häusern, nemlich dem des Gottfrid Flußhart († 1375[1]), des Chunrat von Chuchel, Hauptmanns zu Salzburg Schreiber, und dem des Bürgers Hanns Stölzel, der 1365 von St. Peter einen Grund vom Frauengarten hinzubekam. Zur Zeit Elsenheimers scheinen beide Häuser schon vereinigt zu sein. 1407 Heinrich von Villach, 1419 Hanns Elsenhaimer 1431. Ulrich, dessen Sohn 1461, 1492. Hanns, 1493, 1512, '21. Christof Elsenheimer 1526, Erben 1538—'55, Riß, 1555, '56, Elsenhaimerin 1557—'85, 1608 Valentin Helmögkh, Ratsburger und Handlsmann; 1611 Eva Altin, oder Hellmöckin. Frau Barbara Fabricin, die jüngere, geb. Wydmanin. Thomas Perger wohnt darin 1620, 40. 1647, Frau Dorothea Pergerin (von Emslieb) Wittib, deren Tochter, Anna Maria von Grimming. 1713 Herrn Perger Behausung. 1744 Josef Gottlieb

---

[1] Rohde. VII. Grabdenkmäler, S. 51, n. 38.

Freiherr von Grimming, Pfleger zu Moosham (Lungau). 1763 kauft des Dr. und Professors Philipp Steinhauser (von Treuberg) Frau das Haus um 6600 fl. 1775 Steinhauserhaus. 1794 wohnt darin, 3. Stock, gegen das Collegium: Judas Thaddäus Zauner, I. U. L., Consistorial- und Hofratsadvocat, 43 J. alt. 1800 Dr. Josef Barisani, Leibmedikus; 1808, 1813, 1816 Medizinal-Comitédirector v. Barisani. 1858 Kaffetier Simon Lobmayr. 1874 Heinrich Endres.

H. 231; S. Haffnergasse 10.

Burgrecht St. Peter. 1365 „der guten chauffmanin haus neben des hanns Stölzel haus". 1377 Ulrich der Aygel erhält von St. Peter ein Stück Grund im Frongarten und zahlt dafür um 4 Burgrechtpfenning mehr zu den 15, die auf dem vordern Teil des Hauses liegen. 1434, '42, '45, '78, '85, Wilhelm Aygel und Nachkommen. 1508, '21 Birgilt schwaiger[1]); es wohnt darin Rubbrecht Lasser; 1521, '23, '45 Christof schwaiger. 1546 Ludwig Alt der ältere, 1551 der jüngere; 1569 Christof Alt. 1608 Haunspergerhaus(?) 1647 die Rützen. Bis um 1620 hatte das Haus schon einen Durchgang nach dem Frongarten. Aber 1626 besteht schon der „neue Bogen, so in den Frongarten geht", gegen eine Burgrechtsabgabe an St. Peter. (Es war die Zeit des Anfanges der Universität, und mag wohl die Erleichterung des Verkehrs mit derselben Anlaß zur Erbauung des Bogens gewesen sein. 1687—1709 unter Johann Ernest wird dieses Bogens wieder gedacht). 1650 Hans Ludwig Rüz. Um diese Zeit scheint der kleine Turm erbaut worden zu sein, der in eine Kapelle umgestaltet wurde, die Erzbischof Hieronymus schließen ließ. 1713 Pockh'sche Behausung. 1725, '75 (Graf) Thunisches Haus. 1792 Ritzenbogenhaus. Der Waisenhausfond kauft das Haus. Waisen- hausbuchhandlung. Haupt- oder Normalschule. 1798 wieder verkauft. 1800 Ritzerbogenhaus. 1804 Rizenhaus. 1813 Johann Millechner. 1858 Simon Lobmayr. 1874 Karl Buchsbaum.

H. 232; S. Haffnergasse 8.

Burgrecht St. Peter. „Milichgassen" 1434. 1523 „am Frongarten". 1559 „am Habermarkt".

Ursprünglich vermutlich zwei Häuser, dann zu ²∕₃ und ¹∕₃ abgeteilt, von Elsenheimer vereinigt und ausgebaut.

---

[1]) Birgil Schwaiger war in dem merkwürdigen Jahr 1510 Bürgermeister, in welchem Erzbischof Leonhard den Handstreich gegen Bürgermeister und Rat ausführte.

1377 des Stolzlein haws. 1434 des Tanner und Payr haus. 1442, '54, '65, '78, '83, '91, Aim und Kathrey Zerär, der Schöttl, Barbara Schöttl, Michel Stolz, Martha und Jeronymus Krapf, letztere zu ³⁄₅.

1450 liegt „der vordere obere tayl haus in der Abbtsgaßen, als es mit 4 Mawern umfangen ist. Der untere tayl sol das Dach halbs versorgen". Es sind zwei „gwelib", ains „gein der gassen", das „hintere gein dem Frongartten zenächst an das klain höfel" und auf dem Drittail (Hausdrittel). Daselbst ist ein „Syz", eine (Wein-)„gruben" und der „Holzkeller". Der Payr dient „von dem undern Poden herauf 10 Schilling". 1492 Ulrich, 1512 Christof Elsenhaimer. 1512 Ludwig Alt; deßen Sohn '51, '68. — 1608 Lamberghaus (Virgil Claner, Verwalter, dann Prandtauer), 1647, 1713 Lamberghaus, Max Josef Graf Lamberg. „Ain Behausung, von Alters her die Grienau genennt, in der Khürchgassen", Grundbuch der Stadt Salzburg von 1650. 1775, Dr. Gerstner. 1800, Schloßgängl von Edlenbach, Professor der Rechtsfakultät an der Universität. 1813 vier Besitzer, Triendl, Edlenbach, Schallhammer, Koslern. 1881 drei Besitzer.

H. 233; S. Haffnergasse 6.

Burgrecht St. Peter.

1434—'53, '67 Anna Oeder, Caspar Oeder, Bürgermeister 1428, '29 und '30. Virgil und Sebastian die Waginger 1468, '99. Georg 1500, '12, Virgil 1526, Sebastian 1528, der Waginger Erben 1529, '40. Sebastian Unterholzer 1542. Riganerin und Sebastian Unterholzer je zur Hälfte 1542—'50. Ludwig und Wilhelm Alt 1554—'85, Brüder. 1611 Tobias (Samuel) Alt und Sebastian Priefer. Bis 1634 Wilhelm, Ludwig, Johanns und ihr Gerhab Samuel Alt. 1634 Christof Täberer, 1650 Taberers Erben. 5 Parteien. 1617 Laimprucherhaus. (Joachim Kaltenhauser). Laimpruchers Erbin heiratet den Sigmund Haffner um 1733. († 1772) deßen Sohn Sigmund, der große Stifter († 1787); Anton Triendl († 1796). Hafnerhaus, Sigmund Triendl († 1802). Faktor Hafnerhaus 1808, 1813 Anton Triendl. Handelsfaktor Hafnerhaus 1816, '58, '74, '81. Anton Triendl.

H. 234; S. Haffnergasse 4.

Burgrecht St. Peter.

1442 (Diepold) Lienpachers haws „in der milichgassen gegen den frongarten". Lienpacher 1445, '68, '83, '92, 1510. Achaz Kolrer 1522. Hanns Strasser — 1530. Sebastian Magerl, 1606 Straßers Erben,

1533, '37, '38, '47. Hainpfer 1550—61. Hanns Goldseisen, Abraham dann Carl Aschinger, 1607 Hanns Guetfertinger, Gastgeber. 1620, '47 Michael S a u e r w e i n, Vincenz, Sigmund. 1713 Sauerweinbehausung, 1774 Mathias Härl, Gastgeb, Johann Zillner. 1775 Sauerweinhaus. 1800 Gasthof zum E l e f a n t e n. Kerschbaumner, Nachbauer, Schrems.

Haus 5; S. Haffnergaße 3.

„In der Milichgaßen (1429), in der alten Milichgaßen" (1557). 1366 Chunrad der Teysinger gibt dem Conrad Tauschund 7½ Hofstatt-pfenning auf diesem Haus zu kaufen. Bgsp. Regest. 1513, n. 566.

1423 gibt Elsbet des Hansen Zawnrüden hausfrau diese Hofstatt-pfenninge dem Bürgerspital zu kaufen[1].

1471 gibt Virgili Luntz seiner Mutter 4 Pfund gelts auf diesem Haus zu kaufen, die selbe halb dem Bürgerspital und halb dem Siechen-haus verschafft[2].

1453, '29, '52 Reicher (Reichart) Grym; '72 Virgil Luntz. 1498 Christau Luntzens Erben: Afra Vogkinger und Magdalena Westendorfer. 1512 Hanns Herzhaimer. Hanns Payr 1520, dann Jörg P. 1526 Georg U n t e r h o l z e r. Vertrag zwischen diesem und Christof Unterholzer „im Winkel" (Haus 11, Marktplatz) wegen Durchgängen zwischen beiden Häusern. 1552 Thoman, 1562, '69 Georg, 1570 Tobias, Abraham und Isaak Unterholzer. — Hanns Teussen- oder Tießenpacher 1578, '95, '95. 1596 Hanns Wagner, dann Hanns Paumann, Rat und Handelsmann. 1610 Sohn Michael (1637. -'51 Bürgermeister). 1651 Elisabet Maroltin, geb. Reuner. 1663 Franz Feyertag, Hofkammerat. 1677 Johann Gruudtner, deßen Nachkommen, unter denen (Ma. Kathar. Grundtner, Eisenhändlerin) das Haus 1704 in drei Böden verstuckt wird.

Haus 7 und 8; S. Haffnergaße 7, 9
sammt den in der Churfürstenstraße angebauten Läden.

1424, '29 Peter Weylheymer[3]. 1512, '15, '20 Hanns Praun. Ferdinand Peißer (1674—1691 Bürgermeister)[4]. Das Haus scheint

---

[1] Konrad Teysing und Elsbel die Zaunrüdin waren also zwischen 1366 und 1423 Grundherrn des Hauses, ebenso Konrad Tauskund, und der Vater der Zaunrüdin (der Speher). Auf dieser Seite der Gaße ist also St. Peter nicht mehr Grundherr.

[2] Virgil Luntz nimt von seiner Mutter (wahrscheinlich 80 Pfund Gelts) als Capital auf und zahlt davon eine jährliche Gilt 2 Pfund an das Bürgerspital und zwei Pfund an das Siechenhaus nach Anweisung der Mutter.

[3] Die Weilheimer waren angesehene Bürger und um Titmaning begütert.

[4] Praun und Peißer werden als Nachbarn des vorhergehenden Hauses 5 genannt. Sie waren demnach (Praun) vor dem Ankauf durch den Fürsten und (Peißer) nach der Versetzung des Brauhauses an den Kajetanerplatz Inhaber des Hauses.

23

unter Ernst Herzog von Baiern und Erzstiftsverweser um 1520 vom
Hofe angekauft worden zu sein. 1526, '53 Kaltpierhaus. Darin
wohnen 1552 Hanns Atzinger Prew zu Hof, der Hofpynter mit
4 Gseln, ein Stallmeister, ein Hofschreiber, ein Hofkoch. Es war also ein
Hofbräuhaus. Nach der Hand wurde das Bräuhaus an das innere
Mcnnthaler Tor verlegt, denn 1569 heißt es „Kaltpierbehausung", Ruprecht
Stockhamer Pierschenkh, samt allerlei Hofgesind. Aehnlich 1608, 1647.

Im J. 1669 wird ein Ort Grund, „darauf derzeit ein Kramblädl
stehet, negst am Marckht an die Maur bei dem Ruepertinischen Collegio
dem Bürger Christof Lähr verliehen." Dieß ist der Ursprung der noch
bestehenden Läden gegenüber dem Residenz-Neugebäude. Zugleich ergibt
sich, daß das Haus 8 das Rupertinische Collegium beherbergte[1].
Das Haus 7 blieb Wirtshaus. Denn es heißt: 1713 Hochf. Kalte Pier-
haus, Kaspar Deschauer Hofwirt. Mittlerweile erhielt das rupertinische
Collegium sein jetziges Haus.

Im J. 1753 wurde die „bishero über Hof gehörig und im B'stand
(Miete) gewese Würthsbehaußung sammt dem daranstoßenden andern
hauß und die vorhandenen 3 Läden gegen der Residenz" dem Josef
Ottmann, B'standwirth (Pächter) um 4500 fl. verkauft. 1769 übernahm
von ihm „der auch hofbefreyte Materalist Johann Baptist Gussetti"
2 Böden der „nun zusammengebanten zwei Häuser" um 5500 fl. und
1772 auch den andern Boden und die „hofbefreyte Wirthstaferne". 1805
wurde diese reale Taferngerechtigkeit um 500 fl. verkauft und nach
Mühlen (zur Krone) übersetzt. Frau Gussetti hinterließ das Haus ihrem
Bruder Salinenbaumeister Knosp in Hallein und Chorvikar Wagner um
9400 und 4400 fl. Schätzungswert 1808. 1813 Wagner, Kaufmann
J. N. Gall, Schneider Gasparotti, Eisenhändler Haslauer. 1816 Haslauer
Haus 7 und mit Gasparotti Haus 8. 1858, '74, '81 Franz Guggen-
bichler, vereinigte beide Häuser.

Kranzlmarkt.

H. 18; Klampfergaße 3.

„Spital- oder Spittlhaws an der (alten) Prucken", 1408, '52, '77,
1549, '65, 1608, 1630 verkauft. „Behausung und Hofstatt im Khlampferer-
gäßl gegen der Stattmaur gelegen" (Grundbuch der St. Salzburg 1650).

„Das Spitalhaus an der pruglen ist ganz des Spitals, hat darzue
geben Kunradt der Teysing, ee das spital gepaut ist worden". Urb. des

---

[1] 1653 wurde das Collegium gegründet, 1651 aber befindet sich das Branhaus
bereits im Kai.

Bürgersp. von 1452. Dazu gehörten vier Fleischbänke auf der Brücke.
Bis 1639 wurde das Haus (ohne die Fleischbänke) an Mietparteien nach
Gemachen, Zimmern, Stübeln, Kammern, Gewölben verlaßen. 1477
betrug der Zins von den fünf Hausteilen 17 Pfund. 1530 wurde es
„über und über p'standsweis" an eine Gesammtpächterin um 33 Pfund,
4 Schilling überlaßen. 1549 u. s. w. wieder in Abteilungen um 57 Pf.
4 Schilling. 1575 u. s. f. an 11, 12 oder 13 Parteien gegen jährliche
77 fl. 1639 verkauft an Sr. Gnaden Herrn Reichart Holthueter und
deßen Ehefrau Sophia Kirchpergerin um 1700 fl. und 20 Rthlr. Leikauf.
Nun heißt es „das dritte Holthueterhaus".

1713 Prof. Dr. Ludwig Bluemblachuer, Hofrat. 1775 Blumlachner-
haus. 1800 Klampfererhaus. Fräulein von Kößlern, ebenso 1813, '17.
1858 Ferdinand Zeller. 1874, 81, Dietl.

H. 17; Kranzlmarkt 5.

Hofburgrecht im Marktviertl.

„Haus an dem Eiermarkt". Schmittner. Augustin Klauer, † 1494;
dann Sohn Ruprecht und Tochter Ursula. Johann Gauchsperger. 1560
„Virgil Huzinger und Sohn Christof. 1589 Wolfgang Freymüllner.
1616 Kaufmann Johann Pronot verkauft das Haus an Anna Jakobe,
Witwe des Bürgermeisters Jörg Kirchperger (1600–1606). Deßen
Tochter Sophia, vheir. Holthueter (f. Rath, Dr. beeder Rechten, Land-
schaftskanzler, s. oben). 1662 Hanns Reichhart Holthueter Dr. dann drei
Geschwister Fabricius von Kleßheim. 1695 Anna Freiin von Zinneberg.
Frau Maria Katharina Engratia Blumlachuer, geb. Reiter. 1701 Ver-
stuckungskäufe. 1800 Kaufmann Jos. Rauchenpichler. 1813 Kaufmann
Franz Schöpfer und Böhaim. 1858 Göschl und Scheibl. 1881 Scheibl
und Grömling.

H. 16; Kränzlmarkt 3.

Hofburgrecht. Domus acialis (Eckhaus) in foro ovorum. 1585 ...
am Eiermarkt.

1452 Smidtnerhaus. Andrä Schöberl, Tochter Barbara, deren Sohn
Virgil Matzperger. Sebastian Tunkl. 1567 Hanns Matzperger, Peter
Schöberl. 1578 Benedict Schöberl, Georg Peißer zu Murau. 1569 Georg
Kirchperger und Frau vereinigen die Hausteile; es gehört dazu ein
„Stabl beim Bärn". (Georg Kirchpergers Vermögensbekenntniß lautet

---

¹) Augustin Klauer und seine Frau sind wahrscheinlich die Stifter des Glasgemäldes
am Nonnberg. 1608 wohnte in diesem Hause Hanns Stromaier, Dr. und Hofmedicus.
1647 Carl von der Hosen, s. Organist.

1628 auf 28.000 fl.) 1648 Reichart Holthueter heiratet eine Kirchperger'sche. Nun heißt es „erstes Holthueterhaus" (das zweite ist Haus 17, das dritte Haus 18, sieh vorher). Nun beginnt wieder eine Hausteilung: Fabricius, Bluemblachner[1]). 1739 vereinigt zwei Böden Riemermeister K. Mayr. 1755 Verlaßenschaftslauf durch Riemer A. Gämbs. 1756 Kürschner Penker. 1769 Riemer Hofer Schwiegersohn des Gämbs hat den 1. und Stock; Kürschner Penker den 3. und 4. 1794, 1813 Hofer und Penker. 1858 Hofers Erben. 1874 Philipp, 1881 Klara Tuschl.

H. 15; Kranzlmarkt 4.

Vor 1408 Haus Cholrär. 1408 Ackermann dann Ruprecht Aygner, 1452 Mathes Aygner; dann Hanns Präczel (zu Radeck). 1472, '88 Fridrich, 1515, '29 Moriz Wyser; 1552, '69 die Wenger'schen. 1569 Hans Pronot, 1595 derselbe, 1616 deßen Erben, 1620 Alex. Mayr, 1622 Hanns Nierl, 1649 Hans Christian Vizthumb. 1651 Euphrosina Guggenberger, dann vh. Tunzler. 1668 die Tunzler'schen. 1694, 1700 Oswald Oberreiter, Vater und Sohn. 1719 Schuster Martin, 1729 Jos. Paurnseind, 1771 Franz Josef Paurnseind. 1792 Leopold Hagenauer. 1805 Anna Popp, vh. Hagenauer. 1827, '58 J. Nepomuk Sallinger, 1874, 81 Silber. Von Fridrich Wieser 1472 an, bis auf den heutigen Tag waren ununterbrochen Kaufleute die Inhaber dieses Hauses.

H. 4; Kranzlmarkt 2.

Das Burgrecht dieses Hauses wurde von Elsbet, des Hansen Zaunrüden Hausfrau 1423 dem Bürgerspital zu kaufen gegeben; 14 Hofstattpfenninge.

1423 „das Eglhaus an der Wexlpank, das des Samer gewesen." 1429 „des Sammär Haus gegen den Statturn ober." 1656 „das eglhaws in der Milchgassen gegen dem Rathhaus über."

Die Samer laßen sich nicht weit über das Jahr 1400 zurück verfolgen. Ulrich und Jörg Samer, insbesondere der letztere, müßen reiche Venediger Kaufleute gewesen sein, d. h. die aus und in Venedig Handelschaft trieben. Dieß ergibt sich schon durch die einzige Tatsache, daß Ulrich zu

---

[1]) Blumlachner Christof Ludwig, Hofrat, Pfalzgraf, Rechtsgelehrter, Professor, schreibt in seiner Abhandlung vom Anlaitrecht über die Anlaitgebür der zwei Häuser 17 und 16, die er 1696 an sich gebracht und zügt bei, es seien „auch von einer aus diesen beiden Behausungen von der gleich gegenüber gelegenen also genannten Haasen... Behausung jährlich drei Gulden unanlaitbare Gülten abzuführen und zu entrichten". Dieß deutet auf einmalige Beziehungen zum Hofenhaus hin. Dagegen sagt das Grundbuch der Stadt, 1650, daß man von dem Haasenhaus an die Georg Kirchpergerischen, Burgermeisters Erben, 3 fl. jährliche und ewige Gilt zu reichen schuldig sei.

Venedig im J. 1409 bei der Genoßenschaft („Bruderschaft") des h. Kreuz (es war wohl eine Art Bank- und Leihanstalt) für das salzburger Bürgerspital 11.000 Dukati (etwa zu 1 fl. 10 kr.) hinterlegte, damit selbes ein jährliches Gefälle von 330 Dukati erhalte (Bürgerspitalregesten Wagingers). Daß den Samern demnach auch die Wechselbank an oder in ihrem Hause gehörte, ist selbstverständlich. Wahrscheinlich ist Ulrich der Wechsler, bekannt aus den Grabdenkmälern I. (Löske VII. n. 35), der 1382 starb, der Vorgänger der obengenannten Samer. Die Samerkapelle auf dem alten Domfriedhof, das Gut Sam bei Nußdorf oberhalb Söllheim, das Selbad des Ulrich Samer 1415 (Spitalbad) und andere Stiftungen erinnern an dieselben.

1452 Hanns, (1462—64 Bürgermeister), 1488 Mathes Práczl zu Rabeck. 1501, '12, '29 Hanns Reusch), 1562, '64 Jörg und Paul die Reuschen. 1576 Anthony Schenleben. 1583, '95 Hanns Pronot, Kaufmann. 1613 Alexander. 1620 Stefan, 1640 Johann Stefan Fuchs (1657·58 —1667 Bürgermeister, besaß auch „das Schmid- und Wagnerhaus, (mehr drei andere Häuser am Gries)". 1685, 1701 Dominikus Pockh, 1709 deßen Kinder. 1704, 1709 Anton, 1737 Joh. Michael, Kaufmann, 1737 deßen Erben. 1760 Gottlieb Bergmayr und Georg Lürzer, „Kauf- und Handelsherrn". 1799 Mathias Lürzer allein. † 1808 Bolderauer Georg, 1830 Witwe, 1831 Sohn Georg, 1858. — 1874 Rabauer und Wöß, 1881. Rabauer.

Von 1501 bis heutigen Tag lauter Kaufleute.

Burgrecht St. Peter.

H. 235; Rathausplatz 2.

Burgrecht St. Peter, 30 Pfenning und für einen Heuger 4 Pf.[1]). „Landschadenhaus" 1434. „Fürstl. Mauthaus" 1613. „Hauptmaut" 1775, 1808 „Polizeiamt". 1813 „Polizeikommissariat". 1858 „Polizeidirection".

Das Haus wurde um 1556 vom Fürsten angekauft und als Mauthaus benützt. Nachdem es bis in die neueste Zeit ein s. g. ärarisches Haus geblieben war, wurde es im J. 1859 wieder ein Bürgershaus.

Die ältesten bekannten Besitzer, nach welchen das Haus noch 1522, ja 1611 bisweilen genannt wurde, müßen kärntische Dienstmannen des Stiftes Salzburg gewesen sein, die „Landschab", welche den Turm

---

[1]) Der Heuger, d. i. der Heu mäht, zusammenrecht. Die Stellung eines solchen an die Grundherrschaft ist wohl eine sehr alte Pflicht der Grundhörigen bei den bairischen Klöstern, die auf das bairische Gesetzbuch zurückgeht. Auch die Ablösung mit Geld ist schon alt.

Landsberg im Lavanttale zu Lehen hatten, an welche aber sonst in der Stadt Salzburg keine Erinnerung haftet. Im J. 1442—53 besitzt Lukas Höhenfelder, ebenfalls ein Dienstmann oder Ritter, das Haus. 1473 Oswald Kramer. 1492, '94, 1501 Georg Grafendorfer, 1505 Heinrich Matsperger und seine Nachkommen bis um 1540. 1541—43 Moriz Wieser, 1544 — Schlafhauser, bis der Fürst es kauft. Schon um 1485 scheint in dem Hause die Mautstätte oder -kanzlei sich befunden zu haben, 1521 fürstliche Maut.

Da die Maut oder der Zoll dem Erzbischofe durch den Ottonischen Verleihbrief von 996 war gewährt worden, so muß es schon seit jener Zeit Mautner und Zöllner gegeben haben. „Maut" oder „Zoll" wurden in Salzburg in wechselnder Bedeutung gebraucht, aber es gab einen Wegzoll und einen Warenzoll. Der Brückenzoll war ein Wegzoll (denn der Erzbischof baute ja die Brücke nicht allein), der Marktzoll war ein Warenzoll und hieß deshalb auch die „Pfundmaut". Zwischen 1130 —1200 begegnen uns die „Prukkäre" oder „Prukener" Waltchun, Pabo, Ernest, Sigfrid vom Pühel, Isingrim und Dietmar, um 1180 auch der (Pfund-)Mautner Piligrim, wohl lauter Bürger. Später, 1408, '77, '91 nimmt der Stadtrichter „anstatt des gnädigen Herrn" den Brücken- und Marktzoll ein, 1504, '12, '30, '43 der Elsenheimer, Hanns Westner, Paul Altmann, Stadtbürger. 1569 wohnt der Stadtrichter in dem fürst- lichen Mauthaus und scheint wieder die Maut unter seiner Aufsicht gestanden zu sein. 1647 besteht ein Mautner als Beamter.

Um 1323 scheinen Markhart (Marchward) und Fridrich von Berg- heim mit dem Brückenzoll belehnt gewesen zu sein. Aus dieser Zeit stammt nemlich eine Gült von jährlichen 2 Pfunden an das Bürgerspital, die von ihnen war „gekauft" worden — (d. h. sie entliehen eine Summe Geldes und wiesen die Verzinsung auf den Brückenzoll an). 1429 haften auf dem Brückenzoll 4 Pfund und auf der Pfundmaut 3 Pfund Gülten. Offenbar wurden sie beim Verkaufe auf das Mauthaus übertragen, denn sie sind erst 1866 von dem Besitzer dieses Hauses mit 113 fl. 80 kr. (für 6½ fl. jährlichen Dienst) abgelöst worden.

H. 236; Getreidegasse 1.

Burgrecht St. Peter.

1363 Chunrad der Ratgeb und Niela Sparer sein Schwager, paid Bürger zu Rastat, verkaufen „Fridreichen dem Zapfen ¹, Haus, wovon er schon ⁵, inne hat."

1434, '42, '53 die Frechinn. — Magdalena Mädenbergerin. Alban

Hundsdorffer 1473, '97. Wolfgang Klötzl 1498, '99. Alban Hundtsdorffer (Sohn) 1506 29, deßen Erben 1530—46. Fröschlmoser 1547. Herrn Christoffs Grafen Erben 1550 79. 1558 „des gnädigsten Herrn Hans", wohnt „der Her Cantzler" darinnen. 1623 Bartlme Schluterpacher, Handelsmann; Rhizmäglhans 1608 (es wohnen darin Carl Frhr.) Rhuen, Cammerherr; Dr. iur. Jos. Schedler; Dr. iur. Virgil Stellner, f. Fiscal und Hofgerichtsadvokat. 1647 Hauns Christoph Witztumb, Handlsmann, (es wohnt darin auch Hofrat Dr. Caspar Joachim Reitter). 1713 Georg Ulrich von S ch i tt e n h o f e n, Hofrat und Capitelsyndicus. 1800 Landschafts-kanzler von Schiedenhofen. 1813 Joachim von Schiedenhofen. Um 1820 Frau Seeseldner, geb. Schiedenhofen. 1858 Lebzelter Joh. Ruedorfer. 1881 Joh. Ruedorfer.

H. 237; Getreidegaße 3.

Burgrecht St. Peter 24 dl. und 1 Henger.

1363 Peter der alt Chewezel. 1379 Christof, 1384 Hanns, 1434 Hanns, Pauls 1447, Hauns 1468, '99, Jörg Renzel — 1503 Hauns Ritzinger 1547. Hanns Rauchenperger 1550 56, Virgil Rauchenperger — 1585. Stefan, dann Wilhelm Hueber 1601, '8, '11 (erstes Hueber-haus). Achaz 1622, Niclas Leopold 1647. Michael Mayr 1660, '72, Mathias Mohr 1696, 1713. Franz Andrä Mayr 1744, F a k t o r-M a y r h a n s gegen die Trägaße, 1684 wurde der hintere Stock gegen den Frongarten herdangebrochen; Faktor-Mayrhans 1800, '8, '13, '16. Drechsler Schatz 1858, '74, '81.

Schon 1379 wird dem Christof Renzel erlaubt, „einen Arker oben vom Dach" (bis auf den Grund?) in dem Frongarten anzubauen. Hauns Renzel 1384 erhält noch verschiedene Baubewilligungen (St. Peter. Copialbuch v. 1523).

H. 238; Getreidegaße 5.

Burgrecht St. Peter. Das Haus wurde um 1440 um 350 fl. zur Tomoblai erkauft, und diente 8 fl. 1 Schill. 2 Pf. dahin. Auf Befehl des Erzbischofes wurden aber dieses und noch sieben andere Oblai-Urbars-häuser in das städtische Urbar übertragen, 1672.

1434, 1442, Anna Wagenchlasslin. 1442—54, Caspar; Johannes Smittnär 1463, '83, '99, Leonhard Pilzel 1504, '26. Georg Pülzl 1527, 30. Berthold Thenn 1535, '45. Dr. Ribeisen Niclas 1546, '47, Erben '50, '51. Berthold Then 1552—68[1]). (Blasi Thenn nach) dem

---

[1]) Vgl. Landeskde. XXIII. Tafel zu Seite 34.

Domoblaturbarium 1560. 1569, '76 Ruepp Wüethaler und Kinder. Sebastian Schilling und Fran Kath. Wüethalerin. 1578 Veit Schilling, 1594 in Hälften geteilt, Egyd Schilling, Georg Praun. 1598 Thomas Metschacher, um 1610 Barbara Böckh, Metschachers Witwe, 1 Boden: Adam Lehrperger und Margareth Voglin, 2 Böden. 1618 Wilhelm Geiger, in 2 Hälften, Sebastian Hößhamer. 1632, Eva Lehrperger und Witwe Vogl, Anthony Gschwankners Fran. 1688 Rosina Württenstetterin Gschwankners Witwe. 1709 Georg Fagerer. 1727 Maria Salome Amthoferin zur Hälfte 1745. Maria Anna Jenner und J. G. Jenner 1753. Jos. Ant. Jezi 1764; Christian Jgnaz Jezi 1770. 1800 Kaufmann Jezi. 1808, '13 Spezereihandlung, 1816 Spezerei- und Materialhandlung Jezi. 1858 Kaufmann Johann Arrigler. 1874, '81 Franz Wagner. In dem J. 1608, '23, '50 ist ein „Kellersitz" im Hause. Die Besitzer Metschacher und Hößhamer sind Gastwirte.

H. 239; Getreidegaße 7.

Burgrecht St. Peter. 24 Pf. und 1 Henger.

Vor 1434: Peter Veiertags Hans. (Peter Veiertag ist in den Jahren 1411 und 1416 als Bürgermeister beurkundet). 1434 die Veiertagin. 1442 Kathrey Oberhoffarin — 1451. Conrad Sailer 1463, '65. Ulrich 1466, 67, Martin Härsar 1468—'99. Margaret Schilt, geb. Härsar (Härscher) 1500, '12. Virgili Wäginger 1526, '28, '35, Jörg 1535, '52; Ruprecht Payr 1553, '74. Sigmund Wäginger 1575, '82; Elisabeth Freyhamer, dessen Witwe. Sigmund Freyhamer 1601, Philipp Schinagl 1603. Hieronymus Reitter, Gastgeb, 1620, '23. Susanna Reitter, Wwe. 1642. Herr Johann von Platz, s. gehaimer Rath. Frau Rosina Reitterin, dessen Ehefrau, 1642. 1652 Hans Wibmer. Paul G'schwendtner. („Zwischen Anthonien Gschwangkhner (Haus 238) und Hannsen Wibmers, beeder Burger und Handelsleuthen alhier Heusern ist von alters hero ain Wirthsgerechtigkheit gelegen"). — 1713 Georg Hagenauer, des innern Raths, Spezereihändler. 1800, '8, Kaufmann, Spezereihändler Reisenstuhl. 1813 Mathias Fuchs, Galanteriehändler, 1858 Kajetan Fuchs. 1874 Kaufmann Angelo Saullich, 1881.

Im ersten Stocke des Hinterhauses befinden sich zwei marmorne Türgewänge mit flach erhabenen Kopfbildern aus dem J. 1546.

H. 240; Getreidegaße 9.

Burgrecht St. Peter, 18 Pf., 1 Henger.

1408, '18 Otten des chäwczleins haws. 1418 Rueprecht venediger. 1434. Erasmus Fragner, 1463, '79. (Asm = Erasmus) Rauhenperger,

1480, '99. Matthäus 1500—1512, Virgili (1520 Bürgermeister), Ruprecht 1526, '51. Virgili Rauchenperger 1557, '85. Chunrad Fröschlmoser, Apotheker, Neffe der beiden letztgenannten Rauchenperger, und Katharina Stemeseder, f. Hausfrau. Fröschlmoser, „Hofapotheker" † 1588. Die Witwe heiratet den Apotheker Johann Wiser (Bernholds Apotheke). Die Kinder verkaufen das Haus an ihren Schwager Michael Wibmer, Eisenhändler 1603. 1620 Michael Wibmers Erben. Hanns Wibmers 1653. 1662 Paul G'schwendtner. 1712 dessen Kinder. 1713 Unteres Hagenauerhaus (das obere: 239). 1775 Hagenauerhaus. 1800 '8 Lorenz Hagenauer. 1813, '16 Töchter. 1858, '74, '81 Kaufmann Angelo Saullich.

Mozarts Geburtshaus.

H. 241, 242; Getreidegasse 11. / Universitätsplatz 13.

Burgrecht St. Peter.

Um 1380 1400 der Lampotinger[1]). 1434 Johann aus der Alben[2]). — der Greimlein. 1442—'57 Martin Gschürr; 1445, '63, '99, Virgil Hofer. 1500 Christof Lonsnitzer, 1501, '12 Ursula Kirchpüchler. Michl Häsl 1521, '26, '27. Amand Gützner 1528, '56, (1531, '32, '34, '35 Bürgermeister), dessen Erben 1557—'85, Paul Gützner 1601, '11. 1608, '20 Georg Penkher, Peck; seit dieser Zeit heißt es das „Penckhenpekhenhaus", 1713 auch das „Schrankenpeckenhaus", 1623 sind acht Parteien im Haus, 1655, '56, '57 werden nacheinander drei Böden im vordern Stock (Trägasse) verstuckt. Mehrere Bäcker, 1808 Pfitzerbäcker.

241			242	
1858 Schillerbäcker, 2 Besitzer			1858 Caietan Schneeperger	
1874	„	„	1874	„ „
1881	„	„	1881 Beinkofer.	

H. 243; Getreidegasse 13.

Burgrecht St. Peter.

1434 Elisabeth Wittlin. 1453 Elsbeth Ebmärin. 1457, 1504, '9 Hanns Renter, Elisabeth, Barbara. Sebastian Tunkl. 1526 Virgil Tunkl.

---

[1]) Die Lampotinger hatten ihren Sitz am Waginger- oder Tachensee. Um die oben angegebene Zeit lebten Stefan, zwei Hartnit und ein Hans Lampotinger. Sie gehörten zum niedern Stiftadel.
[2]) Die Albener, Almer, aus der Alben verdanken ihr Emporkommen sehr wahrscheinlich dem ihnen verliehenen einträglichen Urbaramte gl. N. im Pinzgau. Sie hatten zuletzt die Veste Hieburg und Schloß Trübenbach bei Lausen zu Lehen und waren sehr bemittelt. Obengenannter Hans a. d. Alben war Landrichter in Lungau und wegen Veruntreuung in Untersuchung: Ihr Amtsitz in Pinzgau scheint Farmach gewesen zu sein.

1534, 36 Jörg Eder (Oeder) zu Reichenhall, Abel (Apollonia) Wülpen-
hoferin, seine „Ehefrau". 1539 deren Nachkommen, 1556 Jörg und
Christoph Oeder, 1564 Jörig allein. Bis 1580 Christof Weiß. 1580
Christof Alt († 1585), 1585 Wilhalm, 1597; 1601 Georg; 1608, 11
Tobias Alt, „der des Christoff Alten Hausfrau hat". „Bei ihm wohnt
Dr. Sebastian Alt, f. Kammerrath. 1620 Wilhelm und Susanna Alt.
1622 Susanna, jetzt Frau Dr. Knoll — bis 1653. Die Erben, bis 1646.
1665 Franz Feyertag von Oberhausen. 1680 erhält das Haus einen
Stetten Waßer von der Leitung, „die vom Hofbrunnen zum f. Handlß-
hauß (j. g. Meßinghandlung) geführt wird". 1707 Feyertags Erben.
Unter ihnen wird das Haus verstückt, seit 1744. Mehrere Eigentümer,
darunter Gilowsky. 1806, 5 Eigentümer, darunter 1813 Rothburg (die
„Bergkönigin") und Cordula Azwanger; 1881, 7 Besitzer „Feiertaghaus".

H. 244; Getreidegaße 15.

Das Haus wurde schon im 14. Jahrhundert in ein vorderes
(Trabegaße) und ein hinteres (am Frongarten) geteilt. Dieß ergibt sich
aus der Scheidung der Burgrechtspfennige in 8 und 8, noch deutlicher
aber in der Geldentschädigung für 1 Henger in 2mal 2 Pfennige.

Trabegaße.	Frongarten.

1412 Peter Setzines. 1418, '25 Haupr. 1434 Tumperger.[1] — Dächier. 1500 Kollrer. 1515 Puechner. 1542 -47 Dr. Niclas Ribeisen. Sebastian Theun 1558—78. Hanns 1558—66, Christoph 1556, Sebastian, drei Brüder Theun. Pirckmayer. Im J. 1569 wohnt in dem Hause Berchtold Gnigler, richtig „Zachner" Fröschlmoser 1569, '80, 1601. 1580 Fröschlmoserhaus; darin wohnt Christof Alt sammt Hausfrau und Kindern.

1608 kauft es Frumbholzer; es geht um 1623 an Hechenleitner, dann 1639 an Tobias Knecht über.

1639 kauft es Hanns Kurz 1647, '62.

1412 Bernhard Rauhenperger. 1429, '34 Wenzel auf der Alm (der vorgenannte). 1442 der Bäcker Staubär. 1484 Leonhard Stauber. 1511, '12 Hanns Theun. 1518, '27 Hanns Pfliegl und Söhne. (Über den Zusammenhang der Theun, Pflügl, Ribeisen, Perner und Alt (Pirckmayer, Ldsfde XXIII. 6, 30, 31 u. ff.) 1526—'57 (?) Dr. Niclas Rubeisen. 1552 „die jungen Teunen", Christof und Sebastian 1558, '78. Wilhelm Teun. 1608 Pernerhaus; Frau Bernerin (1623 Georg Weiß, Mathias Mayr), 1633 die Perner'schen Erben. 1644 Frau v. Grimming geb. Perner.

1648 kauft es Hanns Kurz.

[1] Die Tumperger, Köllrer, Rauhenperger, Teun, Alt. waren, erstere beide landtafel-
mäßige Adelsgenoßen, letztere drei geadelte Bürger. Zum Adel zählten auch meistens die
Doctoren der Rechte in gewißen Amtsstellungen und sehr viele, die sich den Adelsbrief

1713 erstes und zweites kurzisches Haus.

1743 Franz Augustin Grueber, Riemer. 1653 Hanns, 1701 Franz Engelhard
1744 verstückelt. Kurz.
1775 Riemerhaus, 1706 Ruep Ranstetter u. a.
1779 Raimund Felix Azwanger, 1775 Raimund Felix Azwanger.
1800 Riemerhaus.

Azwangerhaus 1800, '4,
1813 Benedict Würstl und Gorian.
1816, '24, '35 Benedict Würstl.
1858 Karoline Leitner (zum größten Teile).
1874, '81 „   „

H. 245; Getreidegaße 17.

Burgrecht St. Peter.

1360 verkauft Heinrich von Zell der Margareth Fuetterjacherin das Haus, das ehemals des Leopold peckhen gewesen ist.

1418, '25, '32, '39 gehört es dem Heinrich Fleuchenwein (Fliehe den Wein!).

1441 der Bäcker Hanns Semler erhält die Erlaubniß, an die Frongartenmauer anzubauen (das hintere Haus). Hanns, bis um 1453, Peter Semler 1463—'84. In diesem Jahre sind drei Eigentümer: Peter Semler zu Weidhofen, Gilig (Gold?) der Ausferg (zu Laufen) und Jeronymus, brew (Bräuer) zu Laufen. Von diesen kauft es

1484 Leonhard Lechner, 1506, '10 Virgil Lechner. 1511, 1569 Hanns und Hanns Kunziger. 1569, 1608, '20 Hanns, dann Jakob Widmann, (5 Parteien). 1647 Christian Räbel, Bäcker, (9 Parteien), aber noch 1650 Widmanns Nachgelaßene. — „Rabelbäckerhaus" (bis 1808). 1744 Sebastian Räbel. 1813, '16 Georg Zierer. 1858 Johann Holzmüller. 1874, '81 Fridrich Jenisch.

Der Ryevergalter 1442, Sigmund Torer, Schuster 1500, und Schuster Haslauer 1512 scheinen Teileigentümer gewesen zu sein.

H. 246; Getreidegaße 19.

Burgrecht St. Peter.

1385, '92, 1428 „Des Märtein Aufsnär, Haus peim frongarten auff der alben". Andreas Mautner zu Katzenperg, 1434, '43, '54. Virgil Venediger 1457. Stephan Knoll, 1679—'97. Hanns, Katharina Knoll

laufen kounten. Die Rumperger saßen um Mühldorf und Ampfing. Recht deutlich ersieht man bei diesem Hause die allgemeine Erscheinung des allmäligen Verschwindens des Land-adels und der Patricier aus dem städtischen Häuserbesitz.

und Erben, 1498, 1506, '12. R. Schneckawiz (1523)[1]. Der Münzmeister (Hanns Theun), deßen Erben. Paul Altmann, Mautner, anstatt
des Münzmeisters 1535—'51. Christof Theun, 1552, '56. Marx Theun
und Erben 1557—'85. Heinrich Theun — 1601. 1620 anyezo die
fürstliche Münz in der Trägassen. 1647 wohnen darin Joh. Rudolf
Sturmmb, Kammerrath, Christof Grindtl Münzwardein, Johann Jud,
Kupferhandels- und Ruprecht Leitreitter (Laireiter) Meßinghandelsverwalter.
1713 Martin Schallhamer, Handelsverwalter. 1713 s. Messinghandlung. 1775, 1800, '4 s. Haupthandlung. 1808 R. k. 1813
kön. Haupthandlung. 1816 R. Haupthandlung und Bergwesens Commissariat.
— Bergwesens-produkten-Verschleiß-direction. 1858 Bergdirection.

| 246. Universitätsplatz 9.
1874 Karl Anton
1881　　"　　　　" | 246[1]/2 Getreidgaße 19.
1781 Karl Molitor. |

H. 247, 248; Getreidegaße 21.
Universitätsplatz 8.

Burgrecht St. Peter.

Paulus. Deßen Sohn Herr Erhard. 1387 des Hübschen Hans.
1392 Cristan Pachmayr, erhält die Verwilligung „auf die Frongarten-
maur zu bauen, als lang Haus und Hofstat zaigt in der Trägassen"
(somit Baubewilligung für das Hinterhaus auf der Frongartenseite).
1434 Cristan Pachmayr. 1442, '54, '63, '67, '86 Gabriel Käsrer, Vater
und Sohn. Conrad Oberndorfer 1487, '90[2]) Conrad Hausrucker, Hof-
pech), 1491, '1508, (mit Käsrär) Witwe 1512. Caspar Sinzinger 1521,
'30. Zu gleicher Zeit: 1494 Mr. Audreas Endlich und deßen Hinterlaßene
1530. Jorig Aintrachtstetter (Entrichstätter, Englstatter), bis 1568. Dr.
Hanns Christof Gervas Fabricius. 1568, '70, '80, † 1604. Dr. Gervas
Fabricius von Kleßheim, f. Kammerat und seine Mutter, die Fabricin
(? Felicitas Alt); 1636. Seine Erben 1644, 1695, Witwe Cordula

---

[1]) Da die Quellen oft Jahrelang nach dem Besitzwechsel den Namen des alten Besitzers
fortführen, was nicht blos für dieses Haus gilt, so kann die Besitzzeit des bekannten
Smeckawiz und des Münzmeisters nicht genau bestimmt werden. Um 1530 wohnt Frau
Smeckawiz noch im Hause. Vgl. übrigens wegen Altmann die Abhandlung Pirckmayrs
a. a. O.

[2]) Die Oberndorfer gehörten zum niedern salzburgischen Dienstadel. Sie waren fürstl.
Urbarrichter um Sittsdorf, Saldorf, Hausen, Pruning, Leutstetten, Abtsdorf, Surheim,
Gersleten, Niederheuning, also zwischen Saale, Sur und Lausen bis 1337. Neumeram
Oberndorfer war Kellner (Probst, Urbarsverwalter) zu Stußfelden bis 1552. Dann sind
sie verschollen.

Fabriciu, geb. Reckseisen, Johann Wilhelm Fabricius, f. würzburgischer geheimer Rat. Fabrizenhaus noch 1782. 1713 Grienagl, 11 Parteien. Von Aman, Amanhaus, 1792, 1804. 1744 verstuckt. 1804 besitzen Anteile der Chirurg Hefner, Mathias Mielichhofer, 1814 k. Berginspectionscommissarius, dann Bergrath; dessen Ehefrau Ursula.

1858 Johann Reischmann.   1858 Jos. Geisler, 1816 quiescirender
1874, '81 Johann Lengauer.   Landrichter.
                     1874, '81 Theodor Nußmann.

H. 249; Trägaße 23.

Burgrecht St. Peter.

1387 erhält Ruep Zändl die Bewilligung gegen den Frongarten hinaus anzubauen und Fenster auszubrechen. (Fridrich Zändl 1418, '19, '20 Bürgermeister), 1434 Ruep Zändl. 1437, '54, '67, '83, '86 die Venediger. (1451 Virgili Venediger, Bürgermeister). 1487, 1504 Hanns Ramsperger. 1504 Rupert Mösl und Virgil Hutzinger, 1506, '9. Sebastian Matsperger, 1526; Dr. Matsperger 1569, 1578. Wolff Pöttl 1579, '86. Hanns Weiß 1586, 1601. Christof Reckseisen 1608, '10, '20, '26. Reckseisenhaus 1647, wohnt darin Graf Fugger mit neun Dienstboten. 1713 zweites Fabrizenhaus, Cordula Fabricius (s. H. 247, '48) war eine Reckseisen, daher ging es an die Fabricius über. Die Reckseisen besaßen auch den Fröschlmoserhof (Irrenanstalt). Die Pöttl waren Laufnerbürger und Salzaussergen. 1744 wurde das Haus verstuckt. Seit 1775 heißt es Stadtkochhaus. 1858 hat es 7 Besitzer.

H. 250; Getreidgaße 25.

Burgrecht St. Peter.

„Das Nußdorferhaus".

Die Nußdorfer[1], salzburgische Edelleute und Dienstmannen besaßen das Haus schon vor 1434, befreiten es 1533 von der Grundherrschaft, so daß es „freieigen" wurde, und verkauften es erst 1630 an den Handelsmann Hans Lorenz Schwab. Seither wurde der Namen „Schwabenhaus"[2]

---

[1] Die Nußdorfer waren ein sehr angesehenes Adelsgeschlecht, das in Salzburg, Passau und bei den bairischen Herzögen zu Lehen ging. Der älteste bekannte ist um 1150 Hartmann; sie scheinen erst nach 1632 ausgestorben zu sein. Sie waren Erbmarschälle des Stiftes Salzburg nach den Aichbainern (seit 1136), Ulrich † 1179, Bischof von Passau, andere waren Domherrn. Pfleger u. s. w. Christof von Nußdorf, der Verkäufer des Stadthauses, nannte sich „zu Pruning und Ridling auf Engelburg und Hofstaring". In ihrem Wappenschilde führten sie ein Einhorn in Pferdgestalt (oder den Gampilon?? dem Worte und der Figur nach aus „Camaleon" (Chamäleon) entstellt, das aber mit dem Pferde doch keine Aehnlichkeit hat).

[2] „Herren von Schwaben" waren es also nicht, wie Pillwein angibt.

gebräuchlich). 1737(?) von der Universität erkauft in der Absicht daselbst ein Erziehungsinstitut für adelige Studenten zu errichten, welcher Zweck aber scheiterte (Zauner). 1713 Schwabisches Haus, jetzt(!) der Universität gehörig (Seelenbeschreibung). 1813 Schwabenhaus, zum Lycäum gehörig. 1858 Johann Steininger, 1874, '81.

H. 251; Getreidegaße 27.

1387 Görg der Aygell (Aigl)[1], Burger zu Salzburg, erhält von St. Peter die Erlaubniß die Frongartenmauer hinter seinem Hause (zum Behufe des Hausbaues) niderzulegen und wieder aufzumawren. 1408, '29 Jörg aigleins haws, 1429 von Juden bewohnt. 1434 Erhard Hann 1473, '78, '87, (von Zabern, des Fürsten püchsenmaister, auch) 1442, '54. Lorenz Kräll, Bürgermeister 1477, '78). Agnes Kräll, Ehefran des Wolf Panichner[2]) 1490. Hanns Strochner[3]) 1491, '99. Thomas, bis 1512, Witwe 1518, Hanns Perghamer '26. Mr. Michael Walther 1526, '41. Rauhenperger 1542 - '47. Hanns Kapeller 1550, '67. Wolf Ceder 1569 (Bürgermeister 1564). Josef Ceder 1573, '85 ausgewandert, 1608 noch unbewohnt. Matthäus Lasser[4]) 1609, Lasserhaus. Die Lasser bis um 1800. Baron Laßberg, bis um 1835. 1858 Michael Wimmer. 1874, '81 Anton Stockinger. In der Wand des Hinterhofes dieses Hauses ist ein lasser'scher Grabstein eingemauert und noch gut erhalten.

---

[1]) Die Aigl. Augl, von denen noch heute der Aiglhof seinen Namen trägt, waren, wie oben steht, Bürger von Salzburg. Georg Auglo Hausfran war Kunigund, Pantn Körters Tochter. Georg des vorstehenden Sohn oder Enkel, hatte Margareth, Marchien Eisenheimers Tochter zur Ehe. Sie verläugneten später ihren bürgerlichen Stand.

[2]) Die Panichner zu Wollersdorf (am Wagingersee) sind von etwa 1230 bis 1630 salzburger Dienstmannen. Außer Wollersdorf besaßen sie Prielau am Zellersee (1322 bis um 1630), und Gartenau (bei Gretig, 1528, '61).

[3]) Hanns und Thomas Strochner sind wohl nahe Verwandte des Conrad Strochner (unrichtig bei Vierthaler: Strohmer), des Stifters des gasteiner Armenbades.

[4]) Matthäus Lasser stammt von dem salzburger Bürger und Kaufmann Ruprecht Lasser ab (1514, 1525, '26 Bürgermeister). Ruprecht kaufte den Kirchhof (das Widemgut der Kirche) zu Niederalben und nannte sich davon zu Lassereck. Matthäus kaufte von dem salzburger Bürger Hanns Riltzinger die kleine Herrschaft Unterach am Atterfee, mit welcher die Fischmeisterwürde in Oberösterreich verbunden war und starb 1620. Seine Gemalin war Susanna, Tochter des Gewerken am Pillersee Karl Rosenberger (nachmals Grafen und Fürsten) und der Eva Zott aus Gastein. Die Lasser „zu Lassereck und Unterach" (Ferdinand und Friedrich 1625, dann Wolf Christof um 1660 gingen nach Malta) erwarben 1607 „Marzoll und Schwarzbach", starben aber um die Wende des tausendsten Jahrhunderts aus. Die Erbtochter Maria Anna heiratete Karl August f. fürstenberg'scher Präsident zu Donaueschingen, aus dem berühmten Geschlechte der Freiherrn von Laßberg. Friedrich Freiherr von Laßberg (zu Sigmaringen) starb 1805; sein Sohn Leopold, unter Vormundschaft des Fürstbischofes Grafen Zeil zu Salzburg, † 1835 zu Anif, nachdem der ganze Besitz (34.000 fl. in Grund und Boden, 850 fl. jährliche Giebigkeiten) den Gläubigern abgetreten worden war. Pichler.

H. 252; Getreidgasse 29.

Burgrecht St. Peter.

1387 Örtlein (Ortwin) von Salzburghofen. Ulrich Dietl aus Braunau. 1442, '54 Erhart Han, wie am Hause zuvor. Leonhard Schloßer. 1464, '85 Johann Merbold. 1507 deßen Tochter und ihr Ehemann Johann Reisch oder Reischl. „Reischenhaus". 1526, 1538 Georg Süßpeck, Verwalter der Gläubiger. 1539, '58 Hanns Wallner oder Waldner. 1559 Wolf Guigler oder Zachner. 1550, 1611 Mr. Rupert Rottmayr, geistlicher Rat und des Rechtes Doctor „Thumbrichter", sammt Angehörigen. „Rottmayrhaus". 1617 Wolf Khasinger. 1643 Anna Weingartnerin, Wwe. 1647 Michael Fischer Peckh. 1712 Anna Linortner (im hintern Stock). 1744 Max Hillepold, Hofpeck. Maria Höckin (im hintern Stock). 1800 Sternbäcker Hörl. „Sternbäckerhaus." Anton Kreuner, Josef Winkler, Michael Wimmer, Johann Günther, Johann Hager 1871, '81. Der älteste, bekannte Bäcker ist 1569 Christof Pfeninger.

H. 253; Getreidgasse 31.

Burgrecht St. Peter.

Nikolaus Schürger; Leonhard, Fridrich, 1434, '54. Ruprecht trenckskalb. Jakob Schanner, oder Schaurer. 1465, 1499, Conrad Schautrost, Lezelter, Ulrich Suespeckh, 1500, '12. 1518 Matthäus Terler, Lebzelter 1518 bis 1567. 1568 Michael Mochperger, bis 1590. Im Hause wird bereits eine Wirtsgerechtsame betrieben. 1599 Leonhard Weinprindl und Frau Katharina (Weinpründlgütl in Parsch). Wolf Fux. 1607 Meister Jakob Widmann, Mund- oder Hofkoch und Frau Margaret Zillner. Wilhelm Widman; Wilhelm Geigenthaler. 1633 Paul Stubenvoll, Gastgeb „zur grien Linden". R. Horner. 1712 Maria Hornerin, led. Standes. Hornerwirtshaus, 1775. 1816 Gasthaus zum goldenen Horn. Lindner, 1813 Imlaner, 1858 Gurtners Erben, Baldauf, Fischinger.

H. 254; Getreidgasse 33.

St. Peter Burgrecht.

Der Praukher. Anna Praukhin.[*] Heinrich Taukhlein. Die Tauklin (Witwe) 1434, '67. Höhenfelder 1468, '86 und Egyd Sundrer 1479,

---

[*] Wie bei vielen andern Häusern, so wiederholt sich auch hier die Thatsache, daß bis gegen Ausgang des 14. Jahrhunderts die salzburgischen adeligen Dienstmannen in der Stadt in größerer Zahl hausgesessen waren. Die Praukher, ein sehr altes Geschlecht, heute die Freiherrn von Prankh, waren, gleich den Landschad, Ritter, und hatten im 15. Jahrhundert Lehen zu St. Leonhard in der Zeyring (Obersteier), um Knittelfeld und Moskirchen, zu Mos, Altendorf und Prank in der Pfarrei St. Marein, Steiermark.

Erasmus Sundrer 1487, 1506. Hanns Träxl 1507, '30, Träxl oder
Kaufrenter 1541. Jorg Hölzl, 1542, '43. Wallner 1544. Mettlhamer
1544, '47, die Mettlhamerin 1450, 51. Michl Jörchinger 1452, dessen
Wwe, die Erchingerin 1569, '80. — 1581, '85, 1601, '8, '23. Barbara
Geytzklhoslerin. Katharina Steinhauser 1611[1]). Frau Salome von Altenau
1620. Die Weißischen curatores bonorum (Berlaßenschafts- oder Gant-
maße-verwalter). 1641, '47 Dr. Corbinian Niedermayr, f. Rath. 1713
Josef Reitter, Reitterhaus. 1744 wird das Haus verstuckt. Bräuer:
1608 Hanns, 1623 Tobias Holzhauser. 1639 Stefan, 1680 Ehreureich
S t o c k h a m e r , 1712 Johann Adam Stockhamer. 1744 Franz Georg
Elixhauser. 1747, '88, 1818, '48, '58, Johann, Matthäus, Johann,
Matthäus Flatscher. 1874 Vincenz Rehle.

H. 255; Getreidgaße 35.

Burgrecht St. Peter. Wie bei allen vorgeuannten Häusern auf der
Frougartenseitem wird auch bei diesem die Anlage oder Erweiterung von
Fenstern gegen den Frougarten gegen Entrichtung einer jährlichen Gebür
vom Kloster gestattet.

1407, '29, Peter Häsftler. Peter Eunfer, Parchanter, Vater und
Sohn, 1434, '82. Hanns von Lohen 1487. Moriz Hartmanner 1489,
'93. Stefan Moringer, bis 1500. Friedrich Hoffmann, 1501—'6. Christof
Bindler 1508, '11. Die Thenn: Albrecht 1512 und der Münzmeister,
Wolf 1526, '37, Ruprecht 1538—46, Jörg bis 1556. Martin Stenber,
Birpren[2]) — 1574. Paul Strasser und Tobias Holzhauser. 1626 Adam,
1638 Maria Weyrer. 1639 Stefan S t o c k h a m e r , die übrigen f. beim
vorstehenden Hause, da beide Häuser über 200 Jahre die gleichen
Besitzer haben.

H. 256; Getreidgaße 37.

Burgrecht St. Peter.
1407, '29 Heinrich der hulczein weber und Ehefrau. Liebhart von

---

[1]) Katharina Steinhauser † 1611 war die Ehefrau Andreas Steinhausers, und eine
geborne Geitzloster. Salome von Altenau war die Schwester der Sabina Steinhauser, geb.
Alt, der Gattin des Max Steinhauser († 1620). Wenn Salome der Ehrentitel „Frau"
beigelegt wird, so geschieht es, weil sie selbstständige Besitzerin eines adeligen Gutes (Mirabell)
war, und man darf daraus keine Folgerung auf eine etwa stattgefundene Ehe ziehen, wie
es bisweilen geschieht.

[2]) Wie bei andern salzburger Bräuhäusern, läßt sich auch hier beobachten, daß in den
früheren Zeiten die Bräumeister eine untergeordnete Rolle spielten. Sie betreiben ihr Gewerbe
in Hinter- oder Nebenhäusern, und es findet sich nicht immer ein Schanklokale angemerkt,
auch wohnen sie am Brauhause. Seit dem 16.—17. Jahrhundert erwerben sie die Vorderhäuser, haben Schankzimmer, Wirts- und Gastgebgerechtsamen, auch einige den Weinschank.

Hall. Peter Erner von Matsee. Alexius (Zehringer) der Goldschmid. 1460 Wernhard Stockär, Schlosser. 1463, '67 Bartlme Falk, Schlosser. 1478, '93, 1501 Niklas Warislohner, Kaltschmid, und Tochter 1502, '12; Heinrich W. 1520, '35. Ruprecht Thenn 1535, '46; Georg Thenn 1547, '62. Friedrich Hörmann 1562, '67, '83, '92, deßen Erben. Die Gerhaben der Rehling, Haunsperger, Lamberg und des jungen Alt. Von denselben kauft es 1596 Caspar Veichtner, 1610, '23. Er ist Gastgeb auf dem Hause. Deßen Witwe Apollonia Pätzin, 1628, heiratet den Sebastian Reittermann, 1647, '53. 1657, '58 Georg Edlhofer. 1671 Paul, 1686 Ludwig G'schwandtner, 1704 Erben. Um 1671 heißt das Wirtshaus zum güldenen Hürschen. 1712 Franz Moshamer und Ehefrau, eine G'schwandtner. Sohn Franz 1744. 1776 Frau Maria Straßer, geb. Moshammer. Franz 1775, 1792. Herr von Enk 1795, '98. Andrä Deckert. 1799 Hirschhwirt. 1813 Wolfgang Deckert, 1874 Ludwig Ritter von Maffei.

H. 257; Getreidegaße 39.
Sigmundsplatz 5.

Burgrecht St. Peter.

1407. Kundl, der smid. Peter Hueber, Hanns Hueber, Tafelmacher[1], 1460 Gilig Hueber, deßen Sohn, erhält 1466 die Erlaubniß, im hintern Teil des Hauses „durch die maur in den frongarten vnd auf dieselb maur ain Stübell 1 gaden hoch mit 1 oder 2 fenster" zu pawn. 1487 Hans Fürstenwelder, Chürsner, Bürger zu S., darf „sein hofstat zu weilend (ehemals) hannsen Hueber tafelmacherhaws in der Trägassen hinden an den frongarten gelegen nach der Brunst widerumb errichten vnd auf die (frongarten-)maur ains gaden hoch pawen in massen wie weilend gilig hueber". 1488 Hueber tischler haws.... ist öd vnd ver-brunnen.

Daraus folgt, daß um 1466 das Haus noch einen einzigen Besitzer hatte, der gegen den Frongarten ein Stöckl anbaute, welches aber bald einen eigenen Besitzer erhielt.

Martin Reutter 1434. Ulrich Frosch 1442, '47. Peter Hueber, 1460.

Getreidegaße 39.   Sigmundplatz 5.

Hanns Hueber 1460, 1483, '86. Um 1466 Gilig Hueber. 1486 ist das Haus abgebrannt. Sigl 1487, 1509 Hanns Fürstenvelder.

---

[1] „Tafelmacher" hat in dieser Zeit und in unserer Gegend meistens die Bedeutung eines Malers auf Holz. Aber Peter und Hanns Hueber waren Tischler nach dem Bürger-spitalregestenbuch.

(Sigmund) Hueber aus Preußen, der Fragner und Küchelbacher, 1486, '90, '92, 1505.

　Anna, Tochter 1506, '12.

1512 Sigmund Wendlinger, Wagner.

1516, '22, Peter Rues, Thürsner.

1528, '29, Hanns Lechner, Hanns Schwab.

1528, '41, '52 Georg v. d. Linden, auch Lindner, Schuehmacher. „Hueber Tischlerhaus".

1556, '65, '69, '95 Peter Schallmoser, Vater, Maurermeister.

1596, '99, 1622 P. Sch. Sohn.

1623 Hanns Schinagl, Handelsmann.

1647 erstes Schinaglhaus.

1698 Protasi und Sara Schinagl.

1742 Alexander Thurnbacher oder Türnbacher, Kollegimeßner „Kollegimeßnerhaus". Zerstückelung in Hausböden.

1808 Altes Kollegimeßnerhaus.

1858 4 Besitzer,

1874 2 　„

1881 3 　„

1510, '12 Niclas, Schwiegersohn.

1519, '29 Leonhard Freysteter.

1529—'36 Färber Lunz.

1537—'45 Michael Lantenmacher.

1547, '50 Leonh. Gumpinger, Maurer.

1552, '56 Wellischhofer o. Wellßhofer.

1566 Friedrich Hermann.

1569 Wolf Perger, Schuhmacher.

1604, '8, '11 Magdalena Senerin.

1620 Augustin Turner. Virgil Sunzinger.

1622 Georg Grindtl, Buchhalter beim Handelsherrn Reckseisen. Dr. Georg Grindtl und Geschwister.

1606 „Lantenmacher Behausung", für das ganze Haus gebraucht. „Schallmoserhaus" gleichfalls.

　　　H. 258; Getreidegaße 41.

Burgrecht St. Peter.

　1434, '42, '54, '62, '85 die Ennser. 1486 Christan Hauser, Väriber; Johann Setznagel 1487, 1504[1]).

　1493 Stefan Moringer; Setznaglin; Raybl bis 1510[2]).

　1511, '12, '17, '38 Michl Gartner, Lantenmacher „gegen den zettlgäßlen (zellgäßlein) ober.

　1541, '50 derselbe und Hanns Walch. 1550—1580 Christof Helm, Lantenmacher, Hanns Meingast 1562, Schuster Veldner 1/2, 1557, '80[3]).

　1581, 1595 Jakob Pilgram, Mantner.

　1598 Hanns Zehentner.

　1602, '10 Dr. Khimerl.

———
[1]) [2]) [3]) bedeuten wohl Theilbesitzer.

1614 Hanns Schinagl und Ehefrau Rosina, geb. Grindtl, 1642 deren Erben.

1680—1731 Maria Viktoria Kleindienst. Franz Deibl¹). Verstuckung seit 1569.

Das Haus hieß von Franz de Paula Deibl (recte Teufl, denn man scheute sich schon damals, den Namen „Teufl" deutlich auszusprechen), hochf. Musikus „Deiblhaus", aus welchem im laufenden Jahrhundert „Täublhaus" geworden ist.

H. 259; $\frac{\text{Getreidgasse 43.}}{\text{Sigmundsplatz 3.}}$

St. Peter Burgrecht.

1432 schafft Martin Aufner das Haus dem Spital.

1434 die Knemseerin (Helena Lang?) 1442, '52 Grab Hans. 1458 Hanns Khopler. 1468 Peter Erlacher. 1469 Christof Lind, '75. Der gätringer als Gerhab von Christof Linds kind. 1494 keine Abgaben geleistet 1497, 1500, '8, '9 „ist das Haus öd und zerbrochen". 1510 Heinz Lebenauer. 1516, '37 Niclas und Sigmund Hueber, Brew. Veit und Uetz, die Dürren, die Münzer(gesellen) und deren Erben, bis 1566. Wolfgang, Matheus Hueber 1572, '85, 1594 Witwe. Gabriel Weiß 1595. 1601, 10 Peter Sprinzenperger (Bartlme Rexeisen, Gastgeb, zur plaben Gans.) 1649 Wolf Stainpacher, Cantor am Nunnberg und Margareth Stubenvoll. 1676 kauft Leonhard Saringer, Hofkellermeister um 2400 fl. 1678 Vincenz Knuzinger um 2000 fl. 1698 Georg Knuzinger. 1701 Gantkauf, Marx Moßhamer 3700 fl. 1717 Sohn Franz. 1746 Sebastian Thaner kauft um 6000 fl. 1774 Eva Thaner und Mathias Martin. 1797, 1824 Sohn Mathias. 1831 Stiegensteiner. 1854 dessen Witwe. 1874 Kastenhofer. 1881 Gabermaier.

H. 260 und 263; $\frac{\text{Getreidgasse 45.}}{\text{Sigmundsplatz 2.}}$

Burgrecht St. Peter.

Bis zum Jahre 1675 waren der vordere und hintere Stock dieses Hauses vereinigt. Seitdem heißt das eine „das halbe Färberhaus gegen die Tragassen", das andere „gegen das Collegium sambt der Mang und Stallung", Färber Zötl und Nachfolger.

1459 Hanns, 1477 Ruprecht Winterseer (Wintersauer, Wynntersawrer) Färber. 1487 Kunz Volkner oder Pebershaimer (pebarschamer von Petershaym.) 1493 Ruebrecht Bärber, 1523. (1507 Peter spot,

¹) Bedeutet wohl Theilbesitzer.

24*

huetter). Hanns, Verber 1528; des Hanns Weier Erben, bis 1550. 1551 Gabriel Weiß, ferber („Schwarzfärber"); erhält, wie mehrere Hausinhaber dieser Häuserzeile, (Alben-)Waßer aus dem Spitale. 1607 deßen Sohn Wolf Weiß, und Witwe. Jakob Zettl, Färber, deßen Kinder 1675. 1680 verstuckt. $\frac{1}{2}$ und $\frac{1}{3}$; 1739 $\frac{1}{3}$ und $\frac{2}{3}$. Lorenz Zettl 1716, Johann Zettl, Färber. 1726 Caspar Aigner. — Färberhaus.

Hanns Prätzl kauft 4 Pf. gelts von Haunsen Wintersauer auf dem Haus in der Trägassen 1455; d. h. er leiht ihm eine Hauptsumme (gegen ewigen Wiederkauf) von 100 Pfund (zu 4°/₀) gegen 4 Pfund jährlich. Hanns Prätzl gibt diese 4 Pfund dem Asem (Asmus, Erasmus) Rauhenperger 1459 zu kaufen. Asm Rauhenpergers Hansfrau schafft (schenkt) diese 4 Pfd. Gelts dem Bürgerspitale „zur Mehrung der Milch, als dy armen grossen abgang daran gehabt haben". Solche Beispiele könnten auch von vielen andern Häusern beigebracht werden.

1858 Sattler Ferch,   1858 Schuhmacher Kreil,
1881 Georg Ruppe.   1881 Kaltenbrunner.

Das Burgrecht der nun folgenden Häuser an der Flußseite der Trägaße kann, so wie das der übrigen salzachaufwärts an der Fluß- oder Stadtmauerseite stehenden Häuser quellenmäßig nicht mehr bestimmt worden. Aber höchst wahrscheinlich ging mit der Abtretung des Grundes für die älteste und zweite Stadtmauer aller innerhalb derselben gelegene Grund an die Stadt über, und gewiß ist, daß die außerhalb der zweiten Stadtmauer entstehenden Häuser vom Anfange an hofburgrechtlich waren.

Trägaße. Stadtmauerseite.
H. 370; Rathausplatz 4[1]).

1382 „verkauft Rueprecht Zäundl an Hanns Ramsauer das purk-rechthaws vnd hofstat pey dem Judenprunn mitsambt dem hyuntern stogkh von dem turn hunts (bis) an des hasen haws mitsambt dem Gartlen". Fridreich Zäudl ist 1418, '19, '20 Bürgermeister. 1415 „ver-kauft Matheus Rambsauer an Martin Aufsner (nebst dem Hause, so Fridrich zbirschlag, der schefmann innen ist) das haws gelegen pey dem Judenprun. 1416 verzichtet Martin Aufuer auf beide Häuser „bei dem Treuktore" zu Gunsten der Predigtstiftung von Virgil Säppl und Ott Hofpegkh in U. L. Fr. Pfarrkirchen. Das Bürgerspital übernimmt und verwaltet die Stiftung. 1431 verleiht der Spitalmeister dem Egkhard

---

[1]) Auf S. 42 oder 74 „des Orientirungs Schema" von 1881 sind die Nummern 3 und 4 verwechselt.

Recht das Haus bei dem Trenktor (Rathausbogen) zu Leibgeding.
1452 ist ein Tischler innen. 1466 kauft Leonhard Pewgnzain dieses
Leibgeding, welches 1477 Erbrecht wird. 1504 Mathens Praun und
Frau, geb. Peugnzain, viv. Mayrhofer, verkaufen dieß Erbrecht an
Ulrich Sueßpegkh. 1564 Antoni Haberl, Riemer. 1575 David Haberl.
1587 Bartlme Altherr und Witwe. 1602 Hanns Posch, Peckh. 1623
Witwe. 1650 Fleckhamer. 1665 Ma. Klara Fleckhamer verkauft an
Hanns Heß, des innern Rates. 1694 Frau Maria Jenner. 1724
Maria Barbara Paurnfeindin, des G. Niklas Reisenstuel Hausfrau.
1761 Clara Reisenstuhl und ihr Mann J. J. Till. 1779 Ma. Theresia
Reisenstuhl vh. Häslberger. 1810 Rupert und Wolfgang Gorian.
1815 Josef Eduard Obpacher, Spezereihandlung. 1881 Florian Keil
und Jul. Sperl.

H. 369;	Rathausplatz. Getreidgaße
Eckhaus a.	b. zwischen 369, a. und 370.
Peter der Torhüter.	1370 des Spehers halbe hofstatt gegen
1408 Toman Vitel.	den judenprun[1]).
1429 Toman Vitel.	1415 der Speher.
	1429 Afra von Weißpriach, des
	Spehers Tochter.

1431 der Weißpriach haws.
1466 der Meichßner von Pettaw.
1504 Ulrich, 1569 Hanns Süßpeckh. 1608 Wolf Fleckhamer. 1623
Hanns Forstlechner nach seiner Frau seit 1610. Gregor Teufenpachers
Hausfrau Apollonia Forstlechner, 1630, 1647. 1713 Bartlmä Mayr.
1775, Nanstl. 1804 Schmuck. 1813 Matthäus Nanstl (Feyerle's Seiden-
handlung). 1830 E. Vesco, Schön. 1858 Vesco's Erben. 1874 Carl
Koch und J. Neumüller.

Im Grundbuche der Stadt Salzburg von 1650 wird das Haus
als „freies, lediges Aigen" bezeichnet, „und niemandts weder mit Burckh-
rechtzinß oder Gilten vndterworssen".

H. 368; Getreidgaße 4.

Dieses Haus entstand aus der vordern Hälfte und aus einer rückwärts gegen die Salzach gelegenen Behausung, welche in dem durchlaufenden
Gäßchen zwischen dem H. 367 und dem Amthause, richtiger Stadtgerichts-
dienershaus, gelegen war und vermutlich 1569 dem Hanns Puechner

---

[1]) Der „Judenbrun" stand also bei den Häusern 370 und 369. b.

gehörte. Das Haus scheint, weil keine älteren Jahreszahlen bekannt sind, zu den jüngeren zu gehören.

1608 Johann Wiser, Apotheker (vgl. H. 240, Fröschlmosers Witwe). Christof Till oder Tilly 1623. Wolf Tilly 1647 um 1690 Anton Maltschnigg. 1713 Paul, 1759 Anton Niderle, Landschaftsapotheke. Um 1784 Paul Hochmuth, Stadtapotheke. 1800 Landschaftsapotheke. 1808, '13, '16 Hochmuth, Stadtapotheker. 1858 Gottlieb, 1874 Libwina, Bernhold „zum Biber".

Johann Wieser scheint die Apotheke in der Rechtsstadt sammt Haus und Stadel „unter der Linde am Gries" inne gehabt zu haben, welche wegen Wolf Dietrichs Bauten weggeräumt worden ist. S. Steinhauser in Lbskde XIII, n. 21. Uiber die Entfernung des „Amthauses", s. ebenda 65, n. 82.

H. 367; Getreidgaße 6.

1334 Friedrich und Ortlieb die Gebrüder von Aychaim[1]) verkaufen das Haus dem Martin Spehär. 1438 gibt ein späterer (Hanns) Spehär seiner Tochter Afra Vorschrift wegen seiner Verfügung über Niclas des Frumoltshaus. In Folge deßen gelangt das Burgrecht an das Bürgerspital, welches das Haus auf Leibgeding und Erbrecht hindangibt. Burgrecht 12 Pfenning. Unter den vielen Inhabern ist zu nennen der Kürschner Nicodemus Pröller 1654, † 1670 und deßen Sohn Dr. Moriz Pröller, Consistorial- und Hofgerichtsadvokat † 1697. Aber bereits 1650 ist nach dem Grundbuche der Stadt Salzburg das Haus verstuckt. Auch befindet sich hinter dem Haus gegen der Salzach zwischen dem Griesbad und Wolfen Tilly's Behausung (368) ein „kleines Hänsl, frei aigen und ohne Burd". 1858 Grinzenbergerhaus, 5 Besitzer.

H. 366; Getreidgaße 8.

1334 verkauften Friedrich und Gottlieb von Aichaim[2]) an Martin

---

[1]) Die Aicha..mer waren die ältesten bekannten Marschälle des Stiftes Salzburg und sind von 1130 bis um 1400 zahlreich beurkundet. Manche Geschlechtsforscher haben sie mit den Ahaimern (Grafen Aham) verwechselt. Der letzte Aichaimer, Ludwig, wurde um 1400, wie Hund erzählt, „bei dem Lueg, da die Alb durchgeht" (also in der Mönchsbergscharte, oder am Fuße derselben) „von Jakob von Turn" (am Turnberg) „nit an (ohne) Brsach erstochen". Die Güter der Aichaimer, die in den letzten 70 Jahren ihres Niederganges sich min derten, gingen, noch immer in ansehnlicher Zahl, mit der Erbtochter Margareth sammt dem Worpen (Steigbaum) an Michael von Hauneberg über. Obengenannte Brüder Friedrich und Ortlieb waren vermutlich Rudegers II. Söhne.

[2]) Es sei noch einmal gestattet auf die Aichaimer mit Bezug auf das Grabdenkmal in Lbskde VII. S. 26 zurückzukommen. Bis nun ist kein Ludwig Aichaimer, mit Aus nahme des letzten, der gewaltsamen Todes endete, bekannt geworden. Dieser starb aber um 1400. Könnte nicht in der Jahreszahl mccccc um ein c zu wenig vom Steinmetz angesetzt worden sein, um so mehr, da der Raum für das vierte c nicht ausreichte, oder dem †

Speyär 18 Hofſtattpfenninge (d. i. das Recht des Grundherrn oder
Obereigentums) auf dieſem Hauſe.

1438 trit Afra von Weißpriach, des letzten (Hanns) Speyers Erbtochter die 18 Hofſtattpfenninge an das Bürgerſpital ab. Erbrecht oder
Leibgeding hat darauf Matthäus Ramſauer, und deßwegen heißt es das
„Ramſauerhaus in der Trägaſſen" (Sieh das andere Ramſauerhaus unter
H. 370, Rathausplatz). 1452 Peter Ramſauer. 1478 Moriz Hartmanner.
1495 Stefan Möringer. 1508, '12 Matthäus, 1515 Hanns Ramſauer
und Geſchwiſterte. 1529 Wolfgang Mägerl. 1564 Deßen Tochter Felicitas,
Gregorien von Rhienburgs Hausfrau. 1572 Gregor von Rhienburg,
1595 deßen Erben. 1603 Leonhards Ehrgott, Oberſten, Hausfrau. —
Hausbau. — 1605 Hanns Ertl und Sofia Mohrin. 1613 Witwe und
Kinder je zur Hälfte. 1653 Michael Mayr, Handlsmann. 1680 deßen
Witwe. 1681 M. Dr. Franz Mayer (Stadtarzt). 1683 Wolf Aichamber,
Griespader. Das Haus wird verſtuckt. Unter den vielen Teilbeſitzern
mögen genannt werden: Simon Franz Michelet, f. Fechtmeiſter. —
„Fechtmeiſterhaus" 1713. — 1750 Franz Joſef Perillon, f. Perücken-
macher (Perruquier). 1814 Wundarzt Jagendenbl. Landarzt Johann
Bauer. 1816 altes Sandmayrhans. Wirt zur goldenen Krone. Lettl.
1831 Thereſia Lettl und ihr Ehemann Joh. Mich. Leitner vereinigen
1843 und 1845 alle drei Böden. 1858 Johann und Thereſia Wolf.
1874 Auguſt Höcker. 1881 Jakob Hermann.

Von dieſem Hauſe wurde an das Bürgerſpital jährlich jeder Perſon
1 ½ Pfund Karpfen und 1 Mäßl Wein am Sonntag Lätare und am
Autlaßpfinztag (Gründonnerstag) ſtiftmäßig geſpendet.

H. 320; Griesgaße 3.

Die Anfänge dieſes Hauſes ſind wahrſcheinlich in dem „hintern
Stocke" des Hauſes Ramſauers oder Zäudls (1382) und „Zwirſchlags
des Schiffmanns" (beide ſ. H. 370) zu ſuchen, welcher letztere 1415
beurkundet iſt. In Betracht zu ziehen iſt auch das Haus „Pewerls des
Schiffmanns im gäßlein bei dem Trenktor" (das Gäßlein iſt beim H. 368
erwähnt) aus der Mitte desſelben Jahrhunderts. Die Beſitzer dieſes
Schiffmannhauſes ſind neulich: 1429, '52 Hanns Pewer und Khern

---

geopfert wurde? Die zwei Wappenſchildchen zu beiden Seiten des Helmabzeichens ſind die
der Tanner und der Lampotinger. — Gottlieb von Aichaim heißt ſonſt Ortlieb, und es
iſt dieß wieder ein Beiſpiel von Umänderung altdeutſcher Namen in ſolche jüngeren Klanges,
denn die „Gottliebe" kommen erſt in der Reformationszeit auf, alſo zur Zeit Wagingers,
der die Bürgerſpitalregeſten verfaßte, denen obige Hausnachricht entnommen iſt.

(dem Haus 370 gegenüber und) „zunächst an der von Weyßpriach Haus" (367). 1466 Hauns Weinreich, Riemer, 1491 Peter Haßlinger, 1528 Stefan Nöll oder Gamrecht, 1550 Mert und Uetz (Ulrich) die Gamrechten bis 1570. Dann wird das Haus von der Hofmeisterei gekauft. Das Haus lag im Gäßlein bei dem Treuktor, worunter sowohl der heutige Rathaus-, als auch der spätere Löchlbogen verstanden werden kann. Deshalb ist es wahrscheinlich, daß das Haus für das Stadtgefängniß oder Amthaus hergerichtet wurde, denn das Stadtgericht war ja nicht städtisch, sondern fürstlich, also hatte die f. Hofmeisterei wenigstens zum Teil für die Herrichtungskosten aufzukommen. Um 1599 scheint diese Herstellung schon vollendet gewesen zu sein und so verblieb das Amthaus bis 1811, wo es von der Stadt verkauft wurde. Riemer Hoffer. Goldarbeiter Scheibl 1858, '81. Es ist nicht gewiß, wie weit sich das Amthaus in der Richtung gegen das Griesbad hinab erstreckte und ob nicht das Hinterhaus von 368 seit 1811 in Folge der aufgehobenen Bestimmung des Amthauses an denselben einen Anteil gewann, oder verlängert wurde.

Das an das ehemalige „Amthaus" angebaute Tändlergewölbe, welches jetzt zum Hause 370 gerechnet wird, aber nie dazu gehörte, wurde 1805 von der Stadt verkauft. 1840, '48, '58, Johann, 1881 Julius Sperl.

Der Rathausbogen (Übergang zum Amthaus oder Stadtgefängniß) wurde 1815 verkauft und mit 370 vereinigt.

H. 321; Griesgaße 4.

„Das Griespat".

Die Burgrechtspfenninge waren zur f. Hofmeisterei, die Hofstattpfenninge aber an das Bürgerspital zinsbar und zwar letztere seit 1423 durch Elsbeth des Zaunrüben Witwe; je 7¹, Pf. Die Zeit der Entstehung dieses Bades, an welchem einst die Salzach muß vorbeigeflossen sein, reicht also jedenfalls ins 14. Jahrhundert, wenn nicht weiter zurück. 1334 verkaufen (wie bei H. 367, 366) die vorgenannten Aichaimer dem Martin Spehär die „padstuben". 1374 verkauft sie Speher an Conrad Tanskind, 1423 die Zaunrübin an das Bürgerspital. 1429 Hanns, Pader. 1472 Cristan. 1484 Caspar Panischer. 1486 Hans Althamer, Tuechler und Hans Reusche aus Nürnberg. 1564, '71, '78 Jorig und Paul die Reuschen. 1581, '95 Anthoni Wendel aus Mittersil[1]. 1598 Georg Renner, 1609 Mutter und Kinder, 1623 Hanns Renner. Burger, Bader

---

[1] Der Balbierer M. Andre Wendl des Paracelsischen Testamentes scheint ein Nachkomme des Obengenannten zu sein, besaß aber kein Badehaus oder „Failbad".

und Wundarzt, 1647. 1655 Wolf, 1703 Franz, 1746 Josef Mathias Aichaimer. 1759 das Haus in 4 Böden verstuckt. 1788 Müeß, Chyrurgus, 1788 Birnbacher Chirurgus. 1803 Bader Zäckler † 1830. 1845 Eduard Schider, vereinigt wieder 2 Böden. 3 Besißer 1881.

1752 gehörten zum Griesbad: 1 Rasierstube, 1 gewölbtes Laboratorium (zum Schröpfen u. s. w.), 1 Bädl sammt anstoßenden G'wölbl, Holzleg, Kohlkrippen, 1 Roßstall zu ebener Erde; unter dem Dache: 1 Kräuterkammer, 1 Materialkämmerl[1].

H. 322; Hagenauerplaß 2.

1414 „Haus an der Ringkßmaur zwischen des türlen und der pabstuben am grieß". Des Zünglein haws 1432. 1452 der Zünglein haws bei dem Türlein, da man get an den gries (später: Löchlbogen). 1482 —1486 Hanns Altheimer gürtler. 1486 Ludwig Alt, slairer. 1512 Ludwig Altin[2]. 1529 Ruprecht Alt. 1564 Ludwig Alt. 1586 Adelger, 1595 Melchior Wentzgo, Riemer. 1598 Achaßi Lospichler, Zugkwercher. Durch dessen Haus wird das neue Trenktor (Löchlbogen) gebrochen. 1600 bewilligt ihm Wolf Dietrich einen neuen Eingang und eine Schiedmauer gegen das Althamerhaus (365). 1625 Adam Lospichler. 1636 in drei Teile verstuckt. 1680 drei Teile. 1727 Löchlwirt, Vital Gaml, zwei Teile. 1741 alle drei vereinigt. 1759 Michael Greindl. 1858 Michael Zierhut, 1881 Mathias Staudinger.

Die Bewilligung Wolf Dietrichs für eine Schiedmauer und neues Tor spricht dafür, daß das Nachbarhaus 365 zeitweilig hofburgrechtlich war.

H. 365;

1424 Chunrad Tauschind. 1490, '98, 1526 Virgil Fröschlmoser, 1535 Christof Fr. 1550 Sebastian, 1588 Andrä Althamer. Um 1600 heißt das Haus „des Erzbischofs Behausung". Es wohnte also wahrscheinlich ein Beamter in demselben, dem der Fürst Freiwohnung gewährte. 1608, '25 Tobias Egger. 1625 Fr. Johann Sailler. — Sailerwirt. Dessen Tochter heiratet Hans Haratinger 1652. 1684 † Georg Haratinger; dessen Erben, 1709 Georg Haratinger † 1719.

---

[1] Die Rosierstube und das Laboratorium entsprechen der in der salzburgischen Baderordnung von 1472 vorgeschriebenen „scherstaU" und „laßstatt" (Aderlaßhätte). Das einträglichste Bad war das Käpplbad, dann kamen Griesbad und Neustift, die vier letzten waren Stieglbad und Spitalbad, Rotnthal und Müllu. Der Käpplbader erlegte 83, Griesbad und Neustift je 73, die vier andern nur je 32 Pf. jährlich zur Innung.

[2] Wenn schon 1486 ein Ludwig Alt und 1512 eine Ludwig Altin (Witwe) beurkundet ist, auf welche Ruprecht Alt folgt, so kann Ludwig Alt von 1564 nicht als „der eltyste" überhaupt bekannte dieses Namens gelten.

Clara Haratinger heiratet 1710 den Ludwig Hochpichler, dann den Andreas Payrhuber 1727. Seit 1709 heißt das Sailerwirtshaus auch zum goldenen Ainhorn. 1758, '67, '72, '92 J. Ad. Oechsler kauft das Haus um 9000 fl. und 560 fl. Leikauf. 1803 Franz X. Mangin, Handelsmann. 1829/30 J. Nelböck. 1858 Alois Jung. Seit 1830 Gasthof zu den drei Alliierten.

Getreidgasse 1.   Griesgasse 11.

Karl Schattenfroh, Kaufmann.   Anton Taghofer.

Um 1560 befand sich noch „hinterhalb des Hauses, aber außerhalb der Stadt(mauer) ein Garten" und „auf der Wehr" (d. h. hier wohl der Salzachdamm oder Kai) „neben des Reuter Garten, da wo der Salzstadl gestanden", ein Stadel. Beide waren hofburgrechtlich. Die Überschwemmung von 1572 riß den Kai und Stadel weg und verwüstete den Garten. Beide Items wurden von der Zeit an der „Frei" überlaßen, d. h. keine Burgrechtsgebür mehr eingehoben.

Clara Haratinger besaß auch das H. 11 in Riedenburg (Ruedorfers Wachsbleiche) und Kaufmann Mangin (des Bf. Taufpate) den Trahtzug (nun Gschnitzers Wollfabrik) in Riedenburg.

Die s. g. „fliegende Stiege" im Hinterhaus aus der Zeit Sebastian Althamers (1562), damals eine Seltenheit, erwähnt Hübner I. 29. Sie kann als Beweis gelten, daß damals das Hinterhaus, wenigstens zum größern Teil, erbaut wurde. Das Haus war niemals ein „obrigkeitliches Haus", wie Hübner fast glauben möchte, aber deßen Besitzer, die Tauf- kind oder Fröschlmoser verstanden sich ein wohnliches Heim herzustellen. Bei den neuerlichen Veränderungen erhielt der Hofraum ein Glasdach.

H. 364; Getreidgasse 12.

Hofburgrecht?

1424 verkaufen Heinrich und Dorothea Dienstl, Bürgersleute an Heinrich Chlanär das Haus. 1438 Stefan, 1498 Ruprecht, Sebastian, Christof Klaner. 1526 Sebastian, 1565 Virgil, 1570 Claners Erben. 1565 hat auch Sebastian Tunkl, Schwager der Claner, einen Anteil. 1572 Jos. Eber, 1582 die Gutratterin wegen der clanerischen Erben. Hinter dem Hause befindet sich ein Gärtl, welches abgetrennt wird. 1590 ist das Haus von der Rupert Winklerin, Gastgebin bewohnt. 1594 kauft es Niclas Plazer; 1614 im Besitz deßen Witwe, Elisabeth geb. Geizkhofler, Handelsleute. 1636 J. U. D. Hans Conrad Khalt, f. Hofrath. 1640, deßen Schwester, Ursula Marstallerin. 1642 Jos. Christ Mezger, f. Hof- rath und Hofkanzler, dann kais. Reichshofrath und churf. bairischer Kanzler

zu Burghausen. 1647 deßen Witwe. 1650 Max Räckhinger, Rathsburger
und Handelsmann (1667—1670 †, Bürgermeister, Generalsteuereinnehmer).
1670 Hans Rägginger, kommt „wegen großaufgewachsener Schuldenlast
auf die öffentliche Gant", 1678. Aus der Gantmaße kauft es Franz
Volpert von Cammerlohr, geh. Rath und Lehenprobst, 1678; seitdem
hieß es bis um 1854 das Kammerlohrhaus. 1679 Volperts Kinder.
Freiherr J. A. v. Sauer und Ehefrau Elisabet Kammerlohr. Kammerlohr'sche
9 Kinder und deren Mutter Elisabeth Paurufeind von Eiß. 1698 Sauers
8 Kinder und Mutter. 1710 deren Bruder Franz Volpert Kammerlohr
von Weichingen. Kammerlohrhof zu Mühlen (Irrenanstalt). 1728 Söhne
und Töchter und Nachkommen bis um 1804. Da wird das Haus allmälig
verstückelt. 1858 acht Besitzer, 1881 acht Besitzer.

H. 363; Getreidgaße 14.

Als älteste Besitzer werden genannt Hanns Praun 1438; Jobst
Wüestner 1455, der Murauer[1]), 1496 Bernhardin Unzinger. 1501
Sebastian Dunkl. Friedrich Fürst 1526, '33, '69 Wolfgang Fürst, „den
man nennt Oberndorffer". 1590 die Pruchner'schen Erben. Um 1560
wird einer „Hofstatt außerhalb der Stattmawr, hinter der
Oberndorfferischen Behausung" gedacht, für welche 4 Pfenning Hofburgrecht
zu entrichten sind. Aber 1590 ist diese Hofstatt „nicht mehr zu erfragen"
und wird die Gebühr abgeschrieben. Die Erklärung dürfte in dem Umstande zu suchen sein, daß die älteste Stadtmauer zwischen dem Vorder-
und spätern Hinterhaus durchging, daß dann Vorder- und Hinterhaus
als ein einziges Haus angesehen wurden und somit die „Hofstatt außerhalb
der Stadtmauer", welche seit 1480 am Hinterhause gegen den Gries
vorbeizog, nicht mehr zu finden war.

1602, '7 Hanns Zehentmayr. Mathias Wahl. 1626, '52 Dr.
Balthasar Hueber, f. Kammerrat, dann Landschaftskanzler. 1647 heißt
es „Golden-Kronhaus" und ist schon ein Wirtshaus. 1668, '71 Georg
Meindl, Wirt zur goldenen Krone. 1676 geht es in den Besitz der
Stadt über. 1713 wohnt darin Peter Zillner, Bürgermeister (1701 bis
1719). Im J. 1811 wird es an die k. bair. Wohlthätigkeits-Stiftungs-
administration übergeben, das Hinterhaus zum städtischen Armenhause
bestimmt und erhält dann den wohl nicht bezeichnenden Namen „Communstube" („Kronhaus").

---

[1]) Ein Murauer wird schon im Sühnebrief von 1287 genannt. Ruprecht Murauer
war in den Jahren 1493, '95 und '99 Bürgermeister.

H. 362; Getreidgaße 16.

„Haus an der Alben".

1330 Niclas, Chürsner. 1360 „Dietrich, des Herrn von Salzburg Chürsner, baut ain oberschutz[1]) vnd ain stiegen an der müll (anstoßend ans Nachbarhaus) in der trägaßen. 1389, '96 Toman Apfaltersberger. 1389, 1408 Andrä Zechmeister. 1434 Veit, 1442, '65 Philipp, Virgil Aschacher. 1477, 1508 Hanns Ramsperger; 1509, '12 Apollonia Ramsperger. 1537 Christof Lägl und Erben. 1556, '64 Georg, Wolff Oberndorffer und Verwandte, 1569 Anna Oberndorffer, die Ederin, Hanns Eßlinger. 1579 Christof Töller, Apollonia Töller, 1593 Christofen Töller (Tölrer, Töldrer, dann in Töllerer entstellt) Tochter Maria. 1597 Georg Khästl und Fran Kathrei. 1601 Georg Tölrer. 1608 Georg Zillner (und Paul Z.), 1616, '19, '23 Georg Zillner und Fran Maria Töller (Vermögensbekenntniß 15,000 fl.) Handelsmann. 1625 Fran Maria Zillner, geb. Töller durch letzten Willen. 1647 Friedrich Mayr, Handelsmann. Zillnerhaus. 1654 Dr. Andreas Weich. 1668 Marx G'schwendtner, 1694 Josef Marx G. des innern Rats, 1731 Christof Caietan G. 1761 Marx und Vital G. 1780 Franz X. G'schwendtner. 1840 Wenzl Mayr und Christian Schwaiger. 1858, '81 Georg Hackenbuchner.

H. $\frac{323,}{\text{Gries}}$ $\frac{359, \text{'}60, \text{'}61;}{\text{Getreidgaße}}$ Getreidgaße 18, 19, 20 und Gries 17.

Die „Niederleg".

Das Haus besteht aus Teilen verschiedenen Alters. Auf der Trägaßenseite standen nebeneinander:

a. 1324 die Mühle und „das Pachhaus Berthas der Teysingerin mit anstoßendem „Zimmer" und „Peckenladen";

b. das Haus Tomans, des Spitalmeisters (oder des Bürgerspitales?);

c. Hinter Tomans Haus stand der Stadtmauerturm, in deßen Fuße ein Gewerbsladen, später die Lötschen untergebracht worden war; „das

---

[1]) "Überschutz" (Ueberschuz) bedeutet soviel wie ein „Überbau" oder „Überhang". Die Übergeschoße waren in den alten Städten so häufig, daß der Burggraf mit einer Stange (die die regelrechte Straßenbreite darstellte) durch die Gasen ritt, und alle Überbaue die die Straße zu sehr verengten, zurückfetzen ließ. Es wurde nemlich jedes Stockwerk über das untere etwas herausgerückt, so daß die obersten die Straße merklich verfinsterten. (Lanzen-, Stangen- oder Übersangerecht). Aus obiger kurzer Nachricht ist zu vermuten, daß des Kürschners Überbau beanständet wurde, wie es sich auch in der Tat verhielt. Denn „der Herr von St. Peter vnd auch die purigär chlagten hinz Dietreichen, den Chürsner, des Fronboten Sun". Gerichtshandlebrief im Copialbuche v. St. Peter.

absonderliche Steckl im Hof mit der Sattlerbehausung, der Laden zur
Letschen genommen", 1639;

d. das Hinterhaus, zur Lodronischen Zeit erbaut und mit dem etwas
früher (1608) erbauten Fleischbankstock in Verbindung gesetzt. Da beide
außerhalb der alten Stadtmauer zu stehen kamen, so schenkte der Erzbischof
den Grund zu den Fleischbänken der Stadt, aber für „das neuerbaute
Haus hinter der alten Eisenniederleg" mußte die Stadt eine Gilt, d. i.
Grundzins, an die f. Hofmeisterei zahlen. Die neue Eisenniederlage wurde
in dieses Hinterhaus versetzt, und die (Getränk-)Letschen, wie bemerkt, in
das alte Eisengewölb eingewiesen. Letztere wurde später auf der Griesseite
angebracht. Es nahmen daher, wie sich ergibt, vier Grundeigentümer,
St. Peter für a, das Bürgerspital für b, die Stadt für c und der
Erzbischof für d an diesem Hause Anteil.

Da die Albe zwischen diesem und dem Nachbarhause (362) durch-
fließt, so wird es erklärlich, daß die s. g. Niederlegmühle im ersten
Anfange zu diesem Nachbarhause gehörte. „Thomas Apfaltspergers
haws, das vormalen ain Mül gewesen ist", Nachricht aus dem J. 1396.
Im J. 1324 stand aber diese Mühle bereits auf der linken Seite der
Albe. Bertha die Teysingerin übergab (das Nutzeigentum) die Mühle
ganz an St. Peter, welches als Erbauer des Rinnsales notwendig
Grundeigentümer war, gegen ein Selgerät. 1330 ist Niclas von Aussee
Besitzer des „Pachhauses" und verkauft es an Bürger Ulrich Hofmann,
1360 führt St. Peter als Grundherr Klage gegen den Nachbar (H. 362)
wegen Überbau wie unter 362 berichtet. 1374 bleibt „Ulreich der Mülner
auf der Alben in der Trágaßen (Leibgedinger) in Rückstand mit den an
das Kloster zu entrichtenden Gebüren. In Folge deßen verkauft das
Kloster das Haus an Thoman den Apfaltsperger 1396. 1434 Anna
die Wagenchläßlin, dann die Gruebin, Hanns Stupfner 1442, † '54,
Hanns Engelhard 1463, '67.

1472, '84 Hans, 1492, '96, 1509 Lorenz Panger. Nun heißt es
„die Pangerbehausung und der Mühlgang auf der Alben", woraus zu
entnehmen, daß Panger das Haus b vom Bürgerspital überkommen und
mit dem Mühl- und Backhause a vereinigt hat. 1509 kauft die Stadt
beides, und errichtet um 1540 die „Eisenniederleg". 1548 wird bereits
der Lötschenmeister in der Stadtrechnung angeführt. 1603 ist das Gefälle
von der Eisenniederlage (Lötschen¹) von der (Getränk-)Lötschen bereits

¹) Die „Lötschen" (von ital. loggia?) war eine von der Stadt eröffnete Niederlage,
zuerst für Eisen, dann für allerlei Waren, endlich auch für Getränke. Im J. 1660 betrug

geſchieden. 1573 nimmt die Stadt vom Hauſe 85 fl., 1614 aber 103 fl., 1622 ſchon 156 fl., 1641 bereits 174 fl. Zins u. ſ. w. ein. Man hat alſo auch damals ſchon „geſteigert", was ganz begreiflich iſt.

Seit dem J. 1804 beginnt die Stadt das Haus ſtückweis zu ver= äußern, und zwar die Mühle und das Stöckl im genannten Jahre, 1805 das Niederleghaus gegen den Gries bodenweiſe, nebſt mehreren Lädeln, 1828 das Bäckerſtöckl ſammt Bäckergerechtſame, und die Haus= böden gegen die Getreidgaſſe im Niederleghaus (Silz, Bürgerm.) Dieſen wären noch beizufügen die drei „Kuttlwaſcherbänke" (Sudlkucheln) am Gries (1826)[1].

H. 357, 358; Getreidgaſſe 24.

Martin Reutter haus 1414; 1432, '72, 1528 Reutterhaus[2]) Um 1558 „der Frawen von Lamberg hauß. Die alt Fraw von Lamberg, Wittib und Jr Tochter". 1569 desgleichen. 1608 Lampergerhof. 1623 wohnt darin der lambergiſche Verwalter. 1647 Lambergerhaus. 1713 Lobroniſches Haus. 1775 Gerlichhaus (richtig: Erich=), 1800, '4 '8 Kaffeeſieder Erich. 1813 Leopold Erich und Tomaſelli Joſ. 1816 Erich'ſche Caſſeterie. 1858 Gaſparotti Kaffëhaus, 4 Beſitzer. 1874 drei Beſitzer. (H. 357 und 358, Vorder= oder Hinterhaus). 1881 Haſenberg und Heilmayer und Sparkaſſe Salzburg (H. 24).

Caspar von Lamberg heiratete die Erbtochter der Reutter. Nach dem Tode des letzten Reutter (1528) ging durch letzten Willen das in Rede ſtehende Haus, dann Marktplatz 3, an die Frau Lamberg und ihren Gemahl über. Es folgte deren Sohn Sigmund (um 1585). Von dem

---

das Gefälle von der Eiſenniederlage	847 fl. 6 Schill.
von der neuen Niederleg (von allerhand Gütern, ſeit 1641) . .	415 „ 4 „
und von der (Getränk=)Letſchen	128 „ 7 „

Zur Erklärung dienen die Worte der Stadtordnung von 1524: „All Wein, die zu verkauſen ſamweis (1 Sam == 1 Pferdeladung) hergebracht, ſollen in die Letſchen geſurt, daſelbs nidergeſlagen vnd nindert anderswo dann doſelb in der Letſchen verkhaufft werden".

[1]) Die „Sidlkuchen" (1524), ſpäter „Sudlkuchen", waren anfangs in der Stadt zerſtreut eine in der Steingaſſe, eine am alten Gerichtshaus, dann drei auf der Brücke, von welchem Orte ſie an den Gries verſetzt worden ſind. Die Sidlköche kommen um jene Zeit auch in den Kriegslagern vor und kochten Fleckſuppen (Kuttelſlecke, Bauchſell oder Kaldaunen), Lungen, Würſte, Magen. „Sidlküche" mag von der unſtäten Anſiedlung, „Sudlkoch" aber von Sud, ſieden abzuleiten ſein. „Kutteln" ſind die Gedärme ſammt Wanſt und Magen der Schlachttiere. München, Augsburg, Nürnberg, Salzburg.

[2]) Die Reutter kamen wahrſcheinlich aus Wien. Martein R. iſt Stadtrichter 1406— 1414, vollzieht die Gründung der Andraeskirche und † 1416. Martin Reutter, der Enkel des vorgenannten und Sohn Martins und der Clara Reuzl, iſt Stadtrichter 1467—'72 und † wahrſcheinlich 1480. Der letzte, Hanns Reutter, iſt wahrſcheinlich ein Sohn Chriſtofs. Der große Sterbelauf in den Achtzigerjahren des 15. Jahrhunderts wurde dem Geſchlechte verderblich.

Freiherrn Albrecht von Lamberg kaufte das Haus Erzbischof Paris Lodron und widmete es dem von ihm gegründeten Marianischen Collegium, daher ist die Bezeichnung von 1713 (s. oben) unrichtig, denn es stand nur unter der lodronischen Verwaltung des Collegiums.

Dieses Lamberghaus ist ein Beispiel der Herrnhöfe oder Freihäuser des 15. und 16. Jahrhunderts in Salzburg. Da ihre Besitzer die Grundlasten ablösten, oder als Adelspersonen überhaupt bisweilen auch einfach abschüttelten, die etwa darauf haftenden Gilten, Leibgedinge oder Erbrechten einlösten, so finden sich solche Häuser nicht weiter in den gewöhnlichen Quellen der Häuserchroniken verzeichnet und ist ihr fernerer Besitzwechsel auf andern Wegen zu ermitteln.

Zu diesem Hause gehörte (vermutlich seit Reutters Zeit) der große Garten hinter dem Hause, aber außerhalb der Stadtmauer (Fleischbänke, Griesplatz), der als „Lamberggarten" bekannt war und auf den Stadtansichten erkennbar ist. 1598 wurde derselbe von der großen Waßergüß verwüstet und 1608 teilweise zum Bau der Fleischbänke und Platzanlage vor denselben verwendet.

H. 356; Getreidgaße 26.

1414 Nicla, Pirprew, 1429, „Haus, Hofstat vnd Prewstadl" 1452. 1470, '80 Gilig Fludermaister. 1482, '89 Hanns Tesenpacher, Fleischhacker. 1490 Hanns Hall und Wolfgang Reindl sind wegen Hausbau auf sechs Jahre zinsfrei. (Martin Aussner 1414 wies dem Bürgerspital ein jährliches Einkommen von 4 Pfund von diesem Hause an, d. h. er schenkte dem Bürgerspital das dem Bierbräuer Niklas (s. oben) geliehene Capital sammt Zinsen. „Niclas Pirprew hat zu kauffen geben dem Martein Aussner 4 Pfd. Gelts" u. s. w.) 1512, '29 Sigmund (Hueber), Pirprew. Um 1530, 1560, '70 Metzger Hanns Reischl, deßen Witwe, Sebastian Reischl. 1589 Sebastian Pangger, 1595 deßen Tochter Eva. 1608 Sebastian Sailler, Gastgeb. Barbara Geitzhoflerin, deßen Tochter. 1623, '47 Christian Loyhartinger, Gastgeb. 1639 beim goldenen Löwen. 1656 Schönswetter, Gastgeb, deßen Witwe. 1638 dürfen durch die Stadtmauer drei Lichtfenster gebrochen werden gegen Erlag von 50 fl. Willengeld und eine jährliche Gilt von 3 Schillingen (22½ kr.). 1685 Gastgeb Sterner, Wirtshaus „beim Löwen". 1697, 1713 Herr Lorenz Metlhamer. 1742 Franz Anton M. — Frau Theres Buchthalerin. Bis 1813 Joachim Kirmayr (Kienmayr, Kirchmayr). 1813, '21 Johann Freundelsberger. Christian Schüßling, 1844 deßen Witwe Gertraud. 1858 K. Münger. 1874 Philipp Schachinger. 1881 Jos. Schäffler.

Das Braugewerbe, welches schon seit 1530 in zweite Linie hinter das Wirtsgeschäft zurücktritt, ist eingegangen. Deßgleichen ist der große mit guter Vergoldung bedeckte Löwe des Gaßenschildes seit den Sechziger-jahren verschwunden und durch ein gewöhnliches Brauerabzeichen ersetzt worden.

H. 354 und 355; Getreidgaße 28 und 30.

Die zwei Häuser 354 und 355 galten noch im vorigen Jahrhundert für ein einziges, ohne daß jedoch genau die Zeit und die Art ihrer Trennung angegeben werden könnte. Als Spuren der Trennung ist die Namhaftmachung von Gewölben anzusehen, die zum Hause 356 in Ge-brauch gezogen werden. Auch waren die Bräuer Puchthaler, Zagler, Freundlsberger, Schüßling und Schäffler (vom H. 356) der Reihe nach Besitzer von 355[1]).

1389, 1406 Ottl der Smid. 1424 Hans Swabecker. 1472 Herman Teilhau, smid. 1496, 1509 Cristan, Hofschmidt. 1511, '12, '23 Gilg (Virgil) Oeder, Hofschmidt. 1562 Virgili Rauchenperger, 1564 deßen Erben. 1571 Felicitas Rauchenperger, 1572 vh. Rosenberger. 1572 Frau Dr. Balthasar Hofinger, 1604 Witwe. 1610, '19 Daniel Knecht und Kinder. 1621 Cristan Empacher, Handelsmann. 1631, '46, '52, '60 Dr. Michael Mayr, medicus, Frau Katharina 1638, Frau Barbara 1647. 1660—'80 Erben, 1680 Maria Erentraud Schafmann[2]), geb. Mayr. 1713 Dr. Schafmann, 1744 Franz Felix Schafmann. Schafmann-haus. 1783 Andrä Decker und Schlechtleitner, beide Sattler; beginnt bereits die Verstuckung, 4 Gewölbe und 3 Böden.

H. $\frac{355}{28}$ Hasenberg; $\frac{354}{30}$ Schaffmannhaus: 3 Besitzer.

H. 353; Getreidgaße 32.

1406, '15, '24, '26 Stefan Swäblein, Chramer oder Wirt? 1452, '70, '77 Jörg Pickel, päwtler[3]). 1477, '90, 1512, Görg Wäginger übergibt

---

[1]) Zu bedauern ist der Mangel einer in den Einzelheiten der Häuser genauen, und doch nicht übergroßen Karte der Stadt, weil daraus mancherlei Aufschluß zu gewinnen wäre.

[2]) Die Schafmann gehören zum späten salzburgischen Beamtenadel, ihr Adelsbeisatz heißt: von Hämerles und Kärnerowitz oder Kanarowitz. Bekannt ist die Grabschrift des Pflegers von Moosheim zu Unternberg (Lungau) eines Freiherrn von Schafmann, der wegen seiner „sanftmütigen Schafsnatur" gerühmt wird. Kürsinger Lungau.

[3]) Die Angaben über das Haus Hans Pickls widersprechen sich so, daß man es zu 353 und zum folgenden zählen kann. Unter „Beutler" sind wohl nicht die Verfertiger von Mühl-beuteln, vielmehr von Geld- und Reisebeuteln, Bulgen, Reitsäcken, Geldkatzen, Wätschgern, u. dgl. zu verstehen; der Beutler war demnach hauptsächlich ein Verarbeiter von Leder. Nach dem Bürgerbuche sind zwischen 1440 und 1510 noch 70 Beutler zu Bürgern von

das Haus dem Bürgerspital. — 1512, '15 Gilig, Hofschmid (s. das Haus vorher). 1529 Görg Pfenbert, Tischler. 1540, '64, '69 Christof Häsl, Binder. 1571 Ruprecht, 1574 Michl kerscher, Baszieher. 1595 Jakob, 1596 Michael kerscher. 1626, '37 Martin Weixlpamer, Müller zu Münchhausen. (Weixlbaumhof!) 1598, 1622, '50 Gabriel Weyhauser. 1661 Narcissus Weyhauser. 1667 Hanns Pögl, Sailer. 1722 Augustin, 1736 Franz und Marianne Weihauser, auch Weibhauser. 1775 Tuchscherer Hofmann, 1800, '4. 1808 Glaser Hörmann 1813, '16. Glaser Leib 1844, Erben 1858. 1874 Karl Lechner, 1881 Ferdinand Leib.

Die Häuser 351, 352; Tragasse 36, 34.

Zur Entstehung dieses Hauses wirkten drei Häuser mit, zwei an der Gassenseite und eines rückwärts gegen die Stadtmauer — vielleicht das jetzige „Sternstöckel". Diese drei Häuser waren bereits 1429 vorhanden und treten bei den Häuserzählungen „vom spitalvreythof her auf der teuken (linken) seitten in der trägassen" als Einheiten auf. Das Sternstöckel scheint stets als ein halbes Haus gerechnet zu werden (dessen andere gegen dy Gasse befindliche Hälfte wiederholt als „halbes Haus" bezeichnet ist) und einst dem bekannten Aufner gehört haben, der dem Bürgerspital so reichliche Schankungen machte, und wahrscheinlich das Burgrecht dieses Gassen-Hauses auch dahin widmete.

„Haus, Hofstatt u. Hösel."	„Haus und garten"	Ein kleines Haus, zu
1408, '15, '29 Hofschmid Härtel. 1433 Conrad Pickl (s. H. 353). 1455,52 Conrad Holwang widmet das Haus dem Spital. 1455 Görg Manger, Chürsner, 1466, '69, '77, '80 Jörg Weingartner Chürsner. 1512, Rainz, 1514 Christan Raydl, Bärber. Erhart Trosperger.	1415, '29 Hanns Hanswirt, Schuster, 1433, '42, '55, der „hülzen Schuster" (wohl der vorgenannte). 1467, '77, '97, 1510 Hanns Hausner, scheint der Nachkomme Hanswirts, d. auch Hausner heißt, zu sein. 1512, '14, '20, '29 Peter Loichinger, Steinschneider, Vater und	nächst dem Aufnerhaus und Garten gelegen.

Salzburg aufgenommen worden. Im J. 1804 gab es keinen einzigen mehr. Gelegentlich sei hier angeführt, daß die „zwei Raitpulgen" aus dem Inventare des Paracelsus, nicht, wie in Landesbde XVIII, S. 214 erklärt wird „Rechnungssäcke oder Geldbeutel" waren, sondern lederne Säcke, die man auf das Pferd vor oder hinter dem Sattel legte und anschnallte, bestimmt, die Kleider und sonstigen Habseligkeiten des „reitenden" Reisenden aufzunehmen. Das ganze Inventar des Wunderdoctors sieht nicht darnach aus, daß er das Geld in Pulgen mitgeführt hätte.

25

AndräWeilskirchner, imid. Sohn. 1541 Ruprecht
1529 deßen Erben. 1532 Fürst. 1542, '52, '62, '65
Wolfgang Schwingen- Hanns, Marx Rießinger[1].
hamer, Schmid 1554 1570 Jörg Pramscisen,
Sebastian Zeitlmaier, Gantverkauf. 1581, '87,
Schmid. Mathens Aninger '95, 1605 die Selzemann
Pech. 1561, '95, '96 Michl, 'schen Kinder. 1606, '19
Jakob Kerscher. 1609, '17 Christof Erlacher und
Hanns Amerell u. Kinder. Witwe.
Johann Kurz, Ratsburger (1542 Hanns Rießinger
u. Handlsmann und Ehe- wird schon als „Bierprew“
frau Anna Kendlinger. bezeichnet).
1638, '47 klein(es) Tunst- 1636 Philipp Tunzler
lerhaus. oder Tunstler hat 2 Söhne,
1650 Carl Tunzler. Carl und Philipp.
1667 Georg Ehrenreich 1650, '65 Philipp
Stockhamer. Tunzler.
1680 Georg Ehrenreich
Stockhamer.

1775 Sterngartenstöckl.
1810 Kunigunde Hörlin,
Bierbränin. 1811 Mathias
Waldherr. † 1820. u. s. w.
wie unten angegeben.

Sternbränhaus.

1702 Josef Stockhamer. 1725 derselbe allein.

1739 Joh. Georg Stockhamer. 1747 Math. Wilhelmseder † 1755 und Ehefran Maria Tuschl. 1773 J. Ernst von Antrettern.

1788 Franz Hörl und Ehefrau, Kunigunde Böstin. 1790 Kunigunde allein, dann Laurenz Hörl und Kunigunde. 1804 Kunigunde allein. 1810 Mathias Waldherr † 1822. 1824 Witwe. 1844 Cäcilia Schüßling. 1858 Sternbräner Anton Hörl. 1874, '81 Johann Schwaiger.

Durch das Hinausrücken der Stadtmauer (1480) gewannen beide Häuser an Länge. 1638 darf Tunzler Fenster durch die Stadtmauer brechen (Hofschmidhaus). Seit 1636 '38 gehören beide Häuser an der Gassenseite Bränern desselben Namens. Seit 1680 sind sie vereinigt. Der „Sterngarten“ in seiner heutigen Größe aber wurde von dem nächst anzuzählenden Hanse erworben.

---

[1] Ein Hanns Rißinger war 1511 Bürgermeister. „Rießinger“ wird auch „Ritzinger“, „Rieringer“, „Riegsinger“, „Reichsinger“, „Rizer“, „Ruegsinger“, „Ruedsinger“ und „Reisinger“ geschrieben, ein Beweis, wie unverläßlich die alten Schreibungen nach dem Volksmunde sind und wie irrig es ist, heutigen Tages aus solchen und selbst weit mindern Abweichungen ohne weitere Behelse durchaus Geschlechtsverschiedenheiten ableiten zu wollen.

H. 325; Gries 21.

Burgrecht Spital. „Hat Hans Speher gestiftt zur Peßerung der Pfrünt." 1438.

1408 „Haus im winckel pei dem treucktor, (1429) vnd dem scherigen" (Bürgerspitalvrbar). 1452 „haus bey dem treuchtor im winkfel bey dem fronpoten (smidhaus)" ebend. 1512 Item die schmitten vnd haus bey dem Trenckhtor, hat inn gemaine stat". 1608 „Ein hauß bey dem alten Treukthor an dem Stattthurn liguodt, das Spitzer Hauß genant, so au jezo Gemaine Statt innen hat". (Leonhard Spiezer war im J. 1502 n. f. Hofschmid). 1713 Gemainer Statt Thuruer- (Türmer-, Musikauten-) und Schmidhaus. Franz Schnuegg, Stadtschmid. 1800 Hufschmid Engl, kauft um 6000 fl. das Haus 1804. — 1816 Griesschmid Engl. 1858 Besitzer Johann Peischle. 1874 Engl Franziska. 1881 Johann und Franz Engl.

Um 1656 8 wurde das jetzige Haus hergestellt (Seite 386). Der Schmid hatte nebst Wohnung einen „Traidkasten", der Wagner „ein Zimmer auf den Fleischpenkchen" (1658) in Miete. Im zweiten Stock wohuten die „Stadtturner" (Stadtrechnungen).

H. 326, '27, '28; Gries 25. Sterngäßchen 1 und 3.

Hofburgrecht.

Diese Gruppe von Baulichkeiten stand außerhalb des Spitalgrundes und wird hier des Ortszusammenhauges halber aufgeführt. Es lag da noch ein Stück des Lamberggartens außerhalb der Stadtmauer von 1480.

1560 Hofstatt und Garten hinter des Reutters Haws, außerhalb der Stat. Martin Reuter. 1570, 1660 Herr Sigmund von Lamberg (S. H. 357, 358, Trägaße 24; Sigmund von Lamberg heiratete die Reuter'sche Erbtochter).

Um 1600 wird der Garten „auf die Frey ausgelassen", um 1650 ist der Platz noch unbenützt. „Hochfürstlicher Hofholzgarten".

Um 1671 hat der Buchdrucker Johann Baptist Mayr († 1703) darauf (73 Werkschuh lang) ein Haus erbaut und zahlt Hofburgrecht 1 Schilling.

Um 1708 J. B. Mayrs Erben. Josef Carl Mayrs Wittib und Kinder: 1 Schilling 24 Pf. Es wurde demnach (1685) ein Haus (das obere, dem Schmidhaus nähere „und G'wölb") dazu gebaut.

25*

Um 1731 '49 Josephen Carl Mayrs Witib und Kinder, Herr Joseph Maximilian Konhauser von Sternveld, Fr. Anna Victoria Mayrin von Mayregg; 1 Schilling, 24 und 10 Pf. Es wurde also (wahrscheinlich an der Stadtmauer im Hofe) wieder ein kleiner Neubau geführt.

Die Namen Konhauser und Mayr von Mayregg verlieren sich um die Wende des Jahrhunderts. Das Haus heißt 1775 Buchdruckerey. 1800, '4, '8 Sternfeldisches und Mayregghaus. 1813 Jenewein (Jugennin) Pacher, Tuchscherer. 1874, '81 Pacher Johann.

Mayrs Buchhandlung ging an Zaunrith, die Druckerei an das Waisenhaus, dann an Oberer über (Hübner).

Zu diesem (Tuchscherer-)Hause gehört seit jüngster Zeit auch der wiederholt genannte „Brunnturm", „alter Stadtmauerturm", der 1804 verkauft worden ist. Er wurde früher vermietet.

Burgrecht Bürgerspital.

H. 260, 261 und 262; Getreidgaße 47. Bürgerspitalgaße 1.

Das Haus 261 bestand bis zum J. 1530 aus zwei von der Trägaße aus geschiedenen Häusern, was an deren Stirnseite noch erkennbar ist. 261, a hieß das Schmid- oder Spitalschmidhaus; 261, b aber von 1470 bis um 1550 das Kupferschmid-, seither aber das Wagnerhaus, oder das „Bürgerspitaleckhaus". (260, 261, 262, 263 gehörten nemlich zum Spitale). In den Jahren 1530 35 erhielt der Hofschmid Virgil Oeder die Erlaubniß an seinem (1569 vierstöckigen) Schmidhause einen hintern Stock gegen den Frongarten (zuerst einstöckig) zu erbauen, der nach und nach ein dreistöckiges Hinterhaus geworden ist und Veranlassung war, das Haus nicht mehr nach der Länge, sondern nach der Quere zu teilen, so daß von nun an 261, a und b das vordere, 262 das hintere Spitalschmidhaus genannt wurde (1816). Mittlerweile war der Admuntbrunnen an der Ecke mit einem Erker überbaut und statt des Gärtleins, das einige Zeit der Spitaluntermeister zu genießen hatte, hinter dem Wagnerhaus die Wagnerwerkstätte mit obenauf befindlichem „Zimmer" hergerichtet worden. Die Abteilung in die ältesten zwei Hälften reicht in den Anfang des 14. Jahrhunderts zurück, denn schon 1332 verkauft Andrä Pondorffer an den Schuster Berthold „ein halbes Haus sammt der Hofstatt in der Trägassen pey dem admundtprunnen". Ott Färler gibt das Haus dem Burgerspitale zu kaufen 1348. Nachdem eine kurze Zeit ein Nagelschmid eingenommen worden war, erfolgte der Consistorialbefehl 1688, das Haus zu verkaufen.

2800 fl. und 75 fl. Leikauf. — Spitalschmid Mathias Spögl. 1732 Kammerlohr von Weidlingen gab dann das Haus bodenweis hindan. 1881 Spitalschmidhaus 3 Besitzer.

„ hinteres „ Rienlechner.

H. 339: Bürgerspitalgaße 52.

Bürgerspitalpfarrhof 1608, 1713, 1775. Bürgerspital-Stadtkaplanei 1800, '04, '08, '13, Bürgerspitalstadtkaplaneystöckl. 1816, '58, '81 Bürgerspitalpfarrhaus.

Von 1769 bis 1783 hatten daselbst auch die Bartholomäer – die bis dahin in der Steingaße 54 gewohnt hatten, aber durch das Hochwaßer von 1769 verdrängt worden waren, ihren Sitz (Wolf, Gymnasialprogramm, Salzburg 1883).

Es steht außer Zweifel, daß die Häuser

261, 262, 339, 340, 341, 342, 343, 344

auf dem Grunde des alten Admonterhofes oder des späteren Bürgerspitales standen. Um aber den Umfang deßen Grundbesitzes übersichtlich vor Augen zu stellen, der eine zusammenhängende Bodenstrecke (vom Sternbräu und Münzgäßlein angefangen mit Inbegriff des Griesschmidhauses bis zum Sonnenwirtshause) einnahm, folgt hier die Reihenfolge der übrigen Häuser:

Häuser, die wahrscheinlich durch Schenkungen und Stiftungen in die Verwaltung oder den Besitz des Bürgerspitales kamen. Oberhalb des Münzgäßchens:

Tragaße 345, 346, 347, 348, 349, 350, 351 '3 und Gries 325;

Häuser, die auf dem Grunde des Bürgerspitales längs der G'stätten am Berge erbaut wurden, und sämmtlich schon um 1400 Burgrechtspfenninge zahlten:

G'stätten 267, 268, 269, 270, 271, 272, 273, 274;

Häuser, die außerhalb der Stadtmauer von 1480, aber noch auf dem Grunde des Spitales, in der Nähe des „Spitalwerchs" (Salzachdammes) erst seit 1600 erbaut worden sind:

Gries 329, 330, 331, 332, 333, 334, 335, 336, 337.

Die Häuser 340, 341 und 342, oder Badergäßchen 1, 2, 4.

Die „Zell".

Man kann sich aus Orts- und geschichtlichen Rücksichten der Annahme nicht verschließen, daß die zwei Häuser 343 und 344 und die

drei hier in der Überschrift genannten einst zu dem admontischen Fronhofe, die Zelle gehört, oder Teile seines Bezirkes gebildet haben. Vom
Spitalbade ist dieß ohnehin sicher, weil es auf des Spitales Grund
entstand, und dieser ja bekanntlich früher admontischer Klostergrund
war. Von 340, 341, 342 ist es ebenso gewiß, weil das Bürgerspital
Grundherr war und auf diese drei Häuser sogar der Namen „Zell"
übergegangen ist. Aber auch 344 scheint ursprüngliches (d. h. nicht
durch Schankung übertragenes) Spitalburgrecht zu sein, wie es der
Abschluß der Häuserinsel mit dem Sterngäßchen und das angebaute
Haus 342, das ja noch zur Zelle gehörte, zu verlangen scheint.

Da die ganze Zelle „sieben aneinander liegende Äcker" umfaßte,
und da es gewiß ist, daß selbst nach dem Baue der zweiten Stadtmauer
von 1480 noch Bürgerspitalgrund außerhalb dieser letzteren zu liegen
kam (s. später), so erscheint es gar nicht unwahrscheinlich, daß die älteste
Stadtmauer zwischen dem Hause 344 (z. edlen Römer) und 342 durchging — zwei kleine Mauerbögen, über das Sterngäßchen gespannt, dürften
noch den Zug der Mauer andeuten — und sonach die Häuser 340, 341
und 342 (die später „Zelle" hießen) zwischen beiden Stadtmauern zu stehen
kamen. Ob nun die älteste eigentliche Zelle oder Mönchwohnung neben
der Blasiuskapelle oder anderswo stand, ob die 3 Häuser später diese
Mönchswohnungen waren, oder blos als zur Zelle gehörig, darnach
benannt wurden, läßt sich nicht beantworten.

Übrigens mag bemerkt werden, daß diese drei Häuser bereits zur
Zeit der Gründung des Bürgerspitales zusammengehörig erscheinen, geraume
Zeit mitsammen auf Erbrecht hingesaßen wurden, und erst seit den letzten
zwei Jahrhunderten drei getrennte Besitzeinheiten darstellen, die freilich
in den Nöten der Zeit in Bruchteile zerschlagen wurden.

340	341	342
	1332, '41 des Märchl Legkher haws an der Statmawr.	1354 Friedrich Legkher hat seinem Bruder Marchard Legkher versprochen,
	1364 Margreth, Marchleins Witib haus in der Zell.	daß er nichts werffen, schütten oder gießen wolle seinem (deßen) haws zu schad aus seinem haus hinder der padstuben dem haus zenägst in der Zell.

1373 Ottmar der Scherkhofer, Margarethens Neffe, verkauft .
1378 Hanns Leglher und Niklas Aichperger verkaufen jeder sein Drittel
ihres Erbrechtes an das Bürgerspital. Diese 3 Dritteln umfaßen sicherlich
341 und 342, wahrscheinlich auch 340. Friedrich der Zimmermann 1408

an diesen Besitzver= änderungen hat wahr scheinlich auch 340 Anteil obwohl darüber nichts bekannt ist.	zahlt jährlich 6 Pfund an das Spital. 1420 Ulrich Autterwecth hat Erbrecht vom Spital. 1432 Ulrich im Holz, Färber aus Constanz. 1471 (Ulrich) Hanns Glävenberger, Bürger und Stadtrat. Ihm wird vergunnt, das Wasser, genannt Alben, in rören zu vaßen und durch den spitalgarten (hinter dem Hause) zu führen." 1509 Ulrich Randl. 1543 Virgil Hutzinger, trit aus Ansynnen des gnädigen Herrn von Salzburg sein (eben erworbenes) Erbrecht an

Hanns Thenn, Münzmeister, ab. 1564 geht die Zell nach dem
Tode von des Münzmeisters Hausfrau (s. Pirckmayer in Lbskbe XXIII
an Heinrich Thenn über, der 1595 noch als Besitzer erscheint. Zu Thenns
Zeit scheint an 340 das Stöckl angebaut worden zu sein. 1598 Bartlme
Gögerl, Bäcker und durch Einstand Christof und Wolf Lasser, 1623
Christofs Kinder. 1608 wohnen 10 Parteien in den Häusern. 1633
Christof Müller, Maler. 1636, '47 Matheus Müller, Maler. 1633 wird
der (zur Zell gehörige Garten?) an Jakob Naspis abgetreten. 1636
Pfisterer, Hoffattler. Die alte Münz, 1608.

1656 sind beide Häuser (340, 341) geteilt. 1680 der ander Teil der Behausung in der Zell genannt, nach d. Stadtmaur. 1796 Mirabell (Kollegi?) meßnerhaus (Allgeyer). 1836, 1858 Barbara Heigermoser. 1874, '81 Kogler.	Zimmermeisterhaus, 1742, '55 u. s. w. in Böden geteilt. 1858 drei Besitzer, 1881.	1639, '47 der hintere Lasserstock (der vordere ist das Gasthaus zum Brunner oder edlen Römer). 1650 unlängst neugebaut. 1651, '54 die Universität (das Collegium im frauengartten). 1813 drei Besitzer, ebenso 1858, '74, '81.

Für alle drei Häuser war noch in diesem Jahrhundert die Be=
zeichnung „die alte Münze" gebräuchlich; von 341 gilt der Name
„Zell" vorzugsweise.

H. 343; Getreidegasse 50.

Burgrecht: Bürgerspital. „Spitalbaderhaus".

Der Anfang des Spitalbades ist wohl gleich alt mit dem des Spitales selbst. Schon 1336 ordnet Marchard Legkher 1 Pfund Gelts auf die Badstuben bei dem Spital[1]. 1415 erhält Leonhard Pader vom Spitalmeister Ruprecht Venedier Erbrecht (er ist wohl nicht der erste, der Erbrecht erhält), „darumb er alweg über 14 tag die siechen aus dem spital all an dem montag paden u. s. w. soll". Das Erbrecht wurde 1598 vom Spital wieder eingelöst, und das Badhaus gegen Zins (25, 26, 30, 40 fl. bis 1639) verliehen. 1639 wurde es um 700 fl. und 9 fl. Leikauf an Christoff Tannenberger Burger und Pader verkauft. Das Wasser kam aus dem Spital. Folgt eine Reihe von Padern: 1776, 1800, '4, '8, '13, '16. Spitalbaderhaus. Das Bad hörte um diese Zeit auf. 1858, '74, '81 Glarer Drechsler. Theres Glarer.

H. 344; Getreidgasse 48.

Burgrecht: Spital.

1417, '40 Heinrich Witich. 1452 Perchtold, Riemer. 1477, '82, '87 Christof Lind. 1488 die Jägermeisterin; 1495 ihre Erben, die Eugendorfferin und ire swestern. 1496 Kreuzberger Messerer. 1501, '23 Kaspar Kärer. 1523, '28 Chonz Rogler. 1529 Hanns Thenn, Münzmeister, 1530 dessen Erben. 1531 Marx Thenn, Münzmeister, bis 1551. 1552 dessen Erben. Gerhaben (Vormünder) sind: Berchtold Thenn und Ludwig Alt. 1582—'97 Andrä und Heinrich Thenn. 1598 Christof und Wolf die Lasser. „Vorderer Lasserstock". 1628 Andrä Aufschnaiter. 1642 Hofsattler Pfisterer. „Hofsattlerhaus". Neubau vor 1650 (Grundbuch).

Das Haus wird zwischen Kinder und Witwe in 2 Hälften geteilt. 1673 Lorenz Pruner, Domchoralist[1], Leonhard Säringer ½. 1707, 1732 Josef Pruner Hoforganist und Cammerdiener[2] erwirbt nach und nach ⁴⁄₆. Die frühere zweite Hälfte zerfällt in 2 Vierteln, dann in ²⁄₃ und ¹⁄₃.

1747 ist die Teilung in 1. Boden, 2. Boden und zwei Hälften des 3. Bodens, dann in ²⁄₆, ¹⁄₆, ²⁄₆ und ¹⁄₆ u. s. w.

---

[1] Grabstein eines Maranard Leicher in Rotte VII. (Grabb. S. 13. Da der Stein zu sehr abgelaufen ist, ist wohl auch die Jahreszahl MCCC nicht mehr vollständig. Eine „Schildfigur" besaß der Leicher wohl kaum, da er ein Bürger war.

[2] Die besonders bei Musikern gebräuchlichen Bezeichnungen „Truchseß", „Kammerdiener", „Antecameralammerdiener" u. dgl. bezeichnen nur die Rangstufen als Hofbeamte und die Angehörigkeit zu den Hofämtern oder Hofstäben. v. Biber, Mozart u. a. taten nicht die Dienste von Truchsessen u. s. w.

Um 1713 ist das Prunerhaus schon ein Wirtshaus, Prunerwirt und heißt so noch 1816.

1858 zum edlen Römer, 3 Besitzer, 1874 und '81.

H. 345, 346; Getreidgaße 46.

Burgrecht: Bürgerspital.

1408 verkauft die Wirtalerin das Haus an den Aufner, der es zu einer Meße (St. Anna) im Spital widmet. „haus am egt im gaßl, wie man in die alt Münz gehet". „am Eck wie man von der Zell herauf geet". „Priesterhaus der Anna Meß" 1512 „Kaplanhaus", „Ausreiterhaus"[1]. 1408 Hanns trenckschalb. 1429 Peter smid. Christan Freimuet. 1498, 1522 Jakob Greil der Abmesser. 1535 Marx Thenn. 1557 ein Münzer-knecht. 1562 Asm Steußer, der Kupfersmid. 1581 ist das haus, das der daselbst wohnende Kaplan hätte inne halten sollen, ganz baufällig. Bau 1582.

1601 Hueter Kellerstock 1601 des Has Kinder.
kauft die eine Hälfte
vom Spitalmeister.

1623 Lorenz Gruber, Lebzelter.

1635 erstes Gruberhaus | 1635 anderes Gruber-
Haslpöck Lebzelter | haus. Zinngießer Lehrl.
„ Witwe. | 1651 wird diese Hälfte
| verkauft.

Haslbeck hat ½ haus und die Hälfte des zweiten. die Haslpeck'schen 1677, | 1666 Kranzinger, 1723 Weißenkirchner, | vor 1749 Steußer, Lebzelterin. | 1749 Faktor Mayr.

1749 Pinter Lebzelter besitzt 1769 auch die Hälfte des zweiten.

1788 Lewitsch, 1802 Taller, wie vor, 1823 Ruedorfer,

auf 2 Hausböden andere Besitzer,

1845 Lebzelterhaus, 4 Besitzer,

1881 3 Besitzer.

Haus 346 entstand aus dem Stadl und Gärtl, das 1587, '95 Heinrich Tenn, 1598, 1601 u. ff. die Lasser inne hatten, und bis 1823 und '31, in welchen Jahren die Ruedorffer'schen Ver-stuckungsbewilligungen erhielten, zu d. zwei Haus-hälften an der Gaßenseite gehörte. Mehrere Besitzer.

Im J. 1881 sind beide Haushälften an der Gaßenseite und das hintere Stöckl unter einer Hauszahl vereinigt.

---

[1] „Ausreiter" wurde der Pfarrkaplan genannt, der die Seelsorge in jenen Teilen der Stadtpfarrei besorgte, welche außerhalb der Stadt lagen, z. B. Merglan, Siezenheim, Froschheim, Schallmos, Münchhausen. Er bediente sich hiezu eines s. g. „eisernen Pferdes", d. h. eines solchen, welches vermöge Stiftung (Lobede III. 260) vom J. 1500 stets für ihn in Bereitschaft stehen mußte.

H. 347; Getreidgasse 44.

Burgrecht Bürgerspital.

1407 Heinrich der hülzen Weber. 1527, '35 ist es ein „Waribhaus", Niklas Strobel, der Färber. 1538, '40 Marx Theun, deßen Erben, bis 1555. 1586, 1608, '76 und später gehört es den „Fischwäßerern" Steinberger, Gugg und Zallinger. Fischwäßererhaus. 1733, '37, '48, '50 ist es in drei Böden geteilt. 1760 hat der „Wienerbot" Weinprenner darin Besitz. Nach dem Grundbuch der Stadt Salzburg von 1650 gehört zu diesem Hause noch „ein halber Werchschnech von der schluten (Straßengraben), waß vnd sovill die Schnur, so daselbst angeschlagen worden, der gerete (geraden Linie) hinab und herauf geben hat". 1858 zwei Besitzer. 1881 Schwarzenberger. Im Winter 1879 '80 sind in diesem Hause bei einem Brande fünf Menschen umgekommen.

H. 348; Getreidgasse 42.

Burgrecht Bürgerspital.

1425 Ulrich Talhamer. 1427 Toman Seudtner. 1432 Chainrad Pfuntzner. 1438 Heinrich Weixlpamer, Smidtners Aiden (Schwiegersohn). 1477 Kuntz, Kastner. 1498 Jörg Setznagels Kinder bis 1514. Verschiedene benannte Besitzer. 1569 Herrn Dr. Paurs Behausung in der Trägassen, 4 Parteien. 1591 Paul Hübel, Hofbäcker. Handschuhmacher Hofmeister 1608 u. dgl. m. 1700 ist das Haus in Hälften und Böden geteilt. „Kasstecher-" oder Fragnerhaus in der Trägaße. Bauer, Korn. 1881 4 Besitzer.

H. 349; Getreidgasse 40.

Burgrecht: Spital. „Ist das V. haus herauf".

1408 Philipp Reupeckh, Parchanter. 1452 Frauenlob. Hanns Ramsperger 1512. Hanns Kreuzer, Handschuster bis 1529. Heinrich Jäger, Kupferschmid 1529. Michael Praunneysen, Hackenschmid 1537. 1573 Christof Praunneysen. 1597 Hanns Erlacher, das Haus wird in zwei Teile geteilt. Zehetmaier, Zettl, Stachl. Stachl-Bäckerhaus. 1635 in Viertel verstuckt und meist nach den Bäckern benannt: Strauben-, Klinger-, Heselebäckerhaus. 1813 Weißbäcker Kant vereinigt alle Teile. 1858 Oswald. 1881 Margareth Auer.

H. 350; Getreidgasse 38.

Burgrecht Spital. „Ist das VI. Hanß vom Spitalfreythof herauf". 1429 Matheus Chamrär. 1452 der alt Landschreiber Peter Inzinger[1].

---

[1] „Inzinger", „Innzinger", „Inzinger", „Rinnzinger", „Innziger", „Intzinger", „Intzinger" geschrieben.

Anna die alt Landschreiberin. „und ist ain Wirthshaus". 1486 Hanns Strobl, 1528 Erben. 1529, '35 Ruprecht Rauhenperger. 1539 Leonhard Püchler von Salzburghofen; 1562, '63 der Pieracher (aus des Püchlers Nachbarschaft). 1564 Hanns Lebrär. 1575 Dr. Simon Paurs. 1585, '95 Sofia, Paurs Tochter, Dr. Knollen Consrau. 1598 Bartlme Gögerl, Peth, deßen Töchter. 1616 Simon Streitwieser. 1627 Georg Weiß, statt deßen eingestanden Michael Pichler, Künburgischer Verwalter. 1628 Jakob Kaspis oder „Kaspitz". 1661 Mathias und Albrecht, die Herrn Kaspiß (Wirtshaus). 1694 kauft das Haus die gemaine Stadt (Gant?) und verkauft es 1719 an Josef Stockhamer, Sternbräu. 1739 verkauft Stockhamer das Haus wieder an die gemaine Stadt[1]. 1801 verkauft es die Stadt an den Bäcker Kaut. 1804 Kunigunde Hörlin, Sternbräuin. 1824 deren 5 Erben. 1827 Michl Hamberger, Kaufmann und Ehefrau Anna Hörl. 1835, 1845, Josef Schlegel und Frau. 1858 Barbara Daghofer. 1881 Leopold Bachmayr.

J. Kaspis war im innern Stadtrat, Bauverwalter der Stadt oder „gemainer Stadt Baumeister" und es wurde ihm der „Brunnturm", der an seinen Garten stieß und der „Gang auf der alten Stadtmauer" (an diesem Brunnturm) von der Stadt unentgeltlich überlaßen. Aus dem Umstande, daß das Haus 350 außer an das Spital auch an Alfons von Lamberg Burgrecht zahlte, ist zu entnehmen, daß der heutige Sterngarten einstens ein Teil des wiederholt erwähnten Lamberggartens (außerhalb der Stadtmauer von 1480) und auch des noch frühern Aufnergartens („ein garten hinter dem Aufnerhaus [H. 345], daran der Jakob Kaspis ist", um 1634) gewesen ist.

Erwähnung verdient noch, daß im Winkel „bei dem trenuktor (Sternbräubogen) vnd dem scherigen" im J. 1408 und bis um 1650 das Schmidhaus stand, welches wahrscheinlich in die Hintergebäude des Sternbräuhanses einbezogen wurde, weil die Stadt das Schmidhaus dann an seinen jetzigen Platz setzte (1510 wird es auf Leibgeding oder Erbrecht überlaßen). „Gemaine Stadtschmitten" 1512 bis 1804.

Die Häusergruppe

am Gries 298—313.

zerfällt ihrer Entstehungszeit nach in zwei Teile, in die

---

[1] Das Haus heißt „altes Sternhaus", wohl auch „altes Sternbräuhaus", was weniger richtiger ist. Es ist anzunehmen, daß schon das alte Wirtshaus von 1452 den Namen „zum Stern" bekam, und daß derselbe dann auch auf das Bräuhaus überging, das doch erst als solches um 1542 beurkundet ist.

Häuser 299—302

deren Grund Erzbischof Paris 1640 aus der fürstlichen Frei (außerhalb der alten Stadtmauer) zum Ersatz für den vom Bürgerspitale zum Münzwesen (neben dem Brunnhause) abgetretenen Garten dem Bürgerspitale abgetreten hat[1]), und aus

den Häusern 306—313

deren Grund „mit Vorwissen und Bewilligung eines Ersamen statrath aus des Spitals Garten nach dem Wasser hinab 1567 als nein Hofstat zu städln verliehen und verkhaufft worden vermög der Erbrechtbrieff".

Ein Stadel (298) stand „beim Pern" (neben dem städtischen Zimmerstadl) und scheint dann zu dem letzteren einbezogen worden zu sein.

(1)

„Ein gemauerter Stadel neben den Fleischbänken gegen die G'stetten". In der Stadtrechnung von 1658 der „Törringer Stadl" genannt. 1618 Albrecht Frh. v. Törring, Bischof von Regensburg. Dessen Erben verkaufen den Stadel an Jakob Raipis des Rates und Handelsherr. 1652 von der Stadt übernommen und daraus das Schmid= und Wagnerhaus am Gries erbaut.

(2) H. 306: Franz=Josef=Kai 1.

1567 Wilhelm Alt. 1590 dessen Erben. 1595 Samuel Alt. 1621 dessen Kinder. Barbara Rizin, Katharina Fabrizin, Sabina Steinhauser, Salome von Altenau. 1631. Wilhelm, Samuel, Ludwig und Johannes Alt. 1635 die Salzburger Landschaft. 1858 Cavalleriekaserne. 1881, seit 1872 '73 in das Bürgerschulhaus verbaut[2]).

(3) 307: Franz=Josef=Kai 3.

1567 Thoman, 1568 Ruprecht Unterholzer. 1590 Georg Kirchperger, Bürgermeister. 1640 die Tochter Anna Sofia Holdthueterin. 1656 Johann Reichart Holdthueter, Dr. und Landschaftskanzler. 1670 die Salzburger Landschaft. Unter Baiern verkauft. 1858 Audeßner Stadl. 1881 Etl's Erben.

(4) H. 308: Franz=Josef=Kai 5.

1567 Georg, 1569 Tobias und Brüder, 1571 Isaak Unterholzer. 1574 dessen Schwester Apollonia († 1579), Ehefrau des Christof Alt. 1579 Georg, Christof, Hanns und Apollonia Alt, deren Kinder. 1580

---

[1]) Bedenkt man, daß vom Münz= oder heutigen Sterngäßchen an die Salzach hinab selbst außer der Stadtmauer von 1180 des Spitales Grund sich erstreckte, so scheint die Abtretung des Grundes der Häuser 299 bis 302 doch nur eine Rückerstattung eines Teiles des zum Münzwesen in Anspruch genommenen aber nicht benötigten Grundes zu sein.

[2]) Bei verschiedenen Käufen, so 1813 im Urbarium des Bürgerspitales wurden mehrere Nummern dieser „Bürgerstädel" verwechselt.

der Vater Christoff. 1584 deßen Erben. 1596 eine Tochter, Frau Apollonia Schiltperger. 1601 Balthau (Valentin) Helmeckh, Rathsburger und Frau Eva († 1617). 1617 deren fünf Töchter. 1631 die eine Tochter Christina Cordula Czernin von Chudeniz, † 1635. 1638 von den Vormündern kaufen den Stadl die Stadträte und Handelsherrn Maximilian Zappler und Jakob Rhäspiß. 1653 die gemaine Stadt. 1658 Hanns Rägginger, Handelsmann. Die Stadt verkauft aus der Gant den Stadl an Johann Kaltenhauser 1675. 1721 '24 der Sohn Johann Kaltenhauser. 1744 Wolf Muntigler Fleischhacker. 1807 Metzger Tanzberger verkauft an Schiffmeister Franz Gugg um 4300 fl. und 7 Speciesducaten Leykauf. 1834 deßen Tochter Frau Katharina Graßberger, desgl. 1858 und 1881. Dr. Graßbergers Witwe und Kinder.

(5) H. 309; Franz-Josef-Kai 7.

1567 Wolf, 1576 Sebastian Eder (Oeder). 1602 Christof Rechhseisen. 1635 deßen Sohn gl. N., 1673 deßen Tochter Katharina Fabricius. 1688 Heinrich Christof Fabricius verkauft an Joh. Jos. Graf Rhienburg. 1706 die Salzburger Landschaft. 1813 die bair. Regierung verkauft an Schiffmeister Fr. Gugg. J. G. Volderauer? 1834 Graßberger. 1852 Johann Schgör. 1881 P. B. Rainer geistl. Rat.

(6) H. 310; Franz-Josef-Kai 9.

1567 Veit († 1570), Hanns Prunn. 1591 Caspar Marchegger. 1632 Johann Rhitzmägl, J. U. Dr., Vicekanzler, Pfleger zu Neuhaus 1635 Frau Maria Lamberg, Witwe Rhitzmägl, geb. Khern. 1681 † Frau Gräfin Maria Spaur, deren Base Franziska Widman, geb. Khern. — Bierbräuer Guggenperger Elias (bei der Gugl). 1688 Maria Sechtenberger (Gugl). 1734 Coloman Proßinger (Gugl). 1740 J. A. Elixhauser (Gugl). 1753 Lorenz Hörl (Gugl). ? Raim. Felix Azwanger. 1805 Josefa Würstl. 1858 Franz Hanninger Stadl. 1881 Alois Ehrenperger.

(7) H. 311; Franz-Josef-Kai 11.

1567 Leopold Prunn. 1588 Sebastian von Hannsperg, 1608 deßen Sohn Ferdinand († 1616, dann die Mutter). 1625 Fridrich Rehlinger und Schwestern. Nachkommen 1634, '58, '75, '99, 1701, '5, '6 verkauft. Stockhamerbräuer J. Ad. Stockhamer, Ratsburger, Bürgerspitalsverwalter. 1737 Fr. Gg. Elixhauser. 1747 Joh. Flatscher, Stockhammerbräuer. 1818 die Flätscher'schen Nachkommen. 1858 Flätscher-Stadl. 1881 Fr. Riedl.

(8) H. 312; Franz-Josef-Kai 13.

1567 Hanns († 1573), 1589 Christof, 1590 Heinrich), Albert und

Wilhalbm, 1595 Heinrich Elsenhamer. 1596 Georg Pannaun. 1610 deßen
Sohn Michael. 1653 Fr. Elisab. Marolt. 1663 f. Kammerat Fr. Feyrtag,
1704 Fr. Feyrtag, geb. Rat. 1704 Andre Altmann „Landgutscher". 1739
die gemaine Stadt. „Lehnrößlerstadl am Gries". 1815 Freyschlacht-
haus, Waßerleitung dahin. 1858 Städtische Freybank. 1881
Jakob Kögl.

(9) H. 313; Franz-Josef-Kai 15.

1567 Caspar Theininger. 1574 Jörg Greiml. 1595 Christof
Brunschmidt. 1610 Christof Altenstraßer. 1635 Gregor Teiffenpacher,
1671 Michael Gapler, Bierprew (bei der Stiege). 1755 Joh. Mich. Knosp
(Stiege). 1793 Ambros Elizhanser. Auer J. J.: der Stadel wird be-
wohnbar gemacht, vor 1810. 1822 kauft Licentiat A. Flamlischberger.
1840 Fleischselcher Florian Keil, 1881.

H. 299; Gries 10.

Leonhard Mayr 1640, '53; 1668 besitzt die Hälfte Christof Mayr,
Hofapotheker und Fran Kathar. Gutraterin. 1757, '66, '86 Johann G.
Zechentner, Urban Zechentner † 1822, 1827 Sohn Johann besitzen
Anteile. 1858 zwei Besitzer und 1881. — „Mayrhaus"; „Binderhaus".

H. 300; Gries 8.

1640 verleiht Gregor Teuffenpacher, der Spitalmeister, dem Stadt-
steinmetz Christoph Gottsreiter hierauf des Erbrecht. 1694 Hanns Schwabl,
Steinmetz, 1719 Georg Schwabl. Teilung in Böden 1733, Johann
Högler Steinmetz. 1758 deßen Sohn. 1816 Steinmetz Högler. 1858,
'74, '81 Steinmetzmeister Johann Doppler.

H. 301; Gries 6.

1635(!) Christof Freimüllners Kinder. Wilhelm Haan, Gastgeb und
Elisabet Märzin. Hausteilung 1646, Haans, Kinder. Christof Zillner,
Gastgeb, heiratet die Mutter der Kinder. 1688 die Haan'schen und
Zillner'schen Kinder je zur Hälfte. 1714 Sebastian Zillner von Zillerberg.
1735 verkauft deßen Bruders Tochter M. A. Rosina, verh. Baronin
Cronegk das Haus an J. A. v. Loßpichl. 1758 Metzger Fuchsreiter,
1810 Reinizhuber. 1858 Ploberger. 1881 Unger.

H. 302; Gries 4.

1640 Spitalmeister Teuffenpacher verleiht Erbrecht dem Mundbäcker
Wolf Enfertinger. 1651 kauft der Landesfürst von des Mundbäckers
Kindern das Haus. 1713 fürstliche Pfenningstube. Benedict Mosheimer,
Münzwardein und Goldscheider. Joh. Gottfr. Marchaud, Pfenning-

meister. 1775 Pfenningstube. 1800 Münzwardeinamt (s. Hübner I. 137).
1808 Münzmeister. 1816 Kgl. Münzeinlösungsamt. — Baumeister Rauscher.

H. 329; Gries 27.

Die Häuser 329—331 hießen bald nach ihrer Erbauung die „drei
Fuchsenhäuser" (Stephan Fuchs, 1658—'67 Bürgermeister).

„Solcher Ort Grund vnd Behaußung ist laut Erbrechtsbrief vom
1. Augusti 1643 vndter Gregori Tiefenpachers, damals Spitalverwalters
Fertigung Herrn Stephan Fuxen des innern Stattraths, Burger vnd
Handlsman zu Erbrecht verliehen worden".

1647 Erstes Fuxenhaus. 1682 Metzger Pleißiter. 1703 in Drittel
geteilt. 1775 Bleisiterhaus. 1800 Regelhaus. 1813 Höglerische Erben
und Frau Schwarzacher. 1858 4 Besitzer. 1881 zwei Besitzer.

H. 330; Gries 29.

1650 Anderes Fuxenhaus. „hat Herr Fux unter obigem dato und
Förttigung zu Erbrecht bekommen. Gassenlänge 59, in der Tieffen sambt
dem Gärtl 96, Werchschnech". 1668 Fuchs Witwe Elisabet Fermellin
(Vermeulen) und 10 Kinder. 1680 Hausteilung. 1680 Franz Conrad
Marchand, s. Pfenningmeister. 1713 Mittere Fuxische Behausung. 1813
Zimmermeister Kern und Temel. 1858 Tischler Wessicken und Gürtler
Temel. 1881 desgleichen.

H. 331; Gries 31.

1640 Erbrechtverleihung an Stefan Fuchs. „Grundtherrschaft Spital",
wie bei den vorigen Häusern. 1682 Hausteilung. 1682 Wolf Weissen-
thürchner, Pildthauer und Ehefrau Susanna Lechner. 1705 Mathias
Wilhelm Weißenkirchner † 1728. Mutter und 3 Kinder. Tritte Fuxische
Behausung am Grieß. 1682 Kupferschmid Kaspar Khollmayr. 1818
'58 Lederer Ley. 1874 Anna von Poth. 1881 Friedrich Vogl.

H. 332; Gries 33.

1640 Erbrechtsverleihung an Stephan Waldner, Hofschmid, 1660
Stephan Fuchs. 1695 Kupferschmid Mayr. 1732 in Drittel geteilt.
1766 Luz, 1814 Macher[1], 1822 Fellerer, 1845 Vorbuchner, sämmtlich
Kupferschmide.

---

[1] Dieses Machers Tochter war die Professorsfrau zu Salzburg. Walburg von
Ambach, die als Witwe 1837/38 in Wien ermordet wurde.

H. 334, 335, 336, 337; Gries 37, 39, G'stätten 2, 4, 6.

Eine Häusergruppe, die sich erst im 17. Jahrhundert vollständig voneinander schied, aber seit Anfang des 15. Jahrhunderts aus einer Anzahl von Städeln, Stallungen, entstehenden Gewerbebuden sich entwickelte, die an der „Mühle außerhalb des Tores" ihren Kern und den Spitalgarten bis zu dessen Einfahrttor am Gries als Grundfläche hatten.

Urkundlich ist die Mühle sammt Pachhaus zuerst 1429. Sie wird zu Erbrecht verliehen auf sechs Augen (Vater, Mutter und Sohn) „mit zwei gueten Redern und mit vier mülstainen und mit aller zugehörungen". Die Abgaben sind noch ganz mittelalterlich, „vier schaf korn, 60 Pf. weisat[1]), 22 Schill. vom gärtlein und 4 hennen[2]) vom grund, da das haws aufsteet". Haus und Mühle wurden bald verpachtet (im „Bestand" ausgelassen), bald wieder auf Erbrecht verliehen. ·

1492, 1512 „hat hanns khalichgrueber spitalhaws vnd mül vor dem spitalthor bestanndesweis in und dient iärlich 24 Pfd. Pf. und 5 Schaff khorn Salzburger maß". 1515 haben Christoff Raidl vnd Elspet sein hausfrau erbrecht, „vnd sol dartzu auf sein Costung pawen ein färbhaws, Manng vnd Ram (zum Aufspannen der Tücher). Die Mühle hat jetzt drei Räder, von denen das dritte später abgesondert vermietet wird. Das Haus heißt nun hundert Jahre das Raidlhaus. Das „Farbhaus" (Färberei) wurde an der Stelle errichtet, die schon 1452 der „Ircher" inne hatte und erscheint fortan bald als Lederer-, bald als Färberhaus (1546 „neben der Raidlmill", 1550, '70, bis um 1602), „neben der Einfart in den Spitalgarten".

1545 wird die Mühle zurückgekauft, (Pächter gingen flüchtig, Erbrechter ließen das Mühlwerk verkommen). 1554 neu gebaut, 1565 an Hanns Schauer verkauft. 1564 begreift das „Raidlhaus" noch „die hernach geschrieben stuckh vnd gietter zw nagst aufser des spitalthor auff der rechten hannt piß hinab zw des spital gartten Einfartt so von allter zum spital eigenthumlich gehort vnd zw Eribrecht mermaln verlassen worden ..... erstlich das gantz milberich (Mühlwerk) sambt der behausung darauff vnd den stal vnd stadel hinden daran ..". 1620 kauft Erzbischof Paris die Mühle (für die Münze), 1655 hat sie der Münzmeister in

---

[1]) „Weisat" ist die jährliche Gabe, die der Verwalter oder Ammann am Stifttage erhielt, weil er den Besitz nachwies und den Erbrechter wieder für das nächste Jahr in sein Recht einwies, oder auch die Abgabenschuldigkeit und deren Abstattung vorwies.

[2]) Die Hennen waren die Abgabe an den Vogt oder Urbarrichter „Vogthennen", „Stifthennen", also eine Gerichtsgebühr, die schon in der Zeit der Grafschaften vorkommt und ihren Ursprung in der Pflicht der Untertanen hat, (Grafen, Richter und ihr Gefolge auf der Amtsreise mit Lebensmitteln, Dach und Fach zu versorgen (paratam facere).

betrieb, es wurde Cristallschleiferei als Nebenbetrieb eingerichtet, von der noch Hübner berichtet. Diese Cristallschleiferei entstand wahrscheinlich am Tor, wo 1548 ein Klingenschmid sein Gewerb betrieb, 1550, '68, '72, '89 als „Schmitten" und „unter dem Brodstübl" des Backhauses bezeichnet, 1593, 1604 eine Uhrmacherwerkstätte, 1595 und 1618 „Paliermül".

Schon 1429 war zwischen Tor und Mühle eine Fleischbank und 1553 „ain hilzen haws", wo ein Schneider wohnte (H. 335?).

Seit dem Verkaufe der Mühle (H. 334, 337) treten auch die beiden andern Häuser gesondert hervor. Im J. 1605 wird aus dem Stadel eine Fleischbank errichtet, wo der Metzger Kierl wohnt, 1642 werden im Raiblhaus Pachstatt und Metzgerei (H. 336, 335) an den Bäcker Grainer verkauft um 1300 fl. Im J. 1713 werden die zwei „Grainer Bäckenhäuser genau unterschieden, das eine besitzt Jakob Thaler (daher noch heute „Thalerbäckerhaus"), das andere ist das „Metzgerhaus", (oder das alte Farb- oder Ledererhaus), wo „1713 die Fleischbeschau war".

H. 335, G'stätten 6.	H. 336, G'stätten 4.
1800 Metzger Zaß.	1713 Jakob Thaler, Bäcker.
1804 „ Daghofer.	Philipp Hörl, „
1808 „ Karl.	Franz Hörl, „
1881 Furtmoser.	

Die Häuser 334, 337 hießen, nachdem die Münze zu bairischer Zeit eingegangen war, (Gold- und Silber-)Einlösungsamt und Salzamtsnebengebäude, 1816 Salzverschleißamt. 1820 kauft sie Müller Schattauer und stellt die Mühle wieder her. 1858 Machl Jakob. 1881 Lisbergers Kunstmühle.

H. 267; G'stättengasse 1.

1488 „sloſſer Höblmoser sol dienen von der Sleismül im Spital 2 Pf. Pf." 1500 ist die Schleifmühle abgebrochen worden. 1543 „Schleuſſmüll im graben pei dem Spitalthor"; 12 fl. jährlich. 1552 wird die Mühle vergrößert, Schleifmühle, Paliermühle, Martin Neer, Palierer. 1564, '95, 1618 Schleifmühle im Zwinger. 1647 kauft die Stadt (Augustin Clauer, Kammermeister) die Schleifmühle um 250 fl. 1602 ist die Stadtmauer, so vom Thor an den Berg hinaufgeht, hinabgefallen. 1713 Gem. Stadt-Schleifmühle. Ulrich Knosp, Müller und Melbler. 1804 verkauft. 1808 Plöckl. 1806 baut Toppler eine Steinsäge im „Langhause", wo die Schleifsteine früher standen. 1828 Holzsäge. 1833 ist das Rad wegen Hinterschwelle herausgenommen worden.

26

1858 Fagerer, Bergmaier; 1881 Fagerer, Hechtl. 1595 u. s. f. „ein Gwelb im Perg hinder der schleifmil, darin ein Wasser get von dem wasser, so auf bemelte Schleifmil rind: 1602 Andre Salbegg, Pöckh. 1642 Hofschlosser Heydorffer Paul, 1667 Pöschl, 1723 Höbl und Thomassin.

H. 268; G'stätten 3.

1408 „Seydl Lobär (Sighart, oder Sigfrid, der Lobenwirker) pei dem spittal auf der gestetten, 3 Pf. Pf. von der hofstat des spittals vnd seins haus vnd sol auf dieselbe hofstat nichts parwen". 1470 Klinger. 1512 Peter, Lungkyezer. 1564 Ain hauß auff der gstettn zwnägst an gram (graben, s. Abschnitt III. Tore) gegen der schleissmil vber am perg hinan. Vigili tiehtl (Dietl), huetter. 1577 walthauser Scholz, huetter. 1581, '95 Hauß Peyer, huetter. 1598 Andre Salbegg (s. H. 267). 1642 Paul Heydorffer, Hofschlosser. Das Grundbuch der St. Salzburg von 1650 bezeichnet das Haus: vor dem Spittalthor auf der Gstetten, sambt ainem Gewölb im Perg (H. 267) hinter der Papier- und Schleiff-müll bey ermelter Behaußung, zunegst an dem Egg vnd Graben gegen der Schleissmüll vber gelegen, welche dem Burger-Spittal alhie mit Grundtherrschafft vnderworffen. — 1858, Schlosser Tauscher. 1881, 2 Besitzer.

H. 269; G'stätten 5.

„Die öde Hofstatt" 1496—1573.

1422 Haldabangs (Holwangs, Halbangs, Halbenwangs) Haus. 1423 Jakob Seeleutner. 1450 Freyslag, hueter. Eigentümer Heinrich Murauer, der Kürsner, B. z. S. 1477 „vor der vndern, 1482 vor der innern Klausen". 1496 „ist öd vnd zebrochen". 1515 ist halbs vibergangen". 1521 „die gilt wird nicht mehr gedient, wan das hauß ganz eingefallen vnd nymer verhanden ist vnd ganz öb". 1512 „hat halbes Haws zu-nägst an das Spital vnd an den perg innen peter Lunkitzer Hueter (s. H. 268) vnd das ander halb Haus hat auch ob(b)enanter Peter innen, ist öd vnd zerbrochen vnd ist also das erst Haws" (von der Schleifmühl an gezählt, die also noch zum Bürgerspital gerechnet wurde. 1562 „Virgili, Hans Christoph die Huetter, weillundt Maister Lienhart Dietl Huetter (s. H. 268) gelasen sün, dienen von der eden hofstat, so sie sich des Aigentum anmassen, purkhrecht 3 Pf." 1573, '79 Urban Mayr Huetter, purgkhrecht von der hofstat, so er anno 1578, (richtig 1573) ain Hauß dahin gepauth, 3 Pf." 1639 Reichart Schenauer, Richter zu Stauffenegg, dann Herr Lukas Dietrich Schönauer, Laudrichter in Großarl. 1647 Jakob Pertl Hueter. (Grundbuch). Das Haus war seit 1422 bis heute mit kurzer Unterbrechung in Hutmacherhänden. 1731, '88 Stepöckh. 1809 Sammer. 1830 Hörl, 1845 Georg, 1858 Josef Lex, 1885.

H. 270; G'stätten 7.

1408 „ist das ander haws, 1564 zwnägst an die eb hoffstat". 1422 Jakob Huetär, 1465, '81 .... Virgil und Katharina Lunz und deren Töchter Afra und Katharina. 1512 Virgili Schwaiger. 1564 Hans Dietl, huetär. Mehrere mit dem H. 269 gemeinsame Besitzer. 1709 Simon Khendler, Hof-Maurermeister, kauft das Haus um 1100 fl. 1718 ist es in Böden geteilt. 1787 Georg Kendler, Teilbesitzer. 1793 Abraham Rauscher † 1815; dessen Witwe. 1820 Martin Rauscher, Maurermeister. 1845 Franz Rotter. 1858 Blasl. 1881 Hager.

H. 271; G'stätten 9.

1408 „ist das dritt haws vor der innern chlaws auf der gsteten." Es wohnten darin oder besaßen das Haus seit 1429 fast nur Hutmacher, was zum größten Teil auch von den H. 268 und 269 gilt. 1800 Blach-felduer Huter; 1808 Appel; 1858, '74 Schäzl, 1881. Brunauer.

H. 272; G'stätten 11.

1408 „ist das vierd haws", 6 Pf. Burgrecht.

1564 „ist vor Jaren (in Hälften) tailt worden". Auch von diesem Haus gilt seit 1623 bezüglich der Huter fast das Vorerwähnte. 1740 Katharina Tenggin, Mathiasen Gober Huettermaisters Ehewürthin. 1821 Katharina Gober. 1858 Blasius Custrini.

H. 273; G'stätten 13.

1408 „ist das fünfft haws hinaus an den perg" 1512. 3 Pf. Burgrecht. 1564 „ist der halbe Tail von dem Nebenhaus" (etwa seit 1500 geteilt). Mehrere Hutmacher. Zimmermeister Lindner 1713. 1788 Simon Rägginger Zimmermeister und Erben. Zimmermeister Kern 1800. 1807 „war vormals mit dem Huter-Gober-haus eins". 1794 in Böden geteilt. 1858 Zimmermeister Jettl.

H. 274; G'stätten 15.

„Ist das jezt haws auf der gstetten". 1472, 6 Pf. Burgrecht. 1516 „stossend pis an kolbnstain (Klobenstein)". 1555 Huetter Schabertaller; 1608, '13 Wilhelm Weissenkürchner, Maler und Frau. Fischerauer, Gastgeb. 1627 Weißenkirchners Frau und 1637 fünf Kinder. 1640

Martin Ernst, Cordula Weißenkirchner. 1691 Frau Sibilla Obstallerin ²₃, Seeleitner Pirschenk ¹₃. 1725 Michael Seeleitner, Pierschenk. 1834 Franz und Anna Haindl, Bräuer 1858. Georg, Maria Auer, 1885. 1716, '59 zur goldenen Sonne. In diesem Hause wohnten als Eigentümer der bekannte Maler Wilhelm Weißenkirchner († 1627), deßen Frau Anna († 1637) und Kinder: Wolf, Vincenz, Susanna, Maria Martha und Cordula. Die Tochter Sibilla der letztern heiratete den Bildhauer B. Obstaller — 1716, den Verfertiger der Steinbilder Merkur, Herkules und Bacchus u. a. im Mirabellgarten.

Am Kollenstein, Kolbenstein (Goldenstein, richtiger: Klobenstein).

H. 275, 276; G'stätten 17, 19.

Burgrecht: Hofmeisterei.

„Ain klains Heisl und Laden“ 1560. „Haus vnd Laden am Kollnstain“ um 1571. Hanns Zachners, genannt Guigler-Kinder. Parva domus & tulta in kollnstain, 1585. 1608 Kupferschmid Warmschlager. 1641 Paul Heydorffer Hofschlosser, ²₃; das Haus ist 1650 in Achtel geteilt. 1713 Nagelschmid. 1775 Ringlschmid. 1874 Ringlschmid Kurz. 1881 zwei Besitzer.

1727 wird an diesem vielfach verstuckten Hause unterschieden: „Stube, Kammer und Küche über 5 Stiegen. Camer über 4 Stiegen. Trückerstatt (Trockenplatz) über 6 Stiegen. Ein Gewölb im Berg über 7 Stiegen.“ Daraus entstand „das Häuschen über dem Haus“. 1808 Tagwerkerhäusl am Mönchsberg. 1881 Franziska Pfingstl.

H. 294; G'stätten 12.

Um 1470: haws vnd gartten auff dem goldenstain zwischen hanns prätzl und hainreich golser hawser darin ain fleyschladen ist vnd yetz ain gürtler. 1560—1660 das Gürtler-, Schreier-, Lueger-, Rohrerhaus. 1618 Goldensteiner haws vnd gartten auff der Gstetten. Seit 1771 2 in den Besitz des Ursulinerklosters übergegangen. Ursulinerklosterhaus.

H. 277; G'stätten 21.

Burgrecht: Hofmeisterei.

Haus, Hofstatt und Gärtl (ob des Hausbachs), 1600. 1603 Büchsenmacher Schmid. 1637 in Drittel geteilt, 1671 Buchführer Heiß. 1735 verstuckt, 1735, '44, '94, 1758 Glockengießerhaus. 1881 zwei Besitzer.

H. 278; G'stätten 23.

Burgrecht, wie vor.

1569 Eisenhändler Spraiger. 1574 Unser Frauen in der Pfarrkirchen

Haus. 1650 Hausteilung. 1655 Philipp Heiß, Buchführer. 1673 Stockhamer. 1705 Bierbräuer Gappler am Stiegl († um 1735), 1799 Stieglbräuzuhaus. 1881 Stieglbräuer Schreiner.

H. 279; G'stätten 25.

Hofburgrecht in Mülln und G'stätten. 8 Pf.

1648 in Drittel geteilt. 1669 Stockhamer. Erstes Stockhamer oder Sternhaus. Wie in Abschnitt XI, Häuser, angemerkt ist, ließ der damalige Bräuer zum Stern, Georg Stockhamer mehrere durch den Felssturz in den Grund geschlagene Häuser neu erbauen, die an Verwandte und Nachfolger kamen. Das Haus war 1767—'79 im Besitze des Augustinerklosters zu Mühlen. 1858 2 Besitzer. 1881 Jof. Kurz.

H. 280; G'stätten 27.

1560 „ein neuaufgemauertes Haus". 1647, '52, '68 Büchsenmacher Heyperger. 1669 vom Bergfall „völlig eingeschlagen". Seit 1673, zweites Stockhamer- oder Sternhaus. 1719 in Hälften, 1773 in drei Böden und zwei halbe geteilt. 1858 fünf, 1881 vier Besitzer.

H. 281; G'stätten 29.

„durch den laidigen Bergfall völlig zu grund gericht". 1673, 1682 von Ehrenreich Stockhamer erkauft und aufgebaut. Drittes Stockhamer oder Sternhaus. 1745 geteilt. 1808 Äußeres Fragnerhaus. 1813 mehrere Besitzer. 1857 zwei Besitzer. 1881 Ignaz Weickl.

H. 282; G'stätten 31.

Wie die vorigen nun 1560 urkundlich und hofburgrechtlich. Bergsturz. 1682 Viertes Stern- oder Stockhamerhaus. Vor und bald nach Stockhamer verstuckt. 1858 Vier Besitzer. 1881 drei Besitzer.

H. 283; G'stätten 33.

1560 Hofstatt und neue Behausung. 1669 Bergsturz. 1682 Georg Ehrenreich Stockhamer. 1713 Fünftes Sternhaus. Mathias Wilhelmseder um 1731. 1727 schon als „Stadel" bezeichnet. 1858, '81 Sternbräustadel.

H. 284; G'stätten 35.

Um 1560 als „Egkhauß" bezeichnet. 1569 Büchsenmacher Greiner. 1617, 1647 Pernegger- oder Brunnmaisterhaus (f. Petersbrunn). 1650 in Viertel geteilt. Bergsturz. seit 1682 Georg Ehrenreich Stockhamer. 1705 als Stadel bezeichnet. 1858 und 1881 Stieglbräustadel.

„Welch vorbeschrieben siben Behausungen durch den anno 1669 beschehnen Pergfahl völlig zu grundt gangen, volgents von nachgemelten

Inhaber erkhaufft vnd hierauf ein ganz neuer Stockh mit vier abge-
fonderten Behaufungen fambt ainen Stabl erpaut worden[1]). Georg
Ehrenreich Stockhhamber hat vorbeschribene Siben heüfer allein ingehabt
vnd auf feinen töbtlichen Abgang feinen fechs Khindern, namens Antoni,
Niclas, Ehrnreich, Maria, Therefia vnd Ehrntraudt erblich verlaffen"
„Burgrecht summariter 7 Sch. 4 Pf." S. Abfchnitt XI.

H. 285; G'stätten 37.

1569 Hanns Seidenfpinner. 1574, 1595, 1616 Martin Khüeberer.
1614, 1648 Notar Maurer, deffen Kinder. 1669 Bergfturz. 1682, 1713
Nagelfchmid Stangl. — Auguftinerklofter Titmaning. 1724 verftuckt,
1731 Nagelfchmid Ruckenftätter. 1800 Mößmeringer, Nagelfchmid 1858,
zwei Befitzer. 1881 zwei Befitzer.

H. 286; G'stätten 39.

a	b
1617, 1648 Hochpichler ²/₂,	1560 Hans Paumann, Steinmetz,
1633 Högler ¹/₃,	1648 Simon Teufl, Cammerpott,
1650, '55 Unterkofler ²/₃,	um 1650 Georg Khierl, Mezger und
1650 Lang ¹/₃.	Gertraud Purin, Hausfrau.

1687 „auf welchen beyden Hausftätten nunmehr ain ganz neues
Haus vnder ein Tach auferpaut worden" durch Andre Pichler.

1692 „welche bede Behaufungen anno 1669 durch den laibigen
Pergfahl zu Grundt gangen, nunmehr aber von neuen vnder ain Tach
auferpaut worden".

Andre Pichler, Eva Urfprungerin, wie vor dem Bergfturz, deren
Sohn und Schnur (Schwiegertochter) Bartlme und Anna Peruerin.
1705 Bartlme Pichler und Katharina Muntigler. 1706 die Furthuber'
nnd Eifenhut'fchen Ehleute. 1713 Hofmezgerhaus, 9 Parteien. 1737
Hans Fuxreiter Fleifchhacker. 1775 „das neue und alte Fuchsreitterhaus."
1813 Pflafterer Obermayr. 1858 Metzger Hollerweger. 1881 Katharina
Hollerweger.

H. 287; G'stätten 41.

Hofburgrecht, wie die übrigen Häufer diefer Gaße.
1560 Hanns Thann, Steinmetz. „Heufl beim h. Creiz", um 1570.
1602 Hans Angerer, Platner. 1627, 1634 Hannß Schußpeckh, Platner;
„beim h. Creiz oder vnfer Frauen Capellen im Perg". 1658, '68 Hans

---

[1]) Es ift nicht gelungen, die 7 alten Häufer auf die vier neuen richtig aufzuteilen.
Auch befaß Stockhamer ja, wie oben angedeutet, noch zwei Städel in der Reihe der ein-
gefchlagenen Häufer.

Wilhelm Haberkorn, Windenmacher. „Wegen laidigen Einwerffung (der Behausung) anno 1669 weder Dienst noch Weichsteuer erstatth", 1685 ist das lobwürdige U. L. Fr. Gottshauß im Perg auf der G'stötten pr. Wechsel daran khomen. 1713 Mesnerhaus bey U. L. Fr. im Pergl. 1775 Berglmeßnerhaus. 1808 Täubler Braunhuber. 1858 Franz Haindl. 1874 Wagnermaier, 1881.

H. 288; G'stätten 43.

ging beim Verkauf der Berglkirche an den Hutmacher Hodes über. Dessen Haus erstand aus der Berglkirche und der unter nächstfolgender Nummer aufgeführten Haushälfte.

H. 289; G'stätten 45.

Statt eines Teils des Hauses 288 stand um 1558, '60 ein schmales Haus, Balthasars Hengsperger, daran lag wieder ein schmales Haus (Zimmer, Kuchl und Kammer durch drei Stockwerke hinauf), seit 1601 im Besitze des Tuchmachers Zaunmeister, um 1650 baute Zaunmeister eine Hälfte hinzu.

Ersteres Haus ist bemerkenswert wegen der Ortsangaben: 1558 „neben unser Frauen Bildnus". Um 1600 „halbe Hofstadt im Perg bey U. L. Fr. Bültnuß" desgleichen 1644. Aber 1650, '52: „bey U. L. Fr. Kapellen[1])." 1669 wird die Behausung „von dem Bergfahl völlig ruinirt".

Die beiden Haushälften Zaunmeisters gingen 1681 und '99 an die Muttergotteskapelle am Berg über, dann an den Ringlschmid Lohartinger. 1773 Augustiner Provinzialat in Mülln. 1778 wieder verkauft. Zirkel=schmid. 1800, '4, '8 Zirkelschmid Marx. 1813 Zirkelschmid Müllreiter. 1858, '81 Zirkelschmid und Windenmacher Kreuer.

H. 290, 291, 292; G'stätten 47, 49, 51.

Wegen Unzulänglichkeit der Nachrichten können diese Häuser nicht mit Erfolg einzeln betrachtet werden.

290 „von ainem ort am Felsen im Munisperg zu erweiterung der Gravenanerischen Behausung, 8 Pf." Martin Gravenauer 1553, '60, '70. Ist weckhgeprochen auf benelch Erzbischof Johann Jacoben (1560—'85).

1650 „Erbsgerechtigkeit an und auf ainer Behausung bei dem Clausen- oder unser Frauen thor auf der G'steten, zwischen der Zaunmaisterischen Geschwister und Heinrichen Rambler Stainmezgesellen Behausung gelegen,"

---

[1]) Wenn demnach die Ortsangabe von 1644 nicht einfach von einem frühern Hof- burgrechtspfennigbuch ab oder nachgeschrieben ist (wie es hundertmal geschah) so wurde die s. g. Berglkirche anstatt des frühern Marienbildes zwischen 1644 und 1650 erbaut.

Grundherrschaft Pfarrkirche Siezenheim. Pflasterermeister Wiest, 1647 Kellererhaus[1]). Pflasterer Wiest. 1713 Zirklschmid Föllhauer. 1775 Malerhaus. 1800, '16 Naglschmid Mühlthaler. 1856 Rabacher. 1874 Custrini.

? H. 292. 1647, '50 Hanns Sterflinger, Maurer, Ringlmacherhaus. 1713 „Thomas Eberhartinger, Stattpot". 1775 Haus ohne Dach. 1800 Kollegimeßnerhaus. 1804 „Haus ohne Dach". 1813 Anton Gattermayr; Kollegimeßner. 1858 Troppmayr. 1874 Wilhelm Pach. 1881 Edelmann.

<h2 style="text-align:center">H. 294; G'stätten 12.</h2>

„Das Gürtler-, Schreiner-, Rohrer- oder Luegerhaus". Gürtler Conrad 1572, „zunächst an die Khazenpergerische Behausung" 1652. 1662 zwischen der Khazenpergischen und (zweiten) Rohrer'schen Behausung." Wurde wahrscheinlich vom Bergsturz beschädigt, weil am 23. October 1669 die Hälfte der Burgrechts Weihsteueranlait nachgesehen worden ist. 1709 verstuckt. 1758, 1771, 1790 stückweise vom Ursulinerkloster angekauft. 1858 Ursulinerklosterzuhaus.

H. 295, 297; G'stätten 10.
Gries 14.

Hofburgrecht.

1560 „Hauß, Mutringer Müll vnd Gärtl außers Spital am Albmpach". 1650 „vor dem Spitalthorr zunegst bey der Alben unter dem Stiegl". „zweites Rohrerhaus", 1727 „Wohnzimmer, Bachhauß, Bachstuben, Brobladen, wie nit weniger einen Boden ober ein Stiegen hinunter (außer der großen Millstuben gegen der Albe hinauß und des Gwölbs so vorn gegen die Gassen an die Stieglpreubehausung stoffet sambt den TraidtCasten untern Dach vnd halben Kehlergwölb zu ebenen Fuß". Wurde 1706 in drei oder vier Teile verstuckt, seit dieser Zeit erscheint die Mühle abgetrennt. 1786 kommt Wolfgang Bruckmüller an den Besitz der Mühle, die später die „Bruckmühle" heißt. 1858 Stieglbäckerhaus, 4 Besitzer, 1881. 1858 Bruckmühle, Jos. Schreiner, Stieglbräuer. 1881 Bruckmühle Joh. Fuchs.

Die Mühle hatten inne die Ludwig Altin, ihr Sohn Samuel, die Wolfgang Altin, 1559 Wilhelm Alt, 1618 Samuel Alt.

---

[1]) In der Nähe befindet sich noch der Keller am Klausentor, der in der Stadtrechnung von 1619, '25, '60 namentlich aufgeführt wird, und für den die „Herrn Altischen" früher zinsten. Wahrscheinlich hielten selbe einen Kellerknecht, der in der Nähe wohnte. Auch Stadträte, Bräuer hatten nacheinander den Keller „in B'stand" (erstanden ihn zur Miete).

Auch bei diesem Hause wurde im December 1669 ¹/₃ der Burgrechtweihsteueranlait nachgelassen.

H. 296; G'stätten 8.

Um 1422 reichte das Spitalmühlhaus sammt zugehörigen Grund wahrscheinlich noch vom H. 335 oder G'stätten 39 bis hinüber zum Stieglbräuhause und stand daselbst eine Mauer mit Einfahrt „an das Gries"¹). Am Stieglbräuhause gränzten Spitalburgrecht und Hofburgrecht zusammen; ersteres reichte an der Albe rechts hinab bis zum „Pern" und stand der Zimmerstabl der gemeinen Stadt darauf. Zwischen den Häusern 332 und 334,35 lag das Einfahrtstor in den Bürgerspitalgarten. Das heutige Stieglbräuhaus bestand, wenn der Zusammenhang der vorhandenen Urkunden richtig erfaßt wurde, demnach einst aus folgenden Teilen:

a. aus dem Egkhaus bei dem Spitalgarten, um 1422 erbaut, „auff der gstetten pey dem Weg vnd strassen vnder dem Kholbenstain in ain tayl (Hofburgrecht) vnd dargegen überauff die spitalgartennawer im andern tayl pey dem thor, da man durchgeet vnd sert an das gries" (Spitalburgrecht, 3 Schill.).

b. aus einem „slegle in den benannten spitlgarten von dem tor da man in den spitlgarten sert bis ain schwech vber die alben vnd hinab bis auff dy saul dy pey der blangkhn stet pey der mül" (Spitalburgrecht, verliehen 1445) „2 hennen zu weinachten, oder dafür 20 Pf."

c. aus der Behausung, Hofstatt vnd Prenhauß, dessen Entstehungszeit unbekannt ist. 1528 Steffan Herzog, Prew am Stiegl (Hofburgrecht, 3 Schill.)

a. b.	c.
um 1560 Haus bei der Stiegen²) auf der Gstetten. 60 Pf.	Bräuhaus.
um 1570 Haus ob des Prunns bey der Stiegen auf der Gstetten.	Stefan Gatterer vereinigt 1558 beide Häuser, die seitdem zwei Iteme unter den gleichen Besitzern, den Bräuern

---

¹) „die müll mit 3 vmblauffenden redern. den kasten darauf, das peglnhaus vnd die manng vnd särbhaws sambt den Rörenprunen vnd dem fluß der Alben, so gelegen ist an des Spital krautgarten vnd mit einer plangkhn daselbs eingefangen vnd gegen der Straß vor dem Spitalthor mit gemewr vmbfangen". E. Maginger Bürgerspitalregesten 1030, a. J. 1515.

²) Die „Stiege" scheint sich nicht auf die jetzt vorhandenen wenigen Stufen aus der Gasse in das Bräuhaus hinauf zu beziehen, es scheint vielmehr eine Stiege vom Hause zur Albe hinab vorhanden gewesen zu sein. Daher heißt es vom zweiten Rohrer- oder Stieglbäckerhaus „Müll und Görtl hinten an die Alben stossend, zunegst bei der Alben unter dem Stiegl" und oben im Text 1560, '70 Haus bei der Stiegen. „Stiegl" mundartlich weicher statt Stiegen, wie Köhlbrun statt Röhrenbrun; Gaglbam statt Gadenheim, Guglwinkl statt Guggenwinkl, Seidlwinkel statt Seitenwinkel u. s. f.

domus acialis (Eckhaus) penes hortum hospitalis, 1585.

1600 Egghauß beim Spitalgarten.

1662 Eggbehausung neben der Preu=behausung auf der Gstötten u. s. w.

an der Stiege, bildeten und später zu einem Haus vereinigt worden sind.

1500 wurde von Stadl und Hofstatt (damit ist wohl das Eckhaus a sammt dem Grunde b gemeint, die mit der Zeit in eine Hand kamen, aber in den Büchern noch nach den ältern Namen vorgeschrieben waren „von gemainer Stadt ein Ort zu einer Einfahrt in Zimmerstabl genommen, und dafür der Dienst auf 1 Sch. 15 Pf. und 1 Henn ermäßigt. Daburch entstand der freie Platz zwischen Stiegenbräuhaus, Zimmerstabl und H. 299 oder Gries 10.

1523 Steffan, Preu an der Stiegen. 1558 Christoff und Margareth Mayr. Deren Kinder. 1594 Caspar Gaterer. 1611 die Perweinin. Simon Strasser. 1633 Maria Strasser, Hausfrau des Georg Khrüner, Buch=drucker. (Vorgänger des Buchdruckers Katzenberger, auf dem Platze des spätern Ursulinerklosters). 1640 Michael Gapler. 1670, '83, 1723, '27, '30, '33, '37 Söhne und Nachkommen (nach einem derselben ist das Gablerbräuhaus benannt). 1743 Joh. Mich. Knosp. 1765 Joh. Ambr. Elixhauser. 1794, 1803 dessen Nachkommen. 1808 Auer und Kinder. 1819 Schreiner. 1833 Franz Haindl. 1858 Josef Schreiner, Kinder, 1881.

Das Ursulinerkloster

entstand aus dem alten Priesterseminarium, das 1669 der Bergsturz gänzlich vernichtete.

An der Stelle des alten Seminars standen früher (1429) die drei Häuser des Irchers Perchtold, des Irchers Lienhart und Tamel (Thomas) Tailhamers in der Gasse. Auch das Lederer= oder „Schefmanhaus" 1464, auf der Wasserseite, das der Erzbischof 1606 kaufte, dürfte dazu bestimmt worden sein, sowie die eine Hälfte des alten Golserhauses, das „Läserl= oder Löfflerhaus", 1589 im Besitze der Thenn, Steinhauser, dann des Wolf Putz. 1629 für das Seminar erkauft (lag gegen die Wasserseite neben dem Schefmanhause). Das Priesterseminar wurde 1629 eröffnet.

Zum Bau und zur Vergrößerung des Klosters kamen a. hinzu das Haus des Beutlers Niclas, später des Handschuhmachers Tobias Neer, das „Fuchsenhaus" (1550—'70) genannt, 1696 angekauft, zunächst am Seminarium in der Gasse;

b. das angränzende Golserhaus[1]) auch Jobst-Hueterhaus, am Klobenstein 1559 u. ff. im Besitze der Thenn, 1603—'5 Max Steinhausers,
1605—'18 Martin Anfangs „Verwesers der Steinhauser'schen Messing-
hütte im Graben". Dann scheint der Buchdrucker Georg Khrüner es
besessen zu haben[2]). 1638 kauft es der Buchdrucker Katzenperger, 1650
seine Witwe, Wager. Diese heiratet den Buchdrucker J. B. Mayr, 1670.
Im J. 1718 erwirbt es von Ruckerstätter das Kloster, „Klosterzuhaus";

c. der Garten bei Mayrs Haus, 1702 von dem Kloster erkauft, endlich

d. das Haus Reefs 1512, seit 1530 im Besitze der Thenn, 1601
Max Steinhausers, dann Kirchstetters. 1608 Salzhüttenschreiber. 1713
Salzschreiberhaus. 1808 Ursulinerkaplanhaus. 1858, '81 Ursuliner Klosterstöckl. Schon 1564 heißt es „Haus beim Pern". Der Bär war demnach
eine Hausmarke und ist nicht erst im J. 1571 von der Salzachflut hieher
getragen worden. Vgl. Lbstbe XIII. 58. n. 64 und Hilbner I. 9.

Rechtsstadt.

Hofburgrecht am Stein.

Plätzl. Das Lasserhaus. Behausung, Hofstatt und Garten neben
dem Stieglbad 1545 Ruprecht Lasser zu Lassereck. 1545 Wolfgang und
Christof die Lasser. 1556 Wolf Lasser. 1581 Thoman Lasser. 1600 „dieß
Haus haben Ir. Hochf. Gnaden gekhaufft und weckprechen lassen". (wegen
des Baues der neuen Brücke).

H. 371; Plätzl 5.
Steingaße 2.

1399 Leopold Zeller. 1408 Ewiges Licht auf dem Bürgerspital-
freithof. 1421 Hans und Jörg die Wechsler, Zellers Stiefsöhne.
1442 Margareth die Wechslerin. 1476 Michl Wuest, Pirprew. 1522
Thoman Prew. 1526 Ruprecht, 1550 Wolf, 1588 Matthäus Lasser

---

[1]) Die Golser sind ein sehr altes salzburgisches Dienstmannengeschlecht. Schon um
1100 ist Otto de Gulse urkundlich. Im Saalbuche St. Peters (Notizenbl. d. Wien. Akad.
VI), in der Chronik dieses Klosters, u. s. w. wird ihrer vielfältig gedacht. Auch beim
Igelbund sind sie. Georg Golser (von St. Jakob zu Gols), ist Bischof von Brixen und
1464 Nachfolger des Nikolaus von Cusa. 1451 ist Berthold Golser Magister der Chor-
knaben zu Brixen und wird 1471 Bischof. Die Golser stehen noch 1494 in der Landtasel.
Ehrenreich Golser 1434 (Lehenbuch) ist der Zeitgenosse des obgedachten Heinrich und des
Lienhard Golser. Der Golserbügel bei dem Torie gl. N. verrät durch seine umgewühlte
Kuppe deutlich den einstigen Bestand von Mauerwerk oder die Spuren „des Stammsitzes
der Herrn von Gols" wie die Topographen sich auszudrücken pflegen.

[2]) 1633 ist Maria Strasser, Tochter des Kräuers an der Stiege, Besitzerin dieses
Brauhauses und zugleich Hausfrau des Gregor Khrüner, Buchdruckers, woraus wohl ein
Schluß auf die Nachbarschaft beider Gewerbe erlaubt ist.

„Wechsler= oder Lasserhaus." 1598, 1606 Oswald Reisacher. 1611 Müller Mittringer. 1622, '54 Martin Herzog, Handelsherr. 1660 Erben. 1712 Bartlme, 1734 Franz Anthoni, 1799 Josef, 1857 Alois Rauchen=pichler, 1881. Franz Mayr.

1516 „zonägst an des Juden haus".

1526 „zwischen des Lasser und alten Juden haws".

Zum Wechslerhaus gehörte ein Fleck Grund, auf welchem nachmals (vor 1662) das Stöckl 594 alt (oder Glaser Topferhaus, auf der Nord=seite der Brückenmündung) erbaut worden ist, welches in der neuesten Zeit wieder entfernt wurde.

H. 372; Steingaße 4.

1425 Bartlme Jungwirt.

1452 Fäwsel der Jud.

1512 Rallinger.

1552 Wilhelm Steinfelder.

1570 Marx Strobl.

1608 Wolff Mayr, Parchanter.

1647 Bartlme Pichler, Leinwand=händler.

1399 „Jagkl der Smid, neben des Zeller haws".

1421 „Pawl der Mawrer, neben des Wechsler".

1452, '77 Hans Pscher.

1508 Sigmund Pötl.

1519 Hans Stängl, Stadtschreiber.

1528 Hans Gapler, Prew.

1552 Wolfgang Gapler.

1564 Wolf Dietrich Füller (1569 Bürgermeister).

1608 Albrecht Graff, Pirprew.

1623, '47 Wolf Burger, „Burger=bräuhaus".

1700 Andre Burger, „beim Unterbräu", „Bräu am Stein".

1728, '59 Franz Dietrich Popp, 1780 Virgil; Leander, Josef Popp. Elise Reisegger (1858). 1881 J. Griesberger.

Die Bräuerei ist eingegangen.

H. 373; Steingaße 6.

1428 Chunrad Kröpsel. 1526, '58 Matthäus, Ernst Leb oder Leberer, „Gastgeb", „Weinschenk". 1606 Caspar, Simon Wibmer, „Eisenherr". 1647 Johann Schmidinger, f. Stuckhauptmann und Truchseß. 1654 Martin Wirsl, Gastgeb zum gulden Wider", (heißt noch so 1799). 1753 der Steinbräuer Fr. Dietrich Popp und Nachfolger. 1858 Genovefa Giger. 1874 J. Jagerer. 1881 Balthasar Wührer.

1585 ex opposito fontis, 1600 „gegen den Prun am Innberg ober". „Gegen der Stiegen auf den Mynperg".

H. 374; Steingaße 8.

1412 Virgil Smälzel. Rupert Lampacher. Wilhelm Stainhauser. Matthäus, Johann Waldner. Kallinger. Christof Diether. 1495 Jakob Zeyringer, deßen Tochter Anna „die Wechslerin". Johann Zeyringer und Geschwister (Tobias, Kaspar, Maria, Susanna, Felicitas) 1600. Martin Herzog. Hans, Michael Wibmer, Weißgärber 1650—1700, '13. 1727 in Böden geteilt. 1800 Bräuer Popp, 3. Haus. 1858 Genovefa Giger. 1874, '81 drei Besitzer.

H. 376; Steingaße 12.

1626, '28, '36 Hans Jakob Khlain, Gürtler; 1644 Salome Khlain, Martin Sinhuebers, Branntweinbrenners Hausfrau. 1713 „Steinwinkel", Mathias Dihold, Bierzapfler. 1800 „Sanwinkelwirtshaus". 1808 „Altes Steinwinklwirthshaus". Seit etwa 1780 die Bräuer am Stein. 1881 Elise Reisegger.

H. 377, 378; Steingaße 14, 16.

Vor 1598 „drei Hofstätt und ain Egkhaus an der Pruggen", dazu gehörte das Stieglbad.

1490 Veit Prunmaister von St. Veit. 1498 Wolf Pichler von Saalfelden. Um 1560 Margaret, 1572, '87, '90 Heinrich, 1590, 1600 Christof, 1606 Max Stellner und Elisabeth Steinparz. 1626 ein Einfängl am Gries außerhalb der Stadtmauer. 1646, '83 Abraham Gerzer. 1684 die Tunzler'schen. 1685 wird das „hintere Stöckl" (gegen dem Färberhaus) genannt und abgetrennt, in welchem 1715 Fr. X. Egedacher, der Orgelbauer, wohnt. 1713 Max Dietrich, Gastgeb. 1736 verstuckt. 1775 Engelwirtshaus. 1813 Lorenz Sautner, Wirt. 1858 Josef Kaindl. 1874, '81 Mathias Grill. — Das „hintere Stöckl", „Wohnungsstöckl", heißt noch 1775 Egedacherhaus. 1858 fünf Besitzer. 1874 vier Besitzer, 1881 fünf Besitzer. —

H. 379, 380; Steingaße 18, 20.

379.	380.
1423, Sleyußerhaus.	1423 Haus auf dem Stain pey dem thor.
1429 Haus, da die Juden drin sind.	
Losar Judeus salvo iure sororum.	1429 Leonhard Ringler.
1477 Jakob, der Jud.	1512 Leonhard Chämler, gehört auch
1512 gehört jetzt zur gemainen Stadt Salzburg.	der Stadt Salzburg.

1515 kauft es Gürtler Wolfgang Füller und baut auch dieses Haus um.

1550 Andrä Füller.

Wolf Dietrich Füller, Bürgermeister † 1569.

Die Rottmayr'schen und Nachkommen.

1684 werden beide Häuser wieder getrennt.

Diewalt.

Arzt oder Azet, Pergamenter † 1702,   Verschiedene Besitzer.

1710—1821 die Riegersperger'schen.

1821—1881 die Domayer'schen.   1810 Konsistorialrat Rieger.

H. 381 (und 382?); Steingaße 22 und 24.

1513 Burgrechthaus, Kirchperger.   Hofstatt (area).

1517 Burgrechthaus, derselbe. Ircherhaus und kleines Häusl daran. Kirchperger.

1579 Burgrechthaus, Schönsleben, beide Item.

1590 Schrempf Weißgärber, beide Item.

1647 derselbe.   1608 Seiblmann, Weißgärber.

Weißgerber.   1647 Georg Reitgartler, Weißgärber.

1713 Schwarzmann, Weißgerber.   1713 Riemerhaus.

1808 Weißgerber Lechner.

1858, '81 Hafner Eberl.

H. 383; Steingaße 26.

Lederer-, dann Ircher- (alutarius), zuletzt Hafnerhaus.

H. 384; Steingaße 28.

1408 Ircher-, Lederer-, zuletzt Hafnerhaus. „Ain hauß vnd hofstat auf dem Stain, da man gein pirglen get zenägst da der Regenpron oben herab von dem ynberg fleußt". 1526. „ist diße behausung paufellig vnd abschlaipfig worden, das es die güllten, so darauf gelegen nimmer ertragen hat mögen". 1531. „ist niberprochen von wegen der . . . . ist widerumb aufferpaut worden"; noch 1526.

H. 385; Steingaße 30.

Lederer-, Parchanter-, Weißgärberhaus.

H. 386; Steingaße 32.

Ircher-, Weißgärber-, Rothgärberhaus.

H. 387; Steingaße 34.

Lederer-, Handschuster-, Weißircher-, Kürschner-, Weißgärberhaus. Wilhelm Krewzer, Handschuster, und Hausfrau verkaufen dem Meßerer

Alban Hutter und Hausfrau zwei Pfund Pfenning jährlicher Gült auf
ihrem Burgrechthaus und Hofstat gegen eine bereite Summe gelts. 1518
(Kapitalaufnahme auf Hauspfand gegen Verzinsung mit zwei Pfund Pf.)

H. 388; Steingaße 36.

Ircher-, Weißgärber-, Selcherhaus.

H. 389; Steingaße 38.

Schefmann-, Parchanter-, Weißgärberhaus[1]).

Weißgärberhaus. H. 390; Steingaße 40.

H. 391; Steingaße 42.

Schefmann-, Färber-, Weberhaus.

H. 392; Steingaße 44.

Hofstatt, Haus und Garten. Behausung sammt Einfang. 1650 zwei
Häuser: Eizenbergers und Schrempfs. 1662 hat schon Wolf Gempp,
f. Kammerdiener das Bierhaus. Um 1600/'8 besitzt es Joh. Steinhauser.
Verschiedene Besitzer, darunter der Weißgärber Schrempf. 1794, 1808,
'16 Pelzhüttenwirtshaus. 1858 zum goldenen Anker. Über den
Ursprung des Namens „Pelzhütte" findet sich seit 1550 in den benützten
Quellen nichts.

H. 393; Steingaße 46.

Vor 1557 Wolf Hättinger, Irher. Jeronymus Lober, Meßerschmid.
1563 Hanns Stainhauser, Burger. Andrä Steinhauser. Frau Salome
von Altenau und Kinder. Schwabengruber und Frau Cordula Czernin,
geb. Helmeck. Wilhelm Straßer. Anton Göz. 1644 Balthasar Eyzenberger.
1713 Lebzelterhaus und Wachsbleiche. 1874 Fr. Weinkamer. Über der
Haustüre ist der Wappenschild „Hanns Steinhausers" und die Jahreszahl 1568 angebracht. Am steinernen Türgericht befinden sich ein bürgerliches oder Handelsabzeichen, die verschlungenen Buchstaben ST (Steinhauser)
und drei Wappenbilder: zwei gekreuzte Greifenfüße, ein aufsteigender
Steinbock und ein Panther(?), deren Beziehungen zum Steinhausergeschlecht
vor dem J. 1568 ganz unbekannt sind[2]).

H. 394, 395; Steingaße 48, 50.

Um 1560 der Ziegelstadel auf der Ebnad (Ebene). Georg Unterholzer.
baut darauf ein Haus. Um 1600 Christof Paurnfeind. 1652 Fr. Johanna
Staudacher, geb. Paurnfeind. 1670 Fr. Ma. Sabina von Buchholz.

---

[1]) Unter den Weißgärbern kamen manche fremdsprachige Namen vor: Pitschyo,
Wretschgo, Wurial, Koblight.

[2]) Die Greifenfüße: Tannhausen; der Steinbock: Mosheim; der fragliche Panther? —

1745 Hr. Caietan Wolfgang Berti. 1713 wird die große Behausung und das Stöckl unterschieden. 1780 Gantkauf. Johann Rosenegger, Gärtner und Kränzlbinder im Stein. 1798 Jagerer, Zimmermeister; 1816 altes Bertistöckl. 1858 Haus und Zuhaus des Dominicus Wagner.

50.	48.
Heinrich Rinmüller.	Dominikus Wagner.
1881 „	1881 Johann Lang.

H. 396; Steingaße 52.

Ein Gärtl und Hausstättl. 1651 Lebzelter Haßlpech. 1713 Georg Würtenstätter, „Zimmermannhäusl". 1800, '4 „Zeicheneinnehmerhäusl". Um 1850 einige Jahre Kinderbewahranstalt. 1858, '74 Simon Eber.

H. 397; Steingaße 71.

Um 1560. „Neue Hofstatt und hauß bey der Clausen am Innberg". Erasm Mätschperger. 1727 „herinnerhalb vnd zwischen des äußern Stein-thors", „am Pyrglstain 1601. 1728 vermacht es der Parchentweber Thoman Kayser dem Handwerch der Parchent- und Leinweber. 1804 kauft es Weber Schießendoppler.

H. 398; Steingaße 69.

1487 Jörg Ziegelmaisters haus, „und ist der gigitzed (stotternde) Hafner inn". „auf der Ebm" oder „Ebmat" 1650. 1589 kommt es an das Bürgerspital und den Spittlherrn. 1635 an den Hafner, Pämbhäckhl verkauft, „Hafnerhaus", verstuckt 1688. 1799 Ein Weber und Hafner. Georg Wimmer, Seßthaler in Laufen, dann Schiffmeister. 1803 Franz Gugg, Scharler in Laufen. 1808, '16 altes Hafnerhaus. 1881 Adam Lechner.

H. 399; Steingaße 67.

„Hafnerhaus" 1564, '88, 1606, ... 1682, 1706, ... 1810. Hafner Rupert Strobl, „am Pürglstain", 1858 Bäcker Kaspar Neumayr. 1881 Jos. Kubinger.

H. 400; Steingaße 65.

1650 Haus der Steinmetz-, Maurer- und Zimmerleutzeche. Es wohnten zeitweilig Parchanter, Leinweber, Zimmermeister darin.

H. 401; Steingaße 63.

1500 „Georg des Ziegelmeisters Haus" und Ziegelstadel (395, 395) 1535 Caspar, Ziegelmeister. 1555 Michael Hafner. 1560 „das gemauerte Haus beim Ziegelstadel". Virgili Matseer, Hafner. 1695 in drei Teile verstuckt. 1805 vereinigt.

H. 402, 403; Steingaße 61, 59.

1555 Ein „Infang", „Neufang", „Einfang", novale, Hafnermeister Virgil (f. H. 401). 1560 Wolf Dietrich Füller (1569 Bürgermeister und Gürtler). Das darauf erbaute Haus wird erst 1652 ausdrücklich aufgeführt, wurde aber gewiß früher erbaut. 1661 in „Herbergen" abgeteilt. 1731 in zwei getrennte Hausteile zerstückt, mit zwei eigenen Hauseingängen. Haus 402 stellt ²⁄₃, H. 403 aber ¹⁄₃ des früheren vor.

H. 404; Steingaße 57.

Zimmermanns-, Parchanters-, Weber-, Zimmermeisterhaus. 1608 —1800.

H. 405; Steingaße 55.

Um 1550 urkundlich. 1643—1704 die Portenmacher Maul'schen. 1722—1782 im Besitze des Bürgerspitals.

H. 406; Steingaße 53.

„Hänsl und Gärtl", „Hausstatt auf dem Stain", um 1590 Hanns Offlinger, Pfleger zu Lanfen. 1791 verstuckt. 1798 Stöcklschneiderhaus.

H. 407; Steingaße 51.

Um 1560 „Hofstatt Liechteneck ob des Ziegelstadels". 1654, '62 „Behausung Liechtenegg". 1647, 1713, 1800, '16 Zimmermeisterhaus.

H. 408; Steingaße 49.

Um 1560 „Neue Hofstatt und Hauß vnderm Junberg". 1654 „Behausung und Garten". 1745 verstuckt. „An diese Behausung sind Hr. Hanns Schwabengruber (Kaufmann) und Fran Czernin(in), vnwissent was gestalten khomen", 1626 von ersterem an letztere übergeben. Fiel dann an die Pfenningstube; der Fürst schenkte das Haus an Thomas Perger; deßen Kinder bis 1644; wird verstuckt. Eizenperger-, Lechner-, Reisenbergerhaus.

H. 409; Steingaße 45.

Heißen-, Leupl-, Rosenstätterhaus. Metzger Daghofer, Traunsteiner, Ostermaier.

H. 410; Steingaße 43.

1695 Johann Maringele, Cantor zu St. Peter. Hans Forster, Soldatenmetzger, 1713, besitzt 409 und 410. Seither die Besitzer, wie 409.

H. 411; Steingaße 41.

1560 ein Stadl (area horrei). Um 1585, 1600 „neues Heusl

beim Inberg". 1652 Behausung, Hofstatt und Höfl. 1687 Johann Kaufmann von Söllheim. 1711 Baurnfeindt von Eiß. 1732 beginnt die Verstuckung. 1858, '81 vier Besitzer.

H. 412; Steingaße 39.

1438 Stefan Pseher. 1560 Hofstatt, 1600 Hauß beym Inberg. 1608 Ludwig Loichinger, Parchanter.

H. 413; Steingaße 37.

1438 Burgrechthaus und Hofstatt der Pfarrkirche. Chorherrn und Pfarrer zu Salzburg: Hans Topler; Hauns Dorner, Parchanter, Leibgedinger; 1516 Bartlme von Blanukheufels, Thumherr und Pfarrer zu unsrer lieben Frawen alhie; Leonhart Köndlinger, Parchanter (Leibgedinger); 1555 Johann Ruedolf von Hohenegkh, Thumbherr, wie vorher, verleiht Leibgeding dem Chunrad Rheudlinger, Parchanter. 1604 Stadtpfarrkirchenprobst Gabriel Weiß, des innern Stadtraths, verkauft das Haus zu ewigem Erbrecht. „Behausung zwischen beeder Thor in der obern Zeill am ynperg". 1608 ein Hosenstricker, 1623 ein Strumpfstricker, 1808 altes Riemerhaus, und 1858. 1677 halbirt. 1708 drittel, 1804 vier Hausböden.

H. 414; Steingaße 35.

„Haus und Garten", altes Burgrechtbuch. „Behausung und Hofstatt 1652. 1688 halbirt. 1552—'79 Sebastian und Christof, die Unterholzer. 1623 Hanns Jakob Khlain, Gürtler.

H. 415; Steingaße 33.

1560 Hans Talhammer. 1734 „ein freyort (zu einem vertöchten Berschlag) einzufangen verwilligt." 1795 verstuckt. 1804 drei Anteile.

H. 416; Steingaße 31.

1560 „Hans vnnd Gärtel auf dem Stain, etwo Pockh genannt". Wolf Reinländer Nestler und Sohn 1640 1716. 1788 Weißgärber Röck.

H. 417; Steingaße 29.

1560 „Hofstatt und Behausung, etwo „Linzin" (Lunzin) genannt". 1668 halbirt. 1678 und 1709 weiter verstuckt. 1620 Hans Puechner, Organist in St. Peter. 1777 das halbe Naglschmidhaus vom Bürgerspital verkauft.

H. 418; Steingaße 27.

Um 1560 Ruedbrecht Warislochner, Kuprifaber (Kupferschmid). 1669 bereits verstuckt. 1713 Nagelschmidhaus (die andere Hälfte von 417). 1858, '81 zwei Besitzer.

H. 419; Steingaße 25.

1488 Hans Neumayr „an der Pruck"[1]. 1522 „hawß zu nezt an das Judentor auff dem staim am Ninberg". 1523 „an der Judenklaussen". 1528 „pei Judenthor". 1552 „am Innburg bey dem Judenthor". 1640 „bey dem ersten aufzugprüggl am Stain".

Von der Landschaft 1645 erkauft „zur Fortifikation" und abgebrochen. 1669 „ein felsiger Ort", ein Gärtl darauf. 1687 eine Feuerstatt zu errichten bewilligt, auf Widerruf. „obenher an der Bergfortifikationsmauer". 1764 Andre Ferdinand Mayr, Hof-Lauten- und Geigenmacher. 1816 Geigenmacherhaus. Gaßlberger 1858, '81.

H. 421; Steingaße 21.

1429 Abagugk, Habakuk. 1431 Haus am Stain zenächst des Tors. 1477 „gegen Jakobs des Juden Haus über", „zunächst der Clausen am Innberg" 1482. 1652 „Ist aus dieser Behausung auf dem ersten Poden Stuben und Kuchl von einer löbl Landtschafft erkhaufft vnd daraus eine Wachtstuben gemacht worden." 1775 Hauptmann Schödtl-haus. 1813 Schönbuechner, Bettlrichter. 1830 Schopper Moser. (1429 Judenhaus?)

H. 422; Steingaße 19.

Peters, die Swersteinin. „Hans das gelegen ist vnder den Smiden enhalb Ach 1345. 1429 Swärstein, der Iricher. 1512 Hans Moser, Handschuster. 1608 Messerschmidhaus. 1713 Max Schub, Stadtgeiger, Teilbesitzer. 1728 verstuckt. 1775, 1858 Farbenreiberhaus. 4 Besitzer.

H. 423; Steingaße 17.

1495 Messerer Zawner. 1552 Thoman Weydinger, Cämler (Kamm-macher). Reinländer, Nestler, 1610, '52.

H. 424; Steingaße 15.

1429 „Steffan, ringlär auf dem stain". 1477 Wilhalm Pürstinger, Burger und Hofschreiber († 1495?). 1514 Ludwig Altin, 1529 Erben. 1530 Ruprecht Alt. 1534 Wolfgang Alt bis 1537. 1661 Hans Nußdorffer, Hofmauermeister. 1720 H. Hueber, Feilenhauer. Halbirt. 1740 in Böden geteilt. 1775, 1800, 1858 Feilenhauerhaus.

---

[1] Dieses Haus ist offenbar eines der ältesten am Stein vor dem Tor gewesen. Es wäre denkbar, daß der Beinamen Neumayrs „an der Prud" in den Urbarbüchern sich noch von dem Bestande der von der „Pforte" herüber gebauten Brücke, die in der Nähe dieses Hauses mündete, sich herschriebe, denn nicht selten wurde ein solcher Namen als Hausbezeichnung 1—2 Jahrhunderte fürgetragen. Es ist unbestimmbar, wie viel der Besestigungsbau auf diesem „felsigen Ort" verändert hat. Darum kann die Vermutung, daß auf dieser Höhe die St. Johanniskirche stand, durch nichts bestärkt werden, außer durch den Umstand des verhältnißmäßig frühen Zeitraumes, bis zu welchem die Angaben zurückreichen.

H. 425; Steingaſſe 13.

„Von dem alten Hauns Elſenhamer zum ſpital geſtiſſt" 1478. 1573 verkauſt. 1697 wegen Schulden wieder an das Spital abgetreten. 1798 abermals verkauſt. „Großes Binderhaus".

H. 426; Steingaſſe 11.

1374 „des Binſter hoſſtat". 1452 Hans Buger, Riemer. Hanns 1470, 1488, '98 Oswald Elſenheimer, Vetter des Hanns, 1512 Ruprecht Elſenheimer, 1519 gibt es dem Spital. 1639 verkauſt um 800 fl. und 5 Dukaten. 1789 abermals verkauſt um 750 fl. „Kleines Binderhaus". „auf dem Stain an dem Stieglein an den inberg ſtoſſend." 1512 bereits in vier Böden geteilt.

„Waſſerführerhaus". 1523 Zins 22 Pf. 4 Schill. 1564 Zins 29 fl. 4 Schill.

H. 427; Steingaſſe 9.

„an ſand Johansweg auf den perg", 1499. „an der Innigberg Stieg"; „an der Nnubergerſtiegen": „Hans gegen der prucken vber an dem Imberg"-

um 1490, Artolf Cammrer, der ſmid. 1504 Leonhard Walch, Maler, 1520 „vergonnt dem Fürnemen vnd Achbern (achtbaren) Vincentzen Tynutzlinger, Trometter meines genedigſten Herrn von Salzburg, Pfleger auf dem Nmberg hie von ſeinem haus, zenachſt vnderhalb meiner behawſung bey dem ſtieglein auf dem bronn gelegen mit ainem gemawrten ſwipogen vnd Gwelb heryber in mein hansmawr zeſaren, widerleg zu prechen, vnd dann auf daſſelb gwelb gmach zupawen nach ſeiner Notdurfſt vnd wie ine verluſt auch mit tafeln (Zimmertäſelung) an mein hansmawr, wie die gegen dem gaſtein nach der lenng ligt, zeſaren, ſteſſten einzelaſſen vnd ſein Gemach an dieſelb mein hansmawr zemachen wie das vngeverlich ſein notdurft erai ſcht". 1564 Kürſchner Lorenz Koblick. 1613 Eraſm Pnell, Poll, Bule, Goldſchmid. 1651 wird das Haus wegen Schulden und ſchwerer Reparirung dem Bruderhaus überlaßen. 1717 verkauft an Thomas Herzog, Neſtler.

H. 432; Steingaſſe 7.

„hawß enhalb der brucken bey der ſtiegen auff den Ninnwerig (Imberg) gelegen", 1434 „iſt gerad ob dem proulein, zenächſt an der ſtiegen, ſo auf den perg hinanſgeet gein St. Johanns, 1526. Gundacker von Erlach (? Erelheim ſagt die lat. Nachricht des St. Peter'ſchen Copialbuches) ſtiftet die 7 Schill. Pf., die ſein Haus erträgt, mit je 60 Pf.

an den Dom, St. Peter und die Stadtpfarrkirche und mit 30 Pf. an
St. Johanns auf dem Berge 1319. Ruep Zillner (Zylner) Weißgerber,
1584, 1608. Christof Till oder Tilly 1639, Apotheker.

H. 433; Steingasse 5.

1512 „Haus an den innberg zenägst an das haws pey dem prünlein".
1408 chuncz Frechunn (Conrad des Frech Witwe). Alban Hutter,
Messerer, vor 1526. 1576 Thoman, 1578 Caspar, 1600 Michael Wibmer,
Eisenhandler. 1713 Vasbinder Winter, 1775 Binderhaus, 1800 Binder
Zehentner. 1858 vier Besitzer.

Die eine Hälfte dieses (?) Hauses (zwischen Alban Hutter (433)
und Vincenz Tynnzlinger (427) besaß 1520 die Bäckerknechtbruderschaft
(doch ist die Ortsbestimmung fraglich), die dem Tynnzlinger die Benützung
der Schidmauer vergonnt.

H. 434; Steingasse 3.

Hanns Sitzam. 1499 Artolf Kamerer, Schmidt. Das Haus heißt
seit 1438, '52 nach dem Schuster Jakob Sibenweiber (auch 1472) das
„Siebenweiberhaus" (1482, 1492, 1504¹). 1530, 1580 Sebastian
Nerlinger, Brudermeister und Erben. 1583 Christof Döller. 1610 David
Haltenstn, Schlosser. 1677 Andreas Burger, Bräuer am Stein. 1708
versteckt.

Das Haus bestand aus zwei Hälften, 1552 Nerlinger-, Scheiber-
haus — 1713 und Zachner- 1552, Lochpichlerhaus, Burger vereinigte
sie. 1800 Putzenhaus.

H. 435; Steingasse 1.

1425 Eliashaus. 1460 Meister Sigmund. 1552 Hans Wolf
Reinländer. 1608 Ruep Schwarzmann, Taschner. 1623 Lebzelter Hueber.
1713, '75, 1804, '8, '16 Lebzelter Lindner. Kipperer, Holter.

Bürglstein.

H. 1, äußerer Stein; Steingasse 54, 56.

„Stadl und Stallung, Garten und Weingarten (1650 zum Teil
abgekommen) zwischen Joh. Ludw. Rüz Garten, am Bürglsteinverch, und
dem Stadttor". „Meittingergarten". Bis 1611 Stadthauptmann Norwolff.
Verschiedene Besitzer. 1694 Paulus Gmachl, f. Cammerdiener und Hof-

---

¹) Der Name dieses Schusters ist vermutlich die Veranlassung zu der albernen Sage,
die auf dem Friedhofe von St. Peter noch immer von den Kerzelweibern erzählt und durch
nebeneinander gestellte Grabkreuze anschaulich gemacht wird, es habe ein Salzburger Bürger
seine sieben Weiber sämmtlich zu Tod gestellt und dort, wie nichts, dir nichts, begraben
lassen! --

barbier. 1695 vom Fürsten angekauft für die St. Ursula-Nonnen. 1698 den Bartholomäern übergeben (institutum clericorum saecularium in commune viventium) bis 1769. 1770 dem f. Priesterhaus übergeben. — Lioner Manufaktur (?Hübner, I. 482). 1787 Lederfabrik von Chr. Zezi und Gschwendtner, 1816. Mayr und Schwaiger. 1858 Weickl. 1874, '81 Schneeberger.

Das Haus „Neustein" scheint seit 1787 dazu einbezogen.

H. 2, 3 äußerer Stein; Steingasse 73, 75.

1466 Stefan Bürglsteiner. 1488 Copeindl. Hafner Lamberger. 1530 Poschinger. 1572 hat Magdalena Poschinger das Haus am Pyrglstein, oberhalb des „Steinhaus", so gleichfalls ihr Hauswirt vertestirt, vnd sy sich auch darumb mit iren zwehern verglichen, veranlait." Das Haus selbst hieß „Zieglhaus" (domus laterum 1585), und es gehörte dazu die Peunte, auf welcher Haus 1 und Garten (sieh vorher) entstanden ist. 1584, 1606 ist Hieronymus Meitting(er), Stadtrichter im Besitz, welcher die Peunte verkauft. 1608 Norwolf. 1654—1703 Martin Herzog, des innern Rats Handlsman. 1704 Feuerzeuger, Handelsmann. 1777 J. Stachl. 1788 Pruttscher. 1804 Zezi, Weickl, wie oben. 1881 Hofrat Mathes.

H. 4, äußerer Stein; Steingasse 77.

Burgrechtsbehausung und Hofstatt. 1713 Weber Schnnegg. 1800, '16 Weber Krávogl.

H. 5, äußerer Stein: Steingasse 79.

Haus und Garten am Stein, etwo (einst) Venedier. 1466 Wolf Grutensteiner. 1475 deßen Sohn gl. N. 1552, '57 Hans, Sigmund Salzburger Haus, Garten und Leiten am Junberg. Der Garten ist 40 Schritte lang, 30 breit. 1608 Mayr. 1633 Hofgartner Thomas Schweninger. 1647 Hofer, Parchanter. 1800, '16 Metzger Mayr. 1858 Weickl. 1874, '84 Hofrat R. von Steinhauser.

1475 verkauft Conrad Kastner „zwey hewser zwischen Wolfgang Grutensteiner vnd Hansen Kopewnbl hewiser. Demnach bestanden entweder zwischen H. 3 und H. 5 zwei Häuser, oder es bestand des Grutensteiners Haus aus zweien, Wolfgangs und Peters Gr.; H. 5 und 6.

H. 6, äußerer Stein; Steingasse 81.

1475 Conrad Kastner. Preiß von Pilgreimsgrün (Stadtrichter). 1560 „Garten vnd haws, etwa Preis genant mit der Leiten am Capucciner-verg gelegen". Vincenz Gumerer. 1600 Hafner Pämbhäckhl. 1669 Thoman Knosp. 1740 Verstuckungen. 1858, '81 drei Besitzer.

H. 7, 8, 9, äußerer Stein; Steingaße 84, 85, 87.

7. Um 1606 Sybert Mercator, Kunsthandler. 1647 H. Wirthen- sohn, Todtensinger. 1672, 1728, '36 dem Weberhandwerk gehörig. 1858 '81 Zahnarzt Fridrich Bauer.

8. 9. Die Trennung dieser Häuser hat wahrscheinlich erst seit 1800 stattgefunden. Gehörten einst dem Steinmetz Grutensteiner (H. 5).

1530 Schönstein lutitigulus (Hafner). 1560 Felicitas Lackner. 1586 Mausperger. Dornhaussteter. 1650 Moriz Schwaighofer. 1662 Parchanter Kögl. 1707, '28 Kamerrat Högmair. 1736, '90 Johann Rosenegger und Nachkommen — 1794 „Kränzlbinderhaus". Peter Ort 1794, 1803, '13 „Maurer Peterlhaus". Zahnarzt Bauer.

„19 Schritt Gartenlänge an der Straße, 30 gegen den Berg."

H. 10, 11, äußerer Stein; Steingaße 89, 91.

1650 Kellenperger Johann, Bürgermeisteramtsverwalter. 1701 Hr. Guidobald Rudolf Kiene (Pfarrer zu Waging). 1707 Baron Prank. 1736 Fr. Ant. Spängler. 1794, 1803 v. Helmreich. 1800, '16 Brant- weinbrenner Holztratter, Zellner. 1858 Baron Losenau. 1881 Losenau- stiftung.

Wann beide Häuser vereinigt wurden, ist nicht zu finden.

H. 13, äußerer Stein; Steingaße 93.

1476 Leonhard Prambs, Hafner. 1595, 1616 Hans Provot, Handelsmann. 1626 Adam Kheßlmann, Gartner. 1648 Ruep K., Sohn. „Keßelmannhaus" bis 1858. 1858, '74, '81, Anna Antonia Rosenegger.

„60 Schritt Länge an der Straße, 40 gegen den Berg hinauf[1])."

H. 15, 16, äußerer Stein; Steingaße 95, 97.

1422, '66 Stephan Pirglstainer. 1526 Haus und Weingärtl, gelegen zu pirglen. 1563 Christoph von Lamberg, Tuembrobst, 1590 Sigmund von Lamberg Pfleger zu Titmaning, 1608. Die Hausteilung beginnt schon 1608: 1. und 2. Lamberghaus: 1647, 1. und 2. Mainer- haus: 1713, 1. Bierzapfler, 2. Weberhandwerk: 1808, 1. Peterl- wirt, 1832, '58: 2. Weberhandwerk. 1813, 1. Peterlwirt, 2. Weber Hanner.

---

[1] Viele der kleinen Häuserbauge am Stein sind offenbar durch Teilung entstanden, deren Zeitpunkt aber nicht nachgewiesen werden kann und weßhalb die neuen Haus- nummern für die älteren Bestände oft zu eng oder unsicher sind.

H. 14, 17—19 äußerer Stein; Steingaße 58, 60, 62, 64.

Bürglstein. Burgrecht St. Peter¹).

Baumgarten und Burgstall, Burgr. 2 Schill. 13 Pf.

1338 kauft das Domcapitel den Baumgarten (vermutlich das Leibgeding desselben) 1437 Paumbgarten und Purkstall von Ortwein Krapf ans Domcapitel zurück.

1604 Garten, Burgstall und Behausung um 1200 fl. und 100 Kronen Leikauf an Riz verkauft.

Haus, Garten und Baumgarten, Burgr. 60 Pf. und 17 Pf.

1434 Hanns Chewezl.

1534 kauft Ludwig Riez. „Rizenhaus", „Rizenhäusl".

1554 verkauft Kreuzl „Vorderbürglstein" an Riz.

1592 die Rehling.

Um 1659 vereinigt Heimeram Riz beide Besitze und befreit sie von den Burgrechtgebühren.

---

¹) Vgl. Abschn. VI. S. 121. Es gibt in Salzburg Glückliche, die bei der Sprach- und Ortenamensforschung sich über Sprach- und Ortsalterthümer mit Leichtigkeit hinwegsetzen können. So leitet der Vf. von „Joseph Rosenegger, ein Bürgerleben" u. s. w., S. 14 den Namen „Bürglstein" „mit Leichtigkeit" (und ohne nach dem Keltischen greifen zu müssen) von „Bürgl" ab, und fügt hinzu die „Familie" der Riz „baute das kleine Schloß mit dem Thurme. d. h. eine kleine Burg und daher stamme ohne Zweifel der Name „Bürglstein". Ist also Bürglstein der Namen des Berges oder der kleinen Burg? Ist der Berg nach der Burg, oder umgekehrt benannt worden? Oder war der Ort vor den Rizen namenlos? Keineswegs. Der Ortsnamen Pyrgla ist schon im 12./13. Jahrhundert beglaubigt, steht im ältesten Urbar von St. Peter, denn die Gegend gehörte zu den ältesten Besitzungen des Stiftes (s. S. 121 dieser Schrift). Ein Teil von Pyrgla (der östliche) ging (leibgedingweise) ans Domkloster über. 1437 ist von einem „Burgstall" (s. oben), d. h. der Stätte einer verfallenen Burg die Rede, deren Bauzeit unbekannt ist. Der Namen (Vorder-) Bürglstein ist, soweit Nachrichten bekannt sind, erst seit 1554 im Gebrauche (s. oben im Text). Das Burgstall aber kam erst 1604 an die Rizen. Erst 1659 werden die Rizen auch Grundeigentümer des ganzen Besitzes. Auf fremdem Boden durfte man aber weder eine Burg, noch ein „Bürgl" bauen. Der Namen „Bürglstein" könnte daher nur mißbräuchlich beigelegt worden sein. Auch ist er schon vorhanden, als Vorderbürglstein von Riz erworben wurde. Selbst das „Burgerl" (Rosenegger, 14) konnte die Sache nicht erklären. Derlei Bedenken bewogen den Vf. dieser Schrift, auf das alte Pyrgla zurückzugreifen. Aber da zeigten sich neue Schwierigkeiten. Ist dieses „Pyrgla" eine mundartliche Form vom mittelhochdeutschen burgili (kleine Burg), oder gleichbedeutend mit „Birgl" (einem kleinen Berge, wie z. B. das Birgl bei Strobl am Abersee), oder ist es etwa gar noch mit dem keltischen byrgl, birgel (Hügel, Grabhügel) stammverwandt? Weder pyrgla = burgili, noch = Birgel konnten für die Mundart des zwölften Jahrhunderts, in welchem das Wort urkundlich ist, nachgewiesen werden, und es widerstrebte, sich darüber „mit Leichtigkeit" hinwegzusetzen. In diesem Zweifel wurde nach dem verpönten Keltisch-Römischen gegriffen, und es ist, daß die keltisch-römische Bevölkerung am Fuße dieses Hügels ihre Todtenstätte hatte, weil es leicht denkbar wäre, daß auch die christliche spätrömische Bevölkerung vor Ruperts Zeit neben der heidnischen Brand- und Beerdigungsstätte ihren Friedhof gehabt hätte, und daß dieser dann sammt Umgebung an das Kloster St. Peter übergegangen wäre. Der Sprung vom 12. Jahrhundert ins 6. zurück ist allerdings weit, aber er geschieht doch wenigstens mittels einer schwachen geschichtlichen Stütze; der Sprung aber vom 19. Jahrhundert zu den Rizen ins 16 zielt ins Leere.

„Bürglstein und der Elsenhamergarten".

1698 kauft der Fürst von den Rehling'schen das ganze Anwesen für die Waisenkinder, Ursulanonnen und Bartholomiten um 6000 fl. und 100 Species Dukaten[1]). 1730 das Gloriet auf dem Hügel erbaut. 1791 Rosenegger. 1836 Balbe. 1858 erstes und zweites Haus und Gärtnerstöckl: Consul Wedekind. 1874 Fürstin Arenberg.

Das s. g. Priesterhausstöckl, „Nizenhänsl" von 1534?, kam nach Abgang der Bartholomäer an das Priesterhaus.

Der „Elsenhamergarten" ist wohl der über die Straße Elsenheim gegenüber liegende Grund.

H. 20, 21, 22 äußerer Stein; Steingaße 99, 101, 103 laßen sich wegen undeutlicher Nachrichten nicht vollständig auseinander-halten. Folgendes ist der beiläufige Sachverhalt.

20	21	22
1512 Wolfgang, Hafner.	Stefan Polzinger,	Ambrosy Hueber,
1552 Hanns Hauptmann.	Thomas Strobl,	Thomas Strobl,
1564 Matheus Schmecken-pfrill.		
1597 Georg Achtinger verkauft einen Ort Grund an Strobl.		
1608 Georg Achtinger,		
1637, '55, '62 Riez,		
1713 Lechner,	1713 2. Lechnerhaus, Stubhan, Pir-zapfler, 1800 Bettlnmkehr,	
1800 des Hafner Strobl-haus,	Wesenauer,	
1858 Josef Krabacher,	1858 Haslauer, Bettelnmkehrwirt,	
1881 Blechinger.	1881 Maffei, weißes Kreuz.	

Platzl.

H. 436, 437; Plätzl 4, 3.

1408 Frnnomnest (Früh-vom-Nest[2]). 1424 Ulreich Tänkl teilt das

----

[1]) Kaufpreis und Leikauf standen häufig im Verhältniß wie 12 : 1.

[2]) „Früh-vom-Nest", „Urkauf", „Semler", „Suedpeckh", „Schnedeck", „Hüebl", „Sterzl", „Garber", sind Böckernamen, wie „Leithau", „Schwingenschlägl", „Lengnzain", „Schlag in den Kessel", „Braunseylen", „Stürzukessel", „Belöeyien", „Schwingenhammer", „Segenseysen", „Ringseysen" bei den Schmiden und Rotschmiden; „Marchschlager", „Warmschlager", „Eisenschotb" bei den Kupferschmiden; „Stubenvoll", „Crossitmayr", „Pollnbolo", „Singhammer", „Balleis" bei den Faßbindern „Schrott", „Stützenprndl", „Schnaidmann", „Klampffrer", „Swinginrvnet" bei den Zimmerleuten. „Sengsbratl", „Trenkekalb", „Lunglschmid", „Kälbl", „Weißhappt", „Pankmaister" bei den Metzgern. Diese Namen sind sämmtlich den salzburger Bürgerverzeichnißen entlehnt und laßen auf den Uebergang des Handwerks von Großvater auf Enkel und Urenkel schließen, weil um 1400 die Bürgernamen schon sämmtlich feststanden und um 100—200 Jahre früher geschöpft wurden!

Haus. Das andere halbe Haus und ein „kleins Häusl" daran wurden
zum H. 437 oder 3 verbaut.

Zeilhofer 1477.

Weinperger 1479, '83.

1491, 1516, '30, '42 Peter Öfferl,
 Koch, „Schenkhaus" (Wirtshaus)
 Strimitzer; Daxer; Baurnfeind.
 1665 Köllinger, Leinwandhändler,
 erhält die Erlaubniß für den Wirts-
 betrieb.

1838 in drei Böden verstuckt. Feyerl,
 Bauer, Huber. 1838 40 Leonhard,
 Gerike, Eid 1873.

1452 Dankl, halbs Haus, 1477.

1483 Hetzlinger, Bäckerhaus
 Plainberger,   „
 Regensburger,   „
1608 in Böden verstuckt.
1732 durch Bäcker Rabl vereinigt.
1775 Feyerl, Mundbäcker 1816.

1858 Moslechner,
1874, '81 Höller.

Linzergaße.

H. 438: Linzergaße 2.

1408 „auf der geftetten[1] gegen der Rewt". „an der nidern und
gegen der obern Rewtt bei St. Andrä khirchen". „gegen den Brun und
St. Andrä kirchen ober" 1519. 1408 Hans Pretnagl. 1452 der Pfifter
(pistor, Bäcker) von Berchtesgaden; feither Bäckerhaus. „Eckbäcker". 1748
—1819 die Egg'ichen. 1819 Patriz Kling und Therés Zierer.

H. 439: Linzergaße 4.

1457, '70 Mert Steinmüller, Angl-
 berger; Ridler, Mayberger 1559,
 '70, 1618 Reutter. 1608 Cordula
 Grien, Gaftgebin.

   „Stieglschmidhaus".

1642, Knoll'iches Wirtshaus zum
 „wilden Mann".

1552 Andre Marchbrenker'iche Erben?
1650 Uripranger Flor. Ratsburger
 und Gaftgeb.

1660 „beim gulden Weintrauben".

Conrad Forster 1660 vereinigt beide Häuser

1695 Möblhamer, 1737 Reuhofer. Joj. Lueger, Weinwirtshaus
1800. Raiblingerhaus 1775, 1804. — Zierhut. „Zur Traube".

Zu diesem Hauje gehört ein hofburgrechtlicher Ort Grund bis zum
„Wachthüttl bei der Capuzinerftiege" und mit einer Stiege zur St. Johanniskirche hinauf, 1639 dem Florian Uripranger verliehen.

---

[1] Tieß wäre joinach die dritte Stadtgegend, die die Bezeichnung „G'ftätten" führt
(S. Abichn. X. S. 185) und fie ift eine Beftätigung der in Abichnitt V. S. 77, 78
dargeftellten Entwickelung des „Platzls" der Rechtsftadt.

H. 440; Linzergaße 6.

1434 Ulrich; Georg und Martin, die Schawrer, Bäcker. 1479 Hanns; Virgil Unverdorben 1510, '30. Gregor Schmittner, Stadtrichter 1435, '54. Aninger, Bäcker 1555—1620. Kellhamer, lauter Bäcker bis 1874 Alteneichinger.

Hanns Unverdorben, burger ze Salzburg, gesessen bey dem Ostertor. Consistor. Urk. 459.

H. 441; Linzergaße 8.

1408 Steinzerhans. Hainreik Schymel. 1452 Reysacher. 1536 Gregory schmittner, stattrichter. 1589 Federpacher. 1622 Hanß khlain, Schuester. „Federpacher= oder Schuesterwirthshauß, 1647. 1662 Paul Lenkher, Gastgeb. 1858 drei Besitzer.

H. 442; Linzergaße 10.

„das ander haws vom osterthor herab". „Wirthsbehausung enhalb der pruggen in St. Ruprechtsgassen zwischen ......" 1454 Martin Oesterl. 1499 Erhart Zieher. 1600 Michl Pichler, Gastgeb peim oster-thor. 1636 Pauls Niedersteinlechner, Gastgeb. 1698 Johann Pabnpichler, Gastgeb. 1713 „beim weißen Lämppl". 1775 Lamplwirthshaus. 1858 Franz Endres, Kaffeehaus.

H. 443; Linzergaße 12.

1552, 1650 „Peckhenbehausung an der Rinckhmaur". um 1780 bereits verstuckt. 1713 Peter Seleitner, „Kammelmacher" (Rammmacher). 1800 Zirkelschmid Schweizer. 1858, '81, 3 Besitzer.

Das Paschinger= oder Gschnitzerstöckl, Kapuzinerberg 5, war 1650 ein Garten, wurde 1769 in größerem Umfange einzufrieden bewilligt, der Frau v. Hermes zu Erbrecht verliehen, mit der Bedingung, „bey allfälligen Kriegs=Troublen diesen Ort ohne Wiederspruch zu einem Waffenplatz ohnentgeltlich herzulassen". 1775 Hermesstöckl.

H. 451; Linzergaße 14.

Der Glidweich. 1353 Holfnez. 1406 Heinrich der Vischkewsel. 1429 „Haus da man auf dem Minnberg vert zunagst an des Maricholezels haws und ezwischen des ostertors". 1512 Christänl, Pegkh. 1542 Hans Mainpurger, pek. 1492 Jorg penkher, pekh. 1608, '53 Hieblpöckhenhaus. Um 1780 Bilder= oder Kupferdrucker Josef Güntherr, um 1784 verstuckt. 1858 4 Besitzer.

H. 452: Linzergasse 16.

1434, '50 Chunradt Sawsakh, Fleischhacker. 1552 Hans Schawer Pegkh. 1713 Riser, Bäcker. 1800 Zahlhaas. 1858 Zahlhaas und Hölzlmayr, 1881, 2 Besitzer.

H. 453; Linzergasse 18.

1353 Heinrich der Lallenschuster. 1406 Mertein Rewtter. 1450 Schneider Jeny. 1494 Hans Weinangel. 1526, '52 Rosenkranz 1526, Schuster und kerzler. Landshueterin, Schlairerin. 1608, 1713, '75 Rosenkranzhaus. 1816 Weißbäcker Zahlhaas und Siebler. 1858 Siebler. 1881, 2 Besitzer.

H. 454; Linzergasse 20.

1452 das Haselpecken-, 1595 Frischpeckhen- (noch 1660) haus. 1470 Leonhart Peugnzain; 1486 Augustin Clauer. 1858 Bäckerhaus. Dazu ein Gärtl am Juberg. 1560.

H. 455; Linzergasse 22.

1552 Mertein Eder, Prew. 1608 Waltenpergerin, Gastgebin. 1713 Tanblgraber, Turnergjöll und seine Schwestern, welche die Bierzapslerey betreiben „bey der gulden Rosen". 1816 „Rosenwirthshaus". 1858 „beim Tiger", 2 Besitzer.

H. 456; Linzergasse 24.

1442 Hans Pscher. 1487 Ulrich Kuntzinger, 1541. 1542 Hans Pirchinger, peckh. Bäckerhaus. 1800 Bäcker Jaut, 1858 H. Auer, 1874 Hansböck.

H. 457; Linzergasse 26.

„ist das sechst haus auf der rechten seitten vor dem Osterthor in der Vorstadt" 1429; „ist des Fränkhleins peckhen gewesen". Michel Stumpf; vor 1512 Hans maydenburger. Khern (Khren)- oder Luegerhaus 1602. Georg Frimbl, Gastgeb. „beym blauen Hechten" 1733. — 1472 stiftet Eckhart für seinen Bruder Hanns Flämelsperger mit jährlich 2 Pf. Pf. einen Jahrtag.

H. 458; Linzergasse 28.

1452 Chuntz Smid. 1482, pewgenzain, smid, 1515, '29 Thoman Süetzenhamer, schmid und Erben. 1763 Heinrich Auer, Büchsenmacher. 1809 Mathias Bayrhamer, Spezereihändler im May. 1846 Barbara Erlichshofer.

H. 459; Linzergaße 30.

1523 Wolfgang Crasst, Stadtzimmermann. 1637 Melchart Glemer, Kupferschmid. 1775 Kupferschmidhaus. 1813 Glaser Bauer, 1858 Herdegen.

H. 460; Linzergaße 32.

1552 Metzgerhaus; 1608. 1647 Branntweinbrennerhaus. 1713 Essig-mannhaus. 1775, 1800 Essigmändlhaus. 1804 Lederzurichter Deggendorfer. 1858 Lederhändler Balbe.

H. 461; Linzergaße 34.

1410 Niclas Stümpflein, der Wagner. 1552 Nieder. 1608 Clebinger-haus, 4 Parteien. 1754 wird das Wirtsgeschäft zum halben Mondschein vom H. 496, 497, Linzergaße 27 hieher übersetzt. 1784 Penzingerin, „Halbmondscheinwirthin". 1881 „zum halben Mondschein".

H. 462; Linzergaße 36.

1452 Meindl, Wagner. 1512, '29 Stauffer-, 1572 Schiserl-, 1628 Weixlpämer-, Reitsauer- oder „von altershero Wagnerhaus". Bis 1816 lauter Metzger. 1858 Zeugschmid Gersteneggar.

H. 463; Linzergaße 38

Mert Öbstlers „Haus in der Linzstraß 1477", „H. in sand Sebastians-gassen" 1512. Hiezu gehört ein Garten an der Satlpeunt. 1775 Drei-könighaus. 1800, '16 Nadler Tesslbrunner. 1858 Drechsler Böck.

H. 464; Linzergaße 40.

um 1560 „Haus herdißhalbs Glimpsprunns". Dachhueber. „in St. Ruprechtsgassen" 1652. „in St. Ruprechts- oder Linzergassen" 1659. 1740 verstuckt. 1713 Fragnerhaus. 1858 Fragner Wieser.

H. 465; Linzergaße 42.

„ist das fünft von dem Glimpsenn (prunn) hereinwertz", 1429. 1564 „in der Linzstraß", 1650 „in St. Rueprechtsgassen". Ott, Schmid. 1477 Peter Veldner, parchanter, 1491. 1640 Jakob Khürl Fleischhacker. 1823 Jakob Gruber, Kässuppenwirthssohn um 8000 fl. 1858 Dr. Prinzinger. 1369 war es eine halbe Hofstatt; die andere Hälfte hatte Conrad von Alben inne (H. 466).

H. 466; Linzergaße 44.

1369 Ludl Härtl (Ircher). 1477 schynerll (Schiserl), Fleischhacker. 1608 Hans Schmit, Sayler. Ist seitdem Seilerhaus geblieben. 1858 Seiler Kormann. „ist das nierd haws hereinwertz von dem prunn der da haußt Glimpf an derselben zeyl".

H. 467; Linzergaße 46.

1480 Steffan Fürstenperger, Fleischhacker, genannt der Wilpold. Seit 1552 wohnen darin Färber, meist als Eigentümer. Rudprecht Paumgartner, 1608 Seb. Zettl, 1647 V. Pitschgo, 1713 Anb. Riegersperger, 1816; 1858 Haidenthaler.

H. 468; Linzergaße 48.

1361, '85, 1408 der Wachentrit. Jörig, Chlampffensmit. 1512 „gegen der wasserstuben ober am glympfenprunn." „Haus und gartten bey dem glimpfen", 1477. „eckhaus in Sand Sebastiansgassen gegen dem glympfenprunn ober" (d. h. daran) 1512. 1581 „vor dem osterthor bey S. Sebastian". 1563 Höräntl, Parchauter; 1647 Portenwirker Khogl; um 1730 verstuckt. 1800 Büchsenmacher Mayr. 1874 Starek.

H. 469; Linzergaße 50.

1395, 1429 Meindlein (Meinhart), 1452 Liendl, die Hürnen, Ebsler. „ist ain Egthaws gegen den bruderhaws ober, auch gegen den glympfenprun ober, so man in den stainpruch fert", 1512. „haus, hofstatt und gärtl in der Lintzstraß,", 1526; Martin 1596, 1600 Elias Unklprecht. Um 1759 verstuckt. Lohnkutscher Probinger. 1881 Bodner und Probinger.

H. 470; Linzergaße 52.

„Das Glimpf- oder Leyrprunhauß", 1718. „in der St. Ruprechtsgassen beym Glimpfbrun" 1652. 1709, '12, '16, '18 in vier Böden verstuckt. Noch 1552 Wolf Glumpff, Metzker. 1608 Georg Urthaller, Parchauter (Weber). 1718 vom Bruderhaus erkauft. 1816 Metzger Kaser. 1858 Ribesmayr. Vgl. Abschn. IX, 161 und XI, 206. Die Hauszahlen 50 und 52 schwanken zwischen den alten Angaben.

H. 471; Linzergaße 54.

1552 Andreen Eber Wittib. 1650 „das Achtingerhauß. 1713 Metzger Khierl. 1800 Metzger Pscheidl. 1858 Burgstaller.

H. 472, 473; Linzergaße 56, 58.

1552 Parchauterbruderschaft,	Metzer Bäbl,
1608 Thuemer,	Wolfsperger, Parchauter,
1633, '47 Achtinger, Weber.	
1713 Portenmacher Sedtmann.	Stadtgerichtsprokurator Hofer.

Claude Trunel, französischer Hutmacher[1]).

---

[1]) Das Erscheinen eines französischen Hutmachers hängt wohl mit der aufgetretenen Mode der drei- und zweizipfigen Hüte zusammen.

1767 das Bruderhaus, (Executionsweg).
1775, 1816 erstes und zweites französisches Huetererhaus.
1858 Theresia Magauer, Theresia Gammer,
1881 Anton Schwab, Mathias Künstlberger.

H. 474; Linzergasse 60.

1429 „ist das fünft haws von dem Glimpfen hinauswercz gen dem tor". 1429 Dietrich, Ringler. 1715 „Haus gegen St. Sebastian Padt yber". „Bründlhaus" (Hanns Prindl, Zugwerker, 1690). 1769, 1829 das Bruderhaus. 1858 Margareth Brodmann. 1881 Lorenz Maier.

H. 475; Linzergasse 62.

1552 Hans Möracker, Zimmermann. 1608 Thoman Reizhamer. 1647 Griming, Metzger; Metzgerhaus seit 1608. Muntigler, Hilpesroider, Reitshamer, 1874 Grünwald.

H. 476; Linzergasse 64.

1528 Sebastian Ödt, Hofmezger (Edthoffer?). 1557, '71 Loy oder Loyfrith, Kupferschmid. 1608 Parchanter Hueber. 1713 zweites Schober-haus. 1775 Metzger Schwab; 1800 Metzger Mayr. 1813 Pirchl. 1858 Baumgartner.

H. 477; Linzergasse 66.

1552 Metzger Pabinger. 1608 Parchanter Creizeder. 1713 erstes Schoberhaus. 1759 Orgelmacherhaus (Rochus Egedacher); Faßbinderhaus 1800, 1874.

H. 478; Linzergasse 68.

1470, 1514 Eysenmanngerhaus in der Lintzstrass bei gallgentor. 1552, 1647 Linortner, Metzger. 1775 Kaspar Keller, Roßlechner (Lehnrößler). 1800 Zimmermeister Wagner. 1881 Rosalia Wagner.

H. 483; Linzergasse 51.

1560 vom Bruderhaus erkauft. 1566 „Claines heisl an das galgen door". 1571 wohnt darin der „thodten Läsl" (Lazarus, Todtengräber), dann eine „Padtiern" (Baddirne), dann der „dharsteer" (Torsteher). um 1579, 1590 „neuerbantes Heußl". 1647 „fünftes Sebastianhaus"; der Todtengräber; 1713 Georg Obermayrs, „Postjodl" genannt, Witwe. 1858, '81 Heinzlmann.

Das Haus 483 war ursprünglich nur ein Anhängsel der

H. 484 und 485; Linzergasse 49, 47.

1373 Christof Rhewtzl „haws vnd panngarten auffer des osterthor

am graben pey dem obern thor an ortliebs des rawtter weingarten". —
1405 Heinrich Narrwein. 1405, '18, '33 Jacob; Heinrich nnd Primus
die Gäwmüllner. 1434, '40 Ulrich Elienhamer. 1540 Hans Enndl,
„Erbgerechtigkeit auf die zwei Burgrechtshäuser, Stadl vnd Hofstetten
zunächst an saub Sewastiansthorr vnd gemainer stat schantzgraben" zum
Bruderhaus erkauft. „Der Garten wird gebraucht zum Bruderhaus".
1641 hat der Fürst „gemainer Stadt aufgetragen, wegen der geserlichen
Khriegsleiff ein guete Anzall Prenholz (zum Vorrath) einzukhauffen vnd
in den Gartten zwischen S. Sebastians Bruderhauß vnd der alten Statt
Mauer daselbs einzulegen". Dazu wurde eine Einfahrt durch das „Ausreiterhaus" aus der Linzergaße hergestellt, welches vom Bruderhaus
angekauft wurde. — „Gemainer Statt Holzgarten".

<table>
<tr><td>484.</td><td>485.</td></tr>
</table>

„Viertes Sebastianshaus" 1647.	„Drittes Sebastianhaus" 1647.
1805 vom Metzger Pogensperger	1776, 1800, '13 Metzger Puchner.
erkauft. 1816 derselbe.	1881 Johann Lechner.
1858, '81 Stadler, Metzger.	

H. 486; Linzergaße 45.

1456 Conrad Treunckschalb, Fleischhacker. 1589 im Besitz des Bruderhauses. „Andres Sebastianhaus" 1647. Verkauft 1655 an Caspar Köppl,
Hofmetzger.

H. 487; Linzergaße 43.

Ist wahrscheinlich vermöge einer Jahrtagsstiftung an das Bruderhaus gekommen. 1534, '50, 1608 Bruderhausbad. 1654 verkauft. 1751
zurückgekauft, dann wieder verkauft. 1858 Grünbaumwirt.

H. 491; Linzergaße 35.

1642 kauft es Christof Wolgschaffen, Castner bei St. Peter, vom
Kloster Loretto, 1654 das Bruderhaus von Wolgschaffen. „Fischwäßererhaus". Verkauft an Peter Steinpichler vor 1764. Rückgekauft. Dann
wieder verkauft.

H. 492; Linzergaße 33.

1552 Gilig Reitzhamer, Metzger. Die Reitshamer bis nach 1650;
dann lauter Metzger. 1858 Glockengießer Oberascher. 1881 Ferbinaud
Burger.

H. 493; Linzergaße 31.

Peter Haslinger. 1471, 1523, '38 Leonhart Schiferlein, Meczker;
daun lauter Metzger. 1813 Glockengießer Oberascher. 1881 Theres Oberascher.

H. 494, 495; Linzergasse 29.

Seit 1477 bis ins 19. Jahrhundert ein einziges Haus. Die Ursache der zwei Hausnummern ist nicht aufzufinden. Fleischhacker Graf, Pankmeister, Weißhaupt[1]), Tanner, Thalhamer, Millpacher, seit 1737 Tischler Possert bis heute.

H. 496, 497; Linzergasse 27.

In Bezug der Hausnummern gilt dieselbe Bemerkung, wie von 494, '5, jedoch könnte das „Haus Scheyllhofers des Schmides, zwischen des Zacharias und Näeplschmidhaus" auf 497 bezogen werden. 1403 Zacharias von Heudorf. Dessen Söhne. 1471 der Zergadner[2]). 1500 Ardinger, treibt Weinhandel. Kirchperger. 1608 Eder, f. Kellergegenschreiber, „Wirtshaus zum halben Mondschein". 1629—'67 Leopold und Sohn Paul Rottenburger, Orgelmacher. 1716 Gastgeb Schuster. 1754 wird das Wirtsgeschäft nach dem H. Linzergasse 34 übertragen und heißt das Haus nun „Baderhaus". David, Sohn Josef Günther, v. Gilowsky, Wundarzt und Geburtshelfer. Schloßer Fiedler.

H. 498; Linzergasse 25.

„ist das fünfft haws von der perckstrassen auswerts". 1429 Ull, smid; 1452 Freizier, smid; 1512 Nuepel, smid. Seit um 1550 Metzger. 1881 Hartl.

H. 499; Linzergasse 23.

1477 Prauneisen, smid; 1507 Christof Gnigler, smid. 1550 Gilig Gerbolt, 1578 Oesterer. 1598 Hans Zetl, Schmid. 1759 Lederhos, Sattler. seit 1788 Kupferschmide Göschl, Stallinger, Breitinger. Die Beschlagstatt der Schmide stand im „Gärtel".

H. 500; Linzergasse 21.

1477 Peter chlawsner, fleyschhacker. 1482 Hans eckschmid. „Schmidhaus", „Wenglerhaus", 1559 Wolf Junger, Pierpreu. 1615 Haympuchner, Schwarzfärber. 1713 Postmeister Capellerhaus. 1813 Landgutscher Wohlfahrtstätter; 1858 Pichler, Lohnkutscher.

H. 501; Linzergasse 19.

„Schmidten und Hofstat". Hanns Schnell; H. Rizinger, Balthasar Beldner; Khemetinger. 1693 in zwei Hälften verstuckt, deren eine

---

[1]) Weißhaupt, Weißhaup, Weißhap, Weißhoppl, ein Metzgernamen, der auch anderwärts, z. B. in Wien, vorkommt.

[2]) von „Zehrgaden", der Aufseher oder Verwalter des fürstlichen Speisegewölbes.

28

Capeller 1710, 1739, die andere eine Zeit lang Remetinger inne hat. 1816 Wohlfahrtstädters zweites Haus. 1881 Zwei Besitzer[1]).

H. 502; Linzergasse 17.
Bergstraße 2.

458 alt.	459 alt.	460 alt.
Schreyer, Wirt.	Spilbergerhaus.	
1477 Prayttenlochner.		
1526 Jorg Steller, prew.		
1550 Bäcker Mittringer.		
1589 Paldauf, Sattler.	1591 H. Schreiner.	1608 Sebastian Wurmb,
1628 Thoman Perger.	1595 H. Stettlinger,	Papierer zu Lengfelden.
1694 Joh. Elixhauser.	deutscher Schulhalter.	1650 Matth. Reitsamer,
„Sattlerbräuhaus“.		Mezger.
1742 Bäcker Schallhart.	1713 das 2. Bergerhaus.	1713 Wagnerhaus.
„Pergerbräuhaus“.	1742 Schallhart.	Sigl, Zeug, Schrott bis
1788 Ignaz Brobmann.	(Bürgerstöckl).	um 1816?
	1808 F. X. Kaserer[1,2],	
	1809 S. Egger.	
	1827 S. Hofmann 1858.	
	1881 C. Schneeberger.	

H. 517: Linzergasse 15.

1369 Hanß Stemper, peglh. 1423 Lorenz Gärber, Peglh. 1446, '52 H. Salczpurger, Bäcker, „Salzburgerhaus“. 1512 Leonhard Prschperger, Roßunterkeufsl. 1541 Sattler Reich. 1600 Th. Mitteregger, Wirt. 1614, '23 Eißlsperger, Pierpren (cerevisiarius) in der Gugl. „Wirthshauß am Egth als man in die Pergstrassen geen will“. 1647 Adam Khierl, Metzger, „Weißrößlwirthshaus“. Ruprechtsgassen in der St. 1663, 1713, '35 Pabmpichler. 1735 Balth. Weidl, Gastwirt. 1792 Fr. Schider, „Bauernsohn von Lofer“. 1804 ein Boden versteckt. 1809-1885 die Schiderschen.

H. 518; Linzergasse 13.

Vor 1408 Ortolf der alt Olglär. 1429 Jakob Sueyder. 1512 Leonhard Waldner, sayler. 1564 Hanß Zachner, Tischler, Schloßer sind nacheinander in Besitz. 1604 Hufschmid Eberl, 1654 Steinmetz Pfenningerhaus. seit 1670 mehrere Fragner. 1858 Fragner Heigermoser.

---

[1]) Die Häuser dieser Zeile der Linzergasse zahlten je zwei Gulden jährlicher Gilt für die Bewilligung, ihr Abwaßer in den Loretto- oder alten Stadtgraben leiten zu dürfen.

H. 519; Linzergaße 11.

1595 „Haus vor dem Osterthor bey dem Prunn". „1624 vor dem gewesten Osterthor". „Schmidthaus". „Der Rhlingenschmid". „Hof-schmitten", „Hufschmid". 1675 verstuckt. 1858 Schmid Biebl.

H. 523; Linzergaße 9.

„Das Stainhaus peym Osterthor"; „das halb Stain- vnnd prew-haws zunächst au dem Osterthor in der Stattmauer" 1408, 1512. Vom Bürgerspitale auf je 10 Jahre gegen 9 Pf. Pf., dann gegen 23 Pf. Pf. (das ganze Haus und ein Stadel) verliehen oder „verstifft" (Freistift?). Der pechrär, vor 1408, peter ezeyssär der pirprew zu eribrecht 1429. 1508 Knoll und Auerpacher je ¹⁄₂. 1520 Wolfgang Knoll (Stadtrichter 1526—'34), 1539 deßen Sohn. 1556 Brudermeister Nerlinger. 1585 Michael Holzhauser, Bräu. 1632 Augustin Pabinger. 1656, 1715 die Mayrwiser. 1719—1814 die Elixhauser. 1814—'48 Gänsl. Der Namen „Gablerbräuhaus" ist vor 1685 nicht beurkundet. Da jedoch der Stadt-richter Knoll und der Brudermeister Nerlinger keine gelernten Bräuer waren, so rührt der Namen „Gabler" (ein Gapler ist 1640 und später Stiegenbräuer) vielleicht von einem Betriebsleiter oder Geschäftsführer aus der Mitte des 16. oder 17. Jahrhunderts her[1].

H. 524; Linzergaße 7.

1407, '45, 1521 „Oberrewt", „ob Rewt". „zunächst an dem Stain-haus" 1408. 1512 zunächst an das chlain Gäßl hinder S. Andres Kirchen. 1696 „am Königäßl". 1402 Liendl, Fleischhacker. 1452 Pehaim vnd Chral von Nürnberg. 1488, 1510 Hans Engendorsser. 1512, '28, Topler, „Toplerhaus". 1535, '58 Hanns Mayr, Tnechler. 1560, '64, Wolf Hentheuer, Wirt (= Windisch?) 1582. 1586 deßen Stiefkinder Berthold, Ursula und Cordula Gnigler. 1595 Frau Barbara Gnigler (= Zachner). „Gniglerhaus". H. Pechtenhamer, Gastgeb. 1622, '34 Wilh. Straßer, Handlsmann. 1639 Binderbehausung. 1650, '88 Wirtsbehausung. 1677 Hofkanzler Staudacher von Wißpach. 1696 Bindermeister G. Wagner ¹⁄₂, 1733 ganz. 1751, 1808 Metzger Mayr. 1775 Sudlkochhaus. Seit 1809 Apotheker Hinterhuber.

H. 525; Linzergaße 5.

1334 Knöllin, 1484 Hanns Knoll. 1554 Rierer. 1512 Jakob Pockhenperger. 1608 Pumberger Gastgeb. 1647 Meltheur, Gastgeb.

---

[1] Auf Seite 203, Zeile v. u. wäre daher bei den Namen Gabler ein? zu setzen.

25*

1713 „beim wilden Mann." 1775 Rothenbachhaus. 1808 Uhrmacher Niggl, 1881.

H. 526; Linzergaße 3.

1423 Fridreich pruknär. 1452 Leonhart der Clämler. 1512 Peter Thalhamer. 1529 Hanns Preuntl, Weinjchenk. 1595 Kürjchner Spärrer. 1604 Hueber, Lebzelter. „Lebzelterhaus". 1675 Höpflinger, Kupferjchmid, verjtuckt. 1800 Sudlloch Tanzberger, Metzger. 1858 Griesberger.

H. 573, 575, 592; Platzl 2, Theatergaße 4, 1.

1349 Heinrich Zbigler (Zwicker). 1351, '58 Ortlieb, Bernhart „in der Reut". 1408 in der nydern Rewtt". Hanns der Schon. 1477, 1514 Conrad, 1550 Virgil Setznagel. Hanns Gnigler, 1564 deßen Stiefjohn Wolf Zachner. 1588 Seb. Hoffreytter, „Egkhaus in der nidern Reut". 1616 Simon Wibmer, Eisenhändler, 1651 Ruep Wibmer, Gaftgeb. 1652 Simon Wolgjchaffen, „die Wirthsbehaujung das gulden Kreuz". 1682 Laimpruchers Hansfrau, eine Wolgjchaffen. 1735 Andrä Ottmann, 1741 Hausteilung:

573	575	592
Handelshaus (vorderer Teil.)	Wirtshaus zum gold. Kreuz (hinterer Teil).	1560 ein Infang, oder Neufang.
1747 Ottmanns Kinder und Witwe.	1741 M. Katharina Einhueberin.	1688 ein gemauerter Stadl.
1759 Andrä Hoffer, Spezereihändler, „gol= denes Kreuz" jammt dem Oelgewölb im hintern Haus.	1760 Gmachl, Wirt. 1799 verjtuckt. 1858 fünf Bejitzer. 1881 vier "	1741 das „hintere Stöckl". Anna Elij. Ottmann. 1804 in zwei Hälften. Drechsl. Glarer. Ant. Lungljchmid.
1808 Bolland.		1823 und 1836 von
1813 Pajchinger.		Rockenstein wieder
1824 G'jchnitzer.		vereinigt.
1828 Frau Bolland. Franz Zeller.		abgebrochen.

H. 574; Platzl 1.

1369 Padstuben enhalb Ach. 1408 P. in der nidern Reut. 1512 P. „an dem ftieglen". 1515 Haus und Pad. 1585 „Behaujung des Stieglpad". 1529, '36 „Wolfgang Wolf von Gräz ift Herr des Pads")[1].

---

[1] Diejer Wolfgang Wolf aus Gräz wurde jeiner Herkunft wegen „Wolf (der) Windijch" und jein Stief oder Schwiegerjohn Zachner, aus ähnlicher Urjache „Gnigler" genannt.

1542 Hans Zachner oder Gnigler, Bürgermeister. 1567 Christof Z., Sohn. 1593 Christof Stellner. 1608 „abgeprochenes Stiglpad, allda Christoff Stellner bei der abgeprochen neuen Pruggen ain neue Behausung erpaut". 1626 Max Stellner. 1636 Abraham Gerzer (Englwirt). 1652 „Wirtsbehausung"[1]). 1670 Math. Laz, Gastgeb. 1693 Martin Lasser d. ä., '97 d. j., Gastgeb. 1738 „beim golden Ochsen". 1793 Schwarz Jos., Weingastgeb. 1808 Joh. Pichler, Weinwirth. 1874 Fr. Zeller.

Bergstraße.

H. 503; Bergstraße 4.

1650 Hans Dengg, Kupferschmid. 1775 Bildhauer(?)haus. 3 Besitzer 1858, '81.

H. 504; Bergstraße 6.

1510 Georg Mayr, Parchanter. 1622 Virg. Linordner, Metzger. 1648 H., Schnuegg, Rhämpelmacher. 1775 84 W. Storch, Bierzäpfler. „Besenstielwirtshaus" 1775, 1816, 1858 zum schwarzen Adler.

H. 505; Bergstraße 8.

1429 „an des Hannsen Pytel gartten". 1452 „bei Conradten Ebers (Ebner) garten". Pättingerhaus 1425, '60. 1554, '78 Valtein Kirchperger, Rathsburger. „beim Tunklischen garten", '83. 1614 Ruprecht Teussenpacher. „gegen Vuterholzer(s)garten". 1635 Max Zapler, Rathsburger und Handelsmann. 1675 Christof Schaz, Schuhmacher. 1676 Kienberger, s. Generaleinnehmer und Kriegszahlmeister. 1770 Bürstenbinder Hirsch, 1788 Gausböck 1830. 1858 Tischler Schmid.

H. 506; Bergstraße 10.

1650 „Ein Stöckhl auß dem zum Closter Loreta gehörigen Garten (Pytels-, Ebners-, Sitsams- (1475), Tunkls-, Unterholzers Garten, s. H. 505) außer der Clausur, sambt dem darinsteenten gemauerten Stabl"[2]). 1640 vom Bergerbräuer erkauft. „Pergerbräustabel und Stöckel". 1713, '75, 1808, '16. 1858 Wagenbauer Angele. 1874 Rudolf Schiber,

---

[1]) Zum Hause wird erwähnt: 1662 Ain Einfängl hindter der Würthsbehausung, an welchem Orth oder dermallen vndter der Erdt ain Gwölb zu Ausführung der verhandtnen Turchgäng gepaut worden vnd oberher die gewohnliche Straß gegen dem Lörertthor darüber gehet (Stallung obenauf). 1717 mit Hofkammerbewilligung aus der Behausung zum golden Kreuz erbrochen.

[2]) Neben diesem Stabel und Garten führte ein Weg aus der Bergstraße zum Kotbrückhtor. Ein weiterer Grund für letztere Benennung liegt in dem Umstande, daß dieses Brücklein über den alten Stabl- oder späteren Lorettograben führte, welcher (s. Anm. bei H. 19 Linzergasse) die Aufnahmstätte der Unratableitungen aus den Häusern der nördlichen Zeile der Linzergasse war.

H. 507; Bergſtraße 12.

Mezgerhaus, 1526 u. f. f. 1589 Zimmermeiſter Lechner, 1608 Klebinger, 1647 Räckhinger. 1662 Wolf Heinrich Vieregg (Graf), der churfürſtl. Durchl. zu Cölln und Bayern Rath. 1713 Eggenbacher. 1775 Stockhamer. 1800, 1858 Zanurith. 1874 Jentſch. 1881 Loider.

In der Gegend der H. 508—512 lag einſt der „Teiſinger"-, „Aſſerl"- oder „Luegergarten", „zwiſchen der Berg- und Mirabellſtraſſen", welcher 1646 vom f. Hofe verkauft und an die genannten Häuſer auf-geteilt wurde.

H. 508; Bergſtraße 21.

1521 Ruprecht Rettenſtainer. Pábl, Metzger. 1595 Höſchmann. 1611 Gg. Kirchperger, Bürgermeiſter. 1638 Holthueter. 1713 Borden-macher Mayr, 1808 Böheim. 1858 Laſchenzky.

H. 509; Bergſtraße 19.

1507 Örtl der Färber. 1520, 1552 das „Farbhaus" oder die „Mang". 1568 (Se)Baſtian Möracher, Zimmermeiſter. 1650 Hanns Wilhelm, Spielgraf[1]). 1707—1790 „Waſſerbrennerhaus". Waſſerbrenner: Horngacher, Kaltenkrauter. 1743 verſtuckt. 1858 Kunnzinger, 1881 Biſchof.

H. 510, 511; Bergſtraße 13, 17.

1669 Hanns Schaffittl, Weber. Johann Plumentritt, f. „Karobiner-Reiter". 1770 Fr. Fr. v. Heffner(n), Hofrat und Stadtſyndicus. 1777 Fr. Joſ. v. Mosler(n).

1686, 1719 iſt ein Ort Grund zu einem Bau hinzugekommen, „das für einen Durchgang oder Weeg gebraucht worden iſt".

	510	511
1775	Sacktragerſtöckl.	Heffnerſtöckl.
1858	Kupferſchmid Leitner.	Buttentragerſtöckl.
1874	Wiedemann und Möſeneder.	Schrannenmeiſter Eder.
1881	„ und Beham,	Daurer.

H. 512; Bergſtraße 11.

Bis 1671 Hanns Wilhelm Haas, f. Cammerdiener (Portier) und Feldtrompeter und deſſen Frau Ertraud Hollerpuſch. 1715 Oberforſtmeiſter

---

[1]) Die „Spielgraſen" wurden vom Fürſten aufgenommen und erteilten die Beſähigungs-briefe und jährlich einzuholenden Erlaubniſſcheine an die damaligen Landmuſiker, bei Tänzen, Hochzeiten und andern Feſtlichkeiten mitzuwirken. Gute Aufführung wurde zur Bedingung gemacht.

Christof Hietl. Fran v. Mayrau. 1725 Seifensieder Hangi. 1800 Seifensieder Hilleprand. 1816 Hangi. 1858 Straniak, 1881.

H. 513; Bergstraße 9.

1608 Unthrecht. 1647 Hofglaser Reichart. 1713 Annifer. 1775,
1816 Kartenmalerhaus. 1868 Bräuer Hofmann. 1874 Graf Lamberg.
1881 Martin Ludwig.

H. 514; Bergstraße 7.

1507 Baubewilligung f. Lienhart Hamperger, Zimmermann. 1529
ein Schmidhaus, „neupant“. Oefferl- oder Afferlhaus 1528. 1541 Oeder.
1555, ’61 Unterholzer. 1572 Prann. 1604 d. fürstl. Cammer. 1590
„Burckhrechthaus, Hofstatt vund Gartten .... so ain gmainen Durchgang
hat“. 1647 Bartlme Praitner, Gastgeb. Stefan Hueber, Gastgeb. „beim
schwarzen Rößl“.

H. 515; Bergstraße 5.

ist wahrscheinlich durch Teilung entstanden, so daß 514 und 515 eine
Besitzeinheit bildeten. Laubingerhaus 1423, ’33. 1446 Stefan schmidhaus.
1476 Görg Sitsam, snid. 1562 Unterholzer u. s. w.

H. 516; Bergstraße 3.

1433 Ott Päbl. 1436 Ulrich Dänckhl. 1446 Asm Ruetzinger. 1452
Zwitracht wegen der Schidmauer mit dem H. 514 515. 1512 Zwei halbe
Häuser, (ein vorderes und hinteres?) 1529 Jörg Baumeister. 1567 das
Bürgerspital, 1604 verkauft an Elias Augerer. 1647 Eisenmann. Schlosser-
haus. 1800 Rommelsheim Daniel, Schlosser -- 1830. Büchsenmacher
Haidl 1858.

Um St. Andrä.

H. 527; Dreifaltigkeitsgaße 4.

Es ist unklar, ob dieses Haus vom Anfange an St. Andräs Kirche
angebaut war, und ob das Haus Wolfgang Wäst’s (1515) dazu einbezogen wurde. 1470 Stessan Planckh. 1485 Metzger Trenckschalb.
1552, 1638 die Meßerschmide Gemperl, Seebrunner, Pinter. 1713
Schmit, Koch „Stadtkochhaus“. 1804 abgebrochen. 1808 Baumeister
Laschenzky. 1858 verstuckt.

H. 528; Königsgäßchen 4.

1552 Kaspar Schalmoser Maurer, Stessan Schalmoser, Zimmermann.
1608, ’47 Binderhaus. 1713 Christoph Zeiß, b. Illuminist. 1775, 1816
Bildermalerhaus. 1609, ’53 verstuckt.

H. 529; Königsgäßchen 6.

„das (haus) ligt gegen den pogen vber da man hinhinder get hinder dye chirchenn" 1429. 1477 Ruprecht, permunter (Pergamenter). „Haus hintter sandt Andreeskirchen zwnägst Indl Indhauß", 1512. 1529 Notar Schmeckhenpirill. 1623 Hermele Tischler. 1775 Goldschlagerhaus.

H. 570; Lederergaße 5.

1411, der Ponstingl. 1422 Gangolf Speckher, Lederer. Seither fast nur Lederer. 1858 Schlüßelberger.

H. 571; Lederergaße 10.

1477 Fr. Talhamer. 1508, '47 Hanns, Sebastian Pröckl, Permunter (Pergamenter). 1608 Leonhart Ránhartinger, Gastgeb. 1814 M. Hinterholzer, Gastgeb. 1775 „beim rothen Ochsen", 1858.

H. 572; Dreifaltigkeitgaße 3.

1540 Andrä, 1552 Asm Murr. 1552, '90, 1638 Lederer, Nestler, Federschmucker, Hutstepper. 1681, 1764 Seilerhaus. 1781 3 die Bierbräuer Wackerbauer und Neuhauser vereinigen es mit dem Bräuhaus.

1374 „der pirprewin hofstat zenägst an der nydern rewt". — Der Gärwchnecht. 1423, '29, 77, Hanns, Ruprecht Cháserer. Hans Payrhamer „Pirprew in der Plaich" 1496, 1526. 1609, '50 Freihamer, 1694. 1743, '60 Eschenbacher. 1814, '58 Nikolaus Schlam, um 11.000 fl. gekauft. 1874 Bräuhaus eingegangen. Wirtshaus 1874, '81.

Hiezu das Fischwässerer-, oder Branntweinhaus 579, bis 1775 ein Ledererhaus, seitdem bis 1874 mit dem Bräuhausbesitz vereint

H. 580; Lederergaße 8.

1552 Thoman Schnutlman, Nestler. 1608 Lederer Schenperger. 1623 Maull, Portenmacher. 1803 Stadtkoch Lackner. 1813 Mathias Hinterholzer, Stadtkoch. 1858 Frischling.

H. 581; Lederergaße 3.

1411, '22 „Jakob des Velär haws an der Rinkmaur". 1552 Lederer Schwamperger. 1608, '23, '47, 1713 Loch- oder Lauchhaus. Lederer. 1858 Theres Spángler. 1874 Anneser. 1881 drei Besitzer.

H. 582; Lederergaße 1.

1452 „haus zunächst an das Ledertor." „hat die Stupperynn innen". 1445, 1521 „in der Lebrärgassen pey dem prunn". „der Stadtpfarr zuegehörig". 1647 Lederer Schönperger. Ledererhaus seit 1452. 1808, '81 Deggendorfer.

Außerhalb der Stadtmauer.

H. 568; Dreifaltigkeitsgaße 11.

1680 Mich. Carl Schmidt, f. Cammerdiener und Oberst Waldmeistereiverwalter erhält die Baubewilligung zu einer heußlichen Wohnung im Hannibalgarten" (zwischen Lodronpalast und Zillerperg behausung 1720). 1737 Hofrat Berti. 1743 J. J. Chrysogon Paurnfeindt um 5650 fl. gekauft. 1744 Mauereinfang bewilligt. 1750 Mons pietatis oder Versatzamt.

H. 569; Dreifaltigkeitsgaße 9.

1601 Neugebäu der Gräfin M. Kath. Khuen auf dem Reitter'schen Garten „negst außer St. Andre Pogen an der Mirabellstrassen". 1692 Sebastian Zillner von Zillerperg. 1723 Wolf Maximilian, Graf Überacker(n).

H. 584; Theatergaße 14.

1560 der Sulfer- (Sülzerl-)garten „außer des Ledertores an der Stattmauer", der Ledererzeche gehörig. 1618 aus dem gemauerten Stadel wird ein „Häusl" erbaut. 1652 neuerbaute Behausung; Gegginger. 1657 J. Frhr. v. Platz, geh. Rat. 1661 H. Sigm. Reitter, f. Rath. 1678 Fr. Helene v. Lerchenfeldt. 1684 Kath. Gräfin Khuen — Abtrennung von H. und Garten 569. Hofrat und Prof. Hermes. 1709 Mathias v. Caspis, geh. Rat; Söhne. 1772 Gräfin Alberti. 1796 Consistorialkanzler Bönike um 3800 fl. und 24 Dukaten. Münzwardein Taubrawa. 1816 Prof. Holzschuh. Um 1820 24 Spängler.

H. 585; Makartplatz 7.

Ein Ausbruch aus dem Reitter'schen Garten und ein gemauerter Stabl zu einer Behausung 1650.

1685 „Frau Khueninn, geb. „v. Lerchenfeld", vereinigt beides. 1706 J. Preißgott Graf Khuen. 1711 die Waglhoferin kauft Behausung und Stabl um 4500 fl. 1787 Dr. Raab, Advokat. 1794 Tanzmeisterhaus. 1795 F. X. Oberer, um 5300 fl. 1858 Wappmannsberger. 1885 Oellacher.

Die lodronischen Häuser.

H. 533; Bergstraße 14.

1526 ein Stabl. v. Pflügl. 1568 Altmann zu Urstein. 1651 (?) Graf Christof Lodron (Bruder des Erzbischofes). Getraidkastenhaus.

1775 Lodronisches Kastenhaus. 1800 Postmeister Haider 1816. Erlacher, 1874 Forstner. 1881 Harrant.

H. 534; Bergstraße 16.

1564 Wilhelm Alt. 1589 dessen Witwe Magdalena Unterholzer. 1600 kauft selbe das Haus. Dr. Knoll und Hausfrau Susanna Alt. Collegium marianum 1645. 1858 Loider. 1881 Huemer.

H. 535; Bergstraße 18.

1608 s. Cammerdiener Guggenperger. 1647 viertes Lodronisches Haus. Schlosserhaus, zur lodronischen Primogenitur. 1858 Winkler.

H. 536; Bergstraße 20.

1608 Eustach Zellner. 1635 Gräfin Lobron Katharina, drittes Lodronisches Haus. 1881 Frauenhofer.

H. 537; Bergstraße 22.

Das obere Zellnerhaus. Zweites Lodronisches Haus 1647. 1813, 1816 Hofwirt Loider. 1858 Erlachers Erben. 1874 Forstner.

H. 538; Bergstraße 24.

1528 Burghauser Schmidhaus. 1550 Thoman Ringseisen. 1559 Wilhalbm Alt. 1598 Frau Altin Kinder. 1661 Franz Niklas Graf Lobron. 1631 „zur Grafschaft Mirabell gehörig"[1], 1637 zur lodronischen Primogenitur gehörig. 1696 Gasthaus „zum Regenbogen". (Lodronischer) Hofwirt

H. 539—540.

Lodronische Sekundogenitur.

H. 553—556; Mirabellplatz 6, 7, 8, 9, 10.

Graf Lodronische Sekundogenitur. abgebrannt und verstuckt.

H. 563—567; Dreifaltigkeitsgasse 13, 15, 17, 19.

Graf Lodronischer Primogeniturspalast. abgebrannt und verstuckt.

Der große Brand von 1818 zerstörte nicht blos die hier als abgebrannt bezeichneten Gebäude, sondern auch die Häuser der Bergstraße, am Mirabellplatze und viele andere. S. S. 194.

---

[1] Die „Grafschaft Mirabell" ist wohl nichts anderes als die gräflich lodronische Güterverwaltung, die vor Erbauung oder Erwerbung der oben angeführten Häuser einstweilen im Mirabellschloße ihren Sitz hatte.

I.

Die Bürgerwehr.

Die mitunter noch weit auseinander gehenden Ansichten über die Bauzeit und den Zweck der Bürgerwehr — die Meinungen schwanken zwischen dem 14. und 16. Jahrhundert oder dem J. 1575 — mögen es entschuldigen, daß diesem Bauwerk eine abgesonderte Betrachtung gewidmet wird. Wir sind ausschließlich auf Erwägungen angewiesen, welche aus der Beschaffenheit des Bauwerkes selbst, aus dessen Lage auf dem Berge und aus den Nachrichten über bürgerliche Befestigungsarbeiten überhaupt das erforderliche Licht spenden sollen, um die Frage zu beantworten. Gehen wir von sichern Tatsachen aus, um darnach die fraglichen zu ermitteln.

Es ist gewiß, daß die Bürger außerhalb der Stadt nur Einzeltürme erbauten, die sie nicht mit Mauern verbanden. Als Beispiele dienen die aufgezählten sechs (alten) Mönchbergtürme. Wo die alten Bürger Türme mit Mauern verbanden, da wurde der davon umschlossene Teil zur Stadt einbezogen. Durch die Bürgerwehr wurde demnach der Mönchsberg von der Scharte an bis zu ihr ein Stadtteil — das Mönchsbergviertel, und besaß auch eine Stadtmauer, deren Ausbesserung in der Gegend des Capitelturmes noch im 17. Jahrhundert zu einem Streit zwischen Stadt und Domcapitel Anlaß gab. Daraus folgt aber auch notwendig, daß die Türme um die Scharte viel älter sind, als die Bürgerwehr, daß, als die Bürgerwehr erbaut wurde, der ganze s. g. innere Mönchsberg ein Stadtteil oder eine Vorstadt wurde, und daß also jene ältere Schartenvorstadt nur unter dem Schutze der Türme entstanden ist.

Es ist weiters gewiß, daß mit dem J. 1480, oder allgemeiner, mit Ausgang des 15. Jahrhunderts der Zeitraum bürgerlichen Mauer- und Befestigungsbaues zu Ende geht, weil kein späteres Bauwerk aufgewiesen werden kann, weil die darauf folgende Zeit fürstlicher Vollgewalt das Kriegswesen und den Festungsbau selbst in die Hände nahm, ja der

Bürgerschaft schon 1495 und um 1523 zwei Türme, später als Hof-
und Kapitelturm bekannt, von den Fürsten abgenommen worden sind.

Da unter den vier Türmen, deren das Stadtrecht von 1368 gedenkt,
wie gezeigt, keine andern verstanden werden können, als die vier und
beziehungsweise sechs bereits einzeln benannten, welche von den Bürgern
gebaut, gebessert und besetzt wurden, so haben zu jener Zeit die Türme
der Bürgerwehr noch nicht vorhanden sein können, sowohl wegen der
angegebenen Zahl der Türme als auch, weil erst im Jahre 1511 die
„Bürgerwehr" urkundlich genannt wird[1], und weil die Feuerordnung
von 1524 erst die „Bürgerwehr" als Sammelpunkt einer Anzahl be-
wehrter Bürger bezeichnet, welcher vor ihrer Errichtung bei Aufläufen,
Unruhen, Bränden, wie es in den Städten allgemeine Regel war, ohne
Zweifel bei den vier alten Türmen (und in den vier Stadtvierteln) zu
suchen ist.

Berücksichtigen wir nun das gegenseitige Verhältniß der durch die Bürgerwehr getrennten zwei Teile des Mönchsberges untereinander und zu den
unten gelegenen Stadtteilen, so ist gewiß, daß der südliche Teil des
Mönchsberges in der ersten Hälfte des 16. Jahrhunderts bereits der
Stadt angehörte und deshalb auch der „innere Mönchsberg", bald auch
„Mönchsbergviertel" genannt wurde. Aber im J. 1542 galt die Mauer
oberhalb des St. Peter'schen Maierhauses in der Stadt, Bezirk St. Peter,
9), noch als Stadtmauer, denn das Haus 3 am Mönchsberge oberhalb
der St. Peters Stiege wird bezeichnet: „Ain Haus vnd Gartten gelegen
hinten am Münichperg an der Stattmawer, in der Schartten". Doppler.
Daraus folgt wieder, daß die Häuser in der Scharte im J. 1442 noch
als Vorstadt galten, da sie unmittelbar außerhalb der Stadtmauer lagen,
und es folgt weiters, daß, weil sie später als Mönchsbergviertel bezeichnet
sind, sie durch die Bürgerwehr in die Stadt einbezogen worden sind, daß
sonach die Bürgerwehr eine S t a d t m a u e r ist, wie es auch ihr Namen
mit sich bringt, denn als „Wehr" wird auch die Stadtmauer längs der
Trägasse bezeichnet, und derselbe Namen diente auch in andern Städten
zur Benennung der Stadtmauer.

Im Gegensatze dazu heißt der nördliche Teil des Mönchsberges seit
der ersten Hälfte des sechzehnten Jahrhunderts, weil außer dieser Wehr
oder Stadtmauer gelegen, der „äußere Mönchsberg" und wurde seither
zur Vorstadt Mühlen gerechnet, wie aus den Seelenbeschreibungen hervor-
geht. Nachdem in den Jahren 1461 und 1465 die Pfarrei Mühlen

_____
[1], v. Schallhamer in Ldbde I. 71.

errichtet worden war, trat auch die Ausscheidung ihres Pfarrbezirkes ein, und obwohl damals auf dem äußern Mönchsberge nur wenige Häuser standen, so ist es doch gewiß, daß seit jener Zeit der Pfarrsprengel von Mühlen an der Bürgerwehr seine Gränze hat.

Wir erhalten sonach als Zeitgränzen, innerhalb derer die Erbauung der Bürgerwehr vorgefallen sein muß,

das Jahr 1442, in welchem die Stadtmauer noch oberhalb St. Peter steht,

das Jahr 1495, in welchem der Bürgerschaft bereits einer der auf dem innern Mönchsberge stehenden alten Bürgertürme (als entbehrlich?) abgenommen wird,

das Jahr 1511, in welchem die Bürgerwehr als bereits vorhanden erwähnt wird,

und das Jahr 1523, in welchem den Bürgern bereits auch der zweite der alten Türme entzogen ist,

und nach welchem Jahre die Scheidung von Stadt und Vorstadt auch in den Seelenbeschreibungen ersichtlich wird. Demnach fällt der Bau der Bürgerwehr annähernd in das Jahrzwanzig 1460—1480, oder in die Zeit der letzten bürgerlichen Stadtbefestigung und der Erbauung der „Katze". Nichts hindert also auszusprechen, die Bürgerwehr sei die auf der Höhe oberhalb des Bürgerspitaltores über den Berg hinüber fortgesetzte obere Wehr oder Stadtmauer aus der Zeit der letzten bürgerlichen Stadtbefestigung von 1465—'80.

In der Ungewißheit, was man der Bürgerwehr für einen Ursprung beimessen solle, hat sie v. Schallhammer einen „Verteidigungabschnitt des Mönchsberges" genannt, und die Zeit ihrer Entstehung in die zweite Hälfte des 14. Jahrhunderts verlegt (1340—1400). Man hat für diese Mutmaßung gar keinen Grund beigebracht und in den „Kriegen mit Baiern" im allgemeinen die Ursache der Erbauung anzudeuten gesucht, vielleicht weil während der angegebenen Zeit auch an dem Hochschlosse allerlei gebessert und verstärkt worden ist.

Nun ist kein Zweifel, daß die Bürgerwehr, wie jede andere Stadtmauer auch, ein Verteidigungswerk ist. Wenn man sie aber einen Verteidigungsabschnitt nennt, so kann sich derselbe nicht auf die Stadt beziehen, weil hinter jeder Stadtmauer schon die Stadt selbst liegt, wie es auch bei der Bürgerwehr der Fall ist. Dieselbe könnte nur in dem Falle ein Verteidigungsabschnitt genannt werden, wenn hinter ihr noch ein Verteidigungskern läge, wie es die Festung Salzburg war. In diesem Falle müßte aber gefolgert werden, daß die Bürger auf Befehl des Fürsten diese Schutzwehr für dessen Hochschloß erbaut hätten, was jedoch weder durch irgend eine urkundliche Spur gestützt werden kann und noch viel weniger aus der ganzen Charakteristik der bürgerlichen Stadtbefestigung gefolgert werden darf, weil diese begreiflicher Weise nur den Schutz bürgerlichen Eigentums zum einzigen Augenmerk hatte. Auch wäre gewiß irgend eine Klage laut geworden, wenn die Bürgerschaft zu solchem fürstlichen Frondienst verhalten worden wäre, und daß dieß in der Zeit von 1340 bis 1400 und später kaum denkbar ist, dafür bürgt ein Einblick in die Stadtgeschichte und in das Verhältniß der Bürgerschaft zu den Fürsten. Die Mutmaßung vom Verteidigungsabschnitt ist daher im Wider-spruche mit den damaligen Zuständen, sie ist den späteren Befestigungs-systemen Vaubau's und Anderer entnommen und auf Zeiten angewendet worden, die um zwei Jahrhunderte weiter zurückliegen, in denen die Bürger noch hinter Wällen, Mauern und Türmen Schutz suchten. — Der allmällige Verfall der Bürgerwehr schon vor der lodronischen Befestigung des Berges und die Tatsache, daß die Fürsten sich nicht auch, wie es bei einzelnen alten Türmen geschah, des ganzen Werkes bemächtigten, sind gewiß ebenfalls Umstände, welche erkennen lassen, daß die Fürsten selbst auf diesen s. g. „Verteidigungsabschnitt" ihres Hochschloßes keinen Wert legten.

Wenn man anführt, der äußere, nördliche Mönchsberg sei von außen vor dem Neutore und am s. g. Studentenbergel) und von der Vorstadt Mühlen leicht ersteigbar gewesen und ein Feind habe von jenen Orten aus leicht auf die südliche Hälfte, den innern Mönchsberg gelangen und von dort aus die Stadt bedrohen können, so mag vielleicht darin einige Wahrheit liegen. Sieht man genauer zu, so vermindert sich diese Gefahr. Fürs erste war die Vorstadt Mühlen durch drei (jetzt beinahe vergeßene) Tore beschützt, welche bewehrt, bewohnt, also turmartig überbaut waren. Sie entstanden zwischen der Erbauung der ersten und zweiten Stadtmauer, denn sie sind um 1480 schon urkundlich und noch 1570 bewohnt. Zweitens ist der (ebenfalls aus dem Gedächtniß entschwundene) Mönchsteinturm zu nennen, dessen Lage die Aussicht nach allen etwa gefährdeten Seiten gestattete und also auch zur Entdeckung eines sich nähernden Feindes geführt hätte. Drittens gestattete der Falkenturm die vollkommene Einsicht in das Tal vor dem Neutore, das überdieß damals noch zum Teil sumpfiger Moorgrund war. Viertens war allerdings die Gefahr einer nächtlichen

Ersteigung oder Überrumpelung des Mönchsberges in der Gegend des
Falkenturms eine augenscheinliche und ist zu folgern, daß derselben, wenn
auch auf dem äußern Mönchsberg irgendwo ein solche gedroht hätte,
durch Erbauung eines Turmes wäre begegnet worden (etwa oberhalb des
„Studentenbergels"), was aber nicht geschah. Man getraut sich kaum
fünftens das siebentürmige Mülleck wegen der urkundlichen Unsicherheit
seiner Bauzeit hier beizufügen. Was aber die Stadtansichten rücksichtlich
seiner Gestalt lehren, so wäre zu schließen, daß es mit den runden
Türmen des Hochschloßes (1465) etwa gleich alt gewesen sei. Es hieß
damals gewiß nicht das Grimmingschloß und war auch wohl sicher nicht
ein Freisitz salzburgischen Adels, sondern etwa ein fürstliches Lehen.
Wenn aber dasselbe bewohnt oder bewacht, und die Wachen nicht blind
waren, so muß es ein starkes Bollwerk gegen die Annäherung eines
Feindes an die Vorstadt Mühlen und die Westseite des Mönchsberges
gewesen sein.

Was ist aber aus der Gestalt und Bauart des Bollwerkes — der
Bürgerwehr — selbst zu folgern? Auf den alten Stadtansichten gleicht
es einem mit Türmen befestigten römischen Standlager. Es ist aber
eigentlich, um einen deutschen Ausdruck zu gebrauchen, nichts anderes,
als ein großer Z w i n g e r gewesen, dergleichen in kleinerem Maßstabe
der Abtsturm und der Falkenturm hatten, und wie noch im dreißigjährigen
Krieg ein solcher (der untere Zwinger am Südrande des Mönchsberges)
erbaut worden ist. Die gegen Norden gekehrte, noch erhaltene Stirnseite
scheint in stärkeren Maßen ausgeführt worden zu sein, als die beiden
seitlichen und die Südseite. Wie bei Begehung des Platzes noch erkennbar
ist, umfaßte der eingeschloßene Grund die Wiesenflöche vor dem Bürger-
wehrsöller bis zur Aussicht ob des Neutores und den talartigen Wies-
grund auf der Westseite des Weges zum Torturm. Die Mauerlinie der
Rückseite des Zwingers wird durch die vorderste Baumreihe bezeichnet,
die die Wiesenmulde begränzt. Auf der Mauerstätte der Westseite hat sich
Gebüsch angesiedelt. An ihrem Zusammenstoß mit der Süd- oder Rückseite
glaubt man noch die Stätte eines Türmchens zu erkennen, deren letztere
vier besaß. Das Mauerwerk der drei schwächeren Seiten wurde wahrscheinlich im dreißigjährigen Kriege zu den Mönchsbergbefestigungen verwendet, denn die Stadtansicht von (beiläufig) 1645 zeigt nur mehr die
noch heute stehende Mauer mit den Türmen. Aber die Bürgerwehr muß
schon früher in teilweisen Verfall geraten sein. Im J. 1552, '69 gab
es nur mehr zwei bewohnte Türme, während früher drei angegeben sind;

seit 1608, '47, 1713 ist nur ein „Bürgerturm" bewohnt. Der Torturm
beherbergte seit 1575 in seinem ebenerdigen, kellerartigen Raum „Büßer",
d. i. Schanzsträflinge. Im J. 1713 ist auch der Turm „bei der Fuchslucken" bewohnt, d. i. der westlichste, auch als St. Marienpulverturm
bekannt.

Von den fünf bestehenden Türmen sind die zwei mittleren im Verfall,
auch viele Mauerzinnen. Von einem sehr fleißigen sorgsamen Quaderbau
ist, etwa mit Ausnahme des Torturmes, nichts zu bemerken. Die vor
dem Tore befindliche Bastei erinnert an die um 1465 und 1479 entstandenen Basteien auf Hohensalzburg. Es ist eine ins Größere übersetzte
Torwehre, dergleichen einst vor dem Bürgerspital-, dem Klausen-, Nonntal-
und mehreren andern Stadttoren sich befanden und auch „Zwinger"
hießen. Man hat aus einzelnen Architekturstücken am Torturm demselben
ein höheres Alter, als dem ganzen übrigen Bollwerk beimessen zu sollen
geglaubt; allein abgesehen, daß eines solchen Turmes früher nirgends
Erwähnung geschieht, hat es denn nicht, besonders in früherer Zeit, stets
Baumeister gegeben, die nicht nach der Mode bauten und Simse, Tür-
oder Fenstergewänge nach alten bewährten Mustern anbrachten? Die
Brustwehr des Vorwerks, die noch Hübner sah, ist seit Anfang des
Jahrhunderts entfernt, aber das „unterirdische Tor", wie er es nannte,
besteht noch.

Die Bürgerwehr ist also eine Stadtmauer mit Stadttor aus der
Zeit des letzten Stadtmauerbaues der Bürger. Der Platz, den sie einnahm,
mußte für diesen Zweck vollkommen geeignet erscheinen, denn 1. waren
die beiden Seiten des Zwingers durch die Steilhänge des Mönchsberges
vollkommen geschützt, 2. beschränkte der schmale Rücken des Berges eine
zu große Ausdehnung des Baues, 3. bildete diese Wehr auf dem Berge
die Fortsetzung der Wehr oder Stadtmauer, die am Bürgerspitaltor sich
an den Berg lehnte, und 4. entsprach sie der natürlichen Abteilung in den
südlichen und nördlichen, oder in den innern und äußern Mönchsberg, oder
in Stadt und Vorstadt, wie dieß einst auch das Bürgerspitaltor getan hat.

Die Katze.

Nach dem Chronisten von St. Peter bauten die Bürger im J. 1480, somit zur Zeit der zweiten Stadtbefestigung, „das Haus oder das Bollwerk auf der Scharte"[1]). Dieses Festungswerk, die „Katze" genannt, hatte den doppelten Zweck, den Zugang aus der Scharte[2]) zur Veste zu verhindern und den Weg durch die Scharte nach der Stadt gegen andringende Feinde zu verteidigen. Zu diesem Zwecke wurde die noch erhaltene Bastei erbaut, von welcher aus die Scharte und der Aufstieg von außen in dieselben mit Geschütz oder Wallflinten der ganzen Länge und Breite nach bestrichen werden konnten. Ein in Felsen gehauener Graben vor der Bastei scheint zu Ausfällen gegen die Tiefe der Scharte hin bestimmt gewesen zu sein. Das Bollwerk selbst wurde mit dem steilen Schrofen des Festungsberges durch eine Mauer verbunden und in selber ein starkes Tor angebracht, welches den Zugang zur Festung sperrte.

Die Ursache dieses Basteibaues wird in folgender Weise erzählt. Erzbischof Bernhard hatte sich mit dem Könige Mathias von Ungarn verbündet und der mit ihm gleich gesinnte Domprobst Christof Ebran von Wildenberg von dem neu befestigten Schlosse Weingarten einen Weg (aus der Scharte) in die Festung herstellen lassen, um entweder, wie es heißt, ungerische Söldlinge dem Erzbischofe zu Hilfe in die Veste Hohensalzburg zu senden, vielleicht aber auch, um sich nach Abdankung des Erzbischofes derselben zu bemächtigen, da der Domprobst hoffte dessen Nachfolger zu werden. Da erhielt im J. 1481 die Bürgerschaft den Auftrag vom Kaiser, den Turm des Domprobstes zu Weingarten abzubrechen und den neuen Weg abzutun. Im December desselben Jahres wurde der Befehl in Betreff des Weges unter Strafandrohung wiederholt[3]).

---

[1]) Cives construxerant domum f. propugnaculum auf der Scharten. Pertz SS. IX.
[2]) In Salzburg verwechselt man gewöhnlich das Schartentor mit der Scharte selbst. Letztere ist, um es zu wiederholen, das ganze den Mönchsberg durchquerende Tal zwischen Schartentor und Frei-Burg, Bürgermeistertor und der alten Stadtmauer oberhalb St. Peter. Es sieht jetzt freilich kaum mehr einer „Scharte" gleich, aber wenn man sich die lodronische Talsperre wegdenkt, mag der Namen wohl begründet gewesen sein.
[3]) Landeskunde V. 192 und 196.

Es ist daher unrichtig, wie einige annehmen, daß erst Domprobst Ebran den Weg in die Scharte herrichten ließ (welcher vielmehr schon mehrere Jahrhunderte früher bestand und zur Erbauung der Türme Anlaß gab), und daß die Bürgerschaft damals die Scharte mit einer Mauer, welche Paris nur erhöht habe, einfaßte. Tor und Katze tragen ja den Zweck ihrer Erbauung noch so deutlich an sich, daß darüber kein Zweifel bestehen kann. Denn wozu wäre diese streichende Wehre (der Katze nehmlich) mit ihrem Graben zum Ausfall errichtet worden, wenn die Scharte durch eine Mauer zugleich abgesperrt worden wäre. Der Befehl des Kaisers wurde vielmehr vollzogen, ohne daß der Schartenübergang in die Stadt aufgegeben wurde, jedoch so, daß nicht blos der Zugang zur Veste versperrt, sondern auch einem etwaigen Eindringen durch die Scharte in die Stadt aufs wirksamste begegnet werden konnte[1]).

Erzbischof Paris führte hinter der hohen Mauer, die er laut Inschrift erst 1635 quer über die Scharte erbauen ließ[2]), auch jenen zweiten Wall auf, der vor kurzer Zeit abgetragen wurde; auch der Felsgraben vor der Katze wurde jüngst eingeebnet. Auf der Katze wird jetzt eine Bierwirtschaft ausgeübt.

---

[1]) Erst seit dem dreißigjährigen Krieg galt die Katze als ein Vorwerk der Festung da sie mit Rücksicht auf die Scharte zwecklos wurde.

[2]) HOC VALLO VALLEM CLAVSIT PARIS ARCH. 1635. Steininschrift: „Mit diesem Walle schloß das Tal Erzb. Paris.“

III.

Die Veränderung des Weichbildes im Jahre 1811.

Weichbild oder Burgfrid ist, wie eingangs des I. Abschnittes bemerkt wurde, der Bezirk des Stadtgerichtes. Der Namen „Burgfrid" setzte nicht das Vorhandensein einer Burg voraus, vielmehr waren die Stadtmauern die Burg, hinter welcher die Bürger geborgen waren.

Ohne in die rechtskundigen Unterscheidungen eines „subjectiven Rechtes" der Bürger (Dahn), des „persönlich angeborenen Rechtes" derselben (C. Maurer), oder des bürgerlichen „Standesrechtes" (es gab auch ein Recht der Fürsten, Ritterschaft, der Dienstmannen u. s. w.) einzugehen, genügt es anzuführen, daß Stadtbürger (und Marktbürger)

bei der Rechtsprechung des Stadtgerichtes als „Genannte", Urteilsfinder oder Schöffen mitwirkten, daher auch

die Fähigkeit, das Recht oder die Befugniß besaßen ihre Angelegenheiten selbst zu verwalten und

vom Stadtgerichte, d. h. von Ihresgleichen gerichtet zu werden, und zwar sowohl im bürgerlichen als peinlichen Rechte.

Die Stadt ist aber ein lebendiges Wesen, welches allmälig über die ältesten, zweiten und dritten Stadtmauern hinauswuchs. Das kam so.

Wenn ein Bürger außerhalb der Stadtmauer Besitz erwarb, so war er berechtigt, in diesem Falle vom Stadtgerichte Recht zu verlangen und zu finden.

Wenn sich diese Rechtsfälle vermehrten, wenn in einer Gegend außerhalb der Stadtmauer (Vorstadt, Ortschaft) alle oder die meisten Besitze in Bürgerhänden waren, so erstreckte sich folgerichtig der Rechtskreis des Stadt- (oder Markt-)gerichtes auch auf diese Gegend und gehörte demnach zum Weichbild oder Burgfrid. Man unterschied jetzt die alte oder eigentliche Stadt und den Burgfriden (Ortschaften im Weichbild). Daher hatten auch Märkte außerhalb des eigentlichen Marktfleckens ihre Burgfriden, wie z. B. Werfen, St. Johann, Gastein, die drei pinzgauer Märkte Zell, Salfelden, Mittersill, die drei lungauer Märkte Mauterndorf, St. Michael und Tamsweg, und zwar ohne Bezug auf die in denselben vorhandenen Vesten oder Burgen.

29*

Obwohl nun hierüber keine Nachrichten vorliegen, so ist es doch nicht anders denkbar, als daß die Gränzen des Salzburger Stadt- gerichtsbezirkes sich allmälig auswärts erstreckten: vom Bürgerspital zum Klausentor, dann zu den drei Toren der Vorstadt Mühlen; ebenso vom innern Ostertor bis zum äußern, dann über Schallmos und Froschheim; desgleichen vom innern zum äußern Steintor nach Münchhausen, und vom Nonntaltor über die Vorstadt; auf den innern und dann auf den äußern Mönchsberg.

Wir nähern uns damit der Zeit des 17. und 18. Jahrhunderts, in welcher, aus Ursachen, die vielleicht in dem Verhältnisse der Fürstengewalt zur Bürgerschaft, in den veränderten Rechtsanschauungen überhaupt, oder in der strengeren Begränzung, Aufrechthaltung oder Veränderung der landesfürstlichen Gerichtsbezirke gegenüber dem Stadtweichbilde liegen mögen, eine neuerliche Abgränzung zwischen dem Burgfriden und den umliegenden lbf. Gerichtsbezirken, dem f. Land- und Urbargericht Glan, den Pfleggerichten Glaneck und Neuhaus unterblieben ist. Die Folge davon war, daß Häuser und Gründe, die dem Stadtgerichte unterstanden und mehr oder minder beträchtliche Inseln oder Strecken in den um- liegenden fürstlichen Gerichtsbezirken bildeten, von den lbf. Pflegern zu letztern gerechnet wurden[1]). Da in Sonderheit das Land- oder Urbar- gericht Glan mit dem Stadtgerichte Salzburg vereinigt war und beiden derselbe vom Fürsten gesetzte Richter vorstand, so lag darin, wie man finden wird, ein Haupthinderniß klarer Ausscheidung beider Gerichts- bezirke.

Dazu kam noch der weitere Umstand, daß in den Landbezirken die spätere Gemeindeeinteilung unbekannt war, und daß die noch aus dem Mittelalter stammende Unterteilung der Gerichtsbezirke nach Schrannen (Neuhaus) und Rotten (Glaneck), aus denen zum größten Teile die Gemeinden später hervorgingen, weder in allen Verwaltungsrücksichten durchgegriffen hatte, noch auch mit der kirchlichen Einteilung der Pfarr- sprengel sich in Uibereinstimmung befand.

Salzburgischen Beamten und Vertretern der Bürgerschaft hätte es nicht schwer fallen können, dem Stadtgebiete eine neue, den historischen und rechtlichen Verhältnissen angemessene Begränzung zu geben, oder, wie von obenher verlangt wurde, demselben auch eine größere Ausdehnung anzuweisen. Mag man heut zu Tage den Städten und ihrer Entwickelung günstig oder abträglich zusehen, so ist doch unläugbar, daß die neue

---

[1]) Vgl. die Anmerkungen auf S. 3 und 5 auf S. 4.

Bestimmung des Stadtweichbildes von 1811 auf vielen Punkten mit dem alten Rechte gebrochen hat.

Salzburg war nach zweimaligen Regierungswechsel am 11. Oktober 1809 von den Franzosen in Besitz genommen und am 19. September 1810 sammt Berchtesgaden an die Krone von Baiern übergeben worden. Am 9. Jänner 1811 erließ der König eine Verordnung über die neue Einrichtung der Fürstentümer Salzburg und Berchtesgaden, aus der folgendes anzuführen ist.

„Für die Stadt Salzburg soll, neben einem Stadtgerichte I. Klasse, wie Wir solches bereits unterm 19. December 1810 aufgestellt haben, auch ein Polizei-Kommissariat II. Klasse in Gemäßheit derjenigen Bestimmungen gebildet werden, welche in dem Edikte über das Gemeindewesen und in der Instruktion für die Polizeidirectionen vom 24. September, dann in der Verordnung vom 24. Dezember 1808 über die Organisation der städtischen Polizeibehörden vorgezeichnet sind[1]).

Zugleich wollen Wir, in der Absicht, dem Stadtgerichte sowohl, als dem Polizeikommissariate einen angemessenen Geschäftssprengel zu geben, den bisherigen Burgfriden der Stadt Salzburg dergestalt erweitern, daß derselbe einen Umkreis formiren soll, welcher auf dem rechten Ufer der Salzach Itzling einschließt, dem Laufe des Alterbach(es) bis zur Berührung der Straße nach Linz folgt, Untergnigl und Schloß Neuhaus inclavirt (einschließt), am Gerstberg und Judenberg vorüberziehend, Aign und Glas umfaßt, sofort auf dem linken Ufer der Salzach Freithof (l. Kreuzhof) einmarkt, neben Morzg und den Mooshäusern (welche beide außerhalb der Linie bleiben) und durch das Leopoldskronmoos laufend, das Lazareth St. Rochus, Prehausen und Marglan einfängt, weitershin die Straße nach München außerhalb

---

[1]) G. L. v. Maurer, Geschichte der Städteverfassung in Teutschland, IV. 310 sagt über dieses Edikt, daß es nach dem Vorbilde der französischen Einrichtungen keinen Unterschied zwischen der Verfassung der Städte und Dörfer machte und die ganze Verwaltung in die Hände der landesherrlichen Behörden legte. Damit war das eigentümliche Leben der Städte und die Selbständigkeit der Gemeinden vernichtet. Die größeren Städte sollten zwar noch einen aus vier bis fünf Mitgliedern bestehenden Municipalrath (Salzburg) und das Recht haben ihn selbst zu wählen (durch Wahlmänner, die von den Behörden für jede Wahl ernannt wurden). An der Spitze der Städte über 5000 Seelen stand der Polizeikommissär oder -Direktor. Der Municipalrath durfte sich nur mit Verwaltungsangelegenheiten beschäftigen, stand unter Curatel des Ministerium, durfte nichts von Bedeutung ohne dessen Genehmigung beschließen, sich sogar nicht versammeln. Die Verwaltung des gesammten Stiftungsvermögens, des gesammten Gemeindevermögens stand unter der f. Communalabmistration und dem Ministerium des Innern. Die Curatel über die Gemeinden war ein Teil der Staatspolizei, daher der Polizeidirektor der Gemeindevorstand. Der Municipalrath Metzger aber commandirte die Nationalgarde!

Lürzerhof, sowie die Spitze der Lieferinger-Au durchschneidet und sich mit derselben wieder an den Fluß anlehnt".

Der ganze Umkreis sollte sammt dem Militär sich etwas über 18.000 Einwohner belaufen. Die k. Hofkommission und nachher das Generalkommissariat des Salzachkreises war mit dem Vollzuge beauftragt.

Nach Anblick der Landkarte hätte die gestellte Aufgabe dadurch gelöst werden sollen, daß der größte Teil des Landgerichtes Glan-Salzburg, dann Teile der Pfleggerichte Neuhaus und Glaneck zum Stadtgerichte Salzburg einbezogen worden wären. Aber nicht der Justizbeamte, sondern der Polizeibeamte Lenz vertrat, (wie es aus der vorhergegangenen An- merkung begreiflich ist) den Stadtbezirk, und ihm gegenüber stand der Vertreter der Landbezirke Neuhaus-Glaneck, der Landrichter Pfest. Von einer Mitwirkung des s. g. „Municipalrates", der eigentlichen hauptlosen Vertretung der Stadt (denn Metzger kommandirte ja die Nationalgarde) konnte keine Rede sein. Landrichter Pfest war erfahren, geschult, mit den Verhältnißen vertraut: Polizeidirektor, oder -Commissär Lenz aber erst seit wenigen Monaten im Amte, aus Baiern nach Salzburg gekommen und in einen ganz neuen Wirkungskreis versetzt. Der Ausgang der Ver- handlungen konnte also vorausgesehen werden[1].

Pfest unterrichtete die Bezirke, die an den städtischen Polizei- und Gerichtskreis fallen sollten, von der in Aussicht stehenden Abtretung; jene Bezirke aber, die nach seiner Absicht vom alten Burgfriden an das Landgericht fallen sollten, erfuhren davon erst, als es zu spät war. Pfest legte Gewicht darauf, daß Guigl als damaliger Landgerichtssitz auch einen entsprechenden Pfarrsprengel haben müße, aber es konnte ihm nicht unbekannt sein, daß bereits die Absicht bestand, den Sitz des Pfleggerichtes Salzburg in die Stadt selbst zu verlegen, was auch noch im J. 1811 geschah. Doch es ist Zeit, die Actenauszüge selbst aufzuführen.

1. 9. Februar 1811. Vorstellung der Bewohner des Dorfes Glas gegen die Zuweisung zum Stadtgerichte Salzburg. Sie stützt sich hauptsächlich auf die Unmöglichkeit den für die Stadt vorgeschriebenen Milizdienst zu leisten und sich die (Nationalgarde-) Uniformen anzuschaffen.

2. 20. Februar 1811. Äußerung des Landrichters Pfest darüber. Betont den Unterschied zwischen Bürgern und Bauern. Die Glaser seien Bauern. Scheu derselben vor dem Bürgermilitär; Störung

---

[1] Die Einsicht und Benützung des darauf bezüglichen Actenheftes wird dem Herrn Archivar Pirckmayr verdankt.

in der Arbeit durch den Wachdienst, Gelegenheit dabei in den Tavernen Zeit und Geld zu versplittern. Anzahl der Armen, die künftig der Stadt zur Last fallen würden. Seit 1804 gehöre Glas zum Pfleggerichte Neuhaus. Es müßte die Zusammengehörigkeit der Ortschaften und Rügate getrennt werden. Statistischer Ausweis über Glas und Glasenbach.

3. 20. Februar 1811. **Vorstellung von Gnigl und Itzling gegen die Trennung vom Landgericht.** Die Lostrennung werde Irrungen und verzögerten Geschäftsgang herbeiführen; Zeitverlust, Auslagen durch den Milizdienst; vor 8 Jahren sei das Krankenhaus entstanden[1]), das zugleich Armenhaus ist, durch die neue Gränze giengen die Ansprüche der außerhalb wohnenden verloren. Die Gnigler fürchten mit ihren Armen der Stadtgemeinde zur Last zu fallen (!), bei Unglücksfällen verlören sie die Unterstützung durch die Gerichtsgemeinde. Die Gnigler betreiben zwar häufig Gewerbe, die Itzlinger aber sind Bauern und wollen Bauern bleiben. Sie gehören überdieß zur Pfarrei Bergheim.

4. 13. März, 1811. **Pfest's Gutachten darüber.** Zusammengehörigkeit von Gnigl, Guggenthal, Heuberg; Itzling nach Bergheim eingepfarrt. Bestättigt, daß die Gnigler größtenteils Gewerbsleute und die Itzlinger Bauern sind. Mißlichkeit einer Trennungslinie. Gemeinsame Anlagskasse, gerichtliche Almosenkasse müßten getrennt werden. Die Unterstützung der Gnigler bei Einquartirungen, Ueberschwemmungen des Alterbaches durch die Gerichtsgemeinde würde aufhören. Kosten des Nationalgardedienstes; Armenverzeichniß[2]).

5. 4. März 1811. **(Firmianischer) Hofmarkverwalter von Leopoldskron Josef Ebner bittet, den Patrimonialgerichtsbezirk nicht zwischen Stadt- und Landgericht zu teilen[3]).**

6. 16. März 1811. **Morzg, Gneis und Klein Gmain wollen nicht vom Landgericht in den Burgfriden versetzt werden.** Zeitverlust, Kosten bei der Nationalgarde, die Bauerschaft widerstrebt der Zuteilung zur Stadt u. s. w.

7. 8. März 1811. **Landrichter Pfest** stellt an das k. Generalcommissariat die Bitte, zur Vermeidung von Collisionen das Polizeikommissariat zu unterrichten, daß es bei dem vormaligen Bezirk des Stadtgerichtes und Burgfridens zu verbleiben

---

[1]) Das Kranken- und Armenhaus in Gnigl ist also schon im J. 1803 entstanden.

[2]) Die wiederholten ausführlichen Armenverzeichniße aus den Landbezirken hatten wohl den Zweck, den Municipalrat abzuschrecken, zu Gunsten der Erweiterung des Stadtbezirkes einen Schritt zu machen.

[3]) Der Patrimonialgerichtsbezirk wurde aber bald darauf dennoch hinfällig.

habe und der vormalige Landgerichtsbezirk des Stadtgerichtes (Urbargericht Glan) einstweilen an das Landgericht Salzburg (d. i. Gnigl, Neuhaus, Glaneck, Landrichter Pfest) übergegangen sei.

8. 17. März 1811. Das Generalkommissariat findet in Anbetracht der Schwierigkeiten ein Zusammentreten des Polizeicommissariates und Landgerichtes nötig.

9. 21. März 1811. Zusammentritt der Commission. Lenz stellt in Abrede, daß Glas in seinem Arrondirungsplan des „Stadtterritorii" enthalten gewesen sei. Pfest bestreitet, daß eine solche Erweiterung, wie Lenz sie vorgeschlagen, für die öffentliche Sicherheit notwendig sei und bezieht sich auf seine abgegebenen Äußerungen. Beide Teile versprechen motivirte Gutachten abzugeben; der Landrichter will einen Arrondirungsplan vorlegen, damit doch das Landgericht nicht bis auf ½ Stunde von Teisendorf (!??) hinausgedrängt werde.

Der Bericht über die Commissionsverhandlung ist entweder nicht vollständig, oder es wird das mündliche Gutachten des Polizeikommissärs in dem folgenden Acte mit aufgenommen.

10. 22. März 1811. Pfest erstattet seine Erläuterungen und Vorschläge, die neue Burgfridslinie betreffend. (Gegenäußerung auf die Gründe des Polizeikommissärs).

Das Personale des Polizeikommissariates sei für die aus dem neu zu bildenden Stadtumkreis erwachsenden Geschäfte zu klein;

der Polizeidirector habe alle Belustigungsorte der Umgebung und Hellbrunn und Kleßheim seiner Aufsicht unterstellt wißen wollen: wird bekämpft;

es sei mit der öffentlichen Sicherheit unvereinbar, daß Gnigl, Maxglan und Prehausen dem Landgerichte zugewiesen werden: wird in Abrede gestellt;

die Gewerbsleute in Gnigl, die Wäscher in Maxglan machen Polizeiaufsicht erforderlich: das sei nicht erheblich;

auch das Zuchthaus St. Rochus und der Pulverturm (wo?) sollen in den Polizeibezirk aus öffentlichen Sicherheitsrücksichten gehören: der Landrichter erwiedert, daß auch am Glasenbache, am Heuberge (?) und in der Rott Pulvermühlen sich befänden;

der Zunftverband sämmtlicher innerhalb der erweiterten Linie gelegenen Handwerker sei von solchem Belange, daß bei deßen Zerreißung die Gewerbepolizei leide: das befürchtet Pfest nicht.

Die Teilnahme an den innerhalb des erweiterten Polizeibezirkes befindlichen Fonden und Anstalten komme den Armen aus den abzutretenden Ortschaften beßer zu statten, als die unsichere Gemeindeconcurrenz; auch die städtischen Feuerlöschgerätschaften machen die Anschaffung solcher in jenen Ortschaften überflüßig;

Die Stadtbewohner hätten vielfältigen Grundbesitz innerhalb der erweiterten Linie und würden durch die Abtrennung doppelte gerichtliche Verhandlungen nötig, darum wolle die Stadt ein „Gesuch um die Belaßung der einmal allerhöchst genehmigten Linie" einreichen;

auch die Einquartirung erfolge im Stadtbezirke regelmäßiger und rechtlicher, als auf dem Lande: das bestreitet der Landrichter ausdrücklich.

Der Polizeidirektor berief sich dabei auf seine fünfmonatlichen Erfahrungen.

Im Allgemeinen führt der Landrichter an, daß durch Annahme der erweiterten Linie das Landgericht Salzburg auf 5000 Seelen (?!) beschränkt würde und die Hofkommission sei von dem Grundsatze ausgegangen, daß Verstuckungen der alten salzburgischen Gerichte nur mit Nachteilen verbunden seien. Der Landrichter nahm Gelegenheit auch die „Formirung" der Steuer-, Pfarr- und Schulbezirke zu berühren, die im Werke sei. Gnigl als Landgerichtssitz habe solche Mittelpunkte nötig, sei für das Landgericht unbedingt notwendig; es sei daselbst auch ein Medizinalchirurg. Pfest meint, daß die zungenförmige Ausdehnung des Burgfridens an den Gaisberg hinauf und deßen jetziger Abschluß vor dem Neutor anderseits einer Abänderung bedürfen und schlägt dann die gegenseitigen Ausgleichungen vor, die weiter unten nach endgiltiger Feststellung aufgeführt werden.

11. 22. März 1811. Landrichter Pfest betreibt die Zuweisung eines Amtssitzes in der Stadt. Bemerkung des Generalkommissärs v. Mieg: sie werde erfolgen, sobald darüber die allerhöchste Entschließung eintrifft.

(Am 25. April 1811 wurde der Stadtmagistrat aufgelöst).

12. 2. Juni 1811. Polizeidirektor Lenz legt die Beschreibung der vereinbarten Gränzlinie des neuen Burgfriedens vor. Gemäß derselben, die noch etwas den Burgfrieden schmälert (im Vergleiche zum Entwurfe vom 22. März) fanden folgende Auswechselungen statt.

Das Landgericht gibt zur Stadt ab:

die 3 Häuser 9, 17, 18 in Froschheim.

Zum Landgerichte kommen vom städtischen Bezirke.

die Häuser 12—21 und 34 von Schallmoos, darunter der
　Rauchenpichlerhof,
　Röcklbrunn,
　Schillinghof,
　Robinighof,
　Reisenbergerhof.
die Häuser 66, 68, 71 in Guigl
die Häuser 3—12 in Parsch,
　darunter Vogelsang,
　der Heisterhof,
　der Absalterhof,
　die Apothekerhöfe.
die Häuser 13—26 in Parsch,
　darunter die 6 Güter am Gersberg,
　Unterjudenberg, zwei Mühlen und
　Wolfsgarten.
die Häuser 30—38 im äußern Stein,
　darunter der alte und junge Hof=
　wäscher, Flederbach, das Brodhäusel
　(Steinlechner) die Eckbäckmühle
　(Zeller).

die Häuser 1—5, 43, 48 in Klein
　Gmain,
die Häuser 5—9 in Gneuß,
　„　　„　　1—37 in Riedenburg.
　„　　„　　1—27 in Lehen.
　　　Zusammen 75.

　　　Zusammen 45.

13. 21. Juni 1811. Generalkommissär Mieg legt diesen Vorschlag dem Ministerium vor.

14. 4. Jänner 1512. Einweisung in die beiderseitigen Dienstbezirke des Landgerichtes und Polizeikommissariates.

15. 6. 10. Jänner 1812. Ministerialentscheid. Das Schreiben des Ministers Grafen Montgelas vom 6. Jänner 1812 betont, daß Se. Majestät von den Bestimmungen, welche die Verordnung vom 9. Jänner 1811 ausgesprochen hat, um so weniger abzugehen gedenke, als die dagegen

vorgestellten Gründe bereits bei Erlassung der gedachten Verordnung umständlich gewürdigt, und (aber) die dort beschriebenen Gränzpunkte ausdrücklich nur als allgemeine Grundlinien bezeichnet worden sind, deren nähere und genauere Abmarkung, wobei die vorkommenden Rücksichten auf die nothwendigen Purificationen im Einzelnen ohnedieß nicht ausgeschlossen werden können, dem General = Kreis = Kommissariate obliegt. Dasselbe hat daher ohne Weiters die allerhöchsten Vorschriften in Vollzug zu setzen.

16. 25. Jänner 1812. Anzeige daß die Gränzberichtigung vorgenommen wurde.

17. 25. Jänner 1812. Das Viertel Parsch beschwert sich durch den Advokaten Endres, daß es dem Landgericht ohne sein Vorwißen zugeteilt worden sei.

18. 8. Februar 1812. Bericht des Landgerichtes über das Viertel Parsch, dessen „Ungehorsam und Ungestümm".

19. 11. Februar 1812. Advokat Endres wird wegen ordnungswidriger Eingabe um 5 Reichsthaler bestraft.

20. 26. März 1812. Advokat Endres wird im Namen der Parscher beim Generalkommissariat neuerdings vorstellig.

21. 4. August 1813. Der Besitzer des Mitterhofes in Schallmoos (Franz Schitter, Weißrößlwirt) will mit dem Stadtgerichte wieder vereinigt werden.

22. 5. November 1813. Bericht des Landgerichtes darüber.

IV.

Verzeichniß der handschriftlichen Quellen,

aus denen die Angaben und Nachrichten der fünfzehn Abschnitte geschöpft
worden sind.

Beschreibung des befreyten Dombhofs (Bezirch und Befreyung des Dombhofs), um 1745—50.

Bruderhausrechnungen 1534—'37—1766—'98.

„   urbarium 1550, '90, 1632, '47, 1744.

(Sebastiansbruderschaft im Dom).

Bruderschaften.

Aller-Seelen-Bruderschaftsrechnungen, 1790—'93.

„   „   „   Stifft und Gülten, 1552—'68.

„   „   „   Urbarien, 1552—1797.

„   „   „   Stiftsbuch), 1613—1797.

Aller Christgläubigen Seelen Bruderschaft Stüfftregister zugehöriger
Gülten und Schulden (herein) 1614.

Alte Burger Bruderschafts-Urbar 1526, '90, 1600, '8, '62.

„   „   „   Rechnungen 1501—1590; 1654, '69.

Corporis Christi Bruderschaftsurbarien, 1530, 1662, 1646—'52, 1668
—'82, 1732, '35, '52, '58, '72, '85, 1827.

Corporis Christi Bruderschaftsrechnung, 1673.

„   „   „   gilten 1715, 1772, 1802.

Priesterbruderschaftsurbar, 1457, 1570.

„   copialurkunden 1438, 1504—1516.

Urbarien U. L. Fr. Bruderschaft 1576—'89, 1608—'62.

Bürgerspitalurkunden 1452—1595.

„   regestenbuch (Wagingers) von 1513.

„   rechnungen 1477—1498—1504—1518, 1629—1631, 1664
—1706—1730—'45—1809.

„   urbarien 1408, '29, '52—'77—'81—'91—'97, 1512—'29
—'64—'95—1601—'4—'53, 1665, 1667, 1680, 1759.

„   urbar (Riedl) 1429.

Chiemseeisches (bischöflich) Copialbuch, 1338.

Consistorialarchivsurkunden, aus den Originalen veröffentlicht vom Herrn
Consistorialarchivar A. Toppler in den Mittheilungen der Gesellschaft
für Landeskunde, X—XV.

Domcapitelsches Copialbuch.

" Sitzungsprotocolle, 1565, 1585, 1661—1805.

" Protocoll-Rapular, 1752.

Domcustoreirechnungen, 1620—1790—1816.

" " giltenbuch, 1626, '38.

" " urbarien, 1512—21—48—65.

Domkirchengilteuperceptionsregister 1814—16.

Domoblaiurbarien 1476, 1513, '17, 1616—'32, 1634—'70, 1671—
1720, 1721—1750.

Hofburgrechtaulaitlibell I—XI, 1563—1810,

" " " " perceptionsregister, 1596, 1600—'20.

" " " " raittung, 1592—'95.

" " " urbarium 1560, 1734, '90.

" " " im Kai und Marktviertel, 1552, '60, '70.

" " " Weichstenerraitung 1688, 1709, '27, '45, '47, '53, '72,
1804, 1809.

Leprosenhausrechnungen 1488—1622.

" urbarium 1606, '40, '54.

Nonnberger Archivurkunden.

" Anlaitlibelle I—XXXV. 1432—1819.

" Copi(al)buch, 1523, 1654, '59, '79.

" Stifftpuech, 1639, 1520—1763.

" Gustereipuech, 1520—1639.

" Stifft- und Haupt-Urbari 1534.

" Gustereiurbarbuch, 1420.

" Urbarien 1380, 1412, '51, '52, 1763.

" Oblaistiftbücher 1520, '29, '54, '68, '78, '92, 1606, '19, '39.

Originalurkunden des k. k. Regierungsarchives, gesammelt vom Herrn
Archivar Pirckmayer. Regesten derselben, von eben demselben.

St. Peter'sches Copialbuch von 1523.

" Perceptions- (oder Hebe-)register, 1503, 1526—'28, '44, '50.

" Urbarium 1434, '42, '45, '85, 1521, 1744.

Rechnungen der St. Georgs-Capelle im Hauptschloße 1677—1705.

Registrum Eberhardi (1405—'27).

Riedls Notizen.

Seelenbeschreibungen.

Anlegung der Stadt und Inwohner zu Salzburg anno 1526. (Markt-,
Kaiviertel, Mönchsberg, Nonnthal).

Seelenbeschreibung von 1530.

    „   „ 1552 (Markt-, enhalb Bruckviertl).

    „   beiläufig 1558.

    „   von 1569 (diesseits der Brücke).

    „   1647, 1713.

    „   1775. Hofgesint, Adel und Geistlichkeit um 1530, '69.

Stadt Salzburg.

Gemainer Stadt Salzburg Zinß- und Giltenpuech 1639.

Grundbuch der Stadt Salzburg 1650.

Stadtkammerraittungen, von 1553 an.

Stadtrathsprotokolle 1595, '96—1665.

Stadtpfarrkirchenrechnungen 1636.

U. L. Fr. Stadtpfarrkirchenurbar 1526.

Steuerbeschreibungen 1608, '23.

Städtische Häuserverzeichniße.

Liber censuum municipalium, 1585.

Magistratische-Urbar-Weichsteuerraittung 1654,' 69, '88, 1709, '27, '45,
        '47, '53, '72.

    „   „ Anlaitlibelle I, V—VI, VII; oder Anlaitbeschreibung
        VIII, IX, X. —1672—1810 (1787—90 fehlt).

    „   Urbarium, 1686.

Urbarien des Klosters Mülln 1470, 1514, 1559, 1605, 18, 1742,
    1796—1859.

Urbarpuech des Virgil Säppl und Ott, Hofpeckh, 1429.

    „   „ Ulrich Samer, 1429.

Verzeichniß der adelichen und geistlichen Personen, um 1530.

Kleinere Zusätze.

Auf Seite 29 ist die Übersicht der kleinen Tränktore, namentlich der Rechtsstadt, unter der ausgelaßenen Zahl 11 der Tore zusammenzufaßen.

Zur S. 161. Der Brunnen in der Ledrärgassen. 1445, 1521 „Haus in der Ledrärgassen (582) pey dem prunn".

zur S. 180. Mirabellstrassen. 1650, Grundbuch der Stadt Salzburg. Die Dreifaltigkeitsgasse.

zur S. 182. 12. Kirchsteig oder Kirchweg hieß der Steig von Elsenheim aus an der Imbergleiten hinüber bis zum Steinbruch und nach Gnigl; denn die Häuser von Bürglstein (außerhalb des zweiten Steintores) waren nach Gnigl (Curatfiliale) eingepfarrt. Gutt Neidegk in Pirglen circa Juberg et femitam ecclefiae. Lib. cenf. municip. 1585.

zur S. 187. Königsgäßl, 1639; Königsgäßchen, 1763.

zur S. 200. in der Plaich. Bräuhaus, 1423. Dreifaltigkeitsgasse 3, Freihamer, Schlam.

zur S. 201. Blumenstein. 1635 vom Ratsbürger Hanns Khellenperger erkauft und von Neidegl abgetrennt. 1670—1700 Elisabeth Lindtner. 1805 vom Grafen Fr. Hugo von Salm-Reisserscheid und deßen Gemalin Fr. Josefa Gräfin M'Caffry von Keanmore erkauft.

zur S. 202. Gütel Erlach (f. auch S. 122, Münchhausen). Bergerbräuhof, Gaisbergstr. 13; Äußerer Stein, 42.

zur S. 208. Feiertagschlößl am Fürberg. 1360 von Abt Otto I. an die Bürgersfrau Fritzel Chamlin gegen Reichniß von jährlich 3 Schill., dann 60 Pfenning Steuer und 8 Pfenning recognitio (Anerkennung des Grundeigentums, daher Burgrechtsgebühr) „hinumgelaßen". 1812 Maietau von Feyertag, k. b. penf. Rechnungsrat †; deßen Witwe † 1858.

zur S. 211. Stadtkochhaus ist beizusetzen: 2. 1713, Dreifaltigkeitsgasse 4.

Seite 262 ist die Seitenüberschrift „Burgrecht Bürgerspital" in „Trägasse" zu verbeßern.

Inhalt.

---

[1]) Die Hauszahlen sind die der Zählung von 1858; die Buchstaben a—z, an bedeuten abgerissene Häuser. Die Burgrechte der ältesten Stadtteile sind wegen Abgang ganz sicherer Belege nicht angemerkt.